Hans Dieter Zimmermann

Theodor
Fontane

Hans Dieter Zimmermann

Theodor
Fontane

Der Romancier Preußens

C.H.Beck

Mit 18 Abbildungen

© Verlag C.H.Beck oHG, München 2019
Satz: Janß GmbH, Pfungstadt
Druck und Bindung: CPI – Ebner & Spiegel, Ulm
Umschlaggestaltung: Kunst oder Reklame, München
Umschlagabbildung: Fontane am Schreibtisch,
Fotografie des Ateliers Zander & Labisch, 1896,
Landesgeschichtliche Vereinigung für die Mark Brandenburg e.V., Archiv
Gedruckt auf säurefreiem, altersbeständigem Papier
(hergestellt aus chlorfrei gebleichtem Zellstoff)
Printed in Germany
ISBN 978 3 406 73437 3

www.chbeck.de

Für Herta Elisabeth Killy

«Es ist etwas unbedingt Zauberhaftes um seinen Stil und namentlich um den seiner alten Tage, wie er uns in den Briefen der achtziger und neunziger Jahre wieder entgegentritt. Mir persönlich wenigstens sei das Bekenntnis erlaubt, dass kein Schriftsteller der Vergangenheit oder Gegenwart mir die Sympathie und Dankbarkeit, dies unmittelbare und instinktmäßige Entzücken, diese unmittelbare Erheiterung, Erwärmung, Befriedigung erweckt, die ich bei jedem Vers, jeder Briefzeile, jedem Dialogfetzchen von ihm empfinde. Diese bei aller behaglichen Breite so leichte, so lichte Prosa hat mit ihrer heimlichen Neigung zum Balladesken, ihren zugleich mundgerechten und versmäßigen Abbreviaturen etwas bequem Gehobenes, sie besitzt, bei scheinbarer Lässigkeit, eine Haltung und Behältlichkeit, eine innere Form, wie sie wohl nur nach langer poetischer Übung denkbar ist, sie steht in der Tat der Poesie viel näher, als ihre unfeierliche Anspruchslosigkeit wahrhaben möchte, sie hat poetisches Gewissen, poetische Bedürfnisse, sie ist angesichts der Poesie geschrieben, und wie seine Greisenverse, die doch so konzentriert und vollkommen sind, dass man sie sofort auswendig weiß, stilistisch seiner Prosa immer näherkommen, so ist das Merkwürdige, dass seine Prosa sich in demselben Maße sublimiert, in welcher sie (Erlaubnis für das Wort!) verbummelt.»

Thomas Mann, Der alte Fontane (1910)

«Was diesen Mann uns unvergleichlich macht, das ist – wie bei Goethe – die Luft, in der er lebte und die er atmete. Das ist jene Aura um die Dinge seines Seins herum, dieses Undefinierbare, das Fontane zu einem Symbol macht, zu einem Symbol einer Zeit, und mehr: zu dem einer ganzen kleinen Welt. Sie ist dahin. Was war es denn schließlich mit ihm? – Er schrieb seine Bücher, und arbeitete – er war einer der gewiegtesten Techniker, die die deutsche Literatur je gehabt hat, ohne dass man Versen und Sätzen ansieht, wie sie gebosselt sind – er schrieb und lebte bescheiden daher. Und das Leben auf der großen Weltbühne rauschte vorbei, umbrauste ihn, und er lächelte. Wer so lächeln kann! Es war ein Gemisch, ein prachtvolles Gemisch von Lavendelduft und neuer Zeit, wie er sie verstand, aus edelstem Menschentum und jenem Schuss Ironie und Skepsis, die den Mann so anziehend machten. In seinen Augen lag immer das gewisse leichte Zwinkern, der kleine berliner Plinzler, der die Möglichkeit zum Rückzug offen lässt, und der deshalb jedes Pathos erträglich macht – weil man weiß: der bullert keinen Theaterdonner.»

Kurt Tucholsky, Fontane und seine Zeit (1919)

Inhalt

MEISTERJAHRE

LEHRJAHRE

1. Schiffmühle

Wer auf dem nördlichen Berliner Autobahnring nach Osten fährt, kommt an das Dreieck Barnim, an dem der Ring wieder nach Süden biegt. Wenn er dort den Abzweig nach Stettin nimmt, muss er etwa 50 Kilometer Richtung Stettin fahren bis zur Ausfahrt Finowfurt und Eberswalde. Er wundert sich über die Ausdehnung von Eberswalde, immerhin eine Stadt von 40 000 Einwohnern; sobald er sie hinter sich hat, ist er auf derselben Straße, die Theodor Fontane im Juni 1867 nach Bad Freienwalde nahm. Freilich fuhr er nicht im Auto, sondern in einem offenen, von Pferden gezogenen Wagen. Aber die Straße war dieselbe. Sie führt durch Sommerfelde und Falkenberg, das mit einer Erhebung überrascht. Freienwaldes Berg ist sogar 160 Meter hoch, eine für die flache Mark Brandenburg erhebliche Größe.

Auf der Höhe von Freienwalde kommt eine Kreuzung: rechts geht es hinauf in die Stadt, links hinunter nach Schiffmühle über eine Brücke, die sich über die alte Oder spannt. Am Ende der Brücke gabelt sich der Weg: links nach Neuenhagen und rechts beginnt sogleich Schiffmühle, ein Ort, der nur aus einer Straße und aus einer nicht gar zu langen Reihe von kleinen Häusern auf deren beiden Seiten besteht. Das zweite Haus links ist das Fontane-Haus. Ein kleines Haus mit einem Erker zur Oder hin und einem bescheidenen Giebeldach. Alles ist unverändert, so wie es 1867 war, als Theodor Fontane hier seinen Vater besuchte. Die Räume darinnen sind dieselben, nur jetzt als Museum ausgestattet. Damals fehlten allerdings die meisten Häuser, die jetzt die Straße säumen. Das Fontane-Haus hatte freien Blick auf die alte Oder, die hier träge steht, kaum fließt, und die Brücke, damals eine Holzbrücke, führte direkt auf das Haus des alten Fontane hin. Der Garten rings ums Haus ist immer noch «kahl», wie ihn der Sohn beschrieb, und hinter dem Haus geht es immer noch hinauf auf den Sandberg, auf dem ein Fichtenwäldchen sich hinzieht.

«Ich hatte mich, wie gewöhnlich, bei ihm angemeldet, machte zunächst die reizende Fahrt bis Eberswalde per Bahn, dann die reizendere, bis Freienwalde selbst, in einem offenen Wagen und schritt nun auf einem von alten Weiden eingefassten Damm auf Schiffmühle zu, dessen blanke, rote Dächer ich gleich beim Heraustreten aus der Stadt vor Augen hatte», so Theodor Fontane (Kin, 193). Der Name Schiffmühle soll von einer Mühle auf einem Schiff herkommen, das man je nach Wasserstande bewegen konnte und das hier auf der alten Oder lag.

Wie sein Vater Louis Henri Fontane ausgerechnet hierher, in dieses kleine Haus in diesen kleinen Ort kam, der allerdings kaum eine halbe Stunde von Freienwalde entfernt liegt, wusste der Sohn nicht. Freienwalde war ein beliebter Kurort mit seinem Gesundbrunnen und seinem Moorbad und ist es bis heute geblieben. Mancher wählte damals deshalb Freienwalde als Alterssitz. Die letzte Apotheke, die der Vater leitete, lag in Letschin, einem großen Dorf im Oderbruch, südlich von Freienwalde; vielleicht war damals Freienwalde ihm als angenehm aufgefallen. Allerdings waren die Eltern aus Letschin zunächst nach Berlin gezogen. Was sich lange andeutete, wurde hier beschlossen: die Eltern trennten sich. Die Mutter kehrte nach Neuruppin zurück, wo sie sich einst wohl gefühlt hatte, und der Vater landete zunächst in Eberswalde und dann in diesem Häuschen in Schiffmühle, wo er als Einsiedler lebte, wie er selber sagte, mit einer Haushälterin Luise, «die nach dem Satze lebte: Selig sind die Einfältigen, aber einen weitgehenden Gebrauch davon machte», wie der Sohn schrieb (Kin, 193). Von 1855 bis 1867 lebte Louis Henri in Schiffmühle. Als sein Sohn Theodor ihn 1867 besuchte, er kam jedes Jahr einmal zu Besuch, war er 71 Jahre alt. Theodor Fontane war 48 Jahre alt und immer noch ein «Zeitungsschreiber», wie der Vater sagte. Erst 11 Jahre später, 1878 mit 59 Jahren, publizierte Theodor Fontane seinen ersten Roman.

«Denn wie er ganz zuletzt war, so war er eigentlich.» (Kin, 191) Dieser bekannte Satz steht am Anfang des 16. Kapitels «Vierzig Jahre später», mit dem Theodor Fontane die Chronologie der Erzählung seiner Kindheit und Jugend unterbricht, um eben diesen letzten Besuch bei seinem Vater zu schildern. Er will «das Charakterbild meines Vaters nach Möglichkeit vervollständigen, will sagen nach oben hin abrunden» (Kin, 191). Er will ihm Gerechtigkeit widerfahren lassen, was er nur kann, wenn er den alten, abgeklärten, nun selbstkritischen Mann zu Wort kommen lässt. Denn was er zuvor in seinem «autobiographischen Roman» *Meine Kinderjahre* von 1894 über ihn berichtete, ist nicht nur schmeichelhaft, wenn auch immer die Sympathie des Sohnes für den Vater hindurchschimmert.

Die Eltern waren von höchst unterschiedlichem Charakter, was ihr Zusammenleben erschwerte, aber der eigentliche Streitpunkt zwischen den beiden war die Spielsucht des Vaters. Was er in seiner Apotheke in Neuruppin und später in Swinemünde verdiente, brachte er meist beim Spiel durch. Er war ein schlechter Spieler, aber er konnte es nicht lassen, fast jeden Abend mit anderen Spielern, die offensichtlich geschickter waren als er, sich an den Spieltisch zu setzen zum Kummer der Mutter, zum Nachteil der Kinder. 1849, als die Eltern ihre silberne Hochzeit feierten, also 25 Jahre ihrer Ehe, soll er das letzte Mal dem Spiel gefrönt haben, schreibt der Sohn in «Meine Kinderjahre» (Kin, 70). Rechnet man nach, merkt man, dass 1849 keineswegs die silberne Hochzeit gefeiert wurde, sondern – wie es im «Schlusswort» des in Friedrich Fontanes, des Enkels, Verlag erschienenen Ausgabe von *Meine Kinderjahre* heißt – der «dreißigjährige Krieg» dieser Ehe (Kin, 227), die im März 1819 geschlossen worden war. Schon 1847 hatten sich die Eltern getrennt, die Mutter zog mit ihrer Tochter Elise nach Neuruppin.

Als nun bei seinem Besuch in Schiffmühle Theodor Fontane das leidige Thema «Spiel» aufgreift, sagt der Vater: «Es hat mir nie Vergnügen gemacht, auch nicht ein bisschen. Und ich spielte noch dazu herzlich schlecht. Aber wenn ich mich den ganzen Tag über gelangweilt hatte, wollte ich am Abend wenigstens einen Wechsel verspüren, und dabei bin ich mein Geld losgeworden und sitze nun hier einsam, und deine Mutter erschrickt bei dem Gedanken, ich könnte mich wieder bei ihr einfinden. Es sind nun beinahe fünfzig Jahre, dass wir uns verlobten, und sie schrieb mir damals zärtliche Briefe; denn sie liebte mich. Und das ist nun der Ausgang. Zuneigung allein ist nicht genug zum Heiraten; heiraten ist eine Sache für vernünftige Menschen. Ich hatte noch nicht die Jahre, vernünftig zu sein.» (Kin, 204)

In der Tat war er bei der Heirat erst 23 Jahre alt. Und das ist es, worauf er sich nun herausredet: auf seinen Unverstand, auf seine Jugend. Der Sohn fragt, ob er dies alles der Mutter erzählen dürfe. Ja, sagt der Alte, es seien schließlich ihre eigenen Worte. Und dann: «Sie hat recht gehabt in allem, in ihren Worten und in ihrem Tun.» (Kin, 204)

So ist es der alte und geläuterte Louis Henri Fontane, den hier der Sohn zum Sprechen bringt, ein vergleichbares Kapitel über die alte

Mutter fehlt in *Meine Kinderjahre*. Doch sie musste sich nicht rechtfertigen, das war des Vaters Sache. Und deshalb ist diese späte Einsicht so wichtig für den Sohn: «Denn wie er ganz zuletzt war, so war er eigentlich.» Ein Satz, der gerne auch auf den Sohn angewandt wird, der nach einem langen Arbeitsleben als Apotheker, als Journalist, als Balladendichter, als Korrespondent, als Kriegsberichterstatter, als Theaterkritiker endlich in hohen Jahren zu seinem eigentlichen Werke fand: zu seinen Romanen, die ihn über die anderen deutschen Autoren seiner Zeit hinausheben, und zu seinen späten Briefen, die ihn an Klarsicht über viele seiner Zeitgenossen stellen.

2. Die Eltern

Louis Henri Fontane wurde am 24. März 1796 in Berlin geboren. Sein Vater war der Maler und Zeichenlehrer Pierre Barthélemy Fontane, 1757 in Berlin geboren, 1826 dort gestorben. Die Familie Fontane stammte aus der französischen Kolonie, wie es hieß, also aus der Gemeinschaft der französischen Protestanten, der Hugenotten, die hundert Jahre zuvor, aus Frankreich fliehend, in Preußen eingewandert waren. Die Malkunst des Pierre Barthélemy beschränkte sich, so sein Enkel, auf das Kopieren englischer Werke, doch als Zeichenlehrer hatte er Erfolg. Zu Beginn des Jahres 1800 kam er an den Hof, er wurde Zeichenlehrer der ältesten königlichen Prinzen, und Königin Luise zog ihn als Kabinettsekretär in ihren Dienst. Dabei mag das Urteil des Bildhauers Gottfried Schadow, wenn auch nicht ohne Neid gesprochen, zutreffend sein: «Ein Herr Fontane, seines Zeichens Maler, ist Kabinettsekretär der Königin geworden; er malt schlecht, aber er spricht gut französisch.» (Kin, 8) So zitiert der Enkel aus Schadows Tagebuch. Nach der Niederlage bei Jena und Auerstedt 1806 gegen Napoleons Truppen flüchtete die königliche Familie nach Königsberg. Ihren Zeichenlehrer Pierre Barthélemy Fontane versorgte sie noch zuvor. Er wurde Kastellan des Schlosses Niederschönhausen.

Das ist ein bescheidener, wohlproportionierter Bau, einst der Sitz der Frau König Friedrichs II., des alten Fritz, der sie dort weit weg von Potsdam unterbrachte, damit er sie nicht zu Gesicht bekam. 1740 schenkte er Königin Elisabeth Christine dieses Schloss als Sommerresidenz, den Winter verbrachte sie im großen Berliner Schloss, wäh-

rend ihr Mann in Potsdam residierte. Das Haus steht heute noch, reno-
viert und zugänglich am Rande von Pankow in einem Park an dem
Flüsschen Panke. Dort wuchs Louis Henri auf, Sohn aus der ersten Ehe
seines Vaters mit Louise Sophie Deubel, die aus einer westfälischen
Familie stammte. Sie starb ein Jahr nach der Geburt ihres Sohnes. Der
Vater heiratete noch zweimal. «Von hier aus besuchte mein Vater», so
Theodor Fontane in *Meine Kinderjahre*, «also wahrscheinlich bis
Herbst 1809 das Gymnasium zum Grauen Kloster. Es waren harte
Schuljahre, denn der weite, wenigstens anderthalb Stunden lange Weg
nach Berlin erforderte, dass jeden Morgen spätestens um sechs Uhr
aufgestanden werden musste.» (Kin, 8) Man kann es heute noch aus-
probieren und vom Schloss Niederschönhausen bis in die Mitte Berlins
laufen, es sind mehr als zwölf Kilometer. Der Schulweg war besonders
im Winter eine entsetzliche Strapaze, auch als die beiden Jungen, Louis
Henri lief zusammen mit seinem Bruder, endlich warme Mäntel erhielten, denn diese waren von der Art, dass sie das Gespött der anderen
Jungen hervorriefen. Louis Henri hielt drei Jahre durch, dann nahm er
Abschied mit 13 Jahren. Und damit endete auch seine Schulbildung.

In diesem Punkt ist er in der Familie Fontane nichts Außergewöhn-
liches. Alle, die von den *Refugiés*, den französischen Einwanderern, besonderen Fleiß und Ehrgeiz erwarteten, was bei den meisten auch der
Fall war, werden von der Familie Fontane enttäuscht, denn auch Theodor Fontane schaffte nicht das Abitur. Als sein zweiter Sohn, ebenfalls
Theodor genannt, zum Erstaunen des Vaters nicht nur das Abitur bestand, sondern auch noch «primus omnium», der beste von allen war,
schrieb er ihm einen anerkennenden Brief am 27. März 1875: «Mein lieber alter Theo. Ich glaube nicht nur, dass Du der erste ‹primus omnium›
in der Familie bist, ich bin dessen gewiss. Nach meiner durch vier
Generationen gehenden Kenntnis zählt es zu den fragwürdigen Vorzügen unseres Geschlechts, dass nie ein Fontane das Abiturexamen gemacht, geschweige vorher die Stelle eines primus omnium bekleidet hat.
Der Durchschnitts-Fontane [...] ist immer aus Oberquarta [nach der
dritten Klasse des Gymnasiums] abgegangen und hat sich dann weiter-
geschwindelt, das beste Teil seiner Bildung aus Journalen dritten Ranges
zusammenlesend.» Das war denn auch bei Louis Henri der Fall, was dieser aber später nicht als Nachteil, sondern als Vorteil sah, worin er von
seinem Sohn unterstützt wurde.

Die Mutter Emilie
Fontane. Porträt von
Pierre Barthélemy
Fontane, 1817.

Wie Louis Henri auf die Idee kam, Apotheker zu werden, ist nicht
überliefert. Es gibt kein Beispiel für diesen Beruf in der Familie oder in
der Kolonie. Dass sein ältester Sohn Theodor ebenfalls zunächst diesen
Beruf ergriff, geschah wohl genauso wie beim Vater aus Verlegenheit.
Er wusste keinen besseren, den er rasch ergreifen konnte. Und wie der
Sohn unzufrieden in diesem Beruf war, so dass er schließlich einen
anderen wählte, so auch der Vater. Nur dass dieser nie zu einem anderen Beruf kam und dass vor allem dies sein lebenslanges Ungenügen
begründete, was ihn dann zur Spielsucht führte.

Apotheker war damals ein Beruf, den man ohne Studium erlangen
konnte. Nach einer gewissen Lehrzeit in einer Apotheke und nach einem
Examen, «damals nicht viel mehr als eine Formsache», schreibt Theodor
Fontane, konnte man den Beruf ausüben (Kin, 17). 1818 bestand Louis
Henri als 22-Jähriger das Apotheker-Examen zweiter Klasse. Zuvor
hatte er eine junge Frau kennengelernt und sich mit ihr verlobt. Nach-
den er das Examen hatte, heirateten sie, kauften mit vereinten Mitteln
eine Apotheke, die Löwen-Apotheke in Neuruppin, und zogen dorthin.

Der Vater Louis Henri
Fontane. Bleistift-
zeichnung von Helmuth
Raetzer, 1859.

Damit beginnt Theodor Fontanes «autobiographischer Roman»: «An einem der letzten Märztage des Jahres 1819 hielt eine Halbchaise vor der Löwen-Apotheke in Neuruppin und ein junges Paar […] entstieg dem Wagen und wurde von dem Hauspersonal empfangen. Der Herr […] war erst dreiundzwanzig, die Dame einundzwanzig. Es waren meine Eltern.» (Kin, 7) Neun Monate später, am vorletzten Tag des Jahres 1819, am 30. Dezember, wurde der älteste Sohn des Paares geboren: Henri Théodore Fontane. Theodore mit Akzent auf dem ersten e und Fontane nasal, also französisch ausgesprochen.

Louis Henri Fontane war 1819 keineswegs ohne jegliche Erfahrung, wie er später zu seiner Entschuldigung gerne anführte, er hatte die blutigste durchgestanden: den Krieg. 1809 war er als Lehrling in die Berliner Elefanten-Apotheke am oberen Ende der Leipziger Straße eingetreten und hätte dort auch brav seine Lehrzeit bis 1813 vollendet, wenn nicht der Aufruf König Friedrich Wilhelms III. erfolgt wäre: Zu den Fahnen. Es ging gegen Napoleon. Die Befreiungskriege begannen. Er kürzte seine Lehrzeit um ein halbes Jahr ab und meldete sich als

Freiwilliger mit kaum siebzehn Jahren. «Du warst wohl sehr patriotisch», fragte ihn der Sohn. «Nein, höchstens Durchschnitt.» Und der Vater erzählte eine Geschichte, die er erlebt und die ihn tief beeindruckt hatte. Eine feine Dame, wohl von Adel, trat in einen Laden, in dem auch Louis Henri sich gerade aufhielt, es war das Tuchgeschäft Köppen und Schier in der Burgstraße. Hinter der Theke stand ein hübscher junger Mann. Die Dame wunderte sich, ihn hier zu sehen. «Ich stehe hier lieber als anderswo», erwiderte der Junge, worauf ihm die Dame eine schallende Ohrfeige gab und verschwand. (Kin, 11) Der Druck, als junger Mann sich freiwillig der Armee anzuschließen, war also enorm. Louis Henri gab ihm nach.

Der Siebzehnjährige erhielt ein Gewehr, eine Büchse, die nicht recht funktionierte, doch auch wenn sie geschossen hätte, hätte er nicht getroffen, so der Vater. Die Büchse stand sein Leben lang in einer Ecke der Wohnung, die er jeweils bewohnte. Mit etwa fünfzig anderen Freiwilligen kam er ohne rechte Ausbildung in ein Garde-Bataillon. Der Hauptmann, der sie dorthin führte, ließ sie antreten und stellte fest: «Wenn unser allergnädigster König und Herr darauf angewiesen ist, mit Ihnen den Kaiser Napoleon zu besiegen, tut er mir jetzt schon leid.» Vier Wochen nach seinem Eintritt in die Armee nahm er an der Schlacht bei Groß-Görschen teil und danach an der bei Bautzen. Er hatte Glück. Eine Kugel traf ihn, aber sie ging in seinen Tornister, durchbohrte seine Wäsche und blieb in den Pergamentblättern der dicken Brieftasche stecken. Die Brieftasche mit der Kugel darin war neben der Büchse viel bestauntes Überbleibsel der ruhmreichen Militärzeit des Vaters. Im Sommer 1814 war diese Zeit zu Ende. Der Vater «konditionierte» in etlichen Apotheken, wie das damals hieß, er arbeitete also als Praktikant bis zu seinem Examen und seiner Verlobung.

Die Verlobte Emilie Labry stammte ebenfalls aus der französischen Kolonie; lange war es üblich, dass die eingewanderten Hugenotten untereinander heirateten. Sie war die älteste Tochter des Seidenkaufmanns Jean François Labry, Firma Humbert und Labry, und wurde am 21. September 1797 in Berlin geboren. Die Hugenotten waren fleißige Handwerker und Kaufleute. Die Seidenzucht war eine ihrer bevorzugten Tätigkeiten, die vom Kurfürsten, später vom König gefördert wurde. Und eben der Handel mit Seidenstoffen und Seidengarn. Das vornehme Seidengeschäft, der Sinn ihres Vaters für Respekt und Repräsentation begleiteten Emilie ihr Leben lang. Freilich fiel es ihr nicht leicht, diese kultivierten Lebensgewohnheiten mit der fidelen Lebensart der Fontanes in Einklang zu bringen. So erschien sie oft streng, denn sie achtete auf die guten Sitten, und manchmal war sie allzu streng ihrem Mann und ihren Kindern gegenüber.

So wie dem Vater konnte Theodor Fontane auch der Mutter erst in späten Jahren Gerechtigkeit widerfahren lassen. «Erst in meinen alten Tagen ist mir ihr Sinn für ihre Superiorität aufgegangen. Als ich selber noch jung war, erschien mir vieles in ihrer Haltung, besonders meinem Vater gegenüber, zu hart und zu herbe, später indes habe ich einsehen gelernt, wie richtig alles war, was sie tat, vor allem auch, was sie nicht tat, und beklage jetzt jeden gegen sie gehegten Zweifel. Sie war dem ganzen Rest der Familie gegenüber, der damaligen wie der jetzigen, weit überlegen, nicht an sogenannten Gaben, aber an Charakter, auf den doch immer alles ankommt.» (Kin, 16)

Die Mutter der Mutter, also Theodors Großmutter, war eine geborene Mumme, ob französischer oder brandenburgischer Herkunft ist ungewiss. Sie hatte einen wohlhabenden Bruder, «Onkel Mumme», der Rittergutsbesitzer auf Klein-Beeren bei Berlin war und in «glänzenden Verhältnissen» lebte, was Mutter Emilie auch die Anschauung von einem gelungenen Leben geboten haben wird. Er besaß mehrere Kutschen, Chaisen und Halbchaisen, wie das hieß, darunter einen «Char à banc mit langen kirschroten Sammetpolstern». Mit diesem «weithin leuchtenden Prachtstück» wurden die Kinder mitunter mit der Mutter in Berlin abgeholt und hinaus nach Klein-Beeren gebracht. Für die Mutter war dies jedes Mal «ein hohes Fest, nicht viel anders, wie wenn wir zu Hofe gefahren wären». (Kin, 15)

Das glückliche Leben der jungen Emilie Labry endete mit dem frühen Tod des Vaters, der, kaum vierzig Jahre alt, verstarb. Die Mutter lebte dann mit den Kindern in einem anderen Haus in der Brüderstraße, in dem auch der Seidenladen gelegen war. Doch auch die Mutter starb bald. Die kleineren Geschwister Emilies kamen in das französische Waisenhaus, sie selbst in das Pensionat der Madame Lionnet, wozu die Zinsen ihres Vermögens ausreichten. Dort lernte sie Louise Rogée kennen, eine beliebte Schauspielerin, mit der sie sich anfreundete. Diese Louise verlobte sich mit einem Sohn des königlichen Kabinettsekretärs Pierre Barthéleme Fontane. Emilie begleitete ihre Freundin in das Haus ihres zukünftigen Schwiegervaters, wo sie einen anderen Sohn des Kabinettsekretärs kennenlernte: Louis Henri. Theodor Fontane: «Man fand rasch Gefallen aneinander, und da die Verhältnisse glücklich lagen, kam es bald zur Verlobung, und das Haus meines Großvaters sah auf kurze Zeit zwei Brautpaare unter einem Dache.» (Kin, 16) Auf kurze Zeit, denn Louise Rogée löste die Verlobung wieder und heiratete Karl von Holtei, der liebenswürdiger und glanzvoller schien. Dieser Karl von Holtei wurde bald ein bekannter Schriftsteller, Schauspieler und Regisseur. Seine Ehe mit Louise Rogée dauerte nicht lange; sie starb schon mit 25 Jahren 1825.

Beide, Vater und Mutter Theodor Fontanes, waren stolz auf ihre französische Herkunft und sprachen gerne davon; sie hatten beide noch in ihren Elternhäusern französisch gesprochen. So entstand ein kleiner Wettkampf unter den beiden, wer denn aus der besseren Gegend Frankreichs stammte und wer die berühmteren Vorfahren hatte. Doch die nachweisbaren Ahnen der Fontanes waren kleine Leute, meist Zinngießer, wie die der Labrys, die Strumpfwirker waren. Nur Louis Henri fand einen Namensvetter, mit dem er blutsverwandt zu sein behauptete: Louis de Fontanes, Unterrichtsminister unter Napoleon und Großmeister der Universität, der tatsächlich aus Südwestfrankreich stammte wie angeblich die Vorfahren von Louis Henri.

Aus ihrer Herkunft leitete der Sohn die unterschiedlichen Temperamente der Eltern ab, darin vom Vater unterstützt. Denn dieser verwies gerne auf die Gascogne, aus der seine Vorfahren kamen, um seine Lebensart zu erklären. Allerdings ist diese Herkunft aus der Gascogne nicht verbürgt. Die Gascogne ist jenes Gebiet, das sich südlich von Bordeaux den Atlantik entlang bis zu den Pyrenäen erstreckt und ins Landesinnere bis nach Toulouse reicht, eigentlich eine baskische Gegend mit Verbindungen ins spanische Baskenland. Es umfasst jedenfalls das wohl berühmteste Weinbaugebiet, eben das um Bordeaux. Und wo Weinbau betrieben wird, wird Wein auch getrunken, und der Wein macht die Menschen fröhlich und redselig, so jedenfalls der Vater. Der Sohn über diesen: «Mein Vater war ein großer, stattlicher Gascogner voll Bonhomie, dabei Phantast und Humorist, Plauderer und Geschichtenerzähler, und als solcher, wenn ihm am wohlsten war, kleinen Gasconnaden nicht abgeneigt», also kleinen Streichen (Kin, 18). Auch trank er gerne Rotwein, was der Sohn hier vergaß, der sich mehr in der Nachfolge des Vaters sah als in der seiner Mutter.

Die Vorfahren der Mutter stammten aus den Cevennen. Diese sind ein Teil des französischen Zentralmassivs südlich der Linie von Mende und Montélimar, ein reizvolles, aber auch teils unwegsames, teils unwirtliches Gebirge, was es zum Rückzugsort für die Waldenser und dann die Protestanten prädestinierte. Vom 16. bis ins 18. Jahrhundert fanden hier immer wieder kriegerische Auseinandersetzungen zwischen der katholischen Zentralgewalt des Königs und den in den Cevennen heimischen Protestanten statt. Noch 1702 gab es einen Aufstand und eine blutige Unterdrückung, bis 1706 eine Amnestie erlassen wurde. Und im Zweiten Weltkrieg waren die Cevennen noch einmal ein Ort des Widerstands, diesmal gegen die deutsche Besatzung. Die Glaubenskriege in den Cevennen werden gewöhnlich Cevennenkriege genannt.

Der Sohn: «Meine Mutter andererseits war ein Kind der südlichen Cevennen, eine schlanke, zierliche Frau von schwarzem Haar, mit Augen wie Kohlen, energisch, selbstsuchtslos und ganz Charakter, aber [...] von so großer Leidenschaftlichkeit, dass mein Vater halb ernst-, halb scherzhaft von ihr zu sagen liebte: ‹Wäre sie im Lande geblieben, tobten die Cevennenkriege noch.›» (Kin, 18) Der Unwille der Mutter konnte sich bisweilen in Wutanfällen entladen, die in der Familie gefürchtet waren. Ihr leidenschaftliches Temperament äußerte sich jedoch «ganz allgemein» und nicht als Ausdruck eines Religionseifers wie bei ihren Vorfahren, so der Sohn. Sie war ein «Kind der Aufklärungszeit» wie der Vater auch, aber kam die Rede darauf, dann bestand sie doch auf ihrem «Genfertum», das sie für vornehmer hielt als das Luthertum: «Wir sind reformiert», sagte sie dann. (Kin, 18) Die Hugenotten waren eben Anhänger des Genfer Reformators Jean Calvin und nicht des Wittenbergers Martin Luther. So lebten die Eltern Fontane noch den Stolz der französischen Kolonie Berlins, der auch dem Sohn erhalten blieb.

3. Hugenotten

Woher der Name Hugenotten (französisch Huguenots) kommt, ist umstritten. Er taucht etwa um 1560 auf, und zwar als Schimpfwort für die französischen Protestanten, die sich an Calvin, der von Paris nach Genf geflohen war, orientierten. So ist dies auch eine naheliegende Deutung des Namens: Er soll ein frühneuhochdeutsches Wort für Eidgenossen sein, also auch für die Genfer. Tatsächlich soll es das Wort eygenot für diese Eidgenossen gegeben haben, die sich im Kampf gegen den Herzog von Savoyen, der den Genfer Kanton erobern wollte, behaupteten. Genf war seit 1536 reformiert, wie man auch für calvinistisch sagt, das Herzogtum Savoyen blieb katholisch. Eine andere Deutung kommt aus dem Flämischen, wo die Protestanten sich heimlich im Hause eines ihrer Mitglieder trafen: Huisgenoten, also Hausgenossen hießen sie. Wie auch immer, Hugenotten ist der Begriff für die französischen Protestanten vor allem in der Zeit ihrer Kämpfe mit den Katholiken und in der Zeit ihrer Emigration. Aber auch heute gibt es noch eine Gesellschaft, die sich nach diesen Hugenotten nennt und ein Hugenotten-Museum in Bad Karlshafen, einer Hugenotten-Siedlung, betreibt. Ansonsten sprechen wir von der reformierten Kirche als der, die sich nach Calvin richtet.

In der zweiten Hälfte des 16. Jahrhunderts, als die Schriften Martin Luthers sich auch in Frankreich verbreiteten, kam es zu heftigen Auseinandersetzungen zwischen Katholiken und den sich bildenden protestantischen Gemeinschaften. Beide Gruppen wurden von einflussreichen Edelleuten angeführt, die auch ihre eigenen Interessen vertraten. Die heftigen Kämpfe um Bestand und Einfluss der traditionellen katholischen und der neuen protestantischen Konfession vollzogen sich mit einer ungeheuren Brutalität, wie Religionskriege oft. Heimtückischer Mord, Verrat, Intrige, eine allgemeine Verrohung führten zu einer Gewalttätigkeit, die sich immer mehr steigerte. Es waren nicht nur die Katholiken, die Protestanten verfolgten, auch die Protestanten scheuten vor keiner Gewalttat zurück. So wurden etwa Klöster geplündert und in Brand gesteckt, auch das ruhmreiche Mutterkloster des Zisterzienser-Ordens, der so fruchtbar in Brandenburg gewirkt hatte, bis die Reformation ihm ein Ende bereitete:

Cîteaux. Michel de Montaigne beklagt diese Grausamkeiten in einem seiner berühmten *Essays*: «Auf beiden Seiten allerdings spielt die Gewalttätigkeit und Ehrsucht eine so große Rolle, ist die Maßlosigkeit und die Ungerechtigkeit so groß, dass man kaum glauben kann, es handle sich um die Bekenntnisse zu verschiedenen Religionen: so sehr gleichen sich die beiden Richtungen in ihrer sittlichen Einstellung.»

Erst König Heinrich IV. (Henri Quatre), den Theodor Fontane verehrte und über den Heinrich Mann einen zweibändigen Roman schrieb, gelang es, dem blutigen Kampf ein Ende zu bereiten. Heinrich, 1553 geboren, wurde 1572 König von Navarra, das ist etwa die Gegend, die auch als Gascogne bezeichnet wird, er war also ein Gascogner wie Louis Henri Fontane. 1589 wurde er König von Frankreich, musste dazu aber die katholische Konfession annehmen; bis dahin war er einer der wichtigen Anführer der Hugenotten. So wusste Heinrich um beide Seiten und er wusste um die Grausamkeiten beider Seiten, die er beenden wollte, was ihm nicht sogleich nach Beginn seiner Regentschaft gelang. Erst 1598 erließ er das Edikt von Nantes, das den Hugenotten Religionsfreiheit sowie fast dieselben politischen Rechte wie den Katholiken gab und ihnen erlaubte, befestigte Enklaven zu ihrem Schutz anzulegen. Es ist das erste der drei Edikte, die so folgenreich für die Hugenotten waren.

Mit dem Tod des guten Königs Heinrich – er wurde 1610 von einem Attentäter erstochen, der sicherlich Hintermänner hatte – kam es wieder zu Auseinandersetzungen zwischen den beiden Konfessionen, aber sie blieben erträglich bis zur Thronbesteigung Ludwigs XIV., des Sonnenkönigs. Er wollte ein zentrales Reich mit einer einzigen Religion, der katholischen. Mit brutalen Schikanen versuchte er die Hugenotten zur katholischen Kirche zurückzuzwingen. Das gelang ihm kaum, so dass er im Jahr 1685, nicht einmal hundert Jahre nach dem Toleranzedikt von Nantes, in einem neuen Edikt dieses aufhob. Die Verfolgungen begannen, die protestantischen Kirchen wurden zerstört, die wohlhabenden Hugenotten ausgeplündert, eine Massenflucht setzte ein. Mehr als 200000 Menschen verließen Frankreich trotz aller Schwierigkeiten, die ihnen entgegengesetzt wurden. Es war eine Emigration, die Frankreich schadete und den Ländern, die den Flüchtenden sich öffneten, großen Nutzen brachte. Die Hugenotten zogen nicht nur nach Deutschland, sondern auch in die Schweiz, in die Niederlande und nach Skandinavien.

Kurfürst Friedrich Wilhelm von Brandenburg, der große Kurfürst, der die Mark schon gegen Schweden bei Fehrbellin und gegen Polen bei Warschau verteidigt hatte, verstand sogleich die Gelegenheit. Er erließ im selben Monat, in dem Ludwig XIV. sein Edikt bekannt gab, im Oktober 1685, das Edikt von Potsdam, dies das dritte wichtige Edikt. In diesem Edikt lud er die Hugenotten ein, nach Brandenburg zu kommen. Er fühlte sich verpflichtet, den verfolgten Glaubensbrüdern beizustehen und versprach ihnen sicheren und freien Aufenthalt, Gerechtigkeit und Freiheiten besonderer Art. Dieses Edikt ist wohl das Klügste und das Beste, was je ein Hohenzoller für Brandenburg tat, denn es brachte die arme, darniederliegende Provinz auf einen gewissen zivilisatorischen Stand. Die Hugenotten waren versierte Handwerker, geschickte Kaufleute und erfahrene Betreiber von Manufakturen, all dies mangelte Brandenburg.

In einem Aufsatz von 1862 «Die Mark und märkische Kriegsobersten zur Zeit des dreißigjährigen Krieges» bezeichnet Theodor Fontane den Einzug der Hugenotten Ende des 17. Jahrhunderts als den eigentlichen Beginn der brandenburgischen Geschichte. In welchem Zustand dieses Brandenburg um 1630 war, beschreibt er in eben diesem Aufsatz ziemlich schonungslos: «Die märkischen Städte damals ließen viel zu wünschen übrig und standen so ziemlich auf der niedersten Stufe in Deutschland. Nehmen wir Berlin, [...] so lässt sich mit Leichtigkeit der Beweis führen, dass die kurfürstlich brandenburgische Residenz unter allen kurfürstlichen Residenzen jener Zeit die kümmerlichste war und weder mit München und Dresden, noch mit Mainz und Köln verglichen werden konnte. Trat es gegen diese Städte in den Schatten, so blieb es ebenso sehr hinter den freien Reichsstädten im südwestlichen Deutschland, wie hinter den Hansa- und Handelsstädten im Norden zurück.» (W IV, 420) «Des heiligen römischen Reiches Streusandbüchse» hieß lange Brandenburg, das so viel Sandboten und so viele Sümpfe hatte, es war ein armes und zurückgebliebenes Land.

Diesem Land halfen nun die Hugenotten auf. Sie bauten Seiden-, Woll- und Ledermanufakturen. Sie waren Gold- und Silberschmiede, Zinngießer und Handschuhmacher, Tapeten-, Glas- und Spiegelfabrikanten. Sie brachten überhaupt erst einen Hauch der feinen Welt nach

Berlin, in ihrer Kleidung, in ihren Umgangsformen. Theodor Fontane im genannten Aufsatz: «Nach 1680 betrug die Einwohnerzahl Berlins nicht voll 10 000, zu denen sich bald darauf, nach Aufhebung des Edikts von Nantes, über 5000 französische Refugiés gesellten, so dass damals jeder dritte Mensch in Berlin ein Franzose war. Dies mag die Erscheinung erklären, dass so vieles im Berlinertum bis diesen Tag an französisches Wesen, ja oft mehr an französische als deutsche Eigenart erinnert; es erklärt auch ferner den Umstand, dass die sogenannte französische Kolonie bis zu Anfang dieses Jahrhunderts, also ungefähr 120 Jahre hindurch, ihre Sprache und Sitte in einer nominell deutschen Stadt siegreich bewahren konnte.» (W IV, 420)

Die Refugiés wurden von den Adligen und dem Königshaus freundlich aufgenommen und gefördert – zu deren eigenem Nutzen. Die Berliner waren nicht durchweg begeistert: Da kamen fremde Menschen mit fremden Gewohnheiten und einer fremden Sprache, die Privilegien besaßen, von denen die Einheimischen nur träumen konnten. Das Zusammenleben zwischen Berlinern und Franzosen war nicht ohne Spannungen. Das führte bei den Zugewanderten dazu, dass sie besondere Loyalität zu den Herrschern übten, denn diese waren es, die sie förderten und schützten. Militärische und politische Führer kamen schließlich aus der Kolonie. Und Künstler auch, jedenfalls nach einigen Generationen: Willibald Alexis, Luise von François, Otto Roquette, Friedrich de la Motte Fouqué und eben Theodor Fontane, um nur die Schriftsteller zu nennen. Adalbert von Chamisso gehörte zu den Emigranten, die 1790 nach der Französischen Revolution einwanderten.

Noch einmal aus Fontanes Aufsatz: «Unsere Geschichte hatte ihren Anfang genommen; auf den ersten Blättern standen die Namen Warschau und Fehrbellin und die Künste folgten in freier Huldigung dem neuen Siegesglanze nach. Ein geistiges Leben war erwacht, Brandenburg war der Schauplatz kirchlicher Kämpfe und doch zugleich der Schauplatz kirchlicher Duldung geworden. Französische Refugiés hatten eine Zufluchtstätte gefunden und ihre Sitte, ihr Kunstfleiß begannen der alten Mark plötzlich ein neues Ansehen, ein helleres Licht zu geben, als habe das dunkle Tannenland über Nacht sein Kleid gewechselt.» (W IV, 436)

In der Tat hatte Friedrich, der Sohn des großen Kurfürsten, ab 1701 König Friedrich I., 1696 die Akademie der Künste und der mechanischen Wissenschaften nach französischem Vorbild gegründet und dadurch Künstler, Architekten und Wissenschaftler nach Berlin gezogen. Schon 1694 hatte er die Universität Halle eingerichtet. Das Schloss erweiterte Andreas Schlüter zu einem Prachtbau, und er vollendete auch das mächtige Zeughaus Unter den Linden, einen der größten weltlichen Barockbauten Norddeutschlands.

Zur oft genannten Berliner Toleranz muss gesagt sein, dass die Kurfürsten und späteren Könige selbst Calvinisten waren im Unterschied zu der märkischen Bevölkerung, die durchweg beim lutherischen Glauben geblieben war. Die Kurfürsten hatten also nicht Toleranz gegenüber Andersgläubigen bewiesen, sondern Glaubensgenossen unterstützt, indem sie die Hugenotten einluden. Katholiken waren nach wie vor nicht willkommen und Juden nur, wenn sie sehr wohlhabend waren. Immerhin, wer heute auf dem schönen Gendarmenmarkt in Berlin steht, das Konzerthaus vor sich, das ehemalige Königliche Schauspielhaus, der sieht zu seiner Linken den deutschen Dom, also den lutherischen, und zu seiner Rechten den französischen, also den calvinistischen; sie bezeichnen die beiden Grundfesten, auf denen Preußen sich erhob.

Die Kolonieliste von 1699 verzeichnet den Namen Jacques Fontaine, in Nîmes geboren, Theodor Fontanes Vorfahre. Erst der Urgroßvater Theodors änderte den Namen Fontaine in Fontane. Dieser Fontaine ließ sich 1694 in Eberswalde nieder, dann in Berlin und arbeitete als Strumpfwirker. Nîmes, unfern der Rhone-Mündung, war ein Zentrum der französischen Seidenindustrie. Er heiratete eine Marie Duquesne, die über Mannheim nach Berlin gekommen war. Sein Sohn und sein Enkel waren Zinngießer, der Urenkel wiederum, Theodors Großvater, war Maler und Zeichenlehrer. Pierre Labry, der Vorfahre der Mutter, war ebenfalls Ende des 17. Jahrhunderts nach Deutschland eingewandert. Er stammte aus Vigan in den Cevennen. Er war Schlosser in Magdeburg, sein Sohn war Strumpfwarenfabrikant, sein Urenkel, Theodors Großvater, zog von Magdeburg nach Berlin, wo er ein Seidengeschäft leitete.

Theodor Fontane war sich immer seiner französischen Herkunft bewusst, sie gab ihm eine gewisse Distanz zu dem Märkischen, das er wiederum kultivierte in seinen *Wanderungen durch die Mark Brandenburg*. Je älter er wurde, umso mehr pflegte er die Herkunft, die ihm in jungen Jahren nicht so wichtig gewesen war. In einem Brief an seine Frau, die natürlich auch aus der Kolonie stammte, schrieb er etwa am 9. August 1875: «Alle Augenblicke empfinde ich meine romanische Abstammung. Und ich bin stolz darauf.» Und am 24. August 1882 an die Tochter Mete: «Ich bin – auch darin meine französische Abstammung verratend – im Sprechen wie im Schreiben ein Causeur.»

4. Eine beinahe glückliche Kindheit in Neuruppin und Swinemünde

Wie eng sich Theodor Fontane mit seinem Vater verbunden fühlte, zeigte sich auch darin, dass er fürchtete, im selben Alter wie dieser zu sterben. So kam er mit 72 Jahren im Jahr 1891 in eine Krise, eine schwere Krankheit erschütterte ihn, ein Nervenleiden, wie die Ärzte damals sagten, wenn sie nicht genau wussten, welche Krankheit es denn sein könnte. Fontane war oft kränklich, seine Reisen in die Sommerfrische nach Schlesien, in den Harz, die Kuren in Karlsbad waren immer Versuche, durch Luftveränderung sich Besserung zu verschaffen. Freilich waren es nicht nur Erholungs-, sondern auch Arbeitsurlaube: Er nahm Manuskripte mit, an denen er schrieb. So auch im Mai 1892, als er wieder einmal und zum letzten Mal ins Riesengebirge fuhr. Er kam mit dem Manuskript der *Effi Briest* nicht weiter, er wollte es in den Ferien vollenden. Es gelang nicht. Und so mag dies auch ein Grund für die Krise gewesen sein.

In Zillerthal bei Schmiedeberg erkrankte er wieder, nachdem die Krankheit des vergangenen Jahres überwunden zu sein schien. Er war in einem miserablen körperlichen und seelischen Zustand. Bis September blieb er mit seiner Frau noch, doch besserte sich nichts. Ein Arzt riet schließlich zu einer Nervenheilanstalt, Fontane stimmte zunächst zu, doch dann erfasste ihn ein «rechtes Grauen», wie Emilie an Sohn Friedrich am 21. Juli 1892 schrieb. «Diesen klaren, verständigen Mann so zu sehen, ist herzzerreißend.»

Auch die Rückkehr nach Berlin brachte keine Besserung. An seinen Freund Georg Friedlaender schrieb er am 25. September 1892: «Die Gesamtstimmung ist freudlos; man ist eben das gelbe Blatt am Baum um die Zeit, wo der Spätherbst einsetzt.» (Frie, 254) Es wird bald fallen. Doch er hänge immer noch am Leben, was ihm manchmal unbegreiflich sei. Er verstehe nicht, «dass wir das Wertlose für wertvoll halten und uns sträuben gegen das Abschiednehmen von Tand und Flitter. Ein Rätsel, das ungelöst bleiben wird wie alle andern. Man ächzt so weiter und freut sich, dass man atmet.» (Frie, 257) So am 28. September an Friedlaender.

Hilfe kam schließlich vom Berliner Hausarzt Wilhelm Delhaes, der Fontane keine Medikamente gab, von denen der Apotheker eh nicht viel hielt, sondern ihn als Psychologe behandelte, darin der kommenden Psychologie und Psychoanalyse vorarbeitend. Er brachte ihn dazu, wieder zu arbeiten, weil die Arbeit ihn doch erfrischte und belebte. Und er brachte ihn dazu, sich der frühen und frühesten Kindheit zuzuwenden, den Eltern und dem Elternhaus und damit sich frei zu schreiben von dem, was ihn seitdem möglicherweise belastete. Fontane ließ *Effi Briest* liegen und schrieb, was ihm lange vorgeschwebt hatte: *Meine Kinderjahre*. Und er schrieb schnell und unbeschwert. Er war wie im Nu wieder gesund. Schon am 1. November 1892 schrieb er an Friedlaender, er sei wieder ins Schreiben gekommen, was «ich von mir total zusammengebrochenen Mann nicht erwartet hätte. Und zwar habe ich schon 4 Kapitel meiner Biographie (Abschnitt: Kinderjahre) geschrieben. Da mich dieses Unterfangen sehr glücklich macht, so ist alle Korrespondenz ins Stocken geraten.» Wie fasste es Hans-Heinrich Reuter zusammen: Die düstere Krise der Alterskrankheit habe die verklärte Darstellung gesunder Kindheit ausgelöst und dies habe zur Überwindung der Krankheit geführt (Reu, 767). Schon kurz vor Weihnachten 1892 war das Buch fertig.

> «Was? Wie?
> Ne Biographie?
> Und, Gott bewahre,
> Bloß bis zum zwölften Jahre.
> Was man nicht alles erleben kann.»
> Nehmen Sie's trotzdem freundlich an.

Mit diesem kleinen Gedicht empfahl er *Meine Kinderjahre* Otto Brahm am 1. Dezember 1893 (Dr, 370); das Werk war im Verlag seines Sohnes Friedrich gerade erschienen. Das Buch hatte großen Erfolg, es ist sicher eines seiner schönsten Bücher. Und es ist so frei und leicht dahingeschrieben, was doch auch am Thema liegen mag. Denn trotz

Die Löwen-Apotheke in Neuruppin, um 1900.

aller Unbilden der Ehe der Eltern, der mangelhaften äußeren Umstände: die ersten zwölf Jahre waren alles in allem erfreulich für ihn, vor allem die fünf in Swinemünde, in denen er auflebte und herumschweifen konnte mit Freunden und Spielgenossen.

Ostern 1819 waren die Eltern in die Löwen-Apotheke in Neuruppin eingezogen, Ostern 1826 zogen sie wieder aus. Hier verbrachte die Familie zunächst gute Jahre, so gute, dass es später die Mutter wieder nach Neuruppin zog. Hier wurden nach Theodor noch drei Kinder geboren: Rodolphe, 1821, der Landwirt wurde, Jenny, 1823, die den Apotheker Sommerfeldt heiratete, und Max, 1827, der Apotheker wurde. Das letzte Kind Elise, ein Nachkömmling, kam 1838 in Mühlberg an der Elbe zur Welt; dort hatte Vater Fontane seine dritte Apotheke, allerdings nur ein Jahr lang, dann zog die Familie nach Letschin weiter, wo der Vater die vierte und letzte Apotheke erwarb. Das gute Leben in Neuruppin wurde durch die Spielsucht des Vaters zerstört. Schulden türmten sich auf. Und der Vater beschloss, die Apotheke zu verkaufen. Es war das erste und letzte gute Geschäft seines Lebens: Er erhielt das

Doppelte des Preises, den er selbst gezahlt hatte, konnte seine Schulden begleichen und sich nach einer neuen Apotheke umsehen.

Die Familie zog in eine Neuruppiner Mietwohnung, in das Haus eines Metzgers am Rheinsberger Tor, der Rinder und Schweine schlachtete. Eine Blutrinne floss durch den Hof. Ein geschlachtetes Rind hing meist an einer Leiter. Theodor entfloh, wenn wieder ein Schwein erbärmlich quiekte. Der Vater, fidel wie meistens, zog mit seinem Schimmel und einer kleinen Kalesche in Brandenburg umher, schließlich auch in den anliegenden Provinzen auf der Suche nach einer neuen preiswerten Apotheke. Diese Tätigkeit, frei herumzufahren, beim Übernachten darauf zu achten, dass vor allem sein geliebter Schimmel gut untergebracht war, in Wirtshäusern zu sitzen und mit den Leuten zu parlieren, das gefiel ihm ausnehmend. Und er hätte wohl am liebsten sein ganzes Leben auf diese Weise zugebracht. wenn nicht die Familie ihn gedrängt hätte, zu einem Ergebnis zu kommen. Das Ergebnis hieß Swinemünde. Dort kaufte er die Apotheke, und die Familie zog um: Im Juni 1827 war es endlich so weit. Drei Tage brauchten sie, Swinemünde zu erreichen; heute braucht es drei Stunden mit dem Auto. Die Mutter war nicht dabei, sie war zu einer Kur in Berlin. Ein kluger Arzt riet ihr, unangenehmen Eindrücken aus dem Weg zu gehen. Solange sie in Berlin im Kreis ihrer Freundinnen aus der Pension Lionnet lebte, war dies wohl möglich. Als sie dann nach Swinemünde kam, stellte sich das alte Nervenleiden wieder ein.

Die Hafenstadt an der Ostsee war damals noch recht unansehnlich. Theodor konnte nicht glauben, dass dies eine Stadt sei: keine Stadttore, kein Pflaster auf den Straßen, nur Sand, bei Regen Pfützen, die Häuser klein und hässlich, meist mit Strohdach, in großen Abständen aufgereiht. Da war Neuruppin, nach dem großen Brand von 1787 von Stadtbaudirektor Bernhard Matthias Brasch nach dem Reißbrett erbaut, doch etwas anderes gewesen. Das erste, was die Familie sah, als sie in Swinemünde einfuhr, war ein Sarg, der im Licht der Sonne vor dem Haus eines Tischlers glänzte. Theodor erschrak, doch der Vater behauptete, das bedeute Glück. Und er hatte recht, so der Sohn: «Es ging uns gut hier, und was mitunter anders aussah, daran war das Glück nicht schuld. Das tat, umgekehrt, sein Möglichstes für uns.» (Kin, 36) Das Haus, das sie bezogen, war ein ansehnliches Haus, wie ein altes Foto zeigt. Ein breiter Bau und beträchtlich lang, mit einem tief gezogenen Dach, dar-

Die Adler-Apotheke in Swinemünde, um 1870.

unter der erste Stock und mehrere Dachböden, auf denen es nachts spukte; Effi Briest erlebte das dann auch in ihrem Haus. Hier sagte ein Gehilfe, damals sprach man in Swinemünde noch plattdeutsch: «De oll Geisler geiht wedder um», der alte Geisler, ein früherer Bewohner, gehe wieder um. Kisten wurden auf- und zugeklappt. Und wenn der Vater meinte, das seien die Katzen, wollte es keiner glauben.

So wie die Stadt hässlich und hübsch war, so waren die Menschen. Die Einheimischen eher träge, die Zugereisten eher weltoffen. Swinemünde war eine wachsende Hafenstadt, im Hafen machten die Schiffe fest aus Dänemark und Schweden, Handelswaren kamen von fernher. Fahrensleute aus Dänemark, aus Schweden, aus Schottland waren hier hängen geblieben und hatten die Bevölkerung verändert. Doch das, was man damals die «Gesellschaft» nannte, bestand nur aus 20 Familien, mit denen die Fontanes denn auch Umgang pflegten. Einmal im Jahr gab Vater Fontane eine Gesellschaft. Er lud die Honoratioren ein. An großem Tisch im großen Zimmer nahmen die Herren Platz zu deftigem Essen und ausführlichem Trinken. Frauen nahmen wenige am Essen teil, sie servierten dann den Kaffee und zogen sich zurück, während die Gasterei sich noch lange hinzog.

Fontane berichtet von den ländlichen Bräuchen, die damals noch in diesen kleinen Städten üblich waren: vom Gänseschlachten, zu dem «Schlachtpriesterinnen», wie er sie nennt, kamen, die mit spitzem Küchenmesser den Gänsen, die schon Wochen vorher auf dem Hof gesammelt wurden, die Schädeldecke durchbohrten, ihnen dann die Federn ausrupften und sie auseinandernahmen. Das Ganze bei traurigen Liedern, die sie mit fröhlichem Juchzen begleiteten. Dem folgenden Schweineschlachten entfloh er wieder, aber «das Backen von Pfeffer- und Zuckernüssen, von Brezeln, Kranz- und Blechkuchen», vor allem vor Weihnachten, das zog die Kinder natürlich an. (Kin, 106 ff.)

Nun sollten die Kinder auch zur Schule gehen. Da es nur eine Schule gab, war dies die beste, so der Vater, und Theodor ging in die Stadtschule: eine stickige Stube, Jungs in abgetragenen Leinwandjacken, barfuß oder mit Holzpantinen, ungewaschen und ungekämmt, so jedenfalls der Berichter. Als die Mutter aus Berlin eintraf, schlug sie die Hände überm Kopf zusammen: Diese Schule war nicht standesgemäß. So erhielt Theodor Privatunterricht von den Eltern, Lesen bei der Mutter, Französisch, Latein beim Vater, der selber kaum die Schule besucht hatte, immerhin Französisch konnte er, und Geographie und Geschichte. So wurde Theodors Bildung ähnlich lückenhaft wie die des Vaters, der ein unsystematischer Lehrer war. Was ihm gerade einfiel, das lehrte er: Geographisches verknüpfte er mit Historischem, ein Prinzip, das der Sohn dann in den *Wanderungen durch die Mark Brandenburg* ebenfalls anwandte. Und natürlich Napoleon. Dichtete der Sohn später die Generäle des Großen Kurfürsten und des großen Königs in seinen Balladen zu wahren Heldengestalten empor, so befasste sich der Vater ausschließlich mit den Generälen und Marschällen Napoleons. «Kennst du Latour d'Auvergne?» «Gewiss. Er war le premier grenadier de France.» Mit diesem Wissen konnte der Sohn nirgendwo Eindruck erwecken außer im Salon seines Vaters, wo sie dann auch Szenen aus der Geschichte nachspielten, wenn die Mutter nicht in der Nähe war. So etwa mit Latour d'Auvergne, der auch, nachdem er gefallen war, beim Appell aufgerufen wurde. Der Vater rief also: «Latour d'Auvergne!» Der Sohn antwortete: «Il n'est pas ici.» (Er ist nicht da.) Der Vater. «Où est-il donc?» (Wo ist er?) Der Sohn: «Il est mort sur le champ d'honneur.» (Er ist gestorben auf dem Feld der Ehre.) (Kin, 151–2) Den Namen Latour d'Auvergne hat der Sohn jedenfalls sein Leben lang nicht vergessen.

1828 kam ein Hauslehrer in das Haus des wohlhabenden Kommerzienrats Wilhelm Krause, auch Theodor durfte an den Unterrichtsstunden teilnehmen und war erfreut über diesen Lehrer, bei dem er nun doch Wichtiges lernte. Leider verließ er Swinemünde 1830 wieder. Sein Nachfolger, der ein Jahr später antrat, war ein eitler Hamburger, der sich eigentlich zu schade war, diese Kleinstädter zu unterrichten, und bei Theodor keinen Eindruck hinterließ. Trotz späterer Schuljahre in Neuruppin und in Berlin, der wichtigste Lehrer war für Theodor sein Vater: «Wenn ich gefragt würde, welchem Lehrer ich mich so recht eigentlich zu Dank verpflichtet fühle, so würde ich antworten: meinem Vater, meinem Vater, der sozusagen gar nichts wusste, mich aber mit dem aus Zeitungen und Journalen aufgepickten und über alle möglichen Themen sich verbreitenden Anekdotenreichtum unendlich viel mehr unterstützt hat als alle meine Gymnasial- und Realschullehrer.» (Kin, 153)

Ab 1830 erschloss sich auch Theodor diesen Wissensschatz: Er begann Zeitungen zu lesen, nahm teil am Weltgeschehen und ereiferte sich über Schlachten und Revolutionen. Dabei zeigte sich seine zwiespältige Haltung, wie er meint: Einerseits hatte er Sympathien für die Revolutionäre, die mit «Gut und Blut» für ihre Sache kämpften, auf der anderen Seite aber hegte er ein starkes Misstrauen gegen dieselben – «zu welchem meist nur zu viel Grund vorhanden ist» – und neigte dann aufgrund seines «Ordnungsgefühls» zu der anderen Seite. Was er hier in hohen Jahren feststellt, ohne es nach der einen oder der anderen Seite zu beschönigen, das zeigt sich auch in seinem Leben: seine Sympathie für die Seite der Unterdrückten, Aufbegehrenden und zugleich seine Neigung zu den Kräften der Ordnung und der Beharrung: «Ich habe nichts dagegen, dies mich stark beherrschende Gefühl, das mich mehr als einmal von der meine Sympathie fordernden Seite auf die schlechtere Seite hinübergeschoben hat, als philiströs oder subaltern oder meinetwegen selbst als moralisches Manko gekennzeichnet zu sehen; es kommt mir hier nicht auf die Feststellung dessen an, was hier zu loben oder zu tadeln ist, sondern lediglich auf Aufklärung über einen bestimmten inneren Vorgang […].» (Kin, 141) Dieser Satz erklärt viel von seinem späteren politischen Verhalten: 1848 Revolutionär, 1850 Mitglied im regierungsamtlichen Literarischen Kabinett.

Das mag auch mit dem Einfluss der Eltern auf den Knaben zusammenhängen, denn dieser, das schreibt er, ist der entscheidende: der Einfluss der Menschen, den sie, auch ohne etwas zu sagen, auf die Kinder ausüben, eben durch die Art und Weise, wie sie leben und handeln. Da ist die mitunter strenge, auf Reputierlichkeit, auf Ansehen, auf Recht und Ordnung achtende Mutter, und da ist der freundliche, den wechselnden Gefühlen hingegebene Vater, der es mit der Ordnung nicht so genau nimmt. Freilich hat auch dieser seine dunklen Stunden, gerade dann, wenn er mit seiner Frau eine Auseinandersetzung hatte und sich traurig auf seine Chaiselongue zurückzieht. «So waren die zwei Persönlichkeiten, die wir tagaus tagein vor Augen hatten, und wie man mit Recht gesagt hat, das Wichtigste für den physischen Menschen sei die Luft, drin er lebt, weil er aus ihr mit jedem Atemzuge Gesundheit oder Nichtgesundheit schöpfe, so ist für den moralischen Menschen das, was er von seinen Eltern sieht und hört, das Wichtigste, denn es ist nicht eine von glücklichen Zufällen abhängige, vielfach unfruchtbare Belehrung, sondern ein Etwas, das in jenen Jahren, wo die Seele sich bildet, von Minute zu Minute seine Wirkung übt.» (Kin, 170)

An seinem zwölften Geburtstag am 30. Dezember 1831 erhielt Theodor besonders wertvolle Geschenke: Schellers Lexikon, Stielers Atlas, Beckers Weltgeschichte, «sämtlich noch in meinem Besitz und sehr von mir gehegt». Er erhielt sie gewissermaßen als Aussteuer, denn 1832 sollte er Swinemünde verlassen, um das Gymnasium in Neuruppin zu besuchen: «und statt traurig über diese Veranlassung zu sein, war ich froh darüber». (Kin, 220) Allerdings verließ er nicht nur die Familie, sondern auch die Spielgefährten, denn die meiste Zeit verbrachte er doch mit Räuber- und Soldatenspielen. Gruppen hatten sich gebildet, die um bestimmte Wiesen und Straßen sich stritten und kleine Kämpfe wie militärische Feldzüge planten, alles spielerisch und doch mit tiefem Ernst. Theodor war niedergeschlagen, wenn seine Truppe verloren hatte. Am meisten liebte er das Campieren im Freien mit den Freunden. All dies machte doch vor allem seine Zeit in Swinemünde aus und darin bestand nicht zuletzt das Glück dieser Tage. So resümierte er: «Es war [...] eine glückliche Zeit gewesen; später – den Spätabend meines Lebens ausgenommen – hatte ich immer nur vereinzelte glückliche Stunden. Damals aber, als ich in Haus und Hof umherspielte und draußen meine Schlachten schlug, damals war ich unschuldigen Herzens und geweckten Geistes gewesen, voll Anlauf und Aufschwung, ein richtiger Junge, guter Leute Kind. Alles war Poesie. Die Prosa kam bald nach, in allen möglichen Gestalten, oft auch durch eigene Schuld.» (Kin, 224)

5. Die Schulzeit in Berlin

Nur anderthalb Jahre besuchte Theodor Fontane das angesehene Gymnasium in Neuruppin, von Ostern 1832 bis Herbst 1833. Er wohnte dort bei einem Freund der Familie, im Haus des Superintendenten, in dem eine Generation zuvor der bedeutende Architekt Karl Friedrich Schinkel – den Berliner Gendarmenmarkt verdanken wir ihm – aufgewachsen war. Neben diesem Haus steht das Haus der Löwen-Apotheke, in dem Theodor geboren wurde. Im Gymnasium traf er einen Freund aus den Neuruppiner Kindheitstagen wieder: Hermann Scherz, den Sohn des Gutsbesitzers im nahen Krentzlin, mit dem er ein Leben lang verbunden blieb. Zusammen mit ihm und auf dessen Einladung hin unternahm er seine erste England-Reise.

Im Gymnasium lernte er den autoritären preußischen Schulmeister kennen, der ihm bisher erspart geblieben war. Das «Autoritative» habe die Hauptrolle in der Schule gespielt, erinnerte er sich. Schönheit, Freiheit, «die doch bei allem Lernen und Wissen immer die Hauptsache bleiben», hätten gefehlt, stattdessen gab es «Bombast» und «hochgestelzten Galimathias». Der Rektor war das Urbild des preußischen Untertanen: «Entsprechend dem allen war der Grad sittlicher Freiheit und stolzer Unabhängigkeit an dem Manne selbst; ein Donnerer in den Klassen, aber devotest ersterbend jeder vorgesetzten Behörde und ihren Trägern gegenüber, sie mochten sein, wie sie wollten.» (W I, 176) So wuchs Theodors Widerwillen gegen Schulgelehrsamkeit und Examina, der sich bis in seine späten Jahre hielt.

Der Vater beschloss schließlich, ihn aus diesem Gymnasium herauszunehmen und in die Friedrichswerdersche Gewerbeschule in Berlin zu geben, in der er sich mit den Realien des Lebens befassen sollte, was seinem zukünftigen Beruf als Apotheker dienlicher wäre als Griechisch und Latein. Die Schule leitete ein viel gelobter Pädagoge, Karl Friedrich von Klöden, was aber Theodors Begeisterung für den Unterricht nicht weckte. Er tat das Nötigste, schwänzte jedoch meist am Nachmittag und saß lieber in den Lesecafés, wo er sein Wissen aus den ausliegenden Zeitungen ergänzte, darin seinem Vater folgend. «Das Resultat dieses unterbrochenen Schulgangs war, dass ich anstatt eine Sache wirklich zu lernen, um alles richtige Lernen überhaupt kam und von links her die Gymnasialglocken, von rechts her die der Realschule habe läuten hören, also mit minimalen Buchstücken einerseits von Latein und Griechisch, andererseits von Optik, Statik, Hydraulik und Anthropologie [...] meinen Lebensweg antreten musste.» (Zw, 130) Manchmal habe ihn allerdings der Wunsch bedrängt, fleißig und tüchtig zu sein, «ein Hang nach Arbeit und solider Pflichterfüllung, mein bestes Erbstück von meiner Mutter her». Doch der Einfluss des Vaters war stärker, zumal er in Berlin auf seinen Onkel August traf, einen Halbbruder des Vaters, der diesen in seiner lockeren Lebensweise bei weitem übertraf.

Theodor lebte während seiner Berliner Schulzeit, auch noch zu Beginn seiner Lehre, bei diesem Onkel und dessen Frau, Tante Pinchen. Und lernte dadurch nicht nur den Onkel kennen und bewundern und ablehnen zugleich, sondern auch die sozialen Verhältnisse in Berlin. Nun war er in Swinemünde nicht verwöhnt worden. Man hat einen falschen Eindruck von Preußen, wenn man annimmt, alles sei so mustergültig organisiert gewesen wie Militär und Staatswesen. Keineswegs. Die Menschen waren auf sich angewiesen, Hilfe vom Staat gab es keine. Jeder musste sehen, wie er zurechtkam. Für Theodor war dies nichts Neues: «Ich war unter Verhältnissen großgezogen, in denen überhaupt nie was stimmte. Sonderbare Geschäftsführungen und dementsprechende Geldverhältnisse waren an der Tagesordnung. In der Stadt, in der ich meine Knabenjahre verbrachte hatte – Swinemünde –, trank man fleißig Rotwein und fiel aus einem Bankrott in den anderen, und in unserem eigenen Hause, wiewohl uns Katastrophen erspart blieben, wurde die Sache gemütlich mitgemacht, und mein Vater, um seinen eigenen Lieblingsausdruck zu gebrauchen, kam aus der Bredouille nicht heraus.» (Zw, 146) Einzige Ausnahme in diesem Milieu war die noble Haltung seiner Mutter.

Onkel August war das Kind der zweiten Ehe von Großvater Pierre Bartélemy Fontane, ein Spätling, wie es hieß, da der Großvater schon an die 50 war. August war ein hübsches liebenswertes Kind und wurde verwöhnt. Er wollte Künstler werden, musste aber auf Wunsch des Vaters bei «Quittel» unter der Stechbahn in die Lehre gehen, in ein

vornehmes «Putzgeschäft», heute würde man Modehaus sagen, in dem
vor allem der Adel einkaufte. Doch August blieb nicht lange. Er nahm
schließlich doch Unterricht beim bekannten Historienmaler Karl
Wach, malte auch erste Bilder, darunter ein schönes Porträt seines
Vaters, blieb aber nicht dabei. Er wollte Sänger und Schauspieler werden, erhielt sogar ein erstes Engagement in Magdeburg; dort lernte er
seine Frau, die Schauspielerin Philippine Sohm, kennen.

Das Paar gab seine Theaterträume auf und zog nach Berlin, wo August ein Geschäft für Künstler- und Malerbedarf in der Burgstraße 18
eröffnete. Im Parterre war das Geschäft, im ersten Stock die Wohnung.
Und in diese zog Theodor ein, als er 1833 nach Berlin kam. Er hatte
eine Art Verschlag auf einem größeren Treppenabsatz, in dem er nicht
immer allein schlief. Einmal wohnte ein Bruder von Tante Pinchen bei
ihm, der ebenfalls Schauspieler war und nach einem Gastspiel in einer
kleinen Stadt eine so schlechte Kritik erhielt, dass er sich erschoss. Erfolgreicher war der zweite Gast, diesmal ein Verwandter von Onkel
August, also auch von Theodor: der Maler Heinrich Goetke, der dann
nach Helgoland zog, um die beliebten Seestücke zu malen. Dort begann er ein Verhältnis mit einer jungen Helgoländerin. Als er die Insel
wieder verlassen wollte, zwangen ihn die Helgoländer, diese junge
Frau zu heiraten. Er blieb also, wurde ein Ornithologe, dessen Werk
«Auf der Vogelwarte» weithin bekannt wurde, und führte schließlich
das Leben eines «Inselkönigs».

Onkel August dagegen ging bankrott, lebte aber weiterhin guten
Mutes, besuchte am Vormittag regelmäßig die großen Kaffeehäuser –
Josty oder Stehely – und unternahm gerne am Nachmittag Ausflüge
nach Charlottenburg. Er hatte immer genügend Geld, woher, wusste
niemand. War er auf der Bühne ein schlechter Komödiant, so war er
im Leben ein guter Schauspieler, so sein Neffe. Die neue Wohnung, die
alte war zu teuer, lag in der Großen Hamburgerstraße in einem feuchten Neubau; im Zimmer Theodors floss Wasser die Wand herunter. In
diesem Haus sammelten sich arme Menschen, heruntergekommene
Adlige, kleine Beamte, die wegen Untreue entlassen worden waren,
arbeitslose Arbeiter, Waschfrauen, Näherinnen, auch eine puella pub-
lica, wie sich Vater Fontane vornehm ausdrückte, als er einmal zu Besuch kam. Hier lernte Theodor den Alltag der kleinen Leute in Berlin
kennen. Doch sein Leben vollzog sich eher in den Bahnen des Onkels,

er schwänzte die Schule, um ebenfalls in Kaffeehäusern zu sitzen, wenn auch nicht bei Josty, sondern in billigeren, in denen ihm kaum jemand die Zeitungen streitig machte, die er eifrig las.

Die Berliner Lesecafés kamen in den dreißiger Jahren des 19. Jahrhunderts auf. Sie wurden meistens von Schweizern eingerichtet, die in Preußen nicht die Freiheit suchten, die es dort nicht gab, sondern das Geschäft und ein wenig Freiheit mitbrachten. Sie boten guten Kaffee, süßen Kuchen und feine Schokolade. Und sie legten alle erreichbaren Zeitungen deutscher Sprache aus, so dass jeder dort lesen konnte, was in der Welt vor sich ging, so weit es die Zensur erlaubte. Künstler, Intellektuelle sowie wohlhabende Kaufleute besuchten diese Cafés, und wenn auch politische Diskussionen weder in den Blättern noch sonst in der Öffentlichkeit möglich waren, so kam es doch zu kleinen Debattierklubs, denen die Spitzel gerne lauschten. Dem Schüler Theodor, er war 14, dann 15 Jahre alt, boten die Blätter Zugang zur großen Welt der Literatur, wenn er auch meist nur in die Konditorei seines Freundes Anthieny gehen konnte, Ecke Schönhauser- und Weinmeisterstraße, weil diese preiswert war und im Norden Berlins lag, wohin die feine Welt nicht kam und die Lehrer der Gewerbeschule auch nicht. Er las am liebsten den *Berliner Figaro* und darin, Politik kam nicht vor, die Theaterkritiken, die Gedichte und die Novellen.

Der Onkel kümmerte sich nicht um ihn, hatte er doch größeren Ärger. Man hatte ihm – merkwürdig genug – Gelder von Mündeln anvertraut, die er bei Josty und anderswo ausgegeben hatte. Den Verfolgungen zu entgehen, zog er nach Sachsen, kam aber nach Jahren wieder nach Berlin zurück. 1846 wohnte Theodor noch einmal beim Onkel, diesmal in der Dorotheenstraße, der Onkel war in der Lüderitzschen Kunsthandlung Unter den Linden tätig. Im März 1848 war August natürlich auf Seiten der Revolutionäre wie sein Neffe auch. Danach beschloss er, nach New York zu gehen, ins freie Amerika. Er nahm eine Kiste mit Kupferstichen von Lüderitz mit, die er in dessen Auftrag drüben verkaufen sollte. Das tat er auch, nur verbrauchte er den Erlös selbst mit Tante Pinchen, Lüderitz sah niemals etwas davon. So konnte August auch nicht mehr nach Berlin zurückkehren.

Er wurde Reisender und Agent für ein Pelzwarengeschäft. Eines Tages kam dem Neffen der Zeitungsausschnitt eines New Yorker Blattes in die Hände, ein Freund hatte ihn geschickt, in dem von Onkel

August die Rede war. Ein Mr. Fontane sei als Geschäftsreisender bis auf die Aleuten gelangt, stand dort – das ist eine Inselgruppe vor Alaska in der Beringstraße –, wo er auf einen Moskauer Pelzhändler getroffen sei, der ebenfalls Fontane geheißen habe. Auch dieser Fontane stammte aus einer Hugenottenfamilie, auch aus der Gascogne, möglicherweise war er sogar ein Verwandter. Es kam zu einer großen Verbrüderung auf den Aleuten. Danach war Onkel August noch in anderen Berufen tätig, einmal kam das Gerücht auf, er wäre auf dem Mississippi ertrunken, ein Dampfkessel wäre explodiert. Das stimmte aber nicht. Onkel August starb 1870 friedlich mit 66 Jahren in New York, und Tante Pinchen kehrte nach Berlin zurück, wo sie bei ihrer Pflegetochter ihre letzten Tage verlebte. Vielleicht findet sich noch jemand, der die Lebensgeschichte dieses Onkels schreibt.

Für Theodor Fontane wurde sie im Rückblick zu einer Schreckensgeschichte. Er fand, dass diese «liebenswürdigen Taugenichtse», wie sein Onkel einer war, die «gefährlichsten Menschen» seien, gefährlicher als die «Grobiane», bei denen man erkenne, was sie im Schilde führten. Die Liebenswürdigen aber tarnten sich geschickt. Beide hätten einen Moraldefekt, weil ihnen die Tragweite dessen, was sie tun, nie bewusst würde. «Dieser Moraldefekt ist eben eine Gottesgabe für sich, die sich mit jedem Temperament und jeder Manier verträgt. Am furchtbarsten ist die Gruppe der im Stillen ihr Schäfchen scherenden Biedermeier.» (Zw, 384) Wenn ihm jemand in späteren Jahren das Kompliment machte, er sei «liebenswürdig», erschrak er: Wie Onkel August wollte er auf keinen Fall sein.

Dabei verdankte er diesem Onkel doch auch die Bekanntschaft seiner zukünftigen Frau. Als er sie kennenlernte, war sie zehn Jahre alt und er fünfzehn. In dem Doppelhaus in der Großen Hamburgerstraße, in dessen einer Hälfte Onkel August im Parterre wohnte, gab es in der anderen Hälfte, drei Treppen hoch, einen älteren Herrn aus dem Sächsischen, den alle Mitbewohner, «lauter kleine Leute», nicht ohne Respekt «Rat Kummer» nannten. Dieser Rat war Freund und Jeu-Partner von Onkel August, so dass der junge Theodor auch die Adoptivtochter des Rats kennenlernte und in ihr eine Spielgefährtin fand: Emilie Kummer, die eigentlich Emilie Rouanet hieß und «früh verwaist», so Theodor Fontane, von eben diesem Rat aufgenommen worden war. (Zw, 366) Sie war jedoch nicht verwaist, sondern ein uneheliches Kind. Ihre Mutter lebte noch, und sie lernte sie auch noch kennen.

Emilie war die Enkelin von Etienne Rouanet, einem Franzosen, der erst in den sechziger Jahren des 18. Jahrhunderts nach Preußen gekommen war, also kein Refugié war, vielmehr in Neufchâtel (Neuenburg), das damals zu Preußen gehörte, für die preußische Armee geworben worden war. Da er groß war und vorzüglich französisch sprach, schätzte ihn der Alte Fritz sehr und gab ihm, als er den Dienst quittierte, eine Empfehlung an den Rat von Beeskow, der dieser willfahren musste: Rouanet wurde Stadtkämmerer mit enorm hohem Gehalt, das ihm auch im Ruhestand gezahlt werden musste, ungekürzt. Die Hoffnung der Beeskower, dass er nicht allzu lange diese Rente verzehre, erfüllte sich nicht. Der Kämmerer wurde 92 Jahre alt.

Thérèse, die jüngste Tochter des Kämmerers aus seiner dritten Ehe mit der Beeskower Apothekerstochter Louise Horn, hatte mit 22 Jahren den Prediger Johann Heinrich Müller geheiratet, von dem sie drei Kinder hatte, als er schon nach fünf Jahren Ehe verstarb. Sie zog zurück ins Haus ihres Vaters, wo sie den Militärarzt George Bosse vom 3. Ulanen-Regiment aus Fürstenwalde traf und sich anscheinend in ihn verliebte. Jedenfalls gebar sie 1824 in Dresden, wohl damit es niemand in Beeskow bemerkte, eine Tochter, die auf den Namen Georgine Emilie Caroline in der Dresdner Kreuzkirche getauft wurde, während der «uneheliche Kindsvater», wie es hieß, nach Köln verzogen war. Das Kind wurde zunächst von einem Onkel August Rouanet aufgenommen, dann, als dessen Frau das Mädchen immer mehr ablehnte, in einer Zeitungsanzeige von Diakon Wilhelmi, Prediger in Beeskow, angeboten: «Sollte ein kinderloses Ehepaar geneigt sein, ein dreijähriges, gesundes, wohlgebildetes Kind (Mädchen) an Kindesstatt anzunehmen, so würde dasselbe, unter Zusicherung einer namhaften Summe unter S 42 zu erfragen sein.» (Dr, 84)

Es meldeten sich zahlreiche Ehepaare, wohl auch durch die namhafte Summe angelockt. Die Wahl fiel schließlich auf den seriösen Rat Kummer in Berlin, wohin Wilhelmi die kleine Emilie brachte. Bei diesem Rat und seiner Frau ging es dem Kind gut, leider starb die Frau bald und die Dienstmädchen, denen sie nun übergeben wurde, waren meist grob und herzlos. Daran änderte sich auch nichts, als der Rat ein zweites Mal heiratete, eine ältere begüterte Witwe, von der er sich aber bald wieder trennte. Ein vernachlässigtes Kind, schäbig gekleidet, mit schwarzen Haaren und schwarzen Augen, südländischen Typs, als käme sie aus den Abruzzen, so fand sie der junge Theodor Fontane: «Ich möchte beinahe sagen, dass ich mich auf der Stelle in das sonderbare Kind verliebte.» (Zw, 370) Er war sogar eifersüchtig auf seinen Freund Hermann Scherz, der ebenfalls bei Onkel August wohnte, denn dieser erfand lustigere Spiele für das Mädchen als er selbst. «Das Jahr danach kam ich von der Schule fort, sah die Kleine nur noch selten und verlor sie schließlich während meiner in Leipzig und Dresden zugebrachten Tage ganz aus dem Auge.» (Zw, 373) Erst 1844, neun Jahre später, traf er sie wieder.

Rat Kummer hatte inzwischen dafür gesorgt, dass Emilie eine gute Schule besuchen konnte, in der nur Töchter reicher Bürger und adlige Fräuleins vom Lande anzutreffen waren. Emilie kam sich unter diesen feinen Kindern vor wie Aschenputtel und war nicht glücklich. Ihr Leben änderte sich erst, als sie Kontakt zu ihren bereits verheirateten älteren Schwestern aufnehmen konnte und zu ihrer Mutter. So besuchte sie eine ihrer Schwestern in Ludwigslust, dem freundlichen Ort, in dem die Sommerresidenz der Herzöge von Mecklenburg-Schwerin stand. Dort blieb sie gern länger und nahm an den fröhlichen Gesellschaften teil, zu denen die Schwester sie mitnahm. Und sie fuhr zu ihrer Mutter, die noch einmal geheiratet hatte, einen Oberförster Triepke in Dammersdorf bei Liegnitz in Schlesien. Auch dort war sie willkommen, konnte lange bleiben und fand endlich Zuneigung und Wohlwollen, die sie lange entbehrt hatte.

6. Armer Apotheker, ehrgeiziger Poet

1836 mit 16 Jahren begann Theodor Fontane seine Lehre in der Berliner Apotheke Zum Weißen Schwan in der Spandauer Straße, Ecke Heidereitergasse. Besitzer der Apotheke war Wilhelm Rose, dessen Großvater, in Neuruppin 1736 geboren, seine Apothekerlaufbahn in Berlin beendete, wo er den Weißen Schwan kaufte. Er starb früh, einige Zeit leitete daraufhin Heinrich Klaproth die Apotheke, bis der Sohn Valentin Rose seine Ausbildung beendet hatte und die Apotheke weiterführte. Wilhelm Rose, der Sohn dieses Valentin, führte die Apotheke also in der dritten Generation.

Damals war ein Studium nicht die Voraussetzung des Apotheker-berufs wie heute, es war eher umgekehrt. Der Apothekerberuf war die Voraussetzung für das Studium der Botanik, der Mineralogie und der Chemie, das es an den Universitäten noch nicht gab. In den Apotheken wurden pharmazeutische und chemische Untersuchungen gemacht und wichtige Erfahrungen gesammelt. Damals gab es noch kaum fer-tige Präparate. Die meisten Arzneimittel wurden nach Anweisung des Arztes vom Apotheker hergestellt, eine verantwortungsvolle Aufgabe, die eine gute Kenntnis der Heilpflanzen und der Mineralien voraus-setzte. Die jahrelang geschulten und erprobten Apotheker konnten dann in der beginnenden pharmazeutischen Industrie ihr Wissen an-wenden und in den Universitäten ihre Kenntnisse weitergeben. So wurde jener Heinrich Klaproth, der einige Zeit die Apotheke Zum wei-ßen Schwan geleitet hatte, ein berühmter Chemiker, der den ersten Lehrstuhl für Chemie an der Berliner Universität erhielt. Auch zwei Brüder von Wilhelm Rose, Heinrich und Gustav Rose, ebenfalls Apo-theker, wechselten den Beruf und wurden bekannte Wissenschaftler, Mineraloge der eine, Chemiker der andere. Wilhelm blieb ihnen gegen-über zurück: «Unter diesen Berühmtheiten bewegte er sich als ein Unberühmter, immer beinahe krampfhaft bemüht, sich durch irgend-was Apartes als ein Ebenbürtiger zu erweisen.» (Zw, 23)

In Fontanes zweitem und leider letztem autobiographischen Band *Von Zwanzig bis Dreißig*, an dem er in seinen drei letzten Lebensjahren schrieb und der im Jahr seines Todes 1898 erschien, kommt sein Lehr-meister Wilhelm Rose nicht gut weg. Dabei war er doch relativ freund-lich zu ihm, zeigte im Gegensatz zu den anderen Lehrern eine gewisse Überlegenheit und schrieb später mehrmals wohlwollende Zeugnisse für seinen Lehrling. So klingt Fontanes Urteil, wie er selbst schreibt, «ein wenig lieblos und ist insoweit auch unverdient», aber: Rose ist für ihn der exemplarische Bourgeois, die Gestalt, die er wohl am meisten verabscheute, siehe Frau Jenny Treibel und ihre Haltung und Rede im gleichnamigen Roman. Adligen gegenüber mag er nachsichtig sein, kleine Leute haben meistens seine Sympathie, aber der Bourgeois ist ihm zuwider. Nun muss Wilhelm Rose die «Geldsackgesinnung» ver-körpern: «Alle geben sie vor, Ideale zu haben; in einem fort quasseln sie vom Schönen, Guten, Wahren und knixen doch nur vor dem goldenen Kalb, entweder indem sie tatsächlich alles, was Geld und Besitz heißt, umcouren oder sich doch innerlich in Sehnsucht danach verzehren.» (Zw, 21) Die ohne Geld seien sogar die schrecklicheren, weil ihr Leben eine einzige Lüge sei. Die zweite Eigenschaft, die solche Bourgeois auszeichne, sei ihre Selbstliebe. Alles, was sie selber machten, besäßen und glaubten, wäre erster Güte. Zu Rose: «Jegliches, was seine Hand berührte, nahm schon dadurch einen Höhestandpunkt an.» (Zw, 22) Dabei war es nur mittelmäßig.

In diesem ersten Kapitel des Buches *Von Zwanzig bis Dreißig*, das doch die Lehrzeit in der Apotheke schildern sollte, steht noch eine andere über diese hinausweisende Äußerung, nämlich eine zu Kunst und Kunstpublikum. In der Apotheke verkaufte der Lehrling Fontane Karten für die Konzerte, die in der nahen Garnisonskirche stattfanden. Oratorien von Graun, Händel und Mendelssohn wurden dort aufgeführt, und die feine Gesellschaft drängte sich um Theodors Schalter. Er ging dann auch in das Konzert, war auch zunächst begeistert vom Wohlklang der Musik, bis er anfing sich zu langweilen, weil er eben nichts von Musik verstand. So ging es ihm sein Leben lang: «Man muss etwas verstehen, muss folgen können.» Und sein Schluss: «Der berühmte Satz, Kunst ist für alle, ist grundfalsch. Kunst ist umgekehrt für wenige und mitunter ist es mir, als ob es immer weniger würden. Nur das Beefsteak, dem sich leicht folgen lässt, ist in einer steten Machtsteigerung begriffen.» (Zw, 27)

Nun erlebte gerade er in der Roseschen Apotheke Kunstgenüsse, freilich keine musikalischen, sondern literarische. Rose kaufte nämlich Bücher, um sich als Kunstliebhaber zu zeigen, las sie aber nie. Dafür las der Lehrling, vor allem den *Telegraph* Karl Gutzkows, die Zeitschrift, in der er alle Autoren des Jungen Deutschland kennenlernte. Ludolf Wienbargs Novelle «Byrons erste Liebe» fand er «hinreißend». Er las sie bei der Nachtwache, als Rose nach Hause kam und erstaunt war, dass sein Lehrling nicht den «alten Hagen», das Apothekerbuch, pflichtgemäß las, sondern schöne Literatur. Rose ließ es aber gelten: «das Rosesche muss mit anderer Elle gemessen werden». (Zw, 29) So brachte die Lehrzeit denn auch den Beginn des Schriftstellers Theodor Fontane, und ausgerechnet beim Queckenrühren. Queckenextrakt – Quecke ist eine Graspflanze, die auch Haargerste genannt wird – galt als besonders heilsam, eine Mode, die Rose großen Gewinn brachte. Er stellte den Extrakt nicht nur eimerweise her, sondern fässerweise. Viele große Fässer gingen nach England. Und Fontane musste die Queckensuppe rühren. So saß er tagaus, tagein an einem großen Zinnkessel, um mit einem Ruder die Suppe «umher zu pätscheln», eine eintönige Tätigkeit, bei der er ins Sinnen und ins Schreiben kam. In der Freistunde schrieb er dann nieder, was er am Kessel sich ausgedacht hatte.

So entstand die Novelle *Heinrichs IV. erste Liebe* nach dem Wienbargschen Vorbild und mit dem guten König Henri Quatre als Helden. Und ein Roman nach einer wahren Begebenheit *Du hast recht getan*. Dieser erste Roman brachte eine Kriminalgeschichte wie andere frühe Werke, die sich nicht mit den späteren Gesellschaftsromanen messen können, also wie *Grete Minde* und *Ellernklipp*. Eine junge Frau, die glücklich mit einem Förster verheiratet ist, wird von ihrem ehemaligen Liebhaber erpresst. Sie gibt ihm Geld; als sie keines mehr besitzt, kommt es zu einer heftigen Auseinandersetzung. Der Erpresser hat ein Gewehr dabei, das die Frau ihm entwindet. Sie schießt ihn nieder und geht sodann zu ihrem Mann, ihm alles zu beichten. Und der sagt die Worte, die im Titel stehen: «Du hast recht getan». Der junge Autor schickte das Werk an das viel gelesene Blatt *Volksfreund*. Das Manuskript kam jedoch zurück: Es wäre «zu anzüglich». (Zw, 35)

1840 ist ein wichtiges Jahr im Leben des jungen Fontane, er war nun 20 Jahre alt. Ende 1839 beendete er die Lehre, er bestand das Examen und hieß jetzt in der Apotheke nicht mehr «Junger Herr», sondern «Herr». Nach dem Examen, das kaum 20 Minuten gedauert hatte und sehr freundlich ablief, besuchte er die Konditorei D'Heureuse, um sich zu belohnen. Dort griff er sein Leibblatt, den *Berliner Figaro*, und las eine Novelle *Geschwisterliebe*, vier Spalten, Fortsetzung folgt, von einem Th. Fontane. Es war seine erste wichtige Publikation. An einem einzigen Nachmittag war er zum «Herrn» und zum «Novellisten» promoviert worden: «das war großartig». Vorher war auch schon mal ein Gedicht von ihm im *Figaro* erschienen, aber eine Novelle, das war doch etwas anderes. Von Januar bis März 1840 brachte der *Figaro* zwölf Gedichte des jungen Autors. Er kam jetzt in Kontakt mit anderen Literaten, und dazu verhalf ihm zunächst sein Schulfreund Fritz Esselbach, der gute Verbindungen hatte, die Fontane nicht besaß.

Fritz Esselbach, «von mäßigen Anlagen», aber ein «ausgezeichneter Charakter», war feinsinnig, vornehm und verbindlich. Er gewann rasch Kontakt und kannte viele Leute. So nahm er Fontane zu einer

Hochzeit mit, die im Mendelssohnschen Hause stattfand. Und das war nun allererste Adresse. Des armen verlegenen Jungen nahm sich ein Militär an, der – wie sich schließlich herausstellte – der Schwager Franz Kuglers war, ein Major Baeyer, dann General, ein berühmter Geodät und Begründer der europäischen Gradmessung. Zum ersten Mal war der schüchterne Junge in wichtige Berliner Kreise gelangt, die ihm erst später, als er Mitglied des literarischen Vereins Tunnel über der Spree wurde, sich erschlossen. Und dann traf er auch den General wieder im Hause Franz Kuglers, denn dieser gehörte zu dem Verein, ein bekannter Kunsthistoriker, Professor an der Universität, Verfasser bedeutender Werke der Kunstgeschichte, aber auch belletristischer Literatur. Er war verheiratet mit einer Tochter des Kammergerichtsrats Julius Eduard Hitzig, eines Kriminalschriftstellers und Freundes des wunderbaren romantischen Schriftstellers E. Th. A. Hoffmann. Taufpate der Tochter Margarethe war der bedeutende Poet Joseph von Eichendorff gewesen, den Fontane auch dort noch sah.

Doch zunächst hatte er Zugang zu bescheideneren Vereinen, der erste war der Lenau-Verein, in dem einige junge Leute sich trafen, um sich ihre Gedichte vorzulesen und sie zu beurteilen. Einer war der Student Hermann Maron, der später nach Japan ging und auch ein Buch über Japan schrieb, aber nach der Rückkehr nicht recht zu Beruf und Geld kam, bis er eine ältere schlesische Dame mit Vermögen heiratete, mit der er «halbwegs glücklich» war, «wenn das Gefühl aus den Schulden und Verlegenheiten heraus zu sein, einen Menschen glücklich macht», so Fontane in *Von Zwanzig bis Dreißig* (Zw, 44). Vierzig Jahre später traf Fontane ihn noch einmal, da war das Geld der Dame ausgegeben und Maron am Ende. Die Frau, die ihn ehrlich liebte, wollte er nicht allein lassen, wenn er denn aus dem Leben schied. So beschloss er: «Das Beste ist, sie stirbt mit.» (Zw, 45) Nach dem gemeinsamen Frühstück erschoss er die Ahnungslose und dann sich selbst. Ein Tod wie der von Henriette Vogel und Heinrich von Kleist 1811.

Bedeutender als Maron war Julius Faucher, eine Rundum-Begabung, ein Genie gar, der gelangweilt zuhörte, wenn die andern Gedichte lasen, weil er nicht zu wenig, sondern zu viel Kunstverstand hatte. Faucher, der ebenfalls der Berliner Kolonie entstammte, wurde später Nationalökonom, gründete den Freihandelverein in Berlin und vertrat als Redakteur die Ideen des Liberalismus. Nach der misslungenen Revolution ging Faucher 1849 nach London, wo er als Journalist für englische Zeitungen arbeitete. Dort traf ihn Fontane wieder, Faucher half ihm bereitwillig, sich in Stadt und Gesellschaft zurechtzufinden.

Faucher war Redakteur des *Morning Star*, litt aber unter der geringen Stelle, die ihm seiner Begabung nicht angemessen erschien. Um seine gesellschaftliche Stellung zu verbessern, plante er deshalb eine aufwendige Soirée, zu der er angesehene Damen und Herren einladen wollte und vor allem den Bischof von Oxford, der als ein «gesellschaftliches non plus ultra» galt, wie Fontane schreibt. Faucher mietete eine prächtige Wohnung für vier Wochen im besten Viertel Londons, bestellte Essen und Trinken bei einem bekannten Traiteur in der Regent Street und engagierte fünf Diener in schöner Livrée. Der Bischof sagte zu. Am Abend des Festes stand die Hausherrin am Eingang des Salons, die zahlreichen Gäste zu begrüßen, die alle auf den vornehmen Bischof warteten. Endlich erschien er, begrüßte die Dame des Hauses, schritt durch die prachtvollen Räume, überall mit einer freundlichen Handbewegung winkend und verließ wieder das Haus. Das Ganze hatte kaum fünf Minuten gedauert, aber am nächsten Tag stand in allen Londoner Zeitungen: «Gestern Abend fand ein glänzendes Fest bei Mr. und Mrs. Faucher statt, in Westbourne Terrace; der Bischof von Oxford war anwesend.» (Zw, 64) Fauchers Stellung verbesserte sich leider nicht, denn er wurde erdrückt von den Kosten des Abends, verließ sofort am Tag danach die Wohnung und zog in eine entlegene Gegend, wo die Gläubiger ihn suchen mussten. Das war 1858.

Nach seiner Rückkehr nach Berlin 1861 war Faucher Abgeordneter der preußischen Fortschrittspartei, nach wie vor für Freihandel eintretend. Nach 1871 ging er wieder nach London, enttäuscht von der Entwicklung in Deutschland nach dem Sieg über Frankreich. Er erwartete nichts Gutes. Vor seinem Weggang traf ihn Fontane zufällig im Berliner Zoologischen Garten und erinnerte ihn an den Satz, den er in London gerne gesagt hatte: Jetzt muss Geld und Weltgeschichte gemacht werden. Den Misserfolg in der Weltgeschichte, erwiderte Faucher, den hätte er noch hingenommen, den mit dem Geld aber nicht. Der sei schmerzlich. Sie sprachen über Bismarck und die Milliarden, die Frankreich Deutschland zahlen musste. Faucher: «Deutschland hat nichts davon. Sie ruinieren uns.» (Zw, 72) Womit er recht hatte. Er starb 1878 auf einer seiner vielen Reisen in Rom.

In den Platen-Verein kam Fontane wiederum durch Zufall. Am Silvesterabend 1839 hatte er einen Maler Flans kennengelernt, der ihn in den Verein einlud. Dort traf er freundliche und merkwürdige Gestalten, alles Dichter, deren Gedichte niemand druckte und niemand las. Ausnahme Werner Hahn, schon Doktor der Philosophie, der sich später «mit Mühe und Fleiß zu einem vielgelesenen Schriftsteller» heraufarbeitete. Er übersetzte die *Edda* und verfasste eine *Geschichte der poetischen Literatur in Deutschland*. Mittelpunkt des Vereins war Edgar Hanisch, eine bizarre Gestalt, wie einer Erzählung von E. Th. A. Hoffmann entsprungen: schlank, fast mager, ein zu großer Kopf auf schmalen Schultern, leuchtende Augen, wolliges Haar. Und die Kleidung: gelbe Beinkleider, zeisiggrüner Rock mit Samtkragen und immer eine Rose im Knopfloch. Er war Student der Theologie gewesen, dann aber in Zweifel gefallen, so dass er das Studium aufgab, das ihm eine sichere Stelle verschafft hätte. Nun lebte er, arm und auf Unterstützung der anderen angewiesen, nur noch der Kunst. Er war fest davon überzeugt, allen anderen Sterblichen überlegen zu sein. Man sieht, dass E. Th. A. Hoffmann nicht so viel fantasierte, wie man gewöhnlich annimmt: Er hielt nur die Augen auf in den Berliner Straßen. Hanisch führte dann ein Wanderleben, mal hörte man aus Genf, mal aus Paris von ihm, bis er wieder in den Schoß des Christentums zurückkehrte, was alle, die ihn kannten, auch erwartet hatten. Er wurde Pfarrer «in einem weit westlich der Elbe gelegenen Dorf». Dort lebte er weiterhin «dieselbe Superiorität, denselben Glauben an sich, dieselbe Unfehlbarkeit und schrecklich zu sagen auch dieselbe Ironie». (Zw, 79)

Schon im Spätsommer 1840 verließ Fontane Berlin und damit die beiden «Kleindichterbewahranstalten», wie Emanuel Geibel den Verein Tunnel über der Spree nannte, eine Bezeichnung, die aber doch mehr auf den Platen- und den Lenau-Verein zutraf. Vor dem Tunnel trat Fontane noch einem anderen Dichterverein bei: dem Herwegh-Klub in Leipzig. Damit sind die beiden Positionen benannt, die damals das lyrische Schaffen der deutschen Autoren weitgehend bestimmten: entweder Nachahmung der Romantik, also Lenau, oder Mittun im Jungen Deutschland, also Herwegh, entweder gefühlvolle melancholische Dichtung oder emphatische Aufrufe für Recht und Freiheit im Sinne des Vormärz, also der Zeit vor der Revolution im März 1848. Für beide Richtungen bietet der 17 Jahre junge Fontane Beispiele. Seine frühen Gedichte sind nur in Abschriften der Familie überliefert und in einer handschriftlichen Sammlung, die Theodor für seine «innig geliebte Mutter», so die Widmung, 1837 zusammenstellte. Die Widmung war wohl mehr als eine Geste, hing er doch an seiner Mutter, unbeschadet der Sympathie für den Vater; er war schließlich ihr Lieblingskind, bis als Nachkömmling Elise kam, die ihn ablöste.

Die Verbindung von romantischer Empfindsamkeit und politischer Rebellion findet sich auch bei anderen Dichtern der Zeit, einen großen zu nennen: Heinrich Heine, dessen herzbewegendes, bisweilen ironisches (die Ironie gehört zur Romantik) *Buch der Lieder* Begeisterung auslöste, dessen politische Kritik dagegen weniger. Allerdings brachte Heine nie diese Aufrufe, die er bei Herwegh und Freiligrath für abgeschmackt hielt: den Appell an die deutschen Jünglinge, das Schwert fürs Vaterland zu ergreifen. Heines Kritik ist durchweg Satire.

Hans-Heinrich Reuter bringt in seiner Fontane-Biographie zwei Beispiele für dessen frühe Gedichte (Reu, 129), eines aus dem Jahr 1837 im romantischen Stil:

Todesahnung

Einsam wandre ich bei Nacht;
Höre Trauermelodien
Durch die Eichengipfel ziehen,
Sanft vom Winde angefacht.

Weh, die düstren Klagelieder
Dringen tief zu meinem Herzen,
Wecken mir die alten Schmerzen
Und die alten Klagen wieder.

Winde, wehet! Winde weht!
Alte Eichen, klaget, klaget! –
Bald, mein Herz, drum unverzagt,
All dein Leid zu Grabe geht.

Reuter meint mit Recht, dass solche Gedichte nicht auf den Erfahrungen des jungen Autors im Haus seines Onkels August oder im Labor der Apotheke beruhten. Wenn ein junger Dichter, der noch lange vom Grab entfernt ist, solche Gedichte schreibt, dann in der Nachahmung seiner poetischen Vorbilder. Doch handwerkliches Geschick kann man dem 17-Jährigen nicht absprechen. Das zweite Gedicht aus dem Jahr 1838 hätte damals nicht veröffentlicht werden können. Es heißt *Frühlingsklage* und nimmt Winter und Frühling als politische Metaphern für die Tyrannei, die dann auch beim Namen genannt wird. (Reu, 132)

Kalt und eisig ist die Flur,
Still und öde sind die Felder,
Schneebedeckt die stummen Wälder,
Todesstarr ist die Natur. [...]

Aber in die Winternacht
Strahlt mild die Frühlingssonne; –
Alles atmet Lebenswonne,
Denn der Frühling ist erwacht. [...]

Nicht ewig herrschen kann auf Erden
Die Willkür und die Tyrannei,
Nein, anders, besser wird es werden,
Und wir auch, Herz, werden frei.

Es gilt nur um sich her zu schauen,
Zu sehn, wie rings es gärt und kocht,
Wie jedes Herz in deutschen Gauen
Begeistert für die Freiheit pocht.

Vorbei ist mit dem Liebesgirren,
Man hört ein kräftig freies Wort,
Und hört auch wohl die Schwerter klirren,
Geht's nur so rüstig weiter fort.

Und einmal nur das Schwert genommen,
Das gute Schwert in unsre Hand,
Da muss der Lenz der Freiheit kommen,
Und segnen unser Vaterland.

Auch hier wird kaum Erfahrung dem Dichter die Hand geführt haben. Im Berlin des Jahres 1838 gärte und kochte es keineswegs. Und die Schwerter klangen nur in den Gedichten des Jungen Deutschland fort. Doch die Hoffnung auf einen Frühling gab es schon, auf eine größere Offenheit, eine größere Öffentlichkeit. Am 7. Juni 1840 starb König Friedrich Wilhelm III., der seit 1797 regiert hatte. Die stürmische Zeit der Unruhen nach der französischen Revolution, die Zeit der Napoleonischen Kriege, des Zusammenbruchs Preußens und der Wiederaufrichtung Preußens hatte er miterlebt als verantwortlicher Regent. Dieser stürmischen Zeit war eine Zeit der Ruhe, für viele der Friedhofsruhe, gefolgt. Die versprochene Verfassung, die dem Volk gewisse Rechte gestattet hätte, kam nicht. Der zurückhaltende, melancholische König war im Volk nicht unbeliebt, aber unter denen, die sich Verbesserungen erhofften, doch ein nicht zu überwindendes Hindernis. So kam es, dass sein Tod als Frühlingserwachen, ganz im Sinne des Gedichts von Theodor Fontane gesehen wurde: Ein neuer Monarch sollte neuen Wind bringen, also Reformen. In der Monarchie, in der ein König nicht nur Repräsentant ist wie heutzutage, sondern der bestimmende Regent, kann eine Veränderung der politischen Verhältnisse nur von einem neuen Monarchen erhofft werden; in der Demokratie kann alle paar Jahre mit einer neuen Wahl die Regierung wechseln.

«Die Menschen fühlten etwas, wie wenn nach kalten Maientagen, die das Knospen unnatürlich zurückgehalten hatten, die Welt plötzlich wie in Blüten steht. Auf allen Gesichtern lag etwas von freudiger Verklärung und gab dem Leben jener Zeit einen hohen Reiz. ‹Es muss doch Frühling werden.»› (Zw, 19) Der junge Fontane gehörte zu denen, die den Frühling ersehnten, der dann mit dem neuen König Friedrich Wilhelm IV. doch nicht kam. Der Unwille der Bevölkerung staute sich an, bis er im März 1848 als Rebellion zum Ausbruch kam. Als alter Mann, schreibt Fontane, habe er seine Meinung geändert. Nun hänge er mit einer «schwärmerischen Liebe» an diesem «lange nicht genug gewürdigten König» (Zw, 18).

Damals jedoch verbrachte er den freien Nachmittag, den Apotheker Rose ihm gestattete, im Café Stehely, das er sich nun leisten konnte, bei der Lektüre der Zeitungen, um sich über die politischen und literarischen Ereignisse zu informieren. Nicht immer gelang es ihm, die begehrten Blätter in die Hände zu bekommen, also die *Augsburger Allgemeine* oder die *Leipziger Allgemeine*, die nicht ganz so stark zensiert wurden wie die preußischen Zeitungen. Wie auch immer: wenn er das Café verließ, hatte er den Eindruck, eine Stunde an einer «geweihten Stätte» geweilt zu haben. Er, der unbekannte, unbedeutende Außenseiter saß eine Stunde lang unter den wichtigen Menschen, die das beliebte Kaffeehaus besuchten, unter den Literaten und den «Leuten von gesellschaftlicher Stellung». Für kurze Zeit schien er dazuzugehören.

7. Mein Leipzig lob ich mir

Im Herbst 1840 zog Theodor Fontane nach Burg bei Magdeburg, wo er drei Monate in der Apotheke arbeitete und sich ansonsten langweilte. Es kamen die Jahre, in denen er wie einst sein Vater «konditionierte», also in einigen Apotheken hospitierte, bis er das zweite Examen ablegen konnte. Auf Burg folgte Leipzig – April 1841 bis März 1842 –, dann Dresden – Juli 1842 bis März 1843 – und schließlich Letschin – April 1843 bis März 1844 –, also die Apotheke des Vaters, die bald dessen Schwiegersohn Sommerfeldt übernahm. Von Burg war er zunächst nach Berlin zurückgekehrt, um kurze Zeit bei seinem Freund Fritz Esselbach zu wohnen. In der Zeitung, die er natürlich sogleich wieder las, fand er einen Namen in der Fremdenliste, die damals geführt wurde. Darin stand, welcher Fremde in welchem Etablissement abgestiegen war. Und er las: «Hotel de Saxe: Neubert und Frau, Apothekenbesitzer aus Leipzig». Also ging er sofort ins Hotel de Saxe, um sich dem Apotheker Neubert vorzustellen. Das Paar war gerade im Aufbruch, allerdings in «verschiedenen Stadien der Toilette». Frau Neubert war bereits in Mantel und Muff (eine Pelzröhre, in die man von beiden Seiten die Hände steckt), Herr Neubert war noch in Hemdsärmeln und mit Zahnbürste in der Hand. Doch das störte ihn nicht, nach kurzem Gespräch war Fontane auf Ostern engagiert. Den Apotheker sah er in dem Jahr, in dem er in dessen Apotheke Zum weißen Adler tätig war, kaum ein Dutzend Mal, gesprochen habe er ihn «keine dreimal». Die Arbeit machten eben andere, wie er dann in Leipzig feststellte.

Zufrieden kehrte Fontane in die Wohnung seines Freundes zurück. Er wollte gerade Licht anzünden, als er in Ohnmacht fiel. Die Wirtin fand ihn und brachte ihn zu Bett. Der Arzt stellte Typhus fest, eine lebensgefährliche Krankheit. Typhus wird von Bakterien hervorgerufen, gegen die heute Antibiotika helfen. Damals und lange noch starben bis zu 20 Prozent der Erkrankten. Grund für die Infektion ist durchweg mangelnde Hygiene: schmutziges Trinkwasser, unzureichendes Abwasser. Wenn wir lesen, in welchen Verhältnissen Fontane als Apotheken-lehrling und -gehilfe wohnte, in welchen Verhältnissen seine Freunde wohnten, dann wundert das nicht. So waren die Verhältnisse für die breite Bevölkerung damals: feuchte, schlecht beheizte, schlecht belüftete Wohnräume, Schmutz und Abfall auf dem Hinterhof, es gab kaum Kanalisation, d. h. die Fäkalien liefen in eine Grube, die selten geleert wurde, oder kamen auf den Dunghaufen hinterm Haus. Und in vielen Fällen war auch das Trinkwasser unsauber. In Leipzig bei Herrn Neu-bert war Fontane in einer dunklen Dachkammer mit drei anderen Ge-hilfen untergebracht. Sie schliefen Bett an Bett. Zwei Betten waren nur erreichbar, wenn man über die anderen Betten stieg. An anderer Stelle berichtete er von einer Bettstelle, die so viele Ritzen habe, damit die Wanzen bequem darin leben könnten. Es gab also auch Ungeziefer: Wanzen und Läuse, die die Krankheit übertragen können.

Sieben Wochen lag Fontane krank bei Esselbach. Nebenan, Wand an Wand mit ihm, hörte er den Mann der Wirtin stöhnen, der im Ster-ben lag. Was ihn normalerweise gestört hätte, das war ihm in seinem benommenen Zustand völlig gleichgültig. Nur als an einem Sonntag-nachmittag die «schwarzen Männer» kamen, um den Toten abzuholen, und sich in der Tür irrten und mit dem Sarg vor seinem Bette standen, erschrak er doch: «Noch nicht, noch nicht», rief er in merkwürdig guter Laune. Er erholte sich dann bei seinen Eltern auf dem Lande, bis er nach Leipzig aufbrach, wo er am 31. März ankam.

Welch eine Stadt. Er hatte bis dahin nur die kleinen märkischen Flecken gesehen und natürlich die Hauptstadt Berlin, die alle Berliner für eine schöne Stadt hielten. Das aber schien ein Irrtum, denn als er vom Post- und Universitätsplatz bis in die Hainstraße ging, erfreute ihn das Stadtbild von Leipzig derart, «dass, soweit Architektur und Stadtbild in Betracht kommen, nichts wieder in meinem Leben einen so großen, ja komisch zu sagen, berauschenden Eindruck auf mich ge-macht hat wie dieser in seiner Kunstbedeutung doch mäßig einzu-schätzende Weg» (Zw, 85). Gerade Straßen und breite Plätze, Platz hat Berlin genug, machen eben noch keine angenehme Stadt aus, wie er nun feststellte. Leipzig gefiel ihm, in Leipzig ging es ihm gut, sodass sogar seine Arbeit in der Apotheke ihm plötzlich erträglich erschien, was eher selten war. Er freute sich, wenn die Stunden, die er im Wei-ßen Adler zu verbringen hatte, mit Tätigkeit gefüllt waren, dann gingen sie schneller vorüber und die Freizeit winkte bald. Alles war denn doch auf diese Freizeit ausgerichtet. Schon am frühen Morgen vor der Arbeit besuchte er sein Lieblingscafé Kinschy, im Sommer nahm er erst ein Bad im Fluss, bevor er ins Kaffeehaus ging. In der Apotheke traf er dann auf die Doktoren, die ihre Rezepte schrieben, die meisten freilich kamen eher, um Zeitung zu lesen, miteinander zu plaudern, sich auszutauschen wie in einem Klub. Unter ihnen gefiel ihm Dr. Adler besonders, der wohl klügste unter den Ärzten, allerdings dem Trank ergeben, jedoch auch der Poesie. Er hatte des Thomas Morus *Paradies und Peri* übersetzt und wurde zum begehrten Gesprächspartner des jungen Poeten, der ihm Gedichte zeigte. Daraufhin entwickelte sich eine Korrespondenz in Versen, in denen Dr. Adler ihm nützliche Hinweise gab.

Doch dem «draußenstehenden» jungen Mann fehlten literarische Beziehungen. Er schrieb ein Spottgedicht für das viel gelesene *Leipziger Tagblatt*, das Gedicht wurde gedruckt, er wurde zu weiterer Mitarbeit aufgefordert und zu einem Treffen in den Verlag eingeladen. Bei diesem lernte er nicht nur den Verleger Robert Binder kennen, sondern auch die Redakteure Hermann Schauenburg und Hermann Kriege. Schauenburg war Mediziner und praktizierte später in verschiedenen westdeutschen Städten. Hermann Kriege, der Dichtung abhold, hatte sich ganz auf die Politik konzentriert. In Leipzig herrschte eine freiere Luft als in Berlin. Hier versammelten sich Demokraten, auch in den Burschenschaften, Gemeinschaften von Studenten, die damals meistens demokratisch und national gesinnt waren. An einer Zusammenkunft von Leipziger und Hallenser Burschenschaften nahm Fontane teil, von Kriege dazu eingeladen. Kriege diente dann sein Jahr beim preußischen Militär ab, er stammte aus Westfalen, das zu Preußen gehörte. Er fiel durch Unbotmäßigkeit auf und kam in eine schwierige Lage. Fontane schrieb ihm daraufhin ein Gedicht, in der diese Strophe steht:

Du kanntest nicht dies Institut der Stummen,
Die hohe Schule des Gendarmentross,
Auf der ein freies Denken sich verstummen
Und unter Riegel halten muss und Schloss. (Zw, 103)

In Preußen konnte man seine Meinung nicht offen äußern, es war besser zu schweigen, wenn man mit der Obrigkeit nicht in Konflikt geraten wollte. Das konnte Kriege nicht lernen. Er wanderte nach Amerika aus wie so viele deutsche Demokraten.

Der bedeutendste in diesem kleinen Kreis war Dr. Georg Günther, auch er eher Politiker als Literat, ein kluger und energischer Mensch, der Fontane Beispiel ist für die Sachsen überhaupt. Die Sachsen seien eben nicht nur gemütlich, sondern vor allem energisch. Und er schließt eine Überlegung zu Sachsen an, die wie alle solchen pauschalen Urteile vereinfacht, aber doch von Interesse ist, da er Sachsen von Preußen abhebt. In Preußen herrschte die Meinung, die anderen Stämme Deutschlands seien zurückgeblieben, von den tapferen Preußen längst überholt, die nun die Spitze der Entwicklung in Deutschland darstellten. Fontane jedoch behauptet hier, die Sachsen seien die Überlegenen und ihre «Kulturüberlegenheit» wurzele in ihrer «Bildungsüberlegenheit»; dabei ist sein Urteil durchaus nicht schmeichelhaft: «Der sächsische Großstadtbürger ist sehr bourgeoishaft, der sächsische Adel sehr dünkelhaft – viel dünkelhafter als das [preußische] Junkertum, das eigentlich einen flotten, fidelen Zug hat – und der sächsische Hof ist katholisch, was doch immerhin eine Scheidewand zieht, aber alle drei sind durch ihr hohes Bildungsmaß vor Fehlern geschützt, wie sie sich in anderen deutschen Landen, ganz besonders aber im Altpreußischen, sehr hochgradig vorfinden. Alles, was zur Oberschicht der sächsischen Gesellschaft gehört, auch die, die Fortschritt und Sozialdemokratie mit Feuer und Schwert bekämpfen möchten – viel rücksichtsloser als es in Preußen geschieht – alle haben, mitten im Kampf, die neue Zeit begriffen, während die tonangebenden Kreise der ostelbischen Provinzen die neue Zeit nicht begriffen haben.» (Zw, 105)

Der Schwager von Dr. Günther war der Demokrat Robert Blum, er war sehr viel radikaler als dieser. 1807 in Köln geboren, war Robert Blum in Leipzig als Verleger, Dichter und Politiker tätig. Er nahm später maßgebend an der Revolution von 1848 teil, war – wie Günther – Mitglied des Frankfurter Paulskirchenparlaments. Dann war er einer der Anführer des Oktoberaufstands in Wien, verteidigte mit der Wiener Bevölkerung die Stadt gegen die anrückenden Truppen des Kaisers. Diese eroberten die Stadt. Blum wurde gefangen genommen und von einem Standgericht als Rädelsführer verurteilt und erschossen. Seinem Schwager Dr. Günther wurde daraufhin der Boden in Deutschland zu heiß, er wanderte nach Amerika aus, dort praktizierte er als

Mediziner und Homöopath. In hohen Jahren kehrte er nach Berlin zurück, wo Fontane ihn noch einmal traf: «Er war ein gebrochener Mann.» Er starb bald darauf in Charlottenburg. Wie viel kluge und tapfere Menschen verlor Deutschland durch die Auswanderung, Menschen, die nichts anderes wollten als das, was heute in der deutschen Verfassung steht.

Die drei genannten Redakteure gehörten zu dem Verein, den Fontane Herwegh-Klub nennt, weil seine Mitglieder doch irgendwie nach Freiheit strebten und den Dichter Georg Herwegh verehrten. Alle Mitglieder haben es später zu etwas gebracht, zwei greift er heraus, die für ihn bedeutsamer waren: Wilhelm Wolfsohn und Max Müller. Wolfsohn stammte aus einer russisch-jüdischen Familie, lebte schon länger in Dresden und Leipzig, ein Kenner der deutschen und der russischen Literatur. Ab 1851 gab er zusammen mit Robert Prutz die Zeitschrift *Deutsches Museum* heraus. Er war der führende Kopf des Kreises, und er nahm sich besonders des jungen Fontane an, der bei ihm Russisch lernen wollte – was nicht sehr erfolgreich war –, aber durch ihn die russische Literatur kennenlernte.

Wolfsohn fuhr bisweilen nach Moskau oder St. Petersburg, um dort in angesehenen Kreisen deutsche Literatur bekannt zu machen, so wie er in Leipzig russische Literatur bekannt machte. Die französische kannte er natürlich auch. Er hatte schon etliche Werke ediert, darunter auch ein Taschenbuch, das eine Art christlich-jüdische Religionsunion vorschlug. Dass dies den damaligen Verhältnissen in Deutschland nicht entsprach, merkte er dann in seinem eigenen Leben. Er verlobte sich mit einer Leipzigerin. Sie wollten heiraten, doch eine christlich-jüdische Heirat war nicht möglich. Was kurze Zeit nach der Revolution von 1848 gestattet worden war, war bald danach wieder verboten worden unter dem Druck der Kirchen. So prüfte Wolfsohn jeden deutschen Kleinstaat, in der Hoffnung, einen zu finden, in dem die Erlaubnis noch nicht zurückgenommen worden war. Tatsächlich fand er ihn in Dessau, wo man etwas langsam war und das Verbot noch nicht durchgesetzt hatte. Kurz bevor dies geschah, konnten Wolfsohn und seine Frau dort heiraten.

Die «große Nummer unseres Klubs» war Max Müller, damals kaum 18 Jahre alt. Fontane traf ihn dann wieder in Berlin, wo er bei Friedrich Rückert studierte, der widerwillig, aber dem Wunsch des

Königs folgend, einige Zeit an der Universität lehrte. Rückert, der bald nach Franken zurückkehrte, über Berlin:

> Als Schwan trittst in Berlin du ein,
> Um auszutreten dann als Schwein. (Zw, 115)

Müller ging bald nach Paris und dann nach England. Er hatte einen Ruf an die Universität Oxford erhalten, wo er Sanskrit lehrte. Fontane sah ihn dann öfter während seiner Englandaufenthalte; er besuchte ihn auch in Oxford, das er liebte. Auch mit Wolfsohn blieb Fontane in Kontakt. Wolfsohn verhalf ihm sogar zu einem Verlag, und Fontane führte ihn als Gast in den Dichterverein Tunnel über der Spree ein. Bis zu dessen frühem Tod – er starb 1865 mit 45 Jahren – korrespondierte Fontane mit ihm. Seine glücklichsten Jahre verlebte Wolfsohn mit seiner Familie in Dresden, wo er die *Nordische Revue* herausgab und «in gutem Ansehen stand».

«Dichterisch kam nicht viel heraus» aus diesem Herwegh-Klub, heißt es abschließend. Wenn die Mitglieder auch drei stattliche Pakete mit ihren Manuskripten nach Zürich an Herweghs Verlag Froebel und Co. schickten. Die Pakete kamen ungeöffnet zurück. Der Verlag wurde aus Deutschland mit vielen solchen Paketen überschüttet, in denen Herwegh-Anhänger im Stil Herweghs verfasste Freiheitslieder einsandten. Fontane: «Ich möchte zur Vermeidung von Missverständnissen an dieser Stelle noch anfügen dürfen, dass alles Spöttische, was ich hier gegen die Freiheitsphrasendichtung jener Zeit ausgesprochen habe, sich wohl gegen uns Herweghianer von damals, aber nicht gegen Herwegh selbst richtet.» (Zw, 119) Dieser habe sehr wohl gute Gedichte geschrieben.

Fontane ist hier nicht weit entfernt von Heinrich Heine, der diese Tendenzpoesie des Vormärz ebenfalls infrage stellte. Er spürte das falsche Pathos und die vaterländische Überhebung, die an die Stelle poetischer Qualität getreten war. Was den Autoren an Begabung fehlte, machten sie an Charakter wieder wett. In *Atta Troll* macht Heine sich lustig über den «Tendenzbär», der schlecht tanzt, doch von guter Gesinnung ist: «Kein Talent, doch ein Charakter.» Und es wird die Frage sein, ob Theodor Fontanes spätere Heldenlieder, in denen es nicht um die Freiheit ging, sondern um Preußen und dessen Ruhm in der Schlacht, auch Tendenzpoesie sind in diesem Heineschen Sinne.

Die Phrasenhaftigkeit vieler Lieder, die damals im Vormärz Männer und Knaben auf ihrer «Weihnachtstrompete» bliesen, hatten immerhin einen realen Hintergrund, so Fontane am Schluss seines Berichts über das Jahr in Leipzig. Die Hoffnung auf den neuen preußischen König hatte sich nicht erfüllt, die Sehnsucht nach besseren Zuständen aber blieb und dadurch auch das verbreitete Unbehagen.

In Leipzig hatte er glückliche Tage verlebt. Sie endeten mit einer schweren Erkrankung, Gelenkrheumatismus, den er für eine Folge des Typhus hielt, genauso wie die Krankheiten, die ihn dann immer wieder im Laufe seines Lebens heimsuchten, in fast regelmäßigen Abständen. Gelenkrheumatismus ist jedoch keine Folge des Typhus, es ist eine Anti-Immunkrankheit, die auch heute noch schwer zu heilen ist. Er lag wiederum sieben Wochen lang im Bett, mit starken Schmerzen, diesmal in der dunklen Dachkammer im Hinterhaus der Neubertschen Apotheke, bis ihn Tante Pinchen herausholte und in ihre Wohnung in der Poststraße brachte, wo er endlich genas. Er hatte auch darin Glück: Er traf Onkel August und Tante Pinchen in ihrer Leipziger Zeit, und sie kümmerten sich hingebungsvoll um ihn, nicht zuletzt Onkel August, der ihn, sobald es ihm besser ging, zu all seinen Festivitäten mitnahm, so dass er sich bald erholte. Zum Abschluss der Rekonvaleszenz machten sie zu dritt einen Ausflug in die Sächsische Schweiz, wo Theodor, der nur den bescheidenen Kreuzberg in Berlin als Erhebung kannte, zum ersten Mal ein richtiges Gebirge sah.

Einen Tag verweilten sie in Dresden, um die Struvesche Apotheke zu besuchen, in die er am 1. Juli 1842 eintrat. Über dieses Jahr berichtet Fontane merkwürdig wenig in *Von Zwanzig bis Dreißig*. Was mag der Grund dafür sein? Vielleicht weil er in Dresden keinen Zugang zu den literarischen Kreisen fand? Apotheker Struve jedenfalls war ein berühmter Mann, er galt als die Nummer eins der Apotheker in Deutschland. Und Fontane verbrachte bei ihm ein gutes Jahr. Im Sommer 1843 endete seine Zeit in Dresden. Er kehrte kurz nach Leipzig zurück, die Freunde zu sehen und einem Verleger seine Übersetzung von Gedichten eines damals bekannten schottischen Poeten, Robert Nicoll, anzubieten. Der Verleger hielt nicht viel davon. Fontane kehrte, inzwischen mittellos, ins Haus seiner Eltern zurück. Kurz kam sogar der Gedanke in ihm auf, doch noch einen Schulabschluss nachzuholen, um Geschichte zu studieren, dann aber brachte ihn das Militärjahr, das er

Frühestes Porträt
Fontanes. Kreide-
zeichnung von Her-
mann K. Kersting,
1842/43.

nicht weiter hinausschieben konnte, davon ab. Er hatte sich beim Ber-
liner Franz-Regiment angemeldet. Ostern 1844 warf er Horaz und
Livius, mit denen er sich abgequält hatte, an die Wand und trat sein
Dienstjahr an.

8. Lichtblick London

Eine Neigung zum Militär hatte Fontane von klein auf. Er spielte mit
seinen Freunden in Swinemünde Aufmärsche und Kämpfe gegen andere Jungen im militärischen Stil, er las schon früh in der Zeitung
alles über Kriege und Schlachten und war davon fasziniert. Er kannte
bald die Helden der Kriege des großen Kurfürsten und des großen Königs, wie man in Preußen Friedrich II. nannte. Und sein Vater instru-
ierte ihn über die Armee Napoleons, deren Generäle und Marschälle
mitsamt Lebenslauf und Heldentaten er auswendig lernte. So kam er
nicht unvorbereitet in die preußische Armee, wenn er auch in seinem

Jahr als Freiwilliger sich nicht als Held erweisen konnte, sondern lediglich einige Dummheiten beging, wie er selbst bekennt. «Einjährig-Freiwilliger» hießen in der preußischen Armee die sich freiwillig meldenden Wehrpflichtigen mit höherem Schulabschluss, die ein Jahr dienen mussten.

Das Regiment Kaiser Franz hatte drei Bataillone, Fontane kam ins zweite, das von einem Major von Wnuk – alle Offiziere waren Adlige – geführt wurde, der ihn freundlich empfing. Sollte einer der Unteroffiziere sich einen Übergriff erlauben, müsse er ihm das schleunigst melden. Das war eine hoffnungsvolle Ansage, denn mitunter neigten Unteroffiziere dazu, die Rekruten zu schikanieren. Einer der drei weiteren Offiziere war Bernhard von Lepel, Freund Fontanes seit vier Jahren. Einen Freund und Dichtergenossen als Vorgesetzten zu haben, das war keine einfache Situation, doch die Dummheiten, von denen er dann spricht, hatten damit nichts zu tun. Fontane könnte Lepel im Platen-Verein kennengelernt haben, denn Lepel verehrte Platen sehr. Er dichtete fleißig und versuchte, den strengen und schönen Stil seines Meisters nachzuahmen. 1846 unternahm er eine Reise nach Sizilien, eine Wallfahrt zum Grab des verehrten Dichters in Syrakus. Trockene Blätter und Blüten brachte er wie Reliquien eines Heiligen nach Hause.

Die Freiwilligen, so Fontane in *Von Zwanzig bis Dreißig*, waren alle nette junge Leute, aber ihre «militärische Geltung» war noch gering. Das änderte sich erst einige Jahre später, so dass ein Hauptmann über die Freiwilligen dann urteilen konnte: «Das Material ist vorzüglich; wir müssen nur richtig damit wirtschaften: gute Behandlung und zugleich scharf anfassen.» Und Fontane fügt eine Fußnote an: Man könne jetzt kaum «etwas Reizenderes sehen als die Freiwilligen unserer Garderegimenter»: «Sie beweisen mehr als irgend was die Überlegenheit unserer Armee.» (Zw, 152) Diese Sicht gab den Preußen das «Überlegenheitsgefühl», das Fontane so unangebracht fand, nachdem er die Sachsen in Leipzig kennengelernt hatte. Die konnten den Preußen durchaus das Wasser reichen, deren Überlegenheit eine rein militärische war, keine kulturelle, denn bisher waren alle Kriege – bis auf die Schlacht gegen Napoleon – günstig für Preußen ausgegangen, auch die Friedrichs II., der mit mindestens so viel Glück wie Geschick gegen Habsburg gewann. Seine Superiorität in Deutschland hatte Preußen allein seiner Armee zu verdanken.

Wichtig ist aber auch der Satz des Hauptmanns, der die jungen Menschen als Material bezeichnet, mit dem man wirtschaften müsse, eben wie mit Material, nicht wie mit Menschen. Es war dieser Ausdruck, der es erleichterte, die jungen Menschen in die Schlacht zu schicken, eben als Menschenmaterial. Wichtig aber auch der andere Satz: gute Behandlung der Rekruten einerseits und scharf anfassen andererseits. Vielleicht steckt hier tatsächlich ein Geheimnis des Erfolgs preußischen Militärs; die Offiziere gingen keineswegs, wie oft angenommen, mit den Untergebenen immer rücksichtslos um, sondern oft freundlich, ja, kameradschaftlich. Sie waren ihnen verpflichtet, eine Verpflichtung, die auf Gegenseitigkeit beruhte, wie eben die eines Patrons, der zwar erwartet, dass die Untergebenen ihm dienen, aber sich auch darum kümmert, dass es ihnen gut geht. Fontane gibt schöne Beispiele aus seinem Militärjahr dafür.

Ein Junge von 18 Jahren sollte die Wache am Potsdamer Tor befehligen, ein Prinz kam vorüber und eine bestimmte Ehrenbezeugung entfiel, sie wurde vergessen von dem unerfahrenen «Vize-Unteroffizier». Ein Skandal. Der Prinz beschwerte sich, der junge Mann wurde in Arrest geführt. Da empörten sich nicht nur seine Kameraden, sondern auch die Offiziere, die sich für ihn einsetzten, so dass der junge Mann nach wenigen Tagen wieder frei kam.

Das bedeutendste Ereignis in Fontanes Jahr beim Kaiser-Franz-Regiment fand gar nicht in Berlin statt, sondern in London. Und dass er zwei Wochen Urlaub erhielt, um die Reise dorthin anzutreten, zeigt wiederum die kommode Art der Vorgesetzten. Der Hauptmann, den er darum bat, erlaubte es ihm schließlich, als er hörte, dass er eingeladen wurde, also die Reise nicht bezahlen musste, sie ja auch nicht hätte bezahlen können. Eine einmalige Gelegenheit. Doch musste er noch den Oberst fragen. Auch der stimmte nach einigem Bedenken zu. «Herrlicher Mann. Auch der Oberst sei gesegnet.» (Zw, 157) Weder Hauptmann noch Oberst waren je in London und kamen wohl auch nie dorthin.

Fontane eilte, seine sieben Sachen zu packen. Er hatte keinen Koffer, so machte er ein Paket mit dem Nötigsten und eilte morgens um 7 Uhr zum Potsdamer Bahnhof, «um meine erste Reise nach England – ein Weg, den ich nachher noch so oft gemacht habe – anzutreten», denn London, denn England wurde ihm zum Schicksal; es führte ihn über Preußen hinaus. Am Bahnhof wartete sein alter Schulfreund Hermann Scherz mit einem kleinen Reisekoffer; Scherz hatte ihn eingeladen. Und er war dann so nett, die Wäsche Fontanes, die dieser in zwei Zeitungen eingepackt hatte, in seinen Koffer zu nehmen.

Die Zugfahrt ging bis Magdeburg, dort stiegen sie um in einen Flussdampfer, der sie die Elbe abwärts bis Hamburg brachte, wo ein altes Schiff auf sie wartete, das seine besten Tage hinter sich hatte. Es diente nun dem Transport von Hammeln, war deshalb frei geräumt worden und mit Strohsäcken versehen für die Touristen. Fontane nahm anscheinend an einer der ersten Pauschalreisen teil, denn für die etwa 20 Teilnehmer, die meisten Kaufleute aus Breslau und Leipzig, war die gesamte Reise arrangiert worden mitsamt Führung. Und sie war ziemlich preiswert, weshalb Scherz auch Fontane einladen konnte. Fontane erhielt ein Billet, mit dem er sich ausweisen musste. Hotel und Essen war damit verbürgt. Das war auch gut so, denn in London verlor er sogleich Scherz aus den Augen, der in einem besseren Hotel abgestiegen war. Und er fürchtete, ohne dessen Hilfe, also ohne dessen Geld, die zehn Tage in London nicht zu überstehen. Er hatte ein paar Silberstücke und einen Louisd'or in der Hosentasche als Notgroschen. «Ich litt ernstlich unter meiner sehr prekären Geldlage», ein Zustand, den er schon lange kannte und der ihn noch lange begleiten sollte (Zw, 161).

Ein Zwischenfall von Bedeutung: unter den Reisenden war «ein feiner alter jüdischer Herr, ein Mann von nahe an siebzig und beinahe ehrwürdiger Haltung» (Zw, 159). Dieser alte Herr wurde auf der Schiffsfahrt von einem Advokaten angegangen, der immer zudringlicher wurde und ihn schließlich mit Verhöhnungen und Beleidigungen belegte. Fontane und Scherz waren empört, während die anderen Reisenden, die meisten waren Juden, sich merkwürdig zurückhielten. «Im ganzen existierte damals von dem, was man jetzt Antisemitismus nennt, kaum eine Spur; aber freilich Einzelfälle, wie beispielsweise dem hier geschilderten, bin ich schon in meiner Jugend begegnet.» (Zw, 160) Es waren Einzelfälle, wenn Juden beschimpft oder beleidigt wurden, mit dem späteren Antisemitismus kam dann eine politische Bewegung, die viele erfasste, so jedenfalls Fontanes Einschätzung.

Das Programm der Touristen war einfach: vormittags London, nachmittags Ausflüge in die Umgebung. Fontane, der sich schon mit der englischen Geschichte befasst hatte, mehr als mit der französischen, die ihm doch hätte näher sein sollen, beeindruckten vor allem die Orte, die geschichtsträchtig waren. So Schloss Windsor mit dem Rundbau aus den Tagen Wilhelms des Eroberers, so Hampton Court, wo er die Porträts von König Blaubart, also Heinrich VIII., und seiner Tochter Elisabeth I. bewunderte. Und natürlich ein Bild der schönen Maria Stuart, für die er schwärmte.

Am Vormittag hatten sie als erste Attraktion den Tunnel bestaunt, nach dem der Dichterverein Tunnel über der Spree hieß: der Tunnel, den die Londoner unter der Themse hindurch gegraben hatten, eine Sensation damals. Er war jedoch eine Enttäuschung, sah er doch nicht viel anders aus als ein «etwas verlängerter Festungs-Torweg». Da war natürlich der Tower, dem Fontane später eines seiner im «Tunnel» erfolgreichsten Balladen widmete, von anderer Attraktion, vor allem die Stellen, an denen Jane Gray oder Anna Boleyn und andere hingerichtet worden waren und die er nicht ohne Gruseln besehen konnte. Schließlich Westminster Abbey, in der ein «historischer Zauber» ihn wieder umfing. Er beurteilte den schönen Bau nach gelungenen und weniger gelungenen Teilen. Ehrfürchtig stand er dann in einer Seitenkapelle vor dem alten Königsstuhl von England, einem schlichten Holzstuhl mit grauer Leinwand überzogen: «Ich war von allem wie benommen.» (Zw, 169) Er wandte sich an den Führer, um mit ihm über diesen ehrwürdigen Stuhl zu sprechen, blickte dann wieder zurück und sah zu seinem Entsetzen einen Leipziger Eisenwarenhändler auf dem Stuhl des Königs von England sitzen und vergnügt mit den Beinen baumeln: «Sehr scheen.» Vorbei war es mit der Andacht.

Dann ging es wieder zurück nach Berlin. Mit dem Frühzug kamen sie an. Fontane schritt sofort zu seinem Bataillon und meldete sich bei dem «guten Hauptmann», der sich ganz menschlich und «beinahe väterlich» mit ihm unterhielt:

«Nun, lieber Fontane, wie war es?»
«Himmlisch, Herr Hauptmann.»
«Glaub ich ... Ja, London ... Ich habe auch mal hingewollt.» (Z, 171)

So plauderten sie und Fontane sah den «gütig und halb wehmütig» dreinschauenden Hauptmann an und machte sich dessen Gedanken: Der junge Mann hat bald das Militär hinter sich und die ganze Welt noch vor sich. Und ich: mit 45 komme ich nicht weg. Immer Rekruten und Vorstellung und Manöver und dann wieder Rekruten. «Er war loyal und preußisch und königstreu bis in die Fußspitzen. Aber solche Gedanken mochten ihm doch wohl öfter kommen und er hatte Grund dazu. Denn seine Stellung war eingeengt und gedrückt.» Hier ist die Empathie Fontanes zu spüren, die er auch in seinen Romanen zeigt: Er verurteilt selten eine Figur, er sieht sie meistens menschlich an. Und sieht ihre Situation, für die er Verständnis hegt und uns beibringt.

Das ist einmal Ausdruck seiner Haltung, die im anderen nicht nur den Vertreter eines Standes sieht, sondern immer auch das Individuum, den Einzelnen und diesen nach seinem jeweiligen Charakter beurteilt. Es ist zum andern Ausdruck seiner Erfahrung mit Standespersonen, die er zunächst im Tunnel über der Spree machte und später in der konservativen, wenn nicht reaktionären *Kreuz-Zeitung*. Sie entsprachen selten dem Klischee des verknöcherten, des intoleranten Konservativen, des dümmlichen, des schneidigen Adligen. Sie waren oft freundlich, jovial und durchaus dem Leben zugewandt in all seinen erfreulichen Erscheinungen. Und so ist es auch kein Zufall, dass zwei der besten und zuverlässigsten Freunde, die Fontane fand, von Adel waren: Bernhard von Lepel und Wilhelm von Merckel, zwei unterschiedliche Persönlichkeiten. Lepel aus altem Adel, Merckel Beamter, der gerade geadelt worden war. Beiden verdankte Fontane viel. Sieht man sich die Briefausgaben an, dann erscheint neben der schmalen Ausgabe der Briefe an Wolfsohn, schmal, weil dieser so früh verstarb, die umfangreiche Ausgabe der Briefe an Lepel und die umfangreiche der Briefe der Familien Merckel und Fontane. Es folgen die so wichtigen Briefe an den späten Partner Georg Friedlaender. Doch mit niemand war er so lang und so eng verbunden wie mit Bernhard von Lepel.

«Durch mehr als vierzig Jahre bin ich an meines alten Lepels Seite gegangen. Blick ich auf diesen langen Abschnitt zurück, so drängt sich's mir auf, dass sein Leben ein zwar interessantes und zeitweilig auch glückliches, im ganzen aber doch ein verfehltes war. Es war ihm nicht beschieden, an die rechte Stelle gestellt und an dieser verwendet zu werden. Dass er als Offizier in der Garde begann, war gut, und dass er Italien, erst in Land und Leuten und dann, durch immer wiederholten Aufenthalt, auch in Kunst und Sprache genau kennen lernte, das war noch besser. Aber dass er mit dreißig Jahren den Abschied nahm, um sich von einem so frühen Zeitpunkt ab nicht gerade beschäftigungs-, aber doch ziel- und steuerlos umhertreiben zu lassen, mal als

Landwirt und mal als Dramatiker, mal auch als Erfinder und Tüfftler – er suchte das Perpetuum mobile und ‹hatte es auch beinahe› – das alles war beklagenswert.» (Zw, 342)

So ist Bernhard von Lepel vielleicht doch auch ein Beispiel für diesen preußischen Offizier von Adel, der nichts wirklich gründlich lernte und nichts wirklich gründlich betrieb, wenn nicht das Kriegshandwerk, dem aber Lepel durch seinen frühen Abschied vom Militär entsagte. Er war ein Schöngeist mit vielen Kenntnissen, mit dem man über alles gut reden konnte, aber doch eher oberflächlich. Ein Mensch der Repräsentation und der Konversation, aber auch ein guter Kamerad, hilfsbereit und geduldig. Nach seiner militärischen Ausbildung ergriff er eine kulturelle Ausbildung, vor allem durch die Reisen nach Italien, aber das alles blieb doch im Unverbindlichen, so dass er nichts Entschiedenes zu Wege brachte – von einigen Gedichten abgesehen, die auch Fontane lobte.

Lepel wurde 1818 in Meppen geboren als Sohn des Oberstleutnants Adolf von Lepel und dessen Frau Sophie. Schon 1823 starb die Mutter, der Vater zog mit den Kindern – zwei Söhnen und einer Tochter – nach Stralsund, dann nach Mannheim. 1828 nahm er den zehnjährigen Bernhard mit auf eine Reise nach Rom, wo sein Bruder, Generalmajor Friedrich Wilhelm von Lepel, Adjutant des Prinzen Heinrich von Preußen war, eines Bruders von König Friedrich Wilhelm III. Diese Reise weckte Bernhards Liebe zu Italien. 1840 reiste er wiederum nach Rom auf Einladung des Onkels. Anfang 1846 veröffentlichte er seinen ersten Gedichtband *Lieder aus Rom*, darin Texte gegen die Verkommenheit der katholischen Kirche, die im protestantischen Berlin gut gefielen. Im Frühjahr reiste er abermals nach Rom, von dort auch nach Sizilien zum Grab des verehrten August von Platen. In Rom präsentierte ihm die Tante, gebürtige Engländerin, zwei junge englische Damen, von denen er eine heiraten sollte. Daraus wurde nichts. Bernhard heiratete 1847 seine Cousine Hedwig, die Tochter seines Onkels Franz von Lepel, der auf Wieck bei Gützkow in der Nähe von Greifswald lebte. Im selben Jahr starb sein Vater, er erbte dessen Schlösschen Bellevue in Köpenick. Bernhard nahm seinen Abschied vom ‹Militär im August 1848 und lebte hinfort in seinem Schlösschen von dem Vermögen, das seine Frau in die Ehe gebracht hatte.

1836 war Lepel in das Kaiser-Franz-Garderegiment eingetreten, 1839 mit 21 Jahren wurde er Mitglied im «Tunnel», er war nicht der einzige Offizier, der Mitglied dieser literarischen Vereinigung wurde. 1843 führte Lepel Fontane in den «Tunnel» ein. 1844 dann diente Fontane im Regiment. Die erste wichtige Epoche im Leben des Dichters begann, denn Dichter war er bis dahin vor allem, also Autor von Gedichten und Balladen. Als solcher hatte er denn auch seine ersten literarischen Erfolge im «Tunnel». Und im «Tunnel» hatte er seine ersten Begegnungen mit maßgebenden Künstlern, mit führenden Beamten und adligen Offizieren, also mit der guten Gesellschaft, zu der er auf einmal aufgeschlossen hatte, dank Bernhard von Lepel.

9. Der Tunnel über der Spree

Der Tunnel über der Spree wurde 1827 von dem Literaten Moritz Saphir, der aus Wien nach Berlin gekommen war, gegründet. Im Titel steckte die Ironie, die Programm des Vereins war: In London gab es einen Tunnel unter der Themse, 1824 wurde der Bau begonnen, in Berlin gab es einen Tunnel über der Spree. Saphir gab die recht erfolgreiche Zeitung *Schnellpost für Literatur, Theater und Geselligkeit* heraus mit einem «Beiwagen für Kritik und Antikritik». Saphir, der sich nicht scheute, andere scharf anzugehen, wollte eine Art «persönliche Leibwache» um sich versammeln, wie es Fontane sah. Junge, noch nicht berühmte und deshalb mit wenig oder gar keinem Honorar zufriedene Autoren sollten in diesem literarischen Verein zusammenkommen und für seine Zeitung schreiben. Fontane: «Also lauter ‹Werdende› waren es, die der Tunnel allsonntäglich in einem von Tabaksqualm durchzogenen Kaffeelokale versammelte: Studenten, Auskulturatoren, junge Kaufleute, zu denen sich unter Assistenz einerseits des Hofschauspielers Lemm […], andererseits des von Anfang an die Werbtrommel rührenden Louis Schneider, alsbald auch noch Schauspieler, Ärzte und Offiziere gesellten, junge Leutnants, die damals mit Vorliebe dilettierende Dichter waren, wie jetzt Musiker und Maler.» (Z, 178)

Es war also wieder ein Verein von Schriftstellern, die Gedichte schrieben, die nicht gedruckt wurden und auch kaum verdient hätten, gedruckt zu werden, eine Versammlung von Dilettanten. Das änderte sich im Laufe der Zeit, auch nachdem Saphir wieder nach Wien zurückgekehrt war. Als Fontane 1843 eintrat, also 16 Jahre nach Gründung, waren schon respektable Dichter Mitglieder, wenn auch die Amateure immer noch die Mehrzahl bildeten. Sie gehörten jedoch meistens «der höheren Ordnung an, wo das Spielen mit der Kunst entweder in die wirkliche Kunst übergeht oder aber durch entgegenkommendes Verständnis ihr oft besser dient als der fachmäßige Betrieb», so Fontane (Zw, 179).

Der «Sonntagsverein», wie er auch hieß, weil er sich am Sonntag traf, zuerst in wechselnden Lokalen, dann vor allem im Englischen Haus in der Mohrenstraße und im Belvedere hinter der Katholischen Kirche, trug ein Bild Till Eulenspiegels auf seiner Satzung, die ein Verein nun mal braucht. Ironie war verpflichtend. Es gab einen Vorsitzenden, «angebetetes Haupt» genannt, einen Sekretär und einen Schriftführer, der jeweils die Sitzungen zu protokollieren hatte. Das Haupt eröffnete die Sitzung, das Protokoll wurde verlesen, dann folgte die Frage: Sind Späne da? Späne hießen die Texte, die vorgelesen wurden, meistens waren es Gedichte. Das Vorgelesene wurde dann diskutiert, wenn es etwas «Reelles» darstellte, ansonsten schritt man sofort zur Abstimmung. Es gab vier Urteile: 1, sehr gut, 2, gut, 3, schlecht, 4, verfehlt. Letzteres Urteil fiel meistens, «von fünf Sachen waren immer vier verfehlt». Umso erfreulicher für den Vorleser, wenn sein Gedicht gefiel. Dieses Ziel zu erreichen gelang Fontane lange nicht, bis er sich dem Stil des «Tunnels» anpasste.

Die Mitglieder trugen alle einen Tunnel-Namen nach bekannten Vorbildern, mit dem sie im Tunnel auch angesprochen wurden. Fontane hieß Fontaine, Lepel hieß Schenkendorf, Theodor Storm Tannhäuser, Adolf Menzel Rubens usw. Das hob den Unterschied zwischen Adligen und Bürgerlichen auf, der Adelstitel entfiel und wurde durch den Tunnel-Namen ersetzt, jedenfalls während der Sitzungen.

Im Grunde war dieser Tunnel also eine Vereinigung von Männern – Frauen gab es keine –, die Literaten waren oder sich für Literaten hielten, sich gegenseitig ihre Texte vortrugen und sie dann beurteilten, also die übliche Dichtervereinigung, wie sie etwa in der Gruppe 47 nach dem Zweiten Weltkrieg in Deutschland noch einmal auflebte. Was den Tunnel von diesen Dichtergruppen unterschied, ist jedoch erheblich: Er umfasste nicht nur Literaten, sondern auch hohe Beamte und Offiziere. Diese drei Gruppen führt Fontane in *Von Zwanzig bis Dreißig* auf:

1. Assessoren, Professoren, Doktoren: Darunter nennt er 22 Namen, auch die des späteren Kultusministers Heinrich von Mühler, 1833

in den Adelsstand erhoben, und des späteren Justizministers Heinrich Friedberg, der 1888 ebenfalls geadelt wurde, beide Exempel bürgerlichen Aufstiegs in Preußen. Wilhelm von Merckel, Fontanes Förderer, steht hier als Kammergerichtsrat.

2. Offiziere: Darunter setzt er 10 Namen, die Hälfte tragen den Rang Hauptmann, die andere Hälfte den Rang Leutnant, also untere Ränge, doch unter den ersteren sind spätere Generäle und Befehlshaber von Brigaden. Als Leutnant ist hier auch Bernhard von Lepel verzeichnet, später Major der Garde-Landwehr.

3. Dichter, Berufsschriftsteller, Künstler: Hierunter stehen 25 Namen, darunter die von bekannten Autoren: Emanuel Geibel, Theodor Storm, Paul Heyse, die in die Literaturgeschichte eingingen, auch heute weniger bekannte, damals aber berühmte Autoren wie Christian Friedrich Scherenberg, über den Fontane einen großen Essay schrieb, und Felix Dahn, der mit *Ein Kampf um Rom* einen nationalistischen Bestseller verfasste. Berühmt bis heute: der Maler Adolf Menzel. Es ist erstaunlich, dass mit ihm sechs Maler, Graphiker und Bildhauer zum Tunnel gehörten und dazu noch ein Kapellmeister. Dieser trug natürlich keine Texte vor, sorgte aber für musikalische Umrahmung der Festlichkeiten.

In der dritten Gruppe finden sich also durchaus anerkannte Autoren, so dass hier Fontane sich mit Poeten messen konnte, die sich bereits einen Namen gemacht hatten, also nicht wieder mit dilettierenden Schriftstellern, die heute vergessen sind, wie das in seinen bisherigen drei Dichtervereinen der Fall war. Und er erhielt Kontakt zu hochgestellten Persönlichkeiten des amtlichen Lebens, die ihm Kenntnisse ihrer Welt vermittelten und unter Umständen ihm auch wertvolle Verbindungen verschafften. Doch weil eben fast die Hälfte der Mitglieder der vierziger und fünfziger Jahre, die Fontane aufzählt, keine Künstler, keine Schriftsteller waren, sondern Beamte, Professoren und Offiziere, ließe sich dieser Tunnel eher mit einem heutigen Rotary- oder Lions-Klub vergleichen als mit einem Dichterkreis wie dem der Gruppe 47. In solchen Klubs kommen Kaufleute, Beamte, Ärzte u. a. zusammen zu Vorträgen, zu Erfahrungs- und Gedankenaustausch bei gemeinsamen Essen. Und natürlich werden auch Verbindungen geknüpft, Geschäfte angeregt und Hilfen besprochen.

«Politisches» war im Tunnel verboten, es sollte ausgespart werden, um keine Konflikte hervorzurufen, und doch gab es eine politische Gemeinsamkeit zwischen den konservativen Beamten und Offizieren, wenn sie auch nicht thematisiert wurde. Sie wurde gemildert durch eine gewisse Liberalität, die sich die besser gestellten Konservativen und Adligen oft leisteten und leisten konnten, da sie als Großzügigkeit im täglichen Leben dieses denn auch erleichterte: Gleichmut konnte jedoch auch mit Gleichgültigkeit verwechselt werden. Fontane brachte noch aus seiner Leipziger Zeit Gedichte mit, «die auf Freiheit gestimmt waren» oder «wenigstens das Freiheitliche streiften» und deshalb keinen großen Anklang in der Dichtervereinigung fanden: «Es ging mir also nicht allzu gut. Ganz allmählich aber fand ich zu Stoffen heran, die zum Tunnel sowohl wie zu mir besser passten als das ‹Herweghsche›, für das ich bis dahin auf Kosten anderer Tendenzen und Ziele geschwärmt hatte.» (Zw, 192)

Man könnte fast von Opportunismus sprechen: in Leipzig hatte er sich den Freiheitsdichtern angeschlossen und im Stile Herweghs gedichtet wie diese, hier nun, im konservativen Tunnel, schloss er sich den Balladendichtern an, die vornehmlich die preußische Geschichte bedichteten. Der Stoff war wichtig, das hatte er bemerkt, und er wählte den richtigen Stoff, der denn auch Gefallen fand, den Stoff, den die anderen auch wählten, wenn sie ihn auch nicht immer mit der gleichen Kunstfertigkeit wie Fontane darstellten. *Der alte Derfflinger*, im Oktober 1846 vorgetragen, wurde denn auch sein erster großer Erfolg. Derfflinger war Schneider und wurde dann erst Soldat und brachte es bis zum Feldmarschall. Das Gedicht lebt von dieser Herkunft des Offiziers: in allen sieben Strophen spielt Fontane geschickt mit einer Koppelung von Schneiderberuf und Soldatenmut:

Einst als das Nadelhalten
Ihm schier ans Leben ging,
Dacht er: «Das Schädelspalten
Ist doch ein ander Ding»;
Fort warf er Maß und Elle
Voll Kriegskunst an die Wand,
Und nahm an Nadels Stelle
Den Säbel in die Hand.

Sonst focht er still und friedlich
Nach Handwerksburschen-Recht,
Jetzt war er unermüdlich
Beim Fechten im Gefecht;
Es war der flinke Schneider
Zum Stechen wohl geschickt,
Oft hat er an die Kleider
Dem Feinde was geflickt. (Ged 1, 204–6)

Auch in der letzten Strophe bleibt Fontane bei dieser Parallele: Der Feldmarschall stirbt und verlässt seinen Leib, «die alte Hülle», die ihm zu eng geworden ist wie ein Kleid. So steht das ganze Gedicht auf dieser Pointe: vom Schneidergesellen zum Feldmarschall. Dabei hatte Georg von Derfflinger eine bunte Lebensgeschichte, Stoff genug für eine lange Ballade mit verschiedenen Höhepunkten. Er wurde 1606 in Neuhofen in Österreich geboren, die Eltern, Protestanten, verließen Österreich. Georg, der Schneider gelernt hatte, wurde Söldner, trat in den Dienst der Schweden während des Dreißigjährigen Krieges und avancierte zum Heerführer. 1646 heiratete er eine Brandenburgerin, Margarete von Schapelow, die das Gut Gusow mitbrachte. Er wurde Offizier des Großen Kurfürsten und kämpfte mit diesem gegen die Schweden, Zeugnis dafür, dass damals die Soldaten für sich kämpften und nicht für ein Vaterland, also dem sich anschlossen, der ihnen am meisten versprach an Geld und Avancement. Derfflinger war sehr tüchtig und wurde Feldmarschall. Noch mit 84 Jahren nahm er an einem Feldzug gegen die Franzosen teil. Mit 89 starb er 1695 auf Gusow im Oderbruch, südwestlich von Bad Freienwalde. Das Schloss ist wieder hergestellt und kann besichtigt werden, es bietet Restaurant und Hotel und natürlich die Grablege des Feldmarschalls.

Fontane in einem Schreiben an Hermann Hauff, dem er die «Feldherrnballaden» für das *Morgenblatt* am 18. Mai 1847 sandte, denn der Derfflinger machte erst den Anfang: «Meine Aufgabe beim Niederschreiben all dieser Gedichte war nur die, den poetischen Ausdruck für das zu finden, was bereits im Munde des Volkes lebt, und in diesem bescheidenen Sinne wag ich sie volkstümlich zu nennen. Das Volk weiß vom Derfflinger weiter nichts, als dass er Schneider war; den alten Dessauer betrachtet es als den eigentlichen Repräsentanten der Zopfzeit; im Zieten bewundert es den Freund und Gefährten unseres großen Königs und den Seidlitz bewundert es als das Ideal des Reiters – auf diese im Volk lebenden Vorstellungen habe ich mich gestützt; ich habe das Bild erweitert, aber kein fremdes untergeschoben.» (Reu, 196)

So webte Fontane an den Legenden weiter, die bereits im Volk verbreitet waren, und erhob die Generäle wie Derfflinger, Dessauer und Zieten zu Heroen, die unbeirrt an ihrer Treue zu Brandenburg festhielten und alle Feinde, die ihnen entgegentraten, vernichteten, denn alle diese Helden sind Krieger und nur das; all ihr Verdienst ist der Sieg in der Schlacht und das Schädelspalten der Feinde, also das, was Brandenburg-Preußen groß machte. Es mag ihm nicht bewusst gewesen sein, aber hier webt Fontane am Ruhm des in der Schlacht unbesiegbaren Brandenburg-Preußen, das vom großen Kurfürsten bis zum Fürsten Bismarck sich im Kampf und nur im Kampf behauptete, bis der militärische Hochmut es in den Abgrund des Ersten Weltkriegs stürzte.

Leopold, Fürst von Dessau, 1676 bis 1747, war General Friedrichs II. und allen Künsten und Wissenschaften abhold, was die Ballade fast wollüstig herausstreicht. Endlich mal einer, der nur draufhaut; drei von fünf Strophen:

> All Wissenschaft und Dichtung
> Sein Lebtag er vermied,
> Und sprach er je von Richtung,
> Meint er in Reih und Glied;
> Statt Opern aller Arten
> Hatt er nur einen Marsch,
> Und selbst mit Schriftgelahrten
> Verfuhr er etwas barsch.
>
> [...]
> Ja, ja, er war im Leben
> Beschränkt, wie man's so heißt,
> Und soll ich Antwort geben,
> Warum mein Lied ihn preist?
> Nun denn, weil nie mit Worten
> Er seine Feinde fraß,
> Und weil ihm rechter Orten
> So Herz wie Galle saß.

74

Wir haben viel von Nöten
Trotz allem guten Rat.
Und sollten schier erröten
Vor solchem Mann der Tat;
Verschnittnes Haar im Schopfe
Macht nicht allein den Mann, –
Ich halt es mit dem Zopfe,
Wenn solche Männer dran. (Ged 1, 206 f.)

Er ist also der Mann der Tat, den viele dann in Bismarck bewunderten, einer, der nicht lange fackelt, sondern energisch handelt. Mit *Der alte Zieten* löste Fontane die größte Begeisterung im «Tunnel» aus: «Ich ließ alsbald diesem alten Derfflinger eine ganze Reihe verwandter patriotischer Dichtungen im Volksliedton folgen und erzielte mit einem derselben, dem alten Zieten, eine Zustimmung – auch im Publikum –, die weit über die bis dahin gehabten Erfolge hinaus ging.» (Zw, 193) Hans Joachim von Zieten, 1699 geboren, 1786 in Neuruppin gestorben, war Reitergeneral Friedrichs II. Die erste und die dritte Strophe:

Joachim Hans von Zieten
Husaren-General,
Dem Feind die Stirne bieten,
Er tats wohl hundert Mal;
Sie habens all erfahren
Wie er die Pelze wusch
Mit seinen Leibhusaren,
der Zieten aus dem Busch.
[...]
Sie kamen nie alleine,
Der Zieten und der Fritz,
Der Donner war der eine,
der andre war der Blitz.
Es wies sich keiner träge,
Drum schlugs auch immer ein,
Ob warm, ob kalte Schläge,
Sie pflegten gut zu sein. (Ged 1, 208 f.)

Die zweite Hälfte der dritten Strophe ist wohl nicht so gelungen: Was sind warme, was kalte Schläge? Fontane selbst hat das wohl empfunden, denn er stellte den *Alten Derfflinger* über dieses Gedicht. Die Ge-

dichte sind immer nach demselben Muster gebaut: der bekannte volks-
tümliche Spruch – hier «Zieten aus dem Busch» – kommt ziemlich
früh, so dass er die Aufmerksamkeit erregt und anzeigt, hier ist vom
alten Zieten die Rede. Und dann eben die Heldentaten in einer achtzei-
ligen Strophe, immer a, b, a, b gereimt, also Kreuzreim, die Zeile mit
drei Hebungen. Und in der Mitte der Strophe ein kleiner Einschnitt:
die ersten vier Zeilen enden mit einem Punkt oder Strichpunkt. Sie
bilden eine Einheit, die zweite Hälfte erläutert dann die erste oder erweitert sie. Im Grunde ist immer von denselben Taten die Rede, insofern ist es nicht leicht, immer wieder neue Verse für immer wieder
dasselbe zu finden: Nichts wie drauf, Schlacht und Sieg. Nur wenn die
Namen der Schlachten kommen, dann wird Individuelles sichtbar. Der
eine hat eben bei den Kesselsdorfer Höhen gesiegt, der andere bei Liegnitz und Leuthen. Hier der alte Dessauer, dort der alte Zieten.

Diese preußischen Balladen konnte Fontane 1850 als seine zweite
Publikation vorlegen unter dem Titel: *Männer und Helden. Acht Preußen-Lieder* bei Hayn in Berlin. Zuvor war die Romanze *Von der schönen Rosamunde* bei Katz in Dessau erschienen, von Wolfsohn vermittelt. Auch sie war sehr schmal: 62 Seiten, die *Preußen-Lieder* umfassten
40 Seiten. Reiche Ernte brachte erst 1851 sein Band *Gedichte*, der immerhin 296 Seiten hatte; der ersten Auflage folgten mehrere Auflagen,
die ergänzt wurden, auch durch die beiden ersten Publikationen. Bis
1854, als Fontanes erster essayistischer Text erschien, *Ein Sommer in
London*, der Bericht seines Aufenthalts in England, 281 Seiten, ebenfalls bei Katz in Dessau, musste jeder ihn für einen Lyriker halten. Danach dann für einen Reiseberichter und Korrespondenten.

Dass er seine preußischen Heldenlieder nicht ohne Skrupel schrieb,
den Erfolg im Tunnel anvisierend, kann angenommen werden. Vielleicht wollte er in ihnen das alte kernige Preußen gegen das neue
schlaffe stellen, mit erheblicher Sympathie für das alte, eine Sympathie, die ja auch bisweilen in seinen Romanen durchschimmert, etwa
im letzten *Der Stechlin*. Er schrieb im April 1846 Sonette, die sich
durchaus als Absage an die Art der Dichtung und der Kritik im Tunnel
lesen lassen. Und diese Sonette trug er im Tunnel vor, was vom Schriftführer Wilhelm von Merckel ungut im Protokoll vermerkt wurde:
diese Sonette seien «eine Explosion schlagender Wetter» und ihr Autor «ein debütierender Vulkan». Das erste von fünf Sonetten lautet:

Ein Leben war's, mit Kolben und mit Knütteln
In diesen eitlen Jammer dreinzuschlagen,
Doch hab ich still ein lästig Joch getragen
Und meiner Pflicht gehorcht und ihren Bütteln.

Jetzt aber, wo an Winters Thron zu rütteln,
Voll Lerchenschlag die Frühlingslüfte wagen,
Jetzt will auch ich, und müsste ich sie zernagen,
Die Ketten alle mutig von mir schütteln.

Ein Lebewohl – kein Fluch euch, meine Dränger;
Ihr seid geschützt vor meines Zorns Ergüssen,
Weil ihr zu klein dem neugebornen Sänger;

Er eilt hinaus, den jungen Lenz zu küssen,
Und kein Gedanke nur gehört euch länger,
Als er euch selbst hat ertragen müssen. (Ged 1, 371)

Liest sich dies nicht wie eine Absage an den «Tunnel» und seine Ge-
bräuche, die ihm auferlegt wurden und die er trug, aber mit innerem
Widerwillen? Auch hier ist wieder der Frühling als Metapher für den
Abschied von der Unterwerfung gesetzt, so wie früher in diesem Ju-
gendgedicht der Frühling die Tyrannei beenden sollte. Eine Absage
an den «Tunnel» im «Tunnel»? Fontane ist nie auf einen einfachen
Nenner zu bringen. Beispiel sei das Gedicht *Jung-Bismarck*, das in
dem Band *Gedichte*, der letzten Auflage, die er noch betreute, 1898
unter «Deutsches. Märkisch-Preußisches» steht wie die Heldenballaden. Es war eine Auftragsarbeit. Paul Lindau bat ihn, zum
70. Geburtstag Bismarcks ein Gedicht auf den jungen Bismarck zu
schreiben. Fontane wollte nicht: «Übrigens lässt sich eine Jung-Bis-
marck-Ballade immer noch machen – sie ist dann aber Blech.» Am
25. Februar 1885 schickte er dann doch auf abermalige Bitten von
Lindau ein Gedicht *Jung-Bismarck* ein: «das an und für sich Phrasenhafte durch phrasenlose Behandlung über sich selbst zu erheben»,
habe er sich bemüht.

Fontane blieb zehn Jahre im «Tunnel» und nahm an den meisten
Sitzungen teil. Es war für ihn der einzige Ort, an dem er literaturbe-
sessene Menschen traf, mit denen er sich austauschen konnte, trotz
alledem. Erst 1855 verließ er Berlin Richtung London, doch auch nach
seiner Rückkehr blieb er dem «Tunnel» verbunden, allerdings nur

noch locker. Er ist eine der wichtigsten Stationen seines Lebens. In seiner Autobiographie nimmt das Kapitel «Der Tunnel über der Spree» fast 200 Seiten ein, das nächste große Kapitel «Mein Leipzig lob ich mir» über die Zeit in Leipzig und in Dresden hat nur 70 Seiten, alle anderen Kapitel sind wesentlich kürzer. Er greift auch in diesem Tunnel-Kapitel weit über sein dreißigstes Lebensjahr hinaus. Im Rückblick auf seine Preußenlieder schreibt er dort: «Diese patriotischen Gedichte fielen in das Jahr 1846. Zwei Jahre später sorgten die Zeitereignisse, bei mir wenigstens, für einen kleinen Rückfall in das schon überwunden geglaubte Freiheitliche, doch war der dabei von mir angestimmte Ton ein sehr anderer geworden. Alles Bombastische war abgestreift und an die Stelle davon ein übermütiger Bummelton getreten.» (Zw, 193)

Das Gedicht, das er dann in voller Länge abdruckt, ist allerdings übermütig, eine Parodie, in der aber doch die Distanz zu dem Preußen seiner Tage steht, wenn auch durch Ironie gemildert, so dass er das Gedicht im Tunnel vorlesen konnte: im Sommer 1848 nach der März-Revolution, als immer noch Hoffnung auf eine Besserung der politischen Verhältnisse bestand. Dass so viele Menschen Deutschland den Rücken kehrten und nach Nordamerika auswanderten, ist auch hier Gegenstand. Diesmal geht es freilich nach Südamerika, und Fontane bietet alle Namen auf, die man gewöhnlich mit Orten dieses Kontinents verbindet, um das Sehnsuchtsziel zu markieren und zu ironisieren. Die ersten drei von sechs Strophen:

> Liebchen, komm, vor dieser Zeit, der schweren,
> Schutz zu suchen in den Cordilleren,
> Aus der Anden ewgem Felsenthor
> Tritt vielleicht noch kein Konstabler vor.
>
> Statt der Savigny und statt der Uhden
> Üben dort Justiz die Botokuden,
> Und durchs Nasenbein der goldne Ring
> Trägt sich leichter als von Bodelschwingh.
>
> Ohne Wühler dort und Agitator
> Frisst uns höchstens mal ein Alligator,
> Schlöffel Vater und selbst Schlöffel Sohn
> Respektieren noch den Maranon. (Zw, 193–4)

Die Namen nennen Politiker in Berlin. Das lyrische Ich, wie man so schön sagt, fordert seine Braut auf, mit ihm nach Südamerika zu ziehen, um den Berliner Verhältnissen zu entgehen, die nicht nur in den preußischen Politikern bezeichnet sind, sondern in der dritten Strophe auch in deren Gegenpartei, den Agitatoren und Wühlern, also den Rebellen. Die letzte Strophe ist so hübsch, dass sie hier noch stehen muss:

> Komm, o komm, den heimatlichen Bettel
> Werfen wir vom Popokatepettel,
> und dem Kreischen nur des Kakadu
> Hören wir am Titicaca zu.

Humor ist ein gutes Mittel, politische und ideologische Verbohrtheit zurückzuweisen, trifft allerdings bei den Verbohrten oft auf entschlossene Feindschaft. Das ist das Letzte, was sie ertragen können: dass sie nicht ernst genommen werden. Hier aber war es nicht der Fall. Fontane erntete großes Lob im Tunnel, wo er das Gedicht im Sommer 1848 vorlas. Nur Baron Wimpffen, Fouqué genannt, empörte sich, die Statuten verböten derlei Dinge, also Witziges, Parodistisches. Alle anderen waren begeistert. Und die «Konservativen und Altministeriellen», wie Fontane schreibt, wollten unbedingt eine Abschrift haben, so Merckel und Lepel, aber auch Friedberg. Sie lasen noch am selben Abend das Gedicht dem alten Minister von Mühler vor, dem Justizminister und Vater des späteren Kultusministers, der sich köstlich amüsierte. Diesmal hatte Fontane den Tunnel gewonnen und doch nicht nach seiner Manier gedichtet. (Zw, 194)

10. Nicht nur preußische Balladen

«Das war im Sommer 1848. In demselben Jahre noch, ich weiß nicht mehr in welcher Veranlassung, kamen mir Bischof Percys ‹Reliques of ancient English poetry› und bald danach auch Walter Scotts ‹Ministrelsy of the Scottish border› in die Hände, zwei Bücher, die auf Jahre hin meine Richtung und meinen Geschmack bestimmten. Aber mehr als der mir aus ihnen gewordene literarische und fast möchte ich sagen Lebensgewinn, gilt mir der unmittelbare Genuss, den ich von ihnen gehabt habe», erinnert sich Fontane. (Zw, 194)

Hier war er an der Quelle angelangt, denn die deutschen Balladen, die seit der zweiten Hälfte des 18. Jahrhunderts geschrieben wurden, hatten diese englischen Balladen zum Vorbild. Das Wort Ballade soll vom provenzalischen, also frühen südfranzösischen Balada kommen, was Tanzlied heißt. Diese Tanzlieder mit Kehrreim waren im mittelalterlichen Frankreich stark verbreitet. Noch bei François Villon gibt es ein solch schönes Tanzlied: «Ballade des dames du temps jadis». Im 18. Jahrhundert wurde der Begriff auf die alten englischen erzählenden Volkslieder angewandt, die nicht zuletzt Bischof Percy sammelte und herausgab, eben die Sammlung, die in Fontanes Hände fiel, sowie die Sammlung von Walter Scott, dem Romancier und Historiker, den Fontane außerordentlich schätzte. Johann Gottfried Herder übersetzte schon etliche dieser Balladen, Gottfried August Bürger dichtete in ihrer Tradition, so seine *Leonore*. Auch Johann Wolfgang Goethe schrieb Balladen, etwa den bekannten *Erlkönig*, und Friedrich Schiller, etwa *Die Bürgschaft*.

Die englischen Balladen handelten von Helden der Vorzeit, von ihren Taten und Leiden – wie Fontane es mit seinen preußischen Helden zeigte –, aber auch von der Dämonie der Natur, von der Wiederkehr der Toten, also vom Unheimlichen, wie es sich dann auch bei Annette von Droste-Hülshoff, bei Conrad Ferdinand Meyer und eben bei Theodor Fontane findet, der einen würdigen Platz in dieser Reihe einnimmt. Goethe nannte die Ballade einmal ein lebendiges Ur-Ei der Poesie, weil in ihr sich alle drei Gattungen finden: die Lyrik, die Dramatik, die Epik (Goe 1, 214). Die Epik: ein Ereignis, ein besonderes, wird erzählt, ein Verlauf mitgeteilt. Dramatik: in der Handlung prallen Personen aufeinander, es kommt zu Konflikten und zu Dialogen wie im Drama. Und Lyrik: es gibt Stimmungsbilder und bildliche, metaphorische Darstellungen, aber auch Vers und Reim erinnern an das Gedicht. Meist wird nur eine Szene beschrieben, die zu einem Höhepunkt gelangt. Wiederholung und Parallelismus sind beliebte stilistische Mittel und ein effektvolles, emotionales Pathos, wie schon Fontanes Heldenballaden zeigten.

Goethe: «Der Ballade kommt eine Behandlung zu, durch welche das Gemüt und die Phantasie des Lesers in diejenige ahnungsvolle Stimmung versetzt wird, wie sie sich der Welt des Wunderbaren und den gewaltigen Naturkräften gegenüber im schwächeren Menschen entfalten muss.» (Goe 1, 215) Das Wunderbare, die Naturgewalt kann bei

Fontane erscheinen, etwa in *Die Brücke am Tay*, aber auch die Härte des Schicksals, die auch den untadeligsten Helden trifft wie in *Archibald Douglas*. In seiner letzten Gedichtsammlung von 1898 nehmen die unter Kapitel II «Englisch-Schottisches» aufgeführten Balladen nach englischen Vorbildern und englischen und schottischen Themen fast so viel Raum ein wie Kapitel III mit dem Titel «Deutsches. Märkisch-Preußisches». In beiden Kapiteln dominieren die historischen Stoffe, genauer: es sind meist Gestalten der Geschichte, aus deren Leben und Sterben ein herausragendes Ereignis ergriffen wird. Das ist bei den englischen und schottischen Gestalten eindrucksvoller als bei den preußischen. Diese sind zu nahe, zum Teil sind die Personen sogar noch Zeitgenossen wie Kaiser Friedrich III. und Bismarck, wodurch die Darstellung einer Schmeichelei ähnelt: als Hymne auf den Herrscher im Sinne des alten Herrscherlobs. Und die Darstellung neigt zu einer Erhöhung des Preußentums. Das ist bei den englischen und schottischen Themen nicht der Fall: es sind fremde, zum Teil lange zurückliegende Ereignisse, etwa die um Maria Stuart, der ein Zyklus aus vier Gedichten gewidmet ist. Sie scheinen aus grauer Vorzeit zur Gegenwart zu sprechen, so dass auch das Ungetüme und Unheimliche als Erzählung alter Sagen und Legenden hingenommen wird. Auch das Monströse wird dadurch irgendwie glaubhaft. Aber es gibt auch hier Zeitgenössisches: so zwei Balladen zu Walter Scott. Und eine um eine Schlacht aus dem Jahre 1854: *Belklawa*, allerdings eine freie Übersetzung eines Gedichts von Alfred Tennyson.

«Ich gehörte dem Tunnel unausgesetzt ein Jahrzehnt lang an und war während dieser Zeit, neben Scherenberg, Hesekiel und Heinrich Smidt, das wohl am meisten beisteuernde Mitglied des Vereins. Die große Mehrzahl meiner aus der preußischen, aber mehr noch aus der englisch-schottischen Geschichte genommenen Balladen entstammt dieser Zeit, und manche glückliche Stunde knüpft sich daran. Die glücklichste war, als ich – ich glaube bei Gelegenheit des Stiftungsfestes von 1853 oder 54 – meinen ‹Archibald Douglas› vortragen durfte. Der Jubel war groß.» (Zw, 195) Er las die Ballade am Stiftungsfest – alljährlich wurde die Gründung des Tunnels gefeiert – des 3. Dezember 1854 vor.

Den Stoff zu *Archibald Douglas* nahm er wohl aus der Sammlung *Ministrelsy of the Scottish Border* von Walter Scott. In einem Brief an Carl Credner vom 3. Februar 1898 erinnert sich Fontane, dass er eine lange Fußnote bei Walter Scott las, in der die Geschichte des Archibald Douglas erzählt wurde, allerdings nicht mit dem glücklichen Ende, das Fontane ihr verlieh. Dort nimmt König Jakob den alten Douglas nicht wieder an, sondern er erneuert seine Verbannung. Das habe König Heinrich VIII. zu dem Satz veranlasst: «A Kings face shall give grace». Eines Königs Angesicht sollte Gnade gewähren. König Jakob gewährt nur bei Fontane Gnade. Jedenfalls faszinierte ihn die alte Geschichte derart, dass er noch am Abend des Tages, an dem er diese Geschichte gelesen hatte, im Flur des Schauspielhauses vor der Aufführung, die er besprechen sollte, sowohl die Ansprache des Douglas, als auch die Antwort des Königs niederschrieb. So im Brief an Maximilian Runze vom 16. Juli 1898.

Die Ballade war nicht nur der größte Erfolg im Tunnel, den er je erreichte, sie war auch lange das erfolgreichste Werk Fontanes, das jahrzehntelang in den Schulbüchern stand und von den Schülerinnen und Schülern auswendig gelernt wurde.

> Ich hab es getragen sieben Jahr
> Und ich kann es nicht tragen mehr,
> Wo immer die Welt am schönsten war,
> Da war sie öd und leer.
>
> Ich will hintreten vor sein Gesicht
> In dieser Knechtsgestalt,
> Er kann meine Bitte versagen nicht,
> Ich bin ja worden alt. (Ged 1, 118–121)

So die ersten beiden des 23 Strophen langen Gedichts. In den ersten drei Strophen führt Douglas ein Selbstgespräch, das dem Leser die Situation, in der er sich befindet, vorstellt. Es folgen vier Strophen, die ihn beschreiben in seiner armseligen verrosteten Rüstung und das Kommen des Königs verkünden, der sich auf der Jagd befindet. Dann hat Archibald Douglas fünf Strophen, um den König an die gute alte Zeit zu gemahnen und ihn zu bitten, ihn wieder in Gnaden aufzunehmen, da er mit dem Aufstand seiner Brüder nichts zu schaffen habe. Der König antwortet in drei Strophen, dass er nur so tun kann, als sähe er ihn nicht, einen verwerflichen Douglas, sonst wäre dieser verloren. Der König reitet weiter, Douglas fällt ihm in die Zügel und kann noch einmal in drei Strophen seine Bitte äußern, diesmal erinnert er nicht die Kindheit des Königs, als er diesen auf den Knien wiegte, sondern er spricht von seinem Heimweh. In die Heimat zurückzukehren, dafür wäre er auch bereit, als Knecht im Stall dem König zu dienen. Nun kommt die allzu rasche Wendung in den letzten drei Strophen: Der König springt vom Pferd und nimmt Archibald Douglas wieder auf. Er wird ihn mitnehmen auf sein Schloss, und sie werden wieder «fischen und jagen froh»:

> «Der ist in tiefster Seele treu,
> Wer die Heimat liebt wie du.»

Die rasche Wendung zum Guten in den letzten drei Strophen, Fontanes Werk, wird durch die Liebe zur Heimat begründet, also durch eine auch patriotische Haltung. Und der König wird als ein letztlich doch gutmütiger Herrscher herausgestellt. Beides Pluspunkte für den konservativen «Tunnel». Doch unabhängig von dieser Intention des Textes ist die Art der Darstellung gelungen: die etwas knorrige Sprache, ein leicht altertümelnder Stil, die ehrliche Haltung des Douglas, die in der Steigerung seiner Rede sich offenbart, und der Konflikt, der zuerst bestehen bleibt und dann doch aufgelöst wird zum Wohlgefallen des Lesers, das alles fasziniert. Und hätte Fontane nicht späterhin noch einige Romane geschrieben, so wäre er doch als bedeutender Balladendichter des 19. Jahrhunderts in die Literaturgeschichte eingegangen.

Mit *Die Brücke am Tay* griff Fontane ein höchst aktuelles Thema auf, ein schreckliches Unglück, das gerade stattgefunden hatte: Eine Brücke in Schottland, die über den Firth of Tay, die Mündungsbucht des Flusses Tay an der Ostküste Schottlands, führte, stürzte bei einem Sturm ein – gerade in dem Augenblick, als ein Zug auf ihr fuhr: Der Zug versank mitsamt der Brücke im Wasser und alle Insassen kamen ums Leben. Also ein durchaus modernes Unglück, keine alte Heldengeschichte aus Archibald Douglas' Tagen: eine technisch komplizierte Brückenkonstruktion und eine von einer Dampfmaschine gezogene Eisenbahn, das modernste, was es damals gab. Fontane nahm die Zeitungsmeldung, die ihn tief bewegte, und dichtete schon wenige Tage nach dem Unglück vom 28. Dezember 1879 die Ballade. Diese Geschichte des beginnenden Industriezeitalters schließt er aber in eine sagenhafte Klammer ein: Aus Shakespeares *Macbeth* leiht er sich die drei Hexen aus, die sich dort am Anfang treffen, um das schreckliche Geschehen der Tragödie auszuhecken. Bei Fontane treffen sie sich ebenfalls am Anfang, sie verkörpern die Naturkräfte, die stärker sind als das Menschenwerk:

> Wann treffen wir wieder zusamm?
> Um die siebente Stund, am Brückendamm.
> Am Mittelpfeiler. Ich lösche die Flamm.
> Ich mit.
> Ich komme von Norden her.
> Und ich von Süden.
> Und ich vom Meer.
> Hei, das gibt ein Ringelreihn und die Brücke muss in den Fluss hinein.
> Und der Zug, der in die Brücke tritt
> Um die siebente Stund?
> Ei, der muss mit.
> Muss mit.
> Tand, Tand,
> Ist das Gebild von Menschenhand. (Ged 1, 166–168)

Damit bettet Fontane das technische Ereignis in eine sagenhafte Vorstellung, er verleiht ihm den Anschein des Altertümlichen, so dass auch dieses neue Ereignis sich in die Reihe alter Schicksalsschläge einordnet, in denen immer die Kräfte der Natur stärker sind als die der Menschen.

Es folgen fünf Strophen. In den ersten beiden wird der Sturm aus Sicht der Leute im nördlichen Brückenhaus gesehen: Sie fürchten den Sturm, sie hoffen auf die Heimkehr des Johnie, den der Zug bringen soll. Die restlichen drei Strophen beschreiben die Situation im Zug, auch aus der Sicht Johnies, der sich freut, bald nach Hause zurückzukehren. Erstaunlich ist nun, dass dann der Brückeneinsturz nicht beschrieben wird. Es heißt nur:

> Denn wütender wurde der Winde Spiel,
> und jetzt als ob Feuer vom Himmel fiel,
> Erglüht es in niederschießender Pracht
> Überm Wasser unten ... und wieder ist Nacht.

Das Schreckliche wird nicht gezeichnet. Drei Punkte stehen dafür. Doch die drei Hexen, die sich dann wieder treffen, sprechen es aus:

Wie Splitter brach das Gebälk entzwei.
Tand, Tand,
Ist das Gebilde von Menschenhand.

Hier wird die Hybris, der Hochmut bestraft, mit dem die Menschen meinen, mit Hilfe der Technik die Kräfte der Natur zu besiegen oder doch zu bannen. Dass auch bei fortschreitender Technik die Menschen nicht immer Herren der Naturkräfte sind, zeigen bis in die Gegenwart Naturkatastrophen und Unglücksfälle. Nur werden die Ursachen nicht in dämonischen Wesen wie Hexen gesehen, sondern als menschliches oder technisches Versagen benannt. Freilich gibt es Katastrophen wie Erdbeben oder Vulkanausbrüche, bei denen von Versagen des Menschen oder seiner Technik nicht die Rede sein kann. Hier offenbaren sich Naturgewalten.

Noch ein Beispiel für den Kampf des Menschen gegen eine Naturgewalt, hier die des Feuers: *John Maynard* heißt die dritte bis in die Gegenwart beliebte Ballade Fontanes. Auch hier ist es ein Unglücksfall, von dem Fontane in der Zeitung las. Am 9. August 1841 brach im Dampfer *Erie* auf dem amerikanischen Eriesee ein Feuer aus, dem Steuermann gelang es, das Schiff noch rechtzeitig an Land zu setzen, so dass alle Passagiere gerettet wurden; er selbst verlor sein Leben. Diesem Helden, von Fontane John Maynard genannt, widmete er eine Ballade. Es ist also wiederum ein Held, der verherrlicht wird, ein Held, der aber keine Schlacht gewinnt, sondern Menschenleben rettet unter Einsatz seines eigenen Lebens. Auch diese Ballade wird von einem Rahmen gehalten. Sie beginnt:

John Maynard!
«Wer ist John Maynard?»

«John Maynard war unser Steuermann,
Aus hielt er, bis er das Ufer gewann.
Er hat uns gerettet, er trägt die Kron,
Er starb für uns, unsre Liebe sein Lohn.
John Maynard.» (Ged 1, 168–170)

Es folgen sieben unterschiedlich lange Strophen, die eine glückliche Fahrt der «Schwalbe», so nennt Fontane das Schiff, beschreiben. Die

Passagiere ersehnen das Ende der Reise, als der Brand ausbricht und alle bedroht, wenn sie nicht bald das rettende Ufer erreichen. Zunächst ist es noch 30 Minuten entfernt, dann – am Ende der nächsten Strophe – nur noch 20, dann 15, dann 10. So steigert Fontane die Spannung. John Maynard hält das Steuer bis zum Schluss, so dass die «Schwalbe» auf Kurs bleibt.

> Das Schiff geborsten. Das Feuer verschwelt.
> Gerettet alle. Nur einer fehlt.

Es kommen die beiden letzten Strophen, in der die Beerdigung des Steuermanns geschildert wird, die ganze Stadt folgt dem Sarg. Das Gedicht schließt ab mit dem Spruch auf dem Grabstein, eine Variante des Anfangs der Ballade:

> Hier ruht John Maynard, In Qualm und Brand
> Hielt er das Steuer fest in der Hand,
> Er hat uns gerettet, er trägt die Kron,
> Er starb für uns, unsre Liebe sein Lohn.
> John Maynard.

Fontane dichtete diese Ballade erst 1885, also lange nach dem Unglück, als er an seinem Roman *Quitt* arbeitete und sich mit den USA befasste; der zweite Teil des *Quitt* spielt in Amerika, einem gut recherchierten Amerika. Möglicherweise kannte Fontane die Bearbeitung der Geschichte durch John B. Gough, in der bereits der Steuermann John Maynard hieß und alle Passagiere bis auf diesen Steuermann am Leben blieben. In Wirklichkeit konnten nur wenige Passagiere gerettet werden.

Bleibt die vierte populäre Ballade Fontanes, die wohl bekannteste: *Herr von Ribbeck auf Ribbeck im Havelland*, also ein brandenburgisches Thema: Dorf und Schloss Ribbeck liegen westlich von Berlin-Spandau. Die Geschichte, die Fontane hier erzählt, stammt aus einer Sage, die im von Karl Eduard Haase herausgegebenen Band *Volkstümliches aus der Grafschaft Ruppin und Umgebung* 1887 in Neuruppin veröffentlicht wurde und in der Zeitschrift *Der Bär*, die Fontane mit anderen herausgab, im Mai 1889 publiziert wurde. Und in diesem Jahr erschien auch erstmals Fontanes Ballade.

Herr von Ribbeck auf Ribbeck im Havelland,
Ein Birnbaum in seinem Garten stand.
Und kam die goldene Herbsteszeit
Und die Birnen leuchteten weit und breit,
da stopfte, wenn's Mittag vom Turme scholl,
Der von Ribbeck sich beide Taschen voll.
Und kam in Pantinen ein Junge daher,
So rief er: «Junge, wiste ne Beer?»
Und kam ein Mädel, so rief er: «Lütt Dirn,
Kumm man röwer, ick hebb ne Birn.» (Ged 1, 249–250)

Damals sprach man in Brandenburg noch plattdeutsch, wie man sieht;
auch Herr von Ribbeck sprach es. Es ist eine freundliche alltägliche Geschichte, nichts Heldenhaftes. Oder doch? Die anrührende Güte des
alten Herrn, die mit seinem Tode endet, ist doch vorbildlich, zumal sein
Nachfolger «knausert und spart» und den Kindern keine Birne abgibt.
Doch der Alte ließ eine Birne mit ins Grab sich legen. Und die wächst zu
einem prächtigen Birnbaum heran und gibt weiterhin den Kindern goldene Birnen. Und der Alte flüstert im Baum die alten Fragen.

So spendet Segen noch immer die Hand
Des von Ribbeck auf Ribbeck im Havelland.

Also auch Menschenfreundliches und Alltägliches, wenn es denn für
eine Pointe gut ist, kann eine Ballade tragen, es müssen nicht immer
Naturkatastrophen und heroische Taten sein. Katastrophen, Unglücksfälle, Heldentaten sind nach wie vor Stoff der Zeitungen, und Berichte
darüber werden gerne gelesen. Für Fontane waren auch aktuelle Ereignisse Vorlagen für Balladen, doch das neue Ereignis goss er in eine alte
Form und erreichte dadurch eine Stilhöhe, die an die der alten Helden-
geschichten anknüpfte. So wurde Gegenwärtiges mit einem Muster
der Vergangenheit verwoben.

Diese Vergangenheit reichte noch weit ins 20. Jahrhundert. Da ist
einmal die Tradition des Bänkelsangs, die schon in früher Neuzeit beliebt war, als es noch keine Zeitungen gab und die meisten Menschen
auch gar nicht lesen konnten. Diese Bänkelsänger zogen von Ort zu
Ort und berichteten von merkwürdigen und schrecklichen Geschehe-
nissen. Sie standen auf einer Bank, damit sie besser gesehen werden
konnten, deshalb der Ausdruck Bänkelsang. Und sie hatten Bilder zur

Hand, meist auf starkem Papier oder Leinen aufgemalt, die sie zusammenrollen konnten und wieder auseinander, so dass sie diese aufhängen konnten. Sie hatten einen Stock in der Hand, mit dem sie auf das Bild zeigten, das zu der Strophe gehörte, die sie gerade sangen in leicht leierndem Tonfall. Diese Bänkelsänger zogen auch noch in der ersten Hälfte des 20. Jahrhunderts umher, vor allem auf Jahrmärkten und Kirchweihen. Sie berichteten über Mord und Totschlag und hatten dazu die entsprechenden Bilder. Der Bänkelsang war auch noch im Kabarett Vorbild für manches Lied, etwa von Frank Wedekind oder Bert Brecht, die Lieder waren nicht immer Parodien. So wie im Bänkelsang auch aktuelle Ereignisse dargestellt und mitgeteilt wurden, so auch noch in den Balladen Fontanes.

Die zweite Tradition ist die der Bilderbögen, über die Fontane in seinem ersten Band der *Wanderungen durch die Mark Brandenburg* berichtet: im Kapitel über seine Vaterstadt Neuruppin. Denn in Neuruppin wurden vom Beginn des 19. Jahrhunderts bis weit ins 20. von Gustav Kühn (1794–1868) die bekanntesten deutschen Bilderbögen hergestellt. Gustav Kühns Vater Johann Bernhard Kühn (1750–1826) gründete in Neuruppin eine Druckerei, in der er Holzschnitte mit Landschaftsbildern und Bildern historischer Ereignisse produzierte. Sein Sohn hatte in Berlin Graphik gelernt und übernahm den Betrieb für gut 40 Jahre. Er konnte bereits Lithographien benutzen, die eine hohe Auflage möglich machten. Er war ein guter Zeichner, der viele Bilderbögen selbst entwarf, die dann von Hand koloriert wurden, was ihnen erst die Faszination verlieh: farbige Bilder etwa der Schlachten des preußisch-österreichischen Krieges fanden reißenden Absatz, aber auch Bilderbögen von Hochwasser und Unglücksfällen, von Räubern und Mördern. Auch idyllische Landschaftsbilder aus dem Harz oder dem Riesengebirge fanden Liebhaber. Manche hängten sie sogar an die Wand ihrer Wohnung, andere warfen sie weg, wenn sie alles gelesen hatten, so wie heute die Zeitung.

In der Regel enthielt ein Bogen mehrere Bilder, der zum Harz etwa acht. Und zu jedem Bild gab es eine Unterschrift, die Ort, Zeitpunkt und Thema mitteilte, so wie es heute in jeder Zeitung mit den Fotos geschieht. In einer Zeit, in der es noch keine Fotos gab, aber eben doch die Neugier eines wachsenden Publikums, befriedigten diese Bilderbögen, oft in Auflagen von 40 000, die Wünsche dieses Publikums.

Während des deutsch-französischen Krieges sollen sogar Auflagen von einer Million und mehr erreicht worden sein. So könnte man also sagen, dass Fontane, wenn er über aktuelles Geschehen eine Ballade dichtete wie mit der *Brücke am Tay*, in einer doppelten Tradition stand: in der des Bänkelsangs und in der jener Bilderbögen, die in Neuruppin hergestellt wurden.

11. Fünf Jahre Verlobung mit Emilie Kummer

Mit seinen Balladen hatte Fontane nicht nur Erfolg im «Tunnel», er konnte sie auch in einem der angesehensten Blätter publizieren, was seinen Ruhm beförderte: in Cottas *Morgenblatt für Gebildete Leser* (zunächst «Gebildete Stände»), das seit 1807 in Tübingen erschien, seit 1810 in Stuttgart. Schon Goethe hatte darin veröffentlicht, Eduard Mörikes schönste Gedichte erschienen hier und Wilhelm Hauff war Redakteur und nach seinem frühen Tod sein Bruder Hermann Hauff. Gustav Schwab war fester Mitarbeiter und Freund des Verlegers Cotta. Mit einer Nachdichtung aus dem Englischen des John Prince hatte Fontane im Oktober 1843 begonnen: *Eines Vaters Wehklage*, gefolgt waren die beliebten Balladen, zunächst *Wettersee* und *Wenersee* und schließlich 1847 die «Preußischen Feldherrn». Cotta war der bekannteste deutsche Verlag, dort zu publizieren brachte großes Ansehen. Fontanes Versuche, durch Vermittlung Gustav Schwabs eine Buchausgabe seiner Gedichte bei Cotta zu erhalten – «das gelobte Land der Poesie, das die meisten sehen, aber nicht erreichen», wie er schrieb –, schlugen fehl (Reu, 196).

Tunnel-Mitglied Louis Schneider, Schauspieler und Schriftsteller, dann auch königlicher Vorleser, verwandte sich für Fontane, so dass dieser fast gleichzeitig zu Cottas *Morgenblatt* seine Balladen in dem von Schneider herausgegebenen braven, königstreuen Monatsheft *Der Soldatenfreund. Zeitschrift für fassliche Belehrung und Unterhaltung des preußischen Soldaten* publizieren konnte. Die Feldherrenballaden fanden dann im Herbst 1848 auch Aufnahme in der «Militärischen Gedichtsammlung» mit Namen *Leyer und Schwert*, die ebenfalls Schneider verantwortete, der diese schließlich sogar dem König in Potsdam vorlas. Das alles brachte Fontane Ansehen – von liberaler Seite, siehe Cotta, und von konservativer Seite, siehe *Soldatenfreund –*, aber nur wenig Honorar, jedenfalls nicht so viel, dass er davon leben konnte. Nach seinem Jahr beim Militär musste er wieder in der Apotheke arbeiten. In all den Jahren, die er im «Tunnel» vortrug, war er mit wohl gestellten Beamten, Offizieren und Künstlern zusammen, er selbst aber lebte immer noch in den bescheidensten Verhältnissen, auch nach 1849, als er sich als Journalist versuchte und vom Apothekerberuf lossagte.

Zunächst aber trat er nach dem Militärdienst wieder in eine Apotheke ein, nämlich in die Polnische Apotheke in der Berliner Friedrichstraße, Ecke Mittelstraße, also wenige Schritte von Unter den Linden entfernt. Wer heute den S-Bahnhof Friedrichstraße verlässt und auf die Friedrichstraße hinaustritt, geht Richtung Unter den Linden. An der zweiten Straße, die von rechts kommend die Friedrichstraße schneidet, findet er am Eckhaus, auf der Seite, die zur Mittelstraße zeigt, die deutliche Inschrift «Polnische Apotheke». Das Haus hat sich seit damals verändert, die Inschrift ist geblieben, auch wenn keine Apotheke mehr in diesem Haus ist. Woher der Name kommt, ist unklar, angeblich habe er etwas mit August dem Starken von Sachsen zu tun, der auch König von Polen war.

Der Apotheker Julius Schacht aus Magdeburg hatte 1831 die Apotheke gekauft und sie zu einer der angesehensten Berlins gemacht. 1833 heiratete er Louise Loeser, die aus einer Refugié-Familie stammte. Fontane fand beide liebenswürdig, Apotheker und Frau, bei der er noch den französischen Esprit lobte. Freilich, «was Wohnung und alles übrige anging, blieb hinter Leipzig und Dresden zurück», wo er auch schon nicht gerade verwöhnt worden war (Zw, 362). Immerhin lernte er dort einen netten Kollegen kennen: Friedrich Witte aus Rostock, mit dem er sein Leben lang befreundet blieb. Witte heiratete die älteste Tochter der Schachts und kaufte, nach bestandener Prüfung, eine Apotheke in Rostock. Dies gelang Fontane nie, eine Apotheke zu kaufen, um von ihr leben zu können; dazu hatte er nicht die Mittel.

Im Sommer 1845 war Fontane in die Polnische Apotheke eingetreten. Am 8. Dezember, am Geburtstag seines Onkels August, empfing er einen Brief in «zierlichen, aber etwas schulmäßigen Buchstaben» folgenden Inhalts: «Lieber Freund. Ich war eben zur Gratulation bei Ihrem Onkel und erfuhr zu meinem Bedauern, dass Sie durch Ihren Dienst verhindert sind, die heutige Geburtstagsfeier mitzumachen. Ich meinerseits werde da sein, bin aber in Verlegenheit wegen des Nachhausekommens. Ich denke, Ihr Bruder soll mich um 10 Uhr bis an Ihre Apotheke begleiten, von wo Sie wohl den Rest des Weges übernehmen. Ihre Emilie Kummer.» (Zw, 364–365)

Und um zehn Uhr war Emilie an der Apotheke. Fontane begleitete sie nach Hause die Friedrichstraße hinunter bis zum Oranienburger Tor und von dort in die spitz einmündende Oranienburger Straße, «wo die junge Dame in einem ziemlich hübschen, dem Posthof gegenüberliegenden Hause wohnte» (Zw, 365). Wer wiederum aus dem S-Bahnhof Friedrichstraße hinaustritt auf die Friedrichstraße kann dem Weg der jungen Leute folgen, diesmal in entgegengesetzter Richtung. An das nicht mehr vorhandene Oranienburger Tor gemahnt noch die Torstraße, die rechts abbiegt, aber vorher biegt ebenfalls rechts ab in einem spitzen Winkel die Oranienburger Straße, heute aus unbegreiflichen Gründen ein von Touristen viel besuchter Ort. Geht er diese Straße hinauf bis zur Kreuzung Tucholskystraße, steht links das große Gebäude des ehemaligen Posthofs und rechts an der Ecke muss das Haus gestanden haben, in dem Emilie Kummer damals wohnte. Zwei Häuser zuvor auf derselben Seite wohnte Alexander von Humboldt, der hier nach seinen Reisen durch Lateinamerika und nach langen Jahren in Paris seine letzte Lebenszeit verbrachte. Um so weit zu kommen, muss der Flaneur zunächst auf der Weidendammer Brücke die Spree überqueren. Das eiserne Geländer schmückt ein preußischer Adler, auf den Wolf Biermann sein schönes Lied *Preußischer Ikarus* dichtete. Hier an dieser Stelle verlobten sich Emilie Kummer und Theodor Fontane.

«Da wir beide plauderhaft und etwas übermütig waren, so war an Verlegenheit nicht zu denken und diese Verlegenheit kam auch kaum, als sich mir im Laufe des Gesprächs mit einem Male die Betrachtung aufdrängte: Ja, nun ist es wohl eigentlich das Beste, Dich zu verloben. Es war wenige Schritte vor der Weidendammer Brücke, dass mir dieser glücklichste Gedanke meines Lebens kam und als ich die Brücke wieder um eben so viele Schritte hinter mir hatte, war ich auch verlobt.» (Zw, 365)

Fontane hatte Emilie, die er als 15-Jähriger kannte, da war sie zehn, 1844 wieder gesehen, als er von Dresden und Leipzig nach Berlin zurückgekehrt war. «Die Kleine, mittlerweile neunzehn Jahre alt geworden, war total verändert», wie er schreibt. Das Südländische war verblasst und auch das Südfranzösische, das sie ausgezeichnet hatte, hatte sich verflüchtigt. Die schwarzen, kohlschwarzen Augen seien halbgrau geworden. «Alles in allem, beweglich und ausgelassen, vergnügungs-bedürftig und zugleich arbeitsam, war sie der Typ einer jungen Ber-linerin, wie man sie damals sich vorstellte. Sie hatte sich vergleichsweise verhübscht, aber von ihrer Rassenhöhe war sie ziemlich herabgestie-gen, – wohl zu ihrem und meinem Glück.» (Zw, 373) Sie nahmen «den alten herzlichen Ton» wieder auf und «die Leute wussten bald, was daraus werden würde». Und so kam es auch an eben diesem 8. Dezem-ber 1845 zur Verlobung. Nicht gerade zur Freude der Verwandtschaft, weder der Familie Fontane, noch der Familie Rouanet. Beide Familien hatten erwartet, dass ihre Sprösslinge eine sogenannte gute Partie machen würden, also einen wohlhabenden Menschen heirateten, um dadurch aus allen finanziellen Nöten zu sein. Das war hier nicht der Fall: Emilie hatte nichts und Theodor hatte fast nichts. Immerhin die Mutter Theodors, die Besitz für das einzig Erstrebenswerte im Leben hielt und auch keine «gute Partie» gemacht hatte, fand sich mit Emilie rasch zurecht: «Du hast Glück gehabt, sie hat genau die Eigenschaften, die für dich passen», sagte sie und das bestätigte sich denn auch in der Ehe (Zw, 375).

In einem Brief an seinen Freund Wolfsohn vom 10. November 1847 gibt Fontane eine gute Darstellung des Zustands der Verliebtheit, wie er wohl für jeden Verliebten, jede Verliebte gelten mag. Die andere Person wird in einer Aura gesehen, die alles, was sie tut, als Liebreiz erscheinen lässt, so dass auch Fehler zu Tugenden werden: «Dass ich verlobt bin, weißt Du, in diesem Faktum liegt noch kein Grund zur Gratulation, wohl aber darin, dass ich mich glücklich fühle in meiner Wahl und meiner Liebe. Du hast das junge Mädchen bei Deinem Hier-sein gesehn. Das Hervorstechende ihres Westens ist, körperlich und geistig, das Interessante, sie wird mich auch da zu fesseln wissen, wo mir größere Schönheit, umfassenderes Wissen und selbst tieferes Ge-fühl auf meinem Lebensweg begegnen sollten. Mit einem Wort, sie ist liebenswürdig, sie hat jenes unerklärliche Etwas, was allem einen Reiz verleiht; die Schwächen werden so zu Tugenden gestempelt; Unkennt-nis gibt sich als herzgewinnende Natürlichkeit; launenhafte Wünsche und Einfälle kleiden sich in das Gewand des Eigentümlichen.»

Bis er seine Verlobte heiraten konnte, vergingen fünf Jahre, denn Fontane konnte noch keine Familie ernähren; zweierlei fehlte ihm:

Geld und das zweite Examen. So machte er sich also daran, dieses zu bewältigen. Er verließ im Spätsommer 1846 die Polnische Apotheke und zog zu seinen Eltern aufs Land nach Letschin, um sich vorzubereiten. Der Vater war wenig zuversichtlich; er sah voraus, dass er durchfallen würde. Doch Theodor hatte Glück. Mit Frack und weißer Binde machte er sich auf den Weg in Berlin, hielt unterwegs in Raehmels Weinhandlung an der Ecke Rosmaringasse, wo er eine halbe Flasche Rotwein trank, sich Mut zu machen, schlug noch einmal das botanische Büchlein auf, das er bei sich trug. Sein Blick fiel zufällig auf «die Caryophyllaceen» und genau darüber prüfte ihn dann Professor Link. Theodor bestand das Examen wider Erwarten. Doch was nun? «Ich hatte das Examen hinter mir, aber keine Spur von Lebensaussichten vor mir; bloß eine arme Braut, die wartete.» (Zw, 386) Er musste wieder in eine Apotheke eintreten.

Diesmal war es die Jungsche Apotheke, Ecke der Neuen Königs- und Georgenkirchstraße, wiederum ein angesehenes und gut gehendes Geschäft, in dem er seit Spätherbst 1847 seine Tage verbrachte, die Kundschaft zu bedienen und Heilmittel anzurühren oder zusammenzustellen. Die Kundschaft bestand aus viel «Proletariat mit vielen Kindern», wie er sagt. Für diese Kinder verschrieben die «Armenärzte» meist Lebertran, der scheußlich schmeckte, aber wichtige Nährstoffe und Vitamine enthielt, weshalb er lange noch von den Ärzten verschrieben wurde. Vor allem mit dem Abfüllen von Lebertran für die armen Mütter armer Kinder war er bei Jung beschäftigt. Allerdings nutzten diese Mütter den Lebertran keineswegs, um ihren hungrigen Kindern zu helfen, sie nahmen ihn vielmehr als «Lampenbrennmaterial» (Z, 387). Es war kostenloser Brennstoff für ihre Lampen, deshalb mussten die Ärzte ihnen so viel Lebertran verschreiben. Außerdem musste Fontane abdestilliertes Nussblätterwasser «ballonweise» abfüllen. Es war von einem berühmten Dr. Rademacher als besonders heilbringend empfohlen worden, half aber wohl gar nicht.

Die Apotheker stammten, wiewohl Jung geheißen, aus der französischen Kolonie, denn ursprünglich hießen sie Le Jeune, bis der Vater den französischen Namen durch den deutschen ersetzte. Es ließ sich gut mit ihnen leben, meint Fontane, soweit ein «Irrer», das ist er, der sich mehr für Percys *Reliques of ancient English Poetry* interessierte als für Botanik, mit solchen Personen von «Bourgeoisgesinnung» zurechtkommen konnte (Zw, 388). Die Jungs erinnerten ihn also an den alten Rose, bei dem er einst angefangen hatte, behandelten ihn aber gut. Die Kollegen waren wenig freundlich, lasen aber eines Tages seinen Namen unter einem Artikel in dem Blatt *Berliner Zeitungs-Halle*, woraufhin sie doch gewissen Respekt für ihn hegten. Sogar die «Prinzipalität» behandelte ihn danach «mit einer gewissen Auszeichnung», sie vermutete gar, dass er ein heimlicher Spion oder ein verkappter Revolutionär sein könnte, denn der Februar 1848 hatte in Paris eine Revolution gebracht, und auch in Berlin begann es zu brodeln.

So kam der achtzehnte März 1848.

12. *Restauration und Revolution*

Politische Ereignisse gehen oft über die Köpfe der Bevölkerung hinweg wie ungute Wetter. Wie das Wetter nimmt sie es hin, kann sie doch nichts daran ändern, mag sie dadurch auch in Mitleidenschaft gezogen werden. Beschlossen werden sie meist von einem kleinen Kreis Mächtiger in der Regierung, ohne dass die Bevölkerung davon weiß, ohne dass sie es will, ohne dass sie beteiligt ist. Es ist dieses merkwürdige Zusammentreffen von historischem Geschehen, das aller Leben beeinflusst, ja beeinträchtigt, mit dem alltäglichen Leben der Menschen, seinen Sorgen und Nöten, die wenig mit der großen Politik zu tun haben. So ist es meist, wenn die Regierung einen Krieg beschließt und beginnt, in dem alle mitwirken müssen. So etwa 1914, als die Regierung in Wien, kaum ein Dutzend Menschen, einen Krieg riskierte, der ganz Europa erfassen konnte und dann ja auch erfasste.

Nun gibt es natürlich genug Fälle, in denen die Mehrheit der Bevölkerung Wünsche auf Besserung ihrer Lage, auf mehr Mitsprache an den politischen Entscheidungen, an die Regierung heranträgt. Es kommt also zu einer wie auch immer gearteten Kommunikation zwischen Bevölkerung und Regierung. Mittel dieser Kommunikation können die Parlamente sein, also die Volksvertretungen. Wenn es sie nicht gibt wie in Preußen um 1848, dann können es die Zeitungen sein, wenn diese keine Pressefreiheit haben wie in Preußen um 1848, dann muss die Bevölkerung ihre Wünsche auf andere Weise äußern: durch öffentlichen Unmut, durch Demonstration, durch Rebellion, durch Aufstand.

Den unüberbrückbaren Gegensatz zwischen dem, was der Hof unter König Friedrich Wilhelm IV. erstrebte, und dem, was die Bevölkerung erwartete, bezeichnet Fontane zu Beginn seiner Schilderung der März-Ereignisse: «Aufs Politische hin angesehen, war in unserem gesamten Leben alles antiquiert und dabei wurden Anstrengungen gemacht, noch viel weiter zurückliegende Dinge heranzuholen und all dies Gerümpel mit einer Art Heiligenschein zu umgeben.» Und schärfer noch: «In England hatte es immer eine Freiheit gegeben, in Preußen nie; England war in der Magna-Charta-Zeit entstanden, Preußen in der Zeit des blühenden Absolutismus.» (Zw, 389) Der Hof wollte nicht nur, dass alles so bliebe, wie es war, er wollte sogar zurück in die Zeit eines Ständestaats, in dem der königstreue Adel und die Geistlichkeit das Sagen hatten. Eine Verfassung, die der Bevölkerung eine gewisse Mitsprache ermöglicht hätte, gab es nicht. Der König nannte sie ein Stück Papier, das zwischen ihm und dem Volk stehen würde: «dass sich zwischen unserm Gott im Himmel und diesem Lande ein beschriebenes Blatt [...] eindrängte, um uns mit seinen Paragraphen zu regieren und durch sie die alte Treue zu ersetzen» (G, 96). Der König meinte: «Ich fühle mich ganz und gar von Gottes Gnaden und werde mich so mit seiner Hilfe bis zum Ende fühlen. Glanz und List überlasse ich ohne Neid sogenannten konstitutionellen Fürsten [...].». Dazu Fontane: «Der ungeheure Fehler des so klugen und auf seine Art so aufrichtig freisinnigen Königs bestand darin, dass er den Wandel der Zeiten nicht begriff und einer vorgefassten Meinung zuliebe, nur sein Ideal, aber nicht die Ideale seines Volkes verwirklichen wollte.» (Zw, 391) Dabei war er wankelmütig, wie sein Verhalten im März zeigen sollte. Allerdings hatte sein Kabinett doch Vorbereitungen zu einer Reform getroffen. Die Zusage, den Vereinigten Landtag regelmäßig einzuberufen, war immerhin gewährt. «Insofern haben die Berliner Märzkämpfe vom 18. und den Morgenstunden des 19. März nicht initiierende, sondern eine beschleunigende Wirkung gehabt», so Wolfgang Neugebauer (Neu, 101).

Die Preußen lebten damals noch in der Welt, die nach dem Ende der napoleonischen Kriege der Wiener Kongress 1814 und 1815 bestimmt hatte. Die Großmächte England, Russland. Österreich, Preußen, Frankreich hatten sie geordnet durch ihre Vertreter, an deren Spitze Fürst Metternich stand, der Leiter der Wiener Regierung. Es war ein gut ausgeklügeltes System des Machtausgleichs, der auch Frankreich, das zuletzt unter Napoleon eine völlige Niederlage erlitten hatte, nicht beschnitt, so dass es weiterhin im Chor der Mächte mitreden konnte. Außenpolitisch eine Leistung, die dem Kontinent für lange Zeit Frieden verschaffte – bis auf die Kriege, die Preußen unter Bismarck führte.

Der Historiker Heinrich von Treitschke: «Der große Plebejer [Napoleon] war gefallen, der einmal doch den Hochgeborenen bewiesen hatte, was eines Mannes ungezähmte Kraft selbst in einer alten Welt vermag […] Wie Würmer nach dem Regen krochen die kleinen Talente des Boudoirs und der Antichambres aus ihren Verstecken hervor und reckten sich behaglich aus. Die vornehme Welt war wieder ganz ungestört, ganz unter sich.» (G, 69) Sie hatte aber die Französische Revolution von 1789 nicht vergessen, der Schrecken saß den alten Herren noch in den Gliedern: ein König war nicht nur entmachtet, sondern hingerichtet worden, eine Republik war entstanden mit der Deklaration der Menschenrechte. Allerdings auch ein Terror-Regime unter Robespierre. Und schließlich erschien mit dem kleinen Korsen Napoleon Bonaparte ein Diktator, der sich selbst zum Kaiser krönte und alle Adligen düpierte. Deshalb kam nach dem Wiener Kongress die «Restauration» – also die Wiederherstellung der alten, vorrevolutionären Zustände in Europa – nach dem Prinzip der «Legitimität», es regierte wieder das «angestammte Herrscherhaus».

Das alte deutsche Reich war 1806 gefallen, ein neues gab es nicht. Ein lockerer «Bund» hielt nunmehr die vielen kleinen und großen Fürstentümer zusammen, deren Souveränität aber nicht angetastet wurde. Sitz der Bundesversammlung dieses Deutschen Bundes war Frankfurt am Main. So blieb bei vielen, vor allem den jungen Menschen, der Wunsch nach einer Verfassung, die eine Beteiligung des Volkes an der Macht ermöglichte, und die Sehnsucht nach einer nationalen Einheit. Auf dem Wartburgfest am 18. Oktober 1817 demonstrierten etwa 500 Burschenschaftler für diese Ziele. Die Unruhe an den Universitäten und unter den Intellektuellen zu unterdrücken, regte wiederum Metternich nach Rücksprache mit dem preußischen König die Karlsbader Beschlüsse an. Studenten, die sich politisch betätigten, wurden von der Universität relegiert und Presse und Buchhandel einer strengen Zensur unterworfen.

In Teilen Mittel- und Süddeutschlands war man weiter. In Nassau, Sachsen-Weimar, Bayern, Baden und Württemberg hatte sich eine Entwicklung zur konstitutionellen Monarchie angebahnt, also zu einer

Monarchie, die verfassungsgemäß von einem Landtag oder Parlament begleitet, wenn nicht korrigiert wurde. Dort nahm man die Karlsbader Beschlüsse nicht so ernst und hielt an den verbürgten Rechten fest. In Preußen dagegen begann die Verfolgung der sogenannten Demagogen, also der Volksverführer: «Turnvater» Friedrich Ludwig Jahn wurde verhaftet und verurteilt, Joseph von Görres musste fliehen. Zu den Verdächtigen und Gerügten gehörten auch Ernst Moritz Arndt, Graf Neidhardt von Gneisenau, Friedrich Schleiermacher und Freiherr vom Stein, also die Elite Berlins.

Reichsfreiherr Karl vom und zum Stein (1757–1831) war der wohl bedeutendste Politiker, den Preußen je hatte, von dem zwiespältigen Bismarck abgesehen. Nach der verheerenden Niederlage gegen Napoleon konnte er in Preußen Reformen durchführen: die Aufhebung der Erbuntertänigkeit der Bauern, die also nicht mehr, dem Adel völlig untertan, vom Vater auf den Sohn vererbt werden konnte; auch wurde der Erwerb adliger Güter durch Bürgerliche möglich, was bisher verboten war. Und besonders wichtig: die Städteordnung führte er ein, die bis heute funktioniert, also die Selbstverwaltung der Städte und Gemeinden durch den Stadtrat und den von diesem gewählten Bürgermeister. Er wurde auf Druck Napoleons allzu bald abgesetzt, doch Freiherr (später Fürst) von Hardenberg (1750–1822) setzte die Reformen fort mit der Judenemanzipation 1812, der Gewerbefreiheit und der Säkularisation der geistlichen Güter. Die Wehrpflicht kam 1814, bis dahin war das preußische Heer ein Heer von Freiwilligen und Söldnern, wobei die Söldner nicht immer gerne dienten. Desertionen waren häufig. Dass nun nach den Karlsbader Beschlüssen ausgerechnet Freiherr vom Stein, dem Preußen so viel verdankte, ins Visier der politischen Polizei geriet, zeigt die Wandlung, die der Staat nach dem Wiener Kongress durchgemacht hatte.

In Frankreich war es auch zu einer «Restauration» gekommen. Die Königsfamilie kehrte zurück. Ludwig XVIII. regierte von 1814 bis 1824 recht maßvoll. An ihm und an seinem Nachfolger Karl X. kann man ablesen, was weise und was unweise Herrschaft ist. Ludwig gestand dem Land eine Verfassung zu mit Gewaltenteilung, Zweikammersystem und Zensuswahlrecht, d. h., nur die konnten wählen, die genug Steuern zahlten. Das waren nur Hunderttausend bei etwa 30 Millionen Franzosen. Immerhin, Ludwig steuerte einen versöhnenden Kurs zwischen altem Adel und jungem Bürgertum, der dem Land guttat. Sein Nachfolger Karl X. wollte das Rad der Geschichte wieder zurückdrehen: Er schränkte das Wahlrecht ein, verschärfte die Pressezensur und versuchte der katholischen Kirche und dem Adel die alten Privilegien zu gewähren, auch er wollte wieder den alten Dreiständestaat. Die Empörung im Bürgertum war groß. Im Juli 1830 gewannen die bürgerlichen Liberalen die Mehrheit bei den Kammerwahlen. Die Berater des Königs rieten ihm zu einem Staatsstreich. Der König folgte und löste die Kammer auf. Der Aufstand begann.

Zwischen dem 27. und 29. Juli kam es zu Straßenkämpfen in Paris. Der König musste fliehen, seine Regierung musste zurücktreten. Herzog Louis Philippe von Orléans wurde König, Bürgerkönig, wie er dann hieß, weil er die bürgerlichen Rechte wieder einsetzte, die Karl ausgesetzt hatte. Und hinfort durften 200 000 wählen anstatt nur 100 000. Eine kommode Herrschaft begann, die jedenfalls im Sinne des fleißigen Bürgertums war.

Diese französische Revolution von 1830 regte wiederum Bewegungen in ganz Europa an. Belgien trennte sich von den Niederlanden und begründete ein eigenes Königreich. In England stürzte die Tory-Regierung, und die Whig-Regierung, die sie ablöste, führte Reformen ein, die eine Revolution unnötig machten: Verdoppelung der Zahl der Wahlberechtigten auf eine Million und damit Öffnung des Parlaments für das Bürgertum. In Deutschland kam es in Mittel- und Süddeutschland zu Unruhen, nicht in Preußen. In Kurhessen, Braunschweig, Hannover und Sachsen wurden Verfassungen zugestanden. Der Herzog von Braunschweig musste sogar abdanken. Am 27. Mai 1832 trafen sich beim Hambacher Fest in der Pfalz fast 30 000 Menschen, die für ein einiges und freies Deutschland demonstrierten, Indiz eines Unwillens unter den Gebildeten, die mit den bestehenden Verhältnissen nicht zufrieden waren.

Auch die Revolution von 1848 begann im unruhigen Frankreich. Diesmal war es der Aufstand der «kleinen Leute», des Proletariats, denn das Bürgertum war mit seinem Bürgerkönig einverstanden. Der Bürgerkönig floh nach England und der «vierte Stand» setzte das allgemeine Wahlrecht durch – für Männer, Frauen durften noch lange nicht wählen (in Deutschland erst nach der Novemberrevolution 1918, in Frankreich gar erst im Oktober 1945). Diese erfolgreiche Revolution vom Februar 1848 bedrohte die Privilegien des Bürgertums, zumal sie sich weiter radikalisierte. Im Juni kam es zu einer blutigen Auseinandersetzung, die mit dem Sieg der bürgerlichen Seite endete, die von der Armee unterstützt wurde und damit die stärkeren Waffen hatte. Der Historiker Alexis de Tocqueville über den Aufstand in seinen *Erinnerungen*: «Es war nicht im eigentlichen Sinne [...] ein politischer Kampf, sondern ein Klassenkampf, eine Art von Sklavenaufstand. Er führte die Februar-Revolution, die von den sozialistischen Ideen geprägt war, zu ihrem äußeren Höhepunkt, oder vielmehr er ging aus ihr hervor wie das Kind aus der Mutter. Er war ein brutaler und blinder, aber machtvoller Versuch der Arbeiter, sich aus ihrer Notlage, die man ihnen als rechtswidrige Bedrückung geschildert hatte, zu befreien und sich mit Gewalt einen Weg zu dem imaginären Wohlergehen zu bahnen, das man ihnen vorgespiegelt hatte.» (G, 102) Hier kam eine neue Perspektive: die sozialistische, die den Arbeitern eine bessere Zukunft versprach. Anfang 1848 hatte Karl Marx in London in deutscher Sprache das *Kommunistische Manifest* publiziert, das allerdings noch keine Wirkung entfaltete.

Im März 1848 erreichte die Revolution Deutschland, zunächst die Mittelstaaten, in denen die Fürsten kaum Widerstand leisteten. Sie nahmen liberale Minister ins Kabinett, die sogenannten Märzminister, die meisten wurden später wieder abberufen. Und sie gaben etlichen Forderungen der Rebellen nach. Am 5. März 1848 bildete sich schon in Heidelberg eine Art Vorparlament, das ein gesamtdeutsches Parlament für Frankfurt, den Sitz der Bundesversammlung, vorbereitete.

Vom 13. bis 15. März kam es zu Aufständen in Wien, der von vielen gehasste Metternich musste nach London entfliehen. Auch in Wien waren die Forderungen die bekannten: Einheit und Freiheit. Für die Habsburger Monarchie, die über unterschiedliche Länder und Völker herrschte, Ungarn, Slowenen, Tschechen, Polen, war die Forderung nach Einheit Deutschlands schwerlich zu erfüllen. Sollten die Deutsch-Österreicher aus dem Verband ausscheiden? Gerade die einzelnen Länder der Monarchie verlangten Autonomie, die ihnen ihre Eigenart und ihre Sprache erhalten sollte. Hier zeigte sich, was später als Problem wiederkehrte: Der Vielvölkerstaat Österreichs konnte kaum in eine deutsche nationale Einheit eingebracht werden. So kam es dann zu der «kleindeutschen» Lösung. Österreich blieb außen vor, allerdings erst nach einem Krieg, mit dem Bismarcks Preußen die Habsburger aus dem deutschen Bund herausschlug, so dass in Deutschland nur noch eine Großmacht blieb, die dann dessen Geschichte allein bestimmte.

13. Der März 1848 in Berlin

In Berlin begann die Revolution mit leichten Krawallen am 13. März, wie Fontane berichtet. Historiker überblicken das Geschehen von höherer Warte, der Beteiligte ist mitten darin und hat keinen Überblick. Fontane war darin und berichtet aus seiner Perspektive, freilich viele Jahre später, eben als alter Mann, der mit einer gewissen Gelassenheit zurückblickt. So konstatierte er zunächst eine gewisse Neugier, die Leute blieben auf der Straße stehen und redeten miteinander, sie hofften auf eine günstige Veränderung. Selbst mitzuwirken bei dem großen Werk, lag ihnen nicht. Sie hätten etwas riskieren müssen. «Die Welt besteht nun mal nicht aus lauter Helden», so Fontane (Zw, 392). Dann trafen die Nachrichten aus Wien ein. Die Wiener, über die Berliner nur hochmütig die Nase zu rümpfen pflegten, hatten eine Revolution in Gang gebracht, während in Berlin sich nichts tat. Das ließ in vielen Berlinern den Gedanken aufkommen: «Wir wollen auch unsere Freiheit haben.» Folgt man Fontane, vollzog sich alles recht bescheiden, wenn nicht banal, was aber wohl auch an seiner Neigung liegt, die lange zurückliegenden Ereignisse klein zu halten.

Am Sonnabend, in Berlin sagt man nicht Samstag, dem 18. März, breitete sich eine freudige Stimmung unter den Bürgern aus. Alles wäre bewilligt, hieß es. Der König hatte seinen freisinnigen Ministern nachgegeben und am Morgen den Vereinigten Landtag für den 2. April einberufen. Das war doch ein freundliches Entgegenkommen. So eilten viele Berliner dankbar auf den Schlossplatz, der König zeigte sich auf dem Balkon und alle riefen Vivat, Vivat. Also: Der König und sein treues Volk. Immer mehr versammelten sich, eine riesige Menschenmenge füllte schließlich den Platz, das gefiel dem ängstlichen König gar nicht. Er fühlte ein Missbehagen und befahl dem General von Prittwitz, den Schlossplatz zu räumen. Dieser kam mit den berittenen Garde-Dragonern auf den Platz, «hier ließ er einschwenken, Front machen und im Schritt den Platz säubern», so Fontane, der nicht dabei war, sondern dies von anderen hörte (Zw, 393). Einige fielen den Reitern in die Zügel, so heißt es, und versuchten sie vom Pferd zu ziehen. Aus dem kleineren und mittleren Schlosstor brach eine Tirailleur-Linie vor, also Schützen, aus deren Reihe Schüsse fielen. Zwei Schüsse, steht in einem Geschichtsbuch, die sich versehentlich gelöst hätten. Sie trafen niemanden. Doch der Umschlag war gewaltig: Aus einer ruhigen, dem König freundlich gesinnten Menge war eine wütende, aufbegehrende Masse geworden, die zunächst das Feld räumte und in alle Richtungen davonlief.

Unter den Harmlosen, die davonstürzten, war auch Apotheker Jung, der sich empörte: «Das ist die reine Verhöhnung, alles versprechen und dann schießen lassen und auf wen? Auf uns, auf ganz reputierliche Leute, die Front machen und grüßen, wenn eine Prinzessin vorbeifährt und die prompt ihre Steuern zahlen.» (Z, 394) Diese Empörung teilten viele, die dabei gewesen waren. Jung blieb hinfort in seiner Apotheke und hielt sich zurück. Er hatte zwar ein Jagdgewehr, wollte aber doch nicht erschossen werden. Und da hörte der Spaß auf, denn es wurden tatsächlich viele Berliner vom Militär erschossen. Fontane war zunächst eher amüsiert von der Jungschen Empörung, trat dann auf die Straße, die leer gefegt war, aber an den Ecken begann der Barrikadenbau. Jeder Wagen, jede Droschke, die des Weges kam, wurde umgestülpt und zur Barrikade verbaut. In Fontane erwachten «Winkelriedgefühle» – Winkelried war ein Schweizer Freiheitsheld –, aber seine Taten blieben, wie er verschämt gesteht, hinter diesen Gefühlen zurück. Er wollte Sturm läuten, fand aber das Tor der Georgenkirche verschlossen; protestantische Kirchen sind meistens verschlossen. Er wollte das Tor mit einem Pfahl aufbrechen, konnte den Pfahl aber nicht aus der Erde ziehen. Seine Kräfte reichten nicht: «Mit meinem Debut als Sturmläuter war ich also gescheitert, so viel stand fest.» (Zw, 395)

Man denke: Ein angesehenes Mitglied des konservativen Sonntagsvereins Tunnel über der Spree, das dort mit preußischen Heldenballaden reüssierte, Helden, die ihr Leben für den König gaben, wollte die Glocken läuten zum Sturm auf den Königspalast. Fontane war in dieser Zeit und noch lange danach Mitglied des Tunnels. Doch die letzte seiner Heldenballaden, die 1850 als Büchlein erschienen, ist einem Märzminister gewidmet, also einem Liberalen, der dem Volk entgegenkommen wollte und bald wieder abgesetzt wurde. Die Ballade heißt *An den Märzminister Graf Schwerin-Putzar*. Fontane vergleicht ihn mit dem alten Zieten, der auch bei Hofe offen seine Meinung sagte. Und er schließt:

Die Hohenzollern lieben
Ein freies Manneswort.
Auch du, für heil'ge Rechte
Ficht weiter, sonder Scheu:
Treulos sind alle Knechte,
Der Freie nur ist treu. (Ged 1, 226)

Das war wohl mehr Wunsch als Wirklichkeit, denn das freie Wort war durch Zensur erheblich eingeschränkt. Fontane las das Gedicht am 4. Dezember 1849 im Tunnel, da war der Graf Präsident der zweiten Kammer, also durchaus noch in gehobener Position. Und die Revolution war gescheitert.

Als Revolutionär scheiterte auch Fontane. Nach dem vergeblichen Versuch, die Glocken zu läuten, schloss er sich einem Trupp Arbeiter an, «lauter ordentliche Leute», die allerdings von «verdächtigen Gestalten» begleitet wurden, wie er meint. Sie eilten über den Alexanderplatz auf das Königsstädter Theater zu, das sie im Sturm nahmen; niemand verteidigte es, wieso auch. Dort suchten sie im Fundus nach Waffen: Degen, Speeren, kleinen Gewehren, wohl mehreren Dutzend, die zu Theateraufführungen genutzt wurden. Fontane erhielt eines dieser hübschen kleinen Gewehre. Er sah sich schon auf einer «Helden-Laufbahn». (Zw, 396) Jetzt fehlte noch das Pulver. In einem Laden am Alexanderplatz erhielten sie es. Fontane wusste nicht, wohin damit, und füllte seinen Handschuh. Was nun kommt, gemahnt eher an eine Szene in einem komischen Stummfilm als an das, was man sich unter einem Revolutionär vorstellt. Die Barrikade war inzwischen enorm gewachsen, denn auch Bühnenbilder, schöne Berg- und Waldlandschaften, wurden in die Barrikade geschoben. Die Kämpfer nahmen allerdings nicht hinter dieser Platz, sondern standen in den sicheren Hauseingängen, aus denen sie hie und da heraustraten, um einen Schuss abzugeben. Das hätte Fontane auch gern getan. Doch er hatte keine Kugeln und wollte deshalb Murmeln und kleine Geldstücke verwenden. Zunächst füllte er das Gewehr mit Pulver so sehr, dass ein anderer zu ihm sagte: «Na, hören Sie mal.» In der Tat: obwohl er doch bei den Franz-Grenadieren das Schießen gelernt hatte, hatte er sein verrostetes Gewehr dermaßen mit Pulver gefüllt, dass es, wenn er es zünden sollte und wenn es denn auch gezündet hätte, nur für ihn und seine Umgebung gefährlich gewesen wäre. Es wäre wohl explodiert. (Zw, 397) Hier endete das Heldentum des Apothekers: «Heldentum ist eine wundervolle Sache, so ziemlich das Schönste, was es gibt, aber es muss echt sein. Und zur Echtheit, auch in diesen Dingen, gehört Sinn und Verstand. Kleinlaut zog ich mich von der Strasse zurück.» (Zw, 398) Er saß hinfort in seinem Zimmer und wartete ab, was da kommen mochte ohne sein Zutun. Dann aber machte er sich doch wieder auf den Weg, nunmehr Zuschauer der Ereignisse, nicht mehr Mitwirkender. Der Alexanderplatz lag leer und still. In der Königstraße auch Stille, aber die Dächer der Häuser waren abgedeckt, die Ziegeln aufgehäuft und Kämpfer warteten auf das Militär, um den Soldaten die Ziegeln auf den Kopf zu werfen. Viel Militär traf er an. Soldaten mussten die Barrikaden beiseiteräumen, dabei kam es auch zu Kämpfen. Ein Premierleutnant (heute Oberleutnant) hieb einen jungen Mann nieder. Ein Leutnant wurde erschossen. Der Schuss kam aus einem Fenster. In den Fenstern, vor allem der Eckhäuser, saßen Kämpfer. Man hörte viel Schießen, auch Kanonen, es waren offensichtlich vor allem Schüsse des Militärs.

Fontane bringt dann den Bericht des Buchdruckers Eduard Krause, einer der wenigen, die den Kampf um das Kölnische Rathaus überlebten. Die Aufständischen, die aus den Fenstern schossen, zogen sich, drangen Soldaten ins Haus, von Stockwerk zu Stockwerk bis unters Dach zurück, wo sie dann gefangen waren. Sie wurden alle niedergemacht. An eine Möglichkeit des Rückzugs hatte keiner der Aufständischen gedacht. Krause entkam, weil er sich nicht wie die andern hinter einem großen Kachelofen versteckte: «Das rettete mich. Ich trat dem an der Spitze seiner Mannschaften eindringenden Offizier entgegen, empfing einen Säbelhieb über den Kopf und brach halb ohnmächtig zusammen, hörte aber gleich danach noch Schuss auf Schuss, denn alles, was die Büchse in der Hand, sich hinter den Ofen geborgen hatte, wurde niedergeschossen.» (Zw, 403) Fontane rügt die Aufständischen, denen es an allem fehlte, auch und nicht zuletzt an einer rechten Ausrüstung und an einer vernünftigen Führung. Und er zieht Bilanz der Berichte, die er hörte und die später veröffentlicht wurden: «Selbst das aus offiziellen und

halboffiziellen Quellen Stammende widerspricht sich so sehr untereinander, dass eine Punkt für Punkt sichere Feststellung der Gescheh-
nisse so gut wie ausgeschlossen ist.» (Zw, 403–4) So ist nicht sicher, wie
viel Tote der Aufstand forderte. Es ist von etwa 50 Soldaten und etwa
200 Rebellen die Rede, zeitgenössische Zahlen sind höher. Mit einer
Fußnote zieht Fontane auch Darstellungen hinzu, die 50 Jahre nach dem
März 1848 publiziert wurden. Das Dunkel und die Widersprüche würden auch hier stehen, allein der Parteistandpunkt führe schon zu Wider-
sprüchen. Das ist eine jede historische Betrachtung belastende Feststellung, die nicht vergessen werden sollte, wenn sie hier auch stehen mag,
um dem vorsichtigen Berichter ein Urteil zu ersparen.

Als Fontane in seine Apotheke zurückkehrte, fand er in der Wand
des Hauses eine Sechspfünderkugel, die dort noch lange stecken blieb,
was die Kunden zur Frage veranlasste: «Herr Apotheker, wat kostet
denn diese Pille?» (Zw, 405) Dabei wiesen sie auf die Kugel. In einem
Haus am Ende der Breiten Straße war ebenfalls eine Kugel stecken geblieben und zwar unter der Proklamation des Königs «An meine lieben
Berliner». Hier hatten sie die doppelte Botschaft des Königs an sein
Volk: Versprechungen und Kanonenkugeln.

Die Proklamation «An meine lieben Berliner» hatte der König in
der Nacht vom 18. auf den 19. März geschrieben, Zeichen dafür, unter
welchem Druck er sich fühlte. Er bat die Berliner, sich zurückzuziehen,
die Barrikaden abzubauen und kein weiteres Unheil anzurichten. Er
werde das Militär zurückziehen. Es sprach sich schnell herum, der
König habe alles «bewilligt», das Lieblingswort der Berliner damals, so
Fontane, jedenfalls würden die Truppen die Stadt verlassen. Großer
Jubel: «Wir haben gesiegt.» Gerade die, welche am Tag zuvor sich in
ihre Wohnungen verdrückt hatten, feierten nun auf den Straßen den
Sieg ihrer Tapferkeit.

Am 19. März morgens musste Fontane wieder seinen Dienst antreten. Er nahm an, dass viele Verwundete vor der Tür stehen würden.
Es standen auch viele Menschen davor, aber es waren die bekannten
Mütter, die für ihre Kinder Lebertran holen wollten, den sie als Lam-
penöl benutzten. Das normale Leben ging weiter, jedenfalls für die
meisten Berliner, die ihren alltäglichen Sorgen nachgingen. Mochte
der Vater am Abend sein Gewehr auf die Soldaten abgeschossen haben,
am Morgen ging die Mutter, den Lebertran zu besorgen. «Das ganz

Aufstand in Berlin am 19. März 1848. Neuruppiner Bilderbogen.

Alltägliche bleibt immer siegreich und am meisten das Gemeine», so Fontane (Zw, 407). Die Banalität des Alltags steht unmittelbar neben der heroischen Geste der Revolution, die – aus der Nähe betrachtet – doch auch wieder banale Züge mit tragischen mischt.

Fontane hörte vom Tod eines jungen Mannes, den er gernhatte. Dieser hatte sich vor eine Barrikade gestellt, den Soldaten, die anmarschierten, den Rücken zugekehrt und eine unanständige Geste gemacht, ein Witzbold. Es fielen zwei Schüsse, und er war tot. In der Nacht vom 18. auf den 19. März sollen sich ungeheuerliche Dinge abgespielt haben, die Fontane aber nicht nennen möchte.

Fontanes Urteil über die Revolution, die nur einen Tag dauerte: «Sonst aber war alles in bloßem Radau geblieben. Viel Geschrei und wenig Wolle.» (Zw, 410) Wenn die Truppen jetzt abgezogen würden, wäre das ein Gnadengeschenk des Königs, das er jeden Augenblick zurücknehmen könnte, und kein Sieg der Revolution. Und so war es denn auch. Er meint, dass kein Aufstand, mag er noch so stark sein, sich gegen disziplinierte Truppen durchsetzen könnte, die Königsmacht wäre immer stärker. Diesem Glauben hing er 40 Jahre an, und dies mag auch seine Haltung in diesen Jahren erklären: Er versuchte sich mit den bestehenden Verhältnissen zurechtzufinden, ohne zu viel von sich aufzugeben. Dann las er 1891 die Memoiren des Generals Leopold von Gerlach, der mitteilte, dass am 18. März 1848 der General von Prittwitz zum König gesagt habe, heute und morgen und noch einen Tag könnte er die Sache halten, länger aber nicht. Das habe auch den König zum Einlenken gebracht. Fontanes Folgerung nun: ein Volksaufstand, wenn er nur stark genug wäre und lang genug durchhalte, könnte letztlich jede Militärmacht besiegen. Sicher liegt die Wahrheit in der Mitte. Es gibt genug Beispiele, in denen die brutale Gewalt des Militärs Aufstände niederschlug, und wenige, in denen der Aufstand erfolgreich war. In Frankreich war es dreimal der Fall: 1789, 1830 und 1848. In Preußen nie, zumal dieser Aufstand vom 18. März 1848 der einzige war, den die Berliner bis 1918 zustande brachten.

Am 21. März erfolgte die nächste Proklamation des Königs, wonach er sich an die Spitze der deutschen Fürsten stellen wollte, um Deutschland zu einen. Und eine konstitutionelle Verfassung sollte erarbeitet werden. Gewichtiger noch ist die Proklamation vom 22. März. Sie enthielt das Versprechen, Preußen zum liberalen Verfassungsstaat zu machen, wunderbare Zukunftsmusik: freies Vereinigungs- und Versammlungsrecht, allgemeine Bürgerwehr mit freier Wahl der Führer, Einführung von Schwurgerichten, Unabhängigkeit der Richter, Aufhebung der Patrimonial-Gerichtsbarkeit der Adligen. Diese drei Proklamationen belegen die Schwäche des Königs, also den Druck, den der Aufstand auf ihn ausübte, den Druck, den die liberalen Politiker in seinem Umkreis machten und seine eigene Wankelmütigkeit. Denn das Wort eines preußischen Königs galt nicht viel, entgegen der Heldenballaden Fontanes: Im Jahre 1849, als sich der Wind gedreht hatte, war alles vergessen, was er proklamiert hatte. Immerhin musste er am 22. März den «Märzgefallenen», deren Särge in einem großen Trauerzug vor das Schloss gebracht wurden, seine Reverenz erweisen, ein kleiner Triumph der Aufständischen.

Für Fontane verlief der 21. März ruhig. Er lag auf dem Bett in seinem Zimmer und schrieb einen langen Brief an seinen Vater nach Letschin, wo möglicherweise die Kunde von der Revolution noch gar nicht angekommen war. Schon am nächsten Morgen war der Brief in Letschin, die Nachricht schlug wie ein Blitz ein, Kuriere wurden in alle Dörfer des Oderbruchs gesandt, und Vater Fontane machte sich auf den Weg nach Berlin, um die Revolution zu besichtigen. Am Nachmittag war er bei seinem Sohn.

Der berichtete stolz, wie er das Königsstädter Theater zu stürmen half, er wäre «so gut wie ein Revolutionär». Der militärische Kenner: «Wurde es denn verteidigt?» Der Sohn: «Nein. Beinahe das Gegenteil, aber ich war doch mit dabei und das gibt mir so ‹nen Heiligenschein ... und mein Prinzipal denkt: ich könnte am Ende so weiter stürmen.» Der Vater lachte, denn «so was tat ihm immer ungeheuer wohl und so schritten wir denn, untergefasst, die Königsstrasse hinauf, auf den Schlossplatz zu». (Zw, 416) Sie besahen das Schloss und machten sich dann auf den Weg über die Allee Unter den Linden zum Brandenburger Tor. Ihr Ziel war Puhlmanns Kaffeegarten, wo sie es sich gemütlich machen wollten. Doch da kam vom Schloss her eine Kavalkade, viel Reiterei, die Passanten schwenkten die Mützen und riefen Vivat: Seine Majestät der König höchst selbst zeigte sich seinem Volk. Die Kavalkade hielt, just vor den Fontanes: «Papa, jetzt wirst Du was erleben.» Und der König verlas seine berühmte Ansprache: die Proklamation des 22. März. Großer Jubel. Dann ritt er mit der Truppe weiter. Vater Fontane: «Es hat doch ein bisschen was Sonderbares ... so rumreiten ... – ich weiß nicht ...» Der Sohn stimmte ihm bei, doch: «Und nun gingen wir auf Puhlmanns Kaffeegarten zu.» (Zw, 418)

14. Das Parlament der Frankfurter Paulskirche

Damit war die Revolution in Berlin noch nicht zu Ende. Am 22. Mai berief der König eine preußische Nationalversammlung, die eine Verfassung beraten sollte, aber nicht zu einem Ergebnis kam, so dass am 14. Juni wieder Unruhen in der Stadt ausbrachen. Im November rief der König die Truppen nach Berlin zurück und verlegte die Sitzung der Versammlung nach der Stadt Brandenburg, weil sie in Berlin von Anarchisten gestört würde. In Berlin wurde der Belagerungszustand ausgerufen. Militär und Polizei hielten die Unruhen nieder, und am 5. Dezember erließ der König die Verfassung, die sich an den Vorschlägen der Nationalversammlung orientierte – zum Entsetzen seiner konservativen Ratgeber. Sie enthielt verbürgte Grundrechte, ein Zweikammersystem, allgemeine, geheime und gleiche Wahlen, die Finanzaufsicht sollte bei der Volksvertretung liegen. Damit wäre Preußen per Dekret eine konstitutionelle Monarchie geworden. Als ihm das schließlich bewusst gemacht wurde durch seine Räte, machte der König einen Rückzieher.

Im Mai 1849 änderte er das allgemeine Wahlrecht, also das Wahlrecht von jedermann, in ein Dreiklassenwahlrecht, das nach dem Steueraufkommen die Bevölkerung unterteilte: in die wenigen, die viel Steuern zahlten und deshalb viele Wahlmänner bestimmen konnten, in die weiteren, die weniger Steuern zahlten und deshalb weniger Wahlmänner erhielten, und in die vielen, die kaum Steuern zahlten und deshalb kaum Wahlmänner erhielten. Ein Beispiel: in Essen gehörte der Fabrikant Krupp allein in die erste Gruppe, er hatte so viele Wahlmänner zu bestimmen wie der gesamte Rest der Stadt. Dieses undemokratische Dreiklassenwahlrecht herrschte in Preußen bis 1918. So war die Dominanz der königstreuen Anhänger gesichert. Auch die zweite Kammer wurde im Januar 1850 auf diese Weise geordnet: Sie bestand aus den königlichen Prinzen, hohen Adligen und staatstragenden Persönlichkeiten.

So fehlte nur noch die Ablehnung der deutschen Kaiserkrone durch Friedrich Wilhelm IV., und die Reform, die Deutschland zu einem zeitgemäßen Staat gemacht hätte, dessen weitere Entwicklung anders, glücklicher verlaufen wäre, als es dann geschah, war hinfällig. Denn inzwischen hatte die Nationalversammlung in Frankfurt getagt und eine Verfassung beschlossen, deren Abbild sich im heutigen deutschen Grundgesetz findet. Von 31. März bis 3. April 1848 tagte zunächst das Vorparlament. Gustav Struve, ein Jurist, der 1847 seiner radikaldemokratischen Überzeugungen wegen seinen Adelstitel abgelegt hatte, schlug bereits in der ersten Sitzung die Aufhebung der erblichen Monarchie vor und die Schaffung eines parlamentarischen Systems, was von der Mehrzahl der Abgeordneten schroff zurückgewiesen wurde. Er kehrte nach Baden zurück und versuchte dort mit Friedrich Hecker mit Waffengewalt die Republik zu errichten. Nach einer Woche andauernder Kämpfe besiegten am 20. April badische Truppen die Aufständischen. Auch Georg Herwegh, der Freiheitsdichter, war aus der

Schweiz mit Getreuen zum Kampf herbeigeeilt. Er erlitt am 27. April eine Niederlage und musste sich wieder in die Schweiz zurückziehen. In Frankfurt hatte man inzwischen die Nationalversammlung einberufen, die am 18. Mai in einer feierlichen Prozession in die Paulskirche einzog, von den Frankfurtern freudig begrüßt. Da kamen keine Revolutionäre, sondern angesehene Bürger: Professoren, Juristen, Verwaltungsbeamte, Literaten, Kaufleute, Gutsbesitzer, kaum Handwerker, keine Arbeiter, ein Kleinbauer. Eine würdige Versammlung, die voll Stolz und Zuversicht sich an die Arbeit machte. Es bildeten sich im Laufe der Beratungen Klubs, die schon Vorformen der Parteien waren: Gleichgesinnte schlossen sich zusammen. Die meisten waren durchaus national gesinnt: Sie wünschten die deutsche Einheit. Und so war Schleswig ein Problem.

Schleswig und Holstein gehörten zwar zusammen, aber Schleswig war mit dem dänischen Königshaus verbunden, d. h., Schleswig war nicht dänisch, aber der dänische König war zugleich Herzog von Schleswig. So die feudale Ordnung, die von den Dänen in eine nationale Ordnung umgewandelt werden sollte: Schleswig sollte Dänemark zugeschlagen werden. Dagegen wehrten sich die deutschen Nationalen. Preußen sollte einen Krieg gegen Dänemark führen. Das taten die Preußen auch, ließen sich aber am 26. August 1848 auf einen Waffenstillstand ein, der nichts brachte. Daraufhin kam es zu heftigem Streit im Frankfurter Parlament. Die Linken empörten sich, sie stürmten die Paulskirche, zwei Abgeordnete der Rechten – Felix Fürst Lichnowsky und Hans von Auerswald – wurden ermordet. Überhaupt litt die Nationalversammlung, von außen unter Druck durch die Fürsten gesetzt, im Innern an den Linken, die ihr arg zusetzten. Hecker, in die Schweiz geflohen, ließ ein Flugblatt verteilen: Nicht verhandeln, sondern handeln, das sei die Parole.

Trotz alledem: es kam eine solide Verfassung zustande, die am 27. März 1849 angenommen und am 28. März im Reichsgesetzblatt verkündet wurde. Sie sah ein einiges Deutschland vor unter einem Erbkaiser, die Habsburger Monarchie war ausgeschlossen, es galt also die «kleindeutsche Lösung». Außenpolitik, Heer und Wirtschaft sollten von der Einheitsregierung bestimmt werden. Der Kaiser hatte lediglich ein aufschiebendes Einspruchsrecht. Beschlüsse des Reichstags bedurften seiner Zustimmung, konnten aber durch drei ordentliche

Sitzungen, in denen der Beschluss bestätigt wurde, aufgehoben werden. Es sollte zwei Kammern geben, die erste aus Vertretern der Länder, vergleichbar dem heutigen Bundesrat, die zweite sollte durch allgemeine und geheime Wahlen bestimmt werden, ähnlich dem heutigen Bundestag.

Am 28. März wählte die Nationalversammlung Friedrich Wilhelm IV. von Preußen zum deutschen Kaiser. Eduard von Simson, Präsident der Versammlung, überbrachte zusammen mit 32 Abgeordneten den Beschluss am 3. April 1849 in Berlin. Der König wies freundlich, aber bestimmt die Krone zurück, denn «ohne das freie Einverständnis der gekrönten Häupter, der Fürsten und der freien Städte Deutschlands» könne er keine Entschließung fassen, das wäre «eine Verletzung heiliger Rechte» (G, 137). Eine Krone aus der Hand von Volksvertretern, das konnte er nicht annehmen. Schon am 23. Dezember hatte er an einen alten Freund, den General Joseph von Radowitz, geschrieben: Kein deutscher Edelmann könne «eine Krone aus Dreck und Lettern der Revolution, des Treubruchs und des Hochverrats geschmiedet, annehmen» (G, 136). Die Krone vergebe keiner außer Kaiser Franz Joseph, er selbst und «unseresgleichen». Im Brief an König Ernst August von Hannover: «Die Paulskirche aber habe keine Krone anzubieten und ich folglich auch nicht auszuschlagen oder anzunehmen. Diese sogenannte Krone sei aber an sich keine Krone, wohl aber ein Hundehalsband, mit dem man mich an die Revolution von 48 ketten wolle», so habe er zu seinen Ministern gesprochen. «Alle, die in Frankfurt tagen, sind verdreht, in Souveränitätsschwindel besoffen.» (G, 138) Er wollte die Deputation gar nicht erst empfangen, seine Minister überredeten ihn. Er wollte eine «derbe Antwort» geben, aber die Minister hätten ihn beschwichtigt. So blieb er freundlich, aber ablehnend.

28 kleine Staaten Deutschlands nahmen die Verfassung an. Das mächtige Preußen aber bestimmte jetzt und hinfort Deutschlands Schicksal allein. Als im Mai 1849 in Dresden ein Aufstand die Annahme der Verfassung forderte, kamen preußische Truppen, um ihn blutig niederzuschlagen. In Baden und in der Pfalz hatten sich sogar provisorische Regierungen gebildet, dort hätte die Revolution gesiegt, wenn nicht wiederum preußische Truppen eingegriffen und die Demokraten niedergemacht hätten. Die Feste Rastatt kapitulierte erst nach

heftiger Belagerung und Artilleriefeuer. Das war das Ende der Bewegung. Der Rest der Nationalversammlung – nur noch etwa 100 Mitglieder harrten aus – kam einer polizeilichen Auflösung in Frankfurt
zuvor und zog am 31. Mai 1849 nach Stuttgart. Dort wurden sie am
17. Juni ausgewiesen.

15. Apotheker und Publizist

Das Jahr 1849 war auch für Fontane ein bedeutsames Jahr. Die politischen Veränderungen liefen gewissermaßen parallel zu seinen privaten Veränderungen, beide berührten sich aber auch. Zunächst nahm er
an den Wahlen zu Wahlmännern teil. «Eine Volksvertretung sollte
berufen werden und durch diese dann die neue Verfassung festgestellt
werden. Bekanntlich kam es aber erheblich anders und das Endresultat,
nach Steuerverweigerung, Auflösung der Versammlung, war nicht
eine vom Volkswillen diktierte, sondern eine oktroyierte Verfassung.»
(Zw, 419)

Jedenfalls nahm Fontane an der Wahl zu einem Wahlmann teil,
kaum 30 Leute waren gekommen. Nach längeren vielsagenden Reden
fragte endlich der Vorsitzende, wer denn als Wahlmann vorgeschlagen
würde. Fontane meinte, da er nicht gleich Alexander von Humboldt
nennen könne, schlage er den Bäcker Rösike, einen weithin geachteten
Mann, der – sein größter Vorzug – die besten Semmeln der Gegend
backte. So wurde Rösike gewählt, lehnte aber ab, so dass schließlich die
Wahl auf den Vorschlagenden fiel, also auf Fontane. Er nahm sie an.

Es folgte die Versammlung der Wahlmänner, die nun die Abgeordneten wählen sollten. Fontane kam zu seinem «ersten und letzten Auftreten als Politiker», wenn die Beratungen auch zu den Stunden zähl-
ten, die er für seine «allerglücklichsten» hielt (Zw, 424). Das mag daran
gelegen haben, dass er dort zwei bedeutende Persönlichkeiten traf: den
alten General Reyher, den Lehrer von Karl Bernhard von Moltke, der
die wichtigen Schlachten Bismarcks gewann. Und Jakob Grimm, einen
der Brüder Grimm, eine ehrwürdige Erscheinung, dessen Rede aber
«ganz allgemein» blieb, so dass, wäre er nicht Jakob Grimm gewesen,
der Vorsitzende ihn unterbrochen hätte mit dem Ruf «Zur Sache».
«Die meisten freilich waren nur Schwätzer und Nullen, ein paar auch
Hochstapler.» (Zw, 424) Ein Urteil des alten Fontane.

Als er von einer der Sitzungen zurückkehrte, fand er ein Billet von Ferdinand Schultz vor, einem guten Bekannten seiner Mutter, die diesen strengen Pastor schätzte, während Theodor ihn zwar seinen Freund nannte, aber in vielen Punkten anderer Meinung war als dieser. Immerhin machte Pastor Schultz ihm ein günstiges Angebot. Er lud ihn ein, zwei Diakonissinnen, also evangelische Schwestern des Krankenhauses Bethanien, als Apothekerinnen auszubilden und dazu ins Krankenhaus zu ziehen, wo er «auskömmliches Gehalt und freie Wohnung und Verpflegung» erhielte.

Das Krankenhaus Bethanien wurde 1847 am Mariannenplatz in Kreuzberg eröffnet und dort steht es heute noch, wenn es auch nicht mehr als Krankenhaus, sondern als Künstlerhaus in Gebrauch ist – mit Ateliers und Wohnungen für Künstler. Benannt ist das Haus nach Bethania, dem Haus der Armen, das im Neuen Testament erwähnt wird. Das Krankenhaus wurde auf Befehl König Friedrich Wilhelms IV. nach dem Vorbild des Diakonissenhauses Kaiserswerth bei Düsseldorf errichtet. Den Bau entwarf der Schinkelschüler Ludwig Persius. Er ist mit den gelben unverputzten Backsteinen gebaut wie die Friedrichswerdersche Kirche Schinkels. Es war ein Bau auf der Höhe der Zeit: eine Heizung in jedem Saal, alle Zimmer mit fließendem Wasser, die Betten konnten durch Vorhänge abgetrennt werden. Es gab drei Klassen, die 1. Klasse kostete 40 Taler im Monat, die 3. Klasse 10 Taler. Der berühmte Gartenarchitekt Peter Joseph Lenné gestaltete den Garten, der von den beiden Seitenflügeln umschlossen wurde. Eine Oberin der Diakonissen leitete das Krankenhaus, das allen Konfessionen offen stand, ein Kuratorium beriet sie. Ferdinand Schultz war der einflussreiche Anstaltspfarrer. Das Krankenhaus sollte eine eigene Apotheke besitzen. Und so kam es zu dieser schönen Stelle für Fontane.

«Ein Sonnenstrahl des Glücks hat mich getroffen», schrieb er am 17. September 1848 an seinen Freund Lepel, «Ich bin in Bethanien bei freier Wohnung und Station, mit 20rth. monatlich angestellt. Nur während zweier Mittagsstunden hab ich in der Apotheke zu arbeiten; die übrige Zeit ist mein. Du kannst Dir denken, wie viele Pläne und Hoffnungen ich an diese Muße knüpfe.» (Drei, 37) Im Juni 1848, schreibt er in *Von Zwanzig bis Dreißig*, trat er ein, nach anderen Mitteilungen begann sein Dienst aber offiziell erst am 1. Oktober 1848. Einige Bedenken hatte er doch, dass er in dem streng evangelischen Haus «einen höheren

Ton» anschlagen müsste. Doch: «Sonderbarerweise aber hat es sich für mich immer so getroffen, dass ich auch unter Muckern, Orthodoxen und Pietisten, desgleichen auch unter Adligen von der junkerlichsten Observanz meine angenehmsten Tage verlebt habe. Jedenfalls keine unangenehmen.» (Zw, 426)

So ist auch seine Charakterisierung der Menschen, die ihm in Bethanien begegneten, eher freundlich. Vor allem die Oberin, eine Gräfin Rantzau, gefiel ihm und die beiden Diakonissinnen, die er unterrichten musste. Die eine Diakonissin, Schwester Emmy, kam aus einer Predigerfamilie, sie war «klug, treu, zuverlässig, ein Typus jener wundervollen Mischung von Charakterfestigkeit und Herzensgüte» (Zw, 434). Die andere, Schwester Aurelie, war eine anmutige Erscheinung, als sei sie aus einem Bild der Präraphaeliten herausgestiegen. «Was Schwester Emmy durch Geist und Energie zwang, erreichte Schwester Aurelie durch stillere Gaben.» (Zw, 435) Sein Unterricht mit diesen beiden Damen war also höchst angenehm; die beiden lernten eifrig, so dass sie nach einem Jahr mühelos die Apothekerprüfung bestanden.

Weniger gefiel ihm der Verwalter, mit dem und einem Arzt Dr. Wilms er das Mittagessen einnahm. Wilms war unwillig, weil er zwei Ärzte über sich hatte, von denen er nicht viel hielt. Und der Verwalter war einer der «Frommen»: «Er hatte das rosige, glatt rasierte Gesicht der Frommen, dazu auch die verbindlichen Manieren, deren sich diese zwar nicht immer, aber doch meist befleißigen. Insoweit war es also mit ihm sehr gut auszuhalten gewesen. Aber er war ein Scheinheiliger comme il faut. Gott sei Dank der einzige, den ich in Bethanien kennen lernte.» Der Verwalter hatte die Gewohnheit, am Abend, wenn die Oberin noch einmal durch die Flure schritt, um nach dem Rechten zu sehen, in seinem Zimmer laut zu klagen und Gott mit erhobener Stimme anzurufen, ihm zu verzeihen und ihn in Gnaden wieder aufzunehmen. «Ob die Gräfin in diese Falle ging, weiß ich nicht; ich glaube es aber kaum, denn sie war klug und kannte die Menschen.» (Zw, 428)

Komplizierter war sein Verhältnis zu Pastor Schultz, dem ersten Minister der Gräfin, wie er schreibt: «alles tanzte nach seiner Pfeife». Schultz mochte ihn, wohl wegen der Freundschaft zu seiner Mutter, so dass er eine gute Zeit in Bethanien verbrachte. Schultz gehörte zu «den Bestgehassten jener Zeit». Sein Spruch war: viel Feind, viel Ehr. Er war eine der einflussreichen Personen im Umkreis des frommen Königs. «Er war herb und hart, herrschsüchtig, ehrgeizig und von der Anschauung durchdrungen, dass man die Welt mit Bibelkapiteln – unter allen Regierungsformen die furchtbarste – regieren könne, daneben aber doch auch von Eigenschaften, denen selbst der Feind den Respekt nicht versagen konnte.» (Zw, 431) Fontane versteckt manchmal schöne Weisheiten in Nebensätzen oder in Parenthese wie hier: Mit Bibelkapiteln die Welt zu regieren, das sei die furchtbarste aller Regierungsformen. Das mag auch für andere heilige Bücher gelten. Und wiederum bei aller Härte des Urteils findet er auch Achtung für die Persönlichkeit: «Er war nicht mein Geschmack, aber ein Gegenstand meiner Hochachtung.» (Zw, 431)

Was nun tatsächlich Hochachtung verdient, war seine Toleranz, nichts Selbstverständliches für einen Menschen der strengsten Observanz, um mit Fontane zu reden. So blieb Schultz Fontane immer freundlich gewogen, wenn er auch mit dessen Meinungen selten übereinstimmte, ja, sie sogar bekämpfte. So wie man gegnerische Bücher liest, um sich von der Meinung des Gegners ein Bild zu machen, so studierte Schultz den jungen Apotheker. Auch dessen Urteile über Kirche und Politik, mit einer gewissen Naivität geäußert – so Fontane –, nahm er hin und prüfte sie, ob nicht doch etwas Richtiges daran zu finden wäre, eine eindrucksvolle Haltung, die nicht zu einem harten, selbstgerechten, seiner selbst immer gewissen Menschen passen wollte. «Er war gescheit genug, um jede aufrichtige Meinung, richtig oder falsch, klug oder dumm, der Betrachtung wert zu halten.» (Zw, 432) Diese Gelassenheit hätte er sicherlich gebraucht, wenn er die vier Aufsätze gelesen hätte, die Fontane in der *Zeitungs-Halle* veröffentlichte und von denen er kaum in *Von Zwanzig bis Dreißig* berichtet.

Im Sommer 1848, also zu Beginn seiner Tätigkeit in Bethanien oder kurz davor, blieb Fontane keineswegs ein Beobachter der Revolution, die er in seinen späten Erinnerungen bisweilen distanziert, bisweilen ironisch beurteilte. Er war nicht nur ein Wahlmann und nahm an Wahlversammlungen teil, er schrieb in dieser Zeit auch vier scharfe Zeitungsartikel: revolutionäre Überlegungen, die ihn eher auf dem radikalen als auf dem gemäßigten Flügel sahen. Dass er in der *Zeitungs-Halle* einen Artikel veröffentlichte, erwähnt er einmal kurz in den Memoiren, aber nicht welchen. Die Kollegen in der Apotheke blickten ihn daraufhin scheu und respektvoll an, das berichtet er, aber was der Grund für dieses Verhalten war, das sagt er eben nicht.

Die *Berliner Zeitungs-Halle* war das Organ des Zentralausschusses der deutschen Demokratie, und ein führendes Mitglied dieses Ausschusses war Fontanes Leipziger Freund Hermann Kriege, der Anfang 1848 aus Amerika zurückgekehrt war, um an der politischen Erneuerung Deutschlands mitzuwirken. Nach der misslungenen Revolution fuhr er wieder nach Amerika. Zunächst aber kämpfte er auf der Seite der entschiedenen Demokraten, und Fontane, wohl durch ihn befördert, kämpfte mit. Am 31. August 1848 veröffentlichte er den Aufsatz «Preußens Zukunft». Darin sieht er die Frankfurter Nationalversammlung und ihr Konzept des konstitutionellen Kaisers lediglich als Durchgangsstadium zu einer deutschen Republik: «Die deutschen Stämme werden mehr und mehr erkennen, dass ihre Interessen dieselben sind, die Scheidewände werden fallen mit den Dynastien und Deutschland wird groß, frei und einig sein.» Das größte Hindernis für ein solches freies Deutschland sieht er in Preußen. «Jeder andere Staat kann und mag in Deutschland aufgehen; gerade Preußen muss darin untergehen [...] eine preußische Republik ist eine Unmöglichkeit; Preußen muss zerfallen.» (Reu, 216) Und dann die schärfsten Worte des Dichters der preußischen Heldenballaden: «Preußen war eine Lüge. Das Licht der Wahrheit bricht an und gibt der Lüge den Tod. Mögen Tausende sich erheben und Preußen eine Wahrheit, mich aber einen Lügner nennen, mögen sie in Ermangelung eines andren Beweises das Paradepferd unsrer glorreichen Geschichte reiten. Ich antworte ihnen, das jetzige Preußen hat keine Geschichte.» (Reu, 216)

Wenn er Preußen seine Geschichte abspricht, eine Geschichte, an der er mit seinen Heldenballaden mitwebte und später mit seinen *Wanderungen durch die Mark Brandenburg* mitweben sollte, dann zieht er Preußen den Boden unter den Füßen weg. Es hat keine Legitimation mehr, keine Rechtfertigung seines Herrschaftsanspruchs. Man wundert sich manchmal über die harten Urteile des späten Fontane über den Borussismus in seinen Briefen an Georg Friedlaender: Hier ist das Urteil schon gesprochen von einem 29-Jährigen. Wie ernst ist der jugendliche Überschwang gemeint? Lepel schreibt ihm jedenfalls in einem Brief vom 22. September 1848, er sei in «den Kreis der Rebellen eingetreten» und nur mit solchen zusammen, die aufrührerische

Überzeugungen bei ihm nährten. Er sieht ihn also unter dem Einfluss Krieges und anderer, und er sieht ihn als beeinflussbar durch solche Leute.

Reuter behauptet, dass keine spätere journalistische Arbeit Fontanes ein solches Aufsehen erregt habe wie dieser Aufsatz über Preußens Zukunft, richtiger über Preußen ohne Zukunft. Die *Thüringer Zeitung* druckte ihn nach, und der preußische Gesandte in Weimar schickte ihn nach Berlin. Karl Varnhagen von Ense erwähnt ihn in seinem Tagebuch unter dem 31. August: «Ein kleiner, trefflich geschriebener Aufsatz in der Zeitungshalle hier, von Th. Fontane unterschrieben, sagt geradezu, Preußen stirbt und muss sterben, es soll seinen Tod sogar eigenhändig vollziehen.» (Reu, 216)

Am 13. September erschien der nächste Artikel «Das preußische Volk und seine Vertreter», in dem er sich über die Abgeordneten der preußischen Nationalversammlung lustig macht: «Dieselben Schmarotzerpflanzen, die stets an deinem Werke sogen, sie haben sich bis in den Gipfel emporgerankt und dünken sich in eitler Selbstverblendung die Blüte, die sie nicht sind.» (Reu, 216) Und am 14. Oktober 1848 stellt er wiederum die Forderung nach dem Ende der Dynastien: Die Fürsten sollten abtreten. Damit stellt er sich in die Reihen der radikalen Linken. Zur selben Zeit erschienen seine preußischen Heldenballaden im *Soldatenfreund*, einer Zeitschrift zur Erbauung der Soldaten, die den Aufstand niederschlagen mussten, in Heft 4 vom Oktober 1848.

Währenddessen heißt es in der *Zeitungs-Halle* vom 14. Oktober: «Das Volk vertraut in gleichem Masse seiner eigenen Kraft, als es angefangen hat, an seinen Fürsten zu verzweifeln. Keine Partei hat unsere Herrscher gestürzt, sie haben sich selbst gerichtet. Falsches Spiel, Blödsinn und Ungeschick haben den Stab über sie gebrochen. Sie sind tot in der öffentlichen Meinung. Kein Herz des Kaisers Joseph, kein Geist des großen Friedrich, und wirkte beides in einem Manne, wäre er mächtig genug, das drohende Verhängnis abzuwenden. Erlösung kam immer, wenn die Zeit erfüllet war, und die Zeit ist erfüllet. Flüchtiger Glanz einer Kaiserkrone! Wehende Fahnen, Kränze, Feste. Welch ein Schauspiel! Aber doch ein Schauspiel nur.» (Reu, 217) Hier steht etwas von dem Pathos der Balladen, selbst der knappe Stil erinnert an sie. Doch hier formuliert er eine Variante. Zwar fällt er ein vernichtendes Urteil über die Fürsten, doch nur über die derzeitigen. Wenn er den

Habsburger Kaiser Joseph II. lobend nennt und den Hohenzollern-König Friedrich II. und von einem Manne, der von beiden etwas vereinte, Großes erhofft, dann setzt er eben doch auf Fürsten, nur eben auf vortreffliche, während er doch sonst für die Republik plädierte. Schwankungen also auch in diesen vier Aufsätzen. Doch dieses Schema, das heutige Preußen gegen das gute alte Preußen abzuwerten, das wird sich auch später noch bei ihm finden.

Der letzte Aufsatz vom 7. November 1848 – drei Tage später marschierten die Truppen unter Friedrich von Wrangel in Berlin ein und sorgten für Ruhe und Ordnung auf preußische Art – steht wieder für die Republik ein und gegen die «Konstitutionalisten», die eine konstitutionelle Monarchie erstrebten: «Einheit oder Freiheit?» heißt er. Fontane verlangt hier Freiheit und Einheit. Eine Einheit ohne Freiheit sei die Einheit der Kabinette, die Einheit der Polizei, die Einheit von allem möglichen, nur nicht die Einheit des deutschen Volkes: «Nein, keine Einheit um jeden Preis, überhaupt kein Streben nach Einheit; sie muss sich geben wie die Liebe, aller Zwang ist ihr Tod. Nur Freiheit um jeden Preis, ihr nachgestrebt, ihr jedes Opfer gebracht, das sei unverändert die Losung des Tages. Dann ist die Zeit nahe, wo kein Schwanken mehr ist, ob einig, ob frei, dann werden wir einig sein durch die Freiheit und frei durch die Einheit.» (Reu, 219)

Es ging den Revolutionären von 1848 darum, dass die Grenzen zwischen den vielen Fürstentümern fielen, also Einheit entstünde, aber es sollte doch zugleich auch eine Freiheit für die Bevölkerung kommen, also eine Volksvertretung, die jedoch auch mit einer konstitutionellen Monarchie gekommen wäre, sicherlich das Höchste, was man in diesen Tagen hätte erreichen können und in einigen kleineren deutschen Staaten ja auch erreichte. In England, den Niederlanden und den skandinavischen Staaten war diese die Voraussetzung für einen friedlichen Übergang zur parlamentarischen Demokratie, in der ein König schließlich nur noch Repräsentant ist. In Deutschland erhielt das Ziel Einheit in Form der kleindeutschen Lösung, also unter Ausschluss Österreichs und damit unter konkurrenzloser Vormacht Preußens das Übergewicht: Der nationale Gedanke, schließlich bis zum Nationalismus gesteigert, ließ viele Bürger die politische Freiheit vergessen.

WANDERJAHRE

16. Freier Schriftsteller, ein Versuch

Wie lässt sich dieser Gegensatz von Heldenballaden, die das alte Preußen verherrlichen, und der Ansicht im Aufsatz vom 31. August 1848, Preußen sei Lüge und müsse zerfallen, erklären? Ist Fontane ein Opportunist, der im konservativen Tunnel konservativ dichtete und in den Revolutionstagen revolutionär schrieb? Der Unterschied von Poesie und Publizistik muss ja auch erwähnt werden. Merckel vermerkte das einmal kritisch in einem Tunnel-Protokoll: «Was dem Journalisten frommen mag, steht unter dem Dichter. Er diene der Kunst, nicht der Partei.» (Reu, 193) Hat Fontane mit den Balladen über Helden aus lange zurückliegender Zeit Kunst geboten und mit seinen Artikeln zu aktuellen Ereignissen Publizistik? Das sicherlich, aber erklärt das die unterschiedlichen Standpunkte?

Reuter versuchte, den Gegensatz aufzulösen. Den Erfahrungen mit dem verknöcherten Preußen vor 1848 stelle Fontane mit seinen Balladen ein altes, besseres Preußen gegenüber. Diese Tendenz gibt es ja bei ihm immer wieder bis zum Schluss: dem gegenwärtigen Preußen ein idealisiertes Bild des alten entgegenzusetzen, so dass die Kritik deutlich wird, aber eben nicht als Kritik an Preußen schlechthin, sondern nur als eine am gegenwärtigen. Aber sind die Balladen nicht so etwas wie literarische Fingerübungen eines jungen Mannes an alten Themen, die, weil sie alt sind und im Volk wie Legenden behandelt werden, eben unverfänglich sind und doch heroischen Stoff bieten, wie er nun einmal für Balladen typisch ist? Zumindest deutet die Entwicklung Fontanes als Balladendichter darauf hin: Er nahm späterhin aktuelle Themen auf, die er in Balladenform goss, so dass er die Ballade auf seine Weise modernisierte. Oder er nahm noch ältere sagenhafte Stoffe aus dem Nordischen, die in noch länger zurückliegende Zeiten führten, als gänzlich andere Verhältnisse herrschten, nicht immer vorzügliche, sondern auch grausame.

Dass hinter den Heldenballaden nicht ein verbohrter Preuße stand, sondern ein spielerisch sich Übender, der sich manchmal zu erkennen gab, zeigte eine Reaktion im Tunnel, die Merckel wieder protokollierte.

Fontane hatte seine Ballade *Ein letzter Wille* auf Friedrich Wilhelm I., den Vater Friedrichs II., gelesen. Und er begann damit, dieser König sei «in Trachten und Dichten» nie «sein Mann» gewesen. Hier dichtete also einer eine Ballade auf einen Helden, von dem er nicht viel hielt. Der Unwille im Tunnel war groß: Fontane habe sich über den Soldatenkönig lustig gemacht. Merckel: «Mag Lafontaine immerhin, wie seine Verteidiger meinten, nicht habe lächerlich machen wollen, dann war die Verwirrung seiner Muse nur größer. [...] Es wurde eine unwillkürliche Parodie. Deswegen waren wohl diejenigen am gerechtesten gegen den Dichter, die das Ganze verfehlt nannten. Die Mehrzahl fand es: Ziemlich!» (Reu, 191) Eine Parodie?

Wie ernst es Fontane war, als er seine revolutionären Artikel schrieb, belegen seine Briefe an Bernhard von Lepel in dieser Zeit. In diesen Briefen kann er offen schreiben, er muss auf niemanden Rücksicht nehmen, kann also unverblümt sagen, was er denkt. Lepel nimmt es ihm nicht übel. Er war ein Liberaler, dem die Radikalität Fontanes schwer verständlich war. In einem Brief, in dem er ihm gratulierte zur Anstellung in Bethanien, sprach er zugleich die Hoffnung aus, dass «politische Dinge» ihrer Freundschaft nichts anhaben könnten. Und so war es auch, nicht zuletzt dank der Großmut Lepels, der unbeirrt an seinem Freund festhielt, auch wenn es mitunter schwerwiegende Differenzen gab. So im Herbst 1848.

In einem Brief vom 21. September 1848 schrieb Fontane: «Ich bin nicht in der Stimmung, auf Deinen unendlich friedlichen Brief, der nach Abgeschiedenheit und nach jedem beliebigen Jahrgang, nur nicht nach 1848 schmeckt, einzugehen; die Ereignisse der letzten Tage [...] erklären geradezu die Konterrevolution und fordern zum Kampf heraus. Was auch der Ausgang desselben sein mag, ich wünsche ihn und bin außer mir, jenes herrliche Mittel zu entbehren, ohne welches jede Beteiligung eine Unmöglichkeit ist. Mit dürren Worten: hast Du nicht auf väterlicher Rumpelkammer eine alte, aber gute Büchse? Ich fordere es von Dir als einen Freundschaftsdienst, mich nicht im Stich zu lassen, wenn Du meinen Wunsch erfüllen kannst, und sehe einigen Zeilen, lieber aber dem Muskedonner in Person entgegen. Lache nicht, die Sache hat ihre sehr ernsthafte Seite.» Ausgerechnet von seinem Freund aus altem Adel fordert er eine Büchse, ein Gewehr zum Kampf gegen Adel und König; er weiß, dass er mit Lepel so sprechen kann. Für die

Büchse setzt er dann den witzigen Ausdruck Muskedonner, als ob es ihm nicht so ernst wäre, nimmt ihn dann aber sogleich zurück. Wie ernst ist es ihm? Er spricht dann von einem «Fieber», das ihn erfasst habe, aber wieder vorübergehe, dann könnte er wieder als Poet sprechen. Jetzt aber drängte es ihn zur Tat: «Hätte ich Zeit und namentlich Geld, ich wäre ein Wühler comme il faut, denn alles ist faul und muss unterwühlt werden, um im ersten Augenblick die Mine springen zu lassen.» Er will die andern in die Luft sprengen. Überschwang eines 29-jährigen, mittellosen, hoffnungslosen jungen Mannes?

Lepel, der sogleich am nächsten Tag antwortete, war erschrocken über diesen Brief. Hatte Fontane ihm die Freundschaft aufkündigen wollen? Er brachte dann Gegenargumente und rechnete die Heftigkeit dem «sanguinischen Temperament» des Freundes zu. Fontane entschuldigte sich dann, er wollte nicht verletzen, er hatte sich hinreißen lassen. Hier ist von beiden Seiten das aufbrausende Temperament Fontanes bestätigt, das seinen Überschwang zum Teil wenigstens verständlich macht, einen Überschwang, den wir sonst nicht von ihm kennen. Im Brief vom 12. Oktober bleibt Fontane ziemlich sachlich, wenn auch sein Urteil über Preußen, jedenfalls das gegenwärtige Preußen, vernichtend ist. Er bringt einen Abriss der preußischen Geschichte seit Napoleons Tagen, um seine Haltung aus der aktuellen Misere abzuleiten. Mit diesem Brief bietet Fontane also beides: die jüngste Geschichte Preußens und seine Sicht dieser Geschichte, womit seine Haltung und die der vielen, die 1848 rebellierten, verständlich wird. Deshalb ein langer Ausschnitt aus dem Brief:

«Ich verkenne nicht, dass das preußische Volk seine Bedeutsamkeit mehr seinen Fürsten als sich selbst zuzuschreiben hat: der große Kurfürst und der Alte Fritz haben Preußen gemacht. Aber schon an diesen beiden Männern tritt der Charakterzug der Hohenzollern: ‹erst sie und dann das Volk› ins grellste Licht, und nur die Unbildung des Volkes einerseits, andererseits die leuchtenden Geistesgaben jener Fürsten sind imstande gewesen, jenes ausgeprägte Herrschergelüst vergessen zu machen. Es kam die Französische Revolution, und der Gottesodem der Freiheit wehte über die Welt. Er berührte auch Preußen, Stein wurde Minister, und in den Jahren der Erniedrigung wurde uns ein wahrhaft königliches Geschenk – die Städteordnung. Es schien, als ob uns der Segen des Jahres 1792 treffen sollte ohne seine Gräuel. Volksvertretung in zwei Kammern, Steuerbewilligungsrecht, Pressfreiheit – der ganze konstitutionelle Hausrat ward uns in Aussicht gestellt, es war eine Zeit des Schenkens wie in den Märztagen dieses Jahres. Man schenkte, damit es nicht genommen würde. Das Jahr 1813 kam, das Volk und nochmals und nur das Volk befreite sich und seinen König mit. Friedrich Wilhelm III. bekundete damals seine ganze Schwäche und Unbedeutendheit. Die Schlacht bei Belle-Alliance [gegen Napoleon] war geschlagen; das Volk pflanzte Freiheitsbäume, in seinem Jubel vergaß es, daran zu denken, dass es auch innere Feinde gibt, die ein freies Volk nicht dulden darf. Nicht großgezogen in der Freiheit, noch ohne Sinn und Zunge für Ihren Feuerwein – wohl aber, nach Tagen voll Mut und Kraft, von dem verzeihlichen Wunsche beseelt, nun auch in aller Muße des Sieges und seines Teiles daran sich zu freuen: in dieser Stimmung schlich sich jene Flauheit ein, die von der königlichen Herrschsucht so schnöde missbraucht und der Grund zu allen Kämpfen wurde, deren kleinsten Teil wir erst bestanden haben. Der Sturz Humboldts und Boyens, die Beseitigung aller freisinnigen, ehrlichen Männer, die dem Volk nun auch geben wollten, was ihm versprochen war, die Metternichsche Politik, und als ihre Blüte, die Karlsbader Beschlüsse, alle diese Einzelheiten sind Schandflecken auf den Purpurmänteln unserer Fürsten. Ich weiß, dass milde Seelen bemüht gewesen sind, dies geizige Zurückhalten mit der Phrase zu entschuldigen: Das Volk war noch nicht reif; ich aber erwidere darauf: Ein gutes und gesittetes Volk ist immer reif für die Freiheit. Wir haben jetzt eine konstitutionelle Monarchie und [...] kein Mensch wird behaupten, wir wären nicht reif dafür oder unsere Unreife wäre der Quell aller Wehen dieser Zeit. Und ich sage Dir, lieber Lepel, wenn wir noch heute am Tage 37 Fürsten nach Van-Diemensland [in Afrika] schicken – es geht uns nicht um ein Haar schlechter, wir sparen viel Geld und sind in 8 Tagen auch reif für die schönste Republik.» (Reu, 222)

Fontane mag überspitzen, seine Darstellung entspricht den Fakten. Es sind die falschen Versprechungen, die Unterlassungen und dann die skrupellose Wiederherstellung des Alten nach 1815, die das Land belasteten. Doch nicht nur die Regierung – wichtige Feststellung Fontanes – hat Fehler gemacht, auch das Volk. Seine «Flauheit», sein Mangel an Tatkraft nach den Befreiungskriegen, als es galt, die Ernte des Sieges in die Scheune zu bringen, trägt auch Schuld an der Misere. Deshalb hatte die «Herrschsucht» des Königs so leichtes Spiel. Was damals sich vollzog, kam nun auch 1849: die Zurücknahme der Verfassung, die Wiederherstellung der alten Ordnung, als ob nichts gewesen wäre. In der *Zeitungs-Halle* hätte Fontane seine heftigen Artikel nicht mehr veröffentlichen können, die Zensur herrschte wieder. Hatte er am Ende des Jahres 1848 noch Hoffnung, wie seine Briefe an Lepel zeigen, so schwand sie im Laufe des Jahres 1849.

Nicht nur deshalb ist 1849 ein Schicksalsjahr für Fontane. Die schöne Stelle in Bethanien lief Ende September aus. Finanziert von dem streng protestantischen und brav königstreuen Krankenhaus hatte er seine umstürzlerischen Artikel geschrieben. Jetzt stand er ohne Mittel auf der Straße. In die Apotheke zurück wollte er nicht mehr. Den ungeliebten Beruf, der ihm immerhin ein Einkommen, wenn auch ein geringes, gesichert hatte, ließ er hinter sich zurück. Was sich 1848 schon angedeutet hatte, wurde nun sein Ziel: der Journalismus. Allerdings ernährte auch dieser nur notdürftig seinen Mann. Und in welcher Zeitung wollte er schreiben, nachdem er sich auf dem linken Flügel positioniert hatte und die Linken auf der ganzen Linie verloren hatten? Er fand zunächst ein armseliges Zimmer drei Treppen hoch in der Luisenstraße, gegenüber der Tierarzneischule, bei einer Wirtin, die «ein Mustertyp der damaligen Berliner Philöse war: blass, kränklich, schmuddelig und verhungert» (Zw, 445). Er ist wieder auf der untersten Stufe der sozialen Leiter gelandet, in der Berliner Armut, dem Elend, in dem der überwiegende Teil der Bevölkerung lebte. Man muss den Brief lesen, den er am 5. Oktober 1849 aus seiner verwanzten Bude an Lepel schrieb, vier Tage, nachdem er Bethanien verlassen hatte, um seine Situation zu begreifen und seinen weiteren Weg. Es ist so leicht, aus heutiger Sicht ein moralisches Urteil zu fällen, aus sicherem und gesichertem Abstand.

«Kannst Du mir sagen, mein lieber Lepel, warum ich zu gar nichts komme? Ich mache so geringe Ansprüche, und doch – selbst das Kleinste wird mir verweigert. 400 Taler, worauf mit Recht der Spruch erfunden ist: zum Leben zu wenig, zum Sterben zu viel, ersehne ich nun schon seit Jahr und Tag, und obschon ich gar nicht wählerisch bin, obschon ich all und jede Subalternstellung, die nicht besondere Fachkenntnisse erheischt, mit Freuden annehmen würde, dennoch ist es nicht möglich, auch nur ein solches Minimum zu ergattern. Es gibt mehr als 2 Dutzend

Posten, zu denen ich nicht schlechter wie andere Menschenkinder zu verwenden wäre. Geschäftsführer einer Apotheke, Eisenbahnbeamter, Sekretär, Kalkulator, Registrator, Lehrer in Chemie, Geographie, Geschichte, Konstabler-Wachtmeister, Redakteur einer gesinnungslosen Zeitschrift, ministerieller Zeitungsleser und Berichterstatter, Billeteur eines Theaters, Büchercroupier in der Königlichen Bibliothek und noch hundert andere Dinge könnt ich so gut werden wie alle Hinze und Kunze, denen das Glück des Lebens in Gestalt von 400 Talern so reichlich zufließt. Sage mir, Lepel, woran liegt es?» (Reu, 226)

Es ist doch erstaunlich, dass er in diesem Dokument der Verzweiflung neben belanglosen Berufen auch den des Redakteurs einer «gesinnungslosen Zeitschrift» nennt oder den eines ministeriellen Zeitungslesers und Berichterstatters. Das war in der Tat das Feld, in dem er eine Stelle suchte, späterhin sogar fand, freilich musste er dabei zum Kompromiss bereit sein, denn solche Stellungen gab es in Preußen nur noch auf Seiten der Reaktion. So kam ihm die Hilfe seines Dresdner Freundes Wilhelm Wolfsohn zustatten, an den er sich auch gewandt hatte. Wolfsohn verhalf ihm zu einer Korrespondenz bei der *Dresdner Zeitung*, einem demokratischen Blatt, das in Berlin nicht mehr hätte erscheinen können. Lepel, der ihm immer wieder mit Geld aushalf, auch dies ein Zeugnis seiner echten Freundschaft, wollte ihm einen Posten als «Staubabwischer», wie Fontane es ironisch nannte, in der Bibliothek des Kriegsministeriums verschaffen, was aber ein Empfehlungsschreiben der Oberin von Bethanien und einige fromme Verse, die beigegeben werden sollten, nötig gemacht hätte. So entschied er sich für die *Dresdner Zeitung*. Diese Entscheidung war auch eine für den Abschied aus der Apotheke: Er wurde Journalist. Und dies für längere Zeit. Er wurde ein «freier Schriftsteller», wie man sagt, freilich einer, der, wenn er frei war, kein Geld hatte, und wenn er Geld hatte, nicht frei war.

Zunächst aber konnte er noch einmal seine Gesinnung zu Markte tragen: in der *Dresdner Zeitung*. Sein erster Artikel hieß «Das Polizeiregiment ist in voller Blüte»: «Auflösungen demokratischer Vereine und Ausweisungen missliebiger Persönlichkeiten sind Parole und Losung – das Alpha und Omega neupreußischer Staatsweisheit. Es ist eine Schande.» Und am 9. Dezember schrieb er über den «wiedergeborenen Polizeistaat»: «Hat man die Trümmer weggeräumt? Hat man in Wahrheit ein Neues ausgeführt? Mitnichten! Noch unter dem Nachhalle der Revolution sprang aus der Stirn des Ministers Kühlwetter das gewappnete Konstablertum, und der Neubau des Alten begann. Der beschränkte Untertanenverstand ward wieder als Basis genommen und Hochmut und Grobheit stellten in kurzem aufs neue eine Herrlichkeit her, die alles Frühere überragend, das Gendarmentum der dreißiger Jahre als armselige Stümperei erscheinen ließ.» (Reu, 228) Die Grundlage des Staates sei nunmehr nicht das Recht, sondern die Polizei.

Er zeichnete seine Artikel mit einer Chiffre, seinen Namen darunter zu setzen, traute er sich nicht mehr. Immerhin kam dann seine alte Taktik wieder zum Vorschein, das alte Preußen gegen das neue auszuspielen, selbst Friedrich Wilhelm III., den er noch kürzlich als unbedeutend charakterisiert hatte, lobte er nun und stellte ihn in Gegensatz zu Friedrich Wilhelm IV. Seine letzten Artikel waren Zeugnisse eines Rückzugs, die Reaktion hatte gesiegt, das ließ sich nicht mehr leugnen, aber die jetzigen Zustände waren ein «Provisorium»: «Die Demokratie harrt ihrer Zeit und weiß, sie wird und muss kommen.» (Reu, 229)

29 Artikel publizierte Fontane in der *Dresdner Zeitung*. In seinen Erinnerungen steht nichts davon. Am 3. Mai 1850 schreibt er an Wolfsohn, seine Arbeit bei der *Dresdner Zeitung* sei zu Ende, die Honorare seien oft ausgeblieben. Und: er stehe «wirklich auf einem ganz anderen Gebiet». Welches Gebiet meint er? Ein anderes literarisches oder ein anderes politisches Gebiet? Möglicherweise beides, doch muss er bei der Publizistik bleiben und kann nicht zur Poesie übergehen, will er Geld verdienen. Und politisch: hat er sich so schnell gewandelt? Schon einen Monat zuvor, am 8. April 1850, schrieb er an Lepel und bat ihn um Vermittlung an Merckel, der zum Chef des Literarischen Kabinetts ernannt worden war: «Ich gelte, namentlich Merckeln gegenüber, für einen roten Republikaner und bin jetzt eigentlich ein Reaktionär von reinstem Wasser.» (Reu, 231) Meinte er das ernst? Hatte er sich so schnell den neuen Verhältnissen, die er eben noch anprangerte, angepasst?

Im Rückblick des alten Mannes auf seine Kindheit in Swinemünde stellte er in *Meine Kinderjahre* fest, dass er ein zwiespältiges Verhältnis zu den Revolutionen hatte, von denen er in den Zeitungen las. Einerseits hegte er große Sympathie für die tapferen Rebellen, die mit Gut und Blut für ihre Sache kämpften, andererseits hatte er ein Misstrauen gegen sie und neigte zur anderen Seite wegen seines «Ordnungsgefühls» (Kin, 141). Ist das eine nachträgliche Entschuldigung seines Schwankens zwischen den beiden Seiten? Oder entspricht es seinem Charakter, der sich durch ein hervorstechendes Ereignis zu einer «sanguinischen» Tat hinreißen ließ, um dann wieder in ruhigere Bahnen zu lenken.

In *Von Zwanzig bis Dreißig* berichtet er gegen Ende, dass sein Entschluss, hinfort als Schriftsteller zu leben, ihn in Armut stürzte, denn seine Verse brachten nicht viel ein und er sah sich doch als Verseschmied, nicht als Journalist. Wenn er ein Gedicht schreibe, das ihm nichts einbringe, dann habe er wenigstens ein Gedicht, das bleibe. Wenn er einen Artikel schreibe, der nicht gedruckt werde, sei das verlorene Müh, denn der Artikel sei bald hinfällig, also schreibe er nur Artikel, wenn er von «zahlungskräftigen Leuten» aufgefordert werde (Zw, 446). Er musste sich also nach diesen Geldgebern richten: wenn sie etwas von ihm haben wollten, dann schrieb er eben auf Bestellung. Und damit war er natürlich abhängig von diesen Geldgebern.

Er war so stolz über seinen Erfolg in Cottas *Morgenblatt*, und als die Heldenballaden Ende 1849 als Buch erschienen, war er so obenauf, dass er seine Braut in Schlesien, wo sie bei Verwandten wohnte, aufsuchte und ihr eine baldige Heirat ankündigte. Doch dann kam die Schlacht bei Idstedt und sein Temperament ging wieder mit ihm durch. Nichts von dem, was er aus Frankfurt von der Nationalversammlung gehört hatte, hatte ihn dermaßen erregt wie diese Schlacht, in der die Dänen gegen die Schleswig-Holsteiner kämpften. In dieser Schlacht vom 25. und 26. Juli 1850 standen sich 60 000 Mann gegenüber. Fast 2000 fielen. Die Dänen gewannen. So wollte er schleunigst nach Schleswig, um den Schleswigern zu helfen. Und er machte sich tatsächlich auf den Weg. Sein Wille wurde auch hier wieder von einem rebellischen Geschehen gefangen genommen, denn die Schleswiger rebellierten gegen den dänischen König und verlangten Selbstbestimmung, die sie nicht bekamen, auch später nicht, als 1864 Preußen und Österreich die Dänen besiegten. Schleswig und Holstein waren danach österreichische und preußische Provinzen und nach 1866 gänzlich preußisch.

In Altona erhielt Fontane einen gesiegelten Brief von seinem «väterlichen Freund und Gönner» Merckel. Er bot ihm eine Anstellung im Literarischen Kabinett, eine feste, gut besoldete Stelle. «Der Mensch bleibt ein Egoist», schrieb Fontane: «Das Ich siegte über das Allgemeine.» (Zw, 447) Er fuhr nach Berlin zurück und überließ die Schleswiger ihrem Schicksal. Er hatte eine Stelle, er konnte heiraten. Am 16. Oktober 1850 war Hochzeitstag. Eine Wohnung war bald gefunden. Alles schien bestens. Da wurde zum 31. Dezember das Literarische Kabinett aufgelöst, und Fontane war wieder ohne Anstellung und ohne Geld, aber nun verheiratet.

17. *Heirat und Literarisches Kabinett*

Aus Altona hatte Fontane an seine Braut telegrafiert, nachdem er in einem Brief an Merckel die Stelle angenommen hatte: «Schleswig-Holstein aufgegeben. Wenn Dir's passt, im Oktober Hochzeit.» (Zw, 448) Konsistorialrat Fournier, «meinen alten Gönner aus Konfirmandentagen», baten sie, ihre Trauung zu vollziehen, wozu er sofort bereit war. Den strenggläubigen Mann, Calvinist aus der Kolonie, wie es sich versteht, hatten sie ein wenig gefürchtet, doch er war freundlich und heiter. Statt sie herabzudrücken, erhob er die beiden und ermutigte sie. So war am 15. Oktober Polterabend, Tunnel-Freunde waren gekommen. Und am 16. Oktober um 2 Uhr wurden sie getraut in Fourniers Kirche in der Klosterstraße. Vater Fontane kam natürlich eine halbe Stunde zu spät, und Fournier sagte: «Es ist vielleicht von Vorbedeutung – sie sollen warten lernen.» (Zw, 451) Dem war auch so.

Dann saßen sie zum Hochzeitsessen *Bei Georges* in der Bellevuestraße, bekannt für seine guten Kalbskoteletts. 20 Freunde waren versammelt, darunter auch Pastor Schultz. Leider nicht Fournier, der wohl nicht mit Schultz zusammentreffen wollte: «Beide passten eigentlich vorzüglich zusammen, der eine wie der andere, sehr harte Steine; Fournier ganz Genferischer, Schultz ganz Wittenbergischer Papst» (Z, 452), also der eine Calvinist, der andere Lutheraner. Da die Reformatoren sich vom römischen Papst losgesagt hatten, schufen sie viele kleine Päpste.

«Auf dem Tisch hin standen natürlich auch Blumen; aber was mir noch lieber war, auch schon um des bloßen Anblicks willen, das waren die Menschen, die die Tafel entlang saßen. Ich bin sehr für hübsche Gesichter und fast alle waren hübsch, darunter viele südfranzösische Rasseköpfe. Doch verblieb schließlich der Sieg [...] dem Deutschtum. Unter den Gästen waren auch Eggers und Heyse, deren Profile für Ideale galten und dafür auch gelten durften.» (Zw, 452) Pastor Schultz sprach «einen reizenden Toast» auf das junge Paar.

Eggers und Heyse waren Freunde aus dem Tunnel, junge Freunde, in Fontanes Alter der eine, zehn Jahre jünger der andere. Friedrich Eggers hatte er sogar in den Tunnel eingeladen, dessen Mitglied er denn auch 1847 wurde. Fontane hatte ihn im Hause Franz Kuglers kennengelernt, der einen Salon mit seiner Frau Clara betrieb, in dem sich vor allem Mitglieder des Tunnels trafen. Eggers, 1819 in Rostock geboren, hatte dort Geschichte und Kunstgeschichte studiert und war 1844 nach Berlin gekommen. Von 1854 an gab er als Beilage des *Deutschen Kunstblattes* ein *Literaturblatt* heraus, in dem auch Fontane veröffentlichte.

Eggers war eine elegante Erscheinung, wie sich Felix Dahn erinnert: «Der schwarzseidene Hut [...] ein dunkelblauer Radmantel, geeignet, frei herabwallend oder mit über die linke Schulter geschlagenem Zipfel getragen zu werden, ein dunkelblauer Frack mit gelben Knöpfen (wie ihn seit Werthers Tagen kein Mensch mehr getragen hat), buntfarbige purpur oder tief orangegelbe Westen, weit ausgeschnitten, ein tadelloses Hemd zu zeigen und um den Hals eine Binde, deren Farbe zu der Weste auserlesen passte.» (Dr, 61) Auch im preußischen Berlin gab es damals Dandys, nicht nur in London und Paris.

1863 wurde Eggers Professor an der Akademie der Künste, 1870 begleitete er den Großherzog Friedrich Franz von Mecklenburg auf seiner Italienreise, und 1871 hatte er ein gewichtiges Amt: Er musste die Siegesfeierlichkeiten nach dem erfolgreichen Krieg gegen Frankreich ausrichten. Er wollte Fontane hinzuziehen, was aber abgelehnt wurde. So blieb diesem nur, ein Gedicht zu schreiben: «Kaiser Wilhelms Rückkehr».

Von anderem Kaliber war Paul Heyse. Er kam aus bester Berliner Familie. Sein Vater Karl war Hauslehrer bei Wilhelm von Humboldt gewesen, dann Erzieher des jungen Felix Mendelssohn-Bartholdy. 1830 geboren, war Heyse schon früh ein Liebling der Musen und der Menschen: Wohlgestalt und hochbegabt, gewann er die Herzen. Er studierte in Berlin und Bonn, kam durch Kugler in den Kreis des Tunnels, wo er einerseits gefiel, andererseits missfiel. Er trug seine Meinung frei vor, mitunter auch schroff, was man ihm – er war 22 – doch übel nahm. Im Grunde ließ er nichts gelten – außer Goethe und sich selbst. Fontane lernte er dort kennen und schätzen, sie blieben Freunde ein Leben lang. Heyse:

Da ging die Tür, und in die Halle
Mit schwebendem Gang wie ein junger Gott
Trat ein Verspäteter frei und flott,
Grüßt in die Runde mit Feuerblick,
Warf in den Nacken das Haupt zurück,
Reicht diesem und dem die Hand
Und musterte mich jungen Fant
Ein bisschen gnädig von oben herab,
Dass es einen Stich ins Herz mir gab.
Doch: Der ist ein Dichter! Wusste ich sofort,
Silentium! Lafontaine hat's Wort. (Reu, 183)

Heyse hatte durch seine Mutter, eine geborene Salomon, Tochter des Hofjuweliers Salomon, der sich später Saaling nannte, Zugang zu den feinsten Salons in Berlin, also zu Mendelssohns, Hensels und Varnhagens. Hier gab sich das geistige und einflussreiche Berlin ein Stelldichein. Der berühme Poet Emanuel Geibel entdeckte und förderte ihn. Durch Geibel erhielt er mit 24 Jahren ein Stipendium von 1000 Talern im Jahr vom bayerischen König, der eine Reihe von Künstlern um sich versammelte, um aus dem verschlafenen München ein zweites Weimar zu machen. Heyse heiratete die Tochter von Franz und Clara Kugler und zog nach München, wo es ihm anfangs nicht gefiel: Kühe auf der Straße und am Abend Leere bis auf die Knaben, die mit Krügen ins Hofbräu eilten, um ihren Vätern Bier zu holen.

Bis zu seinem Tod 1914 hat Heyse etwa 200 Novellen geschrieben, 70 Dramen, neun Romane und viele Übersetzungen aus den romanischen Sprachen publiziert. 1910, an seinem 80. Geburtstag, erhielt er als erster Deutscher den Literaturnobelpreis. Heyse verkörperte alles, was Fontane versagt blieb: frühes Glück und großen Erfolg ein Leben lang. Er galt als zweiter Goethe. Heute ist er fast vergessen. Er versuchte, auch Fontane nach dessen Rückkehr aus London eine Stelle in München zu verschaffen, was ihm nicht gelang. Aber er vermittelte ihm den Verleger Wilhelm Hertz, der Fontanes Gedichte übernahm und später seine Wanderungen edierte.

Wilhelm von Merckel war der väterliche Freund, den Fontane im Tunnel traf. Er war Kammergerichtsrat und hatte gute Beziehungen.

Er war zutiefst human, schreibt Fontane, sah nicht auf Bildungsgrad und Besitz, sondern sah den Menschen an: «Was ist das für ein Mensch?» (Zw, 350) Danach entschied er. Und so gefiel ihm der Mensch Fontane, mochte der auch manchmal merkwürdige Ansichten vertreten. Der Mensch ist mehr als seine politische Meinung, das hat Fontane immer wieder eingefordert. Und das steht im Gegensatz zu der Haltung mancher, die einen Menschen mit seiner politischen Meinung, gefällt diese nicht, gänzlich verwerfen, als ob die Meinung der Mensch wäre. Das war bei Pastor Schultz nicht so, und das war bei Kammergerichtsrat Merckel nicht so. So kam denn auch die Einladung ins Literarische Kabinett.

Schon zuvor hatte Fontane für eine von Merckel initiierte Zeitung geschrieben. Sie hieß *Deutsche Reform. Politische Zeitung für das constitutionelle Deutschland*, trug also ihr Programm im Titel. Sie war nicht stockkonservativ wie die *Neue Preußische Zeitung*, wegen des Eisernen Kreuzes auf dem Titel auch *Kreuz-Zeitung* genannt, für die Fontane später arbeitete. Für die *Deutsche Reform* schrieb er von Mai bis Juli 1850 vier Artikel. Diese markieren wiederum eine Wende in seiner Tätigkeit, diesmal seiner journalistischen. Es sind nicht mehr politische Artikel, sondern Feuilletons, also Betrachtungen zu Kunst und Land und Leuten. Feuilleton und Reportage sind die journalistischen Genres, in denen Fontane dann weitgehend als Publizist blieb, damit auch weitgehend von politischen Stellungnahmen frei. Er schrieb über den damals beliebten Dichter Scherenberg und über seine geringen Englanderfahrungen aus den zwei Wochen London: Ein Tag in einer englischen Familie, Besuch in Brighton und Ankunft in London.

Nach dem Ende des Literarischen Kabinetts blieb Fontane und seiner Frau das Wohlwollen Merckels erhalten. Er fühlte sich für das Paar verantwortlich und half, wo er konnte, seine Frau ebenso, die später, nach dem frühen Tod Merckels, eine Stütze der Familie Fontane blieb, von den Kindern gern besucht: Tante Merckel. Merckel war ein fester Charakter, schreibt Fontane, aber ein schwankender Politiker, der im März 1848 und danach in die Lage kam, politische Urteile oder gar Entscheidungen zu fällen, die sonst nicht von ihm gefordert worden wären. «Dabei war er nicht immer glücklich», und ihm unterliefen Fehler (Zw, 358). Von ihm stammte das Lied *Gegen Demokraten helfen nur Soldaten*. Doch nachdem die Soldaten geholfen hatten, war er

Emilie Fontane,
Foto 1859.

wiederum unwillig über die starke konservative Entwicklung. Und er
schrieb den Text «Frack des Herrn von Chergal», in dem er einen reaktionären Politiker verhöhnte.

Das Jahr 1851 wurde für Fontane und seine Frau ein schweres Jahr.
Emilie erwartete ihr erstes Kind, und Theodors Versuche um eine Unterstützung schlugen alle fehl. Am 13. März 1851 hatte er den König
um eine Pension für eine begrenzte Zeit gebeten. Es gab einen königlichen Fonds zugunsten armer Poeten. Fontanes Bitte wurde abgelehnt.
Innenminister Ferdinand von Westphalen hatte dem Gesuch die Bemerkung angefügt, die politischen Gesinnungen des Bittstellers seien
nicht ganz lauter. Womit er ja recht hatte. Kurze Zeit vertrat Fontane
eine Diakonissin in Bethaniens Apotheke. Seine Bewerbung um die
Stelle eines Sekretärs des Berliner Gartenbauvereins wurde abgelehnt.
Er gab privaten Unterricht, zunächst in Englisch, dann auch in Deutsch.
Er richtete ein Gesuch an den Kultusminister, um eine Stelle als Ele-
mentarlehrer zu erlangen. Vergebens. Immerhin erschien sein Band

Gedichte im Mai bei Hertz. Und am 14. August wurde der erste Sohn geboren und erhielt einen englischen und einen französischen Vornamen: George Emile. Die Familie war größer geworden; Fontane musste dringend Geld verdienen. Dann Ende Oktober ein Lichtblick, der zugleich eine politische Niederlage brachte. Er habe sich, schreibt Fontane am 30. Oktober 1851 an Lepel, für 30 Silberlinge im Monat verkauft, also für 30 Reichstaler. Und zwar an die Centralstelle für Presseangelegenheiten, die Nachfolgerin des Literarischen Kabinetts. «Ich debütiere mit Ottaven zu Ehren Manteuffels. Inhalt: der Ministerpräsident zertritt den (unvermeidlichen) Drachen der Revolution.» (Drei, 69) Zum dritten Jahrestag seines Eintritts in die Regierung sollte Fontane also ein Gedicht zu Ehren des reaktionären Otto von Manteuffel schreiben; es ist nicht überliefert. Doch ab 1. November war er wieder im Dienst der preußischen Regierung, wohl wieder dank Merckels Vermittlung. Anstelle der *Deutschen Reform* gab die Regierung jetzt die *Preußische Zeitung* heraus, die einen Adler im Titel trug und deshalb im Unterschied zur *Kreuz-Zeitung* auch Adler-Zeitung genannt wurde. Im Inlandsdienst war der unzuverlässige Fontane nicht zu gebrauchen; er sollte ins Ausland, nach England, das er ein wenig kannte.

So fuhr Fontane Anfang April 1852 als Korrespondent der *Preußischen Zeitung* nach London, freilich ohne feste Anstellung. Immerhin spendete die königliche Schatulle 50 Taler, der Vater und Freunde halfen, und auch aus dem eisernen Fonds des Tunnels erhielt er einen Zuschuss, was Lepel vorgeschlagen hatte, Fontane aber erst ablehnte. Er hatte sich inzwischen vom Tunnel entfernt: «Ich kenne das Pack; ich kann kaum noch meine Rolle spielen; wäre ich nur erst weg! Mir klingen vom vorigen Sommer her Äußerungen im Ohr, die auf Selbstsucht, Scheelsucht und Charakter-Misere hinauslaufen», schrieb er am 15. März an Lepel.

18. Ein Sommer in London

«Wäre ich nur erst weg!» Trotz dieses Wunsches verließ Fontane Berlin mit zwiespältigen Gefühlen. Einerseits war er froh, alle Misslichkeiten, die er in der letzten Zeit erlitten hatte, hinter sich zurückzulassen, andererseits musste er sich von seiner jungen Frau trennen und von dem kleinen Kind. Wie schwer ihm das fiel, zeigen die Briefe, die das Ehepaar wechselte, Briefe, in denen Emilie ihre Unzufriedenheit äußerte und er sein Ungenügen. So im Brief vom 17. April 1852 noch von der Reise aus Brüssel, wo er gerade einen Brief Emilies empfangen hatte: «Heute früh erhielt ich Deinen lieben Brief [...] und setzte mich auf eine sonnenbeschienene Bank des Parks. Ich las und weinte; mais ‹pas pleurer› [nicht weinen] klang mir's wieder im Ohr, und ich atmete auf und schritt weiter. Mein liebes, armes Herz, was soll ich Dir für Trost sagen! Ich habe selber nicht viel [...].» Er schreibt dann den Satz, den er ihr schon oft sagte: «Lass uns mit Ergebung tragen, was der Himmel über uns verhängt.» (Drei, 75) Diesem Satz zu folgen, fiel nicht nur Emilie schwer, sondern auch ihm. Er hoffte, dass sie ihm im Sommer nach London werde nachfolgen können oder dass er Ende August nach Berlin zurückkehren könnte, um sie in ihrer schweren Zeit nicht allein zu lassen. Emilie erwartete ihr zweites Kind. Einen Trost gab es dann doch: Emilie fuhr nach Liegnitz zu den Verwandten, wo sie gut versorgt war.

Das kann man von ihm nicht sagen. Er war in einem bescheidenen Zimmer untergekommen, die Vermieter redeten mit ihm nur das Nötigste, so dass seine Hoffnung, sein Englisch zu verbessern, sich zunächst nicht erfüllte, zumal auch noch das Dienstmädchen, das ihm den Kaffee brachte, taub war. Er lebte in Einfachheit und Einsamkeit, schrieb seine Artikel, die er nach Berlin schickte, und suchte Schüler, denen er Deutschunterricht geben konnte, um sein schmales Salär aufzubessern. Doch das gelang ihm kaum. Am 10. Mai 1852 schrieb er an Lepel, seine bisherigen Erfahrungen seien niederdrückend, trotzdem hoffe er, in London sein Glück zu machen. Die Kunst habe er hinter sich gelassen, doch schmerze ihn das sehr: «Was mir schon seit Jahr und Tag alle Kraft raubt, mich dumm und einfältig macht, das ist das ewige Gehetztsein; Ruhe! Und ich werde wieder Verfügung über die bescheidne Potenz haben, die mir der Himmel verliehn. Und der Dichter? Lass die Toten ruhen. Es war mir aus tiefster Seele gesprochen, was ich noch kurz vor meiner Abreise Hahn sagte: Diesem Leben in der Kunst entsagen zu müssen, ist ein Schmerz, den ich nie verwinden werde.» (Drei, 78)

Zweimal besuchte er den preußischen Gesandten in London Karl von Bunsen und betrat eine andere Welt als die, in der er zu leben gezwungen war. Freilich war ihm das vertraut, wie er an Emilie am 29. Mai schrieb: er verkehrte seit Jahren in «bevorzugten Kreisen», lebte selbst aber weit unter dem Niveau dieser Kreise. Bei Bunsen: «Schöne weite Räume, Livreebediente, exzellente Speisen, freundliche Bewirtung, lebhafte Unterhaltung und Anekdoten in allen Sprachen [...] Man sitzt dabei wie ein Hammel und denkt manchmal, nun wird man tranchiert werden.» So im Brief an Eggers vom 2. Juni 1852. (Drei, 85) Bunsen, auch ein Wissenschaftler, war ein Gegner des reaktionären Ministers Manteuffel; er war zwar konservativ, aber doch auch für Reformen nach dem englischen Vorbild. Er wollte Fontane für seine Sache gewinnen, der wiederum ein Angestellter Manteuffels war. So kamen sie nicht zusammen. Manteuffel gelang es schließlich 1854, Bunsens Entlassung durchzusetzen.

Immerhin war Fontanes Blick auf London geschärft, wohl auch durch die eigene Lage bedingt. Was noch vor acht Jahren bei seinem ersten und kurzen Besuch jugendliche Schwärmerei war, ist nun einem kritischen Raisonnement gewichen, wie er der Mutter am 28. April schrieb: «Ich war damals unerfahren, gutmütig und, wenn ich so sagen darf, schwärmerisch genug, alles, was ich anders fand, auch sofort besser zu finden.» (Drei, 77) Er sah nun das gesamte Panorama der Londoner Gesellschaft, und er sah es aus der Distanz des kritischen Beobachters. Er nahm zum ersten Mal eine von Kapital und Industrie gesteuerte Welt wahr, die er im zurückgebliebenen, halb feudalen Preußen noch nicht erkennen konnte. Das schärfte sein Urteil, so dass er die Zusammenhänge durchschaute und nicht nur die äußeren Erscheinungen sah und beschrieb. Er erkannte den «Tanz um das goldene Kalb» (6. August 1852), das Streben nach Gewinn, das alles Handeln in der City bestimmte, und den Respekt nur vor denen, die Erfolg hatten in der Jagd nach dem Geld: «der ganze Kultus des goldenen Kalbes ist die große Krankheit des englischen Volkes» (Eng, 77). Und er sah: «Weder Volk noch Parlament, weder Adel noch Geistlichkeit beherrschen England, sondern die Herren in Liverpool und in der City von London» (Eng, 165 f.), also die Unternehmer, die Bankiers und die Börsianer. Das war eine durchaus neue Perspektive für einen, der aus Berlin kam, wo man den alten Ständestaat wieder einführen wollte. Es war freilich eine Entwicklung, die sich dann auch in Berlin vollzog, nicht zuletzt in der sogenannten Gründerzeit nach 1871.

Die Berichte sind höchst unterschiedlich, neben einem Spaziergang durch den Hyde Park steht die Auswertung einer Statistik, wonach London rund 2 Millionen Einwohner zählte, eine riesige Stadt für damalige Verhältnisse; Berlin hatte eine halbe Million. Dann lobte er die Sauberkeit der Häuser und Straßen. Der Müll wurde abtransportiert, die Abwasser in die arme Themse geleitet, Wagen mit Besen fegten die Straßen, das alles war neu für ihn, in Berlin gab es das anscheinend noch nicht. Politische Äußerungen sind selten, sieht man von der Kritik des Tanzes um das goldene Kalb ab. Nur zu Anfang verschlug es ihn in ein schäbiges Hotel, das deutsche Flüchtlinge bewohnten, also Emigranten, die vor der Polizei nach London geflohen waren, weil sie sich durch Rebellion 1848 strafbar gemacht hatten. Es sind erbarmungswürdige Menschen, mit denen Fontane nicht nur Mitleid hat. In dem Bericht, der sich hier an ein fiktionales Du wendet wie in einem Brief, heißt es am Schluss:

«Da sitzen alltäglich diese blassen verkommenen Gestalten, abhängig von der Laune eines groben Kellners und der Stimmung ihrer englischen Wirtsleute, da sitzen sie, sag ich, mit von Unglück und Leidenschaft gezeichneten Gesichtern und träumen von ihrer Zeit und haben für jeden Neueintretenden nur die eine Frage: regt sich's, geht's los?» (Eng, 17)

Sie warten also immer noch auf den Aufstand, auf die Revolution, die sie in die Heimat zurückbringt und an die Macht. Dann wendet sich Fontane an die Regierungen:

«Ihr Regierungen aber, zum mindesten ihr deutschen Regierungen, tut ab die kindische Furcht vor einem hohlen Gespenst und besoldet nicht eine Armee von Augen, die dies Jammertreiben verfolgen und von jedem hingesprochenen Wort Bericht erstatten soll. Ihr verdientet zu fallen, wenn dieser Abhub euch je gefährlich werden könnte.» (Eng, 17)

Fontane hat Mitleid mit den Flüchtlingen, sieht sie aber zugleich in ihrer Mittelmäßigkeit und Verbissenheit. Auch bei der viel späteren Beschreibung der Revolution von 1848 in *Von Zwanzig bis Dreißig* bekundet er seine Enttäuschung über die dilettantischen Revolutionäre. Vielleicht sieht er hier, was aus ihm geworden wäre, hätte er an der Revolution festgehalten: ein armer, elender Flüchtling. Vielleicht deshalb sein hartes, von seiner üblichen Milde abweichendes Urteil.

Er besuchte auch die Elendsviertel, er erforschte die Docks am Hafen, die Geschäfte in der City, aber er ging auch in die Parks, besichtigte die Plätze und Straßen, den Weltausstellungspalast und das königliche Schloss. Bei aller Distanz zum gegenwärtigen London blieb seine Liebe zum historischen England. Tower und Westminster Abbey waren wie beim ersten Besuch Orte, die er nicht ohne Schauder betreten konnte. Stellte er auch hier, wie manchmal in Preußen, das gute alte England gegen das unangenehme industrielle neue?

1854 fasste er seine Berichte zu einem Buch zusammen, das wieder bei Katz in Dessau herauskam: *Ein Sommer in London*. Es enthält 35 Prosastücke unterschiedlicher Länge, Reisebeschreibungen, könnte man sagen, für das Berliner Publikum, das London nicht kannte. Der Adressat ist immer präsent in den flüssig, ja, elegant geschriebenen Texten. Diesem Buch fügte er ein Kapitel hinzu, das den Vergleich zwischen Preußen und England zum Thema hatte, einen Vergleich, auf den alle Betrachtungen doch letztlich hinausliefen: das Typische, das er in England erlebte, brachte immer wieder den Unterschied zum Typischen Preußens hervor. Worin bestand der Unterschied? Merkwürdig genug, dass er England als «aristokratisch» dem «demokratischen» Preußen gegenübersetzte: Preußen und demokratisch? Dies im Sinne seiner Brötchengeber zu behaupten war nun auch gewagt. Dass Preußen England überlegen wäre, das hörten sie gewiss gerne, aber dass es demokratisch wäre, ganz und gar nicht. Für die Regierung Manteuffel war demokratisch ein Unwort. Und so biegt sich Fontane ein wenig, er sagt viel über den Untertanengeist und kaum, was denn nun demokratisch in Preußen sein könnte.

Das einzige Beispiel, das er nennt, sind die Schulen und Kadettenanstalten, in denen angeblich alle gleich behandelt würden, der adlige Sprössling genauso wie der bürgerliche. Das darf bezweifelt werden. Zwar gab es durchaus Aufstiegschancen für Bürgerliche, die geadelt wurden, doch die Adligen hatten in Preußen natürlich ihre Privilegien, auf denen sie beharrten. Zu Fontanes Zeiten waren noch fast alle Führungspositionen in Militär und Verwaltung von Adligen besetzt. Er selbst bringt einmal einen Beleg für das «Kastenwesen», das es angeblich nur in England gab. Als sein Freund Lepel heiratete, waren er und Hahn, ein anderes Mitglied des Tunnels, eingeladen. Lepel musste das «krampfhaft» gegenüber seiner Familie durchsetzen. Fontane schrieb jedoch einen Absagebrief, um sich selbst und die adlige Familie vor «Verlegenheiten» zu bewahren. Auch im hohen Alter, als er schon im Konversationslexikon stand, lehnte er es ab, an adligen Familienfeiern teilzunehmen, wenn ihn auch Freunde noch so sehr darum baten. Anstelle des Wohlwollens, das ihm der adlige Freund täglich zeigte, träte dann eine «eisige Standesatmosphäre». Die beiden Freunde, der Adlige und der Bürgerliche, schwitzten «Blut und Wasser, während die meist in Provinzial-Landschafts-Uniform auftretenden oder doch mit einem Johanniterkreuz ausgerüsteten Träger höherer Gesellschaftlichkeit nicht recht wissen, was sie mit einem machen sollen». (Zw, 339) Auch ein Adler- oder Kronenorden, wenn man denn einen hätte, würde eher abstoßen, weil er als Anspruch auf Ebenbürtigkeit gedeutet würde. So viel zum «demokratischen» Preußen, das angeblich im Gegensatz stand zum «aristokratischen» England:

«Wir haben Bevormundung und Polizei, und der beschränkte Untertanenverstand bildet immer noch die Basis von allerhand Gut- und Schlechtgemeintem; wir werden klein genommen und sind's in unserer Jagd nach Titel und Orden, wir sind zu Hunderttausenden noch die Philister und Krähwinkler der Weltgeschichte und stehen doch da als die Träger und Apostel einer echten Demokratie. Das Wort von der Freiheit und Gleichheit ist nirgends weniger eine Phrase als bei uns. Wir haben Klassen, aber keinen englisch-chinesischen Kastengeist; wir haben Schranken, aber keine Kluft.» (Eng, 177)

Ein merkwürdiges Kompliment an die Preußen, nimmt man seine Beschreibungen des preußischen Untertanen heraus und lässt die durch nichts gehaltene Behauptung, man sei eben doch demokratisch, einmal beiseite. Dann ist es kein Kompliment, sondern eine traurige Feststellung.

So verwundert es auch nicht, dass er schließlich doch England als Vorbild für Deutschland heraushebt:

«England ist praktisch, Deutschland ideal. Wunderbarer Widerspruch. Dasselbe Volk, das den Schein über die Wahrheit setzt, das Millionen im Götzendienst der Eitelkeit und hohler Repräsentation verprunkt, das Himmel und Hölle in Bewegung setzt, um beim Herzog von Wellington vorfahren und dem alten Herrn seinen Kratzfuß machen zu können, – dasselbe Volk ist praktisch vom Wirbel bis zur Zeh, von der Magna Charta an bis zur neupatentierten Häcksellade und erobert die Welt, nicht wie sonst wohl Eroberer – aus Ruhm und Tatendurst, sondern um unter Zusammenströmen aller Schätze daheim einen praktischen Nutzen und einen komfortablen Platz am Kamin zu haben. Und wir? Dasselbe Volk, das die Wahrheit liebt und dem Wesen der Dinge nachforscht, es verliert im Suchen nach dem Wirklichsten die Wirklichkeit unter den Händen und wird zum Träumer, dem das Leben in seiner Welt über die Welt da draußen geht.» (Eng, 178)

Nun ist es immer gefährlich, über ein Volk, das aus Millionen von Individuen besteht, ein pauschales Urteil zu fällen: die Engländer, die Deutschen; das kann nur schief gehen. Diese Gefahr sieht Fontane auch, zu Anfang seines Aufsatzes «Parallelen» sagt er das ausdrücklich. Träumer gab es auch in der englischen Romantik und nach der deutschen Romantik, die in Berlin besonders ausgeprägt war, kam doch eine Realitätsnähe, eben der Realismus, dessen vorzüglicher Vertreter dann ja auch Fontane wurde. Jakob und Wilhelm Grimm, Alexander und Wilhelm von Humboldt waren keine Träumer, sondern gründliche Wissenschaftler und Essayisten, die neue Disziplinen begründeten. Da mag in der deutschen Philosophie des Idealismus, wie man sie mit Recht nennt, eine Gegenposition zur englischen Philosophie, die zum Pragmatismus neigte, vorhanden gewesen sein, aber sonst zeigte sich Preußen nur als ein Land, das um einige Zeit hinter der englischen Entwicklung zurück war, sie aber dann doch einholte.

Sicherlich, was er zum Reichtum Englands sagt, das diesen nicht zuletzt seinen Kolonien verdankte, ist richtig. Und die spinnerte, träumerische Haltung findet sich gewisslich bei vielen skurrilen Gestalten in den deutschen Kleinstädten, wie sie dann ja auch Theodor Storm und Wilhelm Raabe beschrieben haben. Doch waren viele Deutsche keine Idealisten, sondern Ideologen: sie waren gefangen in ihrer Ideologie, die ihnen ein verfälschtes Bild der Welt malte. Das traf schon auf König Friedrich Wilhelm IV. zu, wie Fontane feststellte, der sich nach einer guten alten Zeit sehnte, womit seine Regierung unter Manteuffel übereinstimmte, das traf aber auch auf die königstreuen Pfarrer und Lehrer zu, die Loyalität zum angestammten Herrscherhaus predigten. Und späterhin auf die Nationalgesinnten, die ein einiges, starkes Deutschland wollten, wenn schon keine Freiheit, dann wenigstens Einheit, die ihnen dann Bismarck bescherte, der keineswegs ein Träumer war, sondern ein skrupelloser Pragmatiker.

England, dies war der Ertrag der sechs Monate, führte Fontane aus der Berliner Szene heraus in die wichtigste Hauptstadt Europas, ja der Welt, die am weitesten entwickelte. Sie konfrontierte ihn mit einer Moderne, die in Berlin erst am Wachsen war. So kam er über die Kleinkariertheit der deutschen Verhältnisse, wie sie sich in den Provinzen lange hielt, hinweg und wurde nicht zu einem Dichter deutscher Sonderlinge, sondern zu einem Autor von Gesellschaftsromanen nach englischem Vorbild. Am meisten lernt der Romancier nicht aus der Wirklichkeit, sondern aus Romanen. Und so ist die Zeit in London auch eine Zeit der Entdeckung der zeitgenössischen englischen Romane, von denen er einige vorher schon kannte, die er aber jetzt erst richtig kennen und schätzen lernte. Sein Lieblingsautor wurde nicht Charles Dickens, der das Elend der unteren Schichten Londons so genau beschrieb, sondern William Makepeace Thackeray, dessen Gesellschaftspanorama *Vanity Fair, Jahrmarkt der Eitelkeiten*, sein Lieblingsbuch wurde, das er lange mit sich schleppte, um immer wieder darin zu lesen. Der Causeur französischer Herkunft hat den Plauderton seiner Romane durch die englische Literatur wenn nicht gelernt, dann doch verfeinert.

Sein Verhältnis zu London blieb dabei ambivalent. Wenn er in London bleiben wollte, dann vor allem deshalb, weil er nicht nach Berlin zurück wollte, nicht wegen der Attraktivität Londons. «Ich habe auch nicht die geringste Sehnsucht, nach Berlin zurückzukehren», schrieb er Anfang August 1852 an seine Frau, «Muss ich zurück, so werd ich dem sauren Apfel auch sein Süßes – was er unbestreitbar hat und was ich derart hier nie finden werde – wieder abzugewinnen suchen. Aber noch in der letzten Minute werd ich bemüht sein, mich von der ledernen Gnade meiner Heimat zu emanzipieren.» (Drei, 89) Alles, was ihm in Berlin zukommt, ist Gnade. Man lässt ihn spüren, dass man ihn jederzeit wieder fallen lassen kann, so dass er hübsch artig sein muss. Und in diesem Brief meinte er sogar: «Ich will nämlich hier Apotheker werden.» Er wollte also doch in London bleiben, glaubte aber keine andere Existenzgrundlage zu finden, keine im Journalismus, keine in der Literatur, so dass er auf seinen erlernten Beruf zurückgreifen wollte. Es fehlten ihm jedoch 1000 Taler, um eine Apotheke zu kaufen. Schon am 15. August schrieb er dann an Emilie, dass er auf eine Anzeige in der *Times* nur einen einzigen Sprachschüler erhalten habe, der nur eine Stunde pro Woche Unterricht im Deutschen haben wollte, zu wenig, um davon leben zu können. Und er beschloss, nach Hause zurückzukehren. Ein anderer Grund war sicherlich die Sehnsucht nach Frau und Kind.

Er fügte dem Brief ein Gedicht bei, das er seinem Sohn George zum Geburtstag widmete. Die ersten drei Strophen dieses «unsterblichen Gedichts», wie der Verfasser behauptete:

Mein lieber George! Und kann ich Dir auch
Am heutigen Tage nichts schenken,
So will ich doch nach altem Brauch
In Versen Deiner gedenken;

In Versen, worin Dein Dichter-Papa
Sich immerdar ergossen,
Wenn ihm, was just nicht selten geschah,
Die Pfennige spärlich flossen.

Ich wünsche Dir tüchtig Fleisch und Speck,
und immer dickere Waden,
Und wächst das Herz am rechten Fleck,
So kann das auch nicht schaden.

Der Dichter-Papa sprach hier mehr von sich als von George, dem er jedenfalls ein auskömmlicheres Leben wünschte als das, das sein Vater führte. Die letzte Strophe, die er aber nicht anfügte:

Und mache Geld! Denn fehlt Dir das
Und musst Du gar was pumpen,
So ist vorbei der ganze Spaß,
So zählst Du zu den Lumpen. (Drei, 90 f.)

Den Brief schloss er: «Deine Entbindung steht vor der Tür.» Und er fragte, ob er sich bemühen sollte, durch Brand- und Bettelbriefe 40 Taler aufzutreiben. Anfang September gebar Emilie einen Jungen, der bald nach der Geburt starb. Theodor sah ihn nicht. Er kehrte erst am 25. September 1852 nach Berlin zurück.

Emilie schenkte sieben Kindern das Leben, von denen drei bald nach der Geburt starben, ein schweres Schicksal für die Eltern, wenn auch eines, das sie damals mit vielen teilten. Noch Mitte des 19. Jahrhunderts starb in Deutschland jedes zweite Kind im ersten Lebensjahr. Die Ursache war vor allem mangelnde Hygiene, wodurch die Säuglinge oft infiziert wurden. Erst der Fortschritt in diesem Bereich – sauberes Wasser, geregeltes Abwasser, häufigeres Waschen, günstigere Wohnverhältnisse – brachte eine wesentliche Verbesserung. Und die Medizin, die heute manchmal abschätzig Schulmedizin genannt wird. Nicht zuletzt dem Impfen verdanken wir es, dass die großen Epidemien, die noch im 19. Jahrhundert Preußen heimsuchten, in Europa verschwunden sind.

19. Im Dienst der Regierung

Seit 1. Oktober 1852 arbeitete Fontane wieder in der Centralstelle für Presseangelegenheiten, freilich mit geringem Salär, so dass er sich zusätzliche Einnahmen suchen musste. Ludwig Eduard Metzel half ihm dabei. Metzel, 1814 in Königsberg geboren, hatte dort studiert und war dort Redakteur einer Zeitung gewesen, bis er 1850 nach Berlin kam, um in die Centralstelle einzutreten. Er schätzte Fontane und förderte ihn auch mit Maßen. Metzel stellte eine Verbindung zu der Familie des Geheimrats von Wangenheim her. Fontane wurde gebeten, die Töchter des Geheimrats einmal in der Woche zu unterrichten – und zwar «in sämtlichen Disziplinen». Hier übernahm er die Funktion, die sein Vater einst in Swinemünde bei ihm eingenommen hatte, mit einem gewissen Erfolg. In dem Ehepaar Wangenheim gewann er Freunde. Und durch den Unterricht konnte er sein Einkommen verbessern und war einstweilen gerettet.

Er nahm auch wieder an den Sitzungen des Tunnels teil, wiewohl er sich doch von ihm entfremdet hatte, ja, er wurde bis Mai 1854 sogar wieder Sekretär, was immerhin die Aufgabe mit sich brachte, an jeder Sitzung teilzunehmen. Da auch andere Mitglieder einen gewissen Überdruss an den Sitzungen und Gebräuchen des Vereins verspürten, und gerade die, mit denen Fontane sich besonders verbunden fühlte, kam es zu zwei Nebenarmen des Tunnels: dem Rütli und der Ellora. Beide entstanden Ende 1852. An beiden war Fontane beteiligt, aber nur der Rütli, von Fontane «die Tunnelsahne» genannt, lag ihm am Herzen, ihn besuchte er regelmäßig und blieb ihm lange treu, noch bis in die achtziger Jahre. Rütli klingt nach Verschwörung, so war es wohl auch gemeint, wenn auch nicht sehr ernsthaft, und an den Freiheitskampf der Schweizer gemahnte der Name auch. In der Regel trafen sich die Mitglieder im Hause von Franz Kugler. Gründer waren neben ihm und Fontane: Friedrich Eggers, Paul Heyse, Wilhelm von Merckel, Adolf Menzel, Bernhard von Lepel und Theodor Storm. Der berühmte Maler Menzel, Schmuckstück des Rütli, kam meist gegen acht Uhr auf eine halbe Stunde, in der er schlief; wachte er auf, verabschiedete er sich wieder.

Fontane fand den Kreis, der sich bald um etliche Mitglieder erweiterte, äußerst anregend. Hier fühlte er sich wohl. Der Dramatiker

Adolf Wilbrandt, der als Student gelegentlich in den Kreis kam, erinnert sich in seinem Buch *Aus der Werdezeit* von 1907: «Sie dichteten, sie sangen, sie kalauerten Humor; sie entluden ihn auch gern in Gelegenheitsgedichten. So bei Kuglerschen und anderen Festen. Das schönste Feuer und die blühendsten Einfälle hatte dann Theodor Fontane, auch sein schwungvoller Vortrag war siegreich, und seinem ausdrucksvoll mitredenden, schön niederhängenden Schnurrbart kam kein anderer gleich.» (Reu, 279)

Ellora entstand aus einer fröhlichen Runde beim Kaffee in der Wohnung von Friedrich Eggers. Eggers sollte einen Lexikonartikel über «Ellora» schreiben, aber niemand wusste «Genaueres über diese ostindischen Höhlentempel und Felsengrotten verschiedener Gottheiten aus dem 10. bis 14. Jahrhundert bei dem Dorf Ellura, englisch Ellora» (Dr, 65). Doch der Name gefiel, und so beschloss man, einen lustigen Verein mit diesem Namen zu bilden. Man erstellte eine Satzung, nach der auch Frauen mitwirken konnten: als Ellora-Schwestern oder -Nichten, als Ellora-Mütter oder -Tanten. Emilie Fontane wurde Ellora-Mutter und fertigte eine Ellora-Fahne, die heute noch im Fontane-Archiv in Potsdam zu bewundern ist. Meist traf man sich im Hause Wilhelm von Merckels; nach dessen frühem Tode 1861 kam es nur noch zu gelegentlichen Begegnungen, und dieser Nebentunnel schlief ein.

Rütli brachte es immerhin zu einer Publikation: dem Jahrbuch *Argo* für das Jahr 1854, das Fontane mit Kugler herausgab und in dem vor allem er vertreten ist. Es erschien wieder bei Katz in Dessau. Storm und Heyse waren mit jeweils einer Novelle und Gedichten vertreten, Kugler mit zwei Aufsätzen. Fontane publizierte drei Balladen nach englischen Stoffen, *Johanna Gray, Die Hamiltons, Sir Walter Raleighs letzte Nacht*, neun Übersetzungen englischer Balladen und drei Erzählungen mit einem Thema aus der englischen Geschichte und einem aus dem jüngsten Kampf der Ungarn um Unabhängigkeit von 1849: *Tuch und Locke*. Es geht noch immer um heroische Taten, um Schlachten und Kampf und Tod, in dem große Gestalten, mögen sie auch scheitern, ihre Souveränität zeigen. Es ist eine Vorstellung von Geschichte, die von bedeutenden Einzelnen, von Sieg und Niederlage im Kampf bestimmt wird, was eben zur Ballade passte. Das Jahrbuch *Argo* erschien noch von 1857 bis 1860, diesmal von Eggers, Kugler und dem

Zeichner Theodor Hosemann ediert. Nach Kuglers Tod 1858 übernahm Lepel seine Stelle. Fontane veröffentlichte hier 1857 seinen *Archibald Douglas*.

Am 16. Februar 1853 schrieb Fontane an den Freund Friedrich Witte nach Rostock: «Meine Beschäftigung ist auf der Druckerei und nennt sich Revision oder letzte Korrektur der Preußischen Zeitung. Diese Arbeit sagt mir zu, Gesellschaftsbesuche werden dadurch freilich unmöglich, und die gemütlichen Abendplaudereien fallen fort, aber welche Segnung auf der andern Seite, den ganzen Tag für sich zu haben.» (Drei, 91) Und er überlegte, ob er nicht ein Drama schreiben sollte. Darin hatte er ja schon einige Versuche unternommen, an einen Roman dachte er nicht. Ein wichtiger Partner für ihn war in dieser Zeit Theodor Storm, den er als wahren Poeten schätzte, vor allem dessen Lyrik. Storm hatte unter dänischem Druck seine Stelle als Notar im heimischen Husum 1853 aufgeben müssen und war nach Potsdam gezogen, von wo er oft nach Berlin herüberkam. Fontane vertraute sich Storm an, gab ihm auch Einblick in seinen Lebenslauf und in sein Alltagsleben. So am 11. April 1854, als er ihm den Tod des im Oktober 1853 geborenen dritten Sohnes mitteilt: «Letzten Donnerstag ist der kleine Unterirdische an Zahnkrämpfen gestorben und seit Sonnabend in Wahrheit im Unterirdischen. Außer Vater und Mutter wohnten ein besoffner Leichenkutscher und die untergehende Sonne dem Begräbnis bei. Der Kreis der Erlebnisse ist nun so ziemlich beschlossen, nur das eigene Sterben fehlt noch. Meine Frau ist angegriffen, weshalb wir übermorgen einen Ausflug zu meiner Schwester ins Oderbruch machen wollen.» (Drei, 104) Und von dort, aus Letschin, schreibt er an Storm am 17. April 1854:

> «Seit fünf Tagen bin ich nun mit Frau und Kind hier; riesige Napfkuchen und blaue Veilchen, Sonnenschein und Glockenklang, laben abwechselnd alle Sinne, und ich fühle ordentlich, wie ruckweise der Alp von Leib und Seele rutscht. Erst unter natürlichen, wohlhabenden, sorglosen, freien Menschen fühlt man so recht, welch ein erbärmliches Leben man in unseren großen Städten und unter unseren kleinen dürftigen Sechserverhältnissen führt. Allerdings möchte ich nicht tauschen. Unser geistiges Leben hat eine Süße, von dem ich unfähig wäre, mich zu entwöhnen, aber inmitten eines äußerlichen Behagens, das bei fünfunddreißig Talern monatlichen Gehalts schlecht zu kultivieren ist, wird einem wenigstens fühlbar, dass das Glück, das man genießt, nur ein halbes ist, ein schwer erkauftes, dessen Einsatz oft höher ist als der Gewinn.» (Drei, 104)

Bei der wohlhabenden Schwester und dem Schwager, Apotheker in Letschin, wird ihm wieder seine materielle Situation vor Augen geführt, sein Einsatz für ein literarisch-publizistisches Leben, der hoch ist, ihn selbst und die kleine Familie viel Kraft kostet und letztlich wenig einbringt. Aber «die Süße des geistigen Lebens» in der Großstadt könnte er nicht missen. Die Großstadt war seine Heimat – trotz allem –, eine harte Schule, die sich spät, aber doch lohnte.

So bat er in einem Brief vom 19. März 1853 Storm vor dessen Übersiedlung, die Berliner nicht zu fürchten, sie seien besser als ihr Ruf: «Das Berliner Wesen, das einem auf den Strassen und in der Kneipe, überhaupt im alltäglichen Leben entgegentritt, ist anfangs ungenießbar. Schärfe, Unverschämtheit, Lieblosigkeit bringen den Fremden um. Aber hinter diesen trostlosen Erscheinungen, die sich aufdrängen, gibt es wohltuende, die sich verbergen und die man kennenlernen muss, um nicht voll ungerechter Vorurteile uns wieder zu verlassen.» (Drei, 98) Diesen Ruf, vor dem Fontane warnte, haben sich die Berliner bis heute zu erhalten gewusst. Fontane hegte auch einen Vorbehalt und zwar gegenüber dem geschätzten Storm, der an seinem Husum hing und von Husum und Umgebung nicht loskam, auch in seinem Werk nicht. Diese «Husumerei» kam Fontane ein wenig provinziell vor, wenn sie auch seinem Respekt vor dem Poeten keinen Abbruch tat.

In diesen Jahren von 1852 bis 1855, also vor seinem dritten, längsten und letzten Aufenthalt in London, schrieb Fontane einige wichtige Literaturkritiken, wichtig für ihn, denn in ihnen legte er seine Sicht des literarischen Schaffens offen, auch das des Romanciers, der er damals noch lange nicht war. Er schrieb Besprechungen über Berthold Auerbachs *Schwarzwälder Dorfgeschichten*, über Theodor Storms *Immensee*, über Gustav Freytags *Soll und Haben* und über etliche Werke seines Freundes Heyse. Sie erschienen im *Literaturblatt des Deutschen Kunstblattes*, das Eggers herausgab. Eine größere Untersuchung, grundlegend für sein Verständnis des Realismus, publizierte er 1853 anonym in den *Deutschen Annalen zur Kenntnis der Gegenwart und Erinnerung der Vergangenheit*, die nur einmal in Leipzig erschienen, dann verboten wurden. Ihr Herausgeber, der liberale Leipziger Publizist und Historiker Karl Biedermann (1812–1901), wurde wegen dieses Bandes zu einem Monat Gefängnis verurteilt und verlor seine Professur an der Universität. An Fontanes Aufsatz

«Unsere lyrische und epische Poesie seit 1848» kann es nicht gelegen haben. «Was unsere Zeit nach allen Seiten hin charakterisiert, das ist ihr Realismus.» (Lit I, 7) Er sieht den Realismus also nicht als eine rein literarische Sache, sondern als eine Bewegung der Zeit, in die auch die Literatur eingebunden ist. Er nennt die Ärzte, die nicht mehr Spekulationen anhängen, sondern Erfahrungen suchen. Und das lässt sich an dem bedeutenden Hermann von Helmholtz feststellen, 1824 in Spandau geboren, der zunächst als Arzt arbeitete, dann als Lehrer der Anatomie, bis er sich gegen Ende der fünfziger Jahre der Physik zuwandte und bedeutende Arbeiten über Elektrodynamik und Thermodynamik verfasste. Ab 1871 war er Professor der Physik an der Berliner Universität; er starb 1894. Helmholtz steht hier für diese naturwissenschaftliche Entwicklung in der zweiten Hälfte des 19. Jahrhunderts, die sich auch in Deutschland vollzog, nicht zuletzt in Berlin. In seinem Aufsatz «Über die realistische Hypothese in der Naturwissenschaft» stellt er diese als die einfachste und plausibelste vor: «Sie sieht als unabhängig von unserer Vorstellung bestehend an, was sich in täglicher Wahrnehmung so zu bewähren scheint: die materielle Welt außer uns. Unzweifelhaft ist die realistische Hypothese die einfachste, die wir bilden können, geprüft und bestätigt in außerordentlich weiten Kreisen der Anwendung [...].» (Rea, 36–7)

Hier erhielt Fontane also Zustimmung: Es war keineswegs das ideale Deutschland, das zum Träumen neigte, wie er noch in seinen Parallelen zu London schrieb, es war das realistische, das sich der Wirklichkeit stellte, jedenfalls in bestimmten Bereichen. Denn er behauptete, dass auch die Politiker nach «dem wirklichen Bedürfnis» sähen und nicht in ihren «Vortrefflichkeitsschablonen» dächten, was allerdings angezweifelt werden muss. Das Militär dagegen sieht trotz seiner ideologischen Befangenheit auch auf das Reelle. So haben die Preußen das 1821 erfundene Zündnadelgewehr angeschafft, das ihnen – so heißt es – den Sieg von Königgrätz 1866 über die deutschen Brüder aus Österreich verschaffte. Das konnte Fontane 1853 nicht wissen. Die Industrie führte er nicht an. Immerhin war schon 1816 in Pichelsdorf bei Spandau das erste deutsche Dampfschiff gefertigt worden, und 1844 baute die Firma Borsig in Berlin mit der Beuth die erste eigenständig konstruierte Lokomotive in Deutschland. Mit der Industrialisierung kam die soziale Frage, die Fontane dann doch kurz erwähnte. Er behauptete, dass auch «die materiellen Fragen, nebst jenen tausend Versuchen zur Lösung des sozialen Rätsels», wie er es verschämt nannte, in den Vordergrund getreten seien (Lit I, 8). Das mag sein, aber gelöst hat man die drängende soziale Frage, die einen immer größeren Teil der Bevölkerung in Armut hielt, noch lange nicht. Kurzum: er sieht den Realismus allenthalben im Vormarsch, so auch in der Kunst und Literatur.

Diesen unterscheidet er aber zwischen dem «nackten, prosaischen Realismus», den er nicht für «das Höchste der neuen Kunst» hält, denn es fehle ihm die «poetische Verklärung». Das ist nun doch bemerkenswert. Er fordert eine klare Sicht der Realität, also der sozialen Welt, und die Wiedergabe dieser Welt im Kunstwerk, aber er will nicht die «nackte» Realität, sondern eine «verklärte», also geschönte? Seine Gedanken über Goethe und Schiller, die folgen, einmal beiseite gelassen – sie sind wenig haltbar –, bleibt dieser für ihn und später für seine Romane grundlegende und zunächst irritierende Vorschlag, die Realität nicht nur darzustellen, sondern sie auch zu «verklären». Deshalb finden wir in seinen Romanen nur Andeutungen der Misere der unteren Schichten, die durchweg mit Sympathie gezeichnet werden; das trostlose Elend bleibt aber ausgespart.

Zum «Verklären» bringt er ein schönes Beispiel, das seinen Vorschlag verständlich macht. Er zitiert als «Motto des Realismus» den «Zuruf Goethes»: «Greif nur hinein ins volle Menschenleben,/Wo du es packst, da ist's interessant.» «Aber freilich», fährt er fort, «die Hand, die diesen Griff tut, muss eine künstlerische sein.» Dann folgt das Beispiel mit dem Marmorblock. Die Wirklichkeit ist der Marmorblock, der aus dem Steinbruch herausgebrochen wurde. Dieser Marmorblock ist die nackte Realität, er ist noch kein Kunstwerk. Der Künstler muss erst in mühsamer Arbeit aus diesem Block eine Plastik herausarbeiten, dadurch erst entsteht das Kunstwerk. Es braucht also die Hand des begabten Künstlers: Zur Realität muss der Künstler hinzutreten, erst durch seine Arbeit wird aus der Realität ein Kunstwerk. Und er fasst zusammen: «Der Realismus will nicht die bloße Sinnenwelt und nichts als diese; er will am allerwenigsten das bloß Handgreifliche, aber er will das Wahre. Er schließt nichts aus als die Lüge, das Forcierte, das Nebelhafte, das Abgestorbene – vier Dinge, mit denen wir glauben, eine ganze Literaturepoche bezeichnet zu haben.» (Lit I, 13)

Er nennt drei zeitgenössische Autoren, die wir auch heute noch zu dieser Epoche des «bürgerlichen Realismus» rechnen: Jeremias Gotthelf, Friedrich Hebbel, weniger Ferdinand Freiligrath, den er auch in seine Schranken weist. In den gängigen Literaturgeschichten werden noch Adalbert Stifter, Otto Ludwig, Paul Heyse, Friedrich Spielhagen, Gottfried Keller, Theodor Storm, Wilhelm Raabe, Conrad Ferdinand Meyer und eben Theodor Fontane aufgezählt. Es ist die wichtige Epoche zwischen dem «Vormärz», also der politischen Literatur der Zeit vor dem Aufstand vom März 1848, und dem nachfolgenden Naturalismus eines Gerhart Hauptmann, den Fontane noch zu würdigen wusste; Gleichzeitigkeiten sind nicht ausgeschlossen. Der Naturalismus brach in die offene Flanke des Realismus, indem er gerade die nackte, prosaische Wirklichkeit ergriff und auf die Bühne brachte, ungeschönt und nicht verklärt, sondern in ihrem ganzen Elend, siehe *Vor Sonnenaufgang* und *Die Weber* von Hauptmann.

Die Autoren, die Fontane in seinem Aufsatz noch als Vertreter des Realismus vorstellt, sind heute weitgehend unbekannt: Oskar von Redwitz und Christian Friedrich Scherenberg, damals eine Berühmtheit in Berlin wegen seiner Epen aus dem preußischen Heldenleben, hübsch charakterisiert durch den Spruch, den Fontane zitiert: «Scherenbergs Poesie ist das Freiligrathsche Wüstenross bis zum preußischen Kavalleriegaul heruntergekommen.» Freiligrath hatte exotische Gedichte publiziert, deren Stil Scherenberg auf den heimischen Kasernenhof anwandte. Roquette kommt noch und Storm, wiederum unter gewissen Vorbehalten; rückhaltlos gelobt werden nur die Freunde: Merckel, Lepel und Heyse, ein schöner Freundesdienst.

Gibt dieser Aufsatz von 1853 wichtige Hinweise auf Fontanes Auffassung der Literatur seiner Zeit, die er dem Realismus zuordnet, und auf die Poetik des Romans, den er einmal schreiben wird, so finden sich weitere Hinweise in seiner Besprechung von Gustav Freytags Roman *Soll und Haben* von 1855. Das Buch des erfolgreichen Autors präsentiert ein Gesellschaftsbild mit fleißigen, ehrbaren deutschen Kaufleuten, ja, es ist ein Loblied auf diesen Stand, der in die Welt Glück und Wohlstand zu bringen ausersehen ist. Der Adel kommt nicht gut weg, weniger noch die Juden, von den Polen zu schweigen, denen die Preußen anscheinend erst einmal Kultur beibringen müssen. Fontane lobte den Roman, ja, er stellte ihn neben die von ihm geschätzten englischen Romane von Dickens, Thackeray und Cooper. Die Anleihen bei diesen fielen ihm, dem Kenner, auf, er rügte sie nicht, auch die merkwürdige Nachahmung einer Szene aus Coopers «Ansiedlerroman» nicht, in dem die Siedler sich gegen die anrennenden Indianer verteidigen. So bei Freytag, wo die tapferen Preußen sich gegen die anstürmenden Polen wehren, die hier die zurückgebliebenen Wilden verkörpern. Er stellte Freytags Werk nicht nur neben die Briten, sondern fast über sie, zitierte dann ausführlich eine Stelle aus dem Roman, die mancher «relativ albern oder ungeschlacht» nennen könnte, hier kamen immerhin Einschränkungen des Lobs, er aber fand sie humorvoll. Den Humor Freytags kritisierte er dann doch, weil er nicht immer das rechte Maß hielte. Wo Fontane später nur andeuten wird, da geht Freytag aufs Ganze: Er übertreibt, er wälzt einen Einfall aus. (Lit I, 222)

Freytags Verherrlichung des deutschen Bürgers führte zur Verachtung des polnischen, er brauchte anscheinend diese Gegenposition, die eine erhebliche politische Wirkung hatte. Schließlich hatte Preußen zusammen mit Russland und Österreich 1795 Polen aufgeteilt, jeder bekam seinen Teil, der polnische Staat existierte nicht mehr. Diese völkerrechtswidrige Teilung wird durch die nationalistische Ideologie Freytags gerechtfertigt, der Fontane nicht widerspricht. Er zitiert sie vielmehr, gibt sie damit aber auch dem Urteil des Lesers preis. T. O. Schröter, ein Held des Romans: «Was man dort [in Polen] Städte nennt, ist nur ein Schattenbild von unseren, und ihre Bürger haben blutwenig von dem, was bei uns das arbeitsame Bürgertum zum ersten Stand des Staates macht.» Das Bürgertum steht also über dem Adel. In der Tat war es das Bürgertum, das Preußen im 19. Jahrhundert voranbrachte, nicht der Adel. Und später: «Welches Geschäft auch mich, den einzelnen, hierher geführt hat, ich stehe jetzt hier als einer von den Eroberern, welche für freie Arbeit und menschliche Kultur einer schwächeren Rasse die Herrschaft über diesen Boden abgenommen haben. Wir und die Slawen, es ist ein alter Kampf. Und mit Stolz empfinden wir, auf unserer Seite ist die Bildung, die Arbeitslust, der Kredit.» (Lit I, 224) In Krakau kann Freytag nicht gewesen sein, sonst nähme er nicht den Mund so voll. Rassismus und Nationalismus, die im 20. Jahrhundert so verhängnisvoll wirkten, entstanden im 19. Jahrhundert. Hier in *Soll und Haben*, einem Roman, der erst im 20. Jahrhundert, vor und nach 1933, zum Bestseller wurde, vorher war er es nicht, hier sind die Keime, die dann zu wuchern begannen.

Fontane, dem diese Art der Ideologie fremd war, siehe die Darstellung der Polen in seinem ersten Roman *Vor dem Sturm*, rügte sie nicht. Er schrieb: «Hieran knüpft sich ein warmes Wort für das engere Vaterland, für Preußen.» Freytag lässt seinen Helden nämlich das Lob des Fürstenhauses aussprechen, das Preußen geschaffen hat, ein Land, das nie untergehen werde. Fontane fügte an: «Das alles ist nicht nur Labsal für ein deutsches und preußisches Herz, es ist auch ebenso wahr, wie es schön ist.» (Lit I, 225) Dann aber setzte seine Kritik ein an der Darstellung des Adels und des Judentums: «Dass er einen bürgerlichen Roman schreiben will, das loben und preisen wir, dass er dabei für seinen Gegenstand Partei nimmt, das finden wir in der Ordnung, dass er sich aber bis zur Ungerechtigkeit gegen zwei andere Faktoren der Gesellschaft hinreißen lässt, das müssen wir bedauern.» Nun tadelte Fontane das, was wir in seinen Romanen nicht finden und was diese groß macht, während Freytags parteiliche Darstellung seinen Roman klein macht. Er zählte die Juden auf, die im Roman vorkommen, und fuhr fort: Diese seien «allerdings Juden, aber keine Juden, die das Recht hätten, sich die Repräsentanten des Judentums zu nennen. Vergebens sehen wir uns nach einem solchen um.» (Lit I, 227–8) Da alle Juden, die im Roman erscheinen, negativ gezeichnet sind und damit als Repräsentanten der gesamten Judenheit für den Leser gelten, gibt es dieses schädliche Bild: Die Juden sind alle fatale Gestalten, so muss der Leser annehmen, unzuverlässig und verschlagen, andere gibt es nicht. Der einzig ehrenhafte, auch noch Ehrenthal genannte, ist krank und stirbt bald, ist also nicht lebenstüchtig.

Dasselbe warf Fontane Freytag in der Darstellung des Adels vor, auch hier nur negative Figuren. Und beim Bürgertum: nur positive. Die Ideologie des Romans tritt damit nackt hervor: ein falsches Bild der Gesellschaft, das dieser nicht gerecht wird, aber der Ideologie des Verfassers. Dieser «bürgerliche Realismus» Freytags hat deshalb Ähnlichkeit mit dem «sozialistischen Realismus», wie er später im kommunistischen Ostdeutschland propagiert wurde, hier die Verherrlichung des Bürgertums auf Kosten aller anderen Schichten, dort die der Arbeiterklasse auf Kosten des Restes der Gesellschaft: Ideologie pur. Mit der Wahrheit, die Fontane vom Realismus erwartete, hat das nichts zu tun. Die Ideologie steht fest, bevor der Roman geschrieben wird, die Wahrheit entwickelt sich erst im Roman und durch den Roman.

Was Fontane verlangte, ist eine gewisse Objektivität den Gestalten gegenüber und der Gesellschaft, ein ausgeglichenes Bild, wie es der Realität entspricht. Er forderte Gerechtigkeit für die Figuren: «[...] es fehlt dem echten Bürgertum gegenüber die Schilderung des echten Adels, und dass diese Schilderung fehlt, ist ein Mangel an poetischer Gerechtigkeit, ja, an Gerechtigkeit überhaupt.» (Lit I, 228) Und das ist es, was wir an den Romanen Fontanes lieben: seine poetische Gerechtigkeit. Er liefert selten eine seiner Figuren der Verachtung des Lesers aus, er lässt jeder Gerechtigkeit widerfahren, und er benutzt sie nie wie Puppen im Marionettentheater, um eine Ideologie zu illustrieren.

Doch was uns am späten Fontane irritiert, das ist hier beim mittleren Fontane von 35 Jahren schon vorhanden: seine zwiespältige Haltung zum Judentum, die freilich in seinen späten Briefen, nicht in seinen Romanen zum Ausdruck kommt. Er greift in dieser Rezension von *Soll und Haben* in aller Schärfe die einseitige Zeichnung der Juden an, gibt aber zugleich seinen Vorbehalt gegen «das Judentum» zu erkennen: «Der Verfasser mag uns glauben, wir zählen nicht zu den Judenfreunden, aber trotz alledem würden wir Abstand nehmen, in dieser Einseitigkeit unsere Abneigung zu bestätigen. Wohin soll das führen? Die Juden sind nun mal da und bilden einen nicht unwesentlichen Teil unserer Gesellschaft, unseres Staates. Zugegeben, dass es besser wäre, sie fehlten oder wären anders, wie sie sind, so wird uns umgekehrt der Verfasser darin beipflichten, dass es nur zwei Mittel gibt, sie loszuwerden: das mittelalterliche Hepp, Hepp mit Schafott und Scheiterhaufen oder eine allmähliche Amalgamierung, die der stille Segen der Toleranz und Freiheit ist. Es erscheint uns als eine Pflicht des Schriftstellers – und je höher er steht um so mehr –, alle Empfindungen zu nähren, die jener Toleranz günstig sind, und der Verfasser selbst wird kaum von sich behaupten können, dass er dieser Forderung nachgekommen ist.» (Lit I, 228)

Diesen letzten Satz gilt es festzuhalten, ebenso wie zuvor den von der poetischen Gerechtigkeit. Hier ist Fontanes Forderung nach Toleranz an jeden Autor, auch an sich selbst formuliert, eine Forderung, der er in seinen Romanen nachkommt. Und «der stille Segen der Toleranz und Freiheit» wirkte sich ja trotz aller Schwierigkeiten in Deutschland bis 1933 aus. Das änderte sich dann schlagartig. Denn das «mittelalterliche Hepp, Hepp» der Judenpogrome zeigte sich zu Fontanes Zeiten schon immer öfter in der modernen Gestalt des Antisemitismus als Rassismus. Welche Folgen dieser Antisemitismus in Deutschland haben würde, konnte Fontane nicht ahnen. Vielleicht wäre dann sein vager Vorbehalt gegen das Judentum, den er nicht begründet, gefallen. Er hatte jüdische Freunde, jüdische Verleger, Juden waren ihm immer wohl gesinnt und seine treuesten Anhänger, so dass es schwer verständlich ist, woher dieser Vorbehalt kam: «dass es besser wäre, sie fehlten oder wären anders». Er schätzte jeden Einzelnen, den er kennenlernte, wie sonst so auch hier, aber gegen das Judentum allgemein hatte er Einwände. Welche, sagte er nicht.

So wie bei Fontane die Judenfreundschaft nicht ganz eindeutig war, so bei Freytag die Judenfeindschaft. Während Freytag noch 1849 im *Grenzboten*, den er zusammen mit Julian Schmidt herausgab, den Aufsatz «Die Juden in Breslau» publizierte, in dem er vor den «kranken» Juden warnte, verteidigte er 1869 ebenfalls im *Grenzboten* die deutschen Juden gegen Richard Wagners antisemitische Schrift *Das Judentum in der Musik*. Er lobte nun die deutschen Juden als «werte Bundesgenossen nach guten Zielen». Freytag heiratete in dritter Ehe eine Jüdin und trat gegen Ende seines Lebens – er starb 1895 – dem Verein zur Abwehr des Antisemitismus bei.

20. *Vier Jahre Korrespondent in London*

Der Fontane wohl gesonnene Ludwig Eduard Metzel übernahm 1853 die Leitung der Centralstelle für Presseangelegenheiten, deren Administration Immanuel Hegel hatte, ein Sohn des Philosophen, in dem sich der Weltgeist auf eine besonders kleinkarierte bürokratische Weise zeigte; Fontane an Emilie: «popelige Unteroffizierswirtschaft» (Drei, 120). Es war schließlich Metzel, der ihn 1855 nach London schickte und damit einen Wunsch Fontanes erfüllte, wie er in einem Brief vom 27. Februar 1856 an diesen mitteilte: «Seit Jahren lieb ich und studier ich jenes eine große Kapitel – England. Seine Sprache, seine Literatur, seine Geschichte und auch ein Stück seines modernen Lebens kenn ich, was man so kennen heißt, und der größte Wunsch, der mich erfüllte, ist der, dass dies sogenannte Kennen zu einem wirklichen werden möge. Plötzlich heißt

es: Reise. Mir ist, als täten sich die Himmel auf. Ich klappe die Balladen-
bücher zu, ich stehe auf von der verhältnismäßig mußevollen Lektüre
englischer Zeitungen [...] Praxis, Anschauung, Unmittelbarkeit soll an
die Stelle grauer, langweiliger und mühevoller Theorie treten.» (Reu,
304)

London war seine Schule des Schreibens: nicht nur wegen der vielen
Artikel, die er dort wieder verfasste, sondern eben auch wegen der Welt,
die ihm dort begegnete – auf den Straßen und Plätzen, in den Kneipen
und im Parlament, in den steinernen Zeugen der Geschichte und, nicht
zuletzt, in den Werken der Literatur. Diesmal war es Shakespeare, den
er auf allen Bühnen der Stadt aufsuchte, gerade die Volkstheater in den
Vorstädten faszinierten ihn, und als Ertrag dieser häufigen Besuche
brachte er 1860 eine Zusammenstellung seiner wichtigsten Aufsätze als
Buch heraus: *Aus England. Studien und Briefe über Londoner Theater,
Kunst und Presse* bei Ebner und Seubert in Stuttgart.

Doch seine Mission war zunächst eine politische. Preußen, das im
Krimkrieg Englands und Frankreichs gegen Russland neutral geblieben war, wurde deshalb von der englischen Presse angegriffen; besonders ein Pressedienst, den der aus Ungarn stammende Emigrant Max
Schlesinger herausgab, machte dem preußischen Gesandten Graf Albrecht von Bernstorff zu schaffen, dem Nachfolger Bunsens. Dem sollte
Fontane eine preußenfreundliche Korrespondenz entgegenstellen,
ebenso den Berichten des deutschen Emigranten Lothar Bucher, der
seit 1850 in der nationalliberalen Berliner *National-Zeitung* seine Berichte publizierte, in denen er England in düsteren Farben darstellte.
Gleichwohl galt Bucher als Kenner der Verhältnisse.

Immerhin hatte Fontane diesmal eine bessere finanzielle Ausstat-
tung, er konnte sich eine passable Wohnung leisten, konnte aber sonst
keine großen Sprünge machen, da London viel teurer war als Berlin,
was den Berliner Bürokraten klar zu machen ihm kaum gelang. Und er
stöhnte unter dem Auftrag, der so gar nicht seinem Wesen entsprach.
Beide Männer, Schlesinger und Bucher, waren seit Jahren im Geschäft,
gescheit und gewandt, kannten alle wichtigen Personen des politischen
Lebens, während er doch immer noch außerhalb stand. Er war fleißig,
las ab 9 Uhr die Zeitungen, schrieb seine Zusammenfassungen, ließ sie
um 3 Uhr in die Druckerei bringen, «um 4½ steh ich unter lauter
Druckerjungen mit einem großen Kleisterpinsel und verklebe die

80 Blätter, die der Schreiber faltet; dann fahren wir auf die Post. Ohngefähr um 6½ komm ich zu Tisch, spätestens um 9 Uhr bin ich wieder zu Hause, studiere die Abendblätter, schreibe eine Art Leitartikel.» Gegen 12 Uhr kam meist noch sein Gehilfe Wentzel, der im Café *Divan* Zeitungen gelesen hatte, und sie besprachen den nächsten Tag.

Trotz all der Mühe: Fontanes Berichte gefielen in Berlin nicht. Am 10. September 1855 war er nach London gereist, Ende März 1856, nach einem halben Jahr, wurde der Dienst eingestellt. Er blieb in London als halbamtlicher Presseagent, wiewohl Bernstorff an Manteuffel nach Berlin unter dem 16. Dezember 1856 gemeldet hatte: «Doch ist derselbe […] mehr belletristischer als politischer Schriftsteller, und wird es ihm daher nicht so leicht, sich die journalistisch-politische Schreibart anzueignen und überhaupt sich in die politischen Tagesfragen vollständig hineinzuversetzen, als es manchem anderen werden würde.» (Reu, 305) Diese Charakteristik ist ohne Zweifel zutreffend: Fontane war kein dezidiert politischer Autor, wenn er auch seine politischen Ansichten hatte, die er aber nicht immer äußern konnte, weil sie mit der offiziellen Sicht seiner Geldgeber nicht übereinstimmten.

So neigte er zum Kompromiss zwischen seinen Ansprüchen und denen seiner Geldgeber, «als einzig gangbarem Ausweg», wie Hans-Heinrich Reuter schreibt (Reu, 305). Reuter hat für diese Haltung besonderes Gespür, denn er hat diese Situation in der DDR kennengelernt. Er hatte seine Schwierigkeiten, verlor seine Stelle als Dozent an der Pädagogischen Hochschule in Leipzig, arbeitete dann in Weimar an den Forschungs- und Gedenkstätten sich langsam wieder hoch, nicht ohne Kompromisse, die es ihm ermöglichten, ähnlich Fontane, sich selbst zu erhalten und doch eine halbwegs akzeptable Position zu erreichen. So hat er auch in seiner gründlichen zweibändigen Biographie Fontanes gelegentlich ein marxistisches Fähnchen gehisst, sonst wäre sie wohl nicht publiziert worden. Er urteilt: «Für die Leiter der preußischen Politik war solch ein Mann des Einerseits-Andererseits ungeeignet.» (Reu, 305) Doch für den Romancier war dies eine gute Voraussetzung zur differenzierten Darstellung, die verhinderte, dass er eindeutige Schwarz-Weiß-Malereien vornahm, wie es Gustav Freytag tat. Kompromisse musste er im beruflichen Alltag noch mehrmals eingehen.

In zwei Artikeln aus London, vom 27. Januar und vom 31. Januar 1857, schrieb er über «die englischen Demokraten», wohl nachdem in

Berlin die Berichte von Bucher und anderen Furore gemacht hatten, in England stünde ein Aufstand bevor (Eng, 574 ff.). Fontane sieht keinen Grund dafür, er wendet sich gegen die Skandalisierung, mit der damals schon die Presse arbeitete, um aus einer dürftigen Nachricht eine bombastische zu machen. Fontane: Es fehle die Not, der Druck zu einer Revolution. Und es fehlten die Führer. Auch sei das Volk nicht dazu bereit; die unterste Schicht, die er zweimal «das Gesindel» nennt, sei gar nicht dazu in der Lage. Zudem habe das Land alles erreicht, was dem wachsenden «Freiheitsbedürfnis» entspreche und zwar «zögernd, wie es sein soll». Hier achtet er darauf, bedächtig zu erscheinen und nicht zu reformfreudig. Alles in allem ist er bestrebt, eine ausgewogene Darstellung Englands zu bieten, die sowohl nach der einen Seite – der möglichen Revolution – wie nach der anderen Seite – der möglichen Reaktion – abwiegelt und damit der «Bucherschen Schule», wie er es nennt, entgegenarbeitet.

Unter dem 7. Februar 1857 griff er dann diese Schule offen an, die in Berlin übertriebene Berichte ablieferte. Er schätze die englischen Mittelklassen, die stünden für Stabilität, es könnte keineswegs zu einer Revolution kommen und der Parlamentarismus sei nicht am Ende. Wo früher eine Anglomanie geherrscht hätte, alles sei in England besser, so schien es, walte jetzt eine Anglophobie, alles sei in England schlechter. Dass hier Stereotypen über Nationen geschaffen wurden, die dann auch zu einer feindlichen Haltung führen konnten, sah er wohl, weshalb er auch abwiegelte. Sicher habe «der Tanz um das goldene Kalb», das Übermütigwerden der Presse, das Zusammenbrechen der alten Parteien eine Einschränkung der alten Größe des Landes gebracht. Aber immer noch sei es ein großes Land und in vielem beispielhaft.

Er bezweifelt die Kompetenz der Berichterstatter. Touristen, Kaufleute, die nur kurz in der Stadt seien, fällten entschiedene Urteile. Oder Emigranten wie Bucher, die Heimweh hätten und die Kälte Londons spürten, so dass sie das ganze Land verächtlich machten. «Mit wahrer Dringlichkeit muss man deutsche Zeitungsleser warnen, vor diesen Stimmen auf ihrer Hut zu sein», die Hass gegen England predigten (Eng, 580 ff.): «[...] nachdem nun seit Jahr und Tag die Anglomanie glücklich zu Grabe getragen ist, wird es umgekehrt wieder Zeit, dem Kontinent zu versichern, dass es nicht England ist, was so schwarz ist, sondern nur das Glas, durch das man es betrachtet» (Eng, 580). Hier engagiert Fontane sich deutlich und ohne Kompromisse für Verständnis und Verständigung, damit nicht durch falsche Berichte verhängnisvolle Feindschaften bewirkt werden.

Ende Januar 1856 kam Emilie mit dem vierjährigen Sohn George und Fontanes jüngster Schwester Elise nach London. Sie blieben bis Mitte Mai 1856. Im August und September 1856 war Fontane zu Ferien zwei Monate in Berlin. Er unternahm danach eine Reise mit seinem Chef Metzel über Bamberg, Nürnberg, München, Stuttgart, Heidelberg nach Paris. Die Stadt maß er an London und fand, sie könne an «Großartigkeit des Lebens und Treibens mit London nicht konkurrieren» (Drei, 123). Von Paris reiste er dann allein weiter nach London. Am 3. November 1856 wurde der fünfte Sohn Theodor geboren, die drei zwischen George und Theodor geborenen Knaben waren kurz nach der Geburt gestorben. Am 27. Juli 1857 siedelte Emilie mit den beiden Kindern nach London über und blieb dort bei ihrem Mann bis zum Ende seines Aufenthalts Anfang 1859.

Für Fontane war das Ende der regierungsamtlichen Korrespondenz eine Befreiung, er konnte jetzt für Berliner Zeitungen arbeiten. Er schrieb vor allem für drei: *Die Zeit. Neueste Berliner Morgenzeitung,* ab 18. November 1858 *Preußische Zeitung,* die von der Centralstelle gesteuert wurde, dann die liberale *Vossische Zeitung* und die konservative *Kreuz-Zeitung.* Für die beiden letzteren Blätter arbeitete er später in Berlin noch lange Zeit, den Unterhalt seiner Familie zu sichern, zunächst zehn Jahre von 1860 bis 1870 für die *Kreuz-Zeitung,* dann fast 20 Jahre von 1870 bis 1890 für die *Vossische Zeitung.* In seinen Beiträgen aus London versuchte er sich als Schilderer der englischen Verhältnisse und hielt sich meist in politischen Dingen zurück; er schuf lieber Feuilletons und insofern brachte die Zurückhaltung auch Gewinn. Bei den ersten beiden Zeitungen war er nur freier Mitarbeiter, bei der *Kreuz-Zeitung* löste er den Vertrag, um auch dort freier Mitarbeiter zu sein, soweit man frei sein konnte, wenn man auf die Honorare der Zeitungen angewiesen war. Politisch akzentuierte Berichte wurden von der *Kreuz-Zeitung* oft nicht angenommen, so dass er sie umsonst geschrieben hatte: Er erhielt kein Honorar. Aber seine finanzielle Situation hatte sich doch so stabilisiert, dass er die Familie nachholen konnte.

Freilich fehlte ihm die Unabhängigkeit, wie er schon am 6. Februar 1856 in einem Brief an die Freunde des Rütli schrieb: «Es wird mir dabei recht klar, dass es für einen Menschen von Ambition nichts Niederdrückenderes gibt als die Abhängigkeit der Armut und dass es sich, selbst wenn man ein Poetenherz im Leibe hat, doch eher ohne Balladen, aber mit Geld, als wie mit Balladen, aber ohne Geld leben lässt. Ich muss zugestehn, dass mein gesunder Sinn seine schwachen Stunden hat und dass ich nicht immer dieser Meinung bin, aber ich habe in obigem Satz die Majorität meiner Stimmen und zugleich das Vernünftige [...] nach meiner Weise ausgedrückt. Das Gefühl der Unabhängigkeit ist etwas Höheres und Manneswürdigeres als die künstlerische Befriedigung. Die letztre kann man entbehren; jene Unabhängigkeit sollte man wenigstens nicht entbehren können.» (Drei, 117) Die Unabhängigkeit geht ihm über die künstlerische Befriedigung, doch bleibt deutlich, dass ihm diese genauso fehlt wie die Unabhängigkeit, wenn er auch als Londoner Korrespondent Berliner Zeitungen nun zumindest eine gewisse finanzielle Unabhängigkeit errungen hat.

Später, am 12. Dezember 1856, schrieb er an Henriette von Merckel, die seine Ballade über den letzten York gelesen und gelobt und ihn zu weiteren poetischen Arbeiten angeregt hatte, vor allem zu Dramen: er wäre jetzt nicht in der Lage, rasch ein Drama zu schreiben, mit dem er dann an die Tür des Königlichen Schauspielhauses klopfen könnte. «Ich fürchte sehr, dass die Welt um jenes Dutzend Dramen kommen wird, die als mikroskopische Keimchen in mir ruhn. Ich werde wohl immer zu schanzen und zu büffeln haben, und es schadet auch nicht. Sagt doch mein Balladenheld: ‹Und wie es fällt, so nimmt er's hin.›» (Drei, 125) Hätte er aber im Jahr 1200 Taler frei, dann würde er auch keine Dramen schreiben. Der Grund: die preußische Zensur. «In einer Zeit, in der man bei der Polizei anfragen muss, ob sie einem diesen oder jenen Markgrafen zu künstlerischer Verarbeitung gestatten und in der dritten Szene des dritten Aktes einen halben Freiheitsgedanken erlauben will», in solchen Zeiten könnte man ein Shakespeare sein und hätte doch keine Möglichkeit zu reüssieren (Drei, 126).

Über den Zustand in Berlin, mag er auch mitunter Heimweh haben, machte er sich keine Illusionen. Wichtiger aber noch: Frau von Merckel lenkte ihn auf das Drama, das wohl den Balladen näher ist als die Prosa. Auch hier finden sich oft historische Helden, Kampf und Tod, Dialog und geschürzte Handlung. Bisher ist nirgends der Gedanke, weder bei Fontane selbst, noch bei seinen Freunden aufgetaucht, dass er Romane schreiben könnte. Das liegt außerhalb des Horizonts seines bisherigen Schaffens. Er hat dramatische Versuche unternommen, so etwa zum letzten Stuart, aber nur vier Erzählungen geschrieben, Jugendwerke, die den Stil des gereiften Fontane noch nicht zeigen. *Geschwisterliebe*, schon 1839 entstanden, *Zwei Poststationen* von 1845, inspiriert wohl durch die Schwierigkeiten, das Dorf Letschin im Oderbruch mit der Postkutsche zu erreichen. Schließlich die beiden Novellen, die er 1853 in *Argo* publizierte: *Tuch und Locke* und *James Monmouth*. Letzteres aus dem von ihm so geliebten Stuart-Stoff, ersteres aus dem Kampf der Ungarn gegen Habsburg. Beides Geschichten, die seinen Balladen näher sind als einem Roman. Storm hat nicht ohne Grund die Novelle «die Schwester des Dramas» genannt, weil sie ebenso aufgebaut sei und ebenso die Figuren behandle (Sto, 122). Dabei schrieb Fontane doch all die Zeit für die Blätter Prosa, freilich kaum erzählende Prosa, sondern essayistische. Das heißt, er berichtete und reflektierte, erzählte aber auch kleine Begebenheiten und brachte historische Reminiszenzen. Hier ist der Weg zu seinen Romanen eher vorgezeichnet als in seinen Balladen und Novellen. Seine Reiseberichte aus Schottland sind eine wichtige Station auf seinem weiteren Weg als Schriftsteller.

Zunächst aber noch zum zweiten Teil in jenem Brief an Frau von Merckel, in dem er sich als liebender Vater zeigt. Frau von Merckel kümmerte sich nämlich um den Erstgeborenen George, der von vielen als «eine Art Mondkalb» behandelt wurde, aber doch eigentlich «ein Wunderkind» sei. Eltern nehmen gerne an, dass ihre Kinder Wunderkinder sind; das ist Ausdruck ihrer Liebe zu dem Kind, nichts anderes. Jeder hält sein Kind für etwas Besonderes. Und das ist es auch: Jeder Mensch ist einmalig. Gerade bei Fontane kann man das lernen. Er sieht hier auch auf seine Weise die Grundlage der Erziehung: «Der Mut, den wir einzig und allein brauchen können, ist das Resultat der Liebe, der Pflicht, des Rechtsgefühls, der Begeisterung und der Ehre. Er ist nicht angeboren, sondern er wird, er wächst.» (Drei, 126) Durch Liebe, durch das Vorbild der Erwachsenen, die Rechtsgefühl und Pflicht zeigen, wird das, was er hier Mut nennt, gebildet. Das moralische Urteil beim Kind entsteht in der und durch die Erziehung.

Im August 1858 reiste Fontane mit seinem Freund Lepel zwei Wochen durch Schottland, durch dieses Land, dessen Literatur er liebte und dessen Geschichte er kannte. Er hatte am 15. Dezember 1857 an Lepel geschrieben, nachdem er in der *Kreuz-Zeitung* eine Notiz gefunden hatte über 30 Jahre Tunnel. Demnach wurden in diesen 30 Jahren im Tunnel mehr als 7000 Gedichte produziert und vorgetragen, eine stolze Bilanz, die ihn an das Aufzählen der Kälber und Hammel erinnert, die bei einer Bauernhochzeit verspeist wurden. Jedenfalls stand der quantitative Ertrag in keinem Verhältnis zum qualitativen.

Am 21. Juli 1858 bekräftigte er dann seinen Entschluss, nicht zur Sommerfrische nach Schlesien zu gehen, sondern nach Schottland. Und das ist denn auch der Auslöser für Lepels Fahrt nach London. Vom 9. bis 24. August reisten die beiden durch Schottland, also nicht sehr lange, aber sie sahen doch sehr viel, denn Fontane fasste die Reisebeschreibungen in einem Buch zusammen, das ebenso wie das andere *Aus England* 1860 erschien und zwar bei Springer in Berlin: *Jenseits des Tweed. Bilder und Briefe aus Schottland.* Es sind 30 Texte, die mit der Reise von London nach Edinburgh beginnen und mit einer «Schottischen Geschichtstabelle» enden. Er beschreibt fast alle wichtigen historischen Orte und landschaftlichen Schönheiten, die durchweg mit historischen Ereignissen gekoppelt werden. Und mit literarischen Zitaten, denn Percy, Macpherson, Burns und Scott, die er gelesen hatte, weiß er als Fährtensucher zu nutzen. Es ist eine Art Reiseführer, den man auch heute noch mit auf die Fahrt durch Schottland nehmen könnte – zur nützlichen Anleitung und Belehrung.

Dieser Reisebericht kann sich durchaus mit anderen Reiseberichten seiner Zeit und den vorherigen messen, etwa mit den *Reisebildern* Heinrich Heines. Es ist wie immer diese Kombination aus Beschreibung und Bericht, aus Erzählung und Reflexion, die er dann auch in seinen *Wanderungen durch die Mark Brandenburg* so kunstvoll anzuwenden weiß. Die lebendige Darstellung, die Klarheit der Beobachtung, die pointierte Erzählung erfreuen heute wie damals den Leser. Und just in Schottland fällt ihm auch die Mark Brandenburg ein – und der Übergang ist zumindest angedeutet. Im Vorwort des 1. Bandes der *Wanderungen* erinnert er sich: «So war das Bild des Rheinsberger Schlosses, das, wie eine Fata Morgana, über den Levensee hinzog, und ehe noch unser Boot auf den Sand des Ufers lief, trat die Frage an mich heran: so schön dies Bild war, das der Levensee mit seiner Insel und seinem Douglasschloß vor dir entrollte, war jener Tag nicht minder schön, als du im Flachboot über den Rheinsberger See fuhrst, die Schöpfungen und die Erinnerungen einer großen Zeit um dich her? Und ich antwortete: nein.» (W I, 6 f.)

Die Verbindung zur Heimat ist damit hergestellt und der Impuls, das, was er hier in und über Schottland geschrieben hat, auch über die Mark Brandenburg zu schreiben. Auch sie hat ihre landschaftlichen Schönheiten und ihre historischen Helden, die freilich nicht selten erst durch Fontanes Schilderungen zu Schönheiten und Helden wurden, er hat sie dazu gemacht. Seit Fontanes *Wanderungen* wissen wir, wie schön die Mark ist und wie bedeutsam für die deutsche Geschichte, jedenfalls der letzten 300 Jahre.

Im Brief an Wilhelm von Merckel vom 20. September 1858 berichtete er von Heimweh: «Ich liebe nämlich das Land, in dem ich geboren wurde, mehr, aufrichtiger, selbstloser als die Mehrzahl meiner hier lebenden Landsleute und fühle bei meiner wachsenden Neigung vaterländisches Leben künstlerisch zu gestalten (wohlgemerkt im allerkleinsten Stil), die Trennung vom Vaterland allerdings empfindlicher als mancher andre.» (Drei, 133) Das Heimweh ist auch in seinem Drang, das Leben zu Hause künstlerisch zu gestalten, motiviert. Und wenn er sich klein macht, gebückt unter dem hohen Anspruch, den er auf sich lädt, ist darin doch der entschiedene Wunsch zu spüren: im allerkleinsten Stil wenigstens zu beginnen. Diese vorgeschobene Bescheidenheit ermöglichte ihm überhaupt erst anzufangen. Und so hat er ja auch recht bescheiden mit den *Wanderungen* angefangen.

Schon im Brief an die Mutter vom 27. Juni 1858 hatte er diese enge Bindung an Berlin, die ihm fehlte, ausgesprochen: «Kurz und gut, wir haben hier zu essen und zu trinken, aber es fehlt das geistige Band, ohne dessen Frische das Gemüt krank wird und verdorrt.» (Drei, 131) Dieses «geistige Leben» Berlins, mit dem er durch vielfältige Beziehungen verwoben war, entbehrte er in London, zu dessen «geistigem Leben» er eben nicht gehörte. Doch die strenge Schule des Lernens, die er in dieser Stadt absolvierte, wusste er zu würdigen. In dem genannten Brief an Merckel sprach er das aus. Er sei nicht zufrieden mit seinem Leben in London, aber er segne es doch, und es mache ihn dankbar, dass er heraus sei aus dem, was er das «Theodor Stormsche» nenne, also den «Wahn, dass Husum oder Heiligenstadt [wo Storm einige Zeit lebte] oder meiner Großmutter alter Uhrkasten die Welt sei. Es steckt

Poesie darin, aber noch viel mehr Selbstsucht und Beschränktheit.» (Drei, 133) Diese Erkenntnis habe er in London teuer errungen.

Sein Abschied von London kam auf unerwartete Weise. Seit dem Sommer 1857 hatte König Friedrich Wilhelm IV. mehrere Schlaganfälle; früher hieß es, er sei geisteskrank geworden, was aber «auch auf medizinhistorischem Wege widerlegt worden» sei, so der Historiker Wolfgang Neugebauer (Neu, 109). Sein Bruder Prinz Wilhelm übernahm zunächst die Stellvertretung, dann im Oktober 1858 offiziell die Regentschaft. Nach dem Tod Friedrich Wilhelms IV. am 2. Januar 1861 wurde er König Wilhelm I. Der neue Regent entließ schon am 6. November 1858 das konservative Kabinett unter Manteuffel und ersetzte es durch ein «altliberales» Kabinett unter dem Fürsten Karl Anton von Hohenzollern-Sigmaringen.

Mit diesem Kabinett hätte Fontane besser zurechtkommen können als mit dem vorigen unter Manteuffel. Doch er kündigte seine Stellung, nachdem sein alter Arbeitgeber abgesetzt worden war. Das erregte nicht nur bei seinem Freund Lepel Unverständnis, so dass Fontane es ihm in einem Brief vom 1. Dezember 1858 zu erklären versuchte. Er sei keineswegs ein Anhänger Manteuffels und dessen Politik, aber ihm persönlich «habe er Gutes» getan. Und so sei es seine «Pflicht des Anstands und der Dankbarkeit» zu kündigen. Er vergleicht sich mit einer Frau, die mit einem nicht geliebten Manne verheiratet sei, der ihr aber Gutes getan habe, so dass sie nach seinem Tod nicht triumphiere, sondern das Trauerjahr einhalte. So auch er. In Kurzem komme er nach Berlin, wo er hoffe, wieder eine Anstellung zu erhalten. Reiche man ihm einen Finger, werde er nicht zögern, die ganze Hand zu ergreifen. Einen wichtigen Grund nennt er noch und der ist wohl der wichtigste, wenn nicht letztlich sogar der einzige: «Ich will vor allem gern hier fort». (Drei, 134 f.) Und so ergriff er diese Gelegenheit, endlich nach Berlin zurückzukehren. Am 15. Januar 1859 verließ er London, am 5. Februar folgte ihm Emilie mit den Kindern.

21. Redakteur der Kreuz-Zeitung

«Ich fühle mich doch ein bisschen fremd hier», schrieb Fontane kurz nach seiner Rückkehr am 25. Januar 1859 an Emilie, die mit den Kindern noch in London weilte, «aber es ist meine Schuld, nicht die Schuld der Leute. Sie sind eigentlich alle freundlich, entgegenkommend und unverändert.» (Drei, 138) Die Umstellung machte ihm doch zu schaffen, auch wenn er sogleich wieder in den Kreis der alten Freunde aufgenommen wurde, freilich machte auch dies ihm Mühe, denn er musste vielen Einladungen folgen, die ihn anstrengten. Zudem war er wieder freier Schriftsteller, ohne feste Anstellung und ohne Aussicht auf eine solche. So folgte er der Einladung seines Freundes Heyse nach München in der schwachen Hoffnung, dort eine Anstellung zu finden. Am 24. Februar reiste er dorthin und blieb etwas mehr als einen Monat bis 28. März 1859. Heyse wollte ihm helfen, er hatte eine Stelle als Privatbibliothekar bei König Maximilian II. ins Auge gefasst. Dieser hatte einen Münchener Dichterkreis um sich geschart, seiner Residenz den Anschein eines neuen Weimar zu geben. Die Autoren, die er mit gut dotierten Stipendien in München hielt, waren damals erfolgreiche Schriftsteller – Lingg, Bodenstedt, von Schack, Grosse, Leuthold –, doch eher Epigonen der klassischen und romantischen Epoche als Neuerer der Literatur, und so ist die Literaturgeschichte bald über sie hinweggegangen; Ausnahmen sind Geibel und eben Heyse.

Fontane kannten in München nur wenige, der König kannte ihn gar nicht. Heyse hatte gutwillig, aber nicht sehr energisch versucht, die Wege zu ebnen, doch ohne Erfolg. So wartete Fontane vergeblich auf eine Audienz beim König und reiste schließlich wieder ab. Lustlos, wie er gekommen war: «aus vielen Gründen ist es mir lieb, dass es so ist», heißt es im Brief an Emilie vom 2. März 1859 (Drei, 139). Fontane in München, mit dem Plan der Wanderungen durch Brandenburg im Kopf? Schwer vorstellbar.

Am 6. April zog die Familie in eine Wohnung in der Potsdamerstraße 33. Fontane nahm Sitz in Berlin für den Rest seines Lebens. Diese Stadt war nun der Mittelpunkt seiner Tätigkeit und die rings um Berlin gelegene Mark Brandenburg wurde zu seinem Husum, das er doch bei dem geschätzten Storm belächelt hatte. Es war nicht der alte Uhrenkasten der Großmutter, es waren die alten Bilder und Waffen in den Gutshäusern des preußischen Adels, die er besang.

Reuter hat die verschiedenen Wohnungen der Familie Fontane in Berlin in Beziehung gesetzt zu denen der Figuren in den Romanen. Am 29. September 1859 gingen Fontanes von der Potsdamerstraße in eine Wohnung in der Tempelhoferstraße 51 (später Belle-Alliance-

Potsdamerstraße 134c. Foto von 1914.

Straße), im April 1863 in die Alte Jakobstraße 171 und schon am 1. Oktober in die Hirschelstraße 14, wo sie blieben bis 3. Oktober 1872. Dann bezogen sie die letzte Wohnung, in der sie bis zu Theodor Fontanes Tod lebten: Potsdamerstraße 134c, Mansarde des Hauses der Johanniter Ordens-Balley Brandenburg. Nun die Figuren: die verstoßene Effi Briest wohnte in der Nähe der Hirschelstraße, die verarmte Majorin Poggenpuhl in der Nähe der letzten Wohnung in der Potsdamerstraße. Kommerzienrat Treibel war von der Alten Jakobstraße in seine Villa in der Köpenicker Straße gezogen; Frau Demuth, Freundin von Lene Nimptsch, wohnte ebenfalls in der Alten Jakobstraße. Schließlich Botho von Rienäcker: er kaufte seinen Immortellenkranz für das Grab von Lenes Mutter in der Tempelhoferstraße. Und das Kronprinzenufer, ein vornehmes Viertel, in dem die Barbys wohnten, erreichte Fontane oft auf seinen Spaziergängen, die er von der Potsdamerstraße 134c unternahm. (Reu, 342 f.)

Heimweh hatte Fontane in Schottland gespürt. Es war die Sehnsucht nach der Mark gewesen, nach Neuruppin und Rheinsberg. Die

Sehnsucht nach Berlin, in London festgehalten, war das Verlangen nach dem geistigen Leben der Stadt mit all seinen Anregungen. Und das unterschied sie vom flachen Lande. Berlin war und ist anders als Brandenburg, was man spätestens merkt, wenn man nicht nur die Hauptstadt, sondern auch den «Speckgürtel», also die Berlin umlagernden Siedlungen, verlässt. Dann ist Ruhe, Einkehr und erholsame Natur. Berlin ist fast das Gegenteil. Und war es damals auch. Berlin war die preußische Hauptstadt, aber «das am stärksten antipreußische Element innerhalb des Königsreichs», so Reuter mit Recht (Reu, 343). Sie war gekennzeichnet durch einen Geist der Aufklärung seit den Tagen Friedrich Nicolais und Moses Mendelssohns, durch eine Aufmüpfigkeit, die sich 1848 gezeigt hatte und nirgends sonst in der Provinz, durch den heftigen Widerspruch gegen den Verfassungsbruch Bismarcks von 1862, der sich nur in Berlin artikulierte, durch eine Liberalität, wie sie selbst den konservativen Tunnel kennzeichnete. Und es ist diese Aufgeklärtheit und auch Aufmüpfigkeit, die Fontane immer mal wieder äußerte bei all seiner Kompromissbereitschaft, zu der ihn der Beruf zwang; sie ist es, die ihn bis heute bedeutsam macht. Insofern ist Fontanes Welt zwischen zwei Pole gespannt: Der eine Pol ist eben die Mark mit ihren Adelssitzen, mit ihren freundlichen kleinen Städten und den stillen Dörfern, den tiefen Wäldern und den hellen Seen, der andere Pol ist die wachsende Metropole Berlin mit ihrem lebhaften Handel und Verkehr, mit ihren Theatern und Kaffeehäusern, mit ihren Fabriken und Manufakturen. Brandenburg besuchte der Wanderer an verlängerten Wochenenden, in Berlin lebte und arbeitete er. Seine Romane schließlich sind Gesellschaftsromane, Romane der Großstadt, auch wenn sie mitunter teilweise in der Provinz spielen.

Der österreichische Dichter Franz Grillparzer besuchte 1862 Berlin. In seinem *Tagebuch auf der Reise nach Deutschland* notierte er über Berlin. «Diese Stadt gefällt mir immer besser, je länger ich mich darin aufhalte. Das ist schon ein gutes Zeichen. Wien dürfte auf manchen leicht die gegenteilige Wirkung hervorbringen. Alles hat hier einen Anstrich von Großartigkeit, Geistigkeit und Liberalität, der einem armen Teufel von Österreicher schon des Kontrastes wegen wohltut.» (G, 224)

Fontane war wieder zu Hause in Berlin, doch in ungesicherten Verhältnissen. Am 30. Dezember 1859 wurde er 40 Jahre alt, er war in der

Mitte seines Lebens, doch immer noch nicht in dem Beruf, der ihm am Herzen lag, dem des Schriftstellers. Er musste seine Familie ernähren, am 21. März 1860 wurde die Tochter Martha, Mete genannt, geboren, er musste wieder eine Anstellung als Journalist finden, seinem Brotberuf. Eggers half ihm wieder. Er kam in den Kreis der Vertrauenskorrespondenten des Literarischen Büros des Staatsministeriums und war dessen Leiter Max Duncker zugeordnet. Doch er beging einen Fehler, der ihn die Stelle kostete. Eine Nachricht gab er zu früh, wohl aus Übereifer, an die *Hamburger Nachrichten*, was den Unwillen des Prinzregenten hervorrief, der auf seiner Entlassung bestand. Am 1. Januar 1860 war er wieder arbeitslos.

Sein Tunnel-Freund George Hesekiel vermittelte ihn an die *Kreuz-Zeitung*. Wie wichtig doch der Tunnel für ihn war, mochte er ihn auch mit Skepsis betrachten. Immerhin war er von Ende 1859 bis Ende 1860 zum «angebeteten Haupt» des Vereins gewählt worden, Ausdruck der Wertschätzung durch die Mitglieder. Schon einen Tag, nachdem er mit Hesekiel gesprochen hatte, kam das Angebot des Chefredakteurs, die englischen Artikel zu übernehmen.

«Noch ein wenig unter den Gruselvorstellungen stehend, die sich, von 1848 her, an den Namen Kreuz-Zeitung knüpften» (Drei, 305), machte sich Fontane auf den Weg, dem Chefredakteur Tuiscon Beutner sich vorzustellen. Pünktlich um vier Uhr erschien er in der Wohnung desselben, Beutner war wohl gerade vom Mittagsschlaf erwacht und ließ ihn ein. Das erste, was er sah: ein Sofakissen und ein Bild. «In das Sofakissen war das eiserne Kreuz gestickt, während aus dem schwarzen Bilderrahmen ein mit einer Dornenkrone geschmückter Christus auf mich niederblickte.» (Drei, 305) Hier hatte er in den beiden Emblemen die Prinzipien der Zeitung: König und Kirche, Thron und Altar.

Im Sommer 1848 war das sehr konservative Blatt gegründet worden, eben um den Gegnern der Revolution eine Stimme zu geben. Sie wurde bald angenommen, vor allem vom Adel auf dem Land, und erreichte schließlich eine Auflage von etwa 10 000, ziemlich viel für die damalige Zeit, wenn auch die *Vossische Zeitung* eine etwa doppelt so hohe Auflage hatte. Die Aktionäre bestimmten ein Komitee, das die wirtschaftliche Situation kontrollierte, der Chefredakteur war relativ unabhängig, es war zunächst Hermann Wagener, dann von 1853 bis 1872 Tuiscon

Beutner. Und dieser stellte Fontane ein. Ab 1. Juni 1860 hatte er eine feste Stelle als Redakteur und war finanziell gesichert. «Ich sagte: Ja. Nicht leichten Herzens. Aber vielleicht gerade weil es ein schwerer Entschluss war, war es auch ein guter Entschluss, aus dem mir nur Vorteile für mein weiteres Leben erwachsen sind. Ich blieb bis kurz vor dem siebziger Krieg in meiner Kreuz-Zeitungsstellung und muss diese zehn Jahre zu meinen allerglücklichsten rechnen.» (Drei, 306) Es waren auf jeden Fall fruchtbare Jahre. Fontane bereiste die Kriegsschauplätze des dänischen Krieges von 1864 und des preußisch-österreichischen Krieges von 1866 und schrieb darüber, er verfasste seine ersten *Wanderungen durch die Mark Brandenburg*, und er begann seinen «ersten vaterländischen Roman», nämlich *Vor dem Sturm*. Hiermit hatte er endlich sein Ziel erreicht: Er war Romancier geworden, wenn auch die Fertigstellung des ersten Romans noch auf sich warten ließ. Insofern ist also die Zeit bei der *Kreuz-Zeitung* eine gute Zeit für ihn gewesen, mag auch manchem Kritiker die *Kreuz-Zeitung* ein Graus sein. Fontanes Anteil an dem Blatt war eher bescheiden: die englischen Korrespondenzen. Und bevor man ihn beurteilt, sollte man sie lesen. Sie nehmen zwei dicke Bände ein, die Heide Streiter-Buscher 1996 herausgab.

Fontane erklärte den Unterschied zwischen den echten und den unechten Korrespondenzen, beide hatte er schon verfasst, die ersteren eben aus London nach Lektüre der englischen Zeitungen, auch von dort für die *Kreuz-Zeitung*, die nächsten eben aus Berlin nach Lektüre derselben Zeitungen. Ob man nun in London oder in Berlin seine Zusammenfassungen der wichtigsten englischen Artikel erstellt, macht keinen großen Unterschied, wie er mit Recht sagt. Auch der Korrespondent in London ist auf die englischen Blätter angewiesen, um erkennen zu können, nicht nur was war, sondern auch, wie es aus den unterschiedlichen Parteistandpunkten beurteilt wird. Er kann auch einmal an einer Sitzung des Parlaments teilnehmen, aber was dort geschieht, kann er nur beurteilen, wenn er die Meinungen der Insider zur Kenntnis nimmt, wie sie in den englischen Blättern mitgeteilt werden.

Daran hat sich bis heute nichts geändert. Der heutige Korrespondent in London erhält die Nachrichten der Presseagenturen und liest die Londoner Zeitungen und fasst dann das Wichtigste in seinem Bericht zusammen. Nicht selten residiert der Korrespondent auch heute nicht vor Ort, sondern anderswo, etwa der aus Kairo berichtet über den ganzen Nahen Osten, oder der aus Wien über einige mitteleuropäische Länder, also nicht nur über Österreich, sondern auch über Tschechien und Ungarn. Woher weiß er, was dort geschehen ist? Aus Medienberichten. Er verfasst also unechte Korrespondenzen, wie es Fontane einstens in der *Kreuz-Zeitung* tat. Auch der Korrespondent, der im Fernsehen vor dem Weißen Haus in Washington steht, täuscht eine Authentizität vor, die er nicht hat. Er hat keinen Zutritt zum Weißen Haus. Was dort verhandelt wurde, kennt auch er wiederum nur aus Agentur- und Medienberichten. Wer machte sich da lustig über Fontanes unechte Korrespondenzen?

«Natürlich kann es einmal vorkommen, dass persönlicher Augenschein besser ist als Wiedergabe dessen, was ein anderer gesehen hat. Aber auch hier ist es notwendige Voraussetzung, dass der, der durchaus selber sehen will, sehr gute Augen hat und gut zu schreiben versteht. Sonst wird die aus wohl informierten Blättern übersetzte Arbeit immer besser sein als die originale. Das Schreibtalent gibt eben den Ausschlag, nicht der Augenschein.» (Drei, 298 f.)

Nur sein Tunnel-Freund Hesekiel ist ein wenig zu weit gegangen, weil er eine Figur erfand, die er als Korrespondent in Paris herumlaufen ließ. Die *Kreuz-Zeitung* hatte zwar einen echten Korrespondenten in Paris, einen «feinen, vorzüglich gebildeten Herrn» (Drei, 295). Doch dann kam noch ein zweiter Korrespondent hinzu, dessen «pikantere Schreibweise» den alten in den Schatten stellte. Zudem wurde bekannt, dass dieser neue Korrespondent ein legitimistischer Marquis wäre, der Zugang zum Hof hätte und dessen Meinungen deshalb von besonderem Gewicht wären. So wurde viel über die Berichte dieses Marquis diskutiert, der sich bei den legitimistischen Lesern des Blattes, also den königstreuen, besonderer Beliebtheit erfreute. Dieser Marquis war jedoch niemand anders als George Hesekiel, der in der Redaktion Fontane gegenüber saß und dort seine Berichte aus Paris verfasste: auf der einen Seite des Tisches entstanden die unechten Korrespondenzen aus London, auf der anderen die zum Teil ausgedachten aus Paris, ein nicht unerheblicher Unterschied. Nun kannte Hesekiel Frankreich sehr gut, war lange dort gewesen und war dort viel gereist, aber seine Ansichten waren eben doch solche eines legitimistischen Berliner Redakteurs und nicht die eines Marquis in Paris, der besonders gut informiert war.

Die Figur des Marquis machte Hesekiel so viel Freude wie keine der Figuren in einem seiner vielen Romane, meint Fontane. Doch leider fiel dann auf, dass der Marquis keine Artikel aus Paris sandte, wenn Hesekiel zu seiner jährlichen Kur in Karlsbad weilte. Um allem Misstrauen zu begegnen, fand er einen Ausweg: War Hesekiel in Karlsbad, war der Marquis ebenfalls dort und berichtete von dort, so unter anderem, dass er einen bedeutenden Berliner Schriftsteller namens George Hesekiel getroffen hätte. Doch gerade dies, was zur Verschleierung dienen sollte, machte die Sache immer fragwürdiger, so dass Hesekiel nichts übrig blieb, als den Marquis bei seinem nächsten Aufenthalt in Karlsbad dort sterben zu lassen. «Er führte dies auch mit vieler Kunst, will sagen mit allen für die Wahrscheinlichkeit der Sachen nötigen Abstufungen aus.» (Drei, 297)

Hesekiel, wie Fontane 1819 geboren, stammte aus einer Predigerfamilie, die nach der Schlacht am Weißen Berge 1620 Böhmen verlassen hatte, ihres protestantischen Glaubens wegen nach Halle emigrierte und dort einen neuen Namen annahm. Der Ahn, so heißt es, habe die Bibel aufgeschlagen, einen neuen Namen zu suchen, und fand den des Propheten Hesekiel. George Hesekiel (Betonung auf der zweiten Silbe), der immer mal wieder als Herr Hese-Kiel angesprochen wurde, legte allerhöchsten Wert auf diesen biblischen Namen. Er war ein Freund guten Essens und Trinkens und gab deshalb auch den Festen der Redaktion der *Kreuz-Zeitung* ihren fröhlichen Klang. Nach der Arbeit in der Redaktion oder nach der Sitzung des Tunnel lud er gerne alle ein, die noch da waren, und zog mit ihnen ins Hotel *Großfürst Alexander* in der neuen Friedrichstraße. Dort wurde getafelt und getrunken, am liebsten schwerer Rheinwein, Sherry oder Port, und Hesekiel zahlte die Zeche, d. h., er zahlte nicht, er hatte merkwürdigerweise unbegrenzten Kredit. Doch irgendwann holten ihn die Schulden ein: Sie beliefen sich auf mehr als 10 000 Taler. Jahrelang musste er den Betrag abtragen. Es gelang ihm, weil er nach seinem Vorbild Walter Scott historische Romane verfasste, einen nach dem anderen, natürlich preußische und königstreue, am liebsten dreibändige, von denen Ludwig Tieck sagte, Fontane zitiert ihn: «Einen dreibändigen Roman schreiben, ist immer was, auch wenn er nichts taugt.» (Drei, 302) Fontane besaß «weit über fünfzig seiner Bände» und dabei waren ihm viele verloren gegangen.

Im Tunnel war Hesekiel neben Louis Schneider der einzige Konservative, der, weil er für die *Kreuz-Zeitung* arbeitete, nie recht zu Ansehen kam. Alle im Tunnel, wiewohl fast zu zwei Dritteln Offiziere und Beamte, waren Liberale, und Fontane fragte sich mit Recht, warum diese Liberalen sich in Preußen nie durchsetzen konnten: «Die Tunnelleute waren, wie die meisten gebildeten Preußen, von einer im wesentlichen auf das nationalliberale Programm hinauslaufenden Gesinnung, und bis diesen Tag ist es mir unerklärlich geblieben, dass, mit Ausnahme kurzer Zeitläufte, diese große politische Gruppe keine größere Rolle gespielt und sich nicht siegreicher als staatsbestimmende Macht etabliert hat.» (Drei, 298) Ein Grund mag der gewesen sein, den Fontane dann nennt: das rechthaberisch Doktrinäre habe diesen Liberalen gefehlt. Sie seien eher hochmütig gewesen und besserwisserisch, und dies verletze mehr als das Rabiate. Doch die Liberalen waren, ihrer Neigung nach, eher gelassen und großzügig und hatten auch deshalb kaum eine Chance sich durchzusetzen. Durchgesetzt haben sich die Rabiaten und Doktrinären. Das lag natürlich auch an den immer konservativen Königen, die doch die Macht in Händen hielten mitsamt ihren Beratern. Und neben den gebildeten Berliner Liberalen dürfen die Landjunker mit ihrem Standesdünkel nicht vergessen werden, die den Rückhalt der Monarchie bildeten.

Und doch hätten die Liberalen beinahe die Macht errungen. Das war nicht 1848, sondern 1862. Der König hatte ein Gesetz vorgelegt, das die Streitkräfte verdoppeln und die Wehrdienstzeit von zwei auf drei Jahre verlängern, also auch die Ausgaben für das Militär erheblich erhöhen sollte. Im Abgeordnetenhaus des Landtags hatten die Liberalen die Mehrheit, es waren vor allem Angehörige des Mittelstands. Sie lehnten das Gesetz des Königs ab. Sie fürchteten, dass es ein Ende der Reformen von 1814 bedeutete, als die Wehrpflicht eingeführt wurde und die Landwehr. Der König zog die Gesetzesvorlage zurück und reichte eine neue ein, die sich von der alten kaum unterschied. 1862 verlangten die Liberalen eine neue, verbesserte Vorlage und verweigerten dem König die Bewilligung weiterer Mittel. Der König löste die Kammer auf. Neuwahlen brachten eine noch stärkere Mehrheit der Liberalen. Hier hat Fontane also recht: Die Liberalen waren stark in Preußen, aber sie setzten sich nicht durch. Es fehlte ihnen die Macht; sie hatten keine Möglichkeit, sich durchzusetzen.

Der König wusste nicht weiter und war kurz davor, zurückzutreten. Einen Augenblick muss man hier innehalten. Was wäre aus Preußen geworden, hätten die Liberalen über den König gesiegt? Wer hätte es hinfort regiert? Ein liberaler König aus dem Hause Hohenzollern? Ein liberales Preußen? Kriegsminister Albrecht von Roon verhinderte das. Er schlug dem König Otto von Bismarck vor, Abgeordneter der äußersten Rechten. Dieser hätte die nötige Kraft, mit den widerspenstigen Abgeordneten fertig zu werden. Und so war es auch. Bismarck ignorierte den Landtag, brach die Verfassung und regierte ohne Genehmigung des Budgets: ein Staatsstreich. Hier fand eine Weichenstellung statt für die weitere Entwicklung Preußens und Deutschlands.

Bismarck, der am 23. September 1862 ernannt wurde, am 30. September vor den Abgeordneten: «Nicht auf Preußens Liberalismus sieht Deutschland, sondern auf seine Macht; Bayern, Württemberg, Baden mögen dem Liberalismus indulgieren, darum wird ihnen doch keiner Preußens Rolle anweisen; Preußen muss seine Kraft zusammenfassen und zusammenhalten auf den günstigsten Augenblick, der schon einige Male verpasst ist; Preußens Grenzen nach den Wiener Verträgen sind zu einem gesunden Staatsleben nicht günstig; nicht durch Reden und Majoritätsbeschlüsse werden die großen Fragen der Zeit entschieden – das ist der große Fehler von 1848 und 1849 gewesen –, sondern durch Eisen und Blut.» (G, 228)

Hier ist sein Programm klar ausgesprochen: Verachtung von Parlament und Liberalismus, Ablehnung von Mehrheitsbeschlüssen, es kommt auf Blut und Eisen an, also auf die kriegerische Tat. Doch wer entscheidet, wann welche Tat am Platze ist? Unverstellt auch der Expansionsdrang Preußens, das über seine Grenzen hinausstrebt. Dabei hatte Preußen beim Wiener Kongress das katholische Münsterland und das Rheinland erhalten, Köln und Trier, die sogenannte Rheinprovinz, die hinfort von den preußischen Beamten streng regiert wurde, eine kulturgesättigte Gegend, deren Geschichte tausend Jahre älter war als die Preußens.

Am 27. Januar 1863 beriet das Abgeordnetenhaus über eine Adresse des bekannten Mediziners Rudolf Virchow an den König. Darin wurde die Regierung Bismarcks, der die Presse zensierte und die liberalen Beamten schikanierte, als verfassungswidrig gerügt. Bismarck berief sich in seiner Antwort auf eine «Verfassungslücke», die nicht vorhanden war. Bis August 1866 wurde Preußen also verfassungswidrig regiert. Erst der Erfolg über Österreich in der Schlacht bei Königgrätz 1866 brachte eine Wende. Einen Monat nach der Schlacht wandte sich der König ans Parlament mit versöhnlichen Worten. Er bat um «Indemnität», also um Straflosigkeit, die das Parlament nachträglich aussprechen sollte, was immerhin das Eingeständnis des Königs voraussetzte, dass er gegen die Verfassung regiert hatte. Durch den Sieg über Österreich beeindruckt, billigten die Abgeordneten am 3. September 1866 die Indemnität der Regierung mit 230 gegen 75 Stimmen. Die Haushalte von 1862, 1863, 1864, 1865 wurden nachträglich gebilligt. Bismarck hatte gesiegt: Mehr als vier Jahre hatte er gegen das Parlament und ohne dieses regiert, aber durch «Eisen und Blut» hatte er sich durchgesetzt.

Der Gegensatz zwischen den Nationalliberalen, die eine deutsche Einheit in Freiheit wollten, wie sie sich in der Frankfurter Paulskirchenversammlung geäußert hatten, und dem preußischen Staat mit seinen eigenständigen Interessen schien aufgehoben. Durch den Sieg gegen Österreich war die preußische Vormachtstellung in Deutschland entschieden und das Ziel der Nationalliberalen – die deutsche Einheit – in Gestalt der kleindeutschen Lösung nahegerückt. Deshalb waren die Liberalen nun bereit, mit Bismarck zusammenzuarbeiten; sie hatten jetzt ein gemeinsames Ziel: die kleindeutsche Einheit unter preußischer Führung.

«Meine politischen Anschauungen – allerdings zu allen Zeiten etwas wackliger Natur – haben sich meist mit dem Nationalliberalismus gedeckt, trotzdem ich zu demselben, wie schon an anderer Stelle ausgeführt, niemals in rechte Beziehung getreten bin», schreibt Fontane in einer kleingedruckten Fußnote des Hesekiel-Kapitels in *Von Zwanzig bis Dreißig* (Zw, 320). In einer Fußnote versteckt er ein politisches Bekenntnis: «Also eigentlich nationalliberal. In meinen alten Tagen indes bin ich immer demokratischer geworden, ganz nach dem Vorbild meines Lieblings Isegrimm in Willlibald Alexis' gleichnamigem herrlichen Roman, wohl das beste, was er geschrieben. Aber wohin ich auch noch geschoben werden mag, ich werde immer zwischen politischen Anschauungen und menschlichen Sympathien zu unterscheiden wissen. Und diese menschlichen Sympathien habe ich ganz ausgesprochen für den märkischen Junker. Die glänzenden Nummern unter ihnen – und ihrer sind nicht wenige – sind eben glänzend, und diese nicht lieben zu wollen, wäre Dummheit, aber auch die nicht glänzenden – und ihrer sind freilich noch mehrere – haben trotz Egoismus und Quitzowtum, oder auch vielleicht um beider willen, einen ganz eigentümlichen Charme, den heraus zu fühlen ich mich glücklich schätze. Die Rückschrittsprinzipien als solche sind ganz gegen meinen Geschmack, aber die zufälligen Träger dieser Prinzipien haben es mir doch nach wie vor angetan. Vielleicht weil ich – ich glaube manche gut zu kennen – an den Ernst dieser Rückschrittsprinzipien nicht recht glauben mag. Sie können eines Tages total umschlagen.» (Zw, 320)

Er sah sich den Nationalliberalen nahe, verband sich aber nie mit ihnen, ja, er ging ihnen fast scheu aus dem Weg. Das mag auch daran gelegen haben, dass diese Nationalliberalen oft sehr national, deutschnational gesinnt waren. Und daran, darüber spricht er nicht, dass er den Konservativen zeitweise zuneigte, nicht nur von Berufs wegen, vor allem während seiner Arbeit bei der *Kreuz-Zeitung*. Wichtig ist auch hier wieder seine Unterscheidung zwischen Mensch und Meinung. Der Mensch geht nicht auf in seiner politischen Meinung, er ist mehr als diese. Es kommt auf den Einzelnen an und dessen Eigenart. Diese Unterscheidung «zwischen politischen Anschauungen und menschlichen Sympathien», die er hier wieder trifft, ist es nicht zuletzt, die seine Leser Sympathie für ihn empfinden lässt.

Die märkischen Junker schätzte er nun mal als kernige Gestalten von einiger Originalität, auch wenn er mit ihren Prinzipien nicht immer einverstanden war. Dies führte ja auch dazu, dass er sie in seinen Romanen nicht als Pappkameraden auftreten ließ wie Gustav Freytag, sondern als eigenständige Individuen von unterschiedlichem Format. Aus seiner menschlichen Haltung folgte ein poetischer Gewinn. Natürlich ist ein Adliger, der in einem alten Schloss sitzt, umgeben von den Reliquien seiner Ahnen, eine interessantere Gestalt als ein Liberaler, der im Kaffeehaus sitzt und politisiert, auf jeden Fall eine poetisch ergiebigere Gestalt. Es ist gerade der verblassende Glanz einer untergehenden Schicht, der diesem Adel eine poetische Aura verleiht.

22. *Unechte Korrespondenzen*

Was Fontane in seinem Lebensrückblick verschwieg, ist spät, aber dann doch ans Licht gekommen. Am 31. Dezember 1922 druckte die immer noch existierende *Kreuz-Zeitung* 22 Worte aus Fontanes verloren gegangenem Tagebuch von 1862. Fontane erwähnte darin die Wahlen zum Preußischen Landtag von Ende April – der König hatte ihn zuvor aufgelöst –, die mit einem enormen Sieg der Liberalen endeten, entgegen der Erwartung des Königs: «glänzender Sieg der Demokraten», schrieb er: «Ich erhalte unter den Konservativen am meisten Stimmen: 26 [...]» Worum handelte es sich? Das ergab sich erst, als Hubertus Fischer um 1985 im Nachlass des Freiherrn Leopold von Ledebur einen Wahlzettel für den 28. April 1862 fand, auf dem Fontane verzeichnet war. Unter der Überschrift «Für König und Vaterland» warben dort die Konservativen im Berliner Urwahl-Bezirk 139 für ihre Partei. Sie führten ihre sechs Kandidaten für die drei Klassen auf, also für jede zwei. Für die dritte Klasse stehen: Herr Fontane und Herr Polizei-Lieutenant v. Puttkamer. Fontane hat also in dieser wichtigen Wahl nicht für die Liberalen, sondern für die Konservativen kandidiert. Und seine Kandidatur als Wahlmann 1848 war keineswegs, wie er behauptete, seine letzte politische Tätigkeit. Zur Tätigkeit kam es allerdings damals nicht und jetzt auch nicht: Er wurde nicht gewählt.

Das Wahlprogramm der Konservativen führte Ludwig von Gerlach fünf Tage vor der Wahl, am 23. April 1862 in der *Kreuz-Zeitung* aus: «Wir wollen nicht: Juden als Obrigkeiten und Lehrer – nicht Privilegierung des Wuchers – nicht Zivil-Ehe statt der kirchlichen Ehe – nicht Umsturz, wohl aber Reform, wo sie nötig ist [...] – nicht Zerstörung des Herrenhauses – nicht dass der König abhängig sei, sondern dass er König sei. Wir wollen auch nicht, dass Steuern und Gesetze ohne die Landesvertretung über das Land ergehen, das ist bonapartisches, aber nicht preußisches, nicht deutsches Recht [...] Wir wollen: ein selbständiges mächtiges Königtum, gestützt auf eine Landesvertretung, in welcher alle Selbständigkeiten des Landes nach Maßgabe ihres wahren Gewichts zu Wort kommen, Erhaltung des Rechts der Landesvertretung, wie es verfassungsmäßig feststeht [...].» (Ko, 17)

Da ist zunächst die antijüdische Klausel, die Juden nicht in wichtigen Positionen sehen will. Und: in dem Wort «Wucher» schwingt der alte Vorwurf gegen die Juden mit, der dann bei den Antisemiten Zinsknechtschaft hieß. Die antijüdische Klausel macht die Juden zu Bürgern zweiter Klasse. Sie sind nicht gleichberechtigt. Sie haben nicht dieselben Möglichkeiten wie die Christen, schon gar nicht, wenn sie an ihrem Judentum festhalten. Hier ist der Übergang vom alten Antijudaismus zum neuen Antisemitismus formuliert. Dagegen sind die anderen Programmpunkte eher konservative, also solche, die das Bestehende erhalten wollen, von dem einiges Bismarck, mit dem Gerlach verbunden war, aufhob: Die Zivilehe anstelle der kirchlichen hat er eingeführt.

Fontanes Schwanken zwischen der konservativen und der liberalen Seite kennzeichnete denn auch seine Arbeit bei der *Kreuz-Zeitung*. Der «englische Artikel», den er verantwortete, gab ihm nicht viel Spielraum. Sicher, es kam auf ihn an, welche Themen und welche Artikel er aus der Londoner Presse auswertete, aber im großen Ganzen war er auf diese Artikel angewiesen und auf die einiger deutscher Zeitungen, die nicht nur vorgetäuschte, sondern echte Korrespondenten in London hatten, etwa die liberale *Kölnische Zeitung* des Verlags Dumont-Schauberg. Hier begegnete Fontane seinem alten Londoner Konkurrenten Max Schlesinger, für dessen sachliche Berichte er jetzt dankbar war. Auch die *Augsburger Allgemeine* des Verlags Cotta nutzte er und die in Berlin erscheinende *National-Zeitung* von Bernhard Wolff, der auch das Telegraphische Correspondenz-Bureau gegründet hatte, das schneller als bisher Nachrichten übermitteln konnte. Wichtige Orientierung bot nach wie vor die Londoner *Times*.

Die Berichte Fontanes über England sind erstaunlich umfangreich. Er bringt nicht nur Informationen über außerordentliche Ereignisse. Es fällt auf, wie viel er über das parlamentarische Leben berichtet, mitunter mit einem gewissen Sarkasmus, den die englischen Blätter auch pflegen, wenn es um den Kleinkrieg der Parteien geht, um den Ehrgeiz der einzelnen Politiker, doch erfährt man, wer was beabsichtigt und mit welchen Mitteln er sich durchzusetzen versucht. Fontane bietet dem Berliner Leser eine Schule des Parlamentarismus einer durchweg liberalen Politik, wenn er sich auch über das Hin und Her erhaben fühlen sollte. So zitiert er etwa die «brillante Rede» von Richard Cobden im Parlament fast in voller Länge, sechs Buchseiten umfasst der Bericht jetzt (Ko, 249–255). So gibt Fontane mehr als nur Einblick, er bezieht die Leser in das politische Geschehen ein und macht sie zu Mitwissern.

Die Zusammenfassungen sind unterschiedlich, mal aus einem persönlichen Blickwinkel mitgeteilt, bei dem Fontane seine Londoner Erfahrungen zugute kommen, mal ganz sachlich, mal knapp, mal ausführlich, was auch vom Platz in der Zeitung abhing, der Fontane von Tag zu Tag zur Verfügung stand. In diesen Texten steht auch viel über das Elend der arbeitenden Klasse in England, nicht so ausführlich wie bei Friedrich Engels, aber es ist immerhin ein Thema, das Fontane nicht scheut. So etwa, wenn er schreibt, dass alle fünf Jahre dieses Thema wieder in der Öffentlichkeit auftaucht, breit behandelt und dann wieder fallen gelassen wird. Alles bleibt beim alten: die Kinderarbeit, die Armenschulen, die unglücklichen Mädchen, die sich prostituieren müssen, um ihre Familien zu erhalten, meist irische, wie Fontane schreibt, schließlich die Veteranen, die hungern, nachdem sie Englands siegreiche Schlachten geschlagen haben. Und die verarmten Schotten, die nach Amerika auswandern, wie viele Iren auch.

Am 25. Januar 1865 heißt der Artikel Fontanes: «Die Bourgeoisie und die Arbeiter. Was John Bright den Arbeitern gönnt und was nicht. Die Blaubücher des Elends.» Hier geht er ausführlich auf das Elend der unteren Schichten ein. Die Blaubücher des Elends wurden übrigens von Kommissaren erstellt, die im Auftrag der Regierung durch die Fabriken Englands reisten und ihre Ergebnisse dann mitteilten: «Da liest man von kleinen Knaben von drei Jahren, die am Feuer kauern, mit heißen Bügeleisen in der Hand, einige die versengten Händchen in Wassernäpfen kühlend, andere mit verbundenen Händen auf dem Strohlager sitzend, weil ihnen die Finger aus den Gelenken gegangen. Sowie ein Kind nur eine Nadel fädeln kann, ist es zum Elend gebucht. Da liest man von Müttern, die ihre arbeitenden Kleinen mit Stecknadeln an die Schürze heften. Wir tun das, sagen sie, damit, wenn sie vor Müdigkeit umfallen, es nur einen Ruck braucht, um sie wieder auf die Beine zu stellen, sonst würde die Arbeit unterbrochen.» (Ko, 440 f.) Kinderarbeit war verboten, deshalb geschah dies alles nicht in der Fabrik, sondern in der Heimarbeit zu Hause, wo das Verbot eben nicht galt. Die Kinder sahen selten das Tageslicht, eine Schule kannten sie nicht, von der Welt draußen wussten sie nichts. Sie hielten London für ein fremdes Land und wussten nicht den Namen der Königin, die über diese Misere herrschte. Wer meint, Fontane habe für die reaktionäre *Kreuz-Zeitung* reaktionäre Artikel geschrieben, hat diese Artikel nicht gelesen. Natürlich konnte er das Elend nur in England beschreiben, das war sein Ressort. Hätte er es in Preußen aufgezeigt, wo die Industrialisierung ja auch ein Elend hervorbrachte, das dann die Sozialdemokratie zu bessern trachtete, dann wären ihm wohl Schwierigkeiten entstanden. Doch mit dem, was er aus England mitteilte, legte er dem preußischen Leser nahe, ohne es auszusprechen, sich einmal die Situation im eigenen Land zu vergegenwärtigen. In der Teilnahme, die er für die englischen Armen aufbrachte, ist jedenfalls mehr als nur die Pflicht des Berichterstatters zu erkennen. In der englischen Situation spiegelte sich – möglicherweise ungewollt – die preußische: Wie stand es hier mit dem Parlament, der Meinungs- und Pressefreiheit, wie stand es hier mit der Armut?

Eine preußische Position brachte Fontane in seinen Berichten aus Posen, wenn sie denn von ihm sind. Sein Zeichen war ein Kreuz, das von zwei Sternchen eingerahmt wurde. Ganz sicher können wir aber nicht sein, dass alle die so gezeichneten Texte von ihm stammen. So erschienen auch welche, wenn er in der Sommerfrische weilte. Hatte er vorgearbeitet, schickte er aus dem Urlaub Texte, oder schrieb sie in dieser Zeit ein anderer? Wie auch immer: die Berichte über das polnische, von Preußen verwaltete Posen bringen keine Diffamierung der Polen, wie sie Gustav Freytag in *Soll und Haben* bietet, aber doch eine deutliche preußische Haltung: Die Polen sollen sich dem König unterordnen, dann ist alles in Ordnung. Wo nicht, muss man sie streng anfassen. Hier gibt es sogar Kritik an der preußischen Verwaltung, die offensichtlich großzügiger mit den polischen Untertanen umging, als der *Kreuz-Zeitung* lieb war; sie gaben ihnen angeblich zu viel Spielraum. Sicher mit gutem Grund: sie fürchtete einen polnischen Aufstand. Doch Fontane, wenn er es denn ist: «Die Nachgiebigkeit und Schwäche steigert ja überall die Frechheit und der entstehenden Revolution gegenüber ist Entschiedenheit das menschenfreundlichste Mittel», so heißt es am 25. Oktober 1861 (Ko, 157).

Anders wiederum die Glossen, die Fontane manchmal an den Anfang, manchmal an das Ende seines Artikels aus England stellte. Hier schrieb er kurz und schnöde, es ist ein Pingpong-Spiel der Vorwürfe, mal die *Times* gegen Preußen, mal die *Kreuz-Zeitung* gegen England. Es ist schwer zu glauben, dass diese wenig überlegten, meist von Spott getragenen Texte von Theodor Fontane stammen. Wir vermissen seinen abgemessenen Stil, der sich manchmal sogar in diesen englischen Artikeln zeigte, wir vermissen seine ironische Gelassenheit, mit der er sonst das Treiben beobachtete. Hier geht es Schlag auf Schlag, wie Buben auf dem Schulhof, die sich streiten, es hat etwas Flegelhaftes, wie Fontane auch schreibt, er münzt es auf die *Times*, nicht auf die *Kreuz-Zeitung*, auf die es auch zutrifft (Ko, 1065). Das Ganze ist wohl ernst gemeint: es geht schließlich um Macht und Militär. «Die Times ist böse auf Preußen» (Ko, 1045). Preußen wird Wankelmut vorgeworfen, weil es im Krimkrieg nicht Stellung bezog. Und seine militärische Stärke wird ins Lächerliche gezogen, was Fontane in derselben Art dann zurückweist. Die Herablassung, mit der die *Times* durchweg Preußen behandelte, traf auf die Geringschätzung, die Preußen England gegenüber äußerte. Es ist ein dürftiges Niveau, auf dem aber doch die öffentliche Meinung in beiden Ländern gehalten wurde, ein Niveau, auf dem dann auch Kriege vorbereitet wurden, insofern ist diese Art der Polemik misslich. Man könnte sonst darüber hinweggehen.

Immerhin gibt es einmal eine Charakteristik Bismarcks, die zutrifft. Schränkt Fontane sie auch ein, weil sie aus Mangel an Sachkenntnis geschrieben sei, so lässt er sie dann doch wiederum gelten: «Am besten ist noch folgendes». Er zitiert diesmal aus dem *Herald*: «Herr v. Bismarck ist ein Mann von sehr großen Talenten, er ist kühn, vielseitig und gewandt, aber für seine Stellung eines verfassungsmäßigen Ministers ganz und gar ungeeignet. Er vermöchte nicht seine Politik den Wünschen einer parlamentarischen Majorität unterzuordnen. Er wäre nicht imstande, eine Opposition zu versöhnen oder eine Partei zu begründen, während unter den jetzigen Verhältnissen sein Genie freien Spielraum hat. [...] Das Abgeordnetenhaus arbeitet den Ministern in die Hände. Seine Führer sind Männer ohne die leiseste Idee von praktischer Politik.» (Ko, 1107) Hier wird der eklatante Unterschied zwischen dem englischen Parlamentarismus und dem preußischen Regime Bismarcks festgehalten, und das bringt Fontane in aller Länge. Sieht er Bismarck genauso? Immerhin hat Bismarck später gelernt, mit den Parteien im Parlament umzugehen, soweit sie ihm zusagten. Die Parteien, die ihm nicht passten, versuchte er zu vernichten, keine demokratische Haltung, weiß Gott: das Zentrum, die Partei der Katholiken, die Sozialdemokratie, die Partei der Arbeiter. Es war ein jahrelanger Kampf, aus dem beide Parteien aber siegreich hervorgingen.

In einem Leitartikel, deren er nicht sehr viele schrieb – das ist die dritte Kategorie seiner Beiträge nach den zahlreiche Korrespondenzen und den relativ wenigen Glossen –, bringt er im Dezember 1867 einen Vergleich zwischen dem englischen und dem deutschen Liberalismus, der noch einmal die unterschiedlichen Verhältnisse in beiden Ländern herausstreicht, zunächst aus englischer Sicht, denn er zitiert den *Spectator*. Demnach ist der englische Liberale versöhnlicher und kompromissbereiter, der deutsche strenger und philosophischer, um nicht zu sagen doktrinärer. Dem englischen geht es nicht nur um seine Partei, sondern auch um den Staat und eine handlungsfähige Regierung, der deutsche opponiert nicht nur gegen die Regierung, sondern auch gegen den Staat. So der *Spectator*. Das führe auch dazu, so Fontane weiter, dass die englischen Liberalen sich ohne Schwierigkeiten mit den Konservativen in der Regierung ablösen könnten und umgekehrt. In Frankreich und Deutschland sei das hingegen nicht möglich. Die englischen Liberalen seien zudem royalistisch, die deutschen dagegen erstrebten eine Republik. (Ko, 1150)

Am folgenden Tag brachte Fontane weitere Überlegungen zu dem von ihm später doch geschätzten Liberalismus. Der englische ist demnach pragmatisch, der deutsche dogmatisch. Ohne Rücksicht auf die bestehenden Verhältnisse verlange der deutsche die Durchsetzung seiner Prinzipien. Und das gebe der Auseinandersetzung zwischen Konservativen und Liberalen in Deutschland ihre Härte: «Nur kein Artikel der konstitutionellen Doktrin verletzt, sagt der preußische Liberale, und sollte darüber der Staat zugrunde gehen.» (Ko, 1152) Er bringt dann zwei Beispiele. Das englische Parlament habe im Juli die Mittel für einen Abessinienkrieg nicht genehmigt. Danach habe aber die Regierung den Krieg doch vorbereitet, in der Sitzungspause des Parlaments, und das Parlament habe nachträglich Einsicht gezeigt und die Mittel bewilligt. Anders in Preußen. Das Abgeordnetenhaus habe 1863 keine Mittel für einen Krieg gegen Dänemark genehmigt, dies erst nach einer langen Debatte, in der nicht nur das Für und Wider, sondern auch die Folgen für Preußen, Deutschland und Europa diskutiert wurden. Als dann Bismarck behauptete, der Krieg sei nötig und er nehme sich das Geld, woher er es bekomme, «da war unser Liberalismus vollkommen außer sich, als sei in Preußen das Unerhörteste geschehen, sozusagen etwas ganz Unfassbares, Unbegreifliches» (Ko, 1153). Die Liberalen hatten recht, es war unerhört, Ähnliches wäre in England nicht vorgekommen.

Fontane hätte nicht nur die englischen und preußischen Liberalen vergleichen sollen, er hätte auch die englische und die preußische Regierung vergleichen sollen. Die englische hielt sich an die Regeln, Bismarck hielt sich jahrelang nicht an die Regeln und ging mit einer nie gekannten Rigorosität und Selbstherrlichkeit vor. Die deutschen Liberalen sind nicht nur gründlicher und wohl auch dogmatischer als die pragmatischen englischen, da mag Fontane recht haben, sie sind aber auch in Bismarck mit einer anderen Regierung konfrontiert als die englischen Parlamentskollegen, die wissen, dass nicht nur sie selbst sich an die Regeln halten, sondern dass dies auch die Regierung tut. Doch Fontane: «Freilich, der konstitutionellen Doktrin gemäß war es nicht; aber es war dem Wohle des Vaterlandes gemäß.» (Ko, 1153) Hier stand er auf der Seite Bismarcks, nicht auf der des Liberalismus, zu dem er sich dann fast 30 Jahre später in der erwähnten Fußnote bekannte. Vielleicht ist die Parenthese, die er dort einfügte, die bessere Charakteristik seiner Haltung über Jahre hin: seine politischen Anschauungen seien «allerdings zu allen Zeiten etwas wackliger Natur» gewesen.

23. Die Grafschaft Ruppin

Die *Wanderungen durch die Mark Brandenburg* begannen in Schottland, wie Fontane im Vorwort zum ersten Band mit dem ersten Satz mitteilt: «Erst die Fremde lehrt uns, was wir an der Heimat besitzen. Das habe ich an mir selber erfahren und die ersten Anregungen zu diesen Wanderungen durch die Mark sind mir auf Streifzügen in der Fremde gekommen.» (W 1, 5) Eben auf seinen Erkundungen in Schottland mit seinem Freund Lepel im August 1858. Und seine erste Wanderung durch Brandenburg unternahm er wiederum mit Lepel schon bald nach seiner Rückkehr aus England: vom 18. bis 23. Juli 1859. Sie führte die beiden ins Ruppiner Land, wo Fontane geboren wurde und die ersten Lebensjahre verbrachte. So heißt der erste Band denn auch *Die Grafschaft Ruppin*, allerdings erst ab der zweiten Auflage; vorher hieß er nur *Wanderungen durch die Mark Brandenburg*. Er kam schon Ende 1861 heraus mit der Jahreszahl 1862. Zu Fontanes Lebzeiten erreichte er fünf weitere Auflagen. Der zweite Band *Das Oderland. Barnim-Lebus* kam bereits 1863 und hatte vier weitere Auflagen zu Lebzeiten des Autors. Dann entstand eine Unterbrechung, bis die nächsten Bände erschienen, eine Unterbrechung durch den Krieg gegen Dänemark 1864 und den Krieg gegen Österreich 1866, über beide hat Fontane ausführlich berichtet: *Der Schleswig-Holsteinische Krieg im Jahre 1864*, publiziert 1866, und *Der deutsche Krieg von 1866*, publiziert 1870. Erst danach konnte er sich wieder den Wanderungen zuwenden: den dritten Band *Havelland* veröffentlichte er 1873, den vierten Band *Spreeland* erst 1882, der fünfte Band, ein Zusatzband *Fünf Schlösser*, erschien sogar erst 1889.

Zwischen dem dritten Band und den beiden letzten liegt wiederum eine Pause, diesmal durch den deutsch-französischen Krieg verursacht, über den Fontane wiederum schrieb: *Der Krieg gegen Frankreich 1870–71*, Band 1 kam 1873, Band 2 kam 1875 auf 1876 heraus. Davor publizierte er zwei bedeutsame autobiographische Werke nach seinen Reisen durch Frankreich 1870: *Kriegsgefangen*, sogleich nach seiner Freilassung 1870 publiziert, und *Aus den Tagen der Occupation*, 1871 veröffentlicht. Die Kriegsberichte sind sehr umfangreiche Bände, in denen er die Kämpfe genau beschreibt, die Wanderungen sind ebenfalls recht ausführlich. Fontane war in dieser Zeit außerordentlich fleißig, wenn man bedenkt, dass er auch noch in der *Kreuz-Zeitung* bis 1870 tätig war und danach in der *Vossischen Zeitung*. Mit den Wanderungen, die ihm einen gewissen Erfolg brachten und auch Anerkennung, jedenfalls beim Publikum, kaum bei den Historikern, kaum beim Adel, hatte er sich als Schriftsteller in Berlin etabliert. Sie gelten als Vorstufe seiner Romane, deren erster *Vor dem Sturm* 1878 erschien nach 15-jähriger Planung und Arbeit, ein «vaterländischer» Roman, wie ihn Fontane einmal nannte. So war er denn auch für die Öffentlichkeit ein vaterländischer Schriftsteller, der in seinen Wanderungen die Geschichte Preußens an seiner Landschaft ablas und an seinen Adelsgeschlechtern und die preußische Gegenwart in den Kriegen Bismarcks beschrieb. Erst der genaue Blick auf die Texte zeigt ein differenziertes Bild.

Die Wanderungen bieten einen höchst unterschiedlichen Text, sie sind Mischungen aus Landschaftlichem und Historischem, «Sitten- und Charakterschilderung – und verschieden wie die Dinge, so verschieden ist auch die Behandlung, die sie gefunden», wie er im Vorwort schreibt (W 1, 7). Der erste Band *Die Grafschaft Ruppin* unterscheidet sich von den folgenden, da er eine ausführliche Beschreibung der Vaterstadt Neuruppin bringt und in dieser mehrere wichtige bürgerliche Bewohner der Stadt, ehemalige und jetzige, vorstellt, also einmal keine Adligen auf ihren Herrensitzen, sondern Stadtbewohner. Er beginnt zwar mir den Rittergütern, die am Ruppiner See gelegen sind, und nicht mit der Stadt, kommt aber dann auf sie zu sprechen. In dem rund 500 Seiten starken Band nimmt das Kapitel über Neuruppin immerhin 140 Seiten ein, das über Rheinsberg nur 63 Seiten. Nimmt man die um den See gelegenen Dörfer noch hinzu und die Abhandlung der beiden Regimenter, die in Neuruppin lagen, so kommt man sogar auf 240 Seiten. Fast die Hälfte des Buches ist Neuruppin und Umgebung gewidmet.

Der zweite Band *Das Oderland* enthält Schilderungen des Oderbruchs, also der Gegend links der Oder, etwa von Seelow im Süden bis Freienwalde im Norden. Es ist jene Gegend, die einmal «Bruch» (von mittelhochdeutsch bruoch) war, also ein Sumpf- und Moorgebiet, das in jahrzehntelanger Arbeit trockengelegt wurde. Bis auf den Beginn, in dem Fontane diese Trockenlegung in alten Zeiten erläutert, stellt er nur Dörfer vor, die zugleich Adelssitze sind, und die Schicksale dieser Adligen. Ausnahme: die Stadt Bad Freienwalde, deren Ruinenberg, Schloss und Gesundbrunnen er beschreibt und schließlich denn doch auch einen ansehnlichen Bürger der Stadt, den Drechslermeister Karl Weise, der auch dichtet, einen Hans Sachs von Freienwalde:

Drechselt Pfeifen in guter Ruh
Und macht auch wohl 'nen Vers dazu. (W 2, 69)

Doch zunächst ins Ruppiner Land. Es beginnt mit Wustrau an der Südspitze des Ruppiner Sees, der die Form einer Mondsichel hat. Das Schloss Wustrau ist heute noch erhalten als Sitz einer Richterakademie. Es ist das Schloss des alten Zieten, des berühmten Husarengenerals Friedrichs II. Dieser residierte auf Wustrau, wo er nun begraben liegt. Auf seinen Grabstein hatte sein Sohn, der letzte Zieten auf Wustrau, eine Eisenplatte mit goldenen Lettern gelegt, die von der

Parade des Blücherschen Husarenregiments an diesem Grab zeugte – zu Ehren des alten Zieten: «Preis und Ehre seinem Namen. Er war und bleibt der Preußen Stolz.» Der junge Zieten vertrieb sich die Zeit mit allerhand Späßen. So ließ er von einem Steinmetz einige große Feldsteine konkav ausarbeiten, um sie zu einem heidnischen Begräbnisplatz in seinem Wald zu arrangieren, was auf die Archäologen lange großen Eindruck machte. Wo keine Geschichte ist, kann man sie schaffen. Auf Karwe, das Schloss ist heute verfallen, traf Fontane auf die Spuren des Feldmarschalls Karl Friedrich von dem Knesebeck. Dieser Knesebeck soll den Plan ausgeheckt haben, mit dem Napoleon endlich besiegt wurde: mit den riesigen Räumen Russlands, in die man ihn hineinlockte. Er habe diesen Plan dem Zaren Alexander vorgelegt, der sich danach richtete: «die großen Alliierten Russlands waren der Raum und die Zeit» (W 1, 32) und mit diesen Alliierten siegte Russland, nicht das letzte Mal. Doch ob Knesebeck diesen Plan aussheckte, ist mehr als umstritten. Auf seine alten Tage schrieb er in Karwe seine Erinnerungen und ließ sich dabei auch nicht von der Dame im schwarzen Seidenkleid stören, die gelegentlich durch die Räume des Schlosses spukte. Sie soll auch noch in der Ruine des Schlosses gesichtet worden sein. Im Januar 1848 verschied Knesebeck, gerade rechtzeitig, um den Berliner Aufstand nicht mehr zu erleben. Er hinterließ einen Spruch, der das Ideal des märkischen Landadels aufs Beste zusammenfasst:

«Mit dem Schwerte sei dem Feind gewehrt,
Mit dem Pflug der Erde Frucht vermehrt;
Frei im Walde grüne seine Lust,
Schlichte Ehre wohn' in treuer Brust,
Das Geschwätz der Städte soll er fliehen,
Ohne Not von seinem Herd nicht zieh'n,
So gedeiht sein wachsendes Geschlecht,
Das ist des Adels Sitt' und altes Recht.» (W 1, 34)

Der Landadlige ist also Soldat und Ackerbauer, wobei er als Soldat natürlich andere befehligt und als Ackerbauer Knechte und Mägde zur Unterstützung hat. Die Städte lehnt er ab. Die Kultur ist allerdings in den Städten entstanden, das kann man wohl sagen, und so haben vor allem die Adligen etwas zur Kultur beigetragen, die ihren Landsitz verließen: Friedrich von Hardenberg, genannt Novalis, Joseph Freiherr von Eichendorff und die Brüder Humboldt wenigstens zu nennen. Und alle die, die in Berlin dem Staat dienten wie Karl Freiherr vom und zum Stein und Carl August von Hardenberg, dessen Schloss Neu-Hardenberg Fontane im zweiten Band der Wanderungen besuchte.

Das dritte und letzte Herrenhaus am südlichen Seeufer ist Radensleben, auch dieses steht noch, es ist jetzt ein Seniorenwohnheim, Lennés Park ist erhalten. Diese Seite des Sees, lobt Fontane, ist die ruhigste Stelle im Ruppiner Land, kein Fremder komme hierher. Wen man treffe, der sei ein Einheimischer. Und doch war in diesem abgelegenen Radensleben damals eine Fülle von Kunstschätzen versammelt, Besitz der Familie von Quast. Fontane zählt die wichtigsten Werke auf, «altitalienische Bilder», «Jugendwerke Schinkels», Handzeichnungen Dürers und anderes. «Kühle weht, und wir blicken noch einmal hinunter in den Park, hinter dessen Bäumen die Abendröte verglüht. Seine feingezogenen Linien überraschen uns nicht länger mehr. Wo Madonna weilt, da weilt auch die Schönheit.» (W 1, 41)

Als schön gilt auch Neuruppin, die «preußischste Stadt» der Mark, wie es manchmal heißt, dies wohl vor allem deshalb, weil sie nach dem großen Brand von 1787, der zwei Drittel der Häuser vernichtete, gemäß den Plänen des preußischen Baumeisters Bernhard Matthias Brasch erbaut wurde: Straßen mit dem Lineal gerade gezogen, große Plätze für Markt und Militär, fast einheitlicher Stil in den klassizistischen Gebäuden, nur von wenigen größeren Bauten der Gründerzeit unterbrochen. Ja, Neuruppin ist eine schöne Stadt, an einem großen See gelegen. So gewinnt die Brandenburger Landschaft überhaupt erst durch die vielen Seen ihren Reiz.

Fontane schätzte den großzügigen Aufbau der Stadt nicht gleichermaßen. Er fand, die Anlage sei wie ein zu großer Rock für einen kleinen Menschen, der nie in diesen Rock hineinwachsen werde. Dadurch entstehe «Öde und Langeweile», was heute nicht stimmt, jedenfalls wenn man unter der Woche die Innenstadt besucht, die von regem Publikumsverkehr belebt wird. Fontane unternimmt zunächst einen Spaziergang durch die Stadt und beschreibt dann die ehemalige Klosterkirche, einen stattlichen gotischen Backsteinbau. Es ist überhaupt erstaunlich, welch prächtige gotische Backsteinkirchen auch kleinere Städte Brandenburgs beherbergen, etwa Kremmen, Gransee oder Wittstock, von den großen Domen in Havelberg und Brandenburg zu schweigen. Natürlich berichtet er dann über die Grafen von Ruppin bis zu deren Aussterben und über die Folgen des dreißigjährigen Krieges, der die ganze Mark furchtbar verheerte.

Dann aber kommen die guten Bürger: der gelehrte Andreas Fromm, ein Theologe, General von Günther, der sich durch die Unterdrückung eines polnischen Aufstands hervortat, schließlich der bedeutendste Sohn der Stadt – so Fontane, der ihm den Titel inzwischen streitig macht –: der Maler und Architekt Karl Friedrich Schinkel. Fontane gibt eine Biographie des 1781 in Neuruppin Geborenen und zählt schließlich seine Meisterwerke in Berlin auf, so die Domkirche, die alte elegante, die jetzige protzige ist ein Zeugnis des Geschmacks von Kaiser Wilhelm II., das Schauspielhaus auf dem Gendarmenmarkt, das alte Museum im Lustgarten, die Schlossbrücke, die Friedrich-Werdersche Kirche, ein graziles Bauwerk von seltener Anmut, aber auch die vier kleinen Kirchen, die er für Vororte entwarf: für Moabit, Wedding, Gesundbrunnen und Rosenthal. Sie sind heute eine Wohltat fürs Auge inmitten der zusammengewürfelten Bauten der Stadt. Umfangreicher als Schinkel handelt er einen anderen Künstler ab, der heute vergessen ist, den Maler Wilhelm Gentz, dem er 40 Seiten zugesteht; Schinkel erhielt nur die Hälfte. Gentz, aus einer angesehenen Neuruppiner Familie, auch der Großvater Johann Christian Gentz wird in einem Kapitel gewürdigt, war ein Maler orientalischer Genre-Bilder, hatte selbst auch Reisen nach dem Nahen Osten und Ägypten unternommen. Er war seinerzeit eine Berühmtheit, weshalb ihm Fontane so viel Platz widmet.

Zwei weitere Neuruppiner Bürger: der grobschlächtige, witzige Gastwirt Michel Protzen und der Begründer der Neuruppiner Bilderbögen Gustav Kühn. Kronprinz Friedrich, später der große König, darf natürlich nicht fehlen. Er lebte einige Zeit in Neuruppin, bis sein Schloss Rheinsberg hergerichtet war. Und nun Rheinsberg, der zweite Schwerpunkt des Bandes. Er beschreibt den Weg, der nicht sehr reizvoll ist, auch heute noch nicht, fährt man von Neuruppin mit dem Auto die Straße dorthin. Ein wenig erinnert diese Strecke – und manch andere in der Mark – an das, was Fontane über die Dosseufer sagt, Dosse ist ein kleiner Fluss: «Die Dosseufer sind eben von einer ganz besonderen Tristheit, wenigstens soweit der obere Lauf des Flusses in Betracht kommt. All diese Strecken veranschaulichen in der Tat jenes märkische Landschaftsbild, das im Allgemeinen weniger in der Wirklichkeit als in der Vorstellung der Mittel- und Süddeutschen existiert.» (W 1, 434–5) Aber eben doch auch in der Wirklichkeit. Umso mehr fällt die Schönheit Rheinsbergs ins Auge: ein Edelstein in der märkischen Landschaft. Das Städtchen wiederum von klassizistischen Bauten bestimmt, jedenfalls am Markt, die Nebenstraßen sind oft von einer Reihe kleiner Häuser besetzt, hübsch anzuschauen, die nur ein Erdgeschoss haben und ein Gärtchen dahinter. Dann das kleine, aber feine Schloss am See, die beiden Flügel zum See hin geöffnet, dazwischen die Säulenreihe, vom Schloss der Blick auf den Obelisken gegenüber auf der anderen Seite des Sees. Zur Linken des Schlosses ein wundervoller Park mit Grotte, kleinem Amphitheater und anderen Herrlichkeiten. Zur Rechten des Schlosses das Theater, wieder hergerichtet, in dem jeden Sommer sich nun junge Musiker und Sänger treffen zu einer Akademie, die mit festlichen Konzerten endet.

Fontane erzählt natürlich vom Kronprinzen Friedrich, der hier seine schönsten Jahre verbrachte, bevor er König Friedrich II. wurde. Und ausführlich berichtet er vom Prinzen Heinrich, dem Bruder des Königs, dem dieser Rheinsberg schenkte. Heinrich, Liebhaber französischer Sprache und Kultur, hielt hier Hof, umgeben von einer kleinen, auserlesenen Schar, die Fontane vorstellt. Nach jedem Diner gab es ein Konzert oder eine Theateraufführung. Die schöne Pracht endete mit dem Tod des Prinzen 1802.

Die Räume des Schlosses, die Fontane besichtigte, kann man auch heute besichtigen. Im Erdgeschoss des rechten Flügels ist jetzt auch ein Tucholsky-Museum untergebracht. Der Berliner Publizist Kurt Tucholsky war nur kurz in Rheinsberg, aber sein heiteres Buch «Rheinsberg. Ein Bilderbuch für Verliebte» wurde ein Bestseller. Tucholsky schrieb 1919 zum 100. Geburtstag Fontanes eine Würdigung. Im ersten Absatz meinte er, die Romane seien inzwischen veraltet und würden kaum noch gelesen, darin hatte er sich geirrt, dann aber kommen drei Seiten voll hymnischen Lobs des Dichters und Menschen Fontane. Deshalb ist Tucholsky hier am rechten Ort: er verkörpert dieses andere Preußen, das aufmüpfige, den Berliner Geist der Beweglichkeit, dem Neuen aufgeschlossen, dem Alten kritisch zugewandt. So sind hier beide erfreulichen Teile zusammengestellt: die Hohenzollern als Liebhaber der Künste, was sich auch in den schönen Schlössern Potsdams zeigt, und der Berliner Witz, frech und laut, aber nicht verletzend.

Rheinsberg spielt eine Rolle im letzten Roman Fontanes *Der Stech-lin*. Dort versammeln sich die Adligen im Gasthaus *Zum Prinzregenten*, um ihren Sieg in der Wahl zu feiern. Der alte Stechlin kandidierte, wie sein Autor einst, für die Konservativen und verlor wie dieser. Das hindert die Herren in Rheinsberg aber nicht an einem guten Essen und fröhlichen Trinken; die Politik ist nicht so wichtig. In der Nähe von Rheinsberg liegen Menz und der große Menzer Forst, den Fontane auch im ersten Band der Wanderungen beschreibt, und mitten in diesem großen Wald der berühmte Stechlin-See. An diesem wiederum lagert die kleine Siedlung Neu-Globsow neben der älteren Dagow. Neu-Globsow spielt auch eine Rolle im Roman: die Glasbläser, die dort wohnten und arbeiteten, sind der Widerpart der adligen Welt. Freilich damals schon, zur Zeit des Romans, war die Glasbläserei eingestellt, die industrielle Herstellung von Glas hatte ihr den Garaus gemacht. Heute ist die Arbeit der Glasbläser in einem Museum zu besichtigen, die heutige Siedlung, in den 1920er Jahren entstanden, war eine Feriensiedlung, aber auch eine, in die es müde Städter zog. Das Schloss Stechlin, das Fontane für seinen Roman erfand, gibt es nicht, Touristen suchen es immer wieder vergebens. Das Geschlecht, das es bewohnte, gibt es auch nicht. Man mag die Kirche von Menz als Vorbild der Kirche des Pastor Lorenzen nehmen und das Herrenhaus der Arnims, Nachfahren des romantischen Dichterpaares Achim und Bettina von Arnim, im nahen Zernikow als Vorbild des bescheidenen Schlosses. Den See aber gibt es und er ist wirklich etwas Besonderes, der große Stechlin.

«Wie still er da liegt, der Stechlin», hob unser Führer und Gastfreund an, «aber die Leute hier herum wissen, von ihm zu erzählen. Er ist einer der Vornehmen, die große Beziehungen unterhalten. Als das Lissabonner Erdbeben war, waren hier Strudel und Trichter und stäubende Wasserhosen tanzten zwischen den Ufern hin. Er geht 400 Fuß tief und an mehr als einer Stelle findet das Senkblei keinen Grund. Und Launen hat er und man muss ihn ausstudieren wie eine Frau. Dies kann er leiden, jenes nicht.» (W 1, 317) Wenn er unwillig wird, sein Antlitz sich verdunkelt und Murren klingt herauf, müsse man ihn meiden: «Ist aber ein Waghals im Boot, der es ertrotzen will, so gibt es ein Unglück. Und der Hahn steigt herauf, rot und zornig, der Hahn, der unten auf dem Grunde des Stechlin sitzt, und er schlägt mit den

Flügeln, bis es schäumt und wogt, und greift das Boot an und kreischt und kräht, dass es die ganze Menzer Forst durchhallt von Dagow bis Roofen und bis Alt-Globsow hin.» (W 1, 317)

In der Tat ist der Stechlin-See einzigartig unter den vielen Seen Brandenburgs und Mecklenburgs, einer der tiefsten und der klarsten, eine kristallene Besonderheit, in dem es einen Fisch, eine Maräne gibt, die es nur dort gibt und die deshalb auch Fontane-Maräne heißt. Den roten Hahn freilich hat schon lange keiner mehr gesehen, vielleicht weil die Angler und Ruderer jetzt vorsichtiger sind, als sie es früher waren. Natürlich haben Wissenschaftler, die der Sage einen gewissen Glauben schenkten, versucht, die Phänomene zu erklären: «Und der See ist durch seine Angriffsfläche für stürmische Winde aus westlichen und südlichen Richtungen sehr gefährlich, da sich in seinem Zentrum hohe und sich überschlagende Wellen bilden können. Vielleicht hat es in der Vergangenheit auch kleinere Wind- und Wasserhosen am Stechlin gegeben. [...] Auch für den Roten Hahn lassen sich natürliche Erklärungen finden – eine Wasserhose bei untergehender Sonne oder aufsteigendes Methan aus verrottendem Laub und Wasserpflanzen, das sich unter Umständen selbst entzünden kann, ähnlich wie die bekannten Irrlichter in Sümpfen und Mooren.» (Stechlin, 10 u. 139) Auch massenhaft auftretende Blutalgen könnten das Wasser rot färben.

Dieser See ist der Held des Romans *Der Stechlin*. Auch das Städtchen Gransee, im Roman der Sitz des Arztes und des jüdischen Händlers, der dem alten Stechlin Geld leiht, beschreibt Fontane im ersten Band: die immer noch von einer Mauer umgebene Stadt, das prächtige Stadttor, die gotische Kirche, das gusseiserne Denkmal für Königin Luise. Und er kommt auch auf Lindow zu sprechen, weiter westlich und südlich gelegen, ein Städtchen an drei Seen. Dort liegt im Roman das Stift, Kloster Wutz genannt, in dem die Schwester des alten Stechlin die Domina ist, ein Stift adliger evangelischer Damen. Fontanes letzter Roman spielt in seiner Heimat, im Ruppiner Land, in dem er auch seine Wanderungen begann: so verbindet sich Anfang mit Ende.

24. Das Oderland

Eine wichtige literarische Gestalt wird im ersten Band der Wanderungen gewürdigt: Prinz Friedrich von Homburg, preußischer General der Kavallerie, der Held im letzten Drama, das Heinrich von Kleist schrieb: *Prinz Friedrich von Homburg*. Freilich ist der reale Prinz nicht der träumerische Jüngling, den Kleist bietet, sondern ein gestandener, mit den Verhältnissen der Zeit vertrauter und höchst aktiver Mann. Kleist bringt eine zarte Balance zwischen dem Prinzen, der spontan und gegen den Befehl handelt und gerade dadurch den Sieg in der Schlacht erringt, und dem Kurfürsten, der die Strenge des Gesetzes verkörpert: auf Insubordination folgt die Todesstrafe. Dass der Prinz letztlich dieser entgeht und das Drama glücklich endet, also die Freiheit des Individuums und die Gesetze des Staates zu einem Ausgleich kommen, das ist ein preußischer Traum – ein Traum, was sonst, heißen die letzten Worte des Stücks –, keine preußische Realität. Kleist beging bald nach der Fertigstellung des Dramas, das den Unwillen des Hofes auf sich zog, zusammen mit Henriette Vogel Selbstmord am Kleinen Wannsee.

Fontane hat dieses Drama zunächst streng gerügt, erst später konnte er sich damit abfinden. Er tadelte genau das, was auch dem Hof nicht gefiel: Ein preußischer Heerführer träumt nicht bei der Befehlsausgabe, ein preußischer Heerführer handelt nicht wider den Befehl und er fürchtet sich nicht vor dem Tode. Dass es auch noch ein märkischer Adliger war aus altem Offiziersgeschlecht, der eine solche Gestalt auf die Bühne brachte, das war ihm unbegreiflich. Der Prinz von Homburg ist bei Kleist kein preußischer Held im landläufigen Sinne, da hat Fontane recht. Das Drama *Käthchen von Heilbronn* dagegen, ein romantisches Ritterschauspiel mit erfundenen Figuren des Mittelalters, das kann er akzeptieren, eben als Märchen und nicht als historisches Drama.

Der historische Prinz Friedrich von Homburg, der zweite Sohn des Landgrafen Friedrich von Hessen-Homburg, trat früh in die Dienste des schwedischen Königs, nach dessen Tod 1660 zog er sich nach Deutschland zurück. Er hatte Margarete Brahe geheiratet und mit ihr ein Gut im Magdeburgischen gekauft. Dann kam er an den Berliner Hof, wo er freundlich aufgenommen wurde, 1670 wurde er General der Kavallerie.

Zwei Heldentaten sind zu vermerken: die Schlacht bei Fehrbellin 1675 entschied wohl tatsächlich der Prinz mit der Reiterei, wie auch Kleist es erzählt, aber durchaus im Rahmen der Befehle. Fontane: «Am folgenden Tage, am Tage von Fehrbellin, führte er die Avantgarde, hing sich mit dieser an die Schweden, brachte sie zum Stehen und wurde so die vorzügliche Ursache zum Siege über dieselben. Verfuhr er anders, so entkam der Feind. Er selber hat diese glänzende Aktion am Tage darauf von Fehrbellin aus, abermals in einem Briefe an seine Frau, seine ‹Engelsdicke› beschrieben.» (W 1, 384) Weder in diesem Brief noch in der frühesten Darstellung der Schlacht bei Pufendorf (W 1, 386) ist von Insubordination und dem Zorn des Kurfürsten die Rede. Diese Legende ist erst im 18. Jahrhundert entstanden und wurde dann als Faktum weitergegeben, eben auch durch Heinrich von Kleist.

Die zweite Heldentat ist der Kauf des Amtes Neustadt an der Dosse, das bis heute von der Initiative des Prinzen profitiert. Das Gut bestand 1662 aus sieben Bauernhöfen, zwei Jahre später standen 47 Bürgerhäuser und eine Vorstadt. Der Prinz erreichte die Stadtgerechtigkeit für sein Neustadt und das Recht, Jahrmärkte abzuhalten. Die Dosse wurde reguliert, so dass trockene Wiesen entstanden. Die feuchten Wiesen, auch Luch genannt, in denen vor allem im Sommer das Wasser stand, konnten kaum genutzt werden. Jetzt aber konnten Pferde auf den Wiesen weiden, und der Prinz begann, Pferde zu züchten; die Kavallerie hatte einen großen Bedarf. Noch heute ist Neustadt an der Dosse der Platz der Pferdezucht in Brandenburg, das Gestüt ist weithin bekannt, ein Werk des Prinzen von Homburg, der 1678 nach dem Tode seines Bruders die Grafschaft Hessen-Homburg übernahm. Dort in Bad Homburg am Taunus steht heute noch sein schönes Schloss, das später Kaiser Wilhelm II. als Sommerresidenz diente.

Wie schwer es war, aus der Mark, die vor allem Sand und Sumpf zu bieten hatte, ein fruchtbares Land zu machen, ist an der Arbeit des Prinzen abzulesen. Fontane sieht durchaus diese ökonomische und ökologische Entwicklung und er beschreibt sie recht genau, etwa in dem Kapitel des ersten Bandes über Gentzrode, einen Flecken, auf dem die Familie Gentz aus Neuruppin ein Landgut aufbauen wollte, was ihr auch gelang, bis die Nachfrage nach Torf einbrach. Torf bildet sich im Moor aus zerfallenen pflanzlichen Substanzen. Es wird herausgestochen und getrocknet und ist dann als Brennmaterial verwendbar, ein guter Ersatz für das Holz. Das große Berlin brauchte viel Holz, der gesamte Menzer Forst sollte einmal für den Berliner Verbrauch abge-holzt werden. Nicht zuletzt der Torf hat das verhindert. Torf wurde von einer Gruppe von Männern von Hand ausgestochen, bezahlt wur-den diese nicht nach Arbeitszeit, sondern nach Ertrag. (W 1, 324–5) Das war genauso im Kohlebergbau, wo ebenfalls nur in klug aufeinan-der abgestimmten Teams gearbeitet werden konnte und der Lohn sich nach den geschlagenen Kohlen berechnete. Und die Kohle war es denn auch, die viel besser brannte als Torf und deshalb den Torf als Brenn-material ablöste. Damit brach die Landwirtschaft in Gentzrode zusam-men. (W 1, 483 ff.)

> Graben und Wall
> Haben bezwungen das Element,
> Und nun blüht es von End zu End
> All überall. (W 2, 25)

Den zweiten Band der Wanderungen beginnt Fontane mit der späten Eindeichung der Oder, die das Oderland überhaupt erst hervorbrachte. Das geschah Mitte des 18. Jahrhunderts. Es waren drei Aufgaben zu be-wältigen, schreibt er: der Oder einen schnellen Abfluss zu verschaffen, die Oder mit tüchtigen Dämmen einzufassen und das Binnenwasser aufzufangen und abzuführen. Alles gelang nach langen Jahren großer Anstrengung. Die Oder ist eingedeicht und bei Hochwasser halten die Dämme, es sei denn, es regnet sehr lange und sehr stark, dann ist die Gefahr gegeben, dass die Dämme aufweichen und durchbrechen. Sie müssen dann rasch verstärkt werden. Die alten Nebenarme der Oder – die alte Oder – wurden ebenfalls eingedämmt, aber nicht trockengelegt, so dass sie weiterhin für die Schifffahrt zugänglich waren. Und schließ-lich wurden die Sümpfe und stehenden Wasser abgeleitet in den Strom. So entstand das fruchtbare Land im Oderbruch.

Dies alles war sehr viel später in Gefahr. Im Juli 1997 gab es ein Hochwasser, wie es seit Menschengedenken noch nicht erlebt worden war. In Mähren, Böhmen und Schlesien fielen ungeheure Nieder-schläge, die Oder schwoll an, am 17. Juli erreichte das Hochwasser Brandenburg. Bei Ratzdorf, am Zusammenfluss von Oder und Neiße, stand das Wasser 3 Meter 50 höher als sonst. Am 23. Juli rutschte süd-lich von Frankfurt der erste Deich auf einer Länge von 70 Metern weg.

Die Ziltendorfer Niederung lief voll. 2800 Menschen mussten evakuiert werden. Das Oderbruch, ein Gebiet fast dreiviertel so groß wie das an Ausdehnung große Berlin, drohte voll zu laufen. Dort leben etwa 20 000 Menschen und viele Nutztiere. Das Wasser stand an der Oberkante der Deiche. Soldaten der Bundeswehr und viele Freiwillige eilten herbei und erhöhten Tag und Nacht mit Sandsäcken die Deiche. Der Deich bei Hohenwutzen war beschädigt: auf 150 Meter gab es mehrere Löcher von beträchtlicher Tiefe. Der Deich war durchgefeuchtet und drohte zu brechen. Eine Katastrophe zeichnete sich ab. Mit Hubschraubern wurden schließlich tonnenweise Sandsäcke und Betonteile herangeschleppt. Wie durch ein Wunder hielt der Deich. Ohne dieses Wunder wäre das fruchtbare Oderbruch verloren gegangen und die Arbeit von dreihundert Jahren wäre hinfällig gewesen. Am 8. August endlich begann der Wasserspiegel zu sinken.

Dass dieses Oderland zu einer fruchtbaren Gegend wurde, lag auch daran, dass der Begründer der Agrarwissenschaft Albrecht Daniel Thaer, geboren 1752 in Celle, nach Brandenburg gelockt werden konnte. Er hatte in Göttingen Medizin studiert, war zunächst ein bekannter Arzt, auch Leibmedikus des Königs von Hannover, als er sich immer stärker dem Landbau zuwandte und ein Gut zu Versuchszwecken anlegte. 1799 und 1801 war er durch Brandenburg gereist und vor allem am Oderbruch interessiert. Dort lernte er auf Schloss Kunersdorf Frau von Friedland kennen, die selbständig und kenntnisreich ihre großen Ländereien verwaltete, und deren Tochter und Schwiegersohn, Gräfin und Graf von Itzenplitz. Man freundete sich an und der Graf setzte sich bei Fürst Hardenberg für Thaer ein. Hardenberg zögerte nicht, den berühmten Mann, von dem er sich eine Verbesserung der Landwirtschaft versprach, nach Brandenburg einzuladen. Ein Brief des Königs bestätigte die Einladung. Thaer erstand das Rittergut Möglin bei Kunersdorf. Dort eröffnete er wieder seine Lehranstalt und machte aus seinem Gut eine Musterwirtschaft. Die bessere Kultivierung des Bodens, die Untersuchung von dessen unterschiedlicher Beschaffenheit, der Fruchtwechsel, die Stallfütterung der Tiere, wodurch Mist als Dünger abfiel, all dies und anderes – Fontane führt es auf (W 2, 113 ff.) – brachte Thaer mit. Sein wichtigstes Werk heißt «Grundsätze der rationellen Landwirtschaft» von 1812.

Möglins Gutshaus ist heute in Privatbesitz, eine Ausstellung und ein Denkmal im Park, der für das Publikum geöffnet ist, gedenkt des großen Thaer, nach dem auch die Fakultät für Agrarwissenschaften der Humboldt Universität Berlin benannt ist. Das Schloss von Kunersdorf ist abgerissen, eine Villa in der Nähe blieb erhalten und beherbergt heute das Chamisso-Haus, denn Adalbert von Chamisso schrieb in Kunersdorf im Sommer 1813 sein berühmtes Werk von dem Mann ohne Schatten: «Peter Schlemihls wundersame Geschichte». Eingeladen hatte ihn die Gräfin Itzenplitz, die zu ihrer Zeit ein offenes Haus führte, in dem bekannte Künstler und Beamte verkehrten.

Fontane zeigt, wie diese Frauen von Adel innerhalb ihrer Möglichkeiten sich einen eigenen Tätigkeitsbereich eröffnen konnten. Am stärksten hat dies Frau von Friedland geschafft, die Herrin auf Friedland, heute Alt-Friedland, und Kunersdorf war. Sie war die einzige Erbin des Hans Sigismund von Lestwitz, dem Friedrich II. Friedland geschenkt hatte, weil er die Schlacht bei Torgau für ihn gerettet hatte. Helene Charlotte von Lestwitz heiratete einen Heinrich von Brocke, trennte sich aber bald wieder von diesem, «durch Schuld des Gemahls», wie Fontane schreibt, nach der Geburt ihrer Tochter Henriette Charlotte und führte hinfort ein selbständiges Leben als Frau von Friedland. Sie war die meiste Zeit mit dem Pferd auf ihren Gütern unterwegs und verstand von Ackerbau und Viehzucht mehr als die meisten Männer. Ihr Gutsnachbar auf Friedersdorf, General von der Marwitz, erinnerte sich: «Das meiste in der Landwirtschaft – ungefähr alles, was ich nicht aus der Kindheit wusste und nachher aus der Erfahrung erwarb – habe ich von einer sehr merkwürdigen Frau von Friedland. Als ich sie 1802 kennen lernte, war sie ungefähr zwölf Jahre im Besitz der Güter und führte alles mit beispielloser Ausdauer und Umsicht. Es waren sechs große Wirtschaften, die sie leitete.» (W 2, 155) Ihre Tochter heiratete den Landrat und späteren Geheimen Staatsrat Peter Alexander von Itzenplitz. Ab 1815 lebten sie gänzlich auf ihren Gütern.

So wie Friedrich II. Gut Friedland Lestwitz für seine Verdienste als Geschenk machte, so das nahe gelegene Quilitz, das heute Neu-Hardenberg heißt, an General von Prittwitz, der ihm in der Schlacht bei Kunersdorf – ein anderes Kunersdorf als das im Oderbruch, jenseits der Oder, östlich von Frankfurt gelegen – das Leben rettete. «Lestwitz a sauvé l'état, Prittwitz a sauvé le roi», hieß es, also Lestwitz hat den Staat gerettet, Prittwitz den König. 1810 fiel dieses Gut Quilitz wieder

an die Krone zurück und 1814 wurde es als Dotationsgut an den Staats-
kanzler von Hardenberg verliehen und erhielt den Namen Neu-Hardenberg. Fontane beschreibt ausführlich die großzügige Anlage und
die Räumlichkeiten mitsamt Interieur.

Das Schloss ist heute in bestem Zustand. Die Sparkassenstiftung
hat es renoviert und dem Publikum geöffnet. Ein Hotel, zwei Restaurants sind darin untergebracht, Lesungen, Ausstellungen, Konzerte
finden statt. Der letzte Hardenberg auf Neu-Hardenberg, Carl Hans
Graf von Hardenberg (1891–1958), verheiratet mit Renate, geborene
Gräfin von der Schulenburg-Liebrose (1888–1959), gehörte zum Kreis
der Verschwörer des 20. Juli 1944. Neu-Hardenberg war ein Treffpunkt
der Offiziere, auch Graf Stauffenberg gehörte zu den Besuchern. Am
24. Juli 1944, vier Tage nach dem misslungenen Attentat auf Hitler,
wurde der Graf auf seinem Schloss verhaftet, er hatte noch versucht,
Selbstmord zu begehen, was ihm aber nicht mehr gelang. Er kam verletzt ins Konzentrationslager Sachsenhausen bei Oranienburg, nördlich von Berlin. Dass er überlebte, verdankte er dem kommunistischen
Mithäftling Paul Hofmann, der ihn pflegte. Nach dem Krieg wurde
sein Gut wiederum enteignet, diesmal nicht von den Nationalsozialisten, sondern von den Kommunisten. Er zog sich mit seiner Frau nach
Nörten-Hardenberg zurück, woher die Familie stammte.

Das Schloss Friedersdorf der von der Marwitz gibt es nicht mehr,
doch nach dem Ende der DDR kehrte Hans Georg von der Marwitz
zurück und betreibt nun auch ohne Gutshaus wieder Landwirtschaft
auf den alten Feldern. Ein «Kunstspeicher» in einem großen ehemaligen Speicher bietet jetzt Platz für Künstler und Ausstellungen.

Fontane beginnt seine Reise durch das Oderbruch in Frankfurt an
der Oder, bringt aber so gut wie nichts über diese bedeutsame Stadt.
Sogleich erzählt er von den Dampfschiffen auf dem Fluss, von den
Flößen und wie sie gebaut werden, doch nichts von der Stadt, von der
doch einiges zu erzählen wäre, z. B. von ihrer Universität. Hatte Fontane, der nicht studiert hatte, eine Scheu vor dieser Anstalt? Von 1506
bis 1811 gab es eine angesehene Universität in diesem Frankfurt, 1811
wurde sie nach Breslau verlegt; in Berlin gründete zu der Zeit Wilhelm
von Humboldt eine neue Universität. Bedeutende Studenten hatte
Frankfurt, etwa Ulrich von Hutten, Schriftsteller und Anhänger Luthers, Thomas Müntzer, Reformator im Bündnis mit den Bauern und

Gegner Luthers, Carl Philipp Emanuel Bach und schließlich Wilhelm und Alexander von Humboldt. Auch Heinrich von Kleist studierte kurz hier, ein abgebrochener Student, wie man heute sagt, aber doch ein bedeutender. Seit 1992 gibt es wieder diese Frankfurter Universität. Im Schlusswort zum vierten Band der *Wanderungen* spricht Fontane seine Unzufriedenheit mit den beiden ersten Bänden aus. Er wollte, als er in Schottland auf «Tour» war, tatsächlich als Tourist durch die märkische Heimat wandern und über seine Touren berichten. Bei Rheinsberg, Küstrin und Fehrbellin konnte er noch Kenntnisse bei seinen Lesern voraussetzen, kaum aber bei den meisten anderen Orten und deren Bewohnern. So war er vom «Plauderton» in den ledernen Ton des Historikers geraten, der die nötigen Fakten referieren muss. «Wer aber waren die Schönings und die Barfuß? Und wer waren die Marwitz und Lestwitz? Und das Recht zu dieser Frage nur einen Augenblick zugestanden, war auch die Pflicht sie zu beantworten.» (W 4, 400) So kam er aus dem Plauderton in historische Abhandlungen. Vor allem im zweiten Band «Oderland» sei dies der Fall. Das aber sei ihm aufgefallen und er habe versucht, dies in den beiden letzten Bänden zurückzunehmen.

In der Tat hat er in diesen beiden Bänden wieder den freundlichen Plauderton erstrebt, vor allem im vierten, weniger im dritten, in dem er zunächst Historisches erzählen muss. Dies ist zuerst eine Abhandlung, dann aber bringt er gerne Biografien, Lebensgeschichten, also die Geschichte eines Menschen, seiner Familie, seiner Vorfahren und Nachkommen. Es geht ihm auch hier um den Einzelnen, das unverwechselbare Individuum, das in den Strom der Zeit gestellt ist. Und seine Erzählung ist immer mit «Geschichten» angereichert, also mit Anekdoten, die erst den Gang der Ereignisse lebendig gestalten. So entstanden seine «Reisefeuilletons» – «vielleicht darf ich sie so nennen» (W 4, 400).

Dass trotz allem diese ersten beiden Bände einen wichtigen Schritt in seiner Entwicklung als Schriftsteller darstellen, das sieht er auch. In einem Brief vom 17. August 1882 an seine Frau schreibt er, er sei erst nach den beiden ersten Wanderungsbänden «ein Schriftsteller geworden, d.h. ein Mann, der sein Metier als eine Kunst betreibt». Die Prosa jedoch aus dieser Zeit «geniere» ihn und mache ihn «erröten».

25. Havelland

So beginnt der dritte Band der *Wanderungen: Havelland. Die Landschaft um Spandau, Potsdam und Brandenburg* mit einer historischen Abhandlung. Das erste Kapitel heißt «Die Wenden in der Mark» und das erste Unterkapitel «Geographisch-Historisches». Es wird zwar knapp und flüssig berichtet, aber es ist eben doch eine Darlegung der Geschichte der slawischen Ur-Einwohner der Mark, Wenden genannt. Um 500 wanderten, so heißt es, die Germanen nach Westen ab und Slawen zogen aus Osten in die verlassenen Gegenden zwischen Elbe und Oder. Um 1000 dann kamen die Deutschen zurück und eroberten sich nach und nach wieder die Gegend. Dies geschah auch immer wieder in Kämpfen, mit großen Unterbrechungen fast zweihundert Jahre lang, die Wenden waren tapfer und wohl organisiert unter ihren Herrschern. Fontane schildert sachlich und nicht ohne Sympathie die Kultur dieser Slawen, ihre Burgen, ihre Kulte, ihre Götter. Allmählich vollzog sich der Übergang vom heidnischen Kult in den christlichen, und damit wurden die Wenden Teil der christlichen Kultur, sie wurden aufgenommen und vermischten sich mit der deutschen Bevölkerung. Fontane: «Sie blieben vielmehr alle oder sehr überwiegenden Teils im Lande und haben in allen Provinzen jenseits der Elbe unzweifelhaft jene Mischrasse hergestellt, die jetzt die preußischen Provinzen bewohnt.» (W 3, 32) An den vielen slawischen Namen für die Ortschaften Brandenburgs ist das Erbe der Wenden noch abzulesen, etwa an den Namen, die mit -ow enden.

Die zweite historische Abhandlung, die anschließt, heißt: «Die Zisterzienser in der Mark». Die gegen Ende des 17. Jahrhunderts eingewanderten Hugenotten gaben der Mark einen Zivilisationsschub, wie Fontane deutlich machte, doch der erste Zivilisationsschub, wenn man so sagen darf, kam durch den katholischen Orden der Zisterzienser, die in 130 Jahren, von 1171 bis 1300 in Brandenburg und der Lausitz 21 Klöster, Nonnen- und Mönchsklöster, gründeten; Fontane zählt sie alle auf (W 3, 39 f.). Die Zisterzienser sind aus dem ältesten europäischen Orden, dem der Benediktiner hervorgegangen, in einem Akt der Reform, der Reformation, der die Kirche nicht spaltete, sondern erneuerte. Um die alte «Klosterheiligung» wiederherzustellen, verließ der

Hl. Robert sein Benediktinerkloster zu Molesme in der Champagne und zog nach Cîteaux (cistercium) in der Nähe von Dijon, um dort ein neues strengeres Kloster zu gründen, das dem Orden bald den Namen gab.

Statt der schwarzen tragen die Zisterzienser ein weißes Gewand, aber die Regeln des Heiligen Benedikt – Armut, Keuschheit, Gehorsam – hielten sie ein und dieses «ora et labora» (Bete und arbeite), was sich als so nützlich in der europäischen Geschichte erwies: die Heiligung der Arbeit, die in der Antike gering geachtet wurde.

Innerhalb kurzer Zeit, obwohl Robert in sein altes Kloster schon nach einem Jahr zurückkehren musste, stabilisierte sich das neue Kloster und zog Gründungen nach sich von nie mehr erlebtem Ausmaß. 50 Jahre nach der Gründung gab es bereits 500, 100 Jahre nach der Gründung 2000 Klöster in ganz Europa. Eine schwer zu erklärende Entwicklung. Fontane versucht es in drei Punkten: der allgemeine Aufbruch durch den ersten Kreuzzug, das Charisma Bernhards von Clairvaux und vor allem die «kolonisatorische Eigenart» des Ordens. Vor den Universitäten waren die Klöster Universitäten. Die Mönche und Nonnen konnten schreiben und lesen, viele von ihnen jedenfalls, sie konnten die alten Schriften abschreiben und neue verfassen, in lateinischer Sprache, versteht sich. Sie hatten Kenntnisse der Heilkunst, sie pflanzten Heilkräuter und Küchenkräuter. Sie rodeten Wälder und legten Felder an, sie verstanden etwas von Ackerbau und Viehzucht. Sie konnten Häuser und Kirchen bauen, sie konnten malern und schreinern. Sie konnten Wein anbauen oder Hopfen für Bier, je nach den klimatischen Verhältnissen. Sie brachten die Kultur in das doch noch ziemlich arme Brandenburg. Ein Abglanz davon ist heute noch in der gut erhaltenen Ruine von Kloster Chorin zu sehen, auf die denn auch Fontane eingeht, obwohl Chorin nicht in seinem Havelland liegt, sondern in der Uckermark. Aber es ist ein Tochterkloster von Lehnin im Havelland, das nun mal das wichtigste war und gewissermaßen auch noch ist.

Hier kommt dann zu der historischen Abhandlung die biografische hinzu, die Menschen hinter den Daten werden sichtbar, und das ist doch Fontanes eigentliches Interesse, mit dem er die Leser erfreut. Er gibt die Lebensläufe der Äbte: der erste Abt Sibold, der 1190 von Wenden erschlagen wurde, dann Abt Hermann, Abt Heinrich Stich, Abt Arnold und schließlich der letzte Abt Valentin, nach dessen Tod 1542

Joachim II. das Kloster auflöste. Das lohnte sich für den Fürsten allemal, denn die Güter des Klosters, seine Dörfer, Wälder, Äcker und Gebäude fielen an den Landesherrn. Die Reformation im nahen Wittenberg hatte Lehnin ein Ende bereitet wie den anderen Klöstern auch. «Lehnin wurde nun ein Steinbruch für Büdner und Kossäten und Haue und Pickaxt schlugen Wände und Pfeiler nieder. Die Regierungen selbst, namentlich unter Friedrich Wilhelm I., nahmen an dem Vandalismus teil.» (W 3, 69) Und doch hielten große Teile der Gebäude stand, so dass Ende des 19. Jahrhunderts die Anlage wieder ausgebaut werden konnte, auch die schöne Kirche wurde vorsichtig wieder hergestellt im historistischen Stil, durchaus angenehm. Und die Diakonissen übernahmen die Anlage und pflegen und hüten sie bis heute, dieser evangelische Orden, wenn man das sagen darf, «eine Glaubens- und Dienstgemeinschaft», wie es heißt; in diesem Titel ist das alte «ora et labora» enthalten. Es gibt heute auch eine Klinik dort, und wer den Ort besucht, die weitläufige Anlage am See, den empfängt die alte Zeit, die auch eine neue ist. Dass hier viel gebetet und gearbeitet wurde, spürt der Besucher sogleich. Er wird ruhig und atmet auf.

So belehrt Fontane seine Leser zu Beginn des dritten Bandes. Es sind fast 100 Seiten von über 400, die er den Wenden und den Zisterziensern und ihren Klöstern Lehnin und Chorin widmet. Anders, als Fontane annimmt, anders, als seine Kritiker annehmen: diese historischen Ausführungen stehen an richtiger Stelle, mag es auch merkwürdig klingen, wenn er schreibt, dass er mit dem dritten Band die trockene Historie hinter sich gelassen habe. Gerade hier hat er zu Beginn ihr freien Lauf gelassen. Im zweiten Band sind es nur die etwas über 40 Seiten über das Oderbruch, die einen historischen Vortrag bieten, dann kommen die Namen von Schlössern und Dörfern und ihren Besitzern. Und im freundlichen Plauderton erzählt der Verfasser.

Der dritte Band erweitert den Horizont. Und mit Recht. Die Geschichte, die Fontane sonst behandelt, ist eine recht kurze Geschichte: es sind durchweg die beiden letzten Jahrhunderte für den im 19. Jahrhundert schreibenden: also das 17. Jahrhundert, die Zeit des Großen Kurfürsten, und das 18. Jahrhundert, die Zeit des großen Königs. In dieser Zeit ist Preußen zu dem Staat geworden, der im 19. Jahrhundert das deutsche Schicksal bestimmte. Der große Kurfürst hat in der Schlacht von Fehrbellin sein Land verteidigt und befestigt, so dass es sich Ansehen unter den europäischen Staaten erwarb. König Friedrich II. führte einen Angriffskrieg von zweifelhaftem Recht gegen Österreich und entriss ihm in langen blutigen Kämpfen, die sein Land fast in den Ruin trieben, das blühende Schlesien, wodurch Preußen als eine der maßgebenden europäischen Mächte sich etablierte.

Immer ist es die preußische Geschichte, die Fontane erzählt, nie die deutsche, auch wenn er einmal in ältere Zeiten zurückgreift, etwa in die von Albrecht dem Bären. Das gibt ihm natürlich sein Thema vor: die Mark Brandenburg ist das preußische Kernland. Das will er uns vor Augen führen. Doch könnte dessen Geschichte nicht auch in die deutsche Geschichte eingebettet sein? Hier wenigstens im dritten Band zeigt er das: Er geht zurück zu den Ursprüngen, zu den abwandernden Germanen, zu den zuwandernden Slawen, zu der Rückkehr der Deutschen, zu den folgenden Kämpfen bis zur Verbindung der beiden Völker in Brandenburg. Und in der Arbeit der Zisterzienser in der Mark bringt er die große Geschichte. Hier profitierte die dürftige Mark von einem Ereignis europäischen Rangs, von dem unglaublichen Erfolg der kolonisierenden und zivilisierenden Zisterzienser.

Zwei Schlösser im Norden Berlins und zwei Schlösser im Süden Berlins erwanderte er. Zunächst Schloss Oranienburg in der gleichnamigen Stadt, etwa dreißig Kilometer nördlich von Berlin. Ein Vorort heißt Sachsenhausen, hier errichteten die Nationalsozialisten ein Konzentrationslager für Männer, wiederum 30 Kilometer nördlich bei Fürstenberg in Ravensbrück ein Konzentrationslager für Frauen. Auch das gehört heute zur Geschichte Brandenburgs. Oranienburg hieß ursprünglich Bötzow, wohl ein slawischer Name. Ein Jagdschloss der Kurfürsten befand sich dort, als 1650 Kurfürstin Luise Henriette, seit 1646 mit dem großen Kurfürsten verheiratet, mit ihm nach Bötzow kam. Sie war eine Prinzessin von Oranien und diese fruchtbare Gegend an der Havel erinnerte sie an ihre holländische Heimat. Der Kurfürst schenkte ihr Jagdschloss und Umgebung: Schloss Oranienburg entstand, der Lieblingsaufenthalt der Kurfürstin, und seitdem heißt der Ort auch so. Er erlebte seine goldene Zeit unter der Kurfürstin bis 1667, dann unter ihrem Sohn, dem ersten König in Preußen von 1668 bis 1713, und schließlich unter dem Prinzen August Wilhelm von 1744 bis 1758.

Prinz August Wilhelm war ein Bruder des großen Königs. Nach der Niederlage bei Kolin sollte er Truppen in die Lausitz zurückführen, «die Sachen gingen schlecht», so Fontane, der Prinz wurde gemaß-regelt im Auftrag des Königs: er habe den Tod verdient, doch weil er im General den Bruder nicht vergesse, wolle er es nicht so weit treiben (W 3, 146 f.). Eine Geschichte, nicht unähnlich der von Kleists Prinz Friedrich von Homburg. Seitdem lebte der Prinz zurückgezogen in Oranienburg, eine Schwermut ergriff ihn, er sah Personen leibhaftig vor sich, die längst gestorben waren. «Er starb im Fieber, am 12. Juni 1758, im Schlosse zu Oranienburg» (W 3, 146). Sein Grab fand er im Park von Rheinsberg und sein jüngerer Bruder, Prinz Heinrich, errichtete ihm 1790 den bekannten Obelisken gegenüber dem Rheinsberger Schloss. Für Oranienburg kamen nach dem Tod des Prinzen schlechte Zeiten, das Schloss verwahrloste, eine Weberei richtete sich ein, später eine chemische Fabrik, Schwefeldämpfe zogen durch die eleganten Räume. Heute ist das Schloss als Museum wieder hergerichtet mitsamt dem schönen Park.

Bescheidener ist das kleine Schloss Tegel in Tegel, heute im nördlichen Berlin. Fontane erwanderte das Schloss von Berlin aus und kam durch den Wedding, einen Stadtteil, in dem sich der Geist der neuen Zeit regte: bescheidene Häuser, schwer arbeitende Menschen, Armut und Trübsal, «allgemeines, trostloses Grau» (W 3, 154). Hier erscheint der andere Teil Brandenburgs und Berlins, die unteren Schichten, deren Alltag weit entfernt war vom Glanz der Schlösser. Das Tegeler Schlösschen besticht denn auch weniger durch Glanz als durch die heitere Ruhe der Anlage. Hier sind die Brüder Wilhelm und Alexander von Humboldt aufgewachsen, der erste 1767, der zweite 1769 geboren. Ihr Vater, aus pommerschem Adel, hatte das Gut 1765 erworben und bis heute ist es im Besitz der Familie, die darin wohnt. Alexander von Humboldt, der Naturforscher, der die südamerikanischen Länder bereiste und beschrieb, war immer nur kurz zu Besuch hier. Doch sein Bruder Wilhelm, Sprach- und Literaturkundler, Politiker und Diplomat, verbrachte hier die letzten 15 Jahre seines Lebens von 1820 bis 1835. Hinter dem Schlösschen dehnt sich ein langer Park in den Tegeler Forst hinein und am Ende dieses Parks liegt der Friedhof der Familie. Dort sind die Gräber der beiden Brüder, ihrer Anverwandten und ihrer Nachkommen. Eine Statue auf dem ionischen Kapitell einer Säule verkörpert die Hoffnung. Sitzt man vor dem Schlösschen vor der dem Park zugewandten Seite, schaut man geradezu auf diese weit entfernte

Säule und den Friedhof, den sie behütet. Die Säule zeigt das Ziel, das wir alle erreichen. Fontane: «Die märkischen Schlösser, wenn nicht ausschließlich feste Burgen altlutherischer Konfession, haben abwechselnd den Glauben und den Unglauben in ihren Mauern gesehen; straffe Kirchlichkeit und laxe Freigeisterei haben sich innerhalb derselben abgelöst. Nur Schloß Tegel hat ein drittes Element in seinen Mauern beherbergt, jenen Geist, der, gleich weit entfernt von Orthodoxie wie von Frivolität, sich inmitten der klassischen Antike langsam, aber sicher auszubilden pflegt, und lächelnd über die Kämpfe und Befehdungen beider Extreme, das Diesseits genießt und auf das rätselvolle Jenseits hofft.» (W 3, 165) Dass diesem dritten Weg seine Sympathie gilt, ist unüberhörbar.

Im Süden Berlins sind es zwei kleine, aber feine Schlösser, die Fontane uns vorführt: Paretz und Caputh, bei ihm mit K geschrieben, heute mit C. Auch Paretz an der Havel, südwestlich von Berlin, ist ein Ort, der ausgezeichnet wurde durch eine Frau, die beliebte Königin Luise, Frau des Königs Friedrich Wilhelm III., der Paretz gekauft hatte. Das alte Gutshaus hatte er abreißen lassen und ein neues durch den Architekten Gilly bauen lassen. 1796 zog die königliche Familie in ihre Sommerresidenz ein, 1797 wurde die Kirche renoviert und danach kam der Neubau des Dorfes. In jedem Haus musste ein Giebelzimmer für einen Diener des Schlosses freigehalten werden und im Stall Platz für königliche Pferde. Mit dem Tod der Königin Luise am 19. Juli 1810 – Kleist nannte sie einmal den einzigen Mann in der preußischen Regierung – wurde es stiller in Paretz, wenn auch der König im Sommer noch kam und auch sein Nachfolger Friedrich Wilhelm IV. gelegentlich. Das wohl erhaltene Schloss kann heute besichtigt werden und die anmutige Kirche auch.

Caputh, heute ein freundliches Städtchen am Schwielowsee südlich von Potsdam mit gut erhaltenem Schloss und Park, war zu Fontanes Zeiten ein wichtiger Umschlagsort für die Ziegeleien, die in der Gegend Ziegeln brannten, vornehmlich für die Hauptstadt, und eine große «Kahnflotte» fuhr über den Schwielow in die Havel; der Schwielowsee ist wie der Wannsee und der Tegeler See eigentlich kein See, sondern eine Verbreiterung der Havel. Der erste Teil der Erzählung ist in gutem Plauderton gehalten, der Erzähler berichtet über seine Gespräche mit Kundigen vor Ort und zeigt die Landschaft. Dann folgt der obligatorische historische Teil: Kurfürstin Dorothea wohnte hier oft zwischen 1671 und 1689 und schließlich kamen Königin Sophie Charlotte und König Friedrich I. bis 1713 gerne hierher. Heute hat Caputh noch eine Attraktion: das Sommerhaus Albert Einsteins, außerhalb des Ortes Richtung Potsdam gelegen.

Dass Fontane durchaus einen Blick für die Ökonomie besaß und dem Leser auch wirtschaftliche Verhältnisse durchsichtig machte, kommt auch in diesem dritten Band der *Wanderungen* zum Ausdruck: die Beschreibung des Obstbaus in und um Werder, einer Stadt, die auf einer Insel in der Havel liegt. Und die Ziegeleifabriken in Glindow, deren Arbeitsweise er genau beschreibt. Der schönste Text aber heißt «Wust», heute Wust-Fischbeck, in der Nähe von Tangermünde gelegen, also in der Altmark. Dort wuchs Hans Hermann Katte auf, dort ist er auch begraben. Katte war der Liebling Friedrichs II. zu seiner Zeit als Kronprinz. Diese zärtliche Beziehung brachte eine brutale Bestrafung durch den königlichen Vater. Fontane beschreibt sie im Kapitel «Küstrin» im zweiten Band der Wanderungen: Katte wurde auf Befehl des Königs in der Festung Küstrin hingerichtet, der Kronprinz musste zuschauen (W 2, 267 ff.).

Doch hier beginnt die Novelle, so möchte man den Text «Wust» nennen, mit Heiterkeit. Der Vater Katte kehrt nach Wust zurück, um seinen kleinen Sohn Hans Hermann zu sehen, ein anderes Bild vom Verhältnis Vater und Sohn, eines der Liebe und Fürsorge. In diesem Text zeigt sich die leichte Art des Erzählens, hier deutet sich der Romancier an: «Ein klarer Septembertag. Von Jerichow her, auf breiter Straße, deren junge Ebereschenbäume in roter Pracht stehen, kommen zwei Reiter, beide gut beritten, beide in Küraß und Klapphut, aber doch unverkennbar Herr und Diener. Der Weg führt auf Wust zu, dessen neuaufgesetzter Kirchturm eben sichtbar wird.» (W 3, 352)

26. Spreeland

Gerne unternahm Fontane seine Wanderungen zusammen mit einem Freund oder Bekannten. Beim Plaudern ließen sich auch lange Wegstrecken besser bewältigen. Zuerst war sein Freund Bernhard von Lepel ein treuer Begleiter, dann sein Verleger Wilhelm Hertz, schließlich aber waren es sachkundige Bekannte, die ihm gute Informationen lieferten: der Volkskundler Wilhelm Schwartz und der Kunsthistoriker Wilhelm Lübke. Aber bei den meisten Reisen war er doch auf sich allein gestellt, und ein Vergnügen waren sie nicht immer. So berichtet er in einem Brief an seine Frau vom 30. Juni 1862: «Mittwoch den 25! Um 5 Uhr mit dem Dampfschiff von Frankfurt bis Schwedt. Reizende Fahrt. Etwas windig, aber sehr angenehm. In Schwedt zu Tisch. Besuch von Schloss und Park. Nach Angermünde und Neustadt-Eberswalde. Nachtquartier. Ausgeschlafen. (Die einzige Nacht während der ganzen Woche, wo ich wirklich ordentlich geschlafen habe, sonst immer Nachtfahrten und Sopha-Nicken).»

Die Wanderungen waren also selten bequem. Er nutzte, wo es ging, die Eisenbahn oder – wie hier – das Schiff, oft die Kutsche, meistens aber ging er zu Fuß. Er hat sich Brandenburg tatsächlich erwandert. Im Vorwort der zweiten Auflage von *Die Grafschaft Ruppin* gibt er den Lesern Hinweise für Ausflüge nach Brandenburg. Zunächst brauche er Liebe zu Land und Leuten, also keine Voreingenommenheit, dann Sinn für die Eigenart der märkischen Landschaft, die nun mal keine Gletscher und keinen Meeressturm biete. Schließlich Kenntnis der Geschichte des Landes. Die beiden letzten Punkte warnen vor allzu hohen Erwartungen an die Gastlichkeit der Mark. Unterkunft und Verpflegung seien nicht billig. In Gasthöfen könne man auch elende Verhältnisse antreffen, meist gerade da, wo man es nicht erwarte. Am schwierigsten aber sei es, mit den Wagenführern zu verhandeln, die enorme Preise verlangten. So ging es auch ihm, der kein «Dauerläufer» war, wie er schreibt, der allzu gerne doch einmal einen Wagen bestieg, um lange Wege zurückzulegen. (W I, 8 f.)

Der vierte Band der Wanderungen bietet am ehesten das, was Fontane laut Schlusswort dieses Bandes beabsichtigte: den Gang durch die Mark als Reise des Touristen, der Land und Leute kennenlernen und beschreiben will in gemächlichem Ton. Kurzum: «Reisefeuilletons» (W 4, 400). So gibt es auch kaum große Ereignisse, es sind Alltäglichkeiten, die dem Erzähler auf seinen Fahrten begegnen. Da gibt es eine «Weihnachtswanderung» nach Malchow, bei der nichts passiert (W 4, 208 ff.). Er fährt mit der Pferdebahn vom Alexanderplatz bis Weißensee und geht dann durch den Schnee nach Malchow. Die Gruft der ehemaligen Herrschaft in der Dorfkirche, die er besuchen will, wurde vor langer Zeit zugeschüttet, der Lehrer reagiert eisig und abweisend, bis er schließlich in Pfarrer und Pfarrerin zwei freundliche Menschen trifft, die ihn zum Tee einladen, bevor er wieder nach Berlin zurückstapft. Die Reise war gelungen, schreibt er, hat er doch gute Menschen getroffen.

Dann gibt es eine «Osterfahrt in das Land Beeskow-Storkow», die von einer Rundfahrt um den Scharmützelsee, bei Fontane Schermützelsee, erzählt. Auch diese Reise bleibt ohne Ergebnis, doch bringt sie gute Gespräche zwischen dem Erzähler und dem Kutscher Moll, der aus Hinter-Pommern stammt und dieses Hinter-Pommern für viel schöner hält als Brandenburg, was wiederum der Erzähler nicht verstehen kann; gute Gespräche auch mit Einheimischen, die noch plattdeutsch sprechen, dessen Reste ja auch im Berlinischen noch zu erkennen sind: ick, dat, nich usw. Zuerst kommen sie nach dem Dorf Saarow, wo einmal ein Herr von Löschebrand regiert haben soll. Ein altes Muttchen klärt ihn auf, dass es hier im Dorf nicht einmal eine Kirche gebe, geschweige denn ein Denkmal mit einem Engel oder so. «Nei. För so wat wihr he nich.» So lässt er sich von zwei Kindern über den See rudern nach Pieskow, da wird er doch was finden. Doch dort wurde die alte Feldsteinkirche abgerissen, die Gruft zugeschüttet und eine neue nackte Kirche hingesetzt ohne Embleme, die an hohe Herren und große Heldentaten erinnerten.

Hier wird die Ruhmeshalle Brandenburg schon fast zur Parodie: «Eine halbe Stunde später verabschiedeten wir uns und fuhren aus dem unwirtlichen Pieskow, in dem nicht einmal mehr ein Grabstein von besseren Zeiten redete (wenn es bessere Zeiten waren), in die sandig hügelige Feldmark.» (W 4, 37) Was es in Pieskow und Saarow gab, das leugnet der Erzähler nicht: Trostlosigkeit und Armut. So bringt er die Rede einer Frau, die sich beklagt und von einem adligen Herrn auch nichts erwartet außer Schinderei. «Een von mine Schwistern is dröwen», sagt sie dann. Also drüben auf der anderen Seite des Sees? «I wo. Dröwen in Amerika.» Da verstünden sie es. Heute besitzt der Scharmützelsee ein Glanzstück: Bad Saarow an der Nordspitze des Sees, ein eleganter Badeort mit schönen Anlagen und prächtigen Häusern am See, beliebt bei den wohlhabenden Berlinern seit der Entdeckung der Thermalquellen um 1900 und bis heute. Und auch Dorf Saarow, ein Stück weiter unten auf der linken Seite des Sees, und Pieskow auf dessen rechter Seite haben davon profitiert.

Weihnachtswanderung, Osterfahrt, da darf eine Pfingstfahrt nicht fehlen: Sie führt in den Teltow und nun doch zu einem Schloss nach Königs-Wusterhausen (W 4, 227 ff.). Wustrow ist ein wendisches Wort, das durch die Anhängung des -hausen germanisiert wurde. 1698, damals erst zehn Jahre alt, erhielt der Kronprinz, späterer König Friedrich Wilhelm I., das Jagdschloss Königs-Wusterhausen als Geschenk von seinem Vater. Und der einfache, fast spartanische Bau gefiel dem «Soldatenkönig», so dass er dort sich gerne aufhielt. Prächtige Festlichkeiten gab es nicht. Der König war so sparsam, dass die Herrschaften, die er zur Tafel lud, mit hungrigen Mägen vom Tisch aufstanden. Wichtiger ist dann doch wohl Mittenwalde, die letzte Station der Pfingstfahrt, denn dort lebte seit 1651 Paul Gerhard, der wunderbare Kirchenlieder dichtete, die bis heute gesungen werden. «Nun ruhen alle Wälder» entstand in Mittenwalde. Er war schon 46 Jahre alt, als er endlich diese Pfarrstelle erhielt, er hatte es nicht leicht wegen gewisser Intrigen, auch später nach 1657, als er an die Nikolaikirche nach Berlin kam, gab es Schwierigkeiten. Erst in Lübben im Spreewald fand er Ruhe und guten Dienst.

Der vierte Band beginnt mit einer Fahrt in den Spreewald, einem Ausflug, den Fontane mit Freunden machte zu den üblichen Orten Lübben und Lübbenau. Und es folgt eine andere Fahrt mit dem Dampfschiff «Sphinx» von Köpenick über Dolgenbrod nach Teupitz (W 4, 59 ff.). Das eindrucksvollste an dieser Reise, die nur zwei Tage dauerte, war der Proviant, der an Bord genommen wurde. Da er Stück für Stück vom Ufer aufs Schiff gereicht wurde, konnte Fontane genau abzählen: «120 Flaschen Tivolibier, 120 Flaschen Sodawasser, 30 Flaschen Bordeaux, 3 Filets, 2 Schock Eier, 1 Butterfass, 1 Zuckerhut, 1 Baumkuchen, 6 Flaschen Scharlachberger und 1 Dutzend Flaschen Champagner». Verdursten mussten die wenigen Leute, die an Bord gingen, also nicht. Dazu wurde natürlich auch alles Nötige geladen, das zum Backen und Kochen nötig war und mehr als das. Durch welch unwirtliche Gegenden mussten sie fahren im zivilisierten Brandenburg? Jedenfalls war es eine gemütliche Reise.

Das Jagdschloss von Königs-Wusterhausen wird durch zwei Schlösser ergänzt, die heute in Berlin liegen: Schloss Köpenick (W 4, 87 ff.) und Schloss Friedrichsfelde (W 4, 121 ff.). Heute steht es am Eingang zum Tierpark Friedrichsfelde und dient Veranstaltungen und Konzerten. Köpenicks Schloss beherbergt ein Kunstgewerbemuseum mit schönen Schätzen. Zwei unscheinbaren Dörfern Gröben und Siethen, heute Teile von Ludwigsfelde im Süden Berlins, lässt er eine Historie von immerhin 60 Seiten zukommen, natürlich nicht den Dörfern, sondern dem Geschlecht, das dort residierte: die Familie Schlabrendorf verschiedener Linien wird über Jahrhunderte verfolgt, wobei das Gröbener Kirchenbuch gute Dienste leistet (W 4, 315 ff.). Diese Kirchenbücher schätzte Fontane sehr, der umfangreiche Studien trieb, bevor er die Gegenden der Mark besuchte und bevor er über sie schrieb. Er zitierte gerne den alten Ton, mit dem die Geistlichen die Geschichte ihrer Gemeinden aufzeichneten. So auch hier das Gröbener Kirchenbuch. Immerhin lernt man bei diesen Schlabrendorfs, dass nicht alle Herrschaften brav und tapfer waren, es gab auch Sauf- und Raufbolde, ein Schlabrendorf hatte doppelt so viele Schulden, wie sein Gut wert war, ein anderer war offensichtlich verrückt und entsprechend merkwürdig waren seine Taten. Das Gutshaus in Siethen gibt es noch, es ist jetzt ein Jugendheim.

Zwei weitere Texte sind zwei Künstlern gewidmet: Wilhelm von Hensel und Heinrich von Kleist. Hensel wurde 1794 in Trebbin geboren – unter dem Namen wird denn auch seine Lebensgeschichte erzählt – und nicht in Linum, wie auf seinem Grabstein steht; das ist Fontane wichtig (W 4, 385 ff.). In Trebbin war sein Vater zunächst Pfarrer, bald darauf in Linum, deshalb das Versehen. Hensel ist heute mehr wegen seiner Gattin als wegen seiner Kunst bekannt. Er war Maler, errang Anerkennung auch durch lebende Bilder, die er mit kostümierten hochadligen Damen und Herren stellte. Fontane zählt sämtliche Namen der Teilnehmerinnen und Teilnehmer auf, die an einer berühmt gewordenen Sitzung mitwirkten; sie umfasst im Kleindruck fast eine ganze Seite (W 4, 388). Hensel erhielt danach vom König ein Stipendium, um fünf Jahre in Italien zu studieren, das er ungern nutzte, denn inzwischen hatte er sich in Fanny Mendelssohn, die Schwester des berühmten Komponisten Felix Mendelssohn-Bartholdy, verliebt und sie sich in ihn. Hensel hielt um ihre Hand an im Jahre 1822, doch die Eltern der Braut wollten ihn erst sein Studium in Italien absolvieren lassen. Und so geschah es auch. 1828 kehrte er zurück, ein Jahr später heiratete das Paar. Fanny Hensel, die wie ihr Bruder bedeutende Komponistin und Musikerin war, leitete die Sonntagskonzerte im Hause Mendelssohn, zu denen die prominenten Berliner Künstler und Schriftsteller eilten. «Die nun folgenden achtzehn Jahre seiner Ehe [...] wie es die Jahre seines Glücks waren, so auch die seiner künstlerischen Produktion. Alles Vorhergehende war Vorbereitung, alles Folgende Nachklang, halb virtuoses, halb geselliges Spiel.» (W 4, 389) Fanny von Hensel starb am 14. Mai 1847; das war ein Verlust, den er nie verschmerzen konnte. Er hing mit schwärmerischer Liebe an ihr und schuf nach ihrem Tod einen Kult um sie, so Fontane. Berühmt wurde Hensel durch seine Porträts von Adligen, Beamten, Gelehrten, Künstlern, Schauspielern und Sängern. 47 Mappen mit Porträts hat er veröffentlicht. Fontane zählt Persönlichkeiten auf, die er im Porträt festhielt (W 4, 395). Alle bekannten Namen der Zeit sind darunter. Doch «die neuste Kunst- und Weltepoche, die lichtbildnerische, ist dem Ruhme der Henselschen siebenundvierzig Mappen allerdings nicht allzu günstig geworden.» (W 4, 395) In der Tat, die Fotografie hat der alten Porträtmalerei ein Ende gesetzt. Und den alten Fotos, betrachtet man sie in Ruhe, haftet ein besonderer Reiz an. Sie geben ein anderes Bild des Dargestellten als die Malerei, in der doch die Hand des Künstlers stärker zu spüren ist. Welche Augen, sie leuchten wie Sterne, hat etwa der alte Philosoph Schelling auf dem einzigen Foto, das von ihm gemacht wurde. Hätten wir ein Foto von Goethe.

Heinrich von Kleist wird im Text «Blossin» nicht erwähnt, sondern Michael Kohlhaas. Eine durchaus mit dessen Geschichte vergleichbare habe sich in Blossin im 16. Jahrhundert ereignet, so der Name des Dorfes, das Fontane in der Nähe von Storkow aufsuchte am Schluss der genannten Osterfahrt durch Beeskow-Storkow (W 4,45 ff.). Dort hatte einstens ein Schäfer sich bei dem Gutsherrn Heinrich Queiß beschwert, warum, weiß man nicht mehr, der habe die Beschwerde an den zuständigen Landesherrn weitergeleitet, den Bischof von Lebus, der in Fürstenwalde residierte. Der habe nichts unternommen. Daraufhin verband sich Herr Queiß mit den Herren Minckwitz und Schlieben, um sich am unbeliebten Bischof zu rächen. Sie brachen in Fürstenwalde ein und plünderten, während der Bischof auf der Flucht war. Der Bischof suchte Hilfe beim Kurfürsten Joachim. Der erreichte beim Reichskammergericht in Wetzlar, dass Minckwitz, der in seinem Rachefeldzug nicht nachlassen wollte, in Reichsacht genommen wurde, also vogelfrei war. Die Geschichte endete dennoch gut: Minckwitz demütigte sich vor dem Kurfürsten und der Streit war geschlichtet. (W 4, 46 ff.) Fontane liebte solche Geschichten. Er erzählte sie fast in barockem Stil mit langen Zwischenüberschriften.

Zu Kleists Grab kommt der Wanderer erst im fünften Band, den er 1889 den vier Bänden nachschiebt. Er heißt «Fünf Schlösser. Altes und Neues aus Mark Brandenburg». Im Vorwort macht er jedoch deutlich, dass dieser Band nicht eigentlich zu den Wanderungen gehöre. Damals sei er tatsächlich gewandert, «mit dem Ränzel auf dem Rücken und dem Wanderstab in der Hand» (W 5, 5), jetzt habe er hingegen historische Studien getrieben und die Geschichte der fünf Schlösser, besser Herrensitze, erfasst, und damit «durch fünf Jahrhunderte hin eine fortlaufende Geschichte von Mark Brandenburg, die, mit dem Tode Kaiser Karls IV. beginnend, mit dem Tode des Prinzen Karl und seines berühmteren Sohnes [Friedrich Karl] schließt und an keinem Abschnitt unserer Historie [...] völlig achtlos vorübergeht.» (W 5, 5 f.) Wichtig: «unsere» Historie, er wendet sich an den preußischen Leser, dem er anhand der fünf Schlösser die preußische Geschichte darlegt. Mit Karl IV. beginnt er und endet in der Gegenwart, natürlich werden auch der große Kurfürst und der große König gebührend erwähnt. Die Schlösser sind Quitzöwel, der Sitz der von Quitzows, Beginn ist hier das 14. Jahrhundert. Es folgt: Plaue an der Havel vom 15. Jahrhundert bis in die Gegenwart, dann Hoppenrade, worin vor allem von der «Krautentochter» die Rede ist, die zuerst eine Frau von Elliot, dann, nach dem Tod des Ehemannes, eine Baronin Knyphausen wurde. Schließlich Schloss Liebenberg vom 17. Jahrhundert bis in die Gegenwart, das der Graf, später Fürst Philipp zu Eulenburg bewohnte. Und am Schluss kommt Dreilinden, das Jagdschloss des Prinzen Karl.

Vier dieser fünf Schlösser gibt es noch. Nur das Jagdschloss Dreilinden in der Nähe des Wannsees wurde 1954 abgerissen. Quitzöwel nördlich von Wilsnack heißt jetzt Quitzöbel und ist mit Legde zu einer Gemeinde vereint, das Schloss ist in Privatbesitz und renovierungsbedürftig. Plaue, heute ein Teil der Stadt Brandenburg, ist in gutem Zustand. Es wird als Gästehaus und Restaurant genutzt. Hoppenrade bei Gransee ist erhalten und in Privatbesitz. Liebenberg schließlich im Löwenberger Land wurde von der Stiftung der Deutschen Kreditbank aufwendig erneuert, die umfangreiche Anlage mitsamt Kirche und

Wirtschaftshof sowie das Gästehaus am nahen See. Es gibt ein Hotel und ein Restaurant, das viele Gäste anzieht. Das Schloss trat noch einmal in die Geschichte: Libertas, die Enkelin des Fürsten Eulenburg, heiratete den Berliner Harro Schulze-Boysen, Mitglied der Widerstandsgruppe Rote Kapelle. In Liebenberg verlebten sie einige frohe Sommer im Kreis von gleichgesinnten Freunden, bis die Widerstandsgruppe entdeckt wurde. Beide wurden im Dezember 1942 hingerichtet.

Im letzten Kapitel des fünften Schlosses steht der Bericht eines Besuchs an Kleists Grab am Kleinen Wannsee (W 5, 384 ff.). Am 21. November 1811 erschoss Kleist dort Henriette Vogel und dann sich selbst. An der Stelle, an der sie starben, liegt nun ihr Grab. Inzwischen werden beide auf dem Grabstein genannt, zu Fontanes Zeiten war es nur Kleist, und das Sterbedatum war falsch oder er hat es falsch notiert; es stand dort 21. September 1811. Bei seinem Besuch schloss Fontane sich einer Gruppe von vier Menschen an: Vater, Mutter, Tochter und ein junger Mann, der offensichtlich der Tochter den Hof machte. «Es waren kleine Leute, deren ausgesprochenster Vorstadt- und Bourgeoischarakter mir, in dem Gespräch, das sie führten, nicht lange zweifelhaft bleiben konnte.» (W 5, 385) Fontane gibt nun das Gespräch der vier wieder.

Tochter: «Er soll ja so furchtbar arm jewesen sein. Solch berühmter Dichter. Ich kann es mir eigentlich ja nich denken.» Vater: «Ja, das sagst du wohl, Anna, Aber das kann ich dir sagen, arm waren damals alle. Und der Adel natürlich am ärmsten. Und war auch schuld. Denn erstens diese Hochmütigkeit und dann dieser Kladderadatsch und diese Schlappe. Na, Gott sei Dank, so wat kommt nicht mehr vor. Davor haben wir jetzt Bismarcken.» Mutter: «Ach, Herrmann, lass doch den. Hier sind wir ja doch bei Kleisten. Und arm? Ich hab es janz anders gehört; um eine kranke Frau war es. Und er soll ihr furchtbar jeliebt haben.» Vater: «I, Gott bewahre.» Später lobt der junge Mann Kleists Käthchen von Heilbronn, das alle vier kennen: «Holdseliges Geschöpf.» Daraufhin die Tochter: «Ich weiß nicht, Herr Behm, was Sie so nennen. Ich find es bloß unnatürlich, immer so nachlaufen und sich alles gefallen lassen. Und es verdirbt bloß die Männer, die schon nichts taugen.» (W 5, 385 und 387)

Hier haben wir ein schönes Gespräch des kommenden Romanciers. Und hier haben wir die Art, wie die preußischen Helden von Berlinern und Berlinerinnen gesehen wurden. Und Kleists Helden und Hel-

dinnen auch. Hier ist die hehre preußische Geschichte auf ein Alltags-
niveau heruntergeschraubt. So wurde sie von großen Teilen der Bevölkerung eben wahrgenommen: ohne Brimborium.

Das allerletzte Kapitel des fünften Bandes bringt das, was wir an
Preußen bis heute bewundern: die kunstvolle Verbindung von Landschaft und Architektur, vor allem in Potsdam und Umgebung. Prinzessin Charlotte von Preußen, verheiratet mit dem russischen Zaren,
besuchte ihre Heimat. Sie regte den Bau eines Blockhauses auf der
Havelhöhe in der Nähe des Wannsees an, die nach dem Zaren Nikolaus
Nikolskoe genannt wurde. Und als sie wieder zu Besuch war und mit
ihrem Vater, König Friedrich Wilhelm III., über die Pfaueninsel spa-
zierte, war ihr Wunsch: eine Kirche, deren Glocken über die Havel klingen sollten an demselben Ort. 1837 war der Bau vollendet: die Peter-
und Paulskirche stand auf der Nikolskoe genannten Havelhöhe und
steht bis heute dort (W 5, 392). Ihre Glocken klingen hinüber über die
breite Havel zur Heilandskirche von Sacrow, die am anderen Ufer fast
im Wasser steht (W 3, 223 ff.). Und nach der anderen Seite zur Pfaueninsel, jener Insel am Rande des Wannsees, die ein kleines Paradies bietet, ein künstliches Paradies in natürlicher Umgebung: das Schlösschen
scheint mehr Dekoration als Schloss, das gotische Kavaliershaus stammt
aus der Zeit, als man gerade die Gotik entdeckte (W 3, 187 ff.). Den
kunstvollen Park hat Lenné angelegt. Am Ende der Insel war einst der
Alchimist Kunkel tätig, der dort Gold herstellen wollte. Es gelang ihm
nicht, aber das Rubinglas, das er dabei fand, war doch ein Erfolg.

Diese Insel, die Kirche auf der Höhe, für Brandenburger Verhältnisse
eine beträchtliche Erhebung, von der man weit über die Havel schaut
und hinüber nach Sacrow, und schließlich das Schloss Glienicke, rechts
vor der Brücke nach Potsdam gelegen, kleine wohl abgemessene Gebäude in einem großen, wiederum von Lenné entworfenen Park: wie
hier die Bauten Akzente setzen in einer freundlichen Landschaft und
damit sie erhöhen und erweitern. In vielen der Bauten, auch denen in
Potsdam, ist die Sehnsucht nach dem Süden zu spüren, nach einem imaginären Italien, nach dem heiteren Leben in antiken Ruinen, dem Glanz
der Vergangenheit und der erfüllten Gegenwart. Es ist diese Sehnsucht
nach einem anderen Land und nach einem anderen Leben, hier ist sie in
der Landschaft zwischen Pfaueninsel und Potsdam sichtbar geworden.
Ein Trost der Augen.

27. *Mathilde von Rohr*

In seinem Schlusswort am Ende des vierten Bandes der *Wanderungen* dankt Fontane den Pastoren und den Lehrern, die ihm behilflich waren. Den Landpastoren, bei denen er nie die ihnen vorgeworfene Unduldsamkeit bemerkt habe: immer seien sie im persönlichen Gespräch freundlich und offen ihm begegnet. «Ihr meine Geliebtesten» nennt er sie (W 4, 404). Und so spielen sie denn auch in seinen Romanen eine gewichtige Rolle. Mehr als die Lehrer, denen er doch so viele wertvolle Hinweise auf die Geschichte ihres Dorfes und ihrer Landschaft verdankte. Immer standen sie ihm hilfreich zur Seite.

Man mag sich diese kleine Welt des märkischen Dorfes vorstellen, wie Fontane sie dann in seinem ersten Roman *Vor dem Sturm* auch schilderte: der Dorfschulze, der Bürgermeister, der sich um die Angelegenheiten der Gemeinde kümmerte und die Verbindung zum Gutsherren herstellte, wenn es denn einen gab. Der Pfarrer, der vor allem Seelsorger war, der alle Bewohner des Dorfes kannte und allen zugeneigt war. Seine Predigt am Sonntag, der Gottesdienst, war die einzige Möglichkeit der Dörfler, über ihren arbeitsreichen Alltag hinauszublicken auf ein Höheres, das diesem Alltag seinen Sinn gab. Und schließlich der Lehrer, der den Kindern Lesen und Schreiben und Rechnen beibrachte, so dass sie nicht nur die Bibel, sondern auch die Zeitung lesen konnten. Er unterrichtete auch Geschichte und Geographie und öffnete ihnen so ein Tor zur großen Welt.

Auch hier ein Aspekt zum Thema «des Alten und des Neuen», zu Tradition und Fortschritt, zwischen die Fontane sich gestellt sah. Wobei er oft am Alten hing und das Neue erwartete, mit Skepsis in beiden Fällen. Ist denn heute das Neue besser als das Alte, wenn der Pfarrer drei Gemeinden versorgt und mehr im Auto sitzt als in der Kirche? Ist denn heute die Situation für die Kinder besser, wenn sie jeden Morgen mit dem Bus in eine entfernte Schule fahren und jeden Nachmittag wieder zurück? Das Gefühl neigt zum Alten, die Einsicht ins Neue tut sich schwer.

So zeigt auch der märkische Adel seine zwei Seiten in diesem Schlusswort. Da ist zuerst die allgemeine Darstellung seines Wesens, dann folgt die individuelle seiner Mitglieder. Die allgemeine fällt nicht gut aus: «Wirklich, es lebt in unserm Adel nach wie vor ein naives Überzeugtsein von seiner Herrscherfähigkeit und Herrscherberechtigung fort, ein Überzeugtsein, das zum Schaden ebenso wohl des Ganzen wie der einzelnen Teile noch auf lange hin das Zustandekommen einer auf Prinzipien und nicht bloß auf Vorurteil und Interesse basierten Torypartei verhindern muss. Eine solche bedarf eben durchaus des dritten Standes. Es wird aber nur wenige bürgerliche Honoratioren geben, die nicht – auch bei konservativster Schulung und Naturanlage – durch den Pseudokonservativismus unsres Adels, der schließlich nichts will als sich selbst und das was ihm dient, in peinlichste Verlegenheit und hellste Verzweiflung gebracht worden wären.» (W 4, 401–402)

Das ist ein vernichtendes Urteil über den märkischen Adel, der keinerlei Verantwortung für das Ganze trägt und nichts will als sich selbst und was ihm dient. So kann eine konservative Partei mit Prinzipien, die über das egoistische Interesse eines einzelnen Standes hinausgehen, also auch das Bürgertum, wenigstens in Teilen erfasst, nicht entstehen. Fontane liegt an einer solchen Torypartei, es liegt ihm aber auch an einer Whigpartei, also an den Liberalen, es liegt ihm, so scheint es, an dem parlamentarischen Wechselspiel, das er in England kennenlernte. Und dieses Wechselspiel setzt zwei unterschiedliche Gruppierungen voraus. So lautete denn auch sein Vortrag, der erste von zehn Vorträgen, die er von Januar bis März 1860 in Arnims Hotel unter den Linden hielt, kurz nach seiner Rückkehr aus London: «Whigs und Tories». Und er endete mit einem Satz, der dann später verwandelt im letzten Roman «Der Stechlin» auftaucht: «Sei jeder von uns ein Whig auf dem Weg zu fortschreitender Erkenntnis, aber in des Herzens Liebe und Treue ein Tory.» (PuG, 249 ff.) Also: mit dem Verstand ein Whig, mit dem Herzen ein Tory. Und damit kommt dann doch eine Liebe zum konservativen Adel zum Ausdruck.

Die erfreuliche Seite des Adels zeigt sich wieder im Individuum, im Einzelnen, der mit seinem Stand nicht identisch ist, nicht mit seiner Standeszugehörigkeit determiniert wird. So seien viele Adlige, wenn man mit ihnen am Kamin sitze oder im Park spaziere, im Gespräch durchaus offen und kritisch, kritischer, als man es annehmen sollte. Lässt er seine «Stachelrüstung» fallen, habe der Adlige durchaus reizende Tugenden: «ein gut Teil Gutmütigkeit, ein noch größeres von gesundem Menschenverstand und ein allergrößtes von Kritik. Und diese Kritik ist das beste. Mit einem seiner Zuhörerschaft sich alsbald mitteilenden Behagen beginnt er plötzlich alles unter die Lupe seiner ihm angeborenen Skepsis zu nehmen und dabei Radikalismen laut werden zu lassen, Urteile von einer Fortgeschrittenheit, als flösse nicht die Nieplitz und die Notte, sondern mindestens der Hudson oder Potomac an seinem alten Feldsteinturm vorüber.» (W 4, 402) All dies sei allerdings ein jeu d'esprit, ein geistreiches Spiel, das am nächsten Tag schon nicht mehr ernst zu nehmen sei. Doch sei darin eine Einsicht zu erkennen in die Berechtigung der Ansprüche des Gegners. Allerdings fehle vom Erkennen zum Anerkennen noch ein Schritt. Er habe in solchen Gesprächen «eine Zahl allerglücklichster Stunden» verbracht (W 4, 403).

Ein erfreuliches Beispiel des märkischen Adels ist Mathilde von Rohr, mit der Fontane befreundet war, die er schätzte, ja liebte. Den Lebensabriss, den er nach ihrem Tod 1889 schrieb, wollte er nachträglich in den ersten Band der Wanderungen aufnehmen, denn die Rohrs stammten aus Trieplatz, das dort vorgestellt wurde. Doch eine Freundin der Verstorbenen, Konventualin wie diese in Kloster Dobbertin in Mecklenburg, Jeannette von Bülow, nahm daran Anstoß. So erschien der Text 1892 in der Zeitschrift *Daheim* und erst nach Fontanes und der Konventualin Tod in der 8. Auflage des Bandes 1903.

Mathilde von Rohr wurde 1810 als fünfte Tochter ihrer Eltern in Trieplatz geboren. Der Vater, ehemals Adjutant bei General von Knobelsdorf, und die Mutter, eine von Hünecke, lebten in bescheidenen Verhältnissen auf ihrem Gut, zuerst im Krieg mit Plünderungen und Besatzungen, dann in den sich anschließenden Notzeiten. Auf den märkischen Schlössern herrschte nicht immer und nicht überall ein prächtiges Wohlleben. Die fünf Mädchen mussten in Haus, Hof und Stall helfen wie Knechte und Mägde. «Das Leben im Hause war von einer rührenden Einfachheit, für die wir heute Sinn und Verstand verloren haben», so Fontane. «Erst im Alter kommt man wieder dahinter, dass das eigentlich das Wahre sei. Die Töchter hatten die Wirtschaft zu führen und morgens um vier mit dem Melken zu beginnen.» (W 1, 420) Das mag auch ein Grund dafür gewesen sein, dass der Vater die Töchter ungern verheiratete. So hielt ein «reicher adliger Herr» um die Hand Mathildes an, wovon diese nichts wusste, und der Vater lehnte ab. Erst Jahre später erfuhr Mathilde davon. Sie hätte ihn doch nicht genommen, meinte Fontane, denn so reich wie er war, so «moralisch fragwürdig» war er auch.

Frau von Romberg, eine geborene Gräfin Dönhoff, die im nahen Brunn wohnte, erinnerte sich: «Trieplatz war damals ein Idyll ohnegleichen und ich kann Ihnen nicht aussprechen, wie uns jedes Mal ums Herz war, wenn ich mit meinem Manne vorfuhr und die schönen jungen Mädchen in ihren einfachen Hauskleidern, aber alle wie aus dem Ei gepellt, auf uns zukamen, aus Stall und Küche, vom Butterfass und von der Bleiche. Zuletzt erschien dann der stattliche Vater vom Felde her, wo er die Aufsicht geführt, das weiße Haar im Winde […] Es war alles reizend in seiner Patriarchalität und Gastlichkeit und ich kann Ihnen nicht sagen, wie tief sich mir diese Bilder eingeprägt haben.» (W 1, 421) Auch hier scheint etwas auf von dem «guten Alten», das jedem das Herz erwärmt, wenn er sich auch ein bequemeres Leben wünscht.

Das Idyll endete mit dem Tod des Vaters 1832. Das traurige Ende brachte den Töchtern jedoch Erfreuliches. Die Mutter verpachtete das Gut und zog mit den Kindern nach Berlin, wo sie vom verwandten General von Rohr in die Gesellschaft eingeführt wurden. Endlich also heraus aus Stall und Küche und in die Berliner Salons. Mathilde, nicht so klug wie die älteren Schwestern und nicht so schön wie eine jüngere – so der sie liebende Fontane –, wurde durch den Bischof Ross entdeckt, der ihre Tugenden wahrnahm. Mathilde verkehrte im Salon der Frau von Romberg, die mit ihrer Schwester, einer Gräfin Schwerin, ebenfalls nach Berlin gezogen war. Und dort lernte sie nicht nur die adlige, sondern auch die künstlerische Welt Berlins kennen. Sie bildete sich einen eigenen kleinen Zirkel, an dem auch Fontanes Freund Lepel teilnahm, und durch diesen kam er denn auch, wie schon in den Tunnel, so auch in diesen Kreis, der sich in des Fräuleins Wohnung in der Behrensstraße 72, drei Treppen hoch, traf, also in einem bescheidenen Domizil. Lepel und Fontane lasen, Mathilde von Rohr war begeistert und schloss hinfort Fontane in ihr Herz. Und dieser lernte sie kennen: «gut, treu, praktisch, hilfsbereit, immer das Herz auf dem rechten Fleck, immer voll gutem Menschenverstand, immer gerecht. Alles Gewöhnliche, namentlich alles Unhumane war ihr in tiefster Seele verhasst, und ihr schönster Zug war ihre jedesmalige Empörung wenn sich Adlige unwürdig benahmen und dabei wohl noch bis zu dem Glauben gingen: sie dürfen sich's erlauben, weil sie Adlige seien. Dann

war nicht mit ihr zu spassen und es kamen Szenen vor, wo mir's innerlich nicht genug war, dass ich ihr gerührt die Hand küsste, nein, wo ich
der guten alten Dame recte hätte um den Hals fallen mögen.» (W 1,
426) Hier ist ein Vorbild für den alten Stechlin im gleichnamigen
Roman.

Fontane besuchte sie oft, plauderte viel mit ihr, verdankte ihr manches, vor allem die Kontakte zu den märkischen Adelshäusern erleichterte sie ihm, so dass er als Gast auf den Gütern willkommen war und
nicht wie ein Versicherungsagent klopfenden Herzens auf der Rampe
stand. Sie verschaffte ihm auch Unterlagen, Briefe, Berichte, die ihm
außerordentlich nützlich waren bei der Niederschrift der Wanderungen.
Auch den Stoff zu *Schach von Wuthenow* erhielt er – mit allen Details – von ihr. Der Kontakt dauerte fort, als sie 1869 ihren Platz in Kloster Dobbertin einnahm. Diese evangelischen Klöster waren nach dem
Vorbild der katholischen Klöster gebildet: als Aufenthalt für adlige Damen, die nicht heirateten. So waren sie versorgt. Schon als Kinder wurden sie ins Kloster eingeschrieben, erhielten dann bei Volljährigkeit eine
Rente des Klosters und wenn nach einer Reihe von Jahren eine Stelle
frei wurde, so konnten sie ins Kloster einziehen, mussten aber nicht bei
Fortzahlung der Rente. Der Vorteil, den das Kloster bot, war groß: eine
eigene Wohnung – nicht nur eine Zelle wie in katholischen Klöstern –
mit Obst und Gemüsegarten, zudem mit Zuteilung von Holz, Fisch und
Wildpret, so dass sie ein gutes Leben führten und arme Verwandte zu
Erholungsurlauben einladen konnten. Fontane besuchte Mathilde von
Rohr gerne in Dobbertin, lebte sie doch noch 20 Jahre dort.

Als sie starb, endete ein «äußerlich nicht hervorragendes, aber innerlich tüchtiges Leben» (W 1, 433). Fontane schätzte sie nicht wegen
ihrer Herkunft, nicht wegen ihres Standes, gar ihres Ruhms, sie hatte
keinen, sondern wegen ihrer Freundlichkeit und Einfachheit. Zum
Schluss zitierte er einen ihrer Sprüche: «Nur nicht immer bloß klug
sein wollen; wer bloß klug ist, da zeigt sich über kurz oder lang in ab-
schreckender Gestalt, dass ihm das Beste fehlt: die Wahrheit und die
Güte. Und wo die fehlen, da kommt nichts zustande.» (W 1, 433)

Mathilde von Rohr war wohl die Frau, die Fontane, nach den Frauen
seiner Familie – Mutter, Frau und Tochter – am nächsten stand. Er
fühlte sich mit ihr innerlich verbunden, wohl mehr als mit Henriette
von Merckel, die stärker mit Emilie verknüpft war und mit den Kindern.

28. Henriette von Merckel

«Es ist ein seltenes Glück, Freunde zu besitzen, Freunde, die das Herz sich selbst gewählt, die es sich gewissermaßen durch seine Hingebung errungen hat! Ich besitze und genieße es jetzt und weiß es in meiner Einsamkeit nicht hoch genug zu schätzen, denn es gibt meinem gegenwärtigen Leben noch Wert. Zudem haben diese lieben geistvollen Freunde, er und sie, noch Kinder, an denen ich in mütterlicher Liebe hänge, welche von der Natur wohlbegabt sind.» (Me 2, 251)

So beginnt Henriette von Merckel ihre Erinnerungen an die Familie Fontane im März 1865. Ihr Mann Wilhelm von Merckel war im Dezember 1861 gestorben. In einem Brief an Paul Heyse von Mitte Februar 1862 berichtete Fontane über dessen Tod. Und er endete: «Wir andern lieben ihn nach wie vor und geben dieser Liebe Ausdruck, aber ich habe noch keinem angemerkt, dass ihm etwas fehle, dass er eine Lücke schmerzlich empfände. Das Ganze ist ein Avis für die eigene werte Person und ein rechter Eitelkeitsdämpfer. Genug davon.» (Me 2, 281)

Das Ehepaar Merckel hatte sich schon immer um das Ehepaar Fontane gekümmert, Henriette von Merckel umsorgte Emilie, vor allem in der Zeit, in der Theodor in England war. Nach dem Tod ihres Mannes durchbrach Henriette ihre Einsamkeit, indem sie sich verstärkt der Erziehung der Fontaneschen Kinder zuwandte. Sie wurde eine mütterliche Freundin für diese, die sie als ihre gute Tante betrachteten und auch Tante Merckel nannten. Ihr wichtigster Zögling scheint George, der älteste, gewesen zu sein, der 1865 schon 13 Jahre alt war. Sie gab ihm Klavierstunden, und er übte den Wilhelm Tell von Schiller ein. Der zweite, Theodor, war ihr Patenkind und 1865 achteinhalb Jahre alt, ein eher praktisch begabtes Kind, meinte sie, im Gegensatz zum «idealer Anschauung» hingegebenen Vater. Martha, das dritte Kind, damals fünf Jahre alt, ein «Wirbelwind», ein «Seiltänzerkind», wie die Mutter sagte, und schließlich der jüngste Friedrich, der gerade eineinhalb Jahre alt war und seine ersten Laufübungen machte. Am zweiten Osterfeiertag des Jahres 1867 berichtete sie von der Konfirmation Georges, der in der französischen Kirche in der Klosterstraße von Pfarrer Fournier eingesegnet wurde, der schon den Vater konfirmiert und die Eltern getraut hatte. Fontanes hätten ihr Bekenntnis nicht auf den Lippen, aber im Herzen: «ich halte sie für tief religiös.» (Me 2, 257) Henriette von Merckel beobachtete die Entwicklung der Kinder voll Anteilnahme und war dankbar für die Zuneigung, die alle Fontanes ihr entgegenbrachten. Sie schloss ihre bescheidenen Erinnerungen am Abend des 27. Januar 1888, als sie 76 Jahre alt war. «Vater und Mutter Fontane leben noch, er in stetem Bemühen, die Seinigen durch seinen Fleiß als Schriftsteller zu erhalten. Im Alter ist dies ein mühseliges Geschäft!» (Me 2, 263) Er sei beschäftigt, eine Biografie seines ältesten Sohnes George zu schreiben. George, der nach anfänglichen Schwierigkeiten eine erfolgreiche Militärkarriere absolvierte, war Lehrer an der Kadettenanstalt in Lichterfelde, damals bei Berlin, hatte geheiratet und lebte glücklich und zufrieden, als der Tod ihn 1887 im 36. Lebensjahr seiner Familie entriss, ein schmerzlicher Verlust.

Sohn Theodor war Jurist und auf einer Laufbahn im öffentlichen Dienst; er war glücklich verheiratet und hatte einen Sohn. Sie korrespondierte immer noch mit ihm. Tochter Martha, «ungewöhnlich begabt», auch musikalisch, mit einem «auf das Gute gerichteten Willen» sei leider sehr kränklich. Sie hatte sich als Lehrerin ausgebildet, konnte aber nicht unterrichten, weil «ängstliche Zufälle, Beklemmungen etc» sie belasteten, sobald sie sich anstrengte. Schließlich Friedrich: er sei im Buchhandel beschäftigt und mache den Eltern nur Freude. Es ist der Friedrich Fontane, in dessen Verlag späterhin die Werke des Vaters erscheinen sollten. Sohn Theodor lebte von 1856 bis 1933, Tochter Martha von 1860 bis 1917 und Sohn Friedrich von 1864 bis 1941; beide Söhne wurden 77 Jahre alt.

Henriette von Merckel wollte nicht über die Eltern sprechen, dazu würden ihr die Worte fehlen, dann aber sprach sie doch über Emilie: «Ihre Natur ist von der meinigen überhaupt ganz verschieden. Ich habe bei einer Frau noch nie so viel Energie gefunden; sie ist nicht eine errungene, sondern eine angeborene – sie kann nicht anders. Durch das Leben ist sie freilich auch sehr ausgebildet. Sie hat sich durch Bedrängnisse schlagen müssen, wie sie mir nie vorgekommen sind – ich bin überhaupt in dieser Beziehung von dem Glück immer auf den Schoß genommen worden. Gegenwärtig haben meine lieben Freunde keine Nahrungssorgen, aber ihre reizbaren (korrigiert aus: kränklichen) Naturen und namentlich seine Angegriffenheit und Stockungen des Blutes, lassen die Frau selten zur Ruhe kommen. Es wäre ihm sehr nötig, sich schonen zu können, leider sieht man nicht ein, wie das zu ermöglichen ist, da er durch seine Geistestätigkeit die Familie erhalten muss.» (Me 2, 253–254) Emilie hatte schon keine einfache Kindheit als uneheliches Adoptivkind. Und die Jahre ihrer Ehe waren lange von Sorgen bestimmt, nicht nur von materiellen, konnte Fontane seine Familie doch nur mit Mühe über Wasser halten, sondern auch von seelischen Sorgen. So nicht zuletzt durch die Schwangerschaften, die mit dem baldigen Tod der neu geborenen Knaben endeten. Im September 1852 starb der zweite Sohn, von Fournier in einer Nottaufe Rudolph genannt, nach nicht einmal zwei Wochen, 1853 starb Peter Paul nach einem halben Jahr, also nach einer Zeit, in der sie das Kind doch ins Herz geschlossen hatte, schließlich 1855 Ulrich schon nach wenigen Tagen. Die ihre Gesundheit angreifenden Schwangerschaften so kurz nacheinander, die Schmerzen über den Verlust der Kinder, dazu die Sorgen um den Erhalt der Familie, das beschwerte ihr Leben lange noch. Hinzu kam dieser schwierige Mann, den sie herzlich liebte, der aber doch reizbar, doch kränklich war und immerzu mit seinen Arbeiten beschäftigt.

So waren die zehn Jahre von 1860 bis 1870, die Fontane bei der *Kreuz-Zeitung* angestellt war, ruhigere Jahre, in denen es jedenfalls «keine Nahrungssorgen» gab. Theodor konnte mit Emilie erstmals eine Urlaubsreise unternehmen: von Ende August bis Ende September 1865 an den Rhein und in die Schweiz. Und zum ersten Mal konnte er 1865 in die Sommerfrische fahren, was er dann jedes Jahr tat und was seiner Gesundheit sehr zuträglich war.

In seinen Erinnerungen fügte Fontane einen Passus über seine Ehe ein, anschließend an die Bemerkung seiner Mutter, in Emilie habe er genau die richtige Frau getroffen. Er bringt das Beispiel vom Swinegel und sine Fru, also die bekannte Geschichte vom Wettlauf, den der langsame Igel gegen den schnellen Hasen gewann, weil er am Start sitzen blieb und seine Frau, ihm zum Verwechseln ähnlich, bereits am Ziele saß, als der Hase atemlos dort ankam. Dies ein Beispiel für die gute Zusammenarbeit in einer Ehe: «[...] ein anständiges sich helfen, mit guter Rollenverteilung, bedeutet viel in der Ehe, und meine Frau hat diese Sache großartig geleistet.» (Z, 376) Und er bringt dann nur zwei Dinge: Sie habe ihm alle Bücher und Zeitungen vorgelesen und sie habe ihm alle Manuskripte, die von Korrekturen übersät waren, ins Reine geschrieben, eine immense Arbeit, die sich mit der seinen durchaus messen kann: Gut 40 Bände, die Kriegsbücher mitgerechnet, schrieb sie ab, dazu hatte sie «wie nebenbei» den Haushalt und die Kinder zu versorgen. Ihre Leistung ist unbegreiflich, zumal dann noch die oft bedrückenden Geldsorgen kamen. So preist er sie auch, weil sie Sparsamkeit mit Ordnungssinn verbunden habe und mit «Helfefreudigkeit». «Eine richtige Sparsamkeit vergisst nie, dass nicht immer gespart werden kann, wer immer sparen will, der ist verloren, auch moralisch.» Und schließlich lobt er ihr Temperament, ihren ästhetischen Sinn, aber auch ihre Naivität, genauer ihre Unlogik, wobei er zugibt, diese Unlogik sei bei phantasiereichen Frauen nichts anderes als ein Überspringen von Mittelgliedern in einer logischen Folgerung und damit nicht «eine niedrigere, sondern umgekehrt eine höhere Form der Unterhaltung.» (Z, 376 f.)

So wie Henriette von Merckel, entgegen ihrer ursprünglichen Absicht, nur über die Kinder und nicht über die Eltern zu berichten, doch eine Charakteristik Emilies mitteilte, so gab sie auch einmal Worte Theodors wieder, die sie nach einem Gespräch festgehalten hatte. Unter dem 22. Juni 1865 verzeichnet sie dieses Gespräch, in dem Fontane unter vier Augen offen seine Meinung sagte – so wie mitunter auch in seinen Briefen, die er in der *Kreuz-Zeitung* nicht hätte drucken können: «An die jetzt durch die Dampfschiffe so belebte Staffage in Treptow anknüpfend, meinte er, diese würden für Berlin eine neue Fortschritts-Ära einführen; es sei überhaupt mit der alten Zeit aus! So sehr er, der Gesinnung nach, zu den Konservativen auch gehöre, so müsse er doch eingestehen, die Macht des Adels sei gebrochen und gehe über kurz und lang ihrem Ende zu. Sie habe sich auf den Grundbesitz basiert – dieser gelte schon jetzt wenig genug –, das Kapital wäre an seine Stelle getreten, und damit zugleich würde der Bürgerstand seine Macht immer mehr erheben. In früheren Zeiten habe sich dieser in den alten Reichs- und Handelsstädten wohl schon hervorgetan, in den anderen Städten sei er aber in seinen Ideen höchst beschränkt zu nennen gewesen –, mit der Macht des Geldes erweitere sich auch sein Gesichtskreis. Man würde die neue Zeit demnach als die der Herrschaft des Geldes bezeichnen müssen.» Auf den Einwand von Frau von Merckel, sie könnte das nicht für einen

Maschinen-Fabrik Borsig an der Chausseestraße.
Gemälde von Edward Biermann, 1847.

Fortschritt halten und was brächte er denn, antwortete Fontane: «Vielleicht das Gute.» (Me 2, 255–256)

Fontane hat hier eine Entwicklung benannt, die tatsächlich die Zukunft bestimmte: die in der zweiten Hälfte des 19. Jahrhunderts sich ausbreitende Industrialisierung, nicht zuletzt in Preußen. Berlin wurde zu einer Industriemetropole mit großen Fabriken und vielen kleinen Betrieben. Hier wurde Kapital investiert und Kapital gewonnen. Beispiel sei die Maschinenfabrik von August Borsig und seinem Sohn, die zuerst am Oranienburger Tor arbeitete, dann in Moabit und schließlich nach Tegel umzog, wo sie mehr Platz fand. Holzstiche dieser frühen Fabriken zeigen reihenweise rauchende Schlote und geschwärzten Himmel. Borsig fabrizierte vor allem Lokomotiven, die den Eisenbahnverkehr zwischen entlegenen Landesteilen ermöglichten.

Das Ruhrgebiet wuchs zu einem riesigen Wirtschaftsraum mit Kohlebergbau und Stahlerzeugung. Die Firma Krupp gedieh, nicht zuletzt auch durch den Bau von Kanonen. Aktiengesellschaften vermehrten sich, die Berliner Börse erlebte, vor allem nach dem deutsch-französischen Krieg, einen Boom, der aber 1873 mit einem Zusammenbruch endete. Hier war viel Kapital in unsolide Gesellschaften geflossen. Die Chemie-Industrie entstand: die Firma Bayer, zunächst in Wuppertal, und die Firma Kunheim in Berlin. Die Farbenproduktion florierte, Kommerzienrat Treibel im Roman *Frau Jenny Treibel* wird reich dadurch, die Herstellung von künstlichem Dünger half der Landwirtschaft. Doch die ländlichen Gebiete erlebten eine Landflucht: Die jungen Leute zogen in die Stadt, wo sie bessere Arbeit fanden. Berlin wurde immer größer.

So blieb der vom Landbesitz lebende Adel zurück; da hatte Fontane recht, und die investierende und produzierende Bourgeoisie kam voran. Eine Zweiteilung ergab sich in Preußen: hier die adligen Landbesitzer mit mäßigen Erträgen, die auf ihren Privilegien beharrten, dort die voranschreitenden Bürger mit zum Teil beträchtlichem Kapital, die nach Ansehen und Anerkennung strebten. Hier eine feudale Schicht, dort eine offene, an Leistung und Gewinn orientierte Schicht.

29. Der Krieg gegen Dänemark

1864, 1866, 1870: Drei Kriege in sechs Jahren, das Werk Bismarcks. Freilich richtete er sich nach den Gegebenheiten, die er vorfand, aber die Energie, mit der er diese Gegebenheiten zu nutzen wusste, war außerordentlich. Sein Ziel war dabei immer das Interesse Preußens; wenn sich das mit den deutschen Interessen deckte, umso besser. Der Krieg gegen Dänemark 1864 hatte eine Vorgeschichte. Schon die Frankfurter Paulskirchenversammlung hatte das Problem bewegt: Der dänische König beanspruchte das Herzogtum Schleswig, das dänisches Lehen war, aber nun in den dänischen Nationalstaat, seit 1848 eine konstitutionelle Monarchie, einverleibt werden sollte. Die deutschen Nationalliberalen dagegen wollten Schleswig in den Deutschen Bund aufnehmen. Schon 1849 hatten preußische Truppen im Auftrag der Nationalversammlung Kämpfe begonnen, aber nicht zu Ende geführt. Es kam im «Londoner Protokoll» zu einer Vereinbarung, die 1863 von Dänemark gebrochen wurde, so dass es einen Grund gab, gegen Dänemark einen Krieg zu führen, von dem Österreich (Fontane schreibt es Östreich), die andere Großmacht im Deutschen Bund, sich nicht ausschließen konnte. Die deutschen Truppen waren stärker, wobei die österreichischen vor den preußischen sich auszeichneten. Dänemark musste Schleswig freigeben, Schleswig wurde schließlich unter preußische Verwaltung gestellt, Holstein unter österreichische. Es war nicht das, was die Schleswiger und Holsteiner unter ihrer Unabhängigkeit verstanden. Nicht nur Theodor Storm hat es beklagt. Nach dem Sieg Preußens über Österreich 1866 wurden beide Teile von Preußen einverleibt.

Seit 1848 hatte Fontane das lebhafteste Interesse an der Sache der Schleswig-Holsteiner. 1850 war er sogar bis Altona gereist, um sich als Freiwilliger den Schleswig-Holsteinern anzuschließen und mit ihnen gegen die Dänen zu kämpfen. Es kam anders, wie wir gesehen haben. Doch vor diesem Hintergrund muss seine Anteilnahme für die Auseinandersetzungen des Jahres 1864 betrachtet werden. Nach der Eroberung der Düppeler Schanzen, einer Befestigung im Süden Dänemarks, kam es zum Waffenstillstand vom 12. Mai 1864 bis zum 25. Juni. In dieser Zeit besuchte Fontane den Kriegsschauplatz zusammen mit einem Redakteur der *Kreuz-Zeitung*, am 17. Mai reiste er hin, nach zwei Wochen kehrte er zurück. Da die dänische Regierung der preußischen nicht willfahrte, kam es zu neuen Kämpfen, die preußischen und österreichischen Truppen besetzten die Insel Alsen und ganz Jütland, die dänische Regierung gab nach. Am 20. Juli endete der Krieg und am 30. Oktober trat Dänemark die Herzogtümer ab. Fontane fuhr ein zweites Mal nach Norden, immer musste er die Schauplätze selbst ins Auge fassen, er wollte nicht allein auf Grund von Berichten und Korrespondenzen schreiben: Vom 9. bis 30. September reiste er nicht nur zu den Kampfplätzen, er fuhr auch durch Dänemark und nach Kopenhagen, das er schon immer hatte sehen wollen und das er bewunderte.

Warum dann ein Buch mit ausführlicher Darstellung der Kämpfe? Die Gründe sind vielfältig. Schon den Knaben faszinierten Schlachtbeschreibungen, wie er im 12. Kapitel von *Meine Kinderjahre* schreibt. Er las begierig die Berichte über den polnischen Aufstand 1830/31, also mit 11 und 12 Jahren. Und er fügt dann eine Bemerkung über seine sehr viel späteren Kriegsberichte an, um sie gegen die Kritik der Fachleute, also der hohen Militärs, zu verteidigen. Nur einmal habe er ein Lob für seine Bücher geerntet: vom General von Witzleben, ansonsten sei man hochmütig über den «Pequin», den Nichtskenner und Nichtskönner, hinweggegangen. Dabei sei es gerade bedeutsam, was ein Außenstehender zu sagen habe: «größere Freiheit und unbefangenes

In-Rechnung-Stellen außermilitärischer Faktoren, vor allem der sogenannten Imponderabilien. Im letzten ist Kriegsberichterstattung doch nichts anderes als Geschichtsschreibung überhaupt und unterliegt denselben Gesetzen.» (Kin, 144) Insofern ergänzen die Kriegsberichte seine *Wanderungen*, die ja auch eine Art Geschichtsschreibung darstellen: Land und Leute und die Ereignisse von Jahrhunderten schildert er dort. Hier in den Kriegsberichten spricht er auch von Land und Leuten, nur eben auf das militärische Geschehen konzentriert. Er beschreibt ausführlich die militärischen Taten, nachdem er sie durch einige Kapitel zu Anfang in die Geschichte eingeordnet und die Örtlichkeiten benannt hat.

Es ist also sein Interesse an dem eigentlichen Schlachtgeschehen, das ihn treibt, ein Interesse, das ihn von früh an bewegte, mag es heute auch schwer verständlich sein. Das liegt sicherlich auch daran, dass heute in Deutschland nach den schrecklichen Erfahrungen des Nationalsozialismus und des Zweiten Weltkriegs die öffentliche Aufmerksamkeit für das Militär und seine Taten weitgehend geschwunden ist. So werden die Kriegsberichte gewöhnlich auch in Untersuchungen zu Fontane übergangen und in seine Werkausgaben nicht aufgenommen. Das war anders in Preußen, in dem die Armee alles war oder doch fast alles, immer im Blickpunkt durch Paraden und Aufmärsche und dann durch die Bismarckschen Kriege, die das ganze Volk ergriffen, nicht zuletzt dadurch, dass Söhne und Väter mit den Regimentern in den Kampf zogen und nicht alle zurückkehrten. Das Militär beschäftigte also auch die Laien, die ja meistenteils gedient hatten, also einmal Soldaten gewesen waren.

So ist es auch verständlich, dass der Verleger Rudolf von Decker Fontane ein gutes Angebot machte für einen Kriegsbericht, der populär gehalten, dem Nicht-Militär verständlich und mit Illustrationen versehen, ein breites Publikum erreichen sollte. Nicht zuletzt das Honorar lockte Fontane in diese Arbeit. Dessen Höhe dominierte seine Korrespondenz mit dem Verleger über die Jahre hin, denn auch die folgenden Kriegsberichte erschienen bei diesem. Rudolf von Decker führte einen halboffiziellen Verlag in Berlin, den sein Großvater schon 1763 gegründet hatte als Deckersche «Hofbuchdruckerei». In diesem Verlag erschien 1780 Friedrichs II. Schrift «De la littérature allemande», also über die deutsche Literatur, die von der geringen Kenntnis des Königs zeugte. Der Enkel verlegte denn auch eine Ausgabe der

Werke Friedrichs II. in mehr als 30 Bänden und ein Neues Testament mit Bildern von Peter Cornelius und Wilhelm von Kaulbach. 1863, zum hundertjährigen Jubiläum des Verlags, wurde er in den erblichen Adelsstand erhoben. Fontane hatte sich dem Verleger empfohlen als erfolgreicher Autor der *Wanderungen*. Zudem hatte er einige Male in der Zeitschrift des Verlags, dem *Berliner Fremden- und Anzeigenblatt* publiziert.

Im Februar 1865 begann Fontane die Arbeit an dem Buch, das er im Herbst abschloss und das schon im November 1865 erschien, allerdings mit der Jahreszahl 1866: *Der Schleswig-Holsteinische Krieg im Jahre 1864*. Die Einleitung bringt eine Einführung in «Land und Leute» – so heißt es tatsächlich – und in die Geschichte der beiden Herzogtümer. Es folgt «Der Ausbruch des Krieges», also der Anlass der Auseinandersetzung. Nach dem Tod König Friedrichs VII. unterschrieb sein Nachfolger, König Christian IX., die ihm vorgelegte Verfassung, die einen Passus über die Eingliederung Schleswigs in das Königreich enthielt. Dies war der Grund für Österreich und Preußen zu intervenieren. Sie stellten ein Ultimatum, dass dieser Passus gestrichen werden müsse, und als dieses ablief, begann am 1. Februar 1864 der Krieg.

In einem Vorwort zum Nachdruck des Buches aus dem Jahre 1999 schreibt der dänische Germanist Sven-Aage Jørgensen, dass in Schleswig auch eine beträchtliche Zahl von Dänen wohnte, so dass man in gewisser Weise auch von einem Bürgerkrieg zwischen den Dänen und den Deutschen in diesem Herzogtum reden könnte. Auch das mag die «fanatisierten» Dänen erklären, von denen Fontane spricht, der den Fanatismus auch auf der deutschen Seite, wenn auch nicht so stark, sieht. Bei der ersten Wahl zum Norddeutschen Bund im Februar 1867 wurden im Herzogtum Schleswig etwa 40 000 deutsche Stimmen abgegeben und etwa 28 000 dänische. (S-H, VII) Das mögen nicht alles Dänen gewesen sein, die hier dänisch stimmten, es zeigt womöglich die Unzufriedenheit der Schleswiger mit der harten preußischen Verwaltung, die das Land im Griff hatte.

Fontane bleibt in seinen Beschreibungen außerordentlich sachlich, er polemisiert nie und lässt auch dem Gegner Gerechtigkeit widerfahren. Es war ein Ringen um militärische Überlegenheit, in dem die Dänen tapfer kämpften, aber letztlich gegen die Übermacht – sie bestand etwa in 2 zu 1 zu Ungunsten Dänemarks – sich beugen mussten.

Am ausführlichsten beschreibt er die Erstürmung der Düppeler Schanzen. Er widmet ihr rund 160 Seiten und würdigt jede der 10 Schanzen durch ein eigenes Kapitel. Jedes Regiment wird genannt mit Befehlshaber, jede Kompanie, bei Fontane noch französisch «Compagnie» geschrieben. Hervorragende Offiziere, mitunter auch Soldaten, nennt er beim Namen.

Er gibt das Angriffsschema als Zeichnung: die voranschreitenden Regimenter, die nachrückenden, die Reserven, alles bezeichnet er genau. Ein Beispiel von Schanze II: «Entfernung 389 Schritt, sie wurde durch Abteilungen des 22. dänischen Regiments verteidigt. Genommen wurde sie durch 10 preußische Kompanien, Befehlshaber war Major von Fragstein. Die Formation: 3 Schützen-Kompanien, 1 Pionier Kompanie, 1 Arbeiter Kompanie, 2 Sturm Kompanien, 4 Reserve-Kompanien.» Dabei wird jedes Mal der Kommandant der Kompanie genannt. Dann das Angriffsschema. Dann: «Die drei Schützen-Compagnien brachen vor: Hauptmann v. Leszcinski links, Hauptmann Krähe rechts, Hauptmann v. Spies in der Mitte. Während die Flügel-Compagnien – übrigens unter heftigem Widerstand des Feindes – die Communikationen (Verbindungsstücke) links und rechts von der Schanze mit der blanken Waffe nahmen, richtete sich die Compagnie von Hauptmann v. Spies gegen die Schanze selbst und traf dieselbe an der rechten Seite; etwa dort, wo Schanze und Communikation einen stumpfen Winkel bilden. Sei es, dass die Pallisaden-Verkleidung an dieser Stelle bereits gelitten hatte, oder dass es glückte, alle entgegenstehenden Hindernisse rasch zu überwinden, – gleichviel, die Compagnie drang ein, warf alles Entgegenstehende nieder und ging dann wie ein Sturmwind durch die Schanze hindurch, der rückwärts gelegenen zweiten Linie zu. Hauptmann v. Spies und Premierlieutenant v. Saß-Jaworski waren die ersten in der Schanze.» (S-H, 201)

Fontane schaut von außen wie eine Kamera auf das Geschehen. Er hat einerseits in einer Art Totalen den gesamten Krieg im Blick, kann aber andererseits zu den einzelnen Ereignissen übergehen, so dass der Leser ein kompaktes Bild vom Geschehen erhält: Aus den vielen einzelnen Taten setzt sich die große Tat zusammen. Diese Perspektive ist natürlich nur nach dem Krieg möglich, wenn jede einzelne Kompanie ihren Bericht erstattet hat. Denn das ist die Frage: Woher wusste Fontane im Februar 1865 so genau, was die Kompanie des Hauptmanns v.

Spies in der Schanze II im April 1864 getan hatte? Es gab sicherlich den Heeresbericht, den er gelesen hatte, sonst könnte er das Geschehen nicht wiedergeben. Und dieser Bericht brachte sicherlich eine Stilisierung, die nicht mit der Unmittelbarkeit des Erlebten ohne Weiteres übereinstimmte. Die wechselnden Blickrichtungen ermöglichten es, einzelne Heldentaten hervorzuheben und den Tod einzelner Soldaten zu würdigen, so dass aus der großen Masse des Heeres sich einzelne Einheiten herauslösten und in diesen Einheiten einzelne Soldaten. Dem Zitierten fügte Fontane eine Fußnote hinzu:

«Bei Erstürmung der Communikation, links der Schanze II, zeichnete sich vor allem der Unteroffizier Reiß von der Schützen-Compagnie des Hauptmanns v. Leszcinski (3. Compagnie des 60. Regiments) aus. Reiß war der erste auf der Communikation – die wahrscheinlich eher genommen wurde als die Schanze selbst – und verteidigte sich siegreich mit Kolben und Bajonett. Nachdem er zwei Schüsse ins linke Schienbein erhalten, parierte er, auf einem Beine stehend, einen nach ihm geführten Hieb und schlug seinen Gegner zu Boden. An dieser Stelle fiel auch Fähnrich de Convenent, der Liebling der Compagnie, der einzige Sohn einer Witwe. Die Kugel ging ihm neben der Tapferkeitsmedaille, die er sich schon in früheren Gefechten erworben hatte, mitten durchs Herz.» (H-S, 201)

Der schmerzliche Tod des jungen Leutnants ist bitter. Und das wird von Fontane nicht geleugnet: Hier wird geschossen, auch noch mit Bajonett und Kolben gekämpft, und hier wird gestorben. Er wendet sich gegen die verbreitete Meinung, der Krieg gegen Dänemark, der ja nicht lange dauerte, kaum vier Monate, sei ein leichtes Spiel gewesen. Es wurde hart gekämpft auf beiden Seiten und viele sind gefallen.

Fontane nimmt Anteil an den heroischen Taten der preußischen Soldaten, aber er bleibt bei einem sachlichen Ton. Wenn er auch die Absicht hatte, diesmal «echte Korrespondenzen» zu bieten, so sind doch alle fünf Bände der Kriegsberichte nichts anderes als «unechte Korrespondenzen». Denn seine Besuche der Schlachtfelder erfolgten nach der Schlacht. Er kannte also aus eigener Anschauung nur das Gelände, nicht das Geschehen. Woher wusste er, was an jeder der zehn Schanzen in Düppel geschah, woher so genau? Er stützte sich auf die Aussagen anderer, so wie er sich in seinen «Unechten Korrespondenzen» auf die Berichte englischer Zeitungen stützte. Wie hätte er auch anders vorgehen können? Er verließ sich auf Augenzeugenberichte, die erstaunlich zahlreich gewesen sein müssen, auf Zeitungsartikel und auf Dokumente, die bereits veröffentlicht waren. Wie könnte man anders einen Bericht über das kriegerische Geschehen bringen, wenn man sich nicht auf zahlreiche Aussagen der Beteiligten berufen könnte? Zwischen dem Ende des Krieges und dem Beginn der Aufschreibung lag kaum ein halbes Jahr. Die vielen Berichte müssen also rasch veröffentlicht worden sein, das Interesse daran in der Öffentlichkeit war groß. Fontane zitiert Briefe, die unmittelbar nach dem Kampf geschrieben wurden, aber auch spätere Aufzeichnungen von Soldaten und Offizieren in längeren Auszügen. Er nennt die Dokumente, auf die er sich verlässt, aber er korrigiert sie mitunter auch, wenn er aus anderer Quelle Besseres weiß.

So etwa im ersten Band von *Der deutsche Krieg von 1866*: «Gefecht bei Podol», einem böhmischen Dorf. Er zitiert zunächst den Bericht des österreichischen Befehlshabers Clam-Gallas, dann den Bericht eines Offiziers des 72. preußischen Regiments. Und er kommentiert: «Dieser mit großer Lebendigkeit geschriebene Bericht ist einseitig wie alle Darstellungen derart. Er gibt das unmittel Erlebte und hat kein Auge für das, was um und neben ihm geschah. So vergisst er beispielsweise die hervorragende, nach einer anderen Version dem Angriff der 72er sogar vorausgehende Teilnahme zweier Compagnien vom 4. Jäger-Bataillon an dieser ersten Hälfte des Gefechts.» (DdK 1, 157 f.) Der Bericht eines Teilnehmers mag authentisch sein, er ist aber nicht immer richtig, weil dieser eben nur das von ihm Erlebte erwähnt, auch dazu neigt, die Taten des eigenen Regiments allein zu sehen und deshalb die anderer zu übersehen; es fehlt ihm der Überblick. So kann eine abwägende Überlegung, die mehrere Berichte in Betracht zieht, dem eigentlichen Geschehen näher sein als ein Bericht eines Beteiligten.

Fontane schließt den Band *Der Schleswig-Holsteinische Krieg im Jahre 1864* mit einem kurzen Schlusswort. Er bringt die Verfügung des dänischen Königs, der die Herzogtümer Schleswig, Holstein und Lauenburg an den österreichischen Kaiser und den preußischen König übergibt. «Die Herzogtümer waren deutsch» (S-H, 373), so Fontane, doch sie waren nicht deutsch, sie waren teils preußisch, teils österreichisch und der Streit zwischen den beiden führte denn auch schon bald zum nächsten Krieg.

Das Urteil über diesen Krieg sei höchst unterschiedlich gewesen, so

Fontane, zunächst begeisterte Siegesfreude, weil man die militärischen Taten überschätzt habe, sie mit Großtaten der Historie verwechselnd, dann hätten Neid und Missgunst zu einer «krittelnden Verkleinerung» der Kämpfe geführt, man sprach von «militärischer Promenade», einem Spaziergang. Ein leichter Sieg sei es aber nicht gewesen. «Der 18. April flocht ein neues Blatt in den vollen Kranz preußischer Ehren. Es war ein glänzender Sieg, aber kein leichter, und alle die ihn erringen halfen, dürfen in Demut sich dieses stolzen Tages freuen. Und wir mit ihnen!» Und dann seine Hoffnung: «Vor allem aber möge gute Saat sprießen aus dem Blute derer, die gefallen; der Ära des Haders, des stillen und offenen Krieges, folge Friede, Freiheit, frischer Wind und frische Fahrt. Die meerumschlungenen Lande sind unser, werd es auch das Meer. Das walte Gott!» (S-H, 374)

Zwei fromme Wünsche, wie man so sagt. Einmal der nach Frieden und Freiheit. Noch im Jahre 1866, in dem der Band nominell erschien, kam der nächste Krieg. Und zum andern: Dass das Meer «unser» werde, wir also eine starke Flotte bauen, wir Preußen, in Konkurrenz zu England tretend, das weist auf einen in der Ferne liegenden Krieg: den von 1914 bis 1918, in dem die Prophezeiung eines Mönchs des Klosters Lehnin, die Fontane im dritten Band der *Wanderungen* erwähnt, sich erfüllte: die Hohenzollern traten ab. Das hätte 1866 niemand für möglich gehalten.

30. Der Krieg gegen Österreich

Am 11. August 1866 schrieb Fontane an den Verleger Wilhelm Hertz, bei dem die *Wanderungen* erschienen: «Ich wünsche das Kriegsbuch (über den Krieg von 1866) zu schreiben, einmal weil ich das Schleswigholstein Buch dadurch zu einem rechten Abschluss bringe, zweitens weil ich eine Lust und ein gewisses Talent für solche Arbeiten, drittens weil ich einen erheblichen pekuniären Vorteil davon habe, aber die Sache ist mir keine Herzenssache [...]» (S-H, 391) Keine Herzenssache, aber der finanzielle Vorteil ist doch erheblich. Freilich nicht so erheblich, dass er 1894 noch einer Neuauflage des Schleswig-Holsteinischen Kriegs zugestimmt hätte. Er schrieb an den Verleger Decker, er fände die Wiederherausgabe, etwa mit fürstlichen und ministeriellen Handschreiben, «einfach schrecklich»: «Damals vor gerade

30 Jahren, habe ich das Buch so gut gemacht, wie ich konnte, jetzt sehe ich nur die Mängel und Fehler.» (S-H, 391 f.) So dachte er gegen Ende seines Lebens, 1866 wollte er noch den «deutschen Krieg» erfassen. Er tat es in zwei Bänden von insgesamt 1115 Seiten. Der erste Band: Der Feldzug in Böhmen und Mähren. Der zweite Band: Der Feldzug in West- und Mitteldeutschland. Es war ein Krieg, in dem Preußen gegen fast alle anderen deutschen Staaten kämpfte, ein Bruderkrieg.

In seiner Einleitung zum ersten Band schildert Fontane die Entwicklung, die zum Ausbruch des Krieges führte: «Der Frieden von 1864 gebar den Krieg von 1866.» (DdK 1, 3) Der Streit um die gemeinsame Verwaltung von Schleswig und Holstein wurde zwar zunächst gelöst im Gasteiner Abkommen, doch Preußen wollte mehr. Dabei hatte der Bund in Frankfurt am Main noch die Selbständigkeit der Herzogtümer unter dem Herzog von Augustenburg im Sinn. Das lehnte Preußen ab, das sich auf das Friedensabkommen mit Dänemark berief. Österreich zögerte, wie so oft, trat halbherzig für den Bund ein. Bismarck wusste die Gelegenheit zu nutzen. Aus dem Problem Schleswig-Holstein wurde das Problem des Verhältnisses Preußens zu Österreich im Bund.

Bismarck hatte einst als Abgeordneter Preußens beim Bund unter der arroganten, aber auch geschickten Diplomatie Österreichs gelitten: Die Habsburger waren doch eine ältere und erfahrenere Dynastie als die, die er vertrat, und im Bund in der Regel die stärkere Macht. So mögen in seinem Drang nach Krieg mit Österreich auch persönliche Ressentiments eine Rolle gespielt haben, aber wie immer waren ihm die preußischen Interessen allein wichtig, nämlich die Vergrößerung des Territoriums und die Herrschaft über den Rest Deutschlands. Das konnte nur gelingen, wenn Österreich aus dem Bund ausschied. Und das verlangte denn auch ein preußischer «Reformvorschlag» an den Bund. Fontane fasst ihn zusammen: Ausweisung Österreichs aus dem Bund, Suprematie Preußens im Bund, Unterordnung der Klein- und Mittelstaaten unter Preußen (DdK 1, 30). So unverblümt wurde die Absicht Bismarcks ausgedrückt, während die preußischen Truppen in Schleswig und Holstein schon Fakten schufen, indem sie Vermessungen vornahmen, Kasernen planten und Kriegsschiffe in den Hafen von Kiel legten. Die österreichischen Truppen zogen sich zurück.

Nach dem preußischen «Reformvorschlag», der den Bund zerstören sollte, stellte Österreich in der Bundesversammlung am 11. Juni 1866 den Antrag, das Bundesheer möge gegen Preußen mobil machen. Am 24. Juni stimmte die Bundesversammlung darüber ab. Neun Staaten stimmten für Österreichs Antrag, sechs dagegen. Die neun Staaten, die dafür stimmten, sind denn auch die Kriegsgegner Preußens und einige von ihnen wurden nach dem Sieg schwer bestraft: durch Vernichtung. Die neun Staaten: Österreich, Bayern, Sachsen, Württemberg, Hannover, Großherzogtum Hessen, Kurhessen, Nassau, Liechtenstein und Reuss. Die sechs Gegner: Sachsen-Weimar, die thüringischen Herzogtümer bis auf Meiningen, Oldenburg-Anhalt-Schwarzburg, Mecklenburg, die freien Städte bis auf Frankfurt a. M., schließlich Luxemburg und Baden. Preußen stimmte nicht mit, da es die Abstimmung für «bundeswidrig» hielt und mit der Abstimmung den «Bundesbruch als vollzogen» ansah. Es gab nach Preußens Meinung keinen Bund mehr. Ein Bund, der Preußen nicht willfahrte, war kein Bund mehr?

«Wessen ist die Schuld?» fragt Fontane in einem längeren Kapitel. Er gibt zu, dass Preußen andere Wege ging, als der Bund forderte und meint: «glücklicherweise, aber seine Action, wie immer wir uns derselben zu freuen haben mögen, verstieß gegen das formale Recht des Bundes.» (DdK 1, 41) Und eine Seite später schreibt er: «Preußen ist schuld.» Das ist ein mächtiges Eingeständnis eines preußischen Geschichtsschreibers, der immer wieder von «wir» spricht, wenn er Preußen meint. Das mag auch erklären, warum Fontanes Buch nicht die Begeisterung der Politiker und Militärs in Berlin errang: Es fehlte ihm der preußische Hurra-Patriotismus. Es ist freilich nicht Fontanes letztes Wort. Er meint, es sei doch nicht um Preußen und den Bund gegangen, sondern um Preußen und Österreich und eben darum, dass Österreich Preußen strafen wollte: «Völlig anders wie zum Bunde war die Stellung Preußens zu Österreich. Wenn wir dem Bund gegenüber ein formales Unrecht Preußens, eine Schuld konstatierten, so war Österreich einfach der Mitschuldige.» (DdK 1, 42) Und schließlich ist Österreich der allein Schuldige, denn das Kapitel beendet er mit der Feststellung, die Einberufung der holsteinischen Stände, die gerne über ihr Land selbst bestimmt hätten, sei der Fehdehandschuh gewesen, den Österreich Preußen hinwarf. Preußen nahm ihn auf. Fontane: «Für uns ist die Frage entschieden: wer ist schuld?» Also Österreich.

Ein wichtiger Gesichtspunkt, den Fontane in dieser Diskussion bringt, ist der Erfolg. Offensichtlich kann durch den militärischen Erfolg Unrecht in Recht verwandelt werden, eine dezidiert preußische Sicht, das nach seinen Siegen die Ansicht vertrat, es könne fast alles tun, es habe das Recht dazu, weil es eben gesiegt habe. Fontane: «Dieses Unrecht [...] ist längst als politisches Recht, als nationale Pflicht, als ein Heil und Segen [für Preußen] erkannt worden, aber wie immer politisch gerechtfertigt, es war von Anfang eine Verletzung formalen Rechts und wenn der Bund die Kraft gehabt hätte, diese Verletzung zu strafen und Preußen auf dem Wege der Exekution mit Krieg zu überziehen, so würden wir wenn auch unter Reservation und Entschuldigungen, die an der Spitze dieses Kapitels stehende Frage ‹wer ist schuld?› immer dahin zu beantworten gehabt haben: Preußen ist schuld.» (DdK 1, 42)

Schuld ist der, der verliert. Das Recht ist auf der Seite des Siegers. Das gilt allenthalben, nicht nur hier. Jedenfalls hat danach das Preußen des großen Königs gehandelt, der Österreich Schlesien widerrechtlich entriss, und das Preußen des großen Bismarcks, der Österreich entgegen dem Bundesbeschluss nach tausend Jahren Teilnahme aus der deutschen Geschichte warf. Im Kampf um die Vorherrschaft in Deutschland hatte Preußen nur einen Gegner: Österreich, das lange vor Preußen im Deutschen Reich maßgebend war. Insofern ist der Krieg von 1866 der wichtigste der drei Kriege, die Bismarck führte. Schleswig-Holstein war nur das Vorspiel des Krieges gegen Österreich, der sein eigentliches Ziel war. Mit ihm gelang ihm, was er einst in seiner Blut-und-Eisen-Rede vor dem preußischen Abgeordnetenhaus versprochen hatte. Und er wäre mit dem Norddeutschen Bund, den er dann konstruierte, durchaus zufrieden gewesen, meint Sebastian Haffner in seinem Buch «Von Bismarck zu Hitler» (Ha, 41). Den Krieg von 1870/71 habe er nicht angestrebt, im Gegensatz zu dem von 1866, dieser habe sich ergeben. Der Krieg von 1866 aber brachte eine Umwälzung, eine Revolution in Deutschland, die der Sieg über Frankreich nur bestätigte. Der wichtigere Sieg war der von Königgrätz über Österreich.

Eine Schlacht entschied über das deutsche Schicksal. Wie wäre es mit Deutschland weitergegangen, hätte Österreich gewonnen und Preußen verloren? Es hätte sich eine andere Entwicklung vollzogen. Wie wichtig eine Schlacht ist, wie wichtig das Militär, wie bedeutsam die Schlachtordnung und die Schlachtenlenker, denen Fontane sich so engagiert widmet, wird hier wieder deutlich. Die Schlacht bei Königgrätz lenkte die weitere deutsche Geschichte, so wie einst eine andere Schlacht in

Theodor Fontane.
Foto von Loescher und
Petsch, 1869.

Böhmen die tschechische Geschichte bestimmt hatte: die Schlacht am
Weißen Berg von 1620. Wider Erwarten gewann sie der katholische
Kaiser gegen die protestantischen Stände. Und Böhmen und Mähren
kamen dreihundert Jahre unter die Herrschaft der Habsburger.

So sehen wir also auf Fontanes Arbeit, die den Leser mit Spannung
erfüllt, wenn er sich nur auf sie einlässt. Es ist wie ein Spiel: wer gewinnt, wer verliert, Zug um Zug. Mal gewinnt der eine, mal der andere. Mal die österreichische Kompanie, mal die preußische. Ein Dorf
geht verloren, ein Dorf wird zurückerobert. Und immer verlieren viele:
die Toten und die Verwundeten, die damals noch häufig an Wund-
starrkrampf und Blutvergiftung starben, auch wenn ihre Verwundung
nicht so schwer war. Eine Verwundung bedeutete nicht selten den Tod.

Laut Fontane hatte Österreich schon ab Mitte März begonnen, aufzu-
rüsten, erst heimlich, dann ab Anfang Mai, als Preußen die Mobil-
machung von fünf Armee-Corps anordnete, auch offiziell. Der Krieg
schien schon festzustehen, bevor der Bund am 24. Juni entschieden hatte.

So heißen denn auch die zwei Kapitel, die der Einleitung folgen: Österreich rüstet. Preußen rüstet. Dann die Manifeste, die den Beginn markieren: Propaganda von beiden Seiten, der jeweilige Herrscher an sein Volk bzw. an seine Völker, schließlich die Pläne Preußens und Österreichs. Fontane zählt sämtliche Corps der Österreicher auf mit ihren Befehlshabern. Die drei Armeen der Preußen, die in drei getrennten Zügen über Riesengebirge und Erzgebirge – Sachsen hatten sie schon besetzt – in die böhmische Ebene einmarschieren. Die 1. Armee führt den Feldzug im Isergebiet, die 2. den bis zur Ober-Elbe, dann die entscheidende Schlacht bei Königgrätz, tschechisch Hradec Kralove, ab 1. Juli. Dieser widmet Fontane den Hauptteil von mehr als 200 Seiten. Ein Beispiel:

[Das Dorf] Cistowes war stark besetzt. Hinter allen Häusern und Hecken, besonders bei den blockhausartigen Scheunen, steckten vorgeschobene Bataillone der Brigade Appiano vom III. [österreichischen] Corps, und als die Schwäche unsrer Colonnen dem Feinde nicht länger verborgen bleiben konnte, brachen das 4. Jäger-Bataillon und ein oder zwei Bataillone vom Regiment Erzherzog Heinrich aus Cistowes hervor, um die Unsern in den Wald zurück zu jagen.

Dieser Vorstoß wurde mit so großer Raschheit und Geschicklichkeit ausgeführt, dass er unsre am Waldrand stehenden Bataillone in Flanke und Rücken fasste, die zumeist vorgeschobenen Abteilungen wurden abgeschnitten, gefangen genommen, und unsere Verluste […] würden an eben dieser Stelle noch weit erheblicher gewesen sein, wenn nicht beinahe gleichzeitig, im Rücken der uns überflügelnden feindlichen Bataillone, zwei Bataillone unsrer 67er unter Oberst v. Bothmer erschienen wären und nun ihrerseits den uns umfassenden Feind umfasst hätten.

Eine drohendste Gefahr war durch das Erscheinen dieser beiden, unsere einzige Reserve bildenden Bataillone allerdings abgewandt; aber nicht auf lange. Die beiden Bataillone 27er waren zertrümmert, alle Hauptleute tot oder verwundet oder abgedrängt; eben jetzt erhielt auch Oberst v. Zychlinski einen Schuss in den Schenkel und mühsam sich aufrecht haltend, führte er die Trümmer seiner Bataillone nach den ausgebauten westlichen Gehöften von Cistowes, wo er Generalmajor v. Gordon und das 1. Bataillon vom Regiment 27 fand. (DdK 1, 524 f.)

Die Schlachtbeschreibung ist spannend und sachlich, der Feind wird nicht diffamiert, aber die «Unsrigen» werden doch markiert, so wie etwa ein Fußballspiel nur dann fasziniert, wenn man für eine der beiden Mannschaften Partei ergreift: Das sind die Unsern, sich also mit ihnen identifiziert und mit ihnen bangt.

Dass Preußen diesen verlustreichen Krieg gewann, wird gewöhnlich mit dem Zündnadelgewehr begründet, das sie besaßen und die

Österreicher nicht; das wurde schon zu Fontanes Zeiten gesagt. Die Preußen hatten tatsächlich das bessere Gewehr, einen Hinterlader, mit dem man schneller und häufiger schießen konnte als mit Vorderladern und besser zielen konnte. In Dänemark war das Gewehr schon beim Gefecht um Lundby eingesetzt worden. Fontane über diese technische Errungenschaft: «Der Kampf wird seiner poetischen Glorie entkleidet, wenn er in gewissem Sinn zu einem Scheibenschießen wird, bei dem Treffer nicht nur entscheiden, sondern auch mit arithmetischer Nüchternheit berechnet und aufgezeichnet werden. Dennoch ist es Pflicht, dieser ersten Empfindung die von solchen Berechnungen nichts wissen will, Herr zu werden [...] Der Krieg ist längst zu einer Wissenschaft des Tötens geworden und die Erfolge, beispielsweise bei verbesserter Schusswaffe, müssen dementsprechend mit nüchtern wissenschaftlicher Genauigkeit festgestellt werden, wie wenig diese Wissenschaftlichkeit unserer Empfindung auch entsprechen vermag.» (S-H, 348). Er bringt dann das Ergebnis dieses Gefechts bei Lundby. Die Preußen hatten drei Verwundete, von den 180 Mann der dänischen Kompanie blieben 88 auf dem Platz, 22 Tote und 66 Verwundete. Einige der Gefallenen hatten 3 und 4, einige sogar 7 und 8 Kugeln im Leib. Das Zündnadelgewehr hatte gesiegt.

Es war aber nicht nur dieses Gewehr, das den Sieg bei Königgrätz herbeiführte. Preußen hatte aufgerüstet seit dem Beginn der Regierung Bismarck. Und Preußen hatte seine Armee eingeübt und auf einen Krieg vorbereitet. Und die preußische Führung unter Helmuth von Moltke hatte einen einfachen, aber guten Plan, den sie rigoros durchsetzte, den mit den drei getrennt marschierenden Armeen, die bei der Schlacht nach und nach zusammengeführt wurden. Den österreichischen Oberbefehl hatte Ludwig von Benedek, der sich in Italien ausgezeichnet hatte. Doch hieß es in Wien, so weiß Fontane, er sei ein schwerer Hammer, der von einer guten Hand geführt werden müsse. Diese Hand fehlte bei Königgrätz, Benedek war auf sich allein gestellt und gab mitunter widersprüchliche Befehle: das Dorf halten, dann das Dorf aufgeben, was zu einem verlustreichen Rückzug der siegreichen Kompanie führen konnte. In der Kriegführung waren die Preußen überlegen, da half die Tapferkeit den österreichischen Regimentern letztlich wenig. Wichtig ist freilich die Erkenntnis Fontanes: Der Krieg war zu einer Wissenschaft des Tötens geworden. Und das war erst der Anfang.

Bleibt Fontanes Blick auf die Einheimischen, auf die Tschechen, die den Preußen weniger feindlich gesinnt waren als die Böhmendeutschen, die an ihrem Kaiser in Wien hingen. Die Tschechen trauerten alten Zeiten nach und erhofften sich neue. Sie hatten sich ihre Sprache und Kultur wieder errungen, wie Fontane feststellt, und sie behaupteten sich, indem sie immer stärker wurden. Beispiel sei Prag, dessen Bevölkerung 1848 noch zu 60 Prozent deutschsprachig war, zu Anfang des 20. Jahrhunderts nur noch zu 6 Prozent. Insofern war Fontanes Voraussage, es sei ein letztes Aufbäumen, bis die Tschechen sich der deutschen Übermacht ergäben, falsch. Auch kleine Völker können sich behaupten.

Dabei schildert er sie nicht ohne Sympathie. Jedenfalls versucht er ihnen gerecht zu werden und den preußischen Hochmut zu brechen. Schmutzige Dörfer gab es auch in Brandenburg. Er zitiert zustimmend aus einem Brief, den er wohl selber verfasste: «Ich habe nun acht Tage lang diese Gegenden zwischen Elbe und Iser durchfahren, über die so viele Klagen laut wurden, und wenn Du mich fragst, wie ich es gefunden, so muss ich sagen: reizende Bilder haben sich mir erschlossen und von Ungastlichkeit und Unkultur, von Verwilderung und Verworfenheit ist nichts an mich herangetreten. […] Mit allem, was fehlen mag, es ist doch ein gesegnetes, ein Sinne labendes Land, ein einschmeichlerisches Stück Erde und über dem Ganzen ein Ziehen und Wehen, ein Himmel und ein Luftton, die einem sagen: das ist historisches Land!» Und zu den Tschechen: «Die Tschechen [er schreibt Czechen] nach ihrer Erscheinung zu urteilen, sind ein fein gebautes, glattes Volk. Sie haben Formen und diesen Formen gegenüber wird der mehr oder weniger formlose Norddeutsche immer eine Neigung haben, von Falschheit und Tücke zu sprechen.» Und es folgt ein Lob des Hostinec, des böhmischen Gasthofs, und des böhmischen Biers.

31. *Kriegsgefangen in Frankreich*

Das Ergebnis des Krieges brachte Bismarck an das Ziel seiner Wünsche. Sebastian Haffner hat die Ergebnisse aufgezählt:

1. Eine bedeutende Erweiterung Preußens durch die Annexion des Königreichs Hannover, durch die Annexion von Hessen-Kassel, Hessen-Nassau und Hessen-Homburg und durch die Annexion der freien Reichsstadt Frankfurt und kleinerer Teile von Bayern. Merk-

würdigerweise scheint das kaum jemand übelgenommen zu haben. Preußen eignete sich weite Teile Deutschlands an ohne Rechtsanspruch, allein durch die Macht der Waffen. Am meisten gab es noch in Hannover Widerstand. Hannover war von 1714 bis 1837 in Personalunion mit dem englischen Königreich verbunden, seitdem unabhängig, denn die weibliche Nachfolge (Königin Victoria), die in England galt, galt nicht in Hannover. Der preußische König, dessen Vorfahr sich selbst zum König erhoben hatte (Kurfürst Friedrich III. am 18. Januar 1701 in Königsberg), stürzte einen König aus einem der ältesten Hochadelsgeschlechter, das bis auf die Zeit der Karolinger zurückgeht. Damit stellte er seine eigene Legitimität in Frage. Wenn die Welfen keine Legitimität hatten, so dass man sie leicht beseitigen konnte, worin bestand dann die Legitimität der Hohenzollern?

2. Die Neuschöpfung des Norddeutschen Bundes, dem sich Sachsen, Sachsen-Meiningen und Reuß anschließen mussten, Gegner aus dem Krieg von 1866. Preußen dominierte diesen Bund mit seinen nunmehr 24 Millionen Einwohnern, die anderen hatten zusammen sechs Millionen. Es gab immerhin ein allgemeines Wahlrecht zu einem norddeutschen «Bundestag», der allerdings wenig Macht hatte wie der spätere Reichstag, und einen «Bundeskanzler», der natürlich Bismarck hieß.

3. Erstmals existierten vier deutsche Staaten nahezu selbständig, denn den Deutschen Bund gab es nicht mehr: Bayern, Württemberg, Baden und Hessen-Darmstadt. Sie waren allerdings durch Zollunion mit Preußen verbunden und im Kriegsfall hatten sie ihre Armeen der preußischen Führung zu unterstellen. Bayerns König Ludwig II. konnte 1870 nur durch einen Betrag von fast fünf Millionen Goldmark gewonnen werden, den er für seine Traumschlösser brauchte. Bismarck hatte den Welfenschatz an sich gezogen und korrumpierte mit dem Geld Abgeordnete, Journalisten und Zeitungen. Und eben Ludwig II. Hätte ein anderer König Bayern regiert, hätte dieser vielleicht Bismarcks Spiel nicht mitgemacht und das größte deutsche Land außerhalb Preußens wäre außen vor geblieben. Das Schicksal eines Landes hängt manchmal von einer Schlacht ab, manchmal auch von einem Menschen.

Der Krieg gegen Frankreich 1870/71 brachte also nicht so viel

Neues, wie gerne angenommen wird: Lediglich die vier süddeutschen Staaten wurden dem Norddeutschen Bund eingegliedert und dieser Bund wurde Deutsches Reich genannt, das nun einen Kaiser hatte, den preußischen König. Die eigentliche Umwälzung in Deutschland fand also 1866 statt und nicht 1871.
4. Österreich musste kein Gebiet abtreten, darauf bestand Bismarck, es kam glimpflich davon, man würde es noch brauchen. Doch es stand erstmals und hinfort außerhalb Deutschlands. (Ha, 39–40)

All dies ist nicht mehr Gegenstand in Fontanes Darstellung des Krieges. Der zweite Band endet mit dem Waffenstillstand vom 26. Juli 1866, der Vereinbarung von Nikolsburg und einem Schlusswort, in dem die Abtretungen der Länder an Preußen erwähnt werden mit dem schönen Wort «zufielen»: Sie fielen uns zu, wie von selbst. Er bestätigt noch einmal, dass die Österreicher «wahrlich keine verächtlichen Feinde waren» und er sieht auch, dass die neuen preußischen Provinzen nun die harte Hand der Berliner Verwaltung spüren würden: «Vor allem aber, wenn wir Umschau im eignen Kreis halten, erfüllt uns die Hoffnung, dass es allenthalben alsbald in allen Neu-Provinzen von unserer preußischen Herrschaft heißen möge (wie seinerzeit vom friesischen Hemd) «erst juckt es, aber hinterher sitzt es warm». (DdK 2, 334 f.) Und den «süddeutschen Brüdern» ruft er mit einem Gedicht zu, dass es bald zur deutschen Einheit kommen werde; aus der dritten Strophe:

O, dann kommst du, Tag der Freude,
Den mein ahnend Herz mir zeigt,
Da des jungen Reichs Gebäude
Himmelan vollendet steigt. (DdK 2, 336)

Und das geschah im Krieg 1870/71. Bismarck mag ihn nicht herbeigeführt haben, erwartet hatte er ihn, und er hat das Beste daraus gemacht – aus seiner Sicht. Diesmal ging der Krieg von Frankreich aus, in dem eine starke nationale Bewegung vom selbst ernannten Kaiser Napoleon III., einem Neffen des ersten Napoleon, genutzt wurde; er hoffte, damit seinen Thron zu sichern. Letztendlich verlor er ihn gerade dadurch. Der Erbprinz von Hohenzollern-Sigmaringen sollte spanischer König werden, Bismarck unterstützte das, der König zögerte.

In Frankreich erregte die Kandidatur große Aufregung: Frankreich würde dann auf zwei Seiten von Hohenzollern bedrängt. Das europäische Gleichgewicht war in Gefahr. Der französische Botschafter wurde beim preußischen König vorstellig, der Erbprinz zog seine Kandidatur zurück. Als daraufhin der Botschafter ein weiteres Mal dem König nahelegte, zu versprechen, dass kein Hohenzoller je in Spanien König würde, lehnte dieser ab. Bismarck redigierte die berühmte Emser Depesche, die er so formulierte, dass sie Frankreich beleidigen musste. Frankreich erklärte Preußen den Krieg.

Zu Beginn seines Berichts über diesen deutsch-französischen Krieg schildert Fontane sehr hübsch die Szene in Bad Ems, wo der König zur Kur weilte, aus der Sicht eines Kurgastes, der nur das Kommen und Gehen der Botschafter und Attachés sah. Der französische Botschafter Benedetti sprach den König auf der Promenade an, der König antwortete freundlich und ging weiter. Fontane:

> Aber sieben Stunden später, auf der Nachmittagspromenade war das Bild verändert. Erkennbar lag ein Schleier über der Heiterkeit der Szene. «Wissen sie schon, Benedetti hat eine zweite Audienz nachgesucht – sie ist ihm verweigert worden.» «Gott sei Dank.» «Der König hat ihm mitteilen lassen, er habe ihm nichts weiter zu sagen.» Der nächste Tag, der 14. Juli, sah nur noch die Hälfte der Brunnengäste auf der Promenade versammelt. Benedetti eilte nach Paris, um in Person seinem Kaiser zu berichten. Am 15. früh kehrte König Wilhelm in seine Hauptstadt zurück. Was war geschehen? (PuG, 473 f.)

In den nächsten Kapiteln erläutert es Fontane. So hübsch die Szene ist, so folgenreich ist sie: ein Krieg, der die beiden Nationen gegeneinander führte und viele Menschenleben kostete, war die Folge. Fontane hat auch diesen Krieg wieder ausführlich beschrieben in zwei Bänden, die jeweils in zwei Halbbände gegliedert sind: *Der Krieg gegen Frankreich 1870–71. 1. Band: Der Krieg gegen das Kaiserreich*, Berlin 1873, *2. Band: Der Krieg gegen die Republik*, Berlin 1875 und 1876. Er hat aber auch zwei weitere Bücher über diesen Krieg beigesteuert, die aus eigenem Erleben berichten und deshalb zu den «echten Korrespondenzen» zu rechnen sind. Das erste ist das bis dahin beste Buch, das er schrieb, was ihm auch zeitgenössische Kritiker bestätigten: *Kriegsgefangen. Erlebtes 1870*, 1871 erschienen.

Es ist die Geschichte seiner Gefangenschaft in Frankreich, wo er, als Spion verdächtigt, mit dem Tode rechnen musste, bis er schließlich auf

Intervention zum Kriegsgefangenen erklärt wurde, der auf der Atlantik-Insel Olérans einen Monat festsaß, bis er wieder nach Hause zurückkehren konnte. Es ist die existentielle Bedrohung, die eine Spannung hervorruft, die den Autor bedrückt und den Leser vorantreibt in der Lektüre. Es ist die geschulte Wahrnehmung des Autors von Berichten aus England, Schottland und der Mark Brandenburg, die ihm hier zu Gute kommt: in der Wahrnehmung der Landschaft, der baulichen Gegebenheiten, nicht zuletzt der Forts und Gefängnisse, die er kennenlernte. Und es ist die Aufmerksamkeit für die Menschen, denen er begegnete: deutsche Kriegsgefangene, französische Offiziere und Gendarmen, aber auch französische Kriminelle, mit denen er im Gefängnis in Kontakt kam. Hier ist erstmals der bedeutende Schriftsteller Fontane zu entdecken, der nach langer Übung endlich zu sich selbst gekommen ist. Nicht zuletzt durch missliche Erlebnisse, denen er gerne aus dem Wege gegangen wäre, die ihn aber auf sich selbst zurückwarfen. Endlich ist einmal nicht vom preußischen Militär die Rede, sondern von dem kleinen Publizisten, der in die Räder der Kriegsmaschine geriet. Die Odyssee seiner Gefangenschaft quer durch Frankreich hatte er nicht gewählt. Er wollte nur wieder die Örtlichkeiten der Kämpfe besichtigen, hatte dann aber auch den Wunsch, da er dem Dorf so nahe kam, nach Domrémy zu gehen, dem Ort, an dem die von ihm verehrte Jeanne d'Arc geboren wurde und aufwuchs. Und dort wurde er festgenommen.

Am 27. September 1870 war er aufgebrochen, am 5. Oktober wurde er in Domrémy verhaftet. Das französische Kaiserreich hatte schon kapituliert. In der Schlacht von Sedan am 1. September hatte die «wissenschaftliche Tötungsmaschine» gesiegt. Die Preußen hatten mit ihrer schweren Artillerie die Festung beschossen und sie hätten sie in Schutt und Asche gelegt, noch viele tausend Menschen getötet, wenn nicht die Besatzung sich ergeben hätte, unter ihr der Kaiser. Das Kaiserreich war damit am 2. September zu Ende, am 4. September wurde in Paris die Republik ausgerufen. Der Krieg ging weiter, nun aber kein «Duell-Krieg» mehr, wie Fontane schrieb, sondern ein «Volkskrieg». Zivilisten wurden bewaffnet, jeder Franzose, dem ein deutscher Soldat begegnete, konnte ein Feind sein. Fontane an seine Frau in einem Brief vom 13. bis 15. November 1870: «Dies große Duell von anno 70 dauert eigentlich schon viel zu lange: es liegt daran, dass Frankreich, im Gegensatz zu seinen Traditionen, den Krieg diesmal nicht als Duell führt. Jeder eigentliche Volkskrieg wird allerdings immer eine Neigung haben, über das bloße Duell hinauszuwachsen.» (Krie, 224) So wuchs die Angst der deutschen Soldaten vor den Franctireurs, den Freischärlern. Auch Fontane wurde von solchen bewaffneten Zivilisten festgenommen. Sie brachten den vermeintlichen preußischen Spion von Domrémy nach Neufchâteau, von dort nach Langres, schließlich nach Besançon, wo über sein Schicksal entschieden werden sollte. Er wurde immer mit dem Zug transportiert und vom Bahnhof in die jeweilige Festung unter strenger Bewachung gebracht, während die Bevölkerung ihn mit Schmähungen verfolgte. Die schlimmste Nacht war die erste in Neufchâteau, wo er beinahe von Ratten angenagt worden wäre. Er musste sein Bett verlassen und auf dem Fensterbrett die Nacht verbringen, der einzige Ort im Zimmer, den die Ratten nicht erreichten. 18 Tage war er in Besançon, wo er relativ gut behandelt wurde, mit anderen Gefangenen in einen großen Raum gesperrt.

Sollte man ihn für einen Spion halten, würde er erschossen. Er hörte mehrmals solche Erschießungen im Morgengrauen, wenn nicht, konnte er wieder nach Hause fahren. Tod oder Leben war die Alternative. Seine Frau hatte inzwischen in Berlin die Freunde aktiviert. Die katholische Frau von Wangenheim wandte sich an den Erzbischof Namszanowski, der für die Katholiken in der preußischen Armee zuständig war. Dieser schrieb an den Kardinal Mathieu nach Besançon, und dessen Wort brachte dann auch die Entscheidung: Fontane galt nicht mehr als Spion, er wurde wie ein «höherer Offizier» behandelt, hatte also gewisse Privilegien, durfte als solcher aber nicht entlassen werden. Er war Kriegsgefangener und kam deshalb am 9. November auf die Insel Olérans, bei Rochefort im Atlantik gelegen, eine Festung, in der er sich nicht nur einen Burschen leisten konnte, einen preußischen Polen, und frei auf der Insel herumgehen konnte, er schrieb auch die ersten Kapitel des Buches über seine Gefangenschaft.

Auch andere Freunde waren in Berlin nicht untätig. Professor Moritz Lazarus, mit Fontane seit Jahren befreundet, wandte sich an den französischen Innenminister Crémieux, mit dem er in einer Alliance Israélite Universelle verbunden war. Und Freund Lepel schrieb an das preußische Kriegsministerium. Seine Briefe erreichten schließlich Wirkung. Bismarck selbst setzte sich für Fontane ein. Am 29. November wurde er entlassen, am 5. Dezember war er wieder in Berlin. Seine Aufzeichnungen über die Gefangenschaft erschienen zunächst in Fortsetzungen in der *Vossischen Zeitung*, dann als Buch wieder bei Rudolf von Decker.

Er hatte versprechen müssen, nach seiner Rückkehr nichts gegen Frankreich zu unternehmen, doch sein im großen Ganzen wohlwollendes Urteil über die Franzosen mag dadurch nicht beeinflusst worden sein, denn er hatte doch eine Sympathie für dieses Volk, aus dem er stammte. Er kam mit vielen Menschen zusammen, sei es als Wachpersonal, als Zivilisten, als Mitgefangene: «Es ist die Pflicht zu sagen, dass diese Eindrücke die allerangenehmsten waren und dass ich mir keine Nation denken kann, die in so vielen ihrer aufs Geratewohl gewählten Repräsentanten imstande wäre, ein günstigeres Urteil hervorzurufen. [...] hier [in Besançon] lebte ich mit siebzig bis achtzig Gefangenen zusammen, die in der Zeit meiner Anwesenheit zwei- oder dreimal wechselten, so dass ich zweihundert verschiedene Personen kennen lernte, und nicht die geringste Unannehmlichkeit, geschweige denn Unart habe ich zu erfahren gehabt.» (Krie, 71 f.)

Aber Kritik gibt es auch: «Das Sterben war bald Tagesordnung auf Olérans.» (Krie, 177) 700 bayerische Verwundete, die nach der Einnahme von Orléans im Lazarett lagen, wurden als Gefangene nach Olérans verbracht, wo man sie nicht hinreichend ärztlich versorgen konnte. Es sollte nur der Anschein erweckt werden, die glorreiche Armee habe viele Gefangene gemacht. Doch, so Fontane, «das hatte wenig einer Gloire-Nation Entsprechendes.» (Krie, 177) Auch Typhus-Kranke oder kaum Genesene waren darunter. Es kam zu Empörung unter den deutschen Gefangenen, aber auch manchem Franzosen waren die Übelstände in der Festung zu viel. Es wurde ein Vizekommandant, ein Baron de la Flotte, eingesetzt, der sich um die Behandlung der Gefangenen kümmerte. «Der eifrigste und tapferste dabei war der französische Arzt.» Dieser fuhr nach La Rochelle und drohte, sein Amt sofort niederzulegen, wenn nicht die Hälfte seiner Kranken in ein ordentliches Lazarett verbracht würde. Das half, seine Forderungen wurden bewilligt.

In jenem Brief an seine Frau vom 13. bis 15. November 1870 hatte Fontane auch um Lektüre gebeten. Shakespeares Dramen *Hamlet* und *Macbeth* erbat er sich, den zweiten Teil des *Faust* und Gedichte von

Theodor Storm, «namentlich das Gedicht, in dem die Zeile vorkommt: Der Regenvogel pfeift.» Gedichte Storms als Trost, Gedichte eines, der Heimweh hatte. Die zweite und dritte Strophe:

> Wie still die Luft! Des Regenpfeifers Schrei
> Scholl klar herüber von dem Meeresstrande;
> Und über unserer Bäume Wipfel sahn
> Wir schweigend in die dämmrigen Lande.
> Nun wird es wieder Frühling um uns her;
> Nur eine Heimat haben wir nicht mehr.
>
> Nun horch ich oft schlaflos in tiefer Nacht,
> Ob nicht der Wind zur Rückfahrt möge wehen.
> Wer in der Heimat erst sein Haus gebaut,
> Der sollte nicht mehr in die Fremde gehen!
> Nach drüben ist sein Auge stets gewandt;
> Doch Eines blieb, – wir gehen Hand in Hand. (Krie, 125)

32. Reise durch ein besetztes Land

Nach der Kapitulation von Sedan am 2. September, nach der Kapitulation von Metz am 27. Oktober 1870 war der Krieg immer noch nicht zu Ende. Erst die Belagerung von Paris brachte die Entscheidung. Zunächst lehnte die preußische Heerführung die Belagerung ab. Sie war noch an dem ritterlichen Schlagabtausch orientiert: zwei Armeen treten einander gegenüber, ihre Kräfte zu messen, ein Duell. Der Sieger verlässt die Walstatt. Doch Bismarck setzte sich durch. Der Krieg hätte wohl länger gedauert, wenn nicht Paris eingeschlossen worden wäre. Das war eine Katastrophe für die Millionenstadt. Die Vorräte waren bald aufgebraucht, Nachschub gab es keinen. Die Menschen hungerten, selbst für tote Katzen und Ratten wurde Geld gezahlt. Ausbruchsversuche, Entsatzversuche misslangen. Am 19. September hatte die Belagerung begonnen, am 28. Januar endete sie. Es war das Ende des Krieges. Am 18. Januar war der preußische König in Versailles zum deutschen Kaiser erhoben worden – zu seinem Unwillen. Er wollte es nicht, musste aber. Das alte Preußen war dahin.

Das alte Preußen, das mitunter beim alten Fontane aufscheint als Gegenbild zum neuen Preußen: «In den siebziger Jahren begann nun der Nationalismus das bis dahin immer nicht-nationale, vielmehr organisch-multiethnische Preußen – das Gebiet der alten slawisch-deutschen Symbiose – zu überkommen», so Wolfgang Neugebauer (Neu, 118). Und: «Preußen wurde nationalisiert und damit in einem tieferen Sinne unmöglich. Das Reich, weit entfernt davon, nur eine Veranstaltung zur indirekten Machtsteigerung Preußens zu sein, hat im Grunde den unvermeidlichen Niedergang Preußens als eines eigenständigen politischen Systems von unverwechselbarer Eigenart beschleunigt», zitiert Neugebauer Wolfgang Mommsen (Neu 119 f.). Vor allem die starke polnische Minderheit geriet unter Druck, 1866 wurde sogar ein «Ansiedlungsgesetz» erlassen, dass die «Stärkung des deutschen Elements gegen polonisierende Bestrebungen» bezweckte. Die katholische Kirche wurde in langem Kulturkampf angegriffen, weil sie «ultramontan» war, von Rom gelenkt, also nicht national bestimmt. Zeitweise saßen viele katholische Bischöfe Preußens im Gefängnis. Bismarck wollte die katholische Kirche ähnlich der evangelischen der Staatsgewalt unterwerfen.

Bringt so das Deutsche Reich, das im Januar 1871 proklamiert wurde, das Ende des alten Preußens, so ist in diesem Reich auch schon der Grund für sein Ende gelegt; dies ist jedenfalls die Meinung einiger Historiker. Sebastian Haffner nennt Arthur Rosenberg: «[...] das Deutsche Reich (das vom Augenblick seiner Geburt an todkrank war, wie der Historiker Arthur Rosenberg einmal geschrieben hat) ist nicht an seinen wirtschaftlichen Zuständen und Umständen, nicht einmal an seiner Innenpolitik zugrunde gegangen, sondern an seiner äußeren Lage und an seiner Außenpolitik.» Durch die Einverleibung von Elsass-Lothringen, das zweihundert Jahre zuvor von Ludwig XIV. widerrechtlich annektiert worden war, wurde der Konflikt zwischen Deutschland und Frankreich ein für allemal festgelegt, eben als «Erbfeindschaft», wie das lange hieß. Bismarck gelang es noch, ein gewisses Gleichgewicht herzustellen, indem er den Rückversicherungsvertrag mit Russland schloss. Als Kaiser Wilhelm II. diesen nicht verlängerte, kühlte die Beziehung zu Russland immer mehr ab. Zu England hatte schon Bismarck eine Distanz hergestellt, indem er die deutsche Kolonialpolitik duldete. Dass dann unter Wilhelm II. noch der deutsche Flottenbau gegen England sich richtete, machte auch England zum potentiellen Gegner. Haffner: «Insofern legt gerade die Geschichte der Bismarckzeit den Gedanken nahe, dass sein Reich von Hause aus eine unglückliche, möglicherweise eine nicht zu rettende Gründung war. Allen Nachfolgern Bismarcks kann man bestimmte vermeidbare Fehler nachweisen. Aber besser als Bismarck nach 1871 konnte man es eigentlich kaum anstellen, wenn man das Deutsche Reich erhalten [...] wollte. Wenn es auch ihm schließlich misslungen ist – vielleicht lag der Fehler in der Sache selbst?» (Ha, 67)

Und wie groß war die Begeisterung in Deutschland nach 1871, wie stark wuchs der deutsch-nationale Enthusiasmus: Wir haben es geschafft. Und: fest steht das Reich für alle Zeit. Überall wurden Bismarck Denkmäler errichtet als dem Gründer des Reichs. Auf dem Niederwald bei Rüdesheim am Rhein wurde die riesige Germania gebaut: Das siegreiche und unbesiegbare Deutschland, unter seinen Fürsten für immer vereint.

Bei Fontane gibt es keine nationalen Töne, er ist frei davon, was der heutige Leser erst bemerkt, wenn er sich in die damalige Zeit zurückversetzt. Das haben ihm einige damals auch vorgeworfen, so dass er sich einmal verteidigte in eben dieser Schrift über seine zweite Reise durch Frankreich, die er vom 9. April bis Mitte Mai 1871 unternahm: *Aus den Tagen der Okkupation*, in zwei Bänden wiederum bei Decker erschienen, bereits im Jahr 1872, in dem auch noch eine zweite Auflage herauskam. Dort heißt es nach der Beschreibung der Schlacht von Sedan in einer Fußnote: «Was alle diese Korrespondenzen aus dem großen Hauptquartier (als deren Verfasser der geheime Hofrat Schneider gilt) auszeichnet, ist neben ihrer, wenn ich mich so ausdrücken darf, militärisch-diplomatischen Zuverlässigkeit vor allem auch ihre Leidenschaftslosigkeit in betreff des Feindes. Nirgends wird er verkleinert, unterschätzt, am wenigsten geschmäht, und zu allem, was in diesen Berichten über Frankreich und die Franzosen gesagt worden ist, bekenne ich mich, soweit ich es kenne, ohne weiteres. Es muss mir gestattet sein, dies hervorzuheben, da ich vielfach bezichtigt worden bin, eine unverständige, selbst unpatriotische Milde in meiner Beurteilung des ‹Erbfeindes› gezeigt zu haben.» (Okk, 391)

Einmal nennt er ein Beispiel der «patriotischen Geschichtsschreibung». Er zitiert einen Johannes Scherr, der in seinem «Tagebuch vom Berge» den Kaiser Napoleon III. als «Lügen-Louis» bezeichnete und schrieb: «Das sind so die Früchte der den Jesuiten gestatteten Jugendverderbung, Resultate der planmäßig betriebenen Volksverdummung.

Es wird noch ärger kommen. Aus der Trümmerstätte des aus Lug und Trug gezimmerten, mit Blutmörtel gemauerten Empire werden unerträgliche Miasmen aufsteigen. Haltet die Nasen zu.» Fontane fügt dem an: «So Scherr. Seine Entrüstungssprache liegt jenseits meiner Kraft.» Und das ist auch gut so. Man beachte auch, dass Scherr sich nicht nur gegen den französischen Kaiser wendet, sondern auch gegen die verruchte katholische Kirche: der Jesuitenorden wurde unter Bismarck in Preußen verboten. Fontane nahm einmal an einem katholischen Gottesdienst im Straßburger Münster teil, neugierig und ohne Ablehnung, wenn er es, als braver Protestant, auch ängstlich vermied, niederzuknien. Der Gottesdienst erinnerte ihn an die große Oper: «Aber auch große Opern sind nicht zu verachten.» (Okk, 492 ff.)

«Der superiore Reichtum des unsern Waffen unterlegenen Frankreich ist unserer siegreichen Armee in nichts so immer wieder und wieder entgegengetreten als in der Solidität der Betten, in dem Bilderschmuck der Kirchen und in der Anzahl der über das ganze Land hin verbreiteten Schlösser.» (Okk, 195) Die Schlösser: So ist denn dieses Buch auch eine Reminiszenz an die Brandenburger Wanderungen, die oft von Schloss zu Schloss führten, doch eine Erweiterung ist es auch: er selbst als Beobachter und Reisender und Erzähler ist immer im Vordergrund. Er berichtet von seinen Fahrten mit dem Zug, seinem vornehmlichen Reisevehikel, von den Hotels, der Beköstigung, der Haltung der Franzosen. Und von seinen Gefühlen und Gedanken. So herrscht dieser angenehme persönliche Plauderton im ganzen Buch, auch da, wo er die Landschaft beschreibt, die ruhigen Städte und die prächtigen Kathedralen um ihrer selbst willen, nicht nur im Hinblick auf die Lokalitäten der Schlacht, mögen diese auch sein eigentliches Ziel sein. Er suchte die Orte auf, an denen vor wenigen Monaten die blutigen Kämpfe sich vollzogen. Doch der subjektive Blick, die leise Ironie, mit der er die Unwägbarkeiten, die Misslichkeiten, aber auch die schönen Momente einer solchen Reise hinnimmt, gibt dieser Reisebeschreibung eine Farbe, die sie über die seiner anderen Schlachtbeschreibungen weit hinaushebt.

Hier bietet er die dem Laien am meisten zugängliche Darstellung des deutsch-französischen Krieges, zugänglicher als seine eigentliche Kriegsberichterstattung. Über deren Problematik schreibt er in der Rezension zu *Die preußische Garde im Feldzug 1870/71*, die er im

Oktober 1872 publizierte (PuG, 767). Dort unterscheidet er zwischen der militärisch-fachwissenschaftlichen und der feuilletonistischen Richtung, «hier Schachpartie, dort Sensationsroman». Seine Beschreibung ist wohl mehr an der des Feuilletons orientiert, wenn er auch in den Schlachtbeschreibungen zu der des Militärs neigt. An der rezensierten Schrift von Rudolf Lindau, die eines Historikers, wie er sagt, lobt er, dass dieser das Einzelne im Zusammenhang mit dem großen Ganzen sehe.

Welchen Erfolg die Berichte über den Krieg beim damaligen Publikum hatten, kann man auch dieser Besprechung entnehmen, und wie rasch die Berichte publiziert wurden. In seiner Beschreibung der Schlacht von St. Quentin, in der die französische Nordarmee geschlagen wurde, erwähnt er drei englische Berichte und einen deutschen und urteilt: «[…] trotzdem sie der Mehrzahl nach von Offizieren geschrieben wurden, sind sie weitab davon, den Gang der Schlacht auch nur in ihren Hauptzügen klarzustellen.» (Okk, 341) Das zeigt einmal, dass er selbst so kurz nach dem Krieg schon mehrere Schlachtbeschreibungen lesen konnte, und zum andern, dass er diese auch noch korrigieren konnte, weil er über weitere Berichte verfügte, nicht zuletzt solche von Teilnehmern. Das Schlachtfeld von Sedan besuchte er zusammen mit einem Oberst, der an der Schlacht mitgewirkt hatte und ihn überall hinführte. Er musste dazu auf ein Pferd steigen, was ihm schwer fiel, konnte er doch nicht reiten, weshalb der Rundritt denn auch abgekürzt wurde.

Erstaunlich Fontanes Vertrautheit mit den deutschen Truppen, den Regimentern, deren Bezeichnungen er alle kennt, mit den Ostpreußen, den Pommern, den Mecklenburgern und den Sachsen, das scheint etwas, was es schon lange gibt und noch lange geben wird. Es ist eine Sicherheit des Umgangs miteinander und eine Freude über die Siege, auch wenn die Eroberung eines Dorfes, das nicht sehr wichtig war, mitunter den Tod aller Offiziere eines Regiments kostete. Beispiel sei der Kampf um Le Bourget, ein im Grunde unbedeutender Flecken, der zufällig zwischen die deutschen und die französischen Linien geriet (Okk, 223 f.). Zweimal eroberten die deutschen Truppen den Ort, den französische Truppen tapfer verteidigten und dann wieder zurückeroberten: «zwei Kompanien stark hatten sie den Kirchhof genommen, hatten ihn sechs Stunden lang gehalten und waren dann endlich, als unsere Verstärkungen eintrafen, sämtlich getötet oder gefangengenommen worden.» Wegen der Verteidigung eines Kirchhofs. In einer Fußnote, merkwürdigerweise nicht im Text, nennt er die Verluste der deutschen Truppen: «30. Oktober: 35 Offiziere, 449 Mann; 21. Dezember: 14 Offiziere, 409 Mann.» Sehr hoch war die Zahl der Gefallenen, nicht zuletzt der Offiziere: «Es liegt dies in der Art, wie der Kampf geführt wurde. Alles war ein Barrikaden- und Häuserkampf. Ihren Truppen vorauf, wurden die Offiziere auf 5 Schritt Distanz in Kopf oder Brust tödlich getroffen.» (Okk, 224)

Nach solch blutigen Kämpfen, die viele Opfer forderten, erstaunt doch das relativ entspannte Verhältnis zwischen den deutschen Soldaten und der französischen Bevölkerung. In der Regel gab es keine Aggressionen, es herrschte Respekt auf beiden Seiten, mitunter gab es sogar freundschaftliche Begegnungen, vor allem wenn die Soldaten nicht als «prussiens», sondern als «allemands» wahrgenommen wurden. Die Preußen waren nicht so beliebt. Erstaunlich auch die ruhige Reise Fontanes, der noch ein halbes Jahr vorher als Gefangener durch Frankreich transportiert worden war. Jetzt fuhr er umher wie in Friedenszeiten, freilich immer nur durch das von deutschen Truppen besetzte Gebiet. Nur einmal wäre ihm beinahe ein Missgeschick unterlaufen. Er versäumte es umzusteigen und fuhr direkt in das belagerte Paris. Rechtzeitig konnte er noch aussteigen und zurückfahren.

Auf seinen Fahrten lernte er auch die deutschen Soldaten unterschiedlicher Herkunft und Haltung kennen. Einmal traf er auf Mecklenburger: «Sie fassten ihr Urteil über die französische Nation in den Kernspruch zusammen: ‹alles Bande› […] ‹Man muss ihnen den Daumen aufs Auge drücken›.» (Okk, 348 f.) Die Mecklenburger stiegen aus und ein junger Jägeroffizier stieg ein, der für die Franzosen schwärmte. Mit allen Familien, die er getroffen habe, habe er Freundschaft geschlossen, von der letzten sei er unter Tränen geschieden. Fontane, der sich über diese Äußerung freute, gab ihm aber auch den Rat, «daheim etwas vorsichtiger zu operieren». Und: «Glauben Sie, man will dergleichen nicht hören und – vielleicht hat man recht. Es gibt Zeiten, hart zu sagen, in denen auch strikte Gerechtigkeit zu einem Fehler werden kann.» Er sieht dann die subjektive Konstitution als Grund für unterschiedliche Urteile: freundliche Menschen sähen andere eher freundlich als unfreundliche Menschen: «Der alte, ewig wahre Satz, dass jeder die äußere Welt, ja Gott selbst, nach seinem eigenen Ich sich auferbaut, bewahrheitet sich auch hier wieder.» (Okk, 349)

Das Urteil der Mecklenburger, die Franzosen wären eine Bande, war doch häufiger zu hören, denn Fontane kam darauf zurück, als er ins Elsass fuhr – zu «Deutschen in einem deutschen Reichsland» (Okk, 483 ff.). Diese Elsässer wollten durchweg Franzosen bleiben und die hochmütige Verwaltung, die Preußen einsetzte, bestärkte sie noch darin. So beschreibt Fontane einen «Jung-Roland», einen jungen Mann Anfang 20, der ehrwürdig ergraute Elsässer ins Gefängnis sperrte wegen der Verbreitung von falschen Gerüchten: «[...] ich habe gestern fünf einstecken lassen, darunter den Bruder des Maire. Er sträubte sich; aber man kennt das. Nur nicht lange fackeln; scharf zufassen und – sie werden kirre.» Auf die Frage, was denn vorgelegen habe: «Übrigens liegt bei diesen Leuten immer etwas vor.» Hier zeigt sich schon die Art, wie dann auch in späteren Kriegen die Deutschen fremde Gebiete verwalteten. Fontane wendet sich dann vom Elsass ab und erörtert das Problem als allgemeines: es seien in der Regel nicht die Besten, die für solche Außendienste gewonnen würden.

Es gibt einen Absatz in diesem Buche, der immer mal zitiert wird als Fontanes Kritik am Preußentum, an den Potsdamme, wie er es nennt. Am Beispiel von Kassel, das er am Schluss seiner Reise besuchte, um das Schloss zu sehen, in dem Napoleon III. einige Zeit wohnte, schreibt er: «Das Wesen dieser Potsdamme – wobei ich Potsdam als alten überkommenen Begriff, nicht als etwas tatsächlich noch Vorhandenes fasse – das Wesen dieser Potsdamme, sag ich, besteht in einer unheilvollen Verquickung oder auch Nichtverquickung von Absolutismus, Militarismus und Spießbürgertum. Ein Zug von Unfreiheit, von Gemachtem und Gebrauchtem, namentlich auch von künstlich Hinaufgeschraubtem, geht durch das Ganze und bedrückt jede Seele, die mehr das Bedürfnis hat, frei zu atmen als Front zu machen. Front zu machen. Ja, dies ist das Eigentlichste! Ein gewisses Drängen herrscht in diesen der Louis XIV.- Zeit entsprungenen Städten vor, in die erste Reihe zu kommen, gesehen, vielleicht gegrüßt zu werden; vornehm und gering nehmen gleichmäßig teil und bringen sich dadurch, während der Hochmut wächst, um mit das Beste, was der Mensch hat: das Gefühl seiner selbst. Es kann keinen wärmeren Lobsprecher des richtig aufgefassten ‹Ich dien› geben als mich; es ist ein

Charaktervorzug, gehorchen zu können, und ein Herzensvorzug, loyal zu sein, aber man muss zu dienen und zu gehorchen wissen in Freiheit.» (Okk, 496 f.)

Das trifft nicht nur auf solche Residenzen wie Kassel, Wiesbaden oder Coburg zu, sondern offensichtlich auch auf Potsdam, wie wäre sonst der Name Potsdamme zu erklären, mag er da auch in der Parenthese einiges zurücknehmen: es trifft auch auf Preußen zu. Also eine scharfe Kritik an Preußen nach diesem erfolgreichen dritten Krieg? So sieht es aus, doch es hat auch einige Aktualität, etwa im heutigen Berlin. Da gibt es keinen Absolutismus, aber die Selbstgerechtigkeit der Regierung, keinen Militarismus, also nicht das Gefühl der militärischen Überlegenheit, aber das der moralischen Überlegenheit und das Spießbürgertum gibt es in mannigfacher Gestalt; gerade die, die sich nicht dafür halten, sind es am ehesten. Und es gibt das «künstlich Hinaufgeschraubte».

Ein anderer Passus muss zu diesem noch hinzukommen. Diesmal geht es um Frankreich, das damalige Frankreich, aber auch diese Überlegungen lassen sich auf die heutige Situation durchaus anwenden, auf die in Frankreich wie in Deutschland: innere Leere und äußere Betriebsamkeit. «An die Stelle eitler Erregung muss wieder ein echter Enthusiasmus treten, eine Begeisterung, die hebt und heiligt, statt lächerlich macht, die gibt, statt bloß zu nehmen, und die mit dem Satze bricht, dass das Sparkassenbuch das Buch aller Bücher ist. Einmal begonnen damit, werden der Neid und die Phrase hinfallen und mit der Phrase zugleich jene Lügentrinität, die die Freiheit in der Zerstörung des Überkommenen, die Gleichheit in der Herabsetzung alles Höheren und die Brüderlichkeit in die Verachtung der Sitte setzt.» (Okk, 281)

33. Abschied von den Eltern

1870 war nicht nur für Deutschland ein wichtiges Datum, es war es auch für Fontane: er kündigte seine Stelle bei der *Kreuz-Zeitung*. Er tat es, als seine Frau mit der Tochter in London war, wo Martha ein Jahr in der befreundeten Familie Merington verbringen sollte. Das war nicht fair. Er wartete ab, dass sie verreiste, dann kündigte er und teilte es ihr im Brief mit. So konnte er ihre schroffe Reaktion, die er erwartet hatte, zunächst einmal aus der Ferne mit weiteren Briefen begütigen. Schon in einem Brief vom 4. Dezember 1869 hatte er, auf einen Brief Emilies antwortend, geschrieben: «Alles, was Du über meine Stellung zur Zeitung schreibst, ist richtig und ist sogar noch viel richtiger, als Du wissen kannst; man ist bloß Sache, man hat den Wert eines Maschinenrades, das man mit Öl schmiert, solange das Ding überhaupt noch zu brauchen ist, und als altes Eisen in die Rumpelkammer wirft, wenn die Radzähne endlich abgebrochen sind. Aber so gewiss ich das Brutale schmerzlich empfinde, so habe ich doch nun nachgerade einsehen gelernt, dass es hierzulande, in den gesegneten Gauen des Norddeutschen Bundes, überall so ist und dass man nur so lange Wert hat, als man tagtäglich und immer aufs neue seine Brauchbarkeit beweisen kann.» (Drei, 161) Hier ging er offensichtlich auf eine Bemerkung Emilies über die *Kreuz-Zeitung* ein: auch sie sah seine Stellung bei dieser Zeitung kritisch. Der einzige Grund für ihn, dort auszuharren, so fuhr er im Brief fort, wäre eben das Gehalt, das sie brauchten. So bliebe er an dieser Kette, wenn er sich auch lieber eine Stelle im Auswärtigen Amt wünschte oder – lieber noch – einen großen literarischen Erfolg. Beides aber sei ihm verwehrt, obwohl er doch eine kleine Berühmtheit sei, wie er ironisch schreibt: Die Schulkinder lernten seine Balladen, die Schauspielerin Jachmann donnerte seinen *Archibald Douglas* und in der Literaturgeschichte von Heinrich Kurz habe er ein Kapitel. Doch lieber wäre er Bote beim Kammergericht, dann hätte er wenigstens 30 Taler monatlich und 10 Taler Weihnachtsgeld, seine Frau erhielte später eine Pension und die Leute würden respektvoll sagen: er ist jetzt in königlichem Dienst.

Das sind die beiden Punkte, die ihn zur Kündigung brachten: die undankbare Arbeit, eine Knechtsarbeit für ihn, die er nur um des Geldes willen versah und die niemand anerkannte. Freilich galt das, was er über den Angestellten sagte, der nur, solange er brauchbar ist, benutzt wird und dann ausgeschieden, nicht nur für den Norddeutschen Bund, seligen Angedenkens, es gilt nach wie vor, auch heute noch. Der zweite Punkt, der ihm Sorgen bereitete, war die fehlende Altersversorgung. Man nutzte die Redakteure aus, solange es eben ging, dachte aber nicht im Mindesten daran, für ihr Alter zu sorgen, so schreibt er im Brief vom 11. Mai 1870, in dem er Emilie die Kündigung mitteilte. (Drei, 163 f.) Von Christentum und Bibel mache man reichlich Gebrauch, aber es sei nur Gerede, die Juden und die Industriellen, die in der

Kreuz-Zeitung angegriffen würden, seien menschlicher und großzügiger. Wie werde es ihm erst gehen, wenn er 60 Jahre alt sei und man ihn entlassen würde. Jetzt mit 50 Jahren könne er noch einmal einen neuen Anfang wagen.

Erstaunlich ist immerhin, dass er den politischen Kurs der *Kreuz-Zeitung* nicht erwähnt, deren Haltung scheint ihn nicht zu stören. Immerhin vertrat sie die Meinung des altpreußischen Landadels und sah Bismarck kritisch, der das alte Preußen und das alte Deutschland revolutioniert hatte. Für viele rechtfertigte Bismarcks Erfolg seine nicht immer gesetzestreuen Taten, die *Kreuz-Zeitung* gehörte jedoch nicht zu seinen Anhängern. In Fontanes Rechtfertigungen seiner Kündigung kommt die Politik nicht vor, er argumentiert unter dem Aspekt, der ihn überhaupt in diese Zeitung hineingeführt hatte: es war nicht deren politische Haltung, es war das Gehalt, das er brauchte, um seine Frau und seine vier Kinder zu ernähren.

Im Brief vom 16. Mai 1870 antwortete er dann auf Vorhaltungen Emilies, er sei nur an Veränderungen interessiert: «Ich habe eine nach außen hin leidlich aussehende, aber in ihrem Kern perfide Stellung aufgegeben, die mich jetzt halb ernährte und nach zehn Jahren – nach langem, geduldigen Einstecken von Kränkungen, die sicher nicht ausgeblieben wären – gar nicht mehr ernährt haben würde. Das war das Bestimmende für meine Handelsweise, ein ruhiger Kalkül, und über diesen wichtigen Punkt gehst Du hinweg.» (Drei, 164) In seinem Brief vom 28. Mai 1870 freute er sich dann über eine freundlichere Stimmung, die Emilie nun in einem neuen Brief geäußert hatte. Und er bat sie: «Wenn Du wiederkehrst, mache mir das Leben nicht nutzlos schwer. Bedenke, dass, wenn Du mich um einen Tag oder eine Woche bringst, Du mir dadurch nur die Verpflichtung auferlegst, den nächsten Tag oder die nächste Woche das Doppelte arbeiten zu müssen.» (Drei, 165)

Verständnis für beide, für Emilie, die den Haushalt führen musste, für Theodor, der seine literarischen Arbeiten vorantreiben musste, äußerte Henriette von Merckel. In einer Notiz vom 22. Mai 1870 schrieb sie: «Seitdem Frau Fontane nach London mit Martha gereist ist, hat Fontane einen für das Schicksal der Familie höchst entscheidenden Schritt getan; er hat sein Amt bei der *Kreuz-Zeitung* quittiert und damit zugleich ein Einkommen von tausend Talern jährlich. Es ist für die

Frau ein harter Schlag, dies in weiter Ferne zu erfahren! Die Genies haben für ihre Angehörigen doch zuweilen recht schwer erträgliche Einfälle! F. hat mir mit gewohnter Offenheit seine Gründe auseinandergesetzt – es lässt sich nichts dagegen sagen, ja, ich war ergriffen von der Macht seines Glaubens an sein Genie. Dass aber der Frau sich bange Besorgnisse aufdrängen, vermag ich zu begreifen; bin ich doch selber nicht frei davon. So vermag ich leider nicht in eine helle Zukunft für die Freunde zu blicken, sondern in ein Leben von inneren und äußeren Kämpfen, und das tut mir im voraus weh. Möge Fontane durch den Erfolg gerechtfertigt werden!» (Reu, 424)

Die Kündigung setzte ihn jedenfalls unter einen starken Druck, unter dem er sich freilich immer gefühlt hatte, nicht nur wegen der Familie, die es zu erhalten galt, sondern auch wegen der Arbeit, die ihn permanent beanspruchte. So skizzierte er in einem Brief an Emilie vom 25. Juni 1862 seine Situation, nachdem er ihr mitgeteilt hatte, dass er sie vermisse, «nicht nur wegen Suppe und Braten [...], sondern aus allen möglichen anderen Gründen». So wie die Hausfrau sich beständig frage: «Was kochst du heute?», so gehe es ihm: «Was arbeitest du heute?»: «Der innerliche Mensch ist immer in einer Art Aufregung und Aktion, immer in der Angst: Wie wird das werden? Welches Buch brauchst du? An wen musst du schreiben? Wer weiß etwas davon? Wie komponierst du dies, wie gruppierst du das usw. usw. Dies ist die Aufregung bei der Arbeit; aber diese Aufregung ist lange nicht das schlimmste; das schlimmste ist die Sorge: Wird es auch nicht dummes Zeug sein?» (Drei, 147) Er schriebe ihr dies, um ihr Mitleid zu erwecken.

Das erweckte er denn auch in diesem Jahre 1870, ohne es zu wollen, denn dieses Jahr brachte nicht nur seine Kündigung, sondern auch seine Gefangenschaft und die Todesgefahr, in die er sich leichtsinnig gebracht hatte. Es war Emilie, die in Berlin für ihn tätig wurde und durch die Freunde, vor allem Wangenheim und Lepel, schließlich seine Befreiung aus der französischen Gefangenschaft erreichte. Ein Gutes brachte das Jahr aber auch: im August 1870 trat er seine Stelle als Theaterkritiker der *Vossischen Zeitung* an. Damit hatte er einen finanziellen Rückhalt und eine Tätigkeit, die ihm genügend Zeit für seine literarischen Arbeiten ließ und von den «unechten Korrespondenzen» der *Kreuz-Zeitung* befreite, die er übrigens nur am Vormittag erstellte, den Nachmittag hatte er meist frei.

Fast 20 Jahre lang, bis 1889, war er nun Kritiker der Aufführungen am Königlichen Schauspielhaus am Gendarmenmarkt (dem heutigen Konzerthaus). Es war nicht nur eine neue, reizvollere Aufgabe, die er gewann, es war auch eine wichtige politische Änderung, die er vollzog, wenn er auch in der *Vossischen Zeitung* keine politischen Artikel schrieb, sondern eben Rezensionen, die aber nicht immer frei von politischen Bemerkungen waren, ebenso wie seine Besprechungen von literarischen Werken und Autoren. Die Aufzeichnungen *Aus den Tagen der Okkupation* sind sein letztes gewissermaßen politisches Werk; es erschien 1872. Und es folgten die beiden Doppelbände zum deutsch-französischen Krieg, die er noch 1873 und 1875 auf 76 publizierte. Diese Arbeiten überschneiden sich mit dem Beginn einer neuen Epoche bei der *Vossischen Zeitung,* die zugleich auch der Beginn seiner eigentlichen literarischen Arbeiten ist, seiner Romane.

Er war vom Organ des adligen Grundbesitzes zum Blatt des bürgerlichen Kapitals gewechselt, wie Reuter schreibt (Reu, 424). Es war das Organ der «Juden und Industriellen», die von der *Kreuz-Zeitung* oft angegriffen wurden. 1721 beginnt die Geschichte der «Vossin», damals hieß sie noch *Berlinische Privilegierte Zeitung* und wurde herausgegeben von Johann Andreas Rüdiger, der ohne Erben verstarb. So übernahm sie 1751 Christian Friedrich Voss, von dem sie dann den Spitznamen «Tante Voss» oder «Vossin» hatte. Sie erschien zunächst nur viermal in der Woche mit vier Seiten und der bescheidenen Auflage von 200 Exemplaren; politische Nachrichten waren verboten. In der zweiten Hälfte des 19. Jahrhunderts war sie die führende Zeitung Berlins, erst gegen Ende des Jahrhunderts bekam sie Konkurrenz von den Blättern aus den Häusern Ullstein, Scherl und Mosse. Ullstein übernahm sie denn auch 1904; 1934 wurde sie, wie alle Blätter des Verlags, verboten.

Die *Vossische Zeitung* war nicht nur die älteste Berliner Zeitung, sondern gewissermaßen auch die jüngste, als Fontane ihr beitrat, insofern sie als liberales Blatt die gesellschaftliche Entwicklung begleitete und förderte: die Entwicklung, der die Zukunft gehörte, wie Fontane deutlich voraussah in jener Bemerkung, die Henriette von Merckel am 22. Juni 1865 notierte: hier der zurückgebliebene Landadel, dort das voranschreitende Bürgertum, das Kapital.

Mit dem Jahr 1870 endete eine alte und begann eine neue Epoche im Leben Fontanes, auch insofern er von seinen Eltern Abschied nehmen musste: Am 5. Oktober 1867 war der Vater in Schiffmühle verstorben, am 13. Dezember 1869 die Mutter in Neuruppin. Über seinen letzten Besuch beim Vater 1867 berichtete er in «Meine Kinderjahre», dem Vater zuliebe die Chronologie der Erzählung unterbrechend, um seine Sympathie für ihn zu zeigen. Die Bindung an die Mutter war doch stärker, liest man die vielen Briefe, die er ihr schrieb, sie über alles Wichtige in der Familie zu informieren. Sie nahm an allem teil und half auch, wo sie konnte, so etwa Emilie in der Zeit, in der Theodor in England weilte. Und Emilie wiederum war bei ihr in Neuruppin in den letzten Wochen ihrer Krankheit.

Am 20. September 1869, einen Tag vor ihrem Geburtstag, hatte ihr Theodor noch einen Brief geschrieben und versprochen, auf seinen Wanderungen durch das Ländchen Friesack wenigstens auf zwei Stunden bei ihr vorbeizuschauen: «Lass Dir diese Zeilen sagen, wie sehr wir Dich lieben und verehren, wie tief wir empfinden, was wir an Dir besitzen, und wie herzlich wir wünschen und bitten, Du mögest uns noch recht lange erhalten bleiben.» (Fam, 168) Es war ihr letzter Geburtstag. In einem Brief an Mathilde von Rohr vom 22. Dezember 1869 berichtete er über die Beerdigung: «Kaufmann Gentz hatte uns ein Stück Erde abgetreten – an einer schönen, baumbepflanzten Stelle. [...] Die ganze Stadt war voll Teilnahme, was uns wieder einmal zeigt, dass ein ordentliches, ehrliches, anständiges Leben, voll Strenge gegen sich selbst und voll Güte gegen die Mitmenschen, immer noch seine Würdigung findet.» (Nürn, 410)

In dem Gedicht *Meine Gräber* von 1888 gedenkt er der Gräber seiner Eltern und seines früh verstorbenen Sohnes George:

> Kein Erbbegräbnis mich stolz erfreut,
> Meine Gräber liegen weit zerstreut,
> Weit zerstreut über Stadt und Land,
> Aber all in märkischem Sand.
>
> Verfallene Hügel, die Schwalben ziehn,
> Vorüber schlängelt sich der Rhin,
> Über weiße Steine, zerbröckelt all,
> Blickt der alte Ruppiner Wall,
> Die Buchen stehn, die Eichen rauschen,
> Die Gräberbüsche Zwiesprach tauschen,

Und Haferfelder weit auf und ab –
Da ist meiner Mutter Grab.

Und ein andrer Platz, dem verbunden ich bin:
Berglehnen, die Oder fließt dran hin,
Zieht vorüber in trägem Lauf,
Gelbe Mummeln schwimmen darauf.
Am Ufer Werft und Schilf und Rohr,
Und am Abhange schimmern Kreuze hervor,
Auf eines fällt heller Sonnenschein –
Da hat mein Vater seinen Stein.

Der Dritte, seines Todes froh,
Liegt auf dem weiten Teltow-Plateau,
Dächer von Ziegel, Dächer von Schiefer,
Dann und wann eine Krüppelkiefer,
Ein stiller Graben die Wasserscheide,
Birken hier, und da eine Weide,
Zuletzt eine Pappel am Horizont,
Im Abendstrahle sie sich sonnt,
Auf den Gräbern Blumen und Aschenkrüge,
Vorüber in Ferne rasseln die Züge,
Still bleibt das Grab und der Schläfer drin –
Der Wind, der Wind geht drüber hin. (Ged 1, 42 f.)

34. Meister des Gelegenheitsgedichts

Dreimal besang Fontane den Einzug der siegreichen Truppen durch das Brandenburger Tor: am 7. Dezember 1864, am 20. September 1866 und am 16. Juni 1871. (Ged 1, 237 ff.) Es sind keine überschwänglichen Lieder: kein Hurra-Patriotismus, keine Arroganz gegen den Feind, kein Hass. Es sind fast nur Aufzählungen der Regimenter, die durchs Tor ziehen und zweimal am Denkmal Friedrichs II., das auch heute wieder Unter den Linden steht, halten. Das erste Mal 1864 lüpft der König den Hut: «Konzediere, es war gut.» Eine schlichte Feststellung, weit entfernt von Überheblichkeit. Das zweite Mal 1871 sagt der König: «Bon soir, Messieurs, nun ist es genug.» Ausgerechnet französisch spricht er zu den Truppen nach ihrem Sieg über Frankreich. Es war die Umgangssprache des Königs, aber hier gibt das doch eine hübsche Pointe. Und «es war genug»: Nun sollte endlich Frieden sein. Das ist auch der Wunsch im Gedicht zum Neujahr 1871: «Zu allem, was das alte Jahr beschieden, Du neues Jahr, o gib uns Frieden, Frieden.» (Ged 1, 264)

Die Opfer werden nicht geleugnet. Eine Strophe aus dem Einzug von 1871:

> Bunt gewürfelt Preußen, Hessen,
> Bayern und Baden nicht zu vergessen,
> Sachsen, Schwaben, Jäger, Schützen,
> Pickelhauben und Helme und Mützen,
> Das Eiserne Kreuz ihre einzige Zier.
> Alles zerschossen; ihr ganzes Prahlen
> Nur ein Wettstreit in den Zahlen,
> In den Zahlen derer, die nicht hier. (Ged 1, 241)

Natürlich ist es eine Anerkennung der Tapferkeit der Truppen, eine Anerkennung ihrer Leistungen, ihrer Verluste und insofern auch ein Beitrag zu ihrem Ruhm, auf den Fontane im Gedicht zu 1866 einen neuen Reim fand:

> «Wir bringen gute Losung heim
> Und als Parole 'nen neuen Reim,
> Einen neuen preußischen Reim auf Ruhm.»
>
> «Nenn ihn Garde!»
> «Die Höhe von Chlum.»
>
> «Ein guter Reim, ich salutier,
> Preußische Garde passier, passier.» (Ged 1, 240)

Chlum ist ein böhmisches Dorf bei Königgrätz. Doch ist das ernst gemeint? Es sind Gelegenheitsgedichte. Sind nicht alle, fast alle seine Gedichte Gelegenheitsgedichte? Was sind Gelegenheitsgedichte? Es gibt eine engere und eine weitere Definition. Die engere: Gelegenheitsdichtung, so der missverständliche Name, ist Dichtung, die nicht aus dem Empfinden, dem Erleben des Autors kommt, sondern aus einem äußeren Anlass, einer «Gelegenheit». Ja, der Anlass ruft erst das Gedicht hervor, mitunter auch ein Auftraggeber, der zu diesem Anlass den Dichter um ein Gedicht bittet, manchmal ihn dafür bezahlt: also etwa zu Hochzeiten, Geburtstagen, Beerdigungen. Der junge Goethe verdiente mit solchen Hochzeits- oder Leichencarmen sein erstes Geld, wie er in seiner Autobiografie *Dichtung und Wahrheit* berichtet.

«Das Gelegenheitsgedicht, die erste und echteste aller Dichtarten, ward verächtlich auf einen Grad, dass die Nation noch jetzt nicht zu einem Begriff des hohen Wertes derselben gelangen kann, und ein Poet, wenn er nicht gar den Weg Günthers einschlug, erschien in der Welt auf die traurigste Weise subordiniert, als Spaßmacher und Schmarotzer, so dass er sowohl auf dem Theater als auch auf der Lebensbühne eine Figur vorstellte, der man nach Belieben mitspielen konnte», so schreibt Goethe zu Beginn des 10. Buches von *Dichtung und Wahrheit* (Goe 2, 171). Es ist die «erste Dichtart»: die Hymnen eines Pindar huldigten nicht selten einem Sieger bei den Spielen im griechischen Olympia. Und das Herr-scherlob war lange üblich, aber auch die Gesänge zu Schlachten und he-roischen Taten waren beliebt. Im deutschen Barock gab es noch einmal einen Höhepunkt dieser Gelegenheitsdichtung: Die Poeten wurden gut bezahlt für ein Werk, das ein wohlhabender Adliger oder Kaufmann in Auftrag gab und das dann, in 50 oder mehr Exemplaren gedruckt, an die Gäste der Hochzeit oder des Geburtstagsfests verteilt wurde. Im Laufe des 18. Jahrhunderts endete seine Karriere: die sogenannte Erlebnislyrik trat an seine Stelle, übrigens auch vom jungen Goethe und seinen Sesenheimer Liedern befördert. Diese Erlebnislyrik gab es vorher auch, aber jetzt wurde sie zur einzig wichtigen: also Gedichte aus dem eigenen Erleben des Dichters geschaffen, autonome Werke, die sich keinem äußeren Zweck unterwarfen, von Genies geformt, die, von göttlichem Geiste begabt, aussprachen, was die Muse ihnen eingab – und nicht ein König oder ein Kaufmann.

In dieser engeren Definition hat Theodor Fontane sehr viele Ge-legenheitsgedichte geschaffen. Seine kommode Art, seine kommuni-kative Ader, sein freundliches Plaudern brachten ihn dazu, immer wie-der für Freunde und Verwandte Gedichte zu schreiben bei jeder sich bietenden Gelegenheit: launige, humorvolle Werke meist, aber mit-unter auch fast heroische über Generäle, Könige und Kaiser; diese oft auch mit leisem ironischen Ton.

In der Ausgabe seiner Gedichte von 1898, also der Ausgabe, die er noch selbst zusammenstellte, finden sich folgende Kategorien von Ge-dichten: «Lieder und Sprüche» (insgesamt 106), «Bilder und Balladen» (insgesamt 102), die wiederum unterteilt sind in «Nordisches», «Englisch-Schottisches» und «Deutsches. Märkisch-Preußisches». Es folgen «Gelegenheitsgedichte», ausdrücklich so genannt (insgesamt 17), und dann seine freien Übersetzungen englischer «Lieder und Balladen» (36). Den größten Raum nehmen die Balladen ein: Fontane sieht sich immer noch als Balladendichter. Doch unter den deutschen Balladen sind fast nur Gelegenheitsgedichte, nämlich solche, die ein historisches Ereignis, eine historische Gestalt zum Thema haben, darunter auch die preußischen Helden; hinzu kommen die Gedichte auf den Jahrestag von Düppel, auf die Berliner Landwehr bei Langensalza und die drei Einzugsgedichte nach den Siegen von 1864, 1866 und 1871. Da auch die englisch-schottischen Gedichte durchweg historische Ereignisse und Helden besingen, können auch sie als Gelegenheitsdichtung bezeichnet werden.

Diese Ausgabe von 1898 enthält der erste Band der sorgfältig edierten dreibändigen Ausgabe des Aufbau-Verlags von 1989 mit dem gleichen schlichten Titel *Gedichte*. Der zweite Band umfasst Gedichte aus Einzelpublikationen, aus Prosatexten und aus dem Nachlass. Die dort verzeichneten Einzelpublikationen aus den Jahren 1850 bis 1898 enthalten viele Gelegenheitsgedichte wie: *Prolog zum Familienfest am 29. Oktober 1888, Hochzeits-Toast, Silberne Hochzeit* etc. Der dritte Band enthält nur noch Gelegenheitsgedichte und die Hamlet-Übersetzung und die Dramenfragmente. Gelegenheitsgedichte von 1839 bis 1898 stehen auf den Seiten 7 bis 298 des Bandes. Da auf einer Seite meistens zwei Gedichte gedruckt sind, kann man mit mehr als 500 Gelegenheitsgedichten rechnen. 500 Gelegenheitsgedichte an die Freunde, an Bekannte, an die Familie, an Herrn und Frau von Merckel, an Freund Lepel, an Freund Zöllner und seine Frau, an die Kinder und Emilie. Eine ungeheure, beispiellose Fülle von launigen Versen, zugegeben keine Meisterwerke, aber eben doch reizvolle Texte zu gegebenem Anlass, in denen sich der liebenswürdige Charakter Fontanes mehr enthüllt als in manchen seiner ernsthaften Arbeiten.

Die meisten Gedichte sind an Emilie gerichtet, durchweg zu ihrem Geburtstag, dem 14. November, und zu Weihnachten. Sie hat sie alle aufbewahrt. An ihnen lässt sich das Auf und Ab des Lebens der Eheleute ablesen, die materielle Not, die Zuversicht, schließlich auch die Schwierigkeiten miteinander, hier der unwillige Ehemann, dort die misslaunige Ehefrau, aber über allem eben doch die andauernde Liebe.

Zu Weihnachten 1859, einem schwierigen Jahr, die letzte von vier Strophen:

Und drum zuletzt den heißen Wunsch,
Dass unsres Schicksals dicker Flunsch
Bald hübscheren Zügen weiche,
Und dass ein bisschen Sonnenschein
Zieh wieder endlich bei uns ein
Und unser Herz beschleiche. (Ged 3, 112)

Am 14. November 1861, Fontane hat eine feste Anstellung bei der *Kreuz-Zeitung*, die vierte von fünf Strophen:

Ich wünsche uns zwein an diesem Tag,
Dass es nicht schlimmer kommen mag;
Kein Grund liegt vor zum Zanken,
Viel Grund liegt vor zum Danken. (Ged 3, 151)

Am Weihnachtsfest 1893 erhielt Emilie einen Bon mit folgenden Versen (Arnheim hieß ein Panzerschrank der Firma Arnheim):

Unter einem Pappendeckel,
Der mein Arnheim, liegt mein Säckel;
Diesen Dir bekannten Kasten
Kannst Du jederzeit entlasten,
Aber, bitt ich untertänig,
Wenn es sein kann, nimm nur wenig. (Ged 3, 290)

Und zum Schluss ein Gedicht, das mutmaßlich um 1868 entstand:

Und ging auch alles um und um,
In dir, in mir, ich lieb dich drum,
Ich lieb dich drum, weil du mir bliebst,
Ich lieb dich drum, weil du vergibst,
Ich lieb dich – ach warum, «warum»,
Und blieb auch meine Lippe stumm,
Ich lieb dich drum, weil du mich liebst. (Ged 3, 209)

Ausgerechnet dieses Gedicht, das man doch für ein Liebesbekenntnis halten sollte, ist eine Fingerübung, eine Spielerei, wie er in vorangestellten Sätzen sagt: «Mit dem Worte ‹drum› hast Du nicht recht. Es gibt wenig Wörter, die vorweg als untunlich und prosaisch verurteilt werden müssen; – es kommt bloß auf die geschickte Hand an. Ich habe nachstehende Spielerei geleistet, die ein absolutes Nichts ist, von der du aber sagen wirst, es klingt doll genug.» Er ist ein Meister, ein Profi, würde man heute sagen, der aus nichts ein Gedicht machen kann. Es ist dann weniger Kunst als Handwerk, also die Voraussetzung von Kunstausübung.

Die erweiterte Definition von Gelegenheitsdichtung hat wiederum Goethe geliefert, Johann Peter Eckermann hat sie aufgezeichnet in seinen *Gesprächen mit Goethe*. Eckermann notierte am 18. September 1823: «Die Welt ist so groß und reich und das Leben so mannigfaltig, dass es an Anlässen zu Gedichten nie fehlen wird. Aber es müssen alles Gelegenheitsgedichte sein, das heißt, die Wirklichkeit muss die Veranlassung und den Stoff dazu hergeben. Allgemein und poetisch wird ein spezieller Fall eben dadurch, dass ihn der Dichter behandelt. Alle meine Gedichte sind Gelegenheitsgedichte, sie sind durch die Wirklichkeit angeregt und haben darin Grund und Boden. Von Gedichten aus der Luft gegriffen halte ich nichts.» (Eck, 37)

«Die Wirklichkeit muss die Veranlassung und den Stoff dazu hergeben»: Dies könnte auch ein Wahlspruch Fontanes sein, der in seinem Aufsatz «Unsere lyrische und epische Poesie seit 1848» schrieb: «Der Realismus ist so alt als die Kunst selbst, ja, mehr noch: er ist die Kunst.» Also nicht Themen «aus der Luft gegriffen», mit Goethe zu reden, sondern Auseinandersetzung mit der Wirklichkeit, wie sie ihm begegnete. In diesem Sinne sind auch alle Gedichte Fontanes Gelegenheitsdichtung, sieht man von etlichen unfertigen des jungen Fontane ab, die er früh in Zeitungen veröffentlichte. Er schrieb sehr viele, erstaunlich viele Gelegenheitsgedichte im engeren Sinne, siehe Band 3 der Gedichtausgabe, und er schrieb fast nur Gelegenheitsgedichte im weiteren Sinne, in eben dieser Definition Goethes, die Eckermann überlieferte. Auch seine Sprüche, über die noch zu reden sein wird, sind solche Gelegenheitsgedichte: gedankenvolle, manchmal ironische, manchmal sarkastische, manchmal zuversichtliche Zusammenfassungen von Lebenserfahrung und Lebensweisheit.

Resignation, von 1857:

Ich kann mir's länger nicht verhehlen,
Die Jugend geht, das Alter kommt,
Beim Wein Geschichten zu erzählen
Ist nun die Gabe, die mir frommt.

Was schwarz ist, schätz ich jetzt geringer,
Was blond ist, lieb ich allermeist,
Und dumme, fünfzehnjährige Dinger
Entzücken mich durch ihren Geist.

Wenn kichernd sie zusammensitzen,
Flüstern, was jeder wissen kann,
Wer kommt mit seinen besten Witzen
An so viel Lieblichkeit heran.

Probleme lösen, Welt bezwingen,
War immer eine harte Nuss,
Und zweier Mädchen Liedersingen
Ist wirklich größerer Genuss.

35. Der Vorläufer Willibald Alexis

Am 16. Dezember 1871 starb Willibald Alexis in Arnstadt in Thürin-
gen, wohin er sich 1853 zurückgezogen hatte. 1798 in Breslau geboren,
kam er nach dem frühen Tod des Vaters 1806 mit der Mutter nach
Berlin, wo er das Gymnasium besuchte und Jura studierte. Er war zunächst am Kriminalgericht tätig und gab später zusammen mit dem
Kriminalgerichtsdirektor Julius Eduard Hitzig, einem Freund E. Th. A.
Hoffmanns, den *Neuen Pitaval* heraus, eine Sammlung von Kriminal-
fällen älterer und neuerer Zeit nach dem Vorbild des französischen
Pitaval. Zwischen 1842 und 1890 erschienen im Brockhaus-Verlag
60 Bände, ab 1861 von Anton Vollert zu Ende geführt. Früh schon veröffentlichte Alexis Novellen, angeregt von Ludwig Tieck, dann auch
Romane, den ersten erfolgreichen, *Walladmor,* noch unter dem Namen
des von ihm verehrten Walter Scott 1823, «halb eine Nachbildung, halb
eine Ironisierung», wie Fontane meinte. Auch den zweiten Roman
Schloss Avalon von 1827, der weniger erfolgreich war, publizierte er
noch unter der «Maske Walter Scotts», dann gab er die Mystifikation

auf. «Was Willibald Alexis dem Leser bot, war Walter-Scottisch, aber durchaus nicht Walter Scott.» (Lit 1, 156) So Fontane in seinem großen, in der Druckfassung 60 Seiten umfassenden Essay, den er nach dem Tod des Autors 1872 schrieb (Lit 1, 156).

Über keinen anderen zeitgenössischen Autor hat er einen solch umfangreichen Aufsatz veröffentlicht, der Leben und Werk umfasst. Das mag seinen Grund darin haben, dass er sich ihm nahe fühlte. Auch Willibald Alexis stammte aus der französischen Kolonie. Die Vorfahren waren aus der Bretagne nach Brandenburg eingewandert. Der Großvater hatte seinen französischen Namen Harenc in den deutschen Namen Häring umgewandelt. Willibald Alexis hieß Wilhelm Häring, hatte aber den Namen, den er in einer Studenten-Verbindung trug, als Künstlernamen beibehalten. Es gab weitere Gründe für die Nähe Fontanes zu ihm: Beide verehrten Walter Scott und lernten bei ihm. Alexis schrieb, eben nach dem Vorbild Scotts, historische Romane, darin ist ihm Fontane nur bedingt gefolgt. Abgesehen von den Kriminalgeschichten *Grete Minde*, die im 17. Jahrhundert spielt, und *Ellernklipp*, die im 18. Jahrhundert spielt, liegen die Ereignisse seiner beiden historischen Romane *Vor dem Sturm* und *Schach von Wuthenow* nur etwa 60 Jahre zurück, ein Zeitmaß, das die Distanz gering hält, die politische Situation ist eine andere, aber die Lebensverhältnisse sind noch fast die gleichen. Und die Sprache hat sich nicht verändert. Alexis hat in seinem bekanntesten Werk *Die Hosen des Herrn von Bredow* einen etwas altertümelnden Stil gewählt, eben um die Distanz zu verdeutlichen; das wirkt bisweilen betulich.

Fontane in einer Besprechung von 1875 des dritten Bandes von Gustav Freytags *Die Ahnen*, einer Romanreihe, in der Freytag von den Germanen bis ins 19. Jahrhundert hinein die Geschichte einer Familie erzählt: «Der Roman soll ein Bild der Zeit sein, der wir selber angehören, mindestens die Widerspiegelung eines Lebens, an dessen Grenze wir selbst noch standen oder von dem aus unsere Eltern noch erzählten. Sehr charakteristisch ist es, dass selbst Walter Scott nicht mit ‹Ivanhoe› (1196), sondern mit ‹Waverley› (1745) begann, dem er eigens noch den zweiten Titel ‹Vor sechzig Jahren› hinzufügte. Warum griff er nicht anfangs weiter in die Geschichte seines Landes zurück? Weil er sehr richtige Empfindungen hatte, dass zwei Menschenalter etwa die Grenze seien, über welche hinauszugehen, als Regel wenigstens, nicht empfohlen werden könne. Seine besten Erzählungen liegen innerhalb des 18. Jahrhunderts.» (Lit 1, 242) So sei es Scott später, als er «die Grenzpfähle weiter rückwärts steckte», nur noch mit zwei Romanen gelungen, die «frühere Höhe» zu erreichen: mit *Kenilworth* und mit *Quentin Durward.*

Willibald Alexis schrieb sieben «vaterländische Romane», so heißen sie tatsächlich im Untertitel, in denen er die brandenburgisch-preußische Geschichte vom 14. bis ins 19. Jahrhundert darstellte: *Cabanis*, 1832, *Der Roland von Berlin*, 1840, *Der falsche Woldemar*, 1842, *Die Hosen des Herrn von Bredow*, 1846, *Ruhe ist die erste Bürgerpflicht*, 1852, *Isegrim*, 1854, und *Dorothee*, 1856. Diese Romane stehen gewissermaßen parallel zu Fontanes ganz anderem Versuch, die brandenburgisch-preußische Geschichte zu erfassen, nämlich mit seinen fünf Bänden *Wanderungen durch die Mark Brandenburg.* Seinen ersten Roman *Vor dem Sturm* nannte auch Fontane einmal einen «vaterländischen Roman». Eine weitere Nähe zeigt sich in den Balladen, die auch Alexis schrieb, auch solche zu den preußischen Helden wie etwa *General Schwerin.* Diese Ballade, so Fontane, gehöre zum Schönsten, was «auf dem Gebiete preußischer Kriegslyrik» geschrieben worden sei (Lit 1, 162). Auch im Journalismus hat sich Alexis umgetan, wenn auch weniger lang und weniger erfolgreich als Fontane: Von 1827 an leitete er das *Berliner Konversationsblatt*, das 1830 mit der Zeitschrift *Der Freimütige* vereint wurde, legte aber 1835 die Redaktion nieder – aus Protest gegen die Zensur. Hinfort lebte er als freier Schriftsteller und Publizist in Berlin, auch als gelegentlicher Theaterkritiker für die *Vossische Zeitung.*

Alexis unternahm viele Reisen, lebte auch ein Jahr lang in Rom. Und über die Reisen schrieb er Reiseberichte nicht unähnlich denen Fontanes: *Herbstreise durch Skandinavien*, in zwei Bänden 1828, *Wiener Bilder*, 1833, und *Schattenrisse aus Süddeutschland*, 1834. Auch aus dem eigenen Kriegserlebnis legte er eine Schrift vor, diesmal freilich nicht als Kriegsgefangener in Frankreich wie Fontane, sondern als Kriegsfreiwilliger in Frankreich. 1815 hatte er noch in den Befreiungskriegen gekämpft; seine Aufzeichnungen publizierte er im selben Jahr: *Als Kriegsfreiwilliger nach Frankreich 1815.* So mag in mancher Hinsicht Alexis sogar ein Vorbild für Fontane gewesen sein. Wenn er ihn in seinem Aufsatz von 1872 so ausführlich würdigt, dann wohl auch, weil er am Beispiel von Alexis eigene literarische Themen erörtern kann.

Da ist zunächst das Verhältnis von Heimat und Fremde. Es ist die Fremde, die uns die Heimat recht zu sehen lehrt. Und es ist die Heimat, von der aus wir die Fremde zu verstehen suchen. Es ist dies, was vielen deutschen Autoren seiner Zeit fehlte: der Blick aus der Ferne auf die beschränkten deutschen Verhältnisse. Alexis hatte ihn. Und Fontane nach seinen England-Aufenthalten auch. Das gibt ihrer Prosa auch da einen weiteren Horizont, wo sie sich auf die kleine Mark Brandenburg konzentrieren. Die Fremde «lehrt uns nicht bloß sehen, sie lehrt uns auch richtig sehen. Sie gibt uns auch das Maß für die Dinge. Und dies ist, künstlerisch genommen, fast noch wichtiger, als dass sie uns die Dinge überhaupt erschließt.» (Lit 1, 158)

Seine Sympathie für Alexis bringt ihn nicht um sein Urteil über das Werk, das er genau analysiert: Roman für Roman, die Handlungsführung nacherzählend, die Problematik aufzeigend. So etwa im *Roland von Berlin*, in dem er ein «Missverhältnis zwischen Kraft und Stoff» feststellt. «Die angewandte Kraft ist außerordentlich, aber der Stoff spottet derselben.» (Lit1, 178) Der Stoff ist zu schlicht, eine harmlose Liebesgeschichte, die den Umbruch der Zeit, um den es doch geht, kaum wiedergeben kann. Auch seien die Gestalten, die für bestimmte Stände stünden, Bischof, Priester, Ratsherr, Junker, Fräulein «bloße Gattungsgestalten». «Sie sind Begriffe, nicht Menschen.» (Lit, 179) Besser gelungen scheint ihm *Die Hosen des Herrn von Bredow*, weil Alexis dort nicht inmitten seiner Figuren stünde, deren Gefechte mitfechtend, sondern darüber. Er gebe «in Ernst und Scherz ein gleich gefälliges Spiel» (Lit,183). Hier also macht die Ironie des Erzählers die Handlung akzeptabel, mag sie auch ein wenig konstruiert sein, weil sie eben als Spiel inszeniert wird. Herr von Bredow besitzt nämlich nur eine Hose; da seine Frau sie versteckt, kann er nicht ausreiten, um an der Verschwörung gegen den Kurfürsten teilzunehmen; das rettet ihm das Leben. Das Missverhältnis von Kraft und Stoff ist hier also verschwunden, laut Fontane.

Den frühen Roman *Cabanis* von 1832 lobt er. Er spielt in den Jahren 1804 bis 1806, also in der Zeit der preußischen Niederlage gegen Napoleon bei Jena, und endet mit der Abreise von König und Königin ins sichere Königsberg. Die letzten Worte hat die Königin beim Abschied von Berlin: «Wir werden es wiedersehen.» Im Mittelpunkt steht die Familie eines Marquis, eines Refugié aus Frankreich. «Der Aufbau des Romans ist vorzüglich. Die Geschicklichkeit, mit der uns, ungezwungen, an dem Lebensgang Etiennes alle Parteien: Preußen, Österreich, Sachsen, Russland, zum Teil in einer großen Fülle von Gestalten vorgeführt werden, verrät den Meister [...] Als Zeit- und Sittenbild, weit über das bloße Berliner Leben hinaus, ist der Roman ersten Ranges.» (Lit 1, 192) So solle doch eher dieser Roman als sein wichtigster hervorgehoben werden und nicht immer wieder *Die Hosen des Herrn von Bredow*.

Alexis schildert hier eine «Epoche politischer Unfähigkeit, hohlen Dünkels und sittlichen Falls», so Fontane (Lit 1, 196). Hier spricht schon der Autor von *Schach von Wuthenow*, der an diesen Roman von Alexis zeitlich anschließt, wenn er die Situation vor der Niederlage von Jena vorführt, eine «Epoche des Verfalls», aus der Preußen sich wieder erheben musste und erhob. Alexis: «Dies Volk mag gut sein, tapfer, treu, aber es ist noch zu klein für seine Traditionen. Es hat sich übernommen [...] Das aber ist Einbildung, dass diese Glieder schon reif seien, für sich selbst zu stehen. Dafür vergaß der große Mann [Friedrich II.] zu sorgen. Er führte sein Volk in die Weltgeschichte und übersah, ihm die Erziehung zu geben, dass es mit Ehren darin bestünde. Mit der militärischen Turnüre ist nichts getan; der Knebelbart imponiert nur auf den ersten Blick, und – selbst ist der Mann.» Fontane zitiert eine ganze Seite lang diese kritische Rede über Preußen, das ein «Volk Sklaven» sei, «weil der Zauberer fehlt, der das Uhrwerk wieder aufzieht» (Lit 1, 196 f.).

Am Beispiel des Romans *Isegrimm* von 1854, der zu den Befreiungskriegen nach 1813 hinführt wie Fontanes erster Roman *Vor dem Sturm*, geht Fontane auf die gelungenen Landschaftsschilderungen ein. Es gehe nicht darum, schöne Landschaften zu malen, das könne jedes Schulkind, die Landschaft müsse «Folie» sein für die Handlung, müsse eine Funktion im Gefüge des Romans haben, sonst überschlage die Leserin (er nennt nur die Leserin) die betreffende Stelle. Mit dem ersten Kapitel biete Alexis eine landschaftliche Ouvertüre: Die Landschaft, die er beschreibt, führt zu dem hin, was dann geschieht. (Lit 1, 207)

Fontane gibt eine wohlwollende Charakteristik des Autors, der nach zwei Schlaganfällen an den Rollstuhl gebunden war und nur noch eingeschränkt am Leben teilnehmen konnte: «Er war demütig, bescheiden, fleißig; in allen Dingen so gewissenhaft wie möglich. Dabei stand ihm andererseits ein scharfes Urteil zur Seite, das ihn davor bewahrte, sich gegen Schwächere ohne weiteres in den Schatten zu stellen. Aber dies vergleichsweise Selbstbewusstsein hatte immer einen sachlichen, nie einen persönlichen Charakter. [...] Wie politisch, so nahm Alexis auch kirchlich eine Zwischenstellung ein, wenigstens solange er Berlin angehörte. Er suchte, ohne recht zu finden. Man könnte sagen: er glaubte das, was er nicht glaubte, und umgekehrt. Dies stand im innersten Zusammenhange damit, dass er den Romantizismus, die ‹Tiecksche Ironie› nie ganz los wurde. Er begeisterte sich für eine Sache, um auf der Höhe der Begeisterung in Skepsis zu verfallen. Das ‹alle Dinge haben zwei Seiten› war in ihm zu Fleisch und Blut geworden; er war doppelsichtig und sah Avers und Revers der Medaille zu gleicher Zeit. Eine wunderbare Mischung von Vertrauen, Spott, Zweifel; aber voll Zweifel nur den Dingen gegenüber. Im Verkehr mit den Menschen ein Kind ohne Argwohn.» (Lit 1, 172)

Das mag auf Alexis zutreffen, auf Fontane trifft es auf jeden Fall zu. Hier charakterisiert er sich selbst, möglicherweise ohne es zu wissen oder gar zu wollen. Er sieht immer die zwei Seiten der Medaille, nicht nur in politischen Angelegenheiten. Das nehmen ihm mitunter Leserinnen, Leser übel, die nur die eine Seite sehen, mag es nun Vorder- oder Rückseite sein, und ihn gerne auf ihre Seite festlegen wollen. Gelingt ihnen das nicht, rügen sie ihn. «Vertrauen, Spott, Zweifel» jedoch kennzeichnen ihn, Skepsis den Dingen gegenüber, Offenheit den Menschen gegenüber, welcher Herkunft sie auch sein mögen. Über den Satz «Er glaubte das, was er nicht glaubte, und umgekehrt» lässt sich lange grübeln. Wer ihn begreift, hat vielleicht das Wesen von Alexis und Fontane erfasst.

MEISTERJAHRE

36. Vor dem Sturm

«Damit trat unser junger Held in die Halle seines väterlichen Hauses. Ein paar Scheite, die im Kamin verglühten, warfen ihr Licht auf die alten Bilder an der Wand gegenüber. Lewin sah sich um, nicht ohne einen Anflug freudigen Stolzes, auf der Scholle seiner Väter zu stehen.» (Vor, 11) Ist es nicht der Ton einer Ballade, der hier aufklingt: unser junger Held in der Halle auf der Scholle seiner Väter? Es ist der Schluss des ersten Kapitels des ersten Romans Theodor Fontanes. Zwölf Jahre hatte er an *Vor dem Sturm* gearbeitet, ihn immer wieder liegen lassen, ihn immer wieder aufgenommen. 1878 endlich erschien er, zunächst als Vorabdruck in der Zeitschrift *Daheim*, dann als Buch bei Wilhelm Hertz mit dem Untertitel «Roman aus dem Winter 1812 auf 13». Fontane war 59 Jahre alt.

Das erste Kapitel «Heiligabend» liest sich nicht wie das Kapitel eines Anfängers, es ist kunstvoll gebaut vom Aufbruch in Berlin bis zur Ankunft in der Halle der Väter. Fontane führt in die Zeit ein, das Jahr 1812, in die Jahreszeit, Winter und Weihnachten, und in die Örtlichkeiten, Berlin und Oderbruch. Der junge Lewin fährt von Berlin, wo er ein Zimmer bei Frau Hulen gemietet hat, mit dem vom Vater gesandten Kutscher mit dem schönen Namen Krist auf dem Schlitten, von zwei Ponys gezogen, ins Oderbruch nach Hause. Die Fahrt verbindet also die beiden wichtigen Punkte der Handlung – Berlin und Oderbruch – und die Rast, die Krist und Lewin halten, ist Bohlsdorf, wo später Lewin krank liegen wird. In Bohlsdorf begegnet Ihnen gewissermaßen der «Heilige Christ»: Die Schankstube, in der sie sich aufwärmen, ist dunkel, aber der Christbaum leuchtet und die Wirtin tritt hervor mit einem «Blondschopf» auf dem Arm und neben ihr steht ihr Mann, der wohlwollend auf die beiden blickt wie Joseph auf Maria mit dem Jesusknaben. Damit ist auch der christliche Rahmen gegeben.

Das zweite Kapitel «Hohen-Vietz» hingegen erinnert an den Autor der *Wanderungen*. «Hohen-Vietz», links der Oder gelegen, ist demnach der Sitz derer von Vitzewitz. Und nun berichtet der Erzähler in

Form eines historischen Rückblicks die Geschichte dieses Herrensitzes über Jahrhunderte, was er auch in einem Dialog hätte unterbringen können, wodurch es dem Roman sich besser eingefügt hätte. Belastet ist der Sitz durch eine brüderliche Fehde, in der einst ein jüngerer Bruder den älteren mit dem Degen tötete. Der jüngere Mathias versuchte es zu büßen, doch auch nach seinem Tod geht er noch unerlöst umher, so heißt es. Hoffnung auf Versöhnung ist erst in der Zukunft, so wird geweissagt: «Und eine Prinzessin kommt ins Haus, da löscht ein Feuer den Blutfleck aus […]», was dann am Ende des Romans auch geschieht, ist auch die Prinzessin Marie das geheimnisvolle Kind eines fahrenden Schauspielers.

Nach diesem Rückfall in die *Wanderungen* geht die Ausbreitung des Raumes der Handlung, der Personen der Handlung weiter, geschickt präsentiert vom Romancier. Es sind viele Personen, nie mehr hat Fontane so viel Personal in einem Roman geboten: hier geht es um die Landschaft, um die Zeit von 1812/13 und um die brandenburgische Bevölkerung, die er in ihrer ganzen Vielfalt vorstellt: von den Adligen zu den Bürgern in Berlin, den Bauern im Dorf bis zu den Außenseitern wie Hoppenmarieken. Bernd von Vitzewitz, der Vater des Lewin, Renate, dessen Schwester, das alte Fräulein Schorlemmer, eine fromme Hausdame, sowie Marie, das Adoptivkind des Schulzen, mögen im Mittelpunkt stehen, sie sind aber umgeben von anderen, ohne die sie nicht zu denken wären: Pfarrer Seidentopf, Schulze Kniehase und die Bauern und Diener. So bringt Kapitel 5 den Besuch in der Kirche, der alle Dorf- und Schlossbewohner vereint, in Kapitel 6 plaudern die Schlossbewohner am Kamin, und in Kapitel 7 sitzen die Bauern im Dorfkrug und parlieren.

In der Nähe von Hohen-Vietz liegt Schloss Guse, wo Tante Amalie residiert, Schwester des Bernd von Vitzewitz und verwitwete Gräfin Pudagla. Auch sie hat ihren kleinen Kreis um sich gebildet, der sich regelmäßig bei ihr trifft: Adlige und Akademiker aus Küstrin und Frankfurt an der Oder. Die Besuche zwischen Hohen-Vietz und Guse gehen hin und her. Die alte Tante, einst mit ihrem Mann am Hof des Prinzen Heinrich in Rheinsberg, trägt noch diese alte Tradition mit sich, die von den andern mit freundlichem Lächeln akzeptiert wird. So wie hier der Erzähler die Gespräche bei Tisch in den beiden Herrenhäusern wiedergibt, so schildert er später dann das bescheidene Berliner bürgerliche Pendant: Frau Hulen lädt die Freunde ein zu einem Abendessen, zu dem sie auch das verwaiste Zimmer Lewins öffnet. So lernen wir auch diese Schicht kennen, die nicht ohne Ironie gezeichnet wird. Und Lewins Freund Tubal berichtet in einem Brief an ihn vom letzten Berliner Poetentreffen der «Kastalia», an dem dieser nicht teilnehmen konnte; es ist eine kleine Nachbildung des Tunnels über der Spree.

Das ist wohl die erste wichtige Intention des Erzählers: die Menschen in ihrem sozialen Milieu, mit ihren Sitten und Gebräuchen vorzuführen, in ihrer Lebenswelt, die zwar mehr als 60 Jahre zurückliegt, die aber noch dieselbe ist wie in der Gegenwart des Lesers 1878. Fontane zeigt, was er auch in den unterschiedlichen Bänden der *Wanderungen* darlegte: Land und Leute, doch anschaulicher, lebendiger als dort. Das geschieht vor allem in den gut geführten Gesprächen, sei es während der Schlittenfahrt, sei es beim Spaziergang, sei es beim Essen oder beim Ausflug. Die herkömmlichen Mittel, die Personen in Bewegung zu setzen und ins Gespräch zu bringen, weiß er – wohl auch durch den englischen Roman angeregt – zu handhaben. So entwickeln sich die Charaktere vor unserem inneren Auge. Und es ist erstaunlich, wie auf einmal der geschickte Romancier ersteht, nicht aus dem Nichts, denn es bedurfte einer langen Vorbereitungszeit, aber doch wunderbar verwandelt.

Die zweite wichtige Intention ist die politische, denn es ist ja die Zeit vor dem Sturm, also vor den Befreiungskriegen, in denen Napoleon endlich geschlagen wurde, der bis dahin Europa mit Krieg überzogen hatte, alle seine Gegner besiegt und sie gnadenlos seinem Willen unterworfen hatte. Russland mit seinen ungeheuren Weiten, mit seiner winterlichen Kälte und seinem geschickten Militär hatte ihn endlich zum Rückzug gezwungen. Preußen freilich war immer noch von französischen Truppen besetzt. In Küstrin saßen welche und in Frankfurt an der Oder auch. Bernd von Vitzewitz und einige seiner Freunde wollten das nicht länger hinnehmen und diese Franzosen bezwingen, zumal die Kosaken in der Nähe standen und von ihnen Unterstützung zu erwarten war. General Yorck hatte sich schon den Russen ergeben, wie es hieß, das meinte aber: Er war zu ihnen übergelaufen.

Das eigentliche politische Thema ist jedoch nicht das des Kampfes gegen die Franzosen, der ist nur der Auslöser. Das eigentliche Thema ist das Verhältnis von König und Volk, die Grundfrage der Monarchie. Und sie wird entschieden gestellt. Bernd von Vitzewitz stellt sie und er treibt sie auch voran: «Ich liebe den König; er war mir ein gnädiger Herr, und ich habe ihm Treue geschworen, aber ich will um der beschworenen Treue willen die natürliche Treue nicht brechen. Und diese gehört der Scholle, auf der ich geboren bin. Der König ist um des Landes willen da. Trennt er sich von ihm, oder lässt er sich von ihm trennen durch Schwachheit oder falschen Rat, so löst er sich von seinem Schwur und entbindet mich des meinen. Es ist ein schnödes Unterfangen, das Wohl und Wehe von Millionen an die Laune, vielleicht an den Wahnsinn eines einzelnen knüpfen zu wollen; und es ist Gotteslästerung, den Namen des Allmächtigen mit in dieses Puppenspiel hineinzuziehen. Wir haben drüben gesehen, wohin es führt: zu Blut und zu Beil. Weg mit dieser Irrlehre, von höfischen Pfaffen großgezogen; es ist Menschensatzung, die kommt und geht. Aber unsere Liebe zu Land und Heimat, die dauert wie das Land selbst.» (Vor. 191)

Damit wird die Legitimität der Monarchie in Zweifel gezogen. Es ist wichtig, dass Fontane einen Adligen diesen Zweifel aussprechen lässt, also einen, der zum Kreis der Mächtigen gehört, und nicht einen Außenseiter; so erhält die Aussage mehr Gewicht. Der Schulze Kniehase, mit dem Bernd von Vitzewitz hier spricht, hält dem denn auch entgegen, die Bauern hingen am König. Die Grundfrage ist eben: kann man das Schicksal eines Landes, das Schicksal der Millionen von einem einzigen Menschen abhängig machen, nämlich vom König, der ein guter König sein kann, aber nicht muss, der schwach sein kann, von schlechten Ratgebern beeinflusst, und so das Land preisgibt? Wichtiger als der König ist das Land, sind die Bewohner, deren Wohl steht an erster Stelle; befördert der König es nicht, ja behindert er es oder vernichtet er es gar, dann gilt die Treue ihm gegenüber nichts mehr, die Treue zum Land ist dann allein entscheidend. Dass der König sich auf die Gnade Gottes beruft, daraus seine Legitimität bezieht als «König von Gottes Gnaden», das ist Menschenwerk, ist Irrlehre, von Pfaffen erfunden. Das muss man nicht ernst nehmen. Die Liebe zu Land und Heimat ist dagegen immerwährend, grundlegend. Die Regierung, die das Wohl des Landes befördert, ist die einzig legitime. So Bernd von Vitzewitz. Und so sein Erzähler.

Hier legt Fontane die Axt an das Königtum der Hohenzollern, die sich nicht auf Gott berufen können, sondern zeigen müssen, ob sie wirklich dem Land nützen. Wenn nicht, sind sie zu nichts nutze. Diese Haltung – zuerst das Land, dann die Regierung – hat sich später, viel später bewährt, als brandenburgische Adlige nach langem Zögern den Widerstand gegen Hitler aufbauten und sich opferten, weil sie dem Land und dessen Menschen die Treue hielten und den Eid, den sie dem «Führer» geschworen hatten, als Machwerk hinter sich ließen – im Gegensatz zu vielen anderen, die noch nach dem Krieg sich darauf beriefen. Dieser Widerstand ist ein Ruhmesblatt des märkischen Adels.

Bernd von Vitzewitz verzweifelte in dieser Jahreswende 1812/13 am Zögern des Königs, der auch nach dem Rückzug Napoleons aus Russland nicht zum Kampf gegen dessen Armee aufrief. Wie sich dann später zeigte, war sein Zögern begründet: Er wartete den rechten Augenblick ab. Bernd war der Meinung, der Augenblick wäre schon gekommen. Er war orientiert an dem Kampf der Spanier gegen Napoleon, von dem im Roman berichtet wird (Kap. 43), ebenso wie von der Schlacht bei Borodino (Kap. 47). Doch das, was Bernd von Vitzewitz plant, ist kein Guerilla-Überfall, wie ihn die Spanier eingeführt haben: Sie überfielen kleine Truppen französischer Soldaten aus dem Hinterhalt und töteten sie. Anders Bernd: er greift eine große Garnison an mit wenig Leuten. Was will er machen, wenn er gewinnt? Alle Franzosen töten oder sie gefangen nehmen? Wohin dann mit ihnen? Ein Ersatz wird doch bald aus Küstrin oder anderen Orten kommen und ihn mit seinen Leuten vernichten. Bernd von Vitzewitz scheitert, weil er unüberlegt und selbstsüchtig zur Tat schreitet, was er spät, allzu spät einsieht.

Schon früh ist das entscheidende Urteil über diese Tat gesprochen, nicht im Dialog mit dem alten Prinzen Ferdinand, den Bernd in Berlin aufsucht, sondern im Dialog zwischen Othegraven und Turgany. Der Prinz beharrt darauf, dass der König für Ordnung stehe und diese unter allen Umständen aufrechterhalten müsse. Sicherlich, doch ist es eben die Ordnung der Monarchie (Kap. 37). Wo ist die Möglichkeit, Volkes Wille in dieser Ordnung zu artikulieren? Der Einwand Othegravens, der später den Angriff anführt und erschossen wird, ist ein christlicher: «Wir sind alle in Sünde geboren, und was uns hält, ist nicht die eigene Kraft, sondern eine Kraft außer uns, rundheraus die

Barmherzigkeit Gottes. Sie kennen unsere schöne Schildhornsage? Nun, wie mit dem Wendenfürsten Jaczko, so ist es mit uns allen. Wir sinken unter in der schweren Rüstung unseres eitlen Ich, unseres selbstischen Trotzes, wenn uns der Finger Gottes nicht nach oben zieht.» (V, 104 f.)

Wenn diese Worte auch nicht den Überfall von Frankfurt meinen, so treffen sie ihn doch voll und ganz. Vitzewitz, der sich nicht irritieren lässt, sammelt eigenwillig Gleichgesinnte um sich, Adlige, Juristen und redliche Bauern aus den umliegenden Dörfern, die Landwehr, und führt sie zum Überfall auf die französische Garnison in Frankfurt. Dass dieser Überfall misslingt, auch weil die erwartete Hilfe der Kosaken nicht kommt, könnte als Beleg dafür genommen werden, dass der König Recht hatte, Vitzewitz aber nicht, weil er zum falschen Moment mit unzulänglichen Mitteln losschlug. Das stimmt auf jeden Fall, sagt aber nichts über die Grundfrage der Monarchie, die Fontane mit den Worten des Bernd von Vitzewitz vorlegt. Die Radikalität der Frage ist in diesem umfangreichen Roman nicht versteckt, denn es ist die Frage, die über dem Handeln von Bernd von Vitzewitz und seinen Mitstreitern steht. Ihre Planungen und ihr Überfall bestimmen den zweiten Teil des Romans bis zum bitteren Ende.

Diese Haupthandlung des zweiten Teils wird von einer Nebenhandlung begleitet, die nicht notwendig wäre für den Ablauf des Geschehens, die Fontane aber ausführt, offensichtlich weil ihm daran gelegen ist: Es ist die polnische Nebenhandlung. Die Geschwister Lewin und Renate von Vitzewitz sind eng befreundet, ja verwandt mit Kathinka und Tubal Ladalinski, Kinder des preußischen Geheimrats Ladalinski, eines Polen, der in Berlin in einem angenehmen Haus wohnt und bei den Prinzen verkehrt als treuer preußischer Untertan. Fontane geht es hier nicht um nationale Unterschiede, sondern um die traditionelle Haltung: Ob Pole oder Deutscher ist gleich, die Hauptsache, alle sind brave Preußen. Die Entscheidung für Preußen oder für Polen ist wiederum eine individuelle. Geheimrat Ladalinski hat sich für Preußen entschieden und versucht, seine Treue immer wieder unter Beweis zu stellen. Tubal folgt ihm, der beste Freund von Lewin. Er verehrt Renate, sagt ihr das auch einmal bei einer Schlittenfahrt, sie reagiert zurückhaltend, ist aber dann, wie der Erzähler weiß, beglückt. Kathinka steht zwischen Lewin, der sie liebt, und dem polnischen Grafen

Bninski, der sich gegen Preußen und für Polen entschieden hat und deshalb sich auch von Napoleon etwas erhofft. Nicht zu vergessen: seit 1795 gibt es Polen nicht mehr, es wurde dreigeteilt unter Russland, Österreich und Preußen. Der Wunsch der meisten Polen ging natürlich auf die Wiederherstellung ihres Vaterlands.

Kathinka entscheidet sich für Bninski, der Vater verbietet ihr die Heirat, die all seine preußischen Bemühungen in Frage stellen würde. Daraufhin flieht sie mit dem Grafen nach Polen, heiratet ihn und kehrt wieder in die katholische Kirche zurück, was fast schlimmer scheint als das Bekenntnis zu ihrem Polentum. Ihre Mutter nebstbei, sagt Tante Amelie, war eine Deutsche und sie hatte mehr polnisches Blut als viele andere. Hier erhebt sich Fontane mit Tante Amelie über die nationalen Schranken.

Traurig ist das Ende Tubals: Er fällt für Preußen, treu bis in den Tod. Sein Tod ist kein Meisterstück des Erzählers, er hätte ihn anders arrangieren können. Beim Überfall auf die Frankfurter Garnison wurde Othegraven, der Anführer, festgenommen und erschossen, Lewin landete im Gefängnis. Beim Versuch, ihn aus dem Gefängnis zu befreien, nahmen die Verschwörer unbegreiflicherweise den Hund Hektor mit, einen riesigen Neufundländer, treues Tier des Hauses. War das klug, einen Hund mitzunehmen bei solch einem Unternehmen? Kurzum: Lewin wurde befreit, doch der Hund wurde von einer französischen Kugel getroffen, die Befreier flohen, Tubal jedoch kehrte zurück, um das Tier aufzunehmen, und wurde dabei tödlich verletzt.

Der Tradition des historischen Romans, wie ihn Walter Scott geschaffen hatte, gehören auch «romantische» Elemente an. Der «Realist» Fontane scheut sie nicht: Das vorausgesagte Feuer bricht tatsächlich im alten Saalbau aus, es droht das gesamte Schloss zu vernichten, als die geheimnisvolle Hoppenmarieken kommt und durch wenige Worte den Brand zum Erlöschen bringt. Weniger rätselhaft ist der Besuch des Freundeskreises in der Ruine von Kloster Lehnin und weniger begründet. Sollte noch eine historische Tiefe geboten werden mit der Vorgeschichte der Mark? Es gibt eine Zeremonie, die das Essen der Freunde bei Fackelschein belebt: als Mönche verkleidete Diener bereiten einen Mummenschanz, an dessen Ende einer als Napoleon in eine Grube fährt. Die «romantische» Szenerie – Klosterruine bei Fackel-

itel zuvor sagte er gegen Ende: «Zum letzten Mal in diesem Buche fuhren
die Ponies vor» (Vor, 635). Er lässt uns also auf seine Feder schauen und
macht uns seine Arbeit bewusst. Schon zu Beginn des Kapitels 2 und
späterhin dann einige Male bringt er solche Leseranrede. Im Kapitel 2:
«In der Halle schwelen noch einige Brände; schütten wir Tannäpfel auf
und plaudern wir, ein paar Sessel an den Kamin rückend, von Hohen-
Vietz.» (Vor, 11) So lädt der Erzähler uns Leser an den Kamin, um uns
die Geschichte des Hauses zu erzählen.

Der Roman endet, wie angekündigt, mit der Heirat von Lewin und
Marie, die offensichtlich die angekündigte Prinzessin ist und den bö-
sen Bann vom Haus löst. Renate hat das letzte Wort. Sie führt Tage-
buch, aus dem im letzten Kapitel zitiert wird. Ein merkwürdig kurzes
Tagebuch; der Erzähler bringt nur Auszüge. Sie hält Tubal die Treue.
Obwohl sie das Gut der Tante Amelie erbt, tritt sie in das Stift Lindow
ein, in dem sie ihre letzten Tage verbringt. Es ist dieses Stift, südlich
von Rheinsberg gelegen, in dem die Schwester des alten Stechlin in
Fontanes letztem Roman Domina, also Leiterin sein wird, dort heißt es
Wutz.

Der Erzähler tritt doch noch einmal hervor, diesmal als «Ich»: Er
steht auf dem Friedhof in Lindow und liest den Namen «Renate von
Vitzewitz» auf einem Grabstein.

37. Drei wenig gelungene Kriminalgeschichten

«Das Buch ist der Ausdruck einer bestimmten Welt- und Lebens-
anschauung. Es tritt ein für Religion, Sitte, Vaterland, aber es ist voll
Hass gegen die ‹blaue Kornblume› [die Lieblingsblume des Kaisers]
und gegen ‹Mit Gott für König und Vaterland›, will sagen: gegen die
Phrasenhaftigkeit und Karikatur jener Dreiheit. Ich darf sagen und ich
fühle das so bestimmt, wie dass ich lebe –, dass ich etwas in diesem
Buch niedergelegt habe, das sich weit über das herkömmliche Roman-
blech, und nicht bloß in Deutschland, erhebt, und nichts hat mich mehr

gereizt, als dass einer meiner besten Freunde (Name später mündlich) so tut, als ob es gerade nur das landesübliche Dutzendprodukt wäre.» (Drei, 219 f.)

So Fontane an seinen Verleger Wilhelm Hertz am 24. November 1878 über das gerade erschienene Buch *Vor dem Sturm*. Der Freund war wohl Paul Heyse, dessen voreiliges und vielleicht auch neidvolles Urteil Fontane schmerzte. Der Roman hat es nicht leicht gehabt. Er wurde zu seiner Zeit und späterhin weniger beachtet als die Berliner Gesellschaftsromane, auf die er vorausweist – in den schönen Gesprächsszenen in Schloss und Dorfkrug, in Kutsche und Schlitten.

Hoch im Kurs standen damals die «Professorenromane» von Alfred Dove, Georg Ebers und Felix Dahn; diese Professoren hatten historische Kenntnisse, waren aber nur unzureichende Künstler. Dahns *Ein Kampf um Rom* las Fontane bald nach seinem Erscheinen 1876. Das nationalistische Werk, jahrzehntelang in Deutschland ein Bestseller, vertrat die Ideologie des Bismarcks-Reichs im historischen Gewand: Die tapferen Goten kämpften gegen die dekadenten Römer. Leider endete es mit der Niederlage der Goten, so viel historische Wahrheit musste sein, doch die Reste der Goten wurden von braven Wikingern nach Norden gebracht, wo sie die Grundlage zum künftigen Reich legten. Schon wer Latein sprach, auch wenn er Gote war, galt als Verräter. Es ist ein von Fremdenhass gespeistes Buch voll «Phrasenhaftigkeit und Karikatur», um mit Fontane zu reden. Dahns Theaterstück «Skaldenkunst» verriss Fontane, als es 1882 im Königlichen Schauspielhaus gegeben wurde. Er wunderte sich, dass ein solch misslungenes Werk überhaupt auf die Bühne gelangte.

Wilhelm Hertz war Fontanes wichtigster Verleger, den Heyse ihm empfohlen hatte. Es ergab sich sogar eine Freundschaft mit Hertz, bei dem alle fünf Bände der *Wanderungen* erschienen: Der Verleger begleitete den Wanderer gelegentlich. Schon 1860 hatte er die *Balladen* publiziert. Und nach *Vor dem Sturm* brachte er die Erzählungen *Grete Minde* und *Ellernklipp*, später die Biografie des Schriftstellers Christian Scherenberg und schließlich die Romane *Quitt* und *Unwiederbringlich*. Zwischen 1851 und 1898 erschienen fünf Auflagen der *Gedichte*. Wie hoch die Auflage jeweils war, ergibt sich aus der Korrespondenz nicht. Doch waren 1859 noch Exemplare der ersten Auflage nicht verkauft, so dass sich der Verleger weigerte, eine zweite herauszubringen. Diese erschien erst 1875. Die *Wanderungen* waren erfolgreicher als die *Gedichte*. Immerhin erhielt Fontane in fast 40 Jahren etwa 38 000 Mark von Hertz, also etwa 1000 Mark im Jahr; das entsprach dem Jahresgehalt eines Lehrers (Dr, 159).

Hertz stammte aus einer angesehenen Hamburger jüdischen Familie. Sein Vater Joseph Jacob Hertz erlernte den Beruf des Apothekers, konnte jedoch keine Apotheke kaufen, weil er Jude war. Er öffnete eine Drogenhandlung. Seine Frau Marianne von Halle, aus einer Bankiersfamilie wie Hertz auch, lernte in Hamburg den Dichter Adalbert von Chamisso kennen, der dort gelegentlich zu Besuch weilte. Sie verliebten sich. 1821 begleitete Marianne ihre Schwiegermutter nach Berlin, um Verwandte zu besuchen. Dort traf sie Chamisso im September des Jahres wieder, und im Juni 1822 gebar sie in Hamburg ihren Sohn Ludwig Wilhelm, dessen Vater Chamisso war. Er wurde von Joseph Jacob Hertz als Sohn anerkannt. Dieser zog 1828 nach Berlin, wo er, weil er inzwischen Lutheraner geworden war, endlich eine Apotheke kaufen konnte, die Rothe Apotheke an der Ecke Rosenthaler Straße und Schönhauser Allee.

Fontane wusste wohl, dass sein Verleger ein Sohn Chamissos war, im Tunnel dürfte das kein Geheimnis gewesen sein. Auch Wilhelm Hertz wusste es. Ein Exlibris in seinen Büchern lautete: Certa habent acta meae iuventutis signum suum omenque. (Gewisse Ereignisse meiner Jugend haben ihr Zeichen und ihre Bedeutung.) Darunter standen die Buchstaben: i. e. p. m. Die lateinische Schrift ist als Akrostichon zu lesen, dann ergibt sich aus den Anfangsbuchstaben der Name Chamisso, und die vier Buchstaben bedeuteten: ille est pater meus. (Jener ist mein Vater.) Dies kam seiner Enkelin zu Hilfe, als sie in der Nazi-Zeit nachweisen konnte, dass ihr Großvater nicht der Sohn des Juden Hertz war, sondern der des Christen Chamisso.

1847 hatte Hertz die Bessersche Buchhandlung in der Behrensstraße erworben, später gründete er dann den Verlag, der viele wissenschaftliche Arbeiten publizierte, aber auch die Werke von Gottfried Keller und Paul Heyse. So erfolgreich er als Verleger war, so schwer trug er sein Schicksal als Vater. Der älteste Sohn sollte den Verlag übernehmen, er starb 1884, der zweite Sohn starb 1886 und 1891 auch der dritte Sohn, der vierte und letzte Sohn übernahm den Verlag, konnte aber die Verantwortung nicht tragen; er wählte 1895 den Freitod, «das erschütterndste Ereignis, das ich in meinem langen Leben erlebt habe», so Fontane (Dr. 160). Hertz starb 1901. Die Erben verkauften den Verlag an die Cottasche Buchhandlung.

Im Frühjahr 1879 erschien Fontanes Erzählung *Grete Minde. Nach einer altmärkischen Chronik* als Vorabdruck in der von Paul Lindau herausgegebenen Monatsschrift *Nord und Süd*; solche Vorabdrucke waren attraktiv, sie brachten mitunter mehr Honorar als das Buch, das kurz danach herauskam. In einem Brief an seine Frau vom 11. Juni 1879 schrieb er: «Dass dies ein Kunstwerk ist, eine Arbeit, an der ein talentvoller, in Kunst und Leben herangereifter Mann fünf Monate lang unter Dransetzung aller seiner Kraft tätig gewesen ist, davon ist nicht die Rede. Es ist so furchtbar respektlos und bestärkt mich in meinen Anschauungen von dem innerlichst niedrigen Standpunkt unserer sogenannten regierenden Klassen.» (Drei, 121–3)

Hier ist Peter Demetz, der eine der gewichtigsten Untersuchungen zum Erzählwerk Fontanes vorlegte, anderer Meinung. Just der Peter Demetz, der den Rang des lange missachteten Romans *Vor dem Sturm* erkannte und herausstellte, fällte ein abschätziges Urteil über *Grete Minde* und die anderen Kriminalgeschichten. Sein Fazit zu *Vor dem Sturm* lautete: «Fontanes ‹Vor dem Sturm› [ist] ein später Versuch, in Geist und Form Walter Scotts in die deutsche Vergangenheit zu blicken, um vor der chauvinistischen, beengten, die Rechte des Einzelnen verachtenden Zukunft zu warnen. Ein kostbares Beispiel freier, geistreicher Menschlichkeit, hat Max Rychner Fontane genannt, und man wünschte, der deutsche Leser wäre endlich bereit, den schönsten deutschen historischen Roman um seiner Liberalität und seiner Lesbarkeit willen in seiner Bedeutung und Überzeugungskraft zu erkennen.» (PD, 66)

Die «vier Kriminalgeschichten» dagegen zählte Demetz zu Fontanes «geringeren Produktionen», also *Grete Minde* von 1880, *Ellernklipp* von 1881 und *Unterm Birnbaum* von 1885. Als vierte Geschichte nimmt er noch *Quitt* von 1890 hinzu, einen Roman, der aber doch komplexer ist und einer eigenen Betrachtung wert. Demetz: «Zwischen Fontanes bedeutendsten artistischen Leistungen, wie ‹Unwiederbringlich› oder den ‹Poggenpuhls› auf der einen, und ‹Ellernklipp› und ‹Unterm Birnbaum› auf der anderen Seite, liegt eine ganze Welt; man wünschte, er hätte ‹Grete Minde› nie veröffentlicht, ‹Ellernklipp› nie geschrieben.» (PD 72) Dieses vernichtende Urteil mag zu hart sein, zumal es gerade die beiden Geschichten trifft, die in den Lesebüchern stehen, aber an der Feststellung, dass zwischen seinen großartigen Romanen und diesen bescheidenen Kriminalgeschichten «eine ganze Welt liegt», daran lässt sich nicht deuteln.

Kriminalgeschichten sind Geschichten von der Entstehung und Durchführung von Verbrechen. Das Interesse an solchen Geschichten war immer stark, erlebte aber im Laufe des 18. Jahrhunderts einen Höhepunkt, sicherlich zugleich mit der Herausbildung von Psychologie, also dem Versuch, menschliches Verhalten zu verstehen und zu erklären. Der französische *Pitaval* wurde von François Gayot de Pitaval ab 1734 herausgegeben, 22 Bände erschienen mit grausigen Verbrechen. Das beförderte auch die Detektivgeschichte, die das Verbrechen nicht erzählt: Es findet gewissermaßen außerhalb der Erzählung statt und muss deshalb innerhalb der Erzählung rekonstruiert werden. Der Detektiv deckt auf, wer es getan hat. Er muss nicht ein Polizist sein, sondern kann auch eine alte Dame sein wie in der Erzählung *Das Fräulein von Scuderi* von E. Th. A. Hoffmann von 1819, die als erste deutsche Detektivgeschichte gilt. Edgar Allan Poe hat dann mit seinem *Doppelmord in der Rue Morgue* (1841) das erste klassische Beispiel geschaffen mit dem superioren Aufklärer Monsieur Dupin. Diese Detektivgeschichte wurde überhaupt erst möglich, als man im Prozess nicht mehr auf das alte Mittel der Folter zurückgreifen konnte, um dem Delinquenten ein Geständnis zu entlocken, sondern ihm das Verbrechen nachweisen musste. Insofern wurde der Detektiv der Bote der Rationalität in einem Gebiet der dunklen unüberschaubaren Triebe, denen aber letztlich doch das eigentliche Interesse der Leser galt.

So stehen Fontanes Kriminalgeschichten in einer alten Tradition, auch in der des deutschen *Pitaval* von Alexis und Hitzig; möglicherweise war deren Erfolg ihm ein Ansporn. Mit *Grete Minde*, der wohl am wenigsten gelungenen und am meisten gelesenen Erzählung Fontanes, geht er weit mehr als 60 Jahre zurück, nämlich etwa 250 Jahre bis in den Anfang des 17. Jahrhunderts. Er muss also ein Milieu schaffen, das ihm fremd ist, und er versucht dies etwas holzschnittartig mit einem manchmal altertümelnden Stil. Seine Kriminalgeschichten liegen näher bei seinen Balladen als bei seinen Romanen. Gerade das, was angeblich Fontanes Anliegen war, die psychologische

Erfassung menschlicher Handlungen, fehlt in seinen Kriminalgeschichten. Das Geschehen entrollt sich vor unseren Augen ohne alle Psychologie. Die differenzierte Darstellung der Personen, die Fontanes Gesellschaftsromane auszeichnet, gibt es hier nicht. So ist etwa die durch und durch böse Schwägerin Trud in *Grete Minde* dem Vorbild der bösen Schwiegermutter im Grimmschen Märchen näher als irgendeiner Gestalt der Romane. Auch sind die beiden Heldinnen – Grete und Hilde in *Ellernklipp* – eher dem Schema der fremden Frau, dem Reiz und der Dämonie des Fremden verpflichtet als der Realität.

Grete ist die Tochter der zweiten verstorbenen Frau des Ratsherrn Minde in Tangermünde, diese kam aus Wallonien und war auch noch katholisch, also eine für Protestanten unheimliche Erscheinung. Durch die fremde Mutter bleibt das Kind fremd. Nach dem Tod des Vaters geht es ihr schlecht, sie flieht mit dem Nachbarjungen Valtin und treibt sich mit fahrendem Volk umher. Dann entsteht eine Pause in der Erzählung: «Drei Jahre später», so heißt das 15. von 20 Kapiteln. Fontane bereitet langsam die Katastrophe vor, dazu braucht er hier 14 Kapitel, dann kommt er rasch zum fatalen Ende, als hätte er die Lust verloren. Nach dem Tod Valtins kehrt Grete mit ihrem Kind nach Tangermünde zurück, um ihr Erbe einzufordern. Ihr Halbbruder verweigert es ihr, sie erhält keine Unterstützung beim Rat, alle weisen sie zurück, sie fühlt sich nicht nur ungerecht behandelt, sie wird ungerecht behandelt. Das steigert ihren Zorn ins Ungemessene. Sie brennt die Stadt nieder und geht selbst mit ihrem Kind und dem Kind ihres Bruders in den Flammen zugrunde.

Fontane richtete sich, wie er im Untertitel sagt, nach einer alten Chronik. Diese Grete Minde gab es wirklich, sie wurde nach dem Brand von Tangermünde zum Tode verurteilt und hingerichtet. Heute neigt man dazu, dass dies ein Justizirrtum war. Sie war wohl unschuldig. Fontane hält sie für schuldig, versucht aber die Ursache ihres Verhaltens zu erklären. Schuld ist ja auch beim Bruder und beim Rat der Stadt. Hier ist sicher die humane Absicht des Erzählers, Verständnis für Grete zu erlangen, wenn auch ihre Tat das Unrecht, das ihr angetan wurde, erheblich überschreitet. Sie wird deshalb gerne mit Kleists Michael Kohlhaas verglichen.

Auch in *Ellernklipp*, einer Erzählung, die zur Zeit des alten Fritz im Harz spielt, also nur 150 Jahre zurückliegt, steht wieder eine junge reizvolle Frau im Mittelpunkt. Sie ist das Kind einer Frau aus dem Dorf, ihr Vater ist aber der junge Graf im Schloss, worüber nicht gesprochen werden darf. Doch ist Hilde der gräflichen Familie ähnlich, auch sie unterscheidet sich also von den Dorfbewohnern wie Grete sich von den Tangermündern unterscheidet. Nach dem Tod ihrer Mutter gibt sie der fürsorgliche und liebevolle Pfarrer Sörgel dem «Heidereiter» Baltzer Bocholt, der in den Forsten des Grafen für Ordnung sorgt und Wilderer stellt, auch einmal einen erschießt. Bocholt, ein braver Mann, ist der rechte Vater, findet Sörgel. Hilde wächst heran mit Martin, dem Sohn des Bocholt, dessen Frau früh verstarb. Wachsen Hilde und Martin auch wie Geschwister auf, so entfaltet sich mit den Jahren zwischen ihnen doch die Liebe. Bocholt belauscht sie einmal, er wird eifersüchtig.

Hier ist das Dämonische in der Gestalt des Bocholt verkörpert. Er ist zwar aufrecht und gut, hat aber seine Launen, er kann unerwartet streng sein und wütend werden, kurzum, er ist ein patriarchalischer Herrscher, wie es sie damals in Familie, Dorf und Hof gegeben hat und wohl heute auch noch gibt: Die ihm Untergebenen sind von seinen unberechenbaren Launen abhängig. Zwischen Vater und Sohn kommt es an dem Felsenhang Ellernklipp zum Kampf, Martin rutscht ab und fällt in die Tiefe. Bocholt ist erleichtert und heiratet Hilde. Erst spät holt ihn das schlechte Gewissen ein. Diesmal heißt das 14. Kapitel «Drei Jahre später», das 14. von 18 Kapiteln. Nicht nur die Figuren sind nach Schema gearbeitet, auch die Geschichte. Bocholt findet dasselbe Schicksal wie der Wilderer, den er erschoss, es trifft ihn eine Kugel. Hilde bleibt zurück, sie hat sich inzwischen mit der alten Gräfin angefreundet, der diese Hilde, die einst von der gräflichen Familie abgewiesen worden war, nun zur einzigen Freude ihres Alters wird. Dass die Geschichte nicht mit diesem freundlichen Bild – die beiden Damen unter ihrem gemeinsamen Stern (El, 268) – enden kann, ist bedauerlich. Das letzte Kapitel hat mehrere Teile, durch Sternchen jeweils abgetrennt, als wollte der Erzähler den Rest der Geschichte rasch in ein einziges Kapitel zwingen. Es trägt den gewichtigen Titel «Ewig und unwandelbar ist das Gesetz». Mit dem Tod des Heidereiters ist diesem Gesetz doch Genüge getan. Warum muss Hilde im letzten von einem Sternchen getrennten Teil sterben, wo sie am Anfang dieses Teils gerade aufgeblüht war?

Auch in dieser Geschichte wird die humane Intention des Erzählers deutlich: wiederum in der Darstellung der jungen Frau, die niemanden hat, zu niemandem gehört und von Bocholt unter Druck gesetzt wird, so dass sie meint, sich ihm nicht entziehen zu können. Das Frauenschicksal bewegt. Und es hätte uns auch bewegt, wenn Hilde am Schluss nicht gestorben wäre. Hier werden auch die Dienstboten in ihr Recht gesetzt: gute und kluge Menschen wie die Magd Grissel und der Knecht Joost, die freilich nur plattdeutsch reden, was dem heutigen Leser einige Schwierigkeiten bereitet.

Plattdeutsch oder niederdeutsch sprechen auch die Dorfbewohner des Dorfes Tschechin in *Unterm Birnbaum*. Damals, also vor 150 Jahren, sprachen die meisten Einwohner von Brandenburg noch niederdeutsch, und so lässt der «Realist» Fontane sie denn auch sprechen, hat er selbst doch noch niederdeutsch in Neuruppin und Swinemünde gesprochen. Heute ist es völlig verschwunden, auch in Norddeutschland hört man es kaum noch. Tschechin steht natürlich für Letschin im Oderbruch, es ist das Dorf, in dem Fontanes Vater seine letzte Apotheke hatte und in dem der Sohn oft zu Besuch weilte. Im Mittelpunkt steht diesmal ein Mann, wenn auch seine Frau eine treibende Kraft der Handlung ist: der Gastwirt Abel Hradscheck, aus einer tschechischen Familie stammend, die einst in das trockengelegte Oderbruch einwanderte, wohl auch ihres protestantischen Glaubens wegen.

Hradschecks Vorname weist zu deutlich auf seine Tat hin: wenn er auch eher Kain als Abel heißen müsste, war es doch Kain, der seinen Bruder Abel erschlug, wie die Bibel berichtet. Aber sein Vorname erinnert eben doch an diese Bluttat. Hradscheck ist wieder ein Außenseiter im Dorf, er kommt aus dem nahen Neu-Lewin und wollte nach Amerika auswandern, kam aber nur bis ins Hannoversche, wo er seine Frau kennenlernte, eine Katholische aus Hildesheim. Auch sie ist also eine ungewöhnlich Erscheinung für die protestantischen Dorfbewohner, wenn sie auch sogleich nach ihrer Ankunft bei Pfarrer Ecclesius – auch wieder ein zu sprechender Name, ecclesia heißt lateinisch die Kirche – zum evangelischen Glauben konvertierte. Im 3. Kapitel kommt es zum Disput zwischen den Eheleuten. Frau Hradscheck möchte gerne etwas Besseres sein, schönere Kleider haben und bessere Verhältnisse. Das kann Hradscheck ihr nicht bieten, er führt keine strenge Wirtschaft in seinem Gasthof und ist bis über beide Ohren verschuldet. Auch das

Glücks- und Lotterie-Spiel, seine letzte Hoffnung, bringt ihm nichts. Dann folgt im 4. Kapitel die Ankündigung des Vertreters einer Weinhandlung aus Krakau, der ihn besuchen kommt, zugleich aber auch die Mahnung, endlich die Schulden aus drei Jahren an diese Weinhandlung zu begleichen. Was tun? Schon am Ende von Kapitel 3 leuchtet ein Plan auf, den der Erzähler aber nicht erläutert.

Diese Kriminalgeschichte hat eine Nähe zur Detektivgeschichte, denn die Leser sehen zwar die Entstehung des Verbrechens, das Verbrechen selbst aber wird den Lesern vorenthalten, wenn sie auch ahnen, was geschieht: Es findet zwischen Kapitel 6 und 7 statt. Und erst allmählich löst sich das Rätsel. Frau Jeschke, die Nachbarin und Gegenspielerin von Hradscheck hat allzeit offene Augen und sieht den Gastwirt nachts unterm Birnbaum in seinem Garten etwas vergraben.

Fragen stellen sich den Leserinnen und Lesern: Warum kommt der Weinhändler aus Krakau? Wächst Wein in Polen? Warum legt Fontane die Geschichte ins Jahr 1830/31, in die Zeit des polnischen Aufstands, der brutal von der russischen Armee niedergeschlagen wurde, wovon der Agent Szulski in der Gaststube berichtet? Die Handlung in Tschechin hat damit nicht unmittelbar zu tun, vielleicht aber mittelbar, denn die Grausamkeit in Polen hat schließlich ein Pendant in der Grausamkeit des Hradscheck. Hradscheck ermordet den Szulski, um an sein Geld zu kommen. Geschickt lässt er seine als Szulski mit Pelzmantel verkleidete Frau am nächsten Morgen mit dem Einspänner wegfahren, sie steuert ihn in die Oder. Pferd und Kutsche werden gefunden, Szulski nicht.

Dies ist die erste Wendung in der Geschichte im 8. Kapitel. Es gibt Gerüchte, Hradscheck wird verdächtigt und verhaftet. Er muss unterm Birnbaum das Grab ausschaufeln. Darin liegt eine Leiche, aber die eines Franzosen, der dort schon 30 Jahre ruht. Szulskis Leiche ist es nicht. Hradscheck kommt frei, dies die zweite Wende im 12. Kapitel. Nun könnte er gut leben mit dem Geld, das angeblich aus einer Erbschaft seiner Frau stammt, doch diese stirbt, wohl an schlechtem Gewissen, was wiederum wenig motiviert erscheint: Wollte sie nicht reich werden? Und war ihr dazu nicht jedes Mittel recht?

Jetzt führt Abel Hradscheck ein Leben, das die Leserinnen und Leser ihm nicht zugetraut hätten: Er fährt oft nach Berlin, lebt dort in Freuden und geht gerne ins Theater, um die Stücke zu sehen, die der junge Fontane dort sah. Kommt er nach Hause, singt er die Lieder aus den Stücken seinen Gästen vor. Dass er schließlich doch überführt wird, liegt nicht an Beweisen, sondern am Aberglauben: Die Dienstboten meinen auf einmal, es spuke im Keller. Er will deshalb in der Nacht den dort vergrabenen Szulski ausbutteln und in der Oder versenken. Doch ihm unterläuft ein Missgeschick, vom Erzähler gut ausgedacht im 19. und vorletzten Kapitel: Die Falltür klappt zu, ein dickes Ölfass rollt darauf, er kommt nicht mehr heraus. Am andern Morgen findet man ihn tot. Wieso, fragen sich die Leserinnen und Leser, stirbt er in einer Nacht im Keller bei guter Gesundheit? Ist er erstickt? Wenn er merkte, dass er nicht mehr herauskommt, hätte er sich auf den nächsten Morgen vorbereiten können, denn dann hätte man ihn gesucht und gefunden. Also hätte er die Leiche wieder eingegraben und gewartet, dass man ihn heraushölt. Er wollte eben Wein holen und dann ist das Ölfass auf die Falltür gerollt. Kein Verdacht hätte sich ergeben. Oder doch?

So ist wohl nur Pfarrer Ecclesius mit dem Schluss der Geschichte zufrieden. Er schreibt ins Kirchenbuch: «Es ist nichts so fein gesponnen, 's kommt doch alles an die Sonnen»: Verbrechen lohnt sich nicht, Gott straft den Übeltäter. Dies scheint der ganze Zweck der Geschichte. Fontane schreibt in einem Brief an Georg Friedlaender vom 16. November 1885: «Dass keine schöne, herzerquickliche Gestalt darin ist, wer dies auch gesagt haben mag, ist richtig und keine üble Bemerkung, das Schöne, Trostreiche, Erhebende schreitet aber gestaltlos durch die Geschichte hin und ist einfach das gepredigte Evangelium von der Gerechtigkeit Gottes, von der Ordnung in seiner Welt. Ja, das steht fest, dass die Predigt sogar einen humoristischen Anstrich gewinnen kann.» (Frie, 40) Ja, einen humoristischen Anstrich.

38. Zum Beamten nicht geeignet

Am 17. Juni 1876 schrieb Fontane an Mathilde von Rohr: «Unser langes Schweigen hat darin seinen Grund, dass sich in unserem Hause wieder große Umwälzungen vollzogen haben: ich habe vor etwa drei Wochen meine Entlassung aus meinem Amte nachgesucht.» (Drei, 198) Nach der Krise 1870, als er seine Stelle bei der *Kreuz-Zeitung* kündigte, ist dies die zweite große Krise, Krise in seiner Ehe und Krise in seiner Lebensplanung. Beides war wieder miteinander verbunden: der sichere Lebensunterhalt durch eine feste Anstellung und die Freiheit für die Arbeit als Schriftsteller ohne diese Anstellung, das erste war ein verständliches Anliegen Emilies, das zweite eines Theodors.

Es begann am 15. Januar 1876 bei einem Treffen, einer «Réunion», des Malers August von Heyden, der zum Kreis der Rütlionen gehörte. Dort traf Fontane den Freund Karl Zöllner, einen Juristen, der ihn fragte, ob er nicht die Stelle des gerade verstorbenen Schriftstellers Otto Friedrich Gruppe annehmen wolle: die des ständigen Sekretärs der Königlichen Akademie der Künste. Also endlich eine Stelle im königlichen Dienst, als Beamter mit festem Gehalt und Pension, auch für die Witwe. Und mit öffentlicher Anerkennung und gewissem Einfluss. Hatte er nicht ironisch manchmal davon gesprochen? Jedenfalls sagte Fontane zu, was vielleicht mehr verwundert als die Entlassung, um die er dann bat. Freilich machte er sich falsche Vorstellungen von der bevorstehenden Arbeit. Der Freund Richard Lucae, Architekt und Direktor der Berliner Bauakademie, fädelte die Sache ein. Zu Ostern 1876 trat Fontane seine Stelle an mit königlichem Dekret.

Nun war er wer. Und es ging ihm so schlecht wie nie in seinem Leben. So schreibt er jedenfalls in «Kritische Jahre – Kritikerjahre», dem späten Entwurf autobiografischer Aufzeichnungen, die er nicht mehr vollenden konnte; sie wurden aus dem Nachlass veröffentlicht, etwa im Band *Von Zwanzig bis Dreißig. Autobiographisches*, München 1967, Seite 387–426. Dort heißt es: «Es war so ziemlich meine schlechteste Lebenszeit. Nichts wie Ärger, Kränkungen. Als es damit vorbei war, war ich bescheiden genug, die Schuld in mir selbst zu suchen. Ich denke jetzt anders darüber. Ich war gewiss nicht sehr befähigt für eine solche Stellung, vielleicht für etwas Dienstliches überhaupt nicht; aber bei mehr Glück und freundlichem guten Willen hätte es trotz meiner geringen Befähigung für dergleichen doch anders verlaufen müssen.» (Kri, 397) Einen Grund für das Scheitern teilt er dann mit: die Trias von Sekretär, Inspektor und Schreiber, die mit der Verwaltung der Akademie befasst war, entfiel sogleich, weil sowohl Inspektor als auch Schreiber krankheitshalber zurücktraten, so dass alle Arbeit auf ihm lastete. Der andere Grund: man ließ ihn täglich spüren, dass er ein armer Schlucker war, dem man hier das Gnadenbrot gewährte.

Im erwähnten Brief an Mathilde von Rohr heißt es: «Ich bin jetzt drei und einen halben Monat im Dienst. In dieser ganzen Zeit habe ich auch nicht eine Freude erlebt, nicht einen angenehmen Eindruck empfangen. Die Stelle ist mir, nach der persönlichen wie nach der sachlichen Seite hin, gleich sehr zuwider. Alles verdrießt mich, alles verdummt mich, alles ekelt mich an. Ich fühle deutlich, dass ich immer unglücklich sein, dass ich gemütskrank, schwermütig werden würde.» Es liegt natürlich an seiner Begabung, an seiner Kreativität, die hier keinerlei Spielraum hat, sich nicht bewähren und sich nicht bewegen kann. Es liegt aber auch an der preußischen Bürokratie, die er hier erstmals kennenlernt in ihrer ausgearbeiteten Form. Zuvor im Literarischen Kabinett, als Korrespondent, als Redakteur, war er doch noch in einem Bereich relativer Freiheit. Jetzt steht er in der harten Schule eines preußischen Verwaltungsbeamten, der immer aus Pflicht handeln muss und dem Freude im Amt geradezu verboten scheint.

Diese fünf Monate im Amt, am 6. März 1876 war er angetreten, Ende Mai hatte er um seine Entlassung gebeten, am 2. August erhielt er sie mit Bescheid des Königs, waren eine schreckliche Erfahrung für ihn, die ihn in dem radikalen Entschluss bestärkte, nur noch Schriftsteller zu sein und nichts anderes. Und mit seiner Arbeit als Schriftsteller seine Familie zu ernähren. Das war schwer, doch es musste ihm gelingen. Diesem Entschluss verdanken wir seine großen Romane, die Arbeit an *Vor dem Sturm* war seine einzige Freude in dieser Zeit.

Die schweren Monate endeten nicht mit der Entlassung, seine Frau litt noch lange danach unter dem Desaster, wie sie es aus ihrer Sicht mit Recht empfand. «Meine Frau ist tief unglücklich, und von ihrem Standpunkt aus hat sie recht», teilte er Mathilde von Rohr im genannten Brief mit. Nur wer die unsicheren Verhältnisse, in denen die Menschen damals – und heute – lebten und leben, zur Kenntnis nimmt, versteht, warum für viele die Stellung eines Beamten eine höchst erwünschte war und ist. Die preußischen Beamten verdienten in der Regel nicht viel, aber sie waren ihr Leben lang sicher: Sie waren unkündbar und hatten ein Recht auf Altersversorgung; sie erhielten Pension, auch die Witwe erhielt Pension, wenn auch eine erheblich geringere. Diese Sicherheit war es, die denn auch Emilie erstrebte, die ihr Leben lang gewissermaßen von der Hand in den Mund zu leben gezwungen war. Es war diese Ungewissheit, die sie so oft erlebt hatte: Wovon das Essen für den nächsten Tag bezahlen?

Die zehn Punkte, die Fontane scherzhaft aufschreibt, sind deshalb für seine Frau bitter ernst: «Wie sich meine Frau einen Beamten denkt.» (Drei, 199) Darunter sind folgende Punkte: «Ein Beamter lebt lange. Solange er lebt, hat er ein auskömmliches Gehalt. Ist er krank, so wird er vertreten. Badereisen sind garantiert. Der Dispositionsfonds ist unerschöpflich. Dienststunden werden gehalten oder nicht gehalten. Fehler sind gleichgültig, so lange nur nach außen hin eigne und des Standes Unfehlbarkeit gewahrt bleibt.» Letzteres scheint auch heute noch Gültigkeit zu haben.

Fontane an seine Freundin Mathilde von Rohr unter dem 1. Juli 1876: «Ich hatte mich zu entscheiden, ob ich um der äußeren Sicherheit willen, ein stumpfes, licht- und freudloses Leben führen oder, die alte Unsicherheit bevorzugend, mir wenigstens die Möglichkeit heiterer Stunden zurückerobern wollte. Ich wählte das letztere, während meine Frau das erstere von mir forderte. Ich würde diese Forderung unendlich lieblos nennen müssen, wenn ich nicht annähme, sie hätte sich in ihrem Gemüt mit dem berühmten Alltagssatz beruhigt: der Mensch gewöhnt sich an alles. Dieser Satz ist falsch. Ich bin so unsentimental wie möglich, aber es ist ganz gewisslich wahr, dass zahllosen Menschen, alten und jungen, das Herz vor Gram, Sehnsucht und Kränkung bricht. Jeder Tag führt den Beweis, dass sich der Mensch nicht an alles gewöhnt.» (Drei 199 f.). Hier spricht er nicht nur von sich, sondern von den vielen Menschen, die entfremdete Arbeit leisten, also Arbeit, die ihnen nicht liegt, die sie aber übernehmen müssen, um den nötigen Lebensunterhalt zu verdienen.

In diesem Brief nennt er auch eine Auseinandersetzung mit dem Akademiedirektor, dem Geheimen Baurat Hitzig, die er als Anlass für seinen Rücktritt vom Amt des Akademie-Sekretärs nahm, denn Hitzig war sein unmittelbarer Vorgesetzter. Trotzdem machte er noch einmal einen Versuch einzulenken – Emilie zuliebe. In einem Brief vom 31. Juli 1876 an Emilie, die inzwischen bei ihrer Freundin Johanna Treutler in Gut Neuhof bei Liegnitz zur Erholung war – immerhin hatte er diesmal die Kündigung nicht in ihrer Abwesenheit vollzogen wie 1870 die bei der *Kreuz-Zeitung* –, schreibt er, er habe einen Brief an die Akademie geschickt, dass er bereit wäre, wenn sein Bleiben gewünscht würde, dem kein Hindernis entgegenzustellen: «Es hat mich bei diesem Schritt sehr meine Liebe zu Dir mitbestimmt, weil ich Dich glücklich sehn und den heißesten Wunsch Deines Lebens – den ich nicht in gleichem Grade teile, aber völlig verstehe und respektiere – Dir riesig gern erfüllen möchte. Für mich persönlich bleibt es im übrigen bestehen, dass diese Stelle, auch in rein pekuniärem Betracht, nicht das gelobte Land ist, von dem Du träumst, und dass ich, wenn ich sie nicht wiedererhalte, als freier Schriftsteller geradeso gut leben kann wie als Sekretär der Akademie.» Er konnte als freier Schriftsteller natürlich besser leben denn als Sekretär der Akademie. Und dabei blieb es denn auch.

«Meine Frau, die große Meriten hat und in vielen Stücken vorzüglich zu mir passt, hat nicht die Gabe des stillen Tragens, des Trostes, der Hoffnung», so Fontane im Brief an Mathilde von Rohr vom 22. August 1876: «In dem Moment, wo ich ertrinkend nach Hülfe schreie und ein freundlich ausgestreckter Finger mich über Wasser halten würde, hat sie eine Neigung, ihre Hand nicht rettend unterzuschieben, sondern sie wie einen Stein auf meine Schulter zu legen. Bescheiden in ihren Ansprüchen, ist sie in ruhigen Tagen eine angenehme, geist- und verständnisvolle Gefährtin, aber ebenso wenig wie sie die Stürme in der Luft vertragen kann, ebenso wenig erträgt sie die Stürme des Lebens. Sie wäre eine vorzügliche Prediger- oder Beamtenfrau in einer gut und sicher dotierten Stelle geworden. Auf eine Schriftstellerexistenz, die, wie ich einräume, sich immer am Abgrund hin bewegt, ist sie nicht eingerichtet.» (Drei, 204)

Immerhin habe sie ihn als Schriftsteller geheiratet, meint er. Als sie ihn heiratete, war er eher Journalist als Schriftsteller. Und als Journalist hätte er sich eher durchschlagen können denn als Schriftsteller. Der Beruf des freien Schriftstellers ist erst gegen Ende des 18. Jahrhunderts entstanden, vorher waren die Autoren in einem Amt, sei es als Lehrer, als Pfarrer, als Beamte im Hofdienst. Doch dann kam das enorme Wachstum der Belletristik. 1750 erschienen nur 1700 neue Bücher in Deutschland, 1800 waren es dann schon 4000, wichtiger noch: der Anteil der theologischen Schriften und der religiösen Erbauungsschriften ging in dieser Zeit von 39,4 auf 14,5 Prozent zurück, die Belletristik stieg von 5,8 auf 21,5 Prozent (Lesen, 122). Damit war die Möglichkeit gegeben, als Schriftsteller von dem Schreiben belletristischer Werke zu leben, freilich war es auch dann ein mühsames Geschäft und ist es geblieben. Nur wenige erreichten und erreichen hohe

Auflagen und damit ein gutes Einkommen. Bessere Verdienstmöglichkeiten gab es bei Zeitungen und Zeitschriften, was ja auch Fontane nutzte.

Emilie konnte also bei der Heirat nicht wissen, wie bitter das Leben mit einem Schriftsteller werden könnte. Schwierig war es ja auch für ihren Mann, so dass er um des Geldes willen Kompromisse eingehen musste, etwa im Fall der *Kreuz-Zeitung*. Mühsam war es auch, weil die öffentliche Anerkennung fehlte. Er vermisste sie bis zum Schluss seines Lebens, als er doch vom gebildeten Berliner Publikum verehrt, ja, bisweilen umschwärmt wurde. Die Anerkennung vom Adel, für den er so viel getan hatte, erhielt er nie.

So war denn auch ein Grund, die Stelle des Akademie-Sekretärs zu verlassen, die Geringschätzung, mit der man ihn behandelte. Im Brief vom 1. Juli 1876 an Mathilde von Rohr schrieb er: «Aber andererseits konnte ich, von einer ganzen Menge andrer Unleidlichkeiten abgesehen, das Gefühl des Degradiertseins, das ich nach Lage der Sache durchaus haben musste, nicht ertragen.» (Drei, 200) Bisher war er immer in dem kleinen Kreis der Freunde und Kollegen hoch geschätzt worden, und das Gefühl, «als etwas nicht ganz Alltägliches angesehen zu werden», hatte er von Jugend auf. Es war dieses Selbstwertgefühl, das er bisher auch in Stellungen, in denen er Kompromisse machen musste, sich zu bewahren wusste.

Doch Ärger gab es immer. In einem Brief an Emilie vom 25. März 1880, die Krise war inzwischen überwunden, schrieb er: «Das Geheimnis ist: man muss in Preußen etwas äußerlich sein oder haben. Nun weißt Du leider so gut wie ich, dass ich weder etwas bin noch etwas habe. Und danach richtet sich der Ton der Menschen, mit denen man verkehrt. Überall prävaliert ein Standes- oder Bourgeoisgefühl, und ich kenne keinen, der sich ganz davon frei hielte.» (Drei, 223)

Das ist sicher richtig. Und das war in Preußen so, wie es heute noch ist. Wer etwas ist, also wer prominent ist, und wer etwas hat, also wer reich ist, wird beachtet und geschätzt. Der Rest bleibt im Dunkeln. Doch klagt hier Fontane mit Recht? Er ist nicht mehr der arme Apothekergehilfe, der in einem fensterlosen Raum mit drei anderen Gehilfen schlafen muss und heimlich Gedichte schreibt. 1880, als er diese Zeilen schrieb, war er wer. Er war berühmt geworden durch seine Balladen, hatte Anerkennung gefunden mit seinen Wan-

Unter den Linden. Aufziehen der Wache. Fotopostkarte, um 1900.

derungen durch Brandenburg, hatte fünf Bände Kriegsberichte geschrieben und einen dicken Roman und eine Erzählung vorgelegt.
Und er war einer der einflussreichsten Theaterkritiker in der wichtigsten Zeitung Berlins.

Doch es geht ihm um «die gesellschaftliche Stellung der Schriftsteller», nicht nur um seine eigene Position, sondern um die der Autoren überhaupt, um ihr Ansehen in Staat und Gesellschaft. Deshalb
sein kleiner Aufsatz «Die gesellschaftliche Stellung der Schriftsteller»,
den er 1891 (Lit 1, 491–5) schrieb. Im ersten der fünf kurzen Kapitel
fasste er die Misere zusammen:

> Die Berühmten und die Unberühmten, Freien und Unfreien, die Romane- und
> die Stückeschreiber, die Journalisten und die Essayisten – der armen Lyriker
> ganz zu schweigen –, alle sind meines Wissens einig darüber: die Stellung eines
> Schriftstellers ist miserabel. Welchem Lande nach dieser Elendsseite hin der Vor-
> tritt gehört, mag schwer festzustellen sein, doch wird sich vielleicht sagen lassen,
> daß Preußen-Deutschland immer mit in der ersten Reihe figuriert hat und er-
> folgreich bemüht ist, sich auf der alten Höhe zu halten. Die, die mit Literatur und
> Tagespolitik handeln, werden reich, die, die sie machen, hungern entweder oder
> schlagen sich durch. Aus diesem Geld-Elend resultiert dann das Schlimmere: der

Tintensklave wird geboren. Die für ‹Freiheit› arbeiten, stehen in Unfreiheit und sind oft trauriger dran als der mittelalterliche Hörige. (Lit 1, 491)

Der Hauptgrund für das Elend der Skribenten ist also ihre Armut. Es ist aber nicht der einzige Grund: Ein weiterer ist das geringe soziale Ansehen. Auch Autoren, die im Glanz des Erfolgs stehen, werden gering geschätzt. Es zeigt sich, «dass auch Glück und Erfolg die Sache nicht erheblich bessern» (Lit 1, 492). Schriftstellerei werde nicht als Kunst betrachtet. Das könne doch jeder, heiße es: schreiben und lesen. Und Belletristik habe keinen unmittelbaren gesellschaftlichen Nutzen, so dass der Schriftsteller in einer Gesellschaft, die ganz auf Nützlichkeit und Gewinn gestellt sei, weniger wert sei als der Maler, dessen Bild man im Wohnzimmer aufhängen könne, um damit seinen sozialen Status zu dokumentieren. Ausnahmen seien noch die Journalisten, die wenigstens in den Zeitungen nützliche Nachrichten brächten.

Was schlägt er vor, um das «Aschenbrödeltum» zu beseitigen? «Es gibt nur ein Mittel: Verstaatlichung, Eichung, aufgeklebter Zettel. Vielleicht ist das Mittel schlimmer als der gegenwärtige Zustand.» (Lit 1, 494) Was meint er damit? Den Staatsdichter, wie er in totalitären und autoritären Systemen des 20. Jahrhunderts gehalten wurde, etwa in der DDR, wo nur der als Schriftsteller galt, der Mitglied im staatlichen Schriftstellerverband war und der dort auch seine Versorgung erhielt, je nach dem, wie es der Partei gefiel? Das kann es doch nicht sein.

Tatsächlich wünscht er sich nur Anerkennung, aber eben staatliche Anerkennung: «Der Staat kann allein hier Wandel schaffen, wenn er das Ungeheure tut, gegen diese ihm huldigende Richtung selbst Front zu machen, und eines schönen Tages ausspricht: Diese meine ungeratenen Söhne sind nicht so ungeraten, als wofür ihr sie anseht, sie stehen meinem Herzen auch nahe, sie bedeuten etwas, sie sind etwas.» Das soll es sein? Der Staat lobt die Leistungen der Autoren und dadurch wird ihre Stellung gebessert? Wertschätzung auch durch Orden und Ehrenzeichen, also «jene kleinen und großen Auszeichnungen, die einem jeden bei uns zulande (und woanders auch) eine gute gesellschaftliche Stellung garantieren.» Ob einem hungrigen Autor ein preußischer Orden genügt, um ein auskömmliches Leben zu führen, das darf wohl bezweifelt werden.

Doch zeigt sich hier wieder, was Fontane vermisste, bis zum Ende seines Lebens vermisste: die königliche Auszeichnung, die regierungsamtliche Approbation, der Beifall des märkischen Adels, also der offiziellen und offiziösen Kreise der preußischen Hierarchie. So sah er sich trotz aller wachsenden Erfolge als Außenseiter, der deshalb wohl auch in seinen späten Jahren immer größere Sympathie für die entwickelte, die in einem viel schärferen Sinne Außenseiter in der preußischen Gesellschaft waren: die Arbeiter, die Heimwerkerinnen, die Proletarier und ihre Familien. 1878 begann Bismarcks Kampf gegen die Sozialdemokratie mit den sogenannten Sozialistengesetzen. Ziel war es, sie zu vernichten.

39. Schach von Wuthenow

Mathilde von Rohr erzählte Theodor Fontane einmal folgende Geschichte: Ein gewisser Otto Friedrich Ludwig von Schack, 1763 in Berlin geboren, kam 1777 als Fahnenjunker ins Regiment Gensdarmes, 1797 wurde er Rittmeister, 1803 Major. Da er über seine Verhältnisse lebte wie die meisten Offiziere, entschloss er sich 1815, die hässliche, aber gebildete und reiche Tochter eines Berliner Bankiers zu heiraten: Victoire von Crayn. Das rief den Spott seiner Kameraden im Regiment hervor, den er nicht ertragen konnte. Noch vor der Heirat erschoss er sich.

Diese Geschichte griff Fontane auf und bildete einen Roman daraus: *Schach von Wuthenow. Erzählung aus der Zeit des Regiments Gensdarmes* nennt er den kleinen, etwa 200 Seiten starken Roman. Er erschien im Sommer 1882 als Vorabdruck in der *Vossischen Zeitung*, die Buchausgabe kam im November 1882 bei Wilhelm Friedrich in Leipzig heraus. Schon Anfang der sechziger Jahre hatte er die Geschichte notiert, ab 1878 daran gearbeitet. Nicht nur Georg Lukács hielt sie für ein Meisterwerk: Es ist ein historischer Roman, der private und öffentliche Geschichte glücklich miteinander verbindet.

Als Titel nannte Fontane dem Verleger zunächst «Vor Jena» oder «Vor dem Niedergang», «Vor dem Fall» oder «Vor dem Sturz». So wie der erste historische Roman «Vor dem Sturm» heißt, sollte dieser «Vor dem Fall» heißen. Der erste spielt 1813 am Beginn der Befreiungskriege gegen den Tyrannen Napoleon, der zweite spielt 1806 vor der

Niederlage der preußischen Armee bei Jena und Auerstedt gegen eben diesen Napoleon. Diese Niederlage war eine Katastrophe für Preußen, es war der Untergang der friderizianischen Armee. Die Zeitangabe ist jetzt im Untertitel versteckt, in «Erzählung aus der Zeit des Regiments Gensdarmes», denn dieses Regiment, dessen Offiziere für ihren Mut und Übermut bekannt waren, wurde nach der Niederlage bei Jena aufgelöst.

Die 20 Kapitel des Romans sind nach der Art von Szenen im Drama komponiert: neuer Ort, neues Kapitel oder doch neuer Gast wie in Kapitel 6 zu Kapitel 7. Nur in den ersten beiden Kapiteln bleiben Ort und Personal gleich, lediglich das Thema ändert sich. Alle wichtigen Personen sind in diesem ersten Kapitel versammelt, so dass der Leser sie kennenlernen kann: die schöne Frau von Carayon und ihre reizvolle Tochter Victoire, die durch die Blattern ihre Schönheit eingebüßt hat. Der schöne Offizier Schach von Wuthenow aus dem Regiment Gensdarmes und sein Kamerad von Alvensleben, der ehemalige Offizier von Bülow, ein Militärschriftsteller, und sein Verleger Daniel Sander. Ort ist der Salon der Frau von Carayon in der Behrensstraße in Berlin. Das Gespräch der Herren führt in die aktuelle politische Situation: Krieg oder Frieden mit Napoleon. Krieg hieße, Preußen schließt sich Österreich und Russland gegen Napoleon an, Frieden hieße, es wird zum Verbündeten Napoleons und erhält dafür Hannover. Der Minister Graf Haugwitz schloss einen Vertrag mit Frankreich, an den sich Napoleon aber nicht hielt. Die Offiziere nehmen Partei gegen Napoleon, Herr von Bülow für Napoleon. Im zweiten Kapitel geht das Gespräch zu einem anderen Thema über: dem Theaterstück «Martin Luther oder Die Weihe der Kraft» von Zacharias Werner, das den einen angemessen, den anderen vermessen ist. Victoire de Carayon: «Ich bekenne, dass es mir widerstrebt, die Gestalt Luthers auf der Bühne zu sehen.»

Hier sind also nicht nur alle wichtigen Personen präsent, sondern auch die Linien der Handlung sind gezogen: der politische Hintergrund, der in den Kapiteln 6 und 7 beim Prinzen Louis Ferdinand noch einmal erörtert wird, das Luther-Drama, das die Offiziere des Regiments Gensdarmes zu einem lästerlichen Fastnachtszug mitten im Sommer inspiriert, bei dem Luther und seine Frau verhöhnt werden (Kapitel 10 u. 11). Es zeigt die Verkommenheit des Regiments. Und schließlich und vor allem: das Verhältnis des Schach zu den Damen von Carayon. Ist er nicht doch mehr an der schönen Mutter als an der nicht mehr schönen Tochter interessiert? Mit dem zwölften Kapitel verengt sich gewissermaßen die Handlung auf eben diese Dreierkonstellation, die dann den Rest des Romans bestimmt.

Im dritten Kapitel haben wir das Nachgespräch, das Fontane bei den Engländern lernte: Nach dem Abschied von den Damen entfernt sich Schach, während Alvensleben, Bülow und Sander noch in die italienische Kneipe Sala Tarone einkehren, wo sie sich mit dem ehrenhaften, aber schwachen Schach befassen. Es ist also ein Gespräch, in dem das Gespräch im Salon der Frau von Carayon noch einmal durchgenommen wird. Von Bülow über Schach: «Er mag seine Meriten haben, meinetwegen, aber mir ist er nichts als ein Pendant und Wichtigtuer, und zugleich die Verkörperung jener preußischen Beschränktheit, die nur drei Glaubensartikel hat: erstes Hauptstück ‹die Welt ruht nicht sicherer auf den Schultern des Atlas, als der preußische Staat auf den Schultern der preußischen Armee›, zweites Hauptstück ‹der preußische Infanterieangriff ist unwiderstehlich›, und drittens und letztens ‹eine Schlacht ist nie verloren, solange das Regiment Garde du Corps nicht angegriffen hat›. Oder natürlich auch das Regiment Gensdarmes. Denn sie sind Geschwister, Zwillingsbrüder. Ich verabscheue solche Redensarten, und der Tag ist nahe, wo die Welt die Hohlheit solcher Rodomontaden erkennen wird.» (Sch, 288) Dabei bleibt es nicht, Alvensleben verteidigt den Kameraden: «Er spielt nicht bloß den Ritterlichen, er ist es auch. Natürlich auf seine Weise. Jedenfalls trägt er ein ehrliches Gesicht und keine Maske.» (Sch, 288)

Schach von Wuthenow verbindet die beiden Handlungen: die öffentliche und die private, insofern er Offizier eines wichtigen Regiments ist, vor allem aber insofern sein Charakter für den Charakter Preußens in dieser zurückliegenden Zeit steht – möglicherweise auch in der Gegenwart Fontanes. Seine Schönheit und Schwäche steht auch für den äußeren Glanz Preußens, der über den wahren Zustand hinwegtäuscht, über Hohlheit und Pedanterie, so dass dieses Preußen im Ernstfall zusammenbricht wie bei Jena und Auerstedt. Die Vorausdeutungen in diesem Roman sind zahlreich, Vorausdeutungen auf das Schicksal Preußens, Vorausdeutungen auf das Schicksal Schachs und Victoires. Einmal unterbricht gar der Erzähler Schachs Träume von der Zukunft barsch:

«Armer Schach! Es war anders in den Sternen geschrieben!» (Sch, 345) Vielleicht zu barsch, denn die Vorausdeutungen sollen doch Andeutungen sein und nicht energische Hinweise.

Die 20 Kapitel ließen sich in jeweils fünf Einheiten zu vier Kapiteln einteilen: das vierte Kapitel und das achte Kapitel bringen entscheidende Begegnungen Victoires mit Schach. Das zwölfte Kapitel bringt das Gespräch der Mutter mit Schach, in dem sie ihn drängt, Victoire zu heiraten. Im sechzehnten Kapitel besucht die Mutter den König, um ihn zu bitten, Schach zu befehlen, sein Eheversprechen einzuhalten, und das zwanzigste Kapitel bringt zwei Briefe, die das, was geschehen ist, aus unterschiedlichen Gesichtspunkten abschließend erörtern.

Das umfangreichste Kapitel ist das vierte: der Ausflug nach Tempelhof. Hier ist, wie auch sonst, die Berliner Stadtlandschaft aufs Schönste beschrieben. Überhaupt finden sich wunderbare, wenn auch knappe, in die Handlung eingefügte Beschreibungen, die den Leser anregen, die Stellen noch einmal zu lesen: so der Blick von Moabit auf Charlottenburg beim Sonnenuntergang (Sch, 321), so der neue Garten in Potsdam, den Frau von Carayon durchfährt (Sch, 365), oder Schachs Schloss und Park am Ruppiner See (Sch, 349 ff.), das der Erzähler erfunden hat. Warum Schach sich dort in Wuthenow nicht wohl fühlt mit den freundlichen Dienstboten und Gehilfen, ist schwer zu verstehen. Er will eben am Hof des Prinzen verkehren und zur feinen Gesellschaft gehören.

In den Landschaftsschilderungen zeigt sich die Kunst des Erzählers und in der eleganten Führung der Gespräche; darin ist er wohl Meister. Und das weiß er. Im Brief an Tochter Mete vom 24. August 1882 schreibt er: «Es hängt alles mit der Frage zusammen: Wie soll man die Menschen sprechen lassen? Ich bilde mir ein, dass nach dieser Seite hin eine meiner Forcen liegt und dass ich auch die Besten (unter den Lebenden die Besten) auf diesem Gebiet übertreffe. Meine ganze Aufmerksamkeit ist darauf gerichtet, die Menschen sprechen zu lassen, wie sie wirklich sprechen. Das Geistreiche (was ein bisschen arrogant klingt) geht mir am leichtesten aus der Feder. Ich bin – auch darin meine französische Abstammung verratend – im Sprechen wie im Schreiben ein Causeur; aber weil ich vor allem Künstler bin, weiß ich genau, wo die geistreiche Causerie hingehört und wo nicht. In ‹Grete Minde› und ‹Ellernklipp› herrscht eine absolute Simplizitätssprache, aus der ich meines Wissens auch nicht einmal gefallen bin; in ‹L'Adultera› und ‹Schach von Wuthenow› liegt es umgekehrt.» (Drei, 243) Vielleicht ist das auch der Grund, warum der Liebhaber Fontanes, der ihn vor allem wegen dieser Gesprächskunst schätzt, von den Kriminalgeschichten enttäuscht ist.

In Tempelhof führt Schach Victoire am Arm, ins Gespräch mit ihr vertieft. Als sie sich dem Gartenlokal nähern, tauscht er die Tochter mit der Mutter. Victoire merkt, dass er mit der schönen Frau vor dem Publikum paradieren möchte. Und doch kommt es dann im achten Kapitel zu einer intimen Begegnung. Die Mutter ist im Theater, Schach findet Victoire allein zu Hause. Und es passiert, wie bei Fontane dann üblich, in einer Leerzeile zwischen zwei Absätzen, die auch noch durch ein Sternchen getrennt sind. Als Victoire alles ihrer Mutter beichtet – sie ist schwanger –, dringt diese auf Heirat, um den Ruf ihrer Tochter zu retten. Heute kann man sich kaum noch vorstellen, was ein Kind für eine unverheiratete Frau in der damaligen «guten Gesellschaft» bedeutete: Sie war gesellschaftlich tot, ebenso die Mutter. Deshalb die Anstrengungen von Frau von Carayon, die sie bis zum König führt. Hier malt Fontane ein freundliches Bild des Königs und der Königin, die Anteil nehmen am Schicksal der beiden Damen und sich für sie einsetzen. Es müsste alles gut gehen. Doch die Feinde Schachs im Regiment verteilen Karikaturen, in denen sie ihn verhöhnen. Das erträgt er nicht. So kommt es zu dieser sich steigernden Spannung am Schluss: die geplante Hochzeitsreise als Fata Morgana auf dem Mittelmeer, die endliche Heirat, das versöhnliche Festessen, alles ist verziehen, alles scheint gut. Dann steigt Schach in seine Kutsche und erschießt sich an der Ecke Behrensstraße /Wilhelmstraße.

Damit könnte die Geschichte enden. Der Leser könnte sich seine Gedanken machen. Sicher, der Erzähler tritt im letzten Kapitel ganz zurück und überlässt zwei seiner Figuren die Deutung, aber es ist eben doch seine Deutung, die er den beiden in den Mund legt: Herrn von Bülow und Victoire, die in Rom ihr Kind zur Welt brachte. In Bülows Worten tritt noch einmal der Zusammenhang zwischen Schachs Verhalten und der militärischen und politischen Ordnung Preußens zu Tage. Er gibt die historische Erläuterung in seinem Brief an Sander, Victoire in ihrem Brief an ihre Freundin Lisette die private.

Bülow meint, ein solcher Vorfall wie der mit Schach könne sich nur «in den Reihen unserer nachgeborenen friderizianischen Armee zutragen», die «statt der Ehre nur den Dünkel, und statt der Seele nur noch ein Uhrwerk hat – ein Uhrwerk, das bald genug abgelaufen sein wird» (Sch, 383). Ausgerechnet das achte Kapitel, das mit der Begegnung von Schach und Victoire im Boudoir endet, beginnt mit einer Parade auf dem Tempelhofer Feld, bei der ein Herr von Recke die Worte spricht: «Prägen wir uns den Anblick ein, meine Damen, denn, glauben Sie der Vorahnung eines alten Mannes, wir werden diese Pracht nicht wiedersehen. Es ist die Abschiedsrevue der friderizianischen Armee.» Auch in diesem achten Kapitel wird die Verbindung zwischen dem historischen Schicksal Preußens und dem privaten der Carayons hergestellt.

Bülow bringt denn auch schon den «Gesellschaftsgötzen», der dann wieder in «Effi Briest» auftaucht: «Da haben Sie das Wesen der falschen Ehre. Sie macht uns abhängig von dem Schwankendsten und Willkürlichsten, was es gibt, von dem auf Triebsand aufgebauten Urteile der Gesellschaft, und veranlasst uns, die heiligsten Gebote, die schönsten und natürlichen Regungen eben diesem Gesellschaftsgötzen zum Opfer zu bringen.» (Sch, 384)

Während Bülow die Erläuterung bietet, die der Leser schon von ihm kennt, lernt er in Victoire eine verwandelte, gereifte Frau kennen, die bisher in der Obhut der Mutter lebte und dem Charme Schachs allzu leicht erlag. Nun ist sie selbständig. Und deshalb ist dieser Brief doch wichtig. Sie umreißt noch einmal den Charakter Schachs. Das ist das Erfreuliche an diesen Gesprächsszenen Fontanes: Jeder Teilnehmer charakterisiert sich selbst – in dem, was er sagt. Und die anderen charakterisieren ihn, indem und wie sie mit ihm sprechen. Im Nachgespräch kreist noch einmal die Rede um die Person des Abwesenden. Der Einzelne wird wahrgenommen, wird aufgenommen. Siehe die Versuche des Prinzen, Victoires gerecht zu werden, indem er verschiedene Begriffe der Schönheit ventiliert. Das ist sicherlich auch das Ergebnis einer Gesprächskultur, wie sie damals zumindest in den Salons herrschte.

So ist auch Victoires Wendung eine Bereicherung des Bildes von Schach. Sie sieht einen Grund für seine Handlung, die letztlich doch rätselhaft bleibt, in seiner Skepsis gegen die Ehe. Er war nicht für die Ehe geschaffen. Victoire ist dankbar, ja, dankbar: Sie hat das Kind und ist mit ihm zufrieden. Am Schluss greift Fontane auf den katholischen

«Aberglauben» zurück. Das Kind ist krank, der Arzt kann nicht mehr helfen, Victoire geht in die Kirche Araceli (Altar des Himmels), in der sie das Christkind aufbewahren, eine hölzerne Puppe mit Glasaugen, prächtig gekleidet. Und dieser Bambino und seine Mutter Maria helfen. Das Kind wird wieder gesund.

Maria, die Mutter Jesu, wird in der katholischen Kirche und in den orthodoxen Kirchen hoch verehrt. Diese Verehrung der Frau, der Mutter, die fast neben Jesus steht, der ja auch eher ein «weiblicher» Mann ist denn ein Krieger, ist einzigartig in den großen Weltreligionen. Das Mütterliche, das Weibliche wird in dieser Gestalt der Maria zusammengefasst: Sie ist die Jungfrau, die junge Frau, die junge Mutter, schließlich die alte Mutter, die den Leichnam ihres Sohnes auf dem Schoß hält, aus dem er kam: Sie ist alles zugleich und gleichzeitig. Sie ist die Frau, die des Mannes nicht bedarf. Unter dieser Allegorie erscheint Victoire am Schluss. Sie entbehrt den Mann nicht.

40. *L'Adultera*

L'Adultera führt einen Schritt zurück. Es ist der erste Gesellschaftsroman Fontanes und noch nicht von der Reife, die wir in *Schach von Wuthenow* bewundern. Es ist überhaupt verwunderlich, wie dieser Mann mit 59 Jahren – damals, als die Menschen nicht so alt wurden, ein höheres Alter als heute – zu einem der bedeutendsten Romanciers des Jahrhunderts wurde. Er hatte Balladen geschrieben, Feuilletons, die Wanderungen, die Kriegsberichte, die Korrespondenzen, aber die Reife, die er als Erzähler schließlich erreichte, lässt sich nicht mit Notwendigkeit aus dieser Entwicklung ablesen, wiewohl diese Entwicklung zu seiner Reife führte. Alle Erklärungen greifen immer nur hinterher. Wer hätte voraussagen können, dass dieser Autor nach all dem, was er bis dahin geschrieben hatte, schließlich mit 59 Jahren ein großer Romancier werden würde? Die Begabung, die sich dann erst zeigte, ist nicht planbar und ist nicht voraussagbar. Es gibt eben begabte Autoren, wie es begabte Mathematiker gibt. Warum gerade der oder die begabt ist, lässt sich schwerlich erklären. Ungewöhnlich ist allerdings der lange Weg, den Fontane bis zu seiner Reife nahm, und die außerordentliche Fruchtbarkeit des Schaffens in seinen letzten 20 Lebensjahren.

Therese Ravené, Vorbild der Melanie in «L'Adultera». Gemälde von Eduard Hildebrand, 1872.

Von Dezember 1879 bis April 1880 arbeitete Fontane an *L'Adultera*, also relativ kurze Zeit. Schon 1880 erschien der Roman in Fortsetzungen in der Zeitschrift *Nord und Süd*, 1882 kam die Buchausgabe heraus, diesmal bei Salo Schottländer in Breslau. Auch hier gab es ein reales Ereignis, das die Vorlage lieferte, diesmal allerdings eines, das nicht so lange zurücklag wie das in *Schach von Wuthenow* verarbeitete, so dass viele Berliner den Roman als Schlüsselroman lasen. Denn es war ein Vorfall, der ganz Berlin erregt hatte, ein Skandal in der «guten Gesellschaft»: Therese Ravené, geborene von Kusserow, hatte Ende 1874 ihren Mann, den Großindustriellen Jacob Frédéric Louis Ravené, und ihre drei Kinder verlassen und war mit ihrem Geliebten, dem Bankier Gustav Simon, nach Königsberg gezogen, wo sie ein neues Leben anfing. Ihr Mann stimmte gutwillig in eine Scheidung ein, was in Berlin Respekt, aber auch Empörung auslöste.

Fontane war nicht nur über die Zeitungen informiert, sondern auch über Bekannte. Paul Harder, der Prokurist des Kommerzienrats, der den zwölfjährigen Sohn zur Erziehung übernahm, war ein Bekannter der Familie. Der Kommerzienrat starb 1879, der Bestand seines Treibhauses wurde versteigert, möglicherweise Anstoß zu der

Niederschrift des Romans und auch zu dessen wichtigster Szene, die im Treibhaus des Kommerzienrats spielt: Just dort kommt es zum Ehebruch. Was Fontane dann entwickelte, muss sehr nahe an das gekommen sein, was sich tatsächlich ereignet hatte. So ist der Vorwurf, das Happy End entspräche mehr dem Wunsch der Leser der Zeitschrift *Nord und Süd* als der Realität, unangebracht: Genauso, wie Fontane schrieb, vollzog sich die Geschichte. Allerdings hätte sie wiederum mit einem Tod enden können wie die späteren Ehebruchgeschichten: diesmal nicht mit dem der Frau, sondern mit dem des Mannes. Das hätte aber die Entscheidung der Ehefrau in ein weniger gutes Licht gerückt: so wie Effi aus Kummer starb, so starb mutmaßlich der Kommerzienrat aus Kummer. Fontanes Bestreben ist aber hier wie dort, die Frau aus dem schiefen Licht, in das sie von der Gesellschaft gerückt wird, ins rechte Licht zu stellen. Gegen das harte Urteil der Gesellschaft wirbt er um Verständnis für sie, hier bei Melanie van der Straaten, dort bei Effi Briest. Effis Tod bringt den mitleidsvollen Leser, die Leserin endgültig auf ihre Seite. Ihr Vorbild, die Freifrau von Ardenne, wurde 90 Jahre alt.

Melanie van der Straaten nennt Fontane seine Heldin, und so hätte auch der Roman heißen sollen, was sicher ein besserer Titel gewesen wäre als *L'Adultera*. Doch auf Anregung des Verlegers kam der Name des Bildes – das alles, was die Handlung bringt, schon nennt – in den Titel: L'Adultera, die Ehebrecherin. Das ist ein Gemälde, das Tintoretto zugeschrieben wurde, inzwischen aber dem flämischen Maler Johann Rottenhammer. Der Kommerzienrat Ezechiel van der Straaten, ein Bildersammler, hatte es in Venedig gesehen und sich eine schöne Kopie anfertigen lassen, als ob er schon ahnte, was ihm blühte. Im zweiten Kapitel des Romans wird das Bild denn auch ausgepackt und an die Wand gehängt. Im dritten Kapitel wird der Logierbesuch aus Frankfurt am Main angekündigt, ein netter junger Mann, Ebenezer Rubehn, und so nimmt die Sache ihren Lauf, mit vielleicht zu vielen Vorausdeutungen.

Warum nicht eine zeitgenössische Paraphrase der biblischen Geschichte, wie sie das Gemälde zeigt? Im Johannes-Evangelium (8, 3–11) steht diese bekannte Erzählung. Schriftgelehrte bringen eine Frau zu Jesus, sie wurde beim Ehebruch ertappt. Nun müsse sie gesteinigt werden, sagen sie. Jesus antwortet nach einer Weile: «Wer von euch ohne

Sünde ist, werfe den ersten Stein.» Daraufhin geht einer nach dem andern fort, bis nur noch die Frau zurückbleibt. Zu ihr sagt Jesus: «Frau, wo sind sie geblieben? Hat dich keiner verurteilt?» Sie antwortet: «Keiner.» Darauf Jesus: «Auch ich verurteile dich nicht. Geh und sündige nicht mehr.»

Der erste Satz Jesu wird oft zitiert: «Wer von euch ohne Sünde ist, werfe den ersten Stein.» So klingt das nach einem Freispruch, aber auch nach einem Freibrief, zu tun und zu lassen, was einem beliebt. Deshalb ist der zweite Satz Jesu genauso wichtig: «Sündige nicht mehr.» Er sagt also nicht, Du kannst machen, was Du willst. Er verzeiht der Frau, aber er legt ihr auch auf, nicht mehr zu sündigen. Trifft das auf Melanie zu? Sie verlässt doch ihren Mann und ihre Kinder und kehrt nicht zurück. Der lang hingezogene Schluss des Romans zeigt ihre Gewissensbisse, ihre Rechtfertigungsversuche. Sie macht es sich nicht leicht, wenn sie auch die Entscheidung rasch und leicht gefällt hatte, so war und ist es doch eine schwere Entscheidung. Und dieses Ringen nimmt auch den, der ihre Entscheidung missbilligt, für sie ein.

Warum hat Fontane die beiden Männer mit diesen alttestamentarischen Namen versehen: Ebenezer und Ezechiel? Beide sind getaufte Juden. Ravené stammte, wie sein Name sagt, aus der französischen Kolonie, im Roman wiederum wird seine Frau zur Französin, zur Genferin jedenfalls, also dem Ort, an dem Calvin einst wirkte. Calvin wird jedoch nur einmal erwähnt, als Rubehn die harte Haltung der Tochter Liddy mit der des strengen Reformators vergleicht. Zur Handlung trägt jedenfalls die Herkunft der Drei nichts bei, es hätten auch zwei Männer aus der französischen Kolonie sein können und Melanie eine preußische Landadlige wie ihr Vorbild, ohne dass sich etwas am Konflikt geändert hätte. Peter Demetz meint, dass Fontane seine Figuren «an den Rand der Gesellschaft» schiebe und damit dem Konflikt seine Repräsentativität nehme (PD, 135).

Die Vertreter des Preußentums im Roman jedenfalls, da hat Demetz recht, sind eher konventionelle Gestalten, also die Gäste, die den Zirkel des Kommerzienrats bilden und zu Tisch geladen werden. Hier sind noch Reste der Erzählhaltung des märkischen Wanderers. Ezechiel van der Straaten wird vom Erzähler in einer biografischen Skizze am Anfang vorgestellt und später dann die Herren, die zum Zirkel gehören: Major von Gryczinski, der überaus korrekte Mann der Schwester von Melanie. Er steht für die Konvention der Gesellschaft, der er folgt, nicht um der Moral willen, sondern um der Karriere willen: Man lässt sich nichts zuschulden kommen, damit man besser reüssiert. Ein Legationsrat a. D. Baron Duquede, ein Polizeirat Reiff und schließlich die beiden Maler Gabler und Schulze vollenden den Zirkel. Was in *Schach von Wuthenow* Fontane so elegant gelang, die Personen der Handlung im Gespräch vorzuführen, das gelingt hier dann in den Gesprächen bei Tisch und in den Nachgesprächen. Bei Tisch ist Bismarck ein Thema, den Reiff und der Legationsrat hart angehen, immerhin zur besten Regierungszeit Bismarcks, der gerade seine ersten Denkmäler erhält. Reiff meint, er habe eben Glück gehabt, kolossales Glück. Das sei aber kein Grund für einen Heroenkult. «Glauben Sie mir, er hat etwas Plagiatorisches. Es mögen sich Erklärungen finden lassen, meinetwegen auch Entschuldigungen, eines aber bleibt: er wird überschätzt.» (Ad, 26). Und der Legationsrat: «Alles Spiel und Glück, sag ich, und daneben ein unendlicher Mangel an Erleuchtung, an Gedanken und vor allem an großen schöpferischen Ideen.» (Ad, 26)

Im Nachgespräch geht es dann um das Ehepaar van der Straaten, um die Frau, die unter den rüden Sprüchen ihres Mannes leidet, unter seinem Mangel an Takt, den er sich auch noch hoch anrechnet. Er ist gutherzig, aber grobschlächtig, jedenfalls in Worten. Es kommt der Sommer und die Familie zieht in die Villa am Tiergarten: Der Tiergarten, heute in der Mitte Berlins, war damals eine Sommerfrische. Natürlich gibt es einen schönen Ausflug nach Stralau und eine Einkehr im Kaffeehaus, Gelegenheit, die Personen in ihren Gesprächen vorzuführen. Und Gelegenheit für Melanie und Rubehn, sich näher zu kommen. Zufällig sitzen sie im selben Boot, das sie über die Spree bringt. Kapitel 12 dann: «Unter Palmen». Helmuth Nürnberger weist darauf hin, dass dies ein beliebtes Motiv in der Literatur der zweiten Hälfte des 19. Jahrhunderts war, vor allem in der französischen (Nü, 571). Es entsprach dem Geschmack der Gründerzeit, wirkt heute aber doch eher komisch: Die tropische Hitze des Treibhauses bietet ein Bild für die Hitze der Leidenschaft. Die Musik Richard Wagners, ebenfalls als schwül empfunden, kommt noch hinzu. Van der Straaten lehnt sie ab, Melanie und Rubehn aber nicht. Der Erzähler: «Aber er litt es nicht und kniete nieder und hielt sie fest, und sie flüsterten Worte, so heiß und so süß, wie die Luft, die sie atmeten.» (Ad, 73) Die Leerzeile, die er sonst an solchen Stellen einsetzte, war gelungener.

Im Kapitel 14 beschließt Melanie, mit Rubehn zu fliehen. «Jeder Tag wurde ihr qualvoller, und die sonst so stolze und siegessichere Frau, die mit dem Manne, dessen Spielzeug sie zu sein schien und zu sein vorgab, durch viele Jahre immer nur ihrerseits gespielt hatte, sie schrak jetzt zusammen und geriet in ein nervöses Zittern, wenn sie von fern her seinen Schritt auf dem Korridore hörte.» (Ad, 81) Im Kapitel 15 führt Melanie ein Gespräch mit dem Dienstmädchen, der alten Christel. Hier kommt Fontanes Sympathie für die sogenannten einfachen Leute zum Ausdruck: Wie klug, wie anständig, wie loyal diese Christel ist, die noch zu retten sucht, was zu retten ist. Vergeblich. Sie gehört zu den wunderbaren Nebenfiguren der Romane Fontanes, den Dienern und Dienstmädchen, den Köchinnen und Kutschern, die vielleicht seine erfreulichsten Figuren sind: herzerfrischend.

Auch van der Straaten kann Melanie nicht zurückhalten. Die Liebenden fahren nach Italien, nach Tagen der Freiheit und des Glücks, der Erzähler kann sich zu begeisternden Zeilen aufschwingen, kommen solche der Unruhe und der Verzweiflung. Melanie erkrankt. Und wieder ist es die Madonna, die helfend eingreift: Santa Maria Della Salute, die Heilige Maria vom Heil, eine Kirche in Venedig. Als Melanie ihre Glocken hört, weiß sie, sie wird wieder gesund. Das letzte Kapitel 22 heißt «Versöhnt». Van der Straaten schickt ein kleines Weihnachtsgeschenk, es ist eine Miniatur jenes Bildes «L'Adultera», und das wirkt wie eine Absolution. Und Weihnachten ist eh das Fest des Friedens.

41. Graf Petöfy

Die drei Frauen, die in den Romanen Fontanes Ehebruch begehen, damals ein schweres Vergehen, sind alle drei viel jünger als ihre Männer. Melanie wirkt wie die Tochter van der Straatens, heißt es, Innstetten hatte die Mutter von Effi Briest heiraten wollen und heiratet schließlich die Tochter. Das konnte nicht gut gehen. Und Graf Petöfy ist ein alter Mann von 70 Jahren, als er die junge Schauspielerin Franziska ehelicht. Ist dieser Altersunterschied nicht der wichtigste Grund für die Unzufriedenheit der Frauen, die sie auf Nebenwege leitet? Zumindest legt das der Erzähler nahe, der immer dazu neigt, die Frauen dem harten, dem allzu harten Urteil der gesellschaftlichen Konvention zu entziehen. Ist der Mann so alt wie Graf Petöfy, wird man Franziskas Verhalten verständlich finden. Fontane arbeitet dem bekannten Vorurteil entgegen, indem er seine Frauengestalten mit Absicht jünger macht. Das historische Vorbild der Effi war nicht wesentlich jünger als ihr Mann und das Vorbild der Melanie wohl auch nicht. Allein im dritten Fall hat sich Fontane an die Vorlage gehalten: das Vorbild der Franziska war über 30 Jahre jünger als der Graf. Auch hier also hat der «realistische» Autor nach der Realität gearbeitet. Die Vorlage sollte man kennen, um beurteilen zu können, was Fontane aus ihr gemacht hat. Denn daran kann man seine Intention ablesen. Johanna Buska hieß die Schauspielerin, Vorbild der Franziska, die Fontane kannte, hatte sie doch am Königlichen Schauspielhaus in Berlin als erste Liebhaberin gewirkt, danach am deutschen Theater in St. Petersburg und schließlich am Burgtheater Wien. In Wien hatte sie ein Verhältnis mit dem Kronprinzen Rudolf, von dem sie schließlich ein Kind erwartete. Auf Intervention des Kaisers musste sich der Kronprinz von ihr trennen und der alte ungarische Graf, er war 68 Jahre alt, Nikolaus Casimir Török von Szendrö musste sie heiraten, damit der Konvention Genüge getan war. Es war also die höchste Autorität des Reiches, die diese nicht standesgemäße Heirat einfädelte. Im August 1880 meldete die Berliner *Nationalzeitung*, die Fontane las, den Abschied der Schauspielerin vom Theater und die Hochzeit, nicht ohne dezenten Hinweis auf das Alter des Bräutigams. Fontane begann bald mit der Niederschrift seines Romans und hatte ihn schon abgeschlossen, als der Graf 1884 starb. Die Gräfin zog daraufhin mit ihrem Sohn, der dem Kronprinzen erstaunlich ähnlich sah, nach Prag, wo sie noch im selben Jahr Angelo Neumann heiratete, den Direktor des angesehenen Prager Deutschen Theaters.

Was machte Fontane daraus? Vom Kronprinzen und vom Kaiser ist nicht die Rede. Dies hat er, ohne die hohen Herrschaften zu nennen, in eine Nebenfigur verlagert: in die Freundin Franziskas, die Tragödin Euphemia, die ein hübsches Mädchen hat, Lysinka, von einem hohen Herrn. Wie hoch? Möglicherweise von einem Erzherzog, Euphemia verrät es nicht. Im Mittelpunkt bleibt die Geschichte zwischen dem ungarischen Grafen und der jungen Schauspielerin. Graf Petöfy ist zwar ein alter Mann, aber seine Liebe zu Franziska, der Schauspielerin in heiteren Stücken, ist ernst und bringt ihn dazu, ihr einen Heiratsantrag zu machen, den sie auch akzeptiert. Insofern also eine Liebesgeschichte und eine Ehegeschichte? Es kommt zum Ehebruch mit dem Neffen des Grafen bei Wind und Wellen auf dem Plattensee. Sie retten sich auf eine Insel und dort passiert es wohl, wenn es auch der Erzähler dezent verschweigt. Erst an den Folgen können die Leser es ermessen. Hier also der Sturm als Bild der Leidenschaft, so wie später im Roman *Unwiederbringlich* das Feuer, das auf dem Schloss ausbricht. Der Graf erkennt endlich den Irrtum, unter dem er diese Ehe schloss, von Franziska Enthaltsamkeit erwartend. Er ist nicht an ihr, sondern an sich selbst gescheitert, er wählt den Freitod.

Fontane beschreibt hier eine Welt, die er nicht kennt: das katholische Österreich, die Hauptstadt Wien, die er immerhin einmal besucht hatte, das Schloss am ungarischen Plattensee. An *Schach von Wuthenow* hatten die Leser die gute Kenntnis von Berlin gelobt, Fontane hatte repliziert, in der Dorfkirche von Tempelhof, die er so gut getroffen habe, sei er noch nie gewesen. So ist auch hier die Stadt Wien gut getroffen, er hat viel studiert, bevor er schrieb, aber mehr als sonst noch genießen die Leserinnen und Leser seine Landschaftsbeschreibungen – in der Sommerfrische, beim Bergsteigen, am Plattensee, der freilich nicht so gefährlich ist, wie er hier erscheint. Das sind wohltuende Beschreibungen, mögen sie nun mit der tatsächlichen Landschaft übereinstimmen oder nicht, das ist nicht wichtig. Der alte Graf und seine Schwester sind plastische Gestalten, vor allem der Graf in seinen Reden, die den Konversationston so trefflich präsentieren; er ist am Theater und den Künsten interessiert, seine Schwester an der Kirche, an ihrer Seite der sympathische Pater Feßler. Sie bewohnen die zwei Flügel des schon ein wenig heruntergekommenen Schlosses in Wien. Franziska kommt aus Norddeutschland, mutmaßlich aus Swinemünde, nach ihren ausführlichen Schilderungen der Kindheit zu urteilen. Sie wird begleitet von ihrer Freundin Hannah, Freundin seit Kindheitstagen, Tochter des Küsters; Franziska ist die Tochter des Pfarrers. Sie vertreten also den norddeutschen Protestantismus.

Was als Hindernis der Ehe entgegensteht, der Standesunterschied, und was spätere Romane Fontanes bestimmt, spielt hier offensichtlich kaum eine Rolle. Der Graf zu seiner Schwester: «In der Obersphäre der Gesellschaft bestimmt die Politik und unter Umständen auch die bloße

Lebenspolitik die Heiraten und Bündnisse – Bündnisse, bei deren Abschluss es noch jederzeit ferne gelegen hat, dem Herzen seine Wege vorzuschreiben.» (Gr, 66) Auch Franziskas Disput mit Hannah endet mit dem einzigen Hindernis, das Schwierigkeiten erwarten lässt: dem Altersunterschied. «Und so bleibt denn wirklich nichts übrig, als ein alter Graf und eine junge Schauspielerin.» (Gr, 72)

Der Roman ist kein Liebesroman, mag er auch manchmal dafür gehalten werden. Er hat drei große Themen, die Fontane hier in die Geschichte von Graf und Schauspielerin kleidet, und insofern haben die recht, die sagen, er sei nicht von den Personen, sondern von den Problemen her konzipiert. Wieso das ein Vorwurf sein soll, ist schwer zu begreifen. Es zeigt gerade die Qualität des Textes.

Das erste Thema ist die Vergänglichkeit, das Altern, der Tod und der Untergang der alten Welt. Mit dem Tod des Grafen stirbt sein Geschlecht aus, der Neffe ist Sohn einer verstorbenen Schwester und ein Asperg, kein Petöfy. Mit dem Grafen und seiner kinderlosen Schwester Judith ist dieser konservative, aber durch Großmut und Toleranz, durch Contenance und Bildung ausgezeichnete Adel dahin. Es ist aber auch die Vergänglichkeit, die jeden Menschen bestimmt: Das Altern und schließlich der Tod stehen allen bevor. In Franziska erscheint dem Alternden noch einmal die Schönheit der Jugend, die Frische, die Anmut. Sie ist ein Abschiedsgeschenk für den alten Grafen. Das verrostete Gitter am Schloss in Wien, mit dem der Roman beginnt, weist schon auf diese Vergänglichkeit hin. Und das alte Schloss Arpa am See auch mit seinen verborgenen Schätzen, die nach des Grafen Tod Franziska hüten wird, insofern tritt sie in die Tradition der Familie ein und bringt eine Erneuerung, jedenfalls für einige Zeit, denn sie wird nicht heiraten, also auch keine Kinder haben. Am Schluss sitzt sie mit der alten Gräfin Judith, mit der sie nun befreundet ist, zusammen und antwortet auf deren Frage: Wenn nun der Neffe ihr einen Heiratsantrag machte, was dann? Sie werde ihn zurückweisen.

Das zweite Thema, und das ist vielleicht der Grund, warum diese österreichisch-ungarische Geschichte Fontane faszinierte: die Unabhängigkeit Ungarns von Wien, das Freiheitsstreben der Ungarn, wie es 1848 sich regte und blutig niedergeschlagen wurde. Davon erfährt Franziska von den Ungarn, die sie in Arpa kennen und schätzen lernt. Der Kampf ist nicht vergessen, mag er auch 30 Jahre und mehr zurückliegen. Hier ist wieder die Sympathie Fontanes für den Freiheits-willen auch revolutionärer Bewegungen. Also wieder die zwei Seiten der Medaille: hier die Sympathie für einen großmütigen Adel, dort die Sympathie für die freiheitsliebenden Untertanen. Immerhin ist auch der alte Graf ein ungarischer Patriot, der es bedauert, dass seine Schwester Judith eine Deutsch-Österreicherin geworden ist.

Und das dritte und vielleicht wichtigste Thema: der Katholizismus, der hier mit großer Zuneigung gezeigt wird. Es ist der dritte Roman, der mit der Hinwendung zur katholischen Mutter Gottes endet, zu Maria, die von den Protestanten aus ihrer Konfession gelöscht wurde. Franziska wird zur katholischen Kirche konvertieren, Hannah bleibt bei ihrem protestantischen Glauben. Beide freundlich vereint, kein Fanatismus, kein Hass. Zwei Freundinnen, die Freundinnen bleiben, so wie Protestanten und Katholiken freundlich miteinander umgehen können und sollen, so jedenfalls die Intention des Erzählers, der hier seiner Zeit weit vorausgegriffen hat. Auf die Frage der Gräfin Judith auf der letzten Seite des Romans, «Wer soll dich schützen?», weist Franziska auf das Bild der Madonna.

Was Fontane hier leistete, lässt sich nur ermessen, wenn wir in die Zeit der Entstehung des Romans zurückgehen und uns vergegenwärtigen, was damals der sogenannte Kulturkampf in Preußen war, der systematische Kampf des Staates gegen die katholische Kirche. Mit dem Sieg gegen Frankreich, den deutsche Soldaten errangen, von denen gut die Hälfte katholisch war, hatte Bismarck alle seine Ziele in der Außen- und Deutschlandpolitik erreicht. Jetzt fand er es an der Zeit, den inneren Feind zu bekämpfen: Das war die katholische Kirche. Das «Unfehlbarkeitsdogma» – der Papst sei unfehlbar, wenn er in Glaubens- und Sittensachen spricht, was beiläufig immer nur nach langen Beratungen in großen Gremien geschieht – hatte die Aufmerksamkeit auf diese zurückgebliebene Kirche gelenkt. Die Katholiken galten als «ultramontan» (ultra montes, lat. jenseits der Berge), weil sie nicht wie die Protestanten im preußischen König ihren höchsten Bischof erkannten, sondern in einem fremden Herrscher jenseits der Berge, eben im Papst. Es waren nicht zuletzt die Freisinnigen und die Nationalliberalen, die Bismarck aufs Heftigste in seinem Kampf unterstützten, also gerade die Parteien, die die Freiheit der Meinung und der Religion auf ihre Fahnen hätten schreiben sollen; sie waren in dieser Phase die wichtigsten Bündnispartner des eisernen Kanzlers, während das Zentrum, die Partei der Katholiken, der stärkste Gegner war. Eine Reihe von Gesetzen wurde erlassen, eine Kirchenverfolgung ohnegleichen setzte ein.

1871 wurden politische Äußerungen von Geistlichen auf der Kanzel verboten, sie mussten mit harten Gefängnisstrafen rechnen (Kanzelparagraph), 1872 wurden alle Schulen, auch die privaten, unter Staatsaufsicht gestellt, der Jesuitenorden wurde verboten, die Zivilehe wurde als einzig verbindliche eingeführt, dies auch zum Unwillen der evangelischen Kirche. 1873 brachte den schlimmsten Eingriff: Der Staat entschied über die Ausbildung und Einstellung der katholischen Geistlichen, damit hatte der Staat sich die katholische Kirche unterworfen. Die Geistlichen sollten ein «Kulturexamen» machen, galten Katholiken doch als kulturlos. 1875 wurden 20 katholische Zeitschriften und Zeitungen verboten, 136 Redakteure zu Gefängnisstrafen oder Geldstrafen verurteilt. 55 katholische Organisationen und Vereine wurden verboten, 103 katholische Aktivisten ausgewiesen oder interniert. Über die Hälfte der katholischen Bischöfe in Preußen war 1878 entweder im Gefängnis oder im Exil, wohin sie sich gerettet hatten, ein Viertel der Pfarreien hatte keinen Priester mehr, 1800 Priester waren inhaftiert oder des Landes verwiesen. Kirchenbesitz im Wert von 16 Millionen Goldmark war konfisziert.

Das alles war das Werk Bismarcks und seiner Getreuen, eine Schandtat, die in einem auf seine kulturellen Errungenschaften mit Recht stolzen Preußen geschah; «die altpreußisch-konservativen Kräfte haben diese Auseinandersetzung abgelehnt», so Wolfgang Neugebauer (Neu, 118). Bisher war über alle ethnischen, konfessionellen, nationalen Grenzen hinweg die Loyalität zum Staat Preußen, zum König allein entscheidend, jetzt zerriss der Nationalismus dieses alte Gebilde. Erst als die Verfolgung der Katholiken sich als Misserfolg herausstellte, das Zentrum errang bei der Reichstagswahl 1874 27,9 Prozent der Stimmen, wurde ab 1878 die Verfolgung abgemildert. Bismarck hatte einen neuen Feind entdeckt: die Sozialdemokratie, die jetzt geknebelt und verfolgt wurde. Das Jesuitenverbot galt jedoch bis 1917, der Kanzelparagraph gar bis 1953.

Wer diese drei Absätze gelesen hat, lese noch einmal Fontanes Roman *Graf Petöfy*, an dem er von Sommer 1880 bis November 1883 schrieb; er wurde im Sommer 1884 in der Zeitschrift *Über Land und Meer* veröffentlicht, im Oktober als Buch im Verlag F. W. Steffens in Dresden. Welch menschliche, welch politische, welch literarische Leistung dieser Roman darstellt, wird man erst dann ermessen.

42. *Reisen nach Italien*

Franziska war auf ihrer Hochzeitsreise mit Graf Petöfy nach Venedig gefahren, das sie schöner noch fand als gedacht, aber die Strapazen der Rundgänge ermatteten sie auch: stundenlang Bilder in der Galerie zu besichtigen von Malern, deren Namen sie zum ersten Mal hörte. So hatte sie zwiespältige Erinnerungen an die alte Stadt, ähnlich ihrem Erzähler, der 1874 mit seiner Frau Venedig besuchte. Zwei große Reisen in die Schweiz und nach Italien unternahm Fontane, die erste vom 30. September bis zum 19. November 1874 mit seiner Frau, die zweite vom 3. August 1875 bis zum 7. September 1875 allein, erst auf der Rückreise traf er Emilie. Die erste führte zu den klassischen Stätten, eben Venedig, dann Florenz, Rom, Neapel, Sorrent und Capri. Die zweite ging über Basel und Locarno nach Mailand, Genua, Pisa, Bologna, Padua über Verona und Innsbruck zurück nach München, wo er seine Frau traf, mit der er dann über Salzburg nach Wien reiste, das ihm ausnehmend gut gefiel, dies im Gegensatz zu den italienischen Städten, die einen gemischten Eindruck bei ihm hinterließen. Was so viele deutsche Künstler anzog, Italien, das Land der Sehnsucht, der klare Himmel, die erhabene Landschaft, die alten Städte, die antiken Denkmäler, das faszinierte ihn nicht so sehr wie einst Schottland und England. Er war nach Norden orientiert.

«Venedig ist interessant von Schritt zu Schritt, landschaftlich zauberhaft, poetisch durch und durch; aber es repräsentiert doch nicht die Form der Schönheit, die ich dauernd vor Augen haben möchte. Dazu ist mir, rundheraus gesagt, die ganze Geschichte doch zu schmutzig. Sie bedarf des Mondlichts, bei dem man nur halb sieht. Sie bedarf der Verschleierungen, um immer wieder zu entzücken. Bei hellem Tageslicht genießt man den Canale grande, den Rialto und nun gar das Gewirr der Gassen und kleinen Kanäle mit gemischten Empfindungen. Es ist eine Touristenstadt, eine Stadt zum Sehen, auch zum Bewundern, aber nicht zum Wohnen. Junge Künstler und Dichter werden sich vielleicht über diese Äußerungen entsetzen, aber es ist doch so, wie ich sage. Die ganze Welt der Erscheinungen ist nicht dazu da, um Malern und Poeten wünschenswerte und bequem liegende Stoffe zu bieten, sondern um überhaupt zu befriedigen und zu erfreuen.» (Drei, 185) Nun mag Venedig damals nicht so sauber gewesen sein, wie es das heute ist. Abfall wurde in die Kanäle geworfen und verkam dort langsam. So mag Fontanes Zurückhaltung verständlich sein. Eine Touristenstadt war Venedig damals und ist es bis heute geblieben – in einem nie für möglich gehaltenen Maß. Zum Wohnen ist es auch kaum noch, die meisten Venezianer sind aufs Festland gezogen. Aber auffallend ist doch, wie wenig der skeptische Fontane sich vom Reiz dieser wundervollen Stadt gefangen nehmen lässt.

Immerhin die Piazza am Markusdom und dieser selbst finden sein Wohlgefallen, hier weist er sogar die Kritik am «schwülstigen» Dom zurück, die er in Reisebüchern fand, und bemerkt in dem Brief an Karl und Emilie Zöllner vom 10. Oktober 1874: «So kolossale Sachen, die in einem Jahrtausend geworden, gewachsen, gemodelt sind, liegen über alle Kritik hinaus.» Hier steht denn doch sein Respekt vor der Geschichte dieser Stadt, die sich dem kleinlichen Nörgeln entzieht, weil sie eben größer ist als jeder, der sich über sie erhebt, also auch er. Dasselbe konstatiert er in Rom, das die Fontanes drei Wochen lang besichtigten. Am meisten faszinierten ihn doch die antiken Ruinen, Überbleibsel eines strahlenden Weltreichs. Im Brief wiederum an Zöllner vom 23. Oktober 1874: «O, wie begreif ich die Kaiserzeit, die von dem Mann aus Bethlehem nichts wissen wollte. Gewiss hatte sie Unrecht; aber für die Sinne ging von da ab eine große Welt unter, und eine kleine kam heraus.» (Drei, 187) Das gilt jedenfalls für die frühe Zeit des Christentums, die spätere ist denn doch von einem seltenen Glanz im römisch-katholischen Rom erfüllt: von prächtigen Bauten, Kirchen und Palästen, von großartigen Bildwerken, von Statuen und Gemälden, eben von all dem, das den Sinnen schmeichelt, das aber den Protestanten so fremd, ja gefährlich schien. So ist er vom Petersdom tief beeindruckt, auch ihn sieht er jenseits herkömmlicher Kritik im Brief vom 31. Oktober an Zöllner: «Alles, was man sieht, gleichviel, ob es einem gefällt oder überhaupt nur verständlich wird, flößt einem solchen kolossalen Respekt ein, dass sich der Bummelwitz ängstlich verkriecht. Man scheidet aus der Gesellschaft anständiger Menschen aus, wenn man, aus dem Vatikan oder St. Peter kommend, sich in Scherzen – selbst in guten – ergehen will. Hier ist ein Fall gegeben, dass selbst das humoristische Behandeln der Dinge, die ich sonst so hoch stelle, zum Fehler werden kann. All Ding hat seine Weise.» Das schreibt er, während in Preußen der Kulturkampf tobt gegen die katholische Kirche, die als kulturlos gilt, und Rom als das Zentrum des Ungeistes.

Hier plädiert er wieder für die Freiheit des Individuums: nicht nur, dass jeder als Individuum nach seiner Eigenart und nicht nach seinem Stande beurteilt werden soll, sondern auch dass jeder ein Recht auf sein eigenes, unabhängiges Urteil hat. So heißt es in demselben Brief: «Nichts ist rarer als innere Freiheit den Erscheinungen des Lebens gegenüber und der Mut, eine selbständige Empfindung auszusprechen.» Und so hat er denn auch den Mut, seine eigenen Empfindungen auszusprechen. In einem Brief vom 24. November 1874 an Mathilde von Rohr blickt er auf Neapel zurück. «Neapel sehen und sterben», hieß es einmal, weil eben die Stadt und die Bucht so überaus schön sind. Fontane meint nun, vor 30 Jahren wäre er wohl in Neapel geblieben und nie mehr weggegangen, jetzt aber: «Jetzt konnte mir dieser Wunsch nicht mehr kommen, kaum der Gedanke. All dieser Herrlichkeit gegenüber empfand ich deutlich und nicht einmal schmerzlich, dass meine bescheidene Lebensaufgabe nicht am Golf von Neapel, sondern an Spree und Havel, nicht am Vesuv, sondern an den Müggelbergen liegt, und inmitten aller Herrlichkeit, die nur eben bildartig gesehen und dann in den Kasten der Anschauungen hineingetan sein wollte, zog es mich an die schlichte Stelle zurück, wo meine Arbeit und in ihr meine Befriedigung liegt.» (Drei, 189) Sicher, der Vesuv ist ein erhabener Vulkan und die Müggelberge sind – verglichen damit – doch eher popelig, aber das ist doch oft das Ergebnis einer Reise, dass wir aus der Fremde erst unser Zuhause sehen und erkennen. Dort, zu Hause, ist die Aufgabe, die Fontane gestellt ist. Und die er ja auch längst ergriffen hat.

Und doch ist er noch ein zweites Mal nach Italien aufgebrochen, kaum ein Jahr später. Auch diesmal sieht er die Fremde neugierig und abwägend. Und auch diesmal vergleicht er mit der Heimat, so in Mailand, das ihm gut gefällt. Es sind zunächst einmal die geliebten Hammelkoteletts, die er dort isst, «in denen mir ein vorschwebendes Ideal zur Wirklichkeit wurde», wie er im Brief an Emilie vom 10. August 1875 formuliert (Drei, 197). Damit hat sich die Reise schon gelohnt. Dann aber die Stadt: der Dom, das Theater, die berühmte Galleria Vittore Emanuele II, neben der die Berliner Passage «zu einem bloßen Gässchen zusammenschrumpft», wie denn überhaupt Berlin nicht gut wegkommt. «Oh, Berlin, wie weit bist Du ab von einer wirklichen Hauptstadt des Deutschen Reiches! Du bist durch politische Verhältnisse über Nacht dazu geworden, aber nicht durch Dich selbst. Wirst es nach dieser Seite hin auch lange nicht werden. Vielleicht fehlen die Mittel, gewiss die Gesinnung. ‹Denn aus Gemeinem ist der Mensch gemacht›, sagt Schiller; er soll dabei speziell an den Berliner Spießbürger, der inzwischen zum Bourgeois sich abwärts entwickelt hat, gedacht haben. Überhaupt will es mir nicht glücken, es im Ausland zu irgendeiner patriotischen Erhebung zu bringen. Nicht nur, dass man Schritt um Schritt empfindet, wie sehr uns diese alten und reichen Kulturlande voraus sind, nein, man taxiert uns auch in diesem Sinne. Man will von uns nichts wissen.» (Drei, 197) Das ewige «Gesiege» habe Preußen, habe Deutschland nicht zu größerem Ansehen in Europa verholfen. Er findet französische und englische Bücher in den Buchhandlungen, keine deutschen, nicht einmal seine *Wanderungen*, wie er ironisch anfügt: «Im Grund genommen ist es recht so, denn das, was wirklich Superiorität schafft, fehlt uns trotz Schulen und Kasernen nach wie vor. Freilich haben Athen und Sparta einst politisch rivalisiert, aber Sparta ist längst nur noch Name und Begriff, während die beglücktere Rivalin eine Wirklichkeit ist bis auf diesen Tag.»

Es war die letzte große Reise, die Fontane unternahm. Die Sommerfrischen dagegen nutzte er regelmäßig Jahr für Jahr, vor allem den Harz, etwa Thale, und das Riesengebirge, etwa Krummhübel. Dort arbeitete er an seinen Manuskripten, es waren keine Ferien, aber er hatte doch gute Luft – das sommerliche Berlin mied er gerne –, er machte seine Spaziergänge, beobachtete die andern Sommerfrischler und saß am Schreibtisch. Hier konnte er arbeiten ohne Ablenkung durch Besuche oder andere Verpflichtungen. Und hier schrieb er auch die vielen Briefe an seine Frau und seine Tochter, die heute zu den kostbarsten Zeugnissen seiner Schreibkunst zählen. Gerade die beiden Damen waren die Adressaten, denen er sein Herz ausschütten konnte, niemandem gegenüber war er so offen und sarkastisch, ihnen verbarg er nicht seine bisweilen radikalen politischen Ansichten, von einem späteren Korrespondenten abgesehen: Georg Friedlaender, den er während der Sommerfrische in Schmiedeberg kennenlernte. Nicht zu vergessen seine Kuren in Karlsbad, das er in seinen späten Jahren – von 1893 bis zu seinem Tod 1898 – jährlich aufsuchte. Und die Reisen an die Nordsee – besonders Norderney – und nach Bad Kissingen. Das alles blieb in einem heimatlich begrenzten Kreis. So auch seine Fahrt mit Emilie nach Kiel im September 1878. Dort traf er den bekannten plattdeutschen Dichter Klaus Groth. 1891 erhielt er gemeinsam mit Groth den Schiller-Preis. Im selben Jahr geboren wie Fontane und ein Jahr nach ihm gestorben, war Groth einer der angesehenen niederdeutschen Autoren, der bedeutendste neben Fritz Reuter. Reuter war ein großer Romancier, Groth ein vorzüglicher Lyriker, den Fontane schätzte. Schon in seinem Aufsatz von 1853 «Unsere lyrische und epische Poesie seit 1848» hatte er ihn gelobt. Es war eine Blütezeit der plattdeutschen Literatur, die mit den beiden genannten Autoren weit über das Niveau von Heimatliteratur hinausging, wenn auch das Plattdeutsche ihre Verbreitung behinderte. Freilich kann jeder, der hochdeutsch spricht, leicht diese Sprache verstehen, wenn er sich auf sie einlässt.

Wichtig ist dieses Treffen für Fontane, denn in einem Groth gewidmeten plattdeutschen Gedicht – schließlich war das Plattdeutsche seine Kindheitssprache – distanzierte er sich humorvoll von seinen frühen preußischen Heldenballaden. Nach der ersten Strophe, in der er von seinem «Balladenkroam» spricht, kommen folgende zwei bedeutsamen Strophen, bedeutsam als Selbstkritik des Autors:

> So ging dat männig, männig Joahr,
> Awers as ick so rümmer un fortig woahr,
> Doa seggt ick mi: «Fründ, si mi nich bös,
> Awers all dat Tüg is so spektakulös,
> Wat süll all de Lärm? Woto? Up min Seel,
> Dat allens bummst und klappert so veel;
> Ick bin mihr för allens, wat lütten un still,
> En beten Beschriewung, en beten Idill,
> Wat läuschig ist, dat wihr so min Oart,
> Dat Best bliewt doch ümmer dat Menschenhart.»

So seggt ick mi, antwurten deed ick nix,
Awers all mine Ritters, de noahm ick fix
Un her Schillen un Speeren noahm ick dato
Und packt allens in un schlott denn to,
Un in Kasten liggen se noch pele mele,
Un vörbi wihr nu dat Puppenspeel. (Drei, 218 f.)

Die Heldenballaden klapperten und bummsten zu viel, so hat er sie wie
ein Puppenspiel weggepackt in einen Kasten, denn was ihm wirklich
gefällt, sind kleine bescheidene Dinge, «das Beste bleibt doch immer
noch das Menschenherz». In der nächsten und letzten Strophe nennt er
dann seine Favoriten, die nun ganz und gar keine Heldenballaden sind:
Goethes Mignon- und Harfner-Lied aus *Wilhelm Meisters Lehrjahren*, Mörikes Gedichte und eben die von Klaus Groth. Eine schärfere
Kritik seiner frühen Erfolge ist kaum denkbar.

43. Irrungen, Wirrungen und Stine

Am 24. Mai 1890 bedankte sich Fontane bei Theodor Wolff, dem Chefredakteur des *Berliner Tageblatts*, für dessen Besprechung des kleinen
Romans *Stine*: «Es ist gewiss alles so, wie Sie es sagen. Es ist so hinsichtlich der Mischung von Romantischem und Realistischem, und es
ist so hinsichtlich der Parallele zwischen Lene und Stine. Lene ist ber-
linischer, gesünder, sympathischer und schließlich auch die besser gezeichnete Figur. Auf die Frage ‹Lene oder Stine?› hin angesehen, kann
Stine nicht bestehen. Darüber habe ich mir selber keine Illusionen gemacht.» (Drei, 343)

Die Parallele zwischen Lene, der Hauptfigur des Romans *Irrungen,
Wirrungen*, und Stine betonte er hier und den Unterschied zwischen
den beiden Damen, Berlinerinnen der unteren Schicht, Näherinnen,
Heimarbeiterinnen, die beide in einer Beziehung zu einem Adligen
gezeigt werden. Es ist dasselbe Thema in unterschiedlicher Durchführung. *Irrungen, Wirrungen* wurde zuerst in Fortsetzungen in der
Vossischen Zeitung im Sommer 1887 abgedruckt, dann als Buch von
F. W. Steffens in Leipzig vorgelegt. *Stine* kam 1889/90 in Fortsetzungen in *Deutschland. Wochenschrift für Kunst, Literatur, Wissenschaft und soziales Leben*. Als Buch brachte es der Sohn Friedrich Fontane 1890 in seinem Verlag.

Hier also Lene und ihr Baron Botho, dort Stine und ihr Graf Waldemar. In beiden Texten gibt es wiederum eine Parallelgeschichte: im ersten Fall ist es Frau Dörr, die früher ein Verhältnis mit einem Grafen hatte, jetzt aber die Ehefrau des Gärtners Dörr ist. Und im anderen Falle ist es Stines Schwester, die Witwe Pauline Pittelkow, die ein Verhältnis mit einem alten Grafen hat, der die Mittellose unterstützt. Im ersten Fall also verblassende Vergangenheit, im zweiten lebensvolle Gegenwart, die der Erzähler mit Behagen schildert. Vor allem die Witwe hat es ihm angetan, aber auch der alte Graf, Sarastro genannt, und dessen Freund, der Baron Papageno, beides Neck-Namen aus Mozarts *Zauberflöte*. In jenem Dankbrief an Theodor Wolff schrieb er denn auch: «Das Beiwerk aber – mir die Hauptsache – hat in ‹Stine› vielleicht noch mehr Kolorit. Mir sind die Pittelkow und der alte Graf die Hauptpersonen, und ihre Porträtierung war mir wichtiger als die Geschichte. [...] In meinem ganzen Schreiben suche ich mich mit den sogenannten Hauptsachen immer schnell abzufinden, um bei den Nebensachen liebevoll, vielleicht zu liebevoll zu verweilen.» (Drei, 343 f.)

Dass die energische Witwe und der joviale Graf so scharf gezeichnet sind im Unterschied zu den Hauptfiguren, liegt natürlich auch an diesen Hauptfiguren Stine und Waldemar, die als blasse, kränkliche Menschen vorgeführt werden. Witwe Pittelkow ist eine kluge und energische Frau, die den Grafen nicht ernst nimmt. Während Frau Dörrs Erinnerungen weit zurückliegen, steht die Beziehung Pittelkow und Graf in der Gegenwart des Romans. Aus beiden Fällen, dem vergangenen und dem gegenwärtigen, könnten die jungen Damen Lene und Stine lernen: Liebschaft ja, aber keine Liebe. Wenn es etwas Ernsthaftes wird, dann gibt es Komplikationen. Und zu denen kommt es denn auch hier.

Es sind gewisslich zwei Liebesgeschichten, die Fontane hier erzählt, aber in diesen Liebesgeschichten, kaum versteckt, steht eben doch ein wichtigeres Thema: das Verhältnis zwischen den sogenannten kleinen Leuten und den Adligen. Dabei ist der Standesunterschied, der eine Heirat zwischen einer kleinbürgerlichen Frau und einem Baron oder gar Grafen verhindert, nur Ausdruck dieses Unterschieds, eines Unterschieds, in dem die Kleinbürger bei Fontane immer besser abschneiden als die Adligen. Die Sympathie des Erzählers ist durchweg auf ihrer Seite, wobei aber auch freundliche Adlige wie etwa der nachdenkliche

Graf sich seiner Sympathie sicher sein können. Er gibt eben kein Klischee – hier die bösen Adligen, da die guten Bürger –, wozu Ideologen neigen. Dieses schlichte, weit verbreitete Denken in Dichotomien ist Fontane fremd, deshalb lieben wir ihn. Die kleinen Leute haben auch ihre spießigen Vertreter, etwa das Ehepaar Polzin in *Stine*, und die Adligen haben auch wahrhafte Edelmänner wie Botho von Rienäcker. Und es sind bei Fontane immer Adlige, die den Adel kritisieren, in *Stine* sind es der Baron und der Graf, in *Irrungen, Wirrungen* ist es Botho. Die Kritik am Adel wird als Selbstkritik formuliert und ist gerade deshalb so eindrucksvoll.

Die ersten drei Kapitel dienen in beiden Romanen der Einführung der kleinbürgerlichen Welt. Dann tritt die adlige Herrschaft in diese Welt. In dieser Hinsicht sind sich die Werke ähnlich, ist auch die Kapitelzahl unterschiedlich. *Stine* hat nur 16 Kapitel, *Irrungen, Wirrungen* dagegen 26, was die ausführlichere, also auch intensivere Darstellung ankündigt. In *Irrungen, Wirrungen* schildert der Erzähler die Verhältnisse von Lene und ihrer Ziehmutter Nimptsch, sie leben sehr bescheiden und zufrieden. Sie bewohnen ein kleines Häuschen in der Gärtnerei Dörr, nahe am Zoologischen Garten, der damals noch außerhalb Berlins lag, und nach Wilmersdorf, das noch ein Dorf war, führte ein Feldweg, Lieblingsspaziergang Lenes und ihres Botho. Dann in den drei folgenden Kapiteln lernen wir Botho kennen und seine Welt. Er führt Lene und ihrer Mutter die Konversation zwischen Adligen vor, die «Redensartlichkeit», in der man Artigkeiten und Nichtigkeiten austauscht. Und das geschieht dann auch im Klub, in dem sich die Offiziere treffen: vormittags Kaserne, nachmittags Klub, wo man spielt und trinkt und tratscht. Eine leere oberflächliche Welt, gegen die Lene mit ihrer Natürlichkeit sich abhebt.

Später wird Botho das zusammenfassen: «Ich hab eine Gleichgültigkeit gegen den Salon und einen Widerwillen gegen alles Unwahre, Geschraubte, Zurechtgemachte, Chic, Tournüre, savoir-faire – mir alles hässliche wie fremde Wörter.» Zuvor: «Und dies Beste heißt mir Einfachheit, Wahrheit, Natürlichkeit. Das alles hat Lene; damit hat sie mir's angetan, da liegt ihr Zauber, aus dem mich zu lösen mir jetzt schwer fällt.» (Irr, 170) Es kann kein Zweifel sein, hier spricht auch der Erzähler; wie drückte er es im Gedicht an Groth aus: «das beste bleibt doch das Menschenherz». Dies ist es, was in diesem Buch steckt. Und es wendet sich nicht nur gegen das Geschraubte, es wendet sich auch gegen die Lüge, die gesellschaftliche Falschheit, in der das, was geschieht, nicht gesagt werden darf, obwohl jeder es weiß, etwa diese Verhältnisse von Offizieren zu jungen Frauen, die sie nie und nimmer heiraten wollten oder konnten. In Hankels Ablage, einem Ausflugsort am Zeuthener See, in dem Fontane an eben diesem Roman schrieb, tritt es hervor: Die Freunde Bothos bringen ihre Damen mit von nicht ganz einwandfreiem Ruf, und die beschämte Lene merkt auf einmal, auf welche gesellschaftliche Stufe sie gerutscht ist. Einen «Huren-Roman» schimpften manche in Berlin *Irrungen, Wirrungen*, nicht weil das nicht oft vorkam, was hier dargestellt wurde, sondern weil es ausgesprochen wurde.

Die Trennung der Liebenden erfolgt durch Einwirkung von außen. Onkel und Mutter bestehen darauf, nicht wegen der Liebschaft, sondern wegen des Geldes. Botho hat ein einfaches, aber schwerwiegendes Problem: er hat jährlich 9000, gibt aber 12 000 aus, eine einfache Rechnung, die auch der Adel akzeptieren muss. Und die Mutter kann aus dem märkischen Gut nicht viel herauswirtschaften. Das ist eine Schwierigkeit, die märkische Adlige sehr oft hatten, in *Stechlin* tritt sie wieder hervor. Da man nicht arbeiten konnte oder wollte, um Geld zu verdienen, blieb nur eine Lösung: eine reiche Heirat. Botho heiratet seine reiche, hübsche, fröhliche Cousine Käthe, nichts worum man ihn bedauern müsste, meinen die Kameraden, im Gegenteil: er ist ein Glückspilz.

Hat er eine Wahl? Botho zu sich selbst über sich selbst: «Wer bin ich? Durchschnittsmensch aus der sogenannten Obersphäre der Gesellschaft. Und was kann ich? Ich kann ein Pferd stallmeistern, einen Kapaun tranchieren und ein Jeu machen. Das ist alles, und so hab ich denn die Wahl zwischen Kunstreiter, Oberkellner und Croupier.» (Irr, 169) In der Tat, er hat wie viele andere aus der «Obersphäre» keine Ausbildung, kein Studium, keine Kenntnisse, die ihn zu einem Beruf befähigen. Das einzige, was er gelernt hat, ist das Kriegshandwerk, das aber in Preußen zu den höchsten Stellen befähigte.

Es ist gerade dieses Kriegshandwerk, dessen Fehlen bei Bismarck der alte Baron Osten, Bothos Onkel, moniert. Bismarck sei ein Büromensch, ein Federfuchser, meint er, es mangle ihm die militärische Erfahrung. Dass Fontane hier wieder – wie in *L'Adultera* – einer seiner Figuren eine starke Polemik gegen den Reichskanzler in den Mund legt, ist doch erstaunlich, denn für den Fortgang der Handlung ist diese Rede des Barons nicht nötig, höchstens zu seiner Charakterisierung; er ist eben ein «Alt-Preuße», der mit Bismarck unzufrieden ist. Aber die Vermutung liegt doch nahe, dass Fontane hier seine eigene Kritik eine seiner Figuren aussprechen lässt und sie damit unverfänglich macht. Ein alter Baron denkt eben so: Macht gehe vor Recht, so verfahre Bismarck.

Nach dem Abschied Bothos von Lene im 15. Kapitel nimmt sich der Erzähler Zeit, die beiden Liebenden in ihrem weiteren Lebensweg zu verfolgen. Lene zieht mit der Mutter weg, weil Botho und Käthe in der Nähe wohnen, so dass sie Gefahr läuft, ihnen zu begegnen. In der neuen Wohnung haben sie einen Nachbarn, einen braven und frommen Handwerksmeister Gideon Franke, der um Lenes Hand anhält. Käthe muss zur Kur nach Schlangenbad, das gibt Botho Zeit zu trauern, so hat es der Erzähler eingerichtet. Botho besucht das Grab der verstorbenen Mutter Nimptsch, er verbrennt Lenes Briefe, das alles wird mit großer Anteilnahme vom Erzähler ausgemalt, so dass es die Leser ergreift. Auch die fröhliche Käthe ist im Übrigen ein freundlicher, guter und nicht nachtragender Mensch, Fontane wertet sie nicht ab, ebenso wenig wie Franke, aber Käthes Fröhlichkeit sticht doch ab gegen Bothos Trauer, die dadurch stärker hervortritt.

Es bleibt Resignation, also das Sich-Einfinden ins Unvermeidliche. Dahinter steckt doch mehr als ein Achselzucken, mag es hier auch aus nichtigem Anlass erscheinen. Botho kann eine Fliege nicht verscheuchen, daraufhin sagt er: «Es hilft nichts. Also Resignation. Ergebung ist überhaupt das Beste.» (Irr, 166) Ergebung in den Willen Gottes, der alles vorhergesehen hat? Die Prädestination, die Vorherbestimmung, wie sie im Calvinismus gelehrt wird, mag darin mitschwingen. Denn nach der Fliege kommt der Postbote mit dem Brief der Mutter, der die Entscheidung fordert. Und die heißt: Resignation.

Es ist ja kein Zufall, dass Gideon Franke als frommer «Konventikler» auftritt, also als Prediger einer evangelischen Freikirche; dabei wird sich der Autor etwas gedacht haben. Frankes Predigt, die er Botho hält – und den Leserinnen und Lesern natürlich auch –, bringt die Botschaft des Werkes auf eine fast schon zu deutliche Weise. Lene hat ihm alles erzählt, woraufhin Franke Botho aufsucht, um sich zu vergewissern, ihm aber keine Vorwürfe macht. Denn: «Und wer in seines Fleisches Schwäche gegen das sechste [Gebot] verstößt, dem kann verziehen werden, wenn er in gutem Wandel und in der Reue steht, wer aber gegen das siebente verstößt, der steckt nicht bloß in des Fleisches Schwäche, der steckt in der Seele Niedrigkeit, und wer lügt und trügt oder verleumdet und falsch Zeugnis redet, der ist von Grund aus verdorben, und aus der Finsternis geboren und ist keine Rettung mehr und gleicht einem Felde, darinnen die Nesseln so tief liegen, dass das Unkraut immer wieder aufschießt, so viel gutes Korn auch gesäet werden kann. Und darauf leb ich und sterb ich, und hab es durch alle Tage hin erfahren.» (Irr, 205)

Franke geht hier auf drei der zehn Gebote ein: das sechste – Du sollst nicht ehebrechen – meint sexuelle Verfehlungen, das siebte – Du sollst nicht stehlen – meint den Diebstahl und das achte – Du sollst nicht falsch Zeugnis geben – meint die Lüge. Eine sexuelle Verfehlung ist demnach verzeihlich, so der Prediger, doch eine gegen das siebte und achte Gebot ist es nicht. Vor allem die Lüge verurteilt er. Es ist die Lüge, die von der «guten Gesellschaft» gefordert wird. So herrscht Stillschweigen über erotische Beziehungen, man tut so, als gäbe es sie nicht. Es ist die Lüge, zu der die Konvention anhält bei Strafe der Verachtung und Ausgliederung, und es ist die Verleumdung, wozu sie führt, denn es wird doch einiges ausgeplaudert, ob es nun stimmt oder nicht.

Diesen äußeren Schein durchbricht der Roman: Er spricht offen aus, was allenthalben geschieht. Und er verteidigt es. Und er stellt die jungen Frauen, die nicht wert sind, dass ein Adliger sie heiratet, über den Adel: Sie sind die besseren. Lene ist Botho überlegen, sie wollte ihn nicht heiraten, sie wusste, dass das zu nichts Gutem führt, sie genoss die glückliche Zeit mit ihm und wusste, dass sie nur kurz sein würde. Und so ist auch Gideon Franke in seiner Offenheit und Geradlinigkeit Botho überlegen, der sich in die Konvention fügt.

Stärker noch als in *Irrungen, Wirrungen* ist die Kritik am Adel in *Stine*, Kritik am Adel aus dem Munde von Adligen. Baron Papageno macht sich lustig über die Adelsfamilien, die ihren 32 Generationen noch zwei weitere lupenreine hinzufügen und meinen, damit der Geschichte Genüge getan zu haben. Der jüngste Schwilow dagegen habe sich, unglaublich, vor zehn Jahren mit einer Balletteuse Duperré verheiratet, die «was ihren Ruf anlangte, einen Knax hatte» (Sti, 279).

Und das habe viel Unmut erregt, der sich aber schließlich legte. Graf Sarastro habe damals die Heirat gebilligt, damit komme endlich frisches Blut in die Familie Schwilow. Tatsächlich scheint eine solche «Mesalliance» noch am ehesten möglich, wenn die Dame aus dem künstlerischen Gewerbe kommt, also eine Balletteuse ist wie hier die Duperré oder eine Schauspielerin wie dort in Wien im Fall des Grafen Petöfy und seines realen Vorbilds. Tatsächlich hat Fontane einen solchen Fall in Berlin erlebt. Die Schauspielerin am Königlichen Schauspielhaus, die er verschiedentlich würdigte, Louise Erhartt, heiratete einen Karl Graf von der Goltz, später Generalmajor. Witwe Schmolke in *Frau Jenny Treibel* nennt die beliebte Schauspielerin. Sie spielte auch nach ihrer Heirat noch zehn Jahre als Gräfin von der Goltz im dem Theater. Nach ihrem Abschied 1878 begleitete sie ihren Mann auf den verschiedenen Stationen seiner Karriere; sie war also kein Hindernis für seine Laufbahn.

Doch «je freier in der Theorie, desto befangener in der Praxis», meint Papageno. Der Onkel sähe bei anderen Familien großzügig über «Mesalliancen» hinweg, aber wohl kaum bei der eigenen. Und so ist es denn auch, als Waldemar ihm seine Absicht mitteilt, Stine zu heiraten, die von ihrem Glück noch nichts weiß. Er wolle mit ihr nach Amerika auswandern. Wolle er denn Kellner auf einem Mississippi-Dampfer werden? Wolle er denn bei Adam und Eva wieder anfangen? Ja, meint Waldemar. Der Alte sieht den Wandel der Zeiten, will ihm aber keinen Vorschub leisten. Noch gehörten die Adligen zu den beati possidentes, den glücklich Besitzenden, und wo der Besitz, da sei das Recht. Der Onkel dringt auf Abbruch der Beziehung zu Stine, der Neffe verteidigt sie mit denselben Worten, mit denen Botho Lene charakterisierte: Wahrhaftigkeit, Natürlichkeit, Güte.

Waldemar ist einsam, in Stine hat er erstmals einen Menschen gefunden, mit dem er offen sprechen kann und der ihn anhört. Das ist kein Adelsproblem, das ist ein menschliches Problem, denn auch Adlige sind Menschen. Und er ist einer mit einer unglücklichen Lebensbahn: Mutter früh verstorben, strenge Stiefmutter, die ihn ablehnt, weil er ihrem eigenen Sohn im Weg steht. Krankheit und schließlich schwere Verwundung im Krieg, an der er immer noch laboriert. Wie sagt Witwe Pittelkow nach dem lustigen Abend in ihrer Wohnung zu Stine, als alle weggegangen sind: «Ein armes, krankes Huhn.» (Sti,

260) Auch Stine ist einsam und freut sich seiner Besuche, die ein abruptes Ende nehmen, gerade als er sie zu befestigen versucht durch die Heirat. Stine lehnt ab, sie weiß um die Folgen. Amerika? Sie ist klüger als er. Ja, der alte Graf wirft diesen Kleinbürgern sogar vor, was sonst der Vorzug des Adels ist: Pauline Pittelkow zeichne Hochmut aus.

Fontane hat diesen kleinen Roman klug entworfen: nach den drei Kapiteln der Einführung in den Haushalt der Witwe kommen drei Kapitel mit dem fröhlichen Abendessen, hier die drei Adligen, dort Pauline, Stine und die Schauspielerin Wanda, die vor allem zur Unterhaltung beiträgt. Dann die Besuche Waldemars bei Stine, ebenfalls in drei Kapiteln: zwei Menschen, die sich finden im Gespräch, Momente des Glücks auch für diese sonst vom Schicksal Benachteiligten. Schließlich vier Kapitel, in denen Versuche unternommen werden, die Heirat zu verhindern. Pauline versucht es, der Baron, der alte Graf. Und dann der traurige Schluss, wiederum in drei Kapiteln: Stines Absage, Waldemars Selbstmord, die Beerdigung. Hier hat Fontane in der liebevollen Beschreibung der Stadtlandschaft und der märkischen Landschaft das innere Leben seiner beiden Hauptfiguren wiedergegeben.

Eines bleibt noch: Stines Verteidigung ihrer Schwester, darin die Verteidigung des Erzählers eines Verhaltens, das damals allgemein verurteilt wurde. Pauline handelt aus Not: Sie muss. «Und muss ist eine harte Nuss.» Sie brachte Olga als uneheliches Kind mit in die Ehe, eine «gewöhnliche Verführungsgeschichte», so Stine. Sie heiratete einen «kreuzbraven Mann». Als er erkrankte, pflegte sie ihn hingebungsvoll bis zum Tod. Damit war der letzte Notgroschen aufgebraucht. Der Graf nahm sich ihrer an. Nicht zu vergessen: damals gab es kein Krankengeld, keine Rente, keine Sozialhilfe. Bismarck hat das dann eingerichtet, um die Sozialdemokratie klein zu halten, das immerhin. Stine: «Sie nimmt ihr gegenwärtiges Leben als einen Dienst, drin sich Gutes und Schlimmes die Waage hält; aber des Guten ist doch mehr, weil sie keine Sorge mehr hat um das tägliche Brot.» (Sti, 265 f.) Wer mag da an Fontane denken, der sich zehn Jahre lang bei der *Kreuz-Zeitung* verdingte aus Sorge um das tägliche Brot für seine Familie?

44. Cécile und *Mathilde Möhring*

Ein Fall, dem der Witwe Pittelkow ähnlich, der sich aber in der «Obersphäre» der Gesellschaft abspielte, ist Gegenstand des kleinen Romans *Cécile*. Diesmal wieder soll ein reales Vorbild ihn dazu angeregt haben. Ein Leutnant Graf Eulenburg habe demnach eine Dame, «die man liebt, aber nicht heiratet», wie sein Oberst das nannte (Nü, 581), geehelicht. Doch die Ehe führte nicht zu einem tragischen Ende, sondern zu einer langen glücklichen Verbindung. Insofern ist der Fall der armen Cécile doch ein anderer.

Fontane ist hier ein Meisterwerk gelungen, ein Roman, in dem fast nichts passiert – bis auf das letzte von 29 Kapiteln. Wie das? In 20 Kapiteln wird nur Konversation gemacht, kurz gesagt. Im 21. Kapitel kommt ein Brief, der eine Wende bringt, jedenfalls im Verhalten des Herrn von Gordon, was Folgen hat. Erst mit diesem Brief erfährt nicht nur Gordon die wahre Geschichte der Cécile, sondern auch der Leser. Bis dahin kann er nur – mit Herrn von Gordon – mutmaßen, was das Geheimnis ist, das diese schöne Frau verbirgt. Insofern hat dieser Roman detektivische Züge: Da muss etwas passiert sein, aber was und wie, das wissen wir nicht. So entsteht eine Spannung, die bis zum 21. Kapitel gehalten wird und dann durch eine neue Spannung ersetzt wird: Was macht Gordon mit dieser Information und wie reagieren Cécile und ihr Gatte darauf?

In den ersten drei Kapiteln stellt Fontane die Eheleute vor. Sie fahren mit dem Zug von Berlin in den Harz, um in Thale die gute Luft zu genießen. Cécile, eine schöne junge Frau, ist zart und empfindsam, kränklich und launig. Ihr Mann St. Arnaud ist älter als sie, ein Oberst außer Diensten. In Kapitel vier tritt Gordon hinzu, ein Zivilingenieur, und die Dreierkonstellation ist geschaffen, die den Roman trägt. Natürlich kommen noch andere Feriengäste vor, Fontane kann hier aus einem reichen Fundus schöpfen, liebte er es doch, die Sommergäste zu beobachten und in seinen Briefen zu beschreiben. Da sind zwei lustige Berliner, die mehrmals durchs Bild laufen, aber auch ein geistlicher Herr im Ruhestand und ein Historiker, der die Geschichte des Harzes erläutert und die Verdienste der Askanier, die vor den Hohenzollern die Mark Brandenburg regierten. Auch tritt eine Dame auf, die Malerin Rosa Hexel, eine kluge selbständige Frau, die Cécile «zu emanzipiert» erscheint; sie ist gewissermaßen deren Gegenbild und bleibt uns auch noch in Berlin erhalten, wohin der Erzähler uns erst nach 16 Kapiteln Harzreise führt. An Gesprächsstoff mangelt es nicht, auch nicht in Berlin.

Im 20. Kapitel haben wir endlich ein Essen, die beste Gelegenheit des Erzählers, die kleine Gesellschaft vorzustellen, in der das Ehepaar St. Arnaud noch verkehrt. Es ist dies der Geheimrat Hedemeyer, ein Verfechter des Kulturkampfs, der heftige Schriften gegen die katholische Kirche verfasste und höchst ungehalten über Bismarck ist, nicht nur weil dieser im Kulturkampf schließlich einlenkte, sondern wegen seines selbstherrlichen Verhaltens. Fontane benutzt wieder die Gelegenheit, einem Tischherrn die schärfste Kritik an Bismarck in den Mund zu legen: «Was wir haben, heißt Omnipotenz. Nicht die des Staates, die nicht nur hinzunehmen, die sogar zu rühmen, ja, die das einzig Richtige wäre – nein, wir haben die Omnipotenz eines einzelnen. Ich nenne keinen Namen.» (Ce, 242) Der Geheimrat beharrt auf der «Lebensfrage des Staates» und die sei nun mal der Protestantismus, «die protestantische Freiheit». Dem widerspricht der General von Rossow: die Kirchen seien leer, die einzige Stütze des Staates sei die Armee. Es komme auf die alten Familien an.

Fontane hat nicht nur die Bourgeoisie in Gestalt der Familie Treibel sarkastisch geschildert, er hat hier auch die Stützen des preußischen Staates karikiert: die protestantische Geistlichkeit und die militärische Führung. Er fügt zwei hübsche Pointen an: Eine spitzzüngige Baronin trägt den schönen Namen Snatterlöw, und ein Kriegsministerialoberst, der überlegen lächelnd mit am Tische sitzt, ist Herr von Kraczinski, polnisch-katholisch, mit zwei Brüdern in der russischen und einem in der österreichischen Armee; er gehört also weder zu den alten preußischen Familien noch zu den streng protestantischen und ist trotzdem im Kriegsministerium tätig.

Das Nachgespräch führen die Malerin Rosa Hexel und Gordon auf dem Heimweg. Nicht die polternden alten Herren beschäftigen sie, sondern der Oberst St. Arnaud und seine junge Frau. Der Oberst, der doch so rücksichtsvoll, so ritterlich mit seiner Frau umgeht, sich immer um sie sorgt, sei letztendlich doch ein Junggeselle geblieben, der sein eigenes Leben führt, im damaligen Jargon «ein alter Garçon»: «In

Wahrheit ist er ein alter Garçon, voll Egoismus und Launen, viel lau-
nenhafter als Cécile selbst. Die Ärmste hat ihr Herz erst neulich darüber zu mir ausgeschüttet. Er hält, sagte sie, viertelstundenlang meine
Hand und erschöpft sich in Schönheiten gegen mich, und gleich danach geht er ohne Gruß und Abschied von mir und hat auf drei Tage
vergessen, dass er eine Frau hat.» (Ce, 249) So bedauert Rosa die «arme
Frau» und hofft: «Gebe Gott, dass es ein gutes Ende nimmt.»

Es nimmt kein gutes Ende, darauf lässt nicht nur diese Vorausdeu-
tung schließen, sondern manch andere auch. Und was das Geheimnis
der schönen Cécile ist, wird auch verschiedentlich angedeutet: wenn
von Lola Montez die Rede ist (Ce, 165), der Mätresse des bayerischen
Königs, wenn von der Jugend die Rede ist, die bei dem ausschweifen-
den Leben der Fürstlichkeiten geopfert werde (Ce, 198). Doch das Geheimnis wird durch die gesamte Konversation hindurch, also 20 Kapitel lang, umspielt und damit der Charakter dieser Frau. Das ist eine
besonders intensive und doch leicht dahin geschriebene Darstellung
des Erzählers, der immer wieder diesen Charakter umkreist: einmal in
der Art, wie diese Frau sich verhält und spricht, zum andern in Kom-
mentaren, die allerdings sehr sparsam sind, schließlich und vor allem
in den ausufernden Selbstgesprächen Gordons, die auch als solche benannt werden: Immer wieder versucht er, sich des Charakters dieser
Frau, die ihn fasziniert, zu bemächtigen, im Wort zu bemächtigen.

Man mag an den französischen Schriftsteller Marcel Proust denken, der diese Art des Beschreibens und Umschreibens so meisterlich
handhabe: eine Empfindung, die durch ein Ereignis ausgelöst wurde,
wird mit vielen Worten erfasst, bis der Erzähler neu einsetzt, um das
Ereignis mitsamt Empfindung noch besser zu greifen. So kann es sei-
tenlange Beschreibungen geben von großem verbalen Reichtum und
differenzierter Aussage, die unser aller Gefühlsleben, das sich dem Begriff so sehr entzieht, auf den Begriff zu bringen sucht. So auch hier
Fontane. Und sind nicht beide auch in der Hinsicht sich ähnlich, dass
sie eine untergehende Welt in ihrem Untergang festhalten: Fontane die
der preußischen Gesellschaft gegen Ende des 19. Jahrhunderts, Proust
die der Pariser Gesellschaft vor 1914? Proust wurde am 10. Juli 1871
geboren, seine Mutter ging mit ihm schwanger während der grauen-
haften Belagerung von Paris, er ist also gut 50 Jahre jünger als Fontane,
aber 1897 war er in Deutschland, sechs Wochen mit seiner Mutter und

seinem Bruder zur Kur in Bad Kreuznach. Und er schrieb damals an seinem ersten umfangreicheren Werk *Jean Santeuil*, das Fragment geblieben ist, also in der Zeit, in der Fontane den *Stechlin* abschloss.

Dreieinhalb Seiten lang ist der Brief, den Gordon im neunten Kapitel an seine Schwester Klothilde nach Liegnitz schickt, damit sie dort Erkundigungen über das Ehepaar St. Arnaud einzieht. Ein erstaunlich langer Brief, der Gordon und seinem Erzähler wieder Gelegenheit bietet, Cécile abermals zu beschreiben. Im 20. Kapitel kommt endlich Klothildes Brief nebst Zusatz einer Freundin, der das Geheimnis lüftet. Céciles Vater, Herr von Zacha, war ein fröhlicher Lebemann, der früh starb und seiner Frau und seinen Töchtern nur Schulden hinterließ. Sie lebten daraufhin in sehr bescheidenen Verhältnissen. Die Töchter erhielten keine Erziehung, Wissen wäre nur eine Belastung, eine schöne junge Dame sei nur dazu da zu gefallen, meinte die Mutter. Als Cécile 17 war, verkaufte die Mutter das hübsche Kind an den Fürsten von Welfen-Echingen, unschön gesagt, aber zutreffend. Insofern ist Cécile die ärmste der Frauen, die Fontane in seinen Romanen darstellt, immer voll Anteilnahme, immer voll Verständnis, so auch hier, um eben diese Anteilnahme und dieses Verständnis auch bei den Lesern zu erreichen. Witwe Pittelkow konnte selbst entscheiden, konnte sich behaupten trotz allem. Cécile nicht. Sie war noch ein Kind und kam in die fürstliche Hofhaltung. Als der Fürst gestorben war, erbte sie gewissermaßen dessen Neffe mitsamt dem Schloss. Nach dessen Tod kehrte sie zu ihrer Mutter zurück, immerhin mit einem kleinen Gut als Erbe. Und hier sah sie Oberst St. Arnaud. Er verlobte sich mit ihr, so dass der älteste Offizier seines Regiments Dzialinski ihm im Namen aller Offiziere des Regiments nahelegte, die Verlobung mit dieser Dame zweifelhaften Rufes rückgängig zu machen. Daraufhin forderte ihn St. Arnaud zum Duell; Dzialinski wurde erschossen. St. Arnaud kam vors Kriegsgericht. Duelle waren auch in Preußen verboten, wurden aber nur lasch geahndet, hier mit neun Monaten Festung, einer ehrenhaften Strafe. Und dann heiratete er Cécile, die in seinem Schutz zu leben trachtete.

Mit diesem Wissen verändert sich Gordons Verhalten. War er vorher respektvoll, so ist er jetzt aufdringlich. Er glaubt, sich einiges erlauben zu können. Er ist eifersüchtig, er gesteht es. St. Arnaud ist in seinem Stolz verletzt und fordert ihn zum Duell. Er erschießt ihn und entflieht an die Riviera, um nicht wieder in der Festung zu landen. Er schreibt aus Mentone einen Brief an Cécile, die daraufhin Selbstmord begeht. Warum? Hat er nicht ritterlich ihre Ehre verteidigt? Doch schon der Tod Dzialinskis belastete sie, sie hielt sich für schuldig, und nun noch ein Toter ihretwegen. Und ein Mensch, der ihr doch mindestens sympathisch war. Das letzte Wort hat der Hofprediger Dörffel, der ihr verbunden war, in seinem Brief an St. Arnaud. Cécile verfügte, dass ihr Grab neben der fürstlichen Grabkapelle in Cyrillenort sein sollte. Und sie war in ihren letzten Tagen in die katholische Kirche zurückgekehrt. Merkwürdig, wie oft Fontane seine Romane mit dem alten «Aberglauben» enden lässt: «Jede Kirche hat reiche Gaben», schrieb Cécile an Dörffel, «und auch der Ihrigen verdanke ich viel; die aber, darin ich geboren und großgezogen wurde, macht uns das Sterben leichter und bettet uns sanfter.» (Ce, 284)

So wie die selbstsichere Malerin Rosa ein Gegenbild zur launischen Cécile darstellt, so der Zivilingenieur Gordon zu St. Arnaud. Gordon verlegt Telegraphenkabel, in etlichen Ländern Europas, auch in Persien war er schon tätig. Er steht für die neue Welt, die des technischen Fortschritts, St. Arnaud steht für die alte Welt mit ihrem überholten Ehrbegriff, der zu Duellen führt. Hat auch St. Arnaud im Roman überlebt, so hat letztendlich Gordon in der Historie gesiegt.

Cécile ist vollkommen unfrei, die einzige freie Tat, die ihr bleibt, ist der Tod. Als adlige Frau hat sie eh nur einen beschränkten Gestaltungsspielraum, aber sie ist auch in ihrer Vergangenheit gefangen. Der bürgerlichen Frau geht es nicht viel besser, auch wenn es erste Berufsmöglichkeiten gibt. Im Grunde ist sie aus der männlichen Gesellschaft ausgeschlossen. So verbietet das Vereinsgesetz von 1850 Vereinen die «Aufnahme von Frauenpersonen»; auch dürfen Frauen nicht «an Veranstaltungen und Sitzungen teilnehmen, bei denen politische Gegenstände behandelt werden». Dieses Gesetz galt bis 1908. Das Hochschulstudium war Frauen in Preußen erst ab diesem Datum erlaubt, das Abitur ab 1896.

Dies vorausgesetzt, kann man Mathilde Möhring besser verstehen als mancher Interpret, der ihr Kaltherzigkeit vorwirft. Sie ergreift die einzige Chance, die sich bietet, aus ihrem deklassierten Stand herauszukommen. Sie steht am Ende der sozialen Leiter, wenn denn die arme Cécile an deren Anfang steht. Sie ist nicht kaltherzig, aber auch nicht sentimental, sie ist klug und energisch, wenn sie auch etwas von dem berechnenden, rechnenden Wesen ihrer Mutter besitzt, wie sie selbst zugibt. Doch warum sind die Berliner, wie Fontane manchmal klagt, so knauserig, warum achten sie auf jeden Pfennig? Weil sie arm sind, weil sie um ihr tägliches Brot kämpfen müssen. So eben auch Mathilde und ihre Mutter, die nach dem frühen Tod des Vaters ein dürftiges Leben führen. Hugo Grossmann, der ansehnliche Student, der sich bei ihnen einmietet, liebt den Müßiggang: Spaziergang nach Charlottenburg, Kaffee in den Zelten, einem Vergnügungslokal an der Spree, das schon bei E. Th. A. Hoffmann eine Rolle spielt. Er liest lieber Dramen in den Reclam-Heften als Paragraphen in seinen juristischen Fachbüchern. Ein Grund: er kann es sich leisten, weil er von zu Hause finanziert wird und es ihm gut geht. Die Lebenshaltung kommt nicht nur aus Charakter, sie kommt auch aus finanziellen Möglichkeiten.

In dem kleinen Roman *Mathilde Möhring* lernen wir nur die untere Schicht der Bevölkerung kennen. Hier sind die Kleinbürger unter sich. Fontane schrieb an dem Roman im Jahre 1891, ließ ihn dann aber liegen. Warum, kann man nur vermuten. Vielleicht hätte er die Gespräche weiter ausgeführt, etwa die am Heiligabend, als Mathilde und Hugo sich verloben, oder die in Woldenstein, wo Hugo schließlich Bürgermeister wird. Vielleicht hätte er Hugo mehr Entfaltungsmöglichkeit gegeben, Mathilde nach seinem frühen Tod mehr Raum für ihre Trauer. So ist der Roman knapp erzählt, stringent durchgeführt, in sich schlüssig und vollkommen, so dass der Leser nichts vermisst. Im Gegenteil: der Erzähler zieht ihn in die Geschichte hinein, so dass er Anteil nimmt am Schicksal von Hugo und Mathilde; auch da, wo ihm Mathilde zu berechnend erscheint, mag er sie nicht verurteilen, weil sie selbst sich kritisch sieht: «Von Natur bin ich gerade so wie Mutter. Sie berechnet immer, was es kostet, und ich rechne mir den Vorteil aus […] Ich dachte wunder, was ich aus ihm gemacht hätte, und nun finde ich, dass er mehr Einfluss auf mich gehabt hat, als ich auf ihn.» (MM, 304)

Hat nicht jeder Mensch ein Recht auf Glück? Mathilde ist mit Schönheit nicht begabt, nur im Profil ist ihr Gesicht ansehnlich – ein Gemmenprofil, wie es heißt –, sonst ist sie eher unscheinbar, aber ein gutes Wesen, das die immer jammernde Mutter versorgt, und willensstark ist sie auch. Sie lässt sich nicht unterkriegen. Warum sollte sie nicht versuchen, den Zipfel des Glücks zu erfassen, der ihr in diesem liebenswerten und schwachen Untermieter entgegenkommt? Sind denn Fontanes Männer immer schwach und seine Frauen immer die stärkeren? So scheint es, sieht man die lange Reihe seiner weiblichen Gestalten durch.

Mathilde bringt also Hugo dazu, sein Examen zu machen und sich auf die Stelle eines Bürgermeisters in dem kleinen Ort Woldenstein in Westpreußen zu bewerben. Er wird ein beliebter Bürgermeister, Mathilde zieht die Fäden, auch hinter den Kulissen. So ist ihre Äußerung, die Reden Bismarcks hätten aus ihr erst gemacht, was sie ist, an den konservativen Landrat gerichtet und wohl nicht ernst gemeint. Ihre Stütze in Woldenstein ist die jüdische Familie Silberstein. Das mag wieder ein Licht auf Fontanes poetische Gerechtigkeit werfen: Hugos Freund ist Pole und leidenschaftlicher Verehrer der Poesie, er spielt kleine Rollen im Theater, was Hugo auch gerne erreichte. Hier werden wie selbstverständlich die Polen zu den Preußen gezählt und die Juden auch, eine Geste des Erzählers gegen deren Diskriminierung.

Warum lässt Fontane diese schöne Zeit in Woldenstein so rasch mit dem Tod Hugos enden? Er war kränklich von Anfang an, Mathilde hat ihn überfordert, er stirbt nach kaum einem Jahr. Hätten die beiden, Mathilde und Hugo, nicht ein gutes langes Leben verdient? Sicher, Hugo gehört zu diesen Gestalten, die uns dann bei Thomas Mann wieder begegnen: Hanno Buddenbrook, der kleine Herr Friedemann, die künstlerisch begabt sind, aber keine Künstler und nicht lebenstüchtig. Und: ohne Hugos Tod wäre die Geschichte nicht so emotional aufgeladen. Die Vergänglichkeit bringt erst die Tiefe, der Tod erst treibt die Schönheit des Lebens hervor. Auch der banale Augenblick wird kostbar, wenn er für immer dahin ist. So bringt Fontane immer wieder durch den Tod einer seiner Figuren einen erschütternden Moment in seine Geschichten.

Mathilde kehrt zu ihrer Mutter zurück. Heiraten wird sie nicht mehr. Wieder bleibt eine Frau ohne Mann und ist zufrieden wie Franziska und wie Victoire. Und wie diese über Schach meint auch Mathilde über Hugo: Er war nicht für die Ehe bestimmt, er hätte nicht heiraten sollen. Mathilde macht Examen am Lehrerinnenseminar und wird Lehrerin. Sie führt schließlich ein erfülltes Leben, so scheint es. Hier geht Fontane über seine Zeit hinaus, er zeigt eine Perspektive für Frauen, die in die Zukunft weist: Berufstätigkeit, ein selbstbestimmtes

Leben. Welch ein Glück, dass der Roman im Nachlass erhalten blieb und 1906 in der Fassung von Josef Ettlinger in der *Gartenlaube* veröffentlicht wurde, dann als Buch bei S. Fischer 1914, in der Fassung der Handschrift erst 1969 durch Gotthard Erler.

45. *Der Theaterkritiker*

«Da sitzt das Scheusal wieder.» Ein Satz, mit dem Fontane mitunter auf seinem Parkettplatz 23 im Königlichen Schauspielhaus am Gendarmenmarkt gegrüßt wurde. Fast 20 Jahre lang schrieb er Theaterkritiken für die *Vossische Zeitung*. Seine erste Kritik ist vom 17. August 1870, seine letzte vom 13. Dezember 1889; er sah auch noch Aufführungen in anderen Berliner Theatern, so in der Freien Bühne Stücke der Naturalisten, am 20. Oktober 1889 *Vor Sonnenaufgang* von Gerhart Hauptmann. Und noch 1893 schrieb er über Hauptmanns wohl wichtigstes Werk *Die Weber*, das im Deutschen Theater aufgeführt wurde.

In der Nymphenburger Ausgabe sind diese *Causerien über Theater* in zwei umfangreichen Bänden gesammelt, der erste Band umfasst 970 Seiten, der zweite 782. Es gibt nicht viele deutsche Schriftsteller von Rang, die so eingehend, so ausführlich, so lange über das Theater berichteten. Und dies tat er auch in den Jahren, in denen er schon seine Romane schrieb, jedenfalls bis 1889. Erst dann gab er dieses Geschäft auf, um sich ganz den Romanen zu widmen.

Sieht man sich die Liste der Autoren an, deren Stücke er besprach, findet man erstaunlich viele, deren Namen uns heute nichts mehr sagen. Als Beispiel die erste Zeit, die von August 1870 bis Dezember 1871. Nur sechs Dramatiker gehören der Weltliteratur an: Schiller, Lessing, Goethe, Shakespeare, Molière und Sophokles. Schiller wird fünfmal gewürdigt, Lessing und Shakespeare dreimal, die andern einmal. Dem stehen 20 Autoren gegenüber, die heute fast unbekannt sind: Heyse, Raupach, Benedix, Gutzkow, Kruse, Laube, Putlitz, Scholz, Hahn, Wilbrandt, Jonas, Blum, Franz, Koberstein, Scribe, Fredro, Winterfeldt, Moser, Legouvé, Marenco. Immerhin sind einige dem Literaturfreund noch bekannte Namen darunter: Heyse, Gutzkow, Laube, Wilbrandt, Scribe.

Fontane schrieb oft eine kurze Besprechung am Abend nach der Vorstellung, die am nächsten Morgen im Blatt stand, dann schrieb er eine ausführliche, die erst einen Tag später erschien. Viele Aufführungen hat er gründlich besprochen: das Stück, die Inszenierung, Bühne und Kostüme, und natürlich die Leistung der Schauspielerinnen und Schauspieler. Er war nie bösartig, aber erstaunlich offen und gewissermaßen schonungslos. Er teilte sein Urteil deutlich mit, sprach Gelungenes und Misslungenes aus, was für manchen Theatermenschen schmerzlich gewesen sein muss. War das Stück neu, referierte er den Inhalt, war es das nicht, dann eben nur Inszenierung und Darsteller. Da er die Schauspielerinnen und Schauspieler gut kannte, konnte er ihre Leistung auch an früheren Rollen messen. Auch Klassiker waren vor seinem Urteil nicht gefeit. Goethes *Egmont*, den er einst als Jüngling schätzte, findet er nun blass. Und wenn jemand sagen sollte, er habe eine Aufführung der Goetheschen *Iphigenie* genossen, sage er wohl kaum die Wahrheit. Schiller schätzte er als Dramatiker mehr und am meisten seinen Liebling Shakespeare, dem er ja auch in seiner Londoner Zeit Kritiken gewidmet hatte. Diese Kritiken machen noch einen dritten Band aus in der genannten Ausgabe der Nymphenburger Verlagshandlung.

In einem Brief vom 2. Mai 1873 an den Schauspieler Maximilian Ludwig, den Darsteller des Uriel Acosta in Gutzkows gleichnamigem Stück, spricht er seine Kriterien aus: Er richtet sich nach seiner Empfindung, wie ja die ästhetischen Urteile in der Regel Geschmacksurteile sind, die nicht immer sachlich zu begründen sind, aber von Kennern als zutreffend aufgenommen werden: «Statt dessen das Bekenntnis, dass ich das Missliche aller Kritikerei sehr wohl fühle und an den zwei Tagen, wo ich meine Rezensionen schreibe und – lese, immer in nervöser Aufregung bin, weil ich unter der Wucht der Frage stehe: Kannst du das Gesagte – das ja immer nur der unvollkommene Ausdruck eines Gefühls, oft widerstreitender Empfindungen ist – kannst du es auch verantworten? Sie mögen daraus ersehen, dass ich es nicht leicht nehme und mitunter da, wo das Publikum glaubt, ich kalauere oder mache Bummelwitz, am allerwenigsten. Meine Berechtigung zu meinem Metier ruht auf einem, was mir der Himmel mit in die Wiege gelegt hat: Feinfühligkeit künstlerischen Dingen gegenüber. An diese meine Eigenschaft hab ich einen festen Glauben. Hätte ich ihn nicht, so legte ich heute noch meine Feder als Kritiker nieder. Ich habe ein unbedingtes Vertrauen zu der Richtigkeit meines Empfindens. Es klingt das etwas stark, aber ich habe es und muss es darauf ankommen lassen, wie dies Bekenntnis wirkt.» (Drei, 179 f.)

An der Richtigkeit seiner Empfindung zweifle er nicht, aber der Versuch, diese Empfindung zu erklären, der misslinge mitunter. Im Grunde genommen trifft das, was er hier ausspricht, ja nicht nur auf die Kritik einer Theateraufführung zu, sondern auch auf die Interpretation eines Romans, wenn auch die Interpreten sich nicht immer dieser Problematik bewusst sind, die Fontane hier erörtert.

Einige Beispiele. Zu Adolf Wilbrandts *Die Vermählten,* mit dem Stück begann die Neue Saison, unter dem 26. September 1871: «Wenn dies das Deckblatt war, so können wir uns von dem, was dahinter liegt, nicht allzu viel versprechen. Dieser erste Schuss, trotz sorglichsten Zielens aller Bedienungsmannschaften, ging ins Blaue. Adolf Wilbrandt, den wir lieben und verehren, mag uns das unumwundene Geständnis verzeihen. Mit vertuschelnden Redensarten helfen wir weder uns noch ihm: Also: frei weg.» (Cau, I, S. 62) Er kommt zu dem Schluss, dass das Stück binnen kurzem vom Spielplan wieder verschwinden werde: «Es kann sich nicht halten.»

Zu Karl Kobersteins *König Erich XIV.* vom 23. Oktober 1871: «Herr Koberstein hat sich einen König Erich zurechtgemacht. Wir sind nicht sehr für solche Zurechtmachungen; aber wir sind auch nicht geradezu dagegen. Es kommt nur darauf an, was daraus wird. Hier ist nun bloß Konfusion daraus geworden. Nicht äußerlich, sondern innerlich. An dieser Konfusion scheitert das Stück, das vielfach ein sehr erhebliches Talent bekundet, dessen erster Akt geradezu ersten Ranges ist [...].» (Cau 1, 75)

Zu Roderich Benedix Lustspiel *Die Neujahrsnacht* vom 28. November 1871: Während er dieses Lustspiel langweilig findet wie die Toast-Sprüche «wohlgenährter älterer Herren», lobt er das danach gespielte Stück von Gustav von Moser *Die Hypothekennot:* «Ihrem innersten Kreis nach werden seine Arbeiten kaum beanspruchen, für besonders originelle angesehen zu werden, aber dadurch, dass er die Situationen und als natürliche Folge davon auch den Dialog unserem allermodernsten Leben entnimmt, gewinnen die Dinge nicht nur eine höchst wohltuende Frische, sondern berühren geradezu wie neu.» (Cau 1, 98 f.)

Auch ein hartes Urteil weiß er durch eine freundliche Bemerkung über den Autor abzumildern. Das ist freilich nicht immer der Fall.

Auch ausgiebiges Lob kann er spenden und gnadenlose Verrisse liefern. Etwa zu Salomon Hermann von Mosenthals *Die Sirene* vom 12. Dezember 1874: «Wir haben wenig Theaterabende erlebt, an denen uns ein dünnerer Tee präsentiert wurde. Es ist günstigenfalls ein Aufguss. Solch Extrakt aus Blättern, die längst, längst ausgezogen sind, ist natürlich höchst unschädlich; keine Ruhe wird dadurch gestört, keine Tugend gefährdet, aber es ist die Ungefährlichkeit des lauen Wassers, dem ein einziger Tropfen Rum zugesetzt wurde.» (Cau I, 383)

Und ein Lob zu Michael Beers *Struensee* vom 18. Februar 1875: «Nach jahrelangem Ruhen erschien wieder ‹Struensee›, ein Stück, das die bedeutenden Erfolge, die ihm durch zwanzig Jahre hin zur Seite standen, keineswegs nur dem glänzenden Spiele Hendrichs, sondern vor allem auch seinen eigenen Meriten verdankte.» (Cau I, 401)

Politische Äußerungen meidet er nicht, wenn sie vom Drama herausgefordert werden, so vor allem in der Zeit des deutsch-französischen Krieges, als auch das Königliche Schauspiel aufrüstete: mit Schillers *Wilhelm Tell*, Heyses *Kolberg* und Gutzkows *Der Gefangene von Metz*. Während er das Stück seines Freundes Heyse noch durchgehen lässt, es meide den Kosmopolitismus und wende sich nur «an preußische Herzen, an deutsches Empfinden» (Cau I, 99), so ist er bei Gutzkows schwachem Stück weniger großzügig. Was ihm an Kunstfertigkeit fehle, werde durch nationale Tendenz ersetzt. Gerade diese rügt er: das Stück «ein unerquickliches Machwerk», nur dessen klare Exposition zeige die «geschickte Hand» des Autors. Mehr noch als die antifranzösische Tendenz missfällt ihm die plumpe antikatholische. Er bewundere den Mut der Bühne, die solche katholischen Gestalten bringe, und die Langmut der Katholiken, die solche hinnähmen. Immerhin ist es die Zeit des beginnenden Kulturkampfs. Karl Gutzkow, einst ein progressiver Autor, kann sich immer noch progressiv fühlen, wenn er die Katholiken beschimpft, und ist trotzdem erfolgreich im Strom des Zeitgeists. Der lange einflussreiche Journalist und Autor war tief gekränkt, so wie Adolf Glaßbrenner, ein beliebter Lustspielautor und Satiriker, der nach einer geringschätzigen Kritik Fontanes Kürzel «Th. F.», mit dem er seine Besprechungen zeichnete, als «Theater-Fremdling» übersetzte, was Fontane gefiel.

Natürlich erhielt der Kritiker auch Briefe, mal mit Dank für ein Lob, mal mit Tadel für eine Zurückweisung. So schrieb die Schauspie-

lerin Clara Meyer am 21. Januar 1885 dem Rezensenten: «Sehr geehr-
ter Herr Doktor! Da Sie in Ihrer neusten Rezension über ‹Lydia› wiederum meine Toilette einer abfälligen Kritik unterziehen, so erlauben
Sie mir wohl, Sie über einen Irrtum Ihrerseits aufzuklären. Alles an
dem Kostüm war Gold, nicht Silber! Das arme Silber ist also unschuldig an meinem unvorteilhaften Aussehen, die Schuld liegt wohl einzig
in der unsympathischen Persönlichkeit, die Ihnen in mir leider so oft
vor Augen steht. Mit vorzüglicher Hochachtung.» (Zie, 107) Ein nobler
Brief. Dafür ist Fontane nicht unempfindlich. Schon in einer Besprechung von Heyses *Elisabeth Charlotte* vom 30. September 1871 äußerte
er die Bedenken, die er selbst gegen seine Rolle hegte. Deshalb seien in
seinen Rezensionen so oft Formulierungen zu finden wie «es will uns
scheinen», «wir hatten den Eindruck» und «wir geben anheim»,
wodurch die Subjektivität des Urteils markiert werde (Cau I, 66).

In einem Brief an Mathilde von Rohr vom 30. März 1872 gesteht er
offen, was er von seiner Arbeit als Theaterkritiker hält, die ihm «Leid
und Freud» mache: «Es hat viel Amüsantes, auch menschlich Interes-
sierendes, ist und bleibt ein Bildungsmittel, außerdem macht mir die
Art, in der ich mich zu dem ganzen Kunstinstitut gestellt habe, einigen Spaß; andererseits fühl ich, dass ich für eine solche Beschäftigung
zu alt bin. Das müssen junge Leute tun oder solche, die ihr ganzes
Leben diesem Theaterkram gewidmet haben. Davon bin ich ja nun,
wie Sie wissen, weit, weit ab. Ich schreibe Kriegsbücher, Historisches
mannigfacher Art, dazu will es denn freilich nicht passen, wenn ich
mich hinsetze, um über Frl. Kühle oder Frl. Kessler, über Herrn Liedt-
cke oder Herrn Karlowa meine Witzchen zu machen. Ich kann all
diese Witzchen zwar verantworten, sie haben einen ernsten Hintergrund und dienen, nach dem Maße meiner Erkenntnis, der Wahrheit
und nicht der Lüge, dennoch empfind ich die Richtigkeit dessen, was
mir vorgestern meine Frau sagte: Es ist nicht ganz deiner würdig.»
(Reu, 435)

Dabei waren manche «Witzchen» doch amüsant. So wenn er dem
Schauspieler Silva riet: «Der Silva würde gut tun, sein charaktervolles
R auf Halbsold zu setzen.» Doch zu Gustav Berndal: «Das war mal eine
Leistung! Ganz vorzüglich. Wir hatten sofort den Glauben an ihn.»
Den Glauben hatte er nicht an Theodor Döring, der den Malvolio in
Was ihr wollt spielte: «Er gab die Rolle nicht wie von der Bühne,

sondern wie vom Lutter und Wegnerschen Tisch her und spielte sie seinem Publikum nur vor.» (Reu, 436) «Lutter und Wegner» ist die Weinstube, die schon E. Th. A. Hoffmann mit seinem Freund Ludwig Devrient regelmäßig besuchte und die es heute auch wieder gibt hinterm Konzerthaus, just an der Stelle, an der einst das Haus mit Hoffmanns letzter Wohnung stand. «Lutter und Wegner» ist auch Ort einer Anekdote, die Fontane in einem Brief vom 26. März 1894 K. E. O. Fritsch mitteilt. Schauspieler Döring zum Schauspieler Kahle, der diesmal auf der Bühne nicht glaubhaft wirkte: «Sie sind kein Schauspieler, Sie sind ein Rhetor.» «Aber ich habe doch auch meine Erfolge.» «Täuschung, lieber Kahle. Machen Sie den Versuch, gehen Sie rüber zu ‹Lutter und Wegner› und bestellen Sie beim Küfer Wilhelm eine halbe Flasche St. Julien.» «Nun?» «Er bringt sie Ihnen nicht.» «Aber warum denn nicht?» «Er glaubt es Ihnen nicht.» (Drei, 374)

Erst am Ende seiner Laufbahn als Kritiker erlebte Fontane eine Bewegung, die über das konventionelle, manchmal mittelmäßige, manchmal eindrucksvolle Theater des Königlichen Schauspielhauses hinausging: die Bewegung des Naturalismus. Und zum ersten Mal begegnete ihm ein Autor, der eine große Begabung mitbrachte, die ihn über die anderen Dramatiker erhob: Gerhart Hauptmann. Das erkannte Fontane sogleich, die Forderungen der jungen Naturalisten, Fontane nennt sie gerne noch Realisten, konnte er verstehen, mitmachen konnte und wollte er nicht mehr: Er war 71 Jahre alt. So schrieb er in einem Brief an Otto Brahm, den er durchaus schätzte. Der Kritiker Brahm hatte mit anderen die Freie Bühne gegründet, einen Verein, der die Naturalisten aufführte, denn die Zensur hatte sie unterdrückt. In «geschlossener Gesellschaft» – und als solche gab sich die Freie Bühne – konnten sie aufgeführt werden; die Zuschauer mussten freilich zuvor nominell Mitglieder werden. Fontane an Brahm unter dem 4. April 1891: «Ich folge den Bestrebungen der neuen Schule mit dem größten Interesse und bin mit vielem einverstanden – was ich ja auch nicht bloß briefverborgen, sondern auch auf Zeitungslöschpapier öffentlich ausgesprochen habe; aber ich mag die Kämpfe nicht mitkämpfen [...] Mit klingendem Spiel in das Lager der Neuen überzugehen, wäre eine Kleinigkeit und mir moralisch unbedenklich, aber dazu fehlen mir einige Zentner Überzeugung. Ich sehe das Gute, aber auch das Nicht-Gute und drücke mich in die Sofaecke. Mit 71 darf man das.» (Drei, 346)

Ein Adverb fällt auf, unabhängig vom Zusammenhang, in dem es hier steht: briefverborgen. Ein neues Wort, das eine Haltung bezeichnet, die für ihn typisch ist: im Brief, vor allem im Brief an Verwandte und Freunde kann Fontane sich aussprechen. Diese Offenheit ist vor der Öffentlichkeit geschützt, weil im privaten Brief verborgen. Hier kann er seine Meinung sagen.

Doch zur Sache. Fontane besuchte die ersten Aufführungen der Freien Bühne von September 1889 an. Er schrieb darüber, machte sie bekannt und half mit seinem abgewogenen Urteil über die Heftigkeit der Fehden hinweg, denn die neue Bewegung wurde stark angegriffen. Vor allem die offizielle Kunstpolitik des Kaisers, der sich auf allen Gebieten für kompetent hielt und es auf keinem war, widersprach entschieden diesem «Unsinn». Neben Gerhart Hauptmanns *Vor Sonnenaufgang* und *Familie Selicke* von Arno Holz und Johannes Schlaf kam das Vorbild Henrik Ibsen mit *Gespenster* auf die «Freie Bühne», Leo Tolstois *Die Macht der Finsternis* und Ludwig Anzengrubers *Das vierte Gebot*. Fontane besprach sie alle, schließlich auch noch zwei Werke von Hauptmann, die erst im Juni 1890 und im Januar 1891 gezeigt wurden: *Das Friedensfest* und *Einsame Menschen*. *Vor Sonnenaufgang* las er, bevor er ins Theater ging, und stellte dann fest, dass die Szenen, die er für die wichtigen hielt, nicht so bühnenwirksam waren wie die anderen, anscheinend unwichtigen. Er ist von der beherrschenden Figur des Loth, einem aufgeklärten Intellektuellen, der in die arme schlesische Gegend kommt, den Arbeitern aufzuhelfen, nicht angetan. Dieser ist zwar ein anständiger Kerl, aber «verrannt», «Doktrinär und Prinzipienreiter», etwas, was Fontane nie gefiel. Und Loth will nicht nur den Alkoholismus bekämpfen, sondern auch die Rasse verbessern, also eine Eugenik pflegen, die damals nicht nur in Deutschland im Gespräch war, ein «Menschenbeglücker». Die Familie, die er aufsucht, ist die eines reich gewordenen Bauern, der dem Trunk verfallen ist. Also kleine Leute, trotz Geld, verkommen und versoffen. Ausnahme ist Tochter Helene, die in Herrnhut erzogen wurde. Diese will Loth heiraten, er kommt aber im Gespräch mit dem Arzt davon ab, auch Helene muss angekränkelt sein. Die Naturalisten waren strenggläubige Menschen: sie glaubten an die Determination durch das Milieu und an die strikte Vererbung – wie der Vater so die Tochter. Loth geht ab, Helene tötet sich.

Das Stück geht insofern über das Gewohnte hinaus, als das Elend der untersten Schichten, das bisher ausgespart wurde, auf die Bühne gebracht wird. Fontane sieht seine realistische Devise bestätigt: «Greift nur hinein ins volle Menschenleben», dies mehr bei Hauptmann als bei Ibsen: «Gerhart Hauptmann darf aushalten auf dem Felde, das er gewählt, und er wird aushalten, denn er hat nicht bloß den rechten Ton, er hat auch den rechten Mut und zu dem rechten Mut die rechte Kunst. Es ist töricht, in naturalistischen Derbheiten immer Kunstlosigkeit zu vermuten. Im Gegenteil, richtig angewandt, worüber dann freilich zu streiten bleibt, sind sie ein Beweis höchster Kunst.» (Cau II, 711–3) Fast sieben Druckseiten lang ist die Besprechung, doch der wichtige Satz steht hier: die Anerkennung des Autors, der nicht nur umstritten war, sondern auch von allerhöchster Stelle bekämpft wurde. 1894 kündigte Wilhelm II. seinen Logenplatz im Deutschen Theater, weil dort Hauptmanns *Die Weber* aufgeführt wurde. 1896 nahm der Kaiser Hauptmann den Schillerpreis ab, den er gerade erhalten hatte, und gab ihn an Ernst von Wildenbruch weiter, der aus der Hohenzollernschen Familie stammte und das Haus Hohenzollern in seinen Dramen verherrlichte. Es war gerade dieser Ernst von Wildenbruch – Fontane hatte ihn oft und heftig kritisiert –, der das unabhängige Urteil dieses Kritikers in einem kleinen Gedicht lobte:

Cliquenlos, für Geld und Macht
Hat er nie gestritten.
Immer offen das Visier,
Ohne Nackenbeugung,
Seines Schildes Wappenzier
War die Überzeugung.
Wie das Schwert zu Hieb und Stich
Schneidend er geführet,
Habe, kritisieret, ich
Seufzend oft gespüret. (Reu, 436 f.)

So ist Fontanes Urteil über die *Familie Selicke* denn auch abgemessener als das über Hauptmanns *Vor Sonnenaufgang*. *Familie Selicke* ist gewissermaßen das Programmstück des Naturalismus, hier ist alles, was die Theorie fordert, erfüllt. Doch Fontane meint, dass «solch realistischen Jammerstücke» nicht «das geistige tägliche Brot der Nation» sein könnten. Man kann nicht jeden Tag und immer wieder dasselbe Elend auf der Bühne sehen. Die volle Breite des Lebens sollte doch nach und nach gezeigt werden. Und so spielt er ironisch mit einer anderen Möglichkeit der Handlung des Dramas: Hätte Mutter Selicke nicht mehr das Reißen im Bein, wäre Vater Selicke nicht mehr ein Bummelbruder, würde Toni ihren Kandidaten kriegen und Pastorsfrau in Malchow werden und käme das lungenkranke Lieschen ins Sanatorium, wo es gesundete – wie stünde es dann mit einem solchen realistischen Stück? (Cau II, 733) Die Überzeichnung ins Elend macht den Naturalismus aus, entfällt sie, bringt er nichts anderes als das konventionelle Theater. Und das Leben schließlich auch. Allerdings sieht Fontane schon einen Kunstvorsprung. Hätte er Lieschen als Nachbarskind sterben gesehen, wäre er nicht so zu Tränen gerührt gewesen; ihr Tod auf der Bühne ging ihm nahe. «Kunst ist ein ganz besonderer Saft.» (Cau II, 734)

Im Grunde hält Fontane an seiner Konzeption des Realismus fest, wie er sie schon 1853 in seinem Aufsatz «Unsere lyrische und epische Poesie seit 1848» entwickelte. Der Naturalismus, den er zum Realismus zählt, findet durchaus Platz in diesem Konzept als eine von mehreren Möglichkeiten, eben als die, in der das Hässliche hervorgekehrt wird. Aber er kann nicht Anspruch machen auf die allein gültige literarische Form. In einem Brief an Friedrich Stephany, den Chefredakteur der *Vossischen Zeitung*, vom 10. Oktober 1889 schreibt er: «Es steckt nur in all diesen neuen Stücken was drin, was die alten nicht haben und was sie verhältnismäßig dürftig und oft tot erscheinen lässt. Der Realismus wird ganz falsch aufgefasst, wenn man von ihm annimmt, er sei mit Hässlichkeit ein für allemal vermählt. Er wird erst ganz echt sein, wenn er sich umgekehrt mit der Schönheit vermählt und das nebenher laufende Hässliche, das nun mal zum Leben gehört, verklärt. Wie und wodurch? Das ist seine Sache, es zu finden. Der beste Weg ist der des Humors. Übrigens haben wir in Shakespeare längst die Vollendung des Realismus.» (Drei, 331)

46. *Frau Jenny Treibel* und *Die Poggenpuhls*

Der beste Weg ist der des Humors. Fontanes Roman *Frau Jenny Treibel* ist verschiedentlich als eine Komödie beschrieben worden und in der Tat hat sie im Personal, im Handlungsaufbau und in der Darstellung durchaus Ähnlichkeiten mit dieser. In dem Roman kommt aber auch das Hässliche vor, also das Elend der unteren Schichten der Bevölkerung und zwar im Bericht der Witwe Schmolke über ihren Mann, der Polizist bei der «Sitte» war, also bei der Sittenpolizei, die gewisse Etablissements im Blick hatte. So musste er Prostituierte verhören, arme verhungerte junge Frauen, die ihre Familien zu ernähren suchten. Es sind Fotos aus der damaligen Zeit überliefert, auch von Heinrich Zille, die das Elend zeigen, etwa eine zehnköpfige Familie in einem fensterlosen Kellerraum, der ihre Wohnung war. Solche Wohnverhältnisse gab es tausendfach.

Hier scheint diese Armut bei Fontane auf, auch im Gegensatz zum Reichtum der Treibels, aber eben «verklärt». Sie wird nicht nackt dargestellt, sondern vermittelt durch zwei Redner: einmal durch den Polizisten, der vor etlicher Zeit das seiner Frau erzählte, zum andern durch Frau Schmolke, die es wiederum Corinna erzählt. So ist eine doppelte Distanzierung vom Eigentlichen eingebaut. In *Irrungen, Wirrungen* gibt es eine Szene, die Möglichkeiten gebracht hätte, auf die Arbeiterschaft einzugehen. Als Botho nach Jungfernheide reitet, um einen freien Kopf zu erhalten, kommt er an der Fabrik von Borsig vorbei, wo gerade Mittagspause ist. Die Arbeiter sitzen mit ihren Frauen und Kindern im Freien, es ist eine bukolische Idylle, die mit der Industriearbeit wenig zu tun hat.

Zur Komödie. Zwei Familien stehen für zwei Lebensbereiche: die reichen Treibels für das Besitzbürgertum, die Bourgeoisie, die bescheidenen Schmidts für das Bildungsbürgertum. Die einen haben viel Geld und hohe Ansprüche, die andern haben wenig Geld und hohe Ideale. Es geschieht wieder nicht viel in diesem Roman. Und wer nicht Freude hat an der ausufernden Konversation, die immer humorvoll die Figuren vorführt, aber nie bösartig, der wird lange warten müssen, bis etwas passiert. Es geht wieder um ein Bild der Berliner Gesellschaft, einer bestimmten Schicht. Die Spannung ist jedoch von Anfang an angelegt.

Der reiche Kommerzienrat hat zwei Söhne, der ältere Otto ist verheiratet mit Helene, einer reichen Hamburgerin, die stolz ist auf die vornehme Hamburger Art. Eine solche Schwiegertochter will Frau Treibel nicht wieder haben. Denn Leopold, der jüngere Sohn, ist von den Hamburgern für die jüngere Tochter Hildegard ausersehen. Frau Treibel hintertreibt es mit allen Mitteln. Und da ist Corinna, die Tochter Schmidts, eine kluge aufgeweckte junge Frau, die mit Hilfe Leopold Treibels in die besseren, die reicheren Kreise aufsteigen will – gerade so wie einst Jenny Treibel, eine geborene Bürstenbinder, die aus dem Obstkeller ihrer Eltern in die Treibelsche Villa gelangt ist. Dann gibt es noch Marcell, den Cousin Corinnas, das jugendliche Ebenbild des Professors Schmidt, der es auf Corinna abgesehen hat. Die stärksten Figuren sind zwei Berliner der besseren Art: der alte Treibel, offenherzig und witzig, und die alte Schmolke, herzlich und geradezu, Haushälterin bei Schmidts und Ersatzmutter für Corinna, deren Mutter nie und nirgends erwähnt wird.

Der Anfang bringt den Besuch Jennys bei ihrem Jugendfreund Schmidt, der sie einst verehrte und ihr Gedichte schrieb. Im zweiten Kapitel dann die Villa Treibel mitsamt der Familie. Und schon im dritten und vierten Kapitel sehen wir das Diner, das neben den Treibels einen verschrobenen Leutnant Vogelsang vorführt, einen alten Tenor Krola, einen Herrn Nelson zu Besuch aus Liverpool, zwei ehemalige Hofdamen, denen Fontane die schönen Namen Ziegenhals und Bomst gegeben hat. Corinna und Marcell sind auch da. Da Frau Treibel die Kunst liebt, singt Krola und schließlich singt die Wirtin selbst mit dünnem Stimmchen das Lied, dessen letzte Zeile den Titel ergänzt: *Frau Jenny Treibel oder «Wo sich Herz zum Herzen find't»*. Aussage des Liedes: allein die Liebe ist es, die zählt, wobei die Leserinnen und Leser doch schon wissen, dass bei Frau Treibel einzig das Geld zählt. Die Treibels verkörpern eben das, was Fontane als Bourgeoisie bezeichnet und was er verachtet. In einem Brief an seinen Sohn Theodor vom 9. Mai 1888 fasste er dieses Thema knapp zusammen: «Zweck der Geschichte: das Hohle, Phrasenhafte, Lügnerische, Hochmütige, Hartherzige des Bourgeoisstandpunktes zu zeigen, der von Schiller spricht und Gerson [ein Modehaus] meint.» (Drei, 308)

Das Pendant zu diesem Diner ist das Essen bei Professor Schmidt, der mit seinen Kollegen sich regelmäßig trifft: Sie nennen sich die «sieben Waisen von Griechenland» und plaudern über Schule und Wissenschaft. Was an ihrem Titel schon auffällt und sie von den Treibels unterscheidet: die Selbstironie. Auch bei den Namen hat Fontane sich nicht zurückgehalten, der eine Oberlehrer heißt Rindfleisch, der andere Kuh; dessen Kinder sind die Kälber. Also Ironie des Erzählers, aber auch Selbstironie der sieben Waisen, die eigene Unvollkommenheit zu gestehen. Professor Schmidt: «Weil die Selbstironie, in der wir, glaube ich, groß geworden sind, immer wieder ein Fragezeichen hinter der Vollendung macht.» (Tr, 66) Hier spricht wohl auch der Erzähler. Dagegen steht die Selbstüberschätzung Jennys, die eigene Fehler nicht erkennt.

Schließlich kommt der Landausflug. Der führt nach Halensee, das heute mitten in der Stadt liegt am Ende des Kurfürstendamms. Von dort geht es durch den Grunewald bis Paulsborn, ein Spaziergang, den man heute auch noch machen kann. Hier ergeben sich wichtige Gespräche: Treibel und Krola, der wieder mit von der Partie ist; Treibel kann die Ehe seines Sohnes Otto gut einschätzen im Gegensatz zu Krola. Was er über die Ehe sagt, mag auch aus Fontanescher Erfahrung kommen. Jenny geht mit Schmidt und offenbart ihm, dass ihr Herz nur für die Poesie schlägt. Corinna wiederum bringt Leopold zum Eingeständnis seiner Liebe: Sie verloben sich.

Das bringt Jenny in Bedrängnis. Nun wird die Hamburger Hildegard doch herbeigerufen, die Tochter aus reichem Hause, damit den Treibels eine arme Schwiegertochter erspart bleibt. Jennys Wirken steht jetzt im Mittelpunkt. Ist Jenny leicht zu durchschauen, so ist Corinna die interessantere Gestalt. Es ist wiederum eine Frau, eine starke Frau, die Fontane zeigt, die er aber leider am Schluss von den Männern, dem Vater und Marcell, allzu rasch in die Ehe mit Marcell spannen lässt. Das Potential, das sie mitbringt, wird sie dann wohl kaum mehr entfalten können.

So endet die trefflich gebaute Komödie mit einem Happy End, glauben wir dem Erzähler: Corinna heiratet Marcell und Leopold heiratet schließlich Hildegard, beides Ehen, die hier der Vater, dort die Mutter arrangierten. Ein Happy End? Selbst Jenny wird am Schluss freundlich genannt vom alten Schmidt: «Unsere Jenny hat doch recht», sagt er, nachdem Krola ihr Lieblingslied gesungen hat. Und dann sagt Schmidt: «Und die arme Corinna!» (Tr, 166) Warum das?

Corinna sieht den Vater durchaus skeptisch: «Er unterschätzt alles Äußerliche, Besitz und Geld, und überhaupt alles, was schmückt und schön macht.» (Tr, 11) Der Vater lebt nur in seiner Gedankenwelt (Tr, 13), derzeit ist er mit den alten Goldmasken beschäftigt, die Schliemann ausgegraben hat, und mit nichts sonst. Deshalb sehnt sich Corinna nach dem prachtvollen Leben der Treibels. Und da sie eine aufgeweckte junge Frau ist, kann sie sich überall sehen lassen. Doch schränkt sie auch wieder ein: «Und zum Zeichen, dass ich, trotz ewigen Schwatzens, doch eine weibliche Natur und eine richtige Deutsche bin, soll Mr. Nelson von mir hören, dass ich auch nebenher kochen, nähen und plätten kann, und dass ich im Lette-Verein die Kunststopferei gelernt habe.» (Tr, 32)

Das ist doch ein wichtiger Hinweis: immerhin hat sie den Lette-Verein besucht, also eine Ausbildung gemacht, freilich eine typisch weibliche, könnte man sagen: Kunststopfen. Den Lette-Verein in Berlin-Schöneberg, 1866 von Wilhelm Adolf Lette gegründet, gibt es heute noch. Damals hieß er «Verein zur Förderung der Erwerbstätigkeit des weiblichen Geschlechts». Lette wollte jungen Frauen eine Ausbildung bieten, die ihnen sonst nicht geboten wurde, eine Art von privater Berufsschule.

Es heißt immer mal, Corinna habe Fontane nach dem Vorbild seiner Tochter Mete geschaffen. Mete besuchte – wie Mathilde Möhring – das Lehrerinnenseminar und wurde Lehrerin, wenn sie das auch nicht lange war. Für Corinna hätte dieser Beruf sehr gut gepasst. Allerdings hätte sie nicht heiraten dürfen. Mit Erlass von 1880 wurde Lehrerinnen der Zölibat verordnet. Heirateten sie doch, mussten sie ihren Beruf aufgeben. So bleibt Corinna zwischen der alten Rolle – kochen, nähen, plätten, stopfen – und der neuen stecken: also klug zu plaudern und an allem teilzunehmen, früh vom viel redenden Vater geübt. «Ich erfreue mich, dank meiner Erziehung, eines guten Teils von Freiheit, einige werden vielleicht sagen, von Emanzipation, aber trotzdem bin ich durchaus kein emanzipiertes Frauenzimmer. Im Gegenteil, ich habe gar keine Lust, das alte Herkommen umzustoßen, alte gute Sätze, zu denen auch der gehört, ein Mädchen wirbt nicht, um ein Mädchen wird geworben.» (Tr, 47)

Fontane hatte auch keine Sympathie für «emanzipierte Frauenzimmer», die gefielen ihm bei Henrik Ibsen, dessen Stärke er durchaus erkannte, nicht, siehe den Brief an Friedrich Stephany vom 30. September 1889 (Drei, 330). Auch hier steht er, wie an der Gestalt Corinnas deutlich wird, zwischen dem Alten und dem Neuen. Corinna gehört durchaus seine Zuneigung, aber den letzten Schritt erlaubt er ihr nicht. Mit ihrem Versuch, aus dem väterlichen Kreis auszubrechen und in den der Treibels einzuheiraten, scheitert Corinna. Es war der Versuch, ein Wohlleben zu erreichen, «das jetzt alle Welt beherrscht» (Tr, 49). Das habe sie auch «in der Gewalt». Sie will weg vom engen Kreis des Vaters, dem materiell engen, nicht dem geistig engen, den nähme sie mit. So ist Corinna eine Gescheiterte und deshalb ist der Ausruf des Vaters am Schluss «Die arme Corinna» berechtigt. Nicht nur Jenny Treibel hat gesiegt, auch Professor Schmidt hat gesiegt. Er hat seine Tochter in seinem Zirkel festgenagelt durch die Heirat mit dem Cousin. So bleibt sie wortwörtlich in der Familie. Nebstbei waren damals solche Ehen zwischen Cousine und Cousin nicht unüblich; es heißt, das kam aus der Absicht, das Vermögen der Familie zusammenzuhalten. Hier gibt es kein Vermögen. Und auch kein Glück?

Auf die Frage, ob sie Leopold Treibel geliebt habe, antwortet Corinna ihrem zukünftigen Mann Marcell: «Nein. Aber ich wollte ihn ganz ernsthaft heiraten. Und mehr noch, Marcell, ich glaube auch nicht, dass ich sehr unglücklich geworden wäre, das liegt nicht in mir, freilich auch wohl nicht sehr glücklich. Aber wer ist glücklich? Kennst du wen? Ich nicht.» (Tr, 260) Hier mag die Resignation des Erzählers mitsprechen.

Wenn denn Fontane sich selbst wenigstens teilweise in dem alten Schmidt porträtiert haben sollte, dann sind zwei Bemerkungen nicht ganz unwichtig, nämlich die zum Egoismus des Professors. «Denn er war ein Egoist, wie die meisten seines Zeichens, und kümmerte sich nicht sonderlich um die Stimmung seiner Umgebung, solange nichts passierte, was dazu angetan war, ihm die Laune direkt zu stören.» (Tr, 152) Das sagt der Erzähler, der es ja wissen muss. Es ist diese Art der Selbstbezogenheit, die geistig arbeitende Menschen oft an sich haben: sie sind ganz mit ihrem Thema beschäftigt und tragen es auch im Kopf, wenn sie beim Abendessen mit der Familie sitzen. Und das mag bei Fontane auch der Fall gewesen sein: er dachte etwa immerzu an den Roman, an dem er gerade arbeitete. Er war also nicht egoistisch für sich, sondern für seine Arbeit. Der Umgebung war der feine Unterschied gleichgültig, sie merkte nur, dass er irgendwie abwesend war. Doch gibt es auch diesen weitergehenden Egoismus, den Marcell bei Schmidt feststellt: «‹Auch schon aus Selbstsucht nicht, weil du sie gerne im Hause behieltest. Und so ein bisschen Egoist bist du ja wohl. Verzeih, ich meine nur so dann und wann und in einzelnen Stücken …› ‹Sage dreist, in allen: Ich weiß es auch und getröste mich damit, dass es in der Welt öfter vorkommt.»› (Tr, 155) Heißt es nicht, Fontane wollte Mete bei sich im Haus behalten?

Der Roman *Frau Jenny Treibel* entstand wohl zwischen dem Winter 1887/88 und dem Oktober 1891. Er erschien als Vorabdruck in der *Deutschen Rundschau* von Januar bis April 1892 und als Buch im Herbst 1892 im Verlag des Sohnes Friedrich Fontane. Er wurde ein kleiner Erfolg; bis 1899 brachte er es immerhin auf fünf Auflagen. An dem Roman *Die Poggenpuhls* arbeitete Fontane zwischen 1891 und 1894. Er wurde in Fortsetzungen in der Zeitschrift *Vom Fels zum Meer* von Oktober 1895 bis März 1896 gedruckt und als Buch wiederum bei Friedrich Fontane Ende 1896. Haben die Treibels genug Geld, aber ein – in ihren Augen – zu geringes Ansehen, der Kommerzienrat versucht vergeblich für die Konservativen zu kandidieren, um an königliche Auszeichnungen zu kommen, so haben die Poggenpuhls Adel und Ansehen, aber kein Geld, um zu repräsentieren, wie es sich gehört. Hier fehlt es an Mitteln, dort fehlt es an Titeln, zwei unterschiedliche und nicht so seltene Konstellationen in Fontanes Berlin.

Im ersten Kapitel von nur 15 Kapiteln schildert der Erzähler die Familie Pogge von Poggenpuhl, alten pommerschen Adel, die von Stargard nach Berlin gezogen ist in ein Haus an der Großgörschenstraße. Dort konnte sie bei geringer Miete eine bescheidene Wohnung erhalten, weil der Hausherr, ein ehemaliger Maurerpolier, im Regiment des Majors von Poggenpuhl stand, der bei Gravelotte gefallen ist. Die Witwe, eine geborene Pütter, also eine Bürgerliche aus einer armen, aber angesehenen Predigerfamilie, wohnt jetzt dort mit Blick auf den Friedhof zusammen mit ihren drei Töchtern Therese, Sophie und Manon.

Der Erzähler beschreibt die dürftige Einrichtung der Wohnung, an Geld fehlt es allenthalben, die Haushälterin Friederike weiß es zu beklagen. Wichtigster Teil der Einrichtung sind die Bilder der Ahnen: der Poggenpuhl, der bei Hochkirch fiel, wo am 14. Oktober 1754 die Preu-

ßen von den Österreichern im Lager überfallen wurden, weshalb das
Bild ihn im Kampf mit Unterwäsche zeigt, was ihn ehrt. Nur Friederike hat ein zwiespältiges Verhältnis zu diesem «Hochkircher», weil
ihr beim Staubwischen das Bild immer wieder herunterfällt, Ironie des
Erzählers. Ein anderer zeichnete sich bei Großgörschen aus, wonach ja
die Straße benannt ist, also in der ersten siegreichen Schlacht der preußischen und russischen Truppen gegen Napoleon am 2. Mai 1813. Der
letzte fiel eben bei Gravelotte im deutsch-französischen Krieg am
18. August 1870. Man erkennt an diesen Porträts nicht nur den Ruhm
der Familie, sondern auch die preußische Geschichte: Sie ist eine Rei-
henfolge von Kriegen, bisher siegreichen Kriegen. Und der Ruhm
bringt der Familie wenig, wie sagt man, sie kann sich nichts dafür kaufen: Ein Landgut haben sie nicht, die Pension ist so gering, dass die
Witwe mit den Mädchen kaum davon leben kann. Auch das zeichnete
den preußischen Staat aus, dass er seine Diener – Soldaten, Offiziere,
Beamte – schlecht entlohnte.

Therese, die älteste, schon 30 Jahre alt und noch nicht verheiratet,
nimmt die Tradition der Familie sehr ernst, sie hält sozusagen die Pog-
genpuhlsche Fahne hoch. Sophie, die zweite, besitzt, was bisher die Poggenpuhls nicht auszeichnete, wie der Erzähler weiß: sie hat Talent, viel-
fältiges Talent in Musik, Malerei, Literatur, und sie kann auch «einen
Hasen spicken». Bei besseren Lebensverhältnissen wären ihre Talente
wohl als «unstandesgemäß» empfunden worden (Po, 190). Manon,
17 Jahre alt, ist ohne Begabung, aber reizend, so dass sie sich überall
beliebt machen kann, besonders in «Bankierhäusern», «unter denen sie
die nicht-christlichen bevorzugte» (Po, 291). Das ist ein Nebenthema,
das bis zum Schluss mitläuft: die reiche jüdische Familie Bartenstein, in
der Manon wie zu Hause ist.

Bei aller Ironie, die ja auch ein Mittel der «Verklärung» ist, verhalten
sich die drei Schwestern vorbildlich, im Gegensatz zur Mutter, die immer mal wieder jammert, in diesem Punkte Mutter Möhring nicht unähnlich. Und so wie Mathilde Möhring ohne Klagen ihr Leben bewäl-
tigt, so hier die drei: «Sämtliche drei junge Damen vergaben sich dabei
nicht das geringste, waren vielmehr (besonders die zwei jüngeren)
ebenso leichtlebig, wie dankbar, vermieden es taktvoll, in geschmack-
lose Huldigungen oder gar in Schmeichelei zu verfallen, und standen
überall in Achtung und Ansehen, weil ihr Tun, und das war die Haupt-

sache, von einer persönlichen Selbstlosigkeit begleitet war. Sie brauchten wenig, wussten sich, zumal auf dem Gebiet der Toilette – was aber
ein gefälliges Erscheinen nicht hinderte – mit einem Minimum zu be-
helfen und lebten in ihren Gedanken und Hoffnungen eigentlich nur
für die zwei Jungens, ihre Brüder Wendelin und Leo.» (Po, 291) Das Verhalten, das Fontane hier lobt, war auch sein eigenes in der langen Zeit,
in der er gezwungen war, mit wenig Geld sich und die Familie durchzu-
bringen, insofern spricht aus diesem Lob auch eigene Erfahrung.

Die Brüder sind beim Militär Leutnants, Wendelin, der ältere, bescheiden und fleißig, Leo, der jüngere, lebensfroh, mit Schulden, das
Sorgenkind der Familie, zugleich ein liebenswerter Junge. Im zweiten
Kapitel kündigt er sich an, im dritten tritt er auf, im vierten und fünften lamentiert er, dass er keine reichen Verwandten habe, die ihm die
Schulden regelmäßig zahlen. Er ist das Beispiel des preußischen Offiziers, der über seine Verhältnisse lebt und nur durch andere finanziert
werden kann: reiche Verwandte oder eine reiche Frau. Im sechsten
Kapitel wird der Geburtstag der Mutter gefeiert. Und zu diesem Geburtstag erscheint überraschend der Onkel General, der in Schlesien
lebt. Er hat eine reiche Witwe mit Schloss geheiratet, auch noch eine
Bürgerliche, die zuvor mit einem Adeligen verehelicht war. Der General ist ein lebensvoller gutmütiger Kerl. Erst im siebten Kapitel verlässt
der Erzähler mit allen Poggenpuhls – bis auf die kränkelnde Mutter –
das Haus, bis dahin spielte alles in der Wohnung. Man geht ins Theater – es gibt ausgerechnet die *Quitzows* von Ernst von Wildenbruch,
die Parodie, die zur Wahl steht, nimmt man nicht; immerhin zeugt es
für den offenen Charakter Berlins, dass zu dem wuchtigen Preußen-
stück sogleich die Parodie mitgeliefert wurde. Danach beim Essen im
Restaurant folgt ein erstaunlich langes Gespräch des Generals mit
einem Herrn von Klessentin, der Schauspieler ist und immer die
kleinsten Rollen spielt: einen der Bauern auf dem Rütli beim Schwur
oder einen der Rekruten des Falstaff, er gehört also eigentlich mehr
zur Statisterie, ist aber dabei zufrieden.

Und hier kann der Ertrag des kleinen Romans zusammengestellt
werden, der beiläufig vom Erzähler geliefert wird, aber wohl doch die
Hauptsache ist. Da ist zunächst die schon genannte fabelhafte Haltung
der Schwestern. Und da ist sodann die ruhige Art des Herrn von Klessentin: «Und dann, Herr General, wie man mit Recht sagt, dass auch

die kleinen Existenzen ihre großen Momente haben, so ganz besonders beim Theater.» Und sind nicht fast alle Existenzen kleine Existenzen? Und können sie nicht auch ihre glücklichen Erlebnisse haben? Spielt Herr von Klessentin auch keine Hauptrollen, so kann für ihn die Rolle des Wächters vor Geßlers Hut in Schillers *Wilhelm Tell* doch eine große Rolle sein, die ihn erhebt: «Und solche glücklichen Momente habe ich auch.» (Po, 324)

Schließlich kommt als weiterer Ertrag das Selbstgespräch der guten Friederike, ihr Überblick über die Familie Poggenpuhl: «Und wenn ich denn so an das reiche Volk denke, wo ich früher war, und gar kein Mensch nich. Und daneben diese Poggenpuhls! Eigentlich haben sie ja gar nichts, un mitunter genier ich mich, wenn ich sagen muss: ‹Ja, gnädige Frau, der Scheuerlappen geht nu nich mehr.› Aber sie haben doch alle so was, auch die Therese; sie tut wohl ein bisschen groß, aber eigentlich is es doch auch nich schlimm. Und nu das Leochen! Ein Tunichtgut ist er, und ein Flausenmacher, da hat die arme alte Frau ganz recht, un hat auch seinen Nagel, wie sie alle haben, bloß die Frau nich ... na, die hat sich zu sehr quälen müssen, un da vergeht es einem ... Aber man is doch immer ein Mensch, un da darin sind sie sich alle gleich. Ich bin froh, dass ich solche Stelle habe.» (Po, 333)

Wie sagte man früher: vox populi, vox dei. Die Stimme des Volkes, die Stimme Gottes. Hier spricht die Güte, die alles sieht und alles verzeiht, aus dem Munde einer Berliner Dienstmagd. Sie ist allen andern überlegen, so wie Witwe Schmolke es in *Frau Jenny Treibel* war und die Christel in *L'Adultera*. Hier bringt Fontane die kluge und menschenfreundliche Art, die ihn selber auszeichnete. Wenn es immer mal heißt, in dem alten Professor Schmidt spreche Fontane: Mag sein, doch er spricht eher aus dem Munde von Christel, Witwe Schmolke und Friederike.

Sophie in einem Brief an die Familie: «Auch Friederike soll mir schreiben; Dienstbotenbriefe sind immer so reizend, so ganz anders wie die der Gebildeten. Die Gebildeten schreiben schlechter, weil weniger natürlich; wenigstens oft. Das Herz bleibt doch die Hauptsache.» (P, 345) Natürlich ist das auch ein Kompliment Fontanes an die kleinen Leute in Berlin, die in vielem den Mächtigen und Reichen überlegen sind. Und die Bürgerlichen sind den Adligen überlegen, jedenfalls in diesem Roman: also die Mutter Poggenpuhl und die Frau des Generals, die sich schließlich als so großzügig und großmütig erweist, wie es bei Adligen und bei Bürgerlichen nicht gerade üblich ist.

Die Mutter zu ihrem Lieblingssohn Leo, der sich immer ein Wunder erhofft: «Sich zu Wunder und Gnade so stellen, als ob alles so sein müsste, das verdrießt den, der all die Gnade gibt, und er versagt sie zuletzt. Was Gott von uns verlangt, das ist nicht bloß so hinnehmen und dafür danken – und oft genug oberflächlich genug – er will auch, dass wir uns die Gnadenschaft verdienen oder wenigstens uns ihrer würdig zeigen und immer im Auge haben, nicht was so vielleicht durch Wunderwege geschehen kann, sondern was nach Vernunft und Rechnung und Wahrscheinlichkeit geschehen muss. Und auf solchem Rechnen steht dann ein Segen.» (Po, 305) Hier spricht der Calvinist Fontane, könnte man sagen: Alles hängt ab von der Gnade Gottes, aber das heißt nicht, die Hände in den Schoß legen und warten, dass ein Wunder geschieht, sondern sich die Gnadenschaft verdienen durch strebsame Tätigkeit.

Kapitel 10, 11, 12 bestehen fast nur aus Briefen. Macht der Erzähler es sich leicht, will er schnell zu einem Ende kommen, nachdem er am Anfang so ausführlich und liebevoll die Situation der armen Adelsfamilie ausgemalt hat? Jedenfalls gibt es jetzt Briefe, die natürlich auch vom Erzähler geschrieben sind, aber in einem Brief kann er knapper schildern, rascher zusammenfassen, was in einer Erzählung ausführlicher dargelegt werden müsste.

Da ist einmal der Briefwechsel zwischen Manon und Leo, in dem es um eine Verheiratung des Leutnants geht, Heirat einzig aus dem Grunde, dass er aus seinen Schulden herauskommt. Er hat in Thorn, wo er steht, eine hübsche Jüdin gesehen, Esther, die er nun in Gedankenspielen sich als Braut ausmalt, während Manon ihre Freundin Flora anbietet, recht ausführlich, was dem Erzähler Gelegenheit gibt, die Familie Bartenstein, die der Leser nie zu sehen kriegt, vorzuführen. Das sind nicht nur reiche, sondern auch gute und feine Leute, freundlich und mit besten Umgangsformen, doch dass dies alles betont werden muss, sagt schon etwas. Sie haben Verbindungen zu höchsten Stellen und führen ein angesehenes Haus. In allem, was Manon, die Flora liebt und den alten Bartenstein auch, mitteilt, spürt man eben doch diesen Vorbehalt gegen Juden, den der christlichen Mehrheit, nicht nur des Adels. Und dass so viel Gutes über Bartenstein von Manon berichtet wird, zeigt wieder die Arbeit des Erzählers: Er will gegen das bekannte Vorurteil, das er nicht verschweigt, gegenhalten, auch ganz am Schluss des Romans, als die Poggenpuhls wohlhabend geworden sind: Manon hält auch dann an ihrer Familie Bartenstein fest, an der sie so sehr hängt.

Die anderen Briefe kommen von Sophie, die mit dem Onkel General zur Tante Josephine nach Adamsdorf in Schlesien reiste, um dort als Gesellschafterin der einsamen Tante beizustehen. Das bringt Schilderungen der Familienlage: Die Tante hat nur den Nießbrauch des Schlosses und des Vermögens, nach ihrem Tod fällt es wieder der Familie ihres ersten Mannes zu. Ein wichtiges Thema der Briefe sind die Malereien Sophies, die eine protestantische Dorfkirche ausmalt. Wieso das? Protestantische Kirchen, auch lutherische, sind mit Absicht bilderarm, sola scriptura, nur die Schrift, hatte Luther gelehrt. Und warum nehmen sie hier Raum ein; für die Handlung sind sie nicht nötig. Da ist einmal ein Bild der Sintflut, in dem auf Anraten des Onkels nicht nur die Arche Noah auf dem Berg Ararat dargestellt wird, sondern auch eine märkische bzw. schlesische Dorfkirche: «als die alte Sündenwelt unterging und die neue, bessere, sich aufbaute, war das erste, was neu erschien, [...] die Kirche jenes kleinen märkischen Dorfes» (Po, 352). Die Kirche steht wohl für das Christentum, das ein Licht in die sündhafte Welt brachte. Das Motiv ist trotzdem ungewöhnlich genug. Ist es eine Voraussage, dass Preußen untergehen wird und nur die kleinen märkischen Dorfkirchen bleiben werden, wie es geschehen ist? Das andere Motiv ist ebenfalls eines vom Untergang einer sündhaften Welt: Sodom und Gomorrha. Und hier kommt, unerwartet, Vater Bartenstein zu Wort: «Das ist eine Mahnung», sagt er (Po, 353). Mahnung für die allzu geschäftstüchtigen Juden und Christen oder nur für die Juden?

Da man annehmen kann, dass sich Fontane bei diesen Motiven etwas gedacht hat – warum stehen sie sonst hier –, kann man sie nicht einfach beiseiteschieben. Auch von der Auferstehung ist die Rede, zunächst in der Predigt des evangelischen Pfarrers. Gibt es auch eine Auferstehung im Alten Testament, fragt die Tante. Ja, sagt Sophie: Der Walfisch, der den Propheten Jonas verschlang, spuckte ihn wieder aus. Warum im Alten Testament, wo die Auferstehung im Neuen einen Höhepunkt darstellt? Soll es Juden und Christen miteinander verbinden?

Im 13. Kapitel stirbt der Onkel General allzu rasch an Typhus, im 14. Kapitel wird er beerdigt, auch der «katholsche» Pfarrer des Dorfes spricht nach dem lutherischen, wieder eine versöhnliche Geste des Autors. Und im 15. und letzten Kapitel sind die Poggenpuhls wohlhabend. Die Tante Josephine hat ihnen ein Kapital in Breslau angelegt, von dessen Zinsen sie gut leben können. Das Kapital darf auch als Mitgift für die Schwestern genutzt werden. Werden sie heiraten, nun, da sie etwas mitbringen? Nein, meint Manon, alles wird so bleiben, wie es war. Warum? Was wird aus Sophie mit ihren vielen Talenten? Das Geschenk der Tante erlöst sie aus ihrer Not. Es ist wie ein Lottogewinn, den der gutmütige Erzähler ihnen zugesteht. Das Problem der Armut von Teilen des Adels löst dieses Geschenk nicht. Eine Lösung wäre nur: eine Berufstätigkeit, mit der sie sich selbst ernähren könnten.

Hier böte sich eine Verbindung von geschäftstüchtigem Bürgertum – siehe Kommerzienrat Treibel – und traditionellem Adel an – siehe Familie Poggenpuhl –, was ja auch verschiedentlich erreicht wurde, aber durchweg nur auf die Art, dass die Bürger dem Adel das Geld brachten, das er ausgegeben hatte, in bürgerlichen Frauen. Sogar jüdische Frauen wurden mitunter geheiratet, wenn die Not am größten war. Und die jüdischen Familien wünschten sich, wie die Bartensteins, dass ihre Töchter einen von Bülow oder einen von Arnim heirateten. Dann würden sie endlich dazugehören.

47. Quitt

Unter dem 31. Oktober 1871 veröffentlichte Fontane eine Kritik über ein Stück des bekannten französischen Lustspieldichters Eugène Scribe *Feenhände*, in dem tatsächlich eine Gräfin berufstätig wird, zwar unter Pseudonym, so dass die Verwandtschaft nichts merkt, aber immerhin: Sie wird «Putzmacherin», «Vorsteherin eines großen Kleiderkunstinstituts», heute würde man sagen «Modehauses». Natürlich kommt es heraus, Verwandte wenden sich von ihr ab wegen ihres «unstandesgemäßen» Verhaltens. Doch dann erweist sich die wohlhabende Modeschöpferin als letzte Hilfe der Familie, mit ihrem Geld werden Land und Schloss gerettet. Sie ist die gute Fee. Schließlich heiratet sie auch noch standesgemäß einen Grafen und die Familie ist gewonnen. (Cau 1, 81 f.)

Fontane ist – merkwürdig genug – nicht mit dem Ergebnis des Stückes zufrieden. Er kann zwar eine einzelne Dame von Adel, die berufstätig ist, akzeptieren, aber nicht die Propaganda, dass alle es so machen müssten, wie Scribe es verlangt. So wie bei Ibsen, wo er die Emanzipation einzelner Frauen respektiert, aber nicht dessen Ideologie, dass es alle so halten müssten. Er ist gegen das Doktrinäre, das anderen Menschen vorschreiben will, wie sie leben sollen. Hier in dieser Kritik kommt ein wichtiger Absatz über seine Haltung zum Adel: «Wir gehören nicht zu denen, die die Menschheit erst vom Baron an aufwärts zu rechnen beginnen, wir haben mitunter ein leises Vorgefühl davon, als würden wir unsere Tage nicht hier, sondern in Gegenden beschließen, wo es keine Herzöge und Grafen gibt, und wir glauben dabei, des einen sicher zu sein, dass die Feudalpyramide mit zu dem letzten gehören dürfte, was wir drüben wirklich entbehren würden.» (Cau 1, 82) Und dann: «Eine liebenswürdige Putzmacherin von altem Adel ist unzweifelhaft mehr wert als eine prätentiöse Bettelgräfin – es kommt nur darauf an, ob diese Dinge in einem Einzelfall [...] an uns herantreten oder ob sie mit einem ‹Geht hin und tut desgleichen›, will also sagen, als ein neues Zeitevangelium, prinzipiell und gesinnungstüchtig, von der Bühne her zu uns sprechen.» (Cau 1, 82).

Das ist es, was er nicht ertragen kann: die gesinnungstüchtigen Prediger, die wissen, was für alle Menschen gut ist, die Ideologen, die er zu seiner Zeit schon erlebte und die dann nach ihm Europa versehrten: die Nationalisten und Sozialisten, die Darwinisten und Rassisten, die sogenannten Progressiven und die sogenannten Konservativen, die da, wo sie die Macht erreichten, ihre Doktrinen auch durchsetzten, koste es, was es wolle. Er vertrat noch die schöne Devise, die Friedrich II. zugeschrieben wird, also dem Zeitalter der Aufklärung: Jeder soll nach seiner Façon selig werden können, nach seiner, nicht nach meiner.

«Die Welt liegt in Wehen; wer will sagen, was geboren wird! Der Sturz des Alten bereitet sich vor. Gut, die Dinge gehen ihren ewigen Gang; tut eure Maulwurfsarbeit, ihr die ihr unten seid. Millionen leben, die an dem Fortbestand dessen, was da ist, kein besonderes Interesse haben können, die eine Art Recht haben, wie an der Glücksbude, die Chance eines Wechsels der Dinge zu befragen. Mögen sie tun, was sie nicht lassen können, und mag es über uns hereinbrechen, früher oder später. Aber Wahnsinn ist es und Verbrechen, wenn die ‹begünstigte Minorität› […] wenn die, die nur verlieren können und nie gewinnen können, wenn diese, sag ich, aus Eitelkeit, aus Popularitätshascherei und Gewinnsucht von heute auf morgen […] sich selber das Brett unter den Füßen wegziehen.» (Cau I, 82 f.)

Gewichtige Worte in einer Theaterkritik der *Vossischen Zeitung* im Oktober 1871, in dem Jahr, in dem das Deutsche Reich von Bismarck errichtet worden war, mit dem preußischen König als deutschem Kaiser, als durch Deutschland eine enthusiastische Welle des Nationalismus schwappte, als viele annahmen: jetzt haben wir es geschafft, für jetzt und alle Zeit. Da schrieb Fontane von Umbruch und Untergang des Alten, was er unabänderlich kommen sah! Und er hat Recht behalten: es waren die, die nur zu verlieren hatten, die preußische Elite in Politik und Militär, vor allem Adlige, die den Sturz in den Abgrund 1914 riskierten, der das alte Europa vernichtete. Es waren nicht die Millionen, die unten lebten, die hatten wie immer darunter zu leiden, sie hatten den Kopf hinzuhalten für die Fehler der Mächtigen.

In dem Absatz über den Adel taucht Amerika auf, ohne dass es genannt wird: «drüben» heißt es, in Gegenden, in denen es keine Herzöge und Grafen gibt. Und dann später: «diesseits des großen Wassers». Fontane hat nicht sein Leben in diesen «Gegenden» beschlossen, aber er hat sich intensiv mit ihnen auseinandergesetzt in einem Roman, der lange wenig Beachtung fand: in *Quitt. Quitt* ist ziemlich umfangreich, der Roman hat 37 Kapitel, davon spielen 16 in Schlesien, das ist der erste Teil, und 20 in den Vereinigten Staaten, das ist der zweite Teil. Das letzte Kapitel berichtet wieder aus Schlesien. Immerhin 20 Kapitel Amerika! Der zweite Teil ist etwa so dick wie ein «normaler» Roman Fontanes. Das Gewicht liegt also auf diesem zweiten Teil, nicht auf dem ersten.

Im ersten Teil konnte er von seinen guten Kenntnissen Gebrauch machen, spielt er doch in Krummhübel und Umgebung, wo er oft Ferien machte. Wohl schon im Sommer 1884 erfuhr er von dem Vorfall, der den Anstoß zum Roman gab: der Förster Wilhelm Frey war von einem Wilderer erschossen worden, der Mörder war nach Amerika entkommen; das ist denn auch der Kern der Geschichte des Romans. In einem Brief an seine Tochter Mete vom 16. Juni 1885 berichtet er ihr vom Denkmal, das die Kollegen dem Förster errichteten: «Das Material für meine Novelle habe ich nun zusammen. Auf dem Denkmal steht ‹Ermordet durch einen Wilddieb›. Ich finde dies zu stark. Förster und Wilddieb leben in einem Kampf und stehen sich bewaffnet, Mann gegen Mann, gegenüber; der ganze Unterschied ist, dass der eine auf dem Boden des Gesetzes steht, der andere nicht. Aber dafür wird der eine bestraft, der andere belohnt. Von ‹Mord› kann in einem ebenbürtigen Kampfe nicht die Rede sein.» (Drei, 280 f.) Es dauerte dann doch noch vier Jahre, bis die Novelle, die sich zum Roman auswuchs, fertig war: im April 1889. 1890 druckte *Die Gartenlaube* das Werk mit starken Kürzungen, vor allem im zweiten Teil, was Fontane hinnahm. Im November 1890 brachte Wilhelm Hertz das Buch mit dem Datum 1891.

Im ersten Teil stellt Fontane den Ort und das Milieu vor und die beiden Hauptfiguren: den Förster Opitz und den Stellmacher Lehnert Menz, die verfeindet sind. Opitz war schon Lehnerts Unteroffizier im deutsch-französischen Krieg; er verhinderte, dass Lehnert das Eiserne Kreuz erhielt, das ihm wegen seiner Tapferkeit zugestanden hätte. Das vergisst ihm Lehnert nicht. Opitz ist dieser Typ des preußischen Untertanen, wie ihn dann Heinrich Mann im gleichnamigen Roman karikierte: nach unten knechten, nach oben buckeln. Und nach zwei Seideln Bier wird er sentimental. Opitz ist nicht nur negativ gezeichnet, er hat auch seine großzügigen Seiten, doch letztlich sieht er sich als Stütze für Thron und Altar. Seine Eitelkeit verlangt es: Er ist wer in seiner Försteruniform.

Lehnert dagegen ist ein störrischer Mensch, dickköpfig, ungesellig, wiewohl beliebt. Er könnte Opitz aus dem Weg gehen, doch sie wohnen nebeneinander. Er könnte den Wald meiden, jedenfalls müsste er nicht wildern, hat er doch sein kleines Einkommen durch das Geschäft, das er vom Vater übernahm. Pfarrer Siebenhaar redet auf ihn ein, mit Erfolg, wie es zunächst scheint. Doch im neunten Kapitel passieren zwei Kleinigkeiten: Der Hund von Opitz tötet den Silberhahn von Lehnert, und Lehnert schießt einen Hasen, der auf seinem Acker war. Opitz tut großzügig, berichtet aber dann doch ausführlich an den Grafen, den Besitzer von Wald und Wild. Das ist eine alte feudale Geschichte: Die kleinen Leute hungerten und froren, es war ihnen aber verboten, Hasen, gar Rehe zu schießen oder auch nur Reisig aus dem Wald zu holen, alles gehörte den hohen Herren. Die Folge war: Die Armut führte zur Kriminalität.

Christine, das Dienstmädchen von Opitz, hofft auf eine Heirat mit Lehnert und erzählt deshalb alles, was bei Opitz geschieht, im Nachbarhaus: so erfährt Lehnert auch vom Bericht an den Grafen. Christine meint es gut, ist aber der Unglücksbote. Im 11. Kapitel erschießt Lehnert den Förster, nachdem er, merkwürdig genug, mehrmals das Los befragte, also ob ihm dies die Verantwortung nähme. Der erste Schuss von Opitz versagt, Lehnert schießt zweimal, will also Opitz töten. Schlimm dann Kapitel 13, in dem Lehnert die Hilferufe des verblutenden Försters hört, in der Kneipe Hilfe erfleht, doch die dort sitzen, wollen in Ruhe ihren Skat zu Ende spielen und erst am Morgen nachsehen. Opitz ist tot. Lehnert entflieht.

Fontane zeigt schon, wie er es im Brief an Tochter Mete schrieb, die beiden Kontrahenten auf Augenhöhe, er hebt also den Wilderer an, doch nimmt er dessen Gewalttat ernst, so ernst, dass er ihn im gesamten zweiten Teil Reue und Sühne erbringen lässt. Wie sagte Lehnert zu seiner Mutter: «Und nun will auch Siebenhaar noch mit ihm sprechen, mit Opitz, als ob das was helfen könnte, will mich mit ihm versöhnen, und ich hab's auch versprechen müssen. Aber ich mag nicht. Ich hasse ihn, und Hass ist überhaupt das Beste, was man hat.» (Qu, 33) Hass ist das Beste, was man hat, ein ungeheurer Satz. Im zweiten Teil muss Lehnert die Liebe lernen: Liebe deinen Nächsten wie dich selbst. Liebe deine Feinde. Das sind christliche Gebote. Und so kommt er denn auch in eine christliche Gemeinde in Amerika.

Das kann ja kein Zufall sein. In den Vereinigten Staaten gab es damals genug deutsche Ansiedlungen, in die Fontane ihn hätte schicken können. Er ließ Lehnert aber eine Mennonitenkolonie finden, die es wirklich gab. Was immer wieder als Vorbehalt gegen diesen zweiten Teil gesagt wurde – er sei blass, Land und Leute stimmten nicht –, hat sich als falsch erwiesen. Der neuseeländische Germanist James Bade war dort, er hat die Gegebenheiten besichtigt, die Landschaft, die Gebäude, soweit sie noch stehen, er hat die Archive und Museen aufgesucht: Fontane hat sehr gut recherchiert. Alles stimmt! (Bade) So wie er es beschreibt, so war es zu der Zeit, als er am Roman arbeitete. Dieser zweite Teil bringt eine realistische Darstellung; er zeigt die Realität, auch wenn Fontane diese Realität nie selbst kennenlernen konnte.

Die Mennoniten sind eine evangelische Freikirche, nahe verwandt den Hutterern und den Amischen, die ebenfalls in den USA ihre Siedlungen hatten und haben. Ihr Name kommt von ihrem Begründer, dem Niederländer Menno Simons (1496–1561). Sie gehören zu der Täuferbewegung, die eine Erwachsenentaufe verlangt und die von den Lutheranern und den Calvinisten unterdrückt wurde. In Polen, dessen katholische Könige wirklich tolerant waren im Gegensatz zu den preußischen – in Polen lebten auch Juden und böhmische Brüder – konnten sie siedeln. Nach der ersten polnischen Teilung 1772, als ein Teil Polens zu Preußen kam, verließen sie das Land und zogen nach Russland und nach Amerika. Ihre Lehre zeigt ihre Zugehörigkeit zur Reformationsbewegung in Europa, die ja nicht nur Luther umfasste; Jan Hus wirkte hundert Jahre vor diesem. Sola scriptura, nur die Heilige Schrift ist maßgebend, solus Christus, nur in Christus ist das Heil, sola gratia, nur die Gnade Gottes hilft, nicht eigene Handlungen, sola fide, der Glaube entscheidet. Und sie nehmen das Gewaltverbot, das aus der Botschaft Christi abzulesen ist, ernst: Sie sind Pazifisten.

In eine amerikanische Gemeinde der Mennoniten kommt also Lehnert durch Zufall; ein Zufall im Roman ist immer das Werk des Erzählers. Also durch Zufall lernt Lehnert im Zug Toby kennen, den Sohn des Gemeindevorstehers Obadja Hornbostel, und der lädt ihn ein zu seinem Vater. Dieser nimmt ihn auf, zunächst als Mitarbeiter, dann später als Taufgesinnten, wie die Mitglieder heißen: Lehnert wird ein Mennonit. Nach seiner Begrüßung im Hause Obadjas heißt es: «Er war wie benommen von dem allen. Das war mehr Liebe, als er sich in seinem ganzen dreiundreißigjährigen Leben zusammenrechnen konnte. Er legte die Hand auf die Stuhllehne, drin ein Kleeblatt eingeschnitten war, und faltete die Hände zum ersten Mal seit vielen Jahren.»

In der Siedlung, die Fontane Nogat-Ehre nennt, denn vom Fluss Nogat in Westpreußen kamen diese Mennoniten, leben höchst unterschiedliche Menschen, Zeugnis für die Großzügigkeit des Obadja, der jeden nach seiner Individualität beurteilt und nicht nach seiner nationalen oder religiösen Zugehörigkeit: Das preußische Ehepaar Kaulbars ist streng preußisch und lutherisch; die Magd Maruschka ist Polin und katholisch, der Litauer Totto glaubt an seine alten Götter, und der Franzose L'Hermite ist sogar Atheist, aber ein angenehmer, erfindungsreicher Mann, mit dem Lehnert sich anfreundet. Ob die Mennoniten mit dieser Kombination einverstanden sind, sei dahingestellt; ihre

Gelehrten, die den Roman lasen, bestätigten immerhin, dass Fontane sie richtig dargestellt habe. (Bade)

Fontane geht es wohl um das friedliche Miteinander unterschiedlicher Menschen: «Es war kein herzlicher, aber doch ein unausgesetzt friedlicher Verkehr, in dem man lebte [...].» (Qu, 126) Und dies demonstriert er am Modell dieser freundlichen Mennoniten. Der zweite Teil des Romans hat, könnte man sagen, eine politische und eine religiöse Dimension, wobei die letztere dominiert, denn entscheidend auch für das friedliche Zusammenleben ist die christliche Religion. Im Grunde geht es auch mehr um ein soziales Modell als um ein politisches. Über Politik wird diskutiert, über das Soziale nicht, das wird gelebt. Und der Hintergrund des Ganzen ist das Christentum, das auch die Entwicklung Lehnerts bestimmt.

Die Kaulbars sind ergebene Anhänger der preußischen Monarchie und lehnen die amerikanische Demokratie ab: Alles sei nur aufs Geschäft gestellt, womit sie ja nicht ganz unrecht haben. Doch man weiß nicht recht, warum sie dann nach Amerika gekommen sind. Obadja macht zwei unterschiedliche politische Äußerungen. In der ersten sieht er auch die amerikanische Republik kritisch: die «Despotie der Massen», die schwankend seien, tadelt er. So sehr er die Freiheit liebe, so sei sie doch auch mit einer Unruhe verbunden, die fehle, wo stabile Gewalten zu Hause seien. Hier spricht der Preuße, der die demokratischen Verhältnisse nicht so genau kennt, also eher Fontane als Obadja, der denn auch die Nüchternheit und den Fleiß der Preußen lobt, den sie auch ihren Herrschern verdankten. Doch der wichtigste Satz des frommen Mannes: «Ja, Lehnert, der dient ihm [Christus] am besten, der in der Arbeit steht und Ordnung hält.» (Qu, 118 f.). Dies zusammenzubringen – die Freiheit und die Ordnung –, das ist das Ziel, und das ist in Nogat-Ehre gelungen.

Später spricht sich dann Obadja entschieden für die Republik aus – nach der Lektüre einer Vorrede in des Schweizer Pädagogen Pestalozzi *Gertrud und Lienhardt*. Hier weist Obadja (und Fontane) auf den Unterschied hin zwischen der Schweizer Literatur und der deutschen; der Unterschied ist der «republikanische Geist» der Schweizer. «Und dass derselbe hier lebendig ist, hier in dieser herrlichen alten Schweizergeschichte, das ist ein Vorzug, dessen sich nur wenig deutsche Bücher rühmen dürfen. Über allen deutschen und namentlich über allen preußischen Büchern, auch wenn sie sich von aller Politik fernhalten, weht ein königlich preußischer Geist, eine königlich preußische privilegierte Luft; etwas Mittelalterliches spukt auch in den besten und freiesten noch, und von der Gleichheit der Menschen oder auch nur von der Erziehung des Menschen zum Freiheitsideal statt zum Untertan und Soldaten ist wenig die Rede. Darin ist die schweizerische Literatur, weil sie die Republik hat, der deutschen überlegen, und alle Deutschen, die, wie wir, das Glück haben, Amerikaner zu sein, haben Grund, sich dieses republikanischen Zuges zu freuen.» (Qu, 162 f.)

Die deutsche Enge, die Fontane nie ganz überwunden hat, aber doch mehr als fast alle anderen deutschen Autoren seiner Zeit, hat er hier benannt: Sie kommt aus den deutschen Verhältnissen. Doch so, wie hier die Republik gegen die Monarchie, zumal die preußische gestellt wird, so dort gegen die Anarchie und den Kommunismus, denn merkwürdig genug: Fontane setzt in die Prärie von Oklahoma den Mann, der den Befehl zur Erschießung des Pariser Erzbischofs gab in den Tagen der Commune; es ist L'Hermite, der doch ein so netter Mensch geworden ist, wie Lehnert, der aber an seiner Schuld trägt wie dieser. Nachts erscheint ihm am Fenster ein Mann mit dem Kreuz auf der Brust, und auch Lehnert glaubt im Gebirge, das ihn an das schlesische erinnert, einen toten Mann zu sehen.

Die beiden, die ihre Schuld mit sich tragen, über die sie nicht sprechen, haben sich vielleicht auch deshalb angefreundet, zwei Gezeichnete. L'Hermite nennt Lehnert «Cain sentimentale», empfindsamer Kain; Kain erschlug seinen Bruder Abel und trug seitdem ein Zeichen. Die Schuld belastet Lehnert und er bedauert, dass Obadja ihm nicht die Beichte abnahm: «die verborgene Schuld ist die schwerste». (Qu, 138 f.) Später dann sieht er ein: «Nein. Gewissen. Es half nicht Reue, nicht Beichte; was geschehen war, war geschehen, und im selben Augenblicke, wo nur noch ein Schritt, ein einziger, ihn von seinem Glücke zu trennen schien, sah er, dass dieser Schritt ein Abgrund war.» (Qu, 201) Lehnert liebt die Tochter Ruth des Obadja, er bittet den Vater um ihre Hand. Der Vater verlangt von ihm, sich zu bewähren. Bei einem Ausflug rettet er Ruth, die von einer giftigen Schlange gebissen wurde; er saugt das Gift aus. Beide überleben. Hoffnung klimmt auf, doch: «Eine Schuld lag auf ihm; aber hieß es nicht im Gebet, das Christus selbst uns gelehrt hat: und vergib uns unsere Schuld? Und wenn Christus es so gelehrt und geboten hatte, so musste es doch eine Möglichkeit der Erhörung geben und bei rechter Demut und Zerknirschung auch wohl eine Gewissheit.» (Qu, 202)

Auf der Suche nach Toby, der ins Gebirge ging und nicht rechtzeitig zurückkehrte, stürzt Lehnert unglücklich, ein Hüftknochen ist «aus dem Gelenk gesprungen». Das ist ein Zitat aus der Bibel (Moses 1, 26 u. 27): Jakob ringt mit einem Engel in der Nacht. Der Engel rührt das «Gelenk der Hüfte» von Jakob an und verrenkt es. Und Jakob spricht: «Ich lasse dich nicht, du segnest mich denn.» Hat Lehnert so den Segen erreicht? Er leidet unter starken Schmerzen, er kann nicht mehr gehen. Nun ist er in derselben Situation wie einst Opitz; sein Erzähler hat ihn in diese Situation gebracht: Verbrechen lohnt sich nicht, es rächt sich an dem Täter. Das lehrte schon *Unterm Birnbaum.* Einsam stirbt Lehnert, wie Opitz einsam starb. Auch sein rascher Tod ist so wenig glaubhaft wie der des Hradschek in *Unterm Birnbaum.* Er konnte nicht gehen, aber er hätte doch noch mehrere Tage leben können, bis ihn die andern gefunden hätten. Doch es geht um das, was er sterbend auf einen Zettel kritzelt: «Vater unser, der du bist im Himmel ... und vergib uns unsere Schuld ... Und du, Sohn und Heiland, der du für uns gestorben bist, tritt ein für mich und rette mich ... Und vergib uns unsere Schuld ... Ich hoffe: quitt.» (Qu, 213) Bei der Beisetzung singen die Kinder wieder das Lied, das ihn so beeindruckte:

> Valet will ich dir geben,
> Du arge, falsche Welt,
> Dein sündlich böses Leben
> Durchaus mir nicht gefällt;
> Im Himmel ist gut wohnen,
> Hinauf steht mein Begier,
> Da wird Gott ewig lohnen
> Dem, der ihm dient allhier. (Qu, 215)

Damit endet der religiöse Roman. Es folgt wie im alten griechischen Theater nach der Tragödie ein Satyrspiel, ein kurzes. Das letzte Kapitel spielt wieder in Preußen, in Krummhübel, wohin Obadja einen Brief schrieb vom Leben und Sterben Lehnerts. Familie Espe aus Berlin ist angekommen, Feriengäste, die wir schon im ersten Teil kennengelernt haben. Der Vater, bisher Rechnungsrat, ist jetzt Geheimrat, die Mutter sieht ihn endlich mit Respekt, die zwei Mädchen sind nicht von ihm, sie stammen aus der Mutter «Vorleben». Rat Espe regt sich auf, dass im Fall Lehnert der preußische Staat nicht seine Gerichtsbarkeit ausüben konnte: «Der Staat, wenn ich mich so ausdrücken darf, ist in diesem Fall in seinem Recht leer ausgegangen, und die Justiz hat das Nachsehen. Und das soll nicht sein und darf nicht sein. Ordnung, Anstand, Manier.» (Qu, 220) Die Ordnung in Nogat-Ehre war eine andere.

48. Zwischen Skepsis und Glaube

Dass Lehnert den Obadja in Nogat-Ehre fand, sie hatten sich schon einmal vor Jahren gesehen, bringt diesen zu der Feststellung: «Und darin habt Ihr recht, denn es gibt solche Zeichen, so gewiss es eine Vorbestimmung und eine Gnadenwahl gibt. Und das ist unser aller Hoffnung, ein solch Erwählter zu sein.» (Qu, 118) Diese Gnadenwahl, die in den Romanen Fontanes immer wieder kurz erwähnt wird, ist ein Kennzeichen des Calvinismus, nicht der Mennoniten, denen sie hier untergeschoben wird. Selbst die säkulare Bezeichnung fällt in *Quitt.* L'Hermite spricht vom Fatum, vom Schicksal: «Gut denn, es gibt keinen Gott, wenigstens nicht für mich. Aber mon cher ami, es gibt ein Fatum. Und weil es ein Fatum gibt, geht alles seinen Gang, dunkel und rätselvoll, und nur mitunter blitzt ein Licht auf und lässt uns gerade so viel sehen, um dem Ewigen und Rätselhaften, oder wie sonst Ihr's nennen wollt, seine Launen und Gesetze abzulauschen.» (Qu, 200) Dieses Rätselhafte, Undurchschaubare mögen manche Gott nennen, L'Hermite vermeidet dieses Wort, meint aber dasselbe: eine höhere Macht.

Schon in *L'Adultera* steht es am Ende des zweiten Kapitels. Van der Straaten: «Es kommt, was kommen soll. Und wie sagtest du doch? Es sei so viel Unschuld in ihrer Schuld …» Melanie: «… Und vorherbestimmt, sagt ich. Prädestiniert!» (Ad, 15) Hier steht das Wort, schließlich kommt Melanie aus Genf, der Hauptstadt des Calvinismus. Warum kommt sie von dort, wenn nicht der Calvinismus in den Roman hineingespielt werden soll? Franziska in *Graf Petöfy*: «Unser ganzes Leben ist eine Kette von Gnaden, aber als der Gnaden größte bedünkt mich doch die, dass wir nicht wissen und nicht wissen sollen, was der nächste Morgen uns bringt. Und weil wir's nicht wissen sollen, sollen wir's auch nicht wissen wollen.» (Gr, 163) Und Frau von Carayon in

Schach von Wuthenow: «Aber das lass dir sagen, es liegt alles vorgezeichnet in uns, und was Ursach' scheint, ist meist schon wieder Wirkung und Folge.» (Sch, 292) In *Unwiederbringlich* nennt Graf Holk, obwohl er lutherisch ist, wie er sagt, den Namen von Calvin, um die Erfolge von Erziehung in Frage zu stellen: Es werde jedem alles schon in die Wiege gelegt, meint er (Un, 35).

Prädestination heißt die Vorherbestimmung des menschlichen Handelns und seines Ausgangs. Alles ist vom Willen Gottes abhängig, auf dessen Gnade man nur hoffen kann. Das gibt dem Menschen Sicherheit, er weiß, es ist schon alles festgelegt, alles liegt in Gottes Hand, aber es lässt ihn auch weiterhin streben und vorankommen, denn am Erfolg lässt sich die Gnadenwahl ablesen. Deshalb sollte man sich nicht ausruhen und auf ein Wunder warten, wie die alte Frau Poggenpuhl ihrem Sohne Leo vorhält: «Sich zu Wunder und Gnade so stellen, als ob alles so sein müsste, das verdrießt den, der all die Gnade gibt, und er versagt sie zuletzt. Was Gott von uns verlangt, das ist nicht bloß hinnehmen und dafür danken – und oft oberflächlich genug – er will, dass wir uns die Gnadenschaft verdienen oder wenigstens uns ihr würdig zeigen und immer vor Augen haben, nicht was so vielleicht durch Wunderwege geschehen kann, sondern was nach Vernunft und Wahrscheinlichkeit geschehen muss. Und auf solchem Rechnen steht dann ein Segen.» (Po, 305)

Warum fügt Fontane solche Sätze in seine Romane? Für die Handlung sind sie nicht notwendig, man kann sie manchmal als Vorausdeutungen nehmen, aber nicht immer. Hier kommt eben doch eine Sicht der Welt zum Ausdruck, die ihm als Calvinisten geläufig ist und die er deshalb auch mitteilt, d. h., er sieht die Welt so, mag er auch sonst – mit Effi zu sprechen – ein schwacher Christ sein. Er stellt die Welt so dar, wie er sie sieht – und da gehört die Prädestination eben dazu, mag er auch zwischen Vorsehungsglaube und Schicksalsglaube schwanken, mal also wie Obadja reden, mal wie L'Hermite, es läuft auf dasselbe hinaus. In einem Brief an Tochter Mete vom 2. Januar 1887: «Aber sicher hat man's nie, und um die Gnade der großen Rätselmacht, sie heiße nun Gott oder Schicksal, muss immer gebetet werden. Sicherheit ist Gefahr; wir sollen in einem Bangen bleiben und jedem neuen glücklichen Tag neuen Dank entgegenbringen.» (Fam 2, 146)

Es sind nicht zuletzt die extremen Situationen, die existentiellen, also die, in denen es um die Existenz geht, um Leben und Tod, in denen allein der religiöse Ruf zu bleiben scheint, soweit noch ein Rest der Religion vorhanden ist. Geschieht ein großes Unglück, ein schreckliches Verbrechen, gibt es auch heute keine Antwort, nur Hilflosigkeit, bis ein ökumenischer Gottesdienst angesetzt wird, den dann auch Menschen besuchen, die sonst nicht in die Kirche gehen. Fontane erlebte die existentielle Situation in seiner französischen Gefangenschaft, als er am Abend erfuhr, der General werde am nächsten Tag über ihn entscheiden, das hieß: Hinrichtung als Spion oder Entlassung als Gefangener. Er hatte morgens die Schüsse der Exekutionen gehört. In der Nacht lag er wach: «Ich sah nur die schwarzen Kugeln in die Urne fallen und – mon sort fut decidé [mein Schicksal war entschieden]. Eine halbe Stunde lag ich so, oder vielleicht länger, ich weiß es nicht. Dann hatte ich mich mit der Gewissheit meines Schicksals auch wieder gefunden. Eine Fassung kam über mich, deren ich mich nicht für fähig gehalten hätte. Ich war fertig mit allem und bat Gott, mich bei Kraft zu erhalten und mich nicht klein und verächtlich sterben zu lassen. Genug davon. War es Erschöpfung oder war es die Ruhe vollster Ergebung – ich schlief wieder ein.» (Kri, 44) In einem Brief an seine Frau vom 27. Oktober 1870 aus Besançon schrieb er: «Wo die Kräfte herkommen, weiß ich nicht. Alles Gnade Gottes.» (Fam 1, 209)

So sind es auch die existentiellen Situationen seiner Figuren in den Romanen, in der Regel vor ihrem Tod, in der Regel am Ende des Romans, in denen sie sich an Gott wenden und ihr Leben in christlichem Licht sehen: Renate in *Vor dem Sturm*, Victoire in *Schach von Wuthenow*, Cécile in *Cécile*, Gideon Franke in *Irrungen, Wirrungen*, Lehnert in *Quitt*, Gräfin Holk in *Unwiederbringlich*, Effi in *Effi Briest*, der alte Stechlin in *Stechlin*.

Dass so viele Pfarrer in den Romanen und Novellen Fontanes auftreten, darf nicht als Zeichen seiner Frömmigkeit gelesen werden; im landläufigen Sinne war er nicht sehr fromm. Es ist Teil seines Realismus. In den märkischen Dörfern war nun mal der Pfarrer die wichtigste Gestalt, also muss man ihn schildern, will man die Realität des Dorfes erfassen. Sie waren auch in der Regel die einzigen Nicht-Adligen, die von den Adligen an ihren Tisch gezogen wurden als Gesprächspartner. Wie einsam wäre der alte Stechlin ohne seinen Pfarrer Lorenzen; er hätte nur seinen Diener als Partner. Es war ein Wechselverhältnis, denn der Grundherr hatte in der Regel das Patronat über die Kirche, konnte also einwirken auf die Gemeinde und auf die Anstellung des Pfarrers. Auf der anderen Seite war der Pfarrer der geistliche Leiter und Lehrer, der dem Grundherrn und seiner Familie den Weg wies zum Heil.

In Berlin spielen die Pfarrer natürlich nicht die zentrale Rolle, die sie auf dem Land innehaben, also kommen sie dort auch kaum vor. In acht Romanen und Novellen sind die Pfarrer wichtige Personen, in sieben kommen sie überhaupt nicht vor. Es gibt sie in *Vor dem Sturm, Grete Minde, Ellernklipp, Unterm Birnbaum, Graf Petöfy* (ein katholischer Pater), *Cécile, Quitt, Unwiederbringlich* und *Stechlin*. Es gibt sie nicht in *L'Adultera*, dort sucht Melanie nur einmal die Kirche auf; in *Schach von Wuthenow*, auch dort besucht Victoire am Schluss die römische Kirche; in *Irrungen, Wirrungen*, dort hält Franke eine kurze Predigt, in *Stine*, dort kündigt Witwe Pittelkow an: sollte ihre Schwester sich noch verheiraten, dann ginge sie in den Sonntagsgottesdienst; in *Effi Briest*, dort gibt es nur eine Erinnerung an Pfarrer Niemeyer, der Effi erzog, in Berlin steht ihr der alte Arzt bei; in *Die Poggenpuhls* ist nichts dergleichen und in *Mathilde Möhring* auch nicht. In den Berliner Romanen sind also die Pfarrer nicht vorhanden, so wie sie eben in der großen Stadt nicht allzeit präsent waren wie im Dorf, sondern erst aufgesucht werden mussten. Dass die Pfarrer vom Erzähler unterschiedlich bewertet werden, entspricht auch der Realität: es gab eben freundliche und weniger freundliche Geistliche, gute Prediger und weniger gute. Dabei war Fontane recht kritisch.

Die herbste Kritik an der lutherischen Kirche formulierte er in einem Brief an Georg Friedlaender vom 29. November 1893, also in seinen späten Jahren, in denen auch seine Kritik am preußischen Staat wuchs. Anstoß sind Lutherfestspiele, von denen er gehört hat: «[...] ein lebendiges Luthertum kann wohl Lutherfestspiele schaffen, aber mit Ach und Krach zusammengebrachte Lutherfestspiele können kein lebendiges Luthertum wiederherstellen. Ich wüsste nichts zu nennen, was so in der Décadence steckte, wie das Luthertum. An die Stelle bestimmter Dogmen, die Produkt der Kirche waren, hat Luther Dogmen gesetzt, die seiner persönlichen Bibelauslegung entsprachen und diese neueren Dogmen, die übrigens mit den alten vielfach eine verzweifelte Ähnlichkeit haben, sollen nun, trotzem die Forschung frommer Männer ihre Fraglichkeit dargetan hat, mit demselben Feuer und Schwert-Rigorismus aufrecht erhalten werden, wie die alten. Die Offiziere, die ihre Kommandoworte schreien, sind da, aber wo ist die Truppe? Ich sehe viele, die nicht da sind. Eigentlich kenne ich keinen, der da ist, natürlich die paar tausend Pastoren abgerechnet. Lasse ich diese außer Spiel, so gibt es nur Rationalisten, Deisten und Atheisten; Personen, die stramm zum lutherischen Glaubensbekenntnis stünden, kenne ich nicht. Und nun kommt Richter und will mit Lutherfestspielen und seinem Freunde Otto Devrient [...] die norddeutsche Menschheit wieder auf das Luther-Dogma stellen. Die norddeutsche Menschheit will aber nicht.» (Frie, 327 f.)

Hier spricht ein Calvinist; mag er auch nicht fromm sein, so hat er doch die Distanz des Calvinismus zum Luthertum, die mitunter bis zur scharfen Ablehnung geht, kennengelernt. Zudem: die lutherische Kirche ist die Stütze des preußischen Staates, der ihm immer fragwürdiger wird. Sie wird von diesem kontrolliert und genährt und als Gegengabe liefert sie in der Regel die geistliche Begleitung der preußischen Politik. Das tat sie noch bis in den Ersten Weltkrieg hinein.

Fontanes Haltung zur eigenen Konfession war ebenfalls recht distanziert und auch sein Verhältnis zur französischen Kolonie, der anzugehören doch sein Stolz war: Das südfranzösische Erbe hielt er hoch. Erst 1885 wurde er offiziell Mitglied der Kolonie, die von einem Konsistorium geleitet wurde. Sohn Theodor wollte sogar Prediger werden, zwei Jahre lang studierte er im reformierten Seminar, dann zog er sich zurück. Er durfte aber noch dort wohnen, weil zu Hause kein Platz für ihn war. Der Vater musste dafür bezahlen; erst nachdem Theodor das Jurastudium abgeschlossen hatte und Beamter geworden war, konnte er die Raten selbst abzahlen.

Zum 200-jährigen Jubiläum des Potsdamer Edikts, das die Hugenotten zur Einwanderung nach Brandenburg eingeladen hatte, gab es 1885 ein Fest im größten Saal Berlins, in der Philharmonie. 2200 Personen kamen zusammen, Fontane schrieb einen Prolog, den Richard Béringuier vortrug. Darin heißt es: «Land-Fremde waren wir, nicht Herzens-Fremde. / So ward die Freistatt bald zur Heimatstätte, / Zur Stätte neuer Lieb und was seitdem / Durch Gottes Ratschluss dieses Land erfahren, / Wir lebtens mit, sein Leid war unser Leid. / Und was es freute, war auch unsere Freude. / Wohl pflegten wir das Eigne, der

Gemeinde / Gedeihn und Wachstum blieb uns Herzenssache. / Doch nie vergaßen wir der Pflicht und Sorge, / Dass, was nur Teil war, auch dem Ganzen diene.» (Nü, 607) Es ist keine fromme Rede. Die Gemeinschaft der Berliner Hugenotten, immerhin 200 Jahre nach ihrer Einwanderung noch als Gemeinschaft lebendig, war eine gesellschaftliche Vereinigung, die nur noch locker von der Konfession zusammengehalten wurde. Man war Calvinist, machte aber spärlichen Gebrauch davon, wie eben Fontane.

Bleibt die Frage, wie es kommt, dass die Romane Fontanes und seine Briefe so vielen Menschen Trost und Hilfe sind. Wer Heimweh hat, wer niedergeschlagen ist, wer unglücklich ist, greift nach ihnen, wie man immer wieder hört. Es gibt Menschen, die fast jeden Tag in Fontane lesen, so wie früher Menschen jeden Tag in der Bibel lasen. Woher kommt dieser Zuspruch, den sie in den Texten finden, die doch gar keine Erbauungsliteratur sind und schon gar nicht religiöse? Gustav Radbruch, einer der bedeutendsten deutschen Rechtsgelehrten des 20. Jahrhunderts, hat sich diese Frage gestellt, nachdem er selbst sich jahrelang mit Fontane beschäftigt hatte. Er war zweimal Justizminister in der Weimarer Republik, Mitglied der Sozialdemokratie und hatte die Ehre, der erste deutsche Professor zu sein, dem die Nationalsozialisten 1933 das Amt nahmen. Er lebte hinfort zurückgezogen in Heidelberg und las Fontane, den er schon im Schützengraben des Ersten Weltkriegs gelesen hatte. Frucht seiner Lektüre ist ein Bändchen von 68 Seiten, das er sogleich nach dem Krieg im Herbst 1945 im Leipziger Verlag Koehler und Amelang herausgab: *Theodor Fontane oder Skepsis und Glaube*. Eine zweite Auflage erschien zu Weihnachten 1948. 1949 starb Radbruch, der 1878 geboren wurde. Es ist eine sorgfältige Untersuchung, die in 15 kurzen Kapiteln die Entwicklung Fontanes skizziert, seine Äußerungen sammelt und zitiert. Er sieht Fontane als religiösen Einzelgänger, der sich aus den vorhandenen Lehren der christlichen Kirchen seine Individualreligion zusammenbaute, die sich wiederum während seiner Lebenszeit veränderte: eher Ablehnung des Christentums beim frühen, eher Zuneigung beim späten Fontane, der sich unter Orthodoxen, die zu ihrer Sache standen, wohler fühlte als unter «amphibienhaften Rationalisten»; wenn er sich auch keineswegs zu diesen Orthodoxen zählte, stand er doch «zwischen

Skepsis und Glaube». Doch sind, so Radbruch, auch für diese individuelle Religiosität Dogma und Kirche nötig (Rad, 61). Denn nur die
Kirchen halten die Tradition aufrecht und bieten den Vorrat an Gedanken und Bildern, von dem jeder Gebrauch machen kann. Die Individualreligion geht mit dem Individuum zu Ende.

Im Kapitel «Kunstform der Romane» fragt Radbruch nach der
nahezu religiösen Wirkung der Romane. Er beantwortet die Frage
nicht selbst, er zitiert den Philosophen und Pädagogen Eduard Spran-
ger (1882–1963), der ihm einen Brief über Fontane schrieb: «Zu der
Religiosität Fontanes gehört auch die Gemütsverfassung, die sein ganzes dichterisches Sehen bestimmt. Seine Dichtung begann mit etwa
60 Jahren. Warum nicht vorher? Weil in ihm dieses Sehen noch nicht
war und nicht sein konnte. Das erste Wort, das sich mir darbietet, ist
Milde. Aber ich versuche es noch genauer auszusprechen. Es ist da eine
Distanz zwischen ihm und der Härte der Dinge wie den Leidenschaf-
ten der dargestellten Menschen (so dass sich sogar diese selbst mildern
und oft hinter dem Notwendigen zurückbleiben). Es liegt ein Schleier
zwischen ihm und der Welt – goldener Schleier der Herbstsonne
möchte ich ihn nennen. Die harten Ränder und Kanten sind abge-
schliffen. Es geht überall leise zu, so leise, dass man auch die zartesten
Töne hört: ‹Es ist so still, dass ich sie höre, die tiefe Stille der Natur.› […] Wenn einer, der ein Dichter ist, die Welt angeblich in ästhetischen Konturen sieht, so liegt darin schon Religiosität bestimmter
Art. […] Stechlin und Effi Briest geben dafür das Wertvollste, der
ganze ‹Stechlin› ist nur dadurch wirkungsvoll, und in Effi Briest, wo
viel geschieht, wird das Wichtigste, was geschieht, gar nicht gesagt.
Warum nicht? Ist es bloß künstlerische Ökonomie? Mir scheint: es ist
eine Form von Andacht, wie man sie in einer religiösen Gemeinschaft
als Atmosphäre spürt, oder in einem Trauerhause, in dem manches
nicht erwähnt wird, weil es so ungeheuer gegenwärtig ist, aber nur in
einem Element der Stille, die von einem still gewordenen Gemüt empfangen wird. So macht uns Fontanes Dichtung stille.» (Rad, 39 f.)

49. *Unwiederbringlich* und *Effi Briest*

Zwei Ehebruchromane: *Unwiederbringlich* und *Effi Briest*. Die Ehe scheitert in beiden Fällen nicht am Ehebruch, sondern an dem Verhalten der Männer danach. Die beiden Romane sind wie Geschwister, so dass jeder, der *Effi Briest* gelesen hat, auch *Unwiederbringlich* lesen sollte. Und doch wird dieser Roman vernachlässigt. Peter Demetz hat ihn in seiner aufschlussreichen, elegant geschriebenen Untersuchung «Formen des Realismus. Fontane» schon 1964 unter «Meisterschaft» gebucht und doch fehlt das Werk in vielen Arbeiten über Fontane ebenso wie *Graf Petöfy*. Solange die beiden Romane, die nicht in Preußen spielen, ignoriert werden, solange gilt Fontane allein als Autor Berlins und Brandenburgs. Das ist er aber nicht nur.

Es kommt ja nicht auf den Ort an, sondern auf die Darstellung. Und die ist in *Unwiederbringlich* durchaus gelungen, wenn auch *Effi Briest* darüber steht; sie ist wie aus einem Guss. Es scheint so, als habe der Meister eine Versuchsanordnung getroffen: einmal die Ehe einer neugierigen jungen Frau, die vom Wege abkommt, einmal die Ehe eines nicht mehr ganz jungen lebhaften Mannes, der sich verirrt. Einmal in Brandenburg, Pommern und Berlin angesiedelt, einmal in Schleswig und in Dänemark, was natürlich unterschiedliche Akzente setzt. So ist es reizvoll, die beiden Texte miteinander zu vergleichen: sie sind seitenverkehrt. Hier der strenge Innstetten, dort die fromme Gräfin, hier die lebenshungrige Effi, dort der träumerische Graf. Hier als Versucher Major Crampas, dort als Versucherin Ebba von Rosenberg. Hier das langweilige Nest Kessin, dort die große Hafenstadt Kopenhagen. Der Leserin, dem Leser, die beide Romane nacheinander lesen, wird mehr geboten als denen, die nur *Effi Briest* zur Kenntnis nehmen. Die Ähnlichkeit der Struktur und die Unterschiedlichkeit der Darstellung bieten zusätzliche Reize.

Es sieht also so aus, als habe Fontane ein literarisches Experiment durchgeführt, was ja zugleich ein gesellschaftliches wäre, denn es geht doch um eine gesellschaftliche Institution, die Ehe, und um das soziale Milieu, in dem sie sich entwickelt. Dem ist aber nicht so: Fontane hat die beiden Geschichten nicht erfunden, in beiden Fällen hatte er wieder reale Vorlagen, die er auf seine Art verarbeitete, in einen poetischen Stoff verwandelte.

In einem Brief an Julius Rodenberg vom 21. November 1888 erzählt Fontane die Vorlage zu *Unwiederbringlich*, die ihm eine Bekannte, Frau Geheimrat Brunnemann, berichtet habe: «Baron Plessen-Ivenack auf Schloß Ivenack in Strelitz, Kavalier comme il faut, lebt seit 18 Jahren in einer glücklichen Ehe. Die Frau, 37, noch schön, etwas fromm [...] Er Kammerherr [am Strelitzer Hof]. [...] Hier macht er die Bekanntschaft eines jungen pommerschen Fräulein von Dewitz, eines Ausbundes nicht von Schönheit, aber von Piquanterie. Den Rest brauche ich nicht zu erzählen.» (Nü, 663) Natürlich konnte er diese Geschichte nicht in Neustrelitz, der hübschen Residenz von Mecklenburg-Strelitz unterbringen; das hätte Frau Geheimrat Brunnemann, Verwandte jenes Barons, der übrigens Carl von Maltzahn hieß, Graf von Plessen war und auf Schloss Ivenack lebte, verletzt und diesen Grafen eben auch. So suchte er einen anderen Ort und verfiel auf Schleswig und Dänemark, beides kannte er aus dem deutsch-dänischen Krieg. Fontane an Rodenberg: «Ich ging sämtliche Höfe durch. Nichts passte mir. Als ich aber Nordschleswig und Kopenhagen gefunden hatte, war ich raus. Nur Strelitz wäre vielleicht noch besser gewesen und hätte meiner Geschichte den Ton des politisch Satirischen gegeben, nun klingt viel nordisch Romantisches mit durch.»

Es ist die einzige Geschichte Fontanes, die nicht nur ausschließlich im Adel spielt, sondern gut zur Hälfte an einem Königshof, nämlich dem dänischen, also auf höchster Ebene. Das hatte auf jeden Fall Berlin als Ort der Handlung ausgeschlossen: die ironische Beschreibung eines prinzlichen Hofes der Hohenzollern wäre sehr heikel gewesen, eigentlich unmöglich. Einmal weil alle den Berliner Hof kannten, zum andern weil eine Ironisierung des Königshauses böses Blut erregt hätte. Also Dänemark. Das war weit weg, außerdem nicht gerade befreundetes Ausland, so konnte er dort eine liebenswürdige, schusslige und doch ziemlich selbstherrliche Prinzessin auftreten lassen, Tante des regierenden Königs, der sogar drei Sätze lang in Schloss Frederiksborg höchst selbst in Erscheinung tritt.

Den Roman braucht man kaum zu interpretieren, er interpretiert sich gewissermaßen selbst. Er bringt so viele Charakterisierungen des Ehepaars Holk, dass der Interpret nur aus diesen zitieren muss, um die Schwierigkeiten, die beide miteinander haben, zu erklären – immerhin nach 17 Jahren Ehe, die bis dahin recht gut ging. Da sind gleich zu Anfang, der ein wenig behäbig einsetzt, die Erläuterungen des Erzählers, dann folgen die der jeweiligen Partner, die über den gerade abwesenden sprechen, dann die der Pfarrer Petersen und Schwarzkoppen und nicht zuletzt die des verständnisvollen Bruders der Gräfin, der unweit wohnt und oft zu Besuch weilt: Arne.

Arne über seine Schwester: «Christine braucht immer jemanden, um sich auszuklagen, immer ganz schöne Seele, nachgeborne Jean-Paulsche Figur, die sich, wenn ich mich so ausdrücken darf, mit dem Ernste des Lebens den Kopf zerbricht. Es gibt eigentlich nur eine Form sie zu erheitern, und das sind kleine Liebesgeschichten aus dem Kreis der Irrgläubigen. Und irrgläubig ist so ziemlich alles, was nicht altlutherisch oder pietistisch oder herrnhutisch ist. Ein Wunder, dass sie diese drei wenigstens nebeneinander duldet. Dabei so eigensinnig, so unzugänglich.» (Un, 28) Christine wurde in einem Internat der Herrnhuter erzogen und hält deshalb an ihrer strengen protestantischen Auffassung fest, von der her sie alles beurteilt, streng beurteilt, auch mit einem gewissen Hochmut und einer gewissen Selbstgerechtigkeit.

Graf Helmuth hingegen ist ein «Augenblicksmensch», der sie lange bewunderte wegen ihrer Schönheit, wegen ihrer Klugheit, deshalb immer nachgab und so eine ausgeglichene Ehe erreichte. Das freilich wird ihm immer schwerer. Seinen Charakter beschreibt Ebba Rosenberg am deutlichsten. Er habe ein gutes schwaches Herz, meint sie: «Denn ich glaube, sein Charakter ist noch schwächer als sein Herz; sein Charakter ist das eigentlich schwache an ihm. Und was das Schlimme ist, er weiß es nicht einmal. Weil er wie ein Mann aussieht, so hält er sich auch dafür. Aber er ist bloß ein schöner Mann, was meist so viel bedeutet wie gar keiner.» (Un, 117) Er bestehe aus Halbheiten.

Der Graf lässt sich von seinen Gefühlen bestimmen, von seinen Wünschen, er ist gut, aber wankelmütig, in allem also das Gegenteil seiner Frau. Das demonstriert der Erzähler an den Gebäuden: gegen den Willen seiner Frau hat er ein neues Schloss Holkenäs hoch auf eine Düne gebaut, mit einer Säulenreihe ringsum, fast wie einer der Tempel in Paestum. Das alte bescheidene Gebäude im Dorf unten hatte Christine genügt, dort wäre sie gerne geblieben, aber auch im neuen Schloss hatten sie gute Tage. Nun will die Gräfin eine neue Familiengruft bauen, die alte verfällt, während er, der nichts davon weiß, neue Ställe bauen will, kein unsinniges Unternehmen, lebt die Familie doch vom

Ertrag der Landwirtschaft. Mit der Gruft deutet sich früh an, was geschehen wird, auch das schöne Gedicht von Uhland, dessen Anfang der Graf nur kennt, deutet darauf hin:

> «Hast du das Schloss gesehen?
> Das hohe Schloss am Meer?
> Golden und rosig wehen
> Die Wolken drüber her.»

Die Gräfin kennt den Schluss:

> «Die Winde, die Wogen alle
> Lagen in tiefer Ruh,
> Einem Klagelied aus der Halle
> Hört ich mit Tränen zu.» (Un, 6 f.)

Es gibt auch Diskussionen um die Erziehung der Kinder. Die Gräfin will sie in strenge Institute der Herrnhuter geben, was sie schließlich auch durchsetzt, da Helmuth ihr freie Hand lässt. Er zitiert hier sogar, obwohl er gut lutherisch sei, wie er sagt, Calvin: alles sei Vorherbestimmung, Gnade, weshalb die Erziehung nicht so viel ändern könne an dem, was einem in die Wiege gelegt (Un, 35). Calvin als Zeuge einer Lutheranerin gegenüber: hier spricht wohl auch der Autor.

Der Autor erzählt eine Ehegeschichte. Beide Partner haben guten Willen, aber dieser gute Wille scheint aufgebraucht. Als der Graf in Kopenhagen weilt, schreiben sie sich Briefe, Briefe, die den Kontakt aufrechthalten sollen und doch so formuliert sind, dass sie eher auseinandertreiben. Und doch wäre das noch lange so gegangen, wenn nicht Holk eben Kammerherr der alten Prinzessin in Kopenhagen wäre und dorthin zum Dienst gerufen würde. Kopenhagen gilt Christine als Ort der Sünde, wo auch der König kein Vorbild ist, hat er doch eine Mätresse und schätzt er doch zu sehr den «Likörkasten».

Der Roman, der zwischen 1859 und 1863 spielt, also vor dem deutsch-dänischen Krieg von 1864, bringt die politischen Spannungen nicht zum Ausdruck. Dass Christine Kopenhagen ablehnt, hat nichts mit Politik zu tun, sondern mit ihrer Moral. Den Nationalismus nennt sie «einen modernen Götzen» (Un, 19), und der Graf spricht abschätzig über Preußen, das sich als Kleinstaat ins Bett gelegt hätte und als Großstaat wieder aufgestanden sei: «Das war unnormal und kam einfach daher, dass es die Nacht über, oder genauer gerechnet etliche vierzig Jahre lang, in einem Reck- und Streckbett gelegen hatte.» (Un, 23) So zeigt der Roman, dass die politischen Querelen das Leben der Menschen nicht bestimmten; sie lebten ganz gut mit dem dänischen König, solange dieser sich an die alten Regeln hielt.

Der Roman ist geschickt gebaut. Kapitel 1 bis 9 führen das Personal in Schloss Holkenäs vor, Kapitel 10 bis 18 spielen in Kopenhagen. Es ist erstaunlich, wie viel Sorgfalt Fontane auf die Schilderung der Verhältnisse am kleinen Hof der alten Prinzessin legt, fast liebvoll, immer ironisch beschreibt er sie, also ob ihm dies wichtiger sei als die eigentliche Handlung, die Ehegeschichte. Da ist die Tochter der Wirtin, Brigitte, die Holk fasziniert, nicht nur das gesprächige Fräulein Rosenberg, da ist der launige Baron Pentz, die steife Gräfin Schimmelmann, ein Kreis von unterhaltlichen Charakteren.

Kapitel 19 bis 27 bringen den Ausflug nach Schloss Fredericksborg nördlich von Kopenhagen, der das Personal ergänzt durch den Pfarrer Schleppegrell und seine Frau. Erst die nächsten Kapitel 27 bis 30 befördern die Handlung ganz entschieden. In Kapitel 27 kommt es endlich zur Begegnung von Holk und Ebba, dabei bricht ein Feuer aus, analog zum Feuer der Leidenschaft. Ebba und Holk werden gerettet. In Kapitel 28 fällt Holks Entschluss, sich von Christine zu trennen, um Ebba zu heiraten. Und nun die verhängnisvolle Wendung: statt zunächst mit Ebba zu sprechen, die erkrankte, fährt Holk nach Hause, um mit Christine die Trennung zu vollziehen. Hätte er zuerst sich die Abfuhr bei Ebba geholt, die ihm Kapitel 30 beschert, wäre ihm und Christine die Trennung wohl erspart geblieben und sie hätten sich irgendwie arrangiert. Die Ehe geht also an dieser überstürzten Reise Holks nach Holkenäs zugrunde, nicht am Ehebruch selbst.

Der Rest, Kapitel 31 bis 34, ist der Geschichte des Grafen Plessen entlehnt: Holk lebt einsam in London, Schwager Arne bemüht sich um eine Verständigung zwischen Christine und Helmuth, die gelingt. Doch der erneuten Hochzeit folgen traurige Tage, das alte Glück ist unwiederbringlich dahin. Dies «unwiederbringlich» ist das einzige Wort auf einem Zettel, den Christine hinterlässt, sie geht ins Wasser. Am Schluss wieder ein Brief, Freundin Julie von Dobschütz berichtet an Schwarzkoppen.

Wer ist schuld? Holk, bevor er nach Kopenhagen fuhr: «Es glückt mir nicht, dich freundlich zu stimmen und dich aus deinem ewigen Brüten und Ernstnehmen heraus zu reißen. Ich frage mich, ist es meine Schuld, oder ist es deine?» Und seine Frau antwortet: «Schuld ist überall, und vielleicht ist meine die größere. Du bist leichtlebig und schwankend und wandelbar, und ich habe den melancholischen Zug und nehme das Leben schwer. Auch da, wo Leichtnehmen das Bessere wäre. Du hast es nicht gut mit mir getroffen, und ich wünschte dir wohl eine Frau, die mehr zu lachen verstände. Dann und wann versuch ich's, berühme mich auch wohl, dass ich's versucht, aber es glückt nicht recht.» (Un, 41)

Christines Bruder Arne, der die Stimme der Vernunft verkörpert, die hier gar nichts hilft, bringt einmal eine wichtige Bemerkung, wichtig wohl auch im Sinne des alten Fontane. Früher war Arne strenger Aristokrat, jetzt sei er ein Liberaler, hält ihm seine Schwester vor. Arne darauf: «Ich habe nicht den Mut mehr, Standpunkte zu verwerfen. Das ist eben das eine, was ich in meinen zweiten dreißig Jahren gelernt habe. Der Standpunkt macht es nicht, die Art macht es, wie man ihn vertritt. Und da muss ich dir sagen, du überspannst den Bogen, du tust des Guten zuviel.» «Kann man des Guten zu viel tun?» «Gewiss kann man das. Jedes zuviel ist vom Übel. Es hat mir, solang ich den Satz kenne, den größten Eindruck gemacht, dass die Alten nichts so schätzten, wie das Maß der Dinge.» (Un, 51)

Fontane arbeitete an dem Roman von 1887 bis 1890, eine unvollständige Reinschrift des Manuskripts durch Emilie Fontane ist erhalten. In der *Deutschen Rundschau* wurde das Werk von Januar bis Juni 1891 veröffentlicht, als Buch dann bei Wilhelm Hertz im November 1891, mit dem Impressum 1892. *Effi Briest* hinwiederum entstand zwischen 1888 und 1894, auch dieser Roman wurde in der *Deutschen Rundschau* abgedruckt, von Oktober 1894 bis März 1895, das Buch erschien bei Friedrich Fontane im Oktober 1895.

Da lag das Ereignis, das den Anstoß zum Roman gab, neun Jahre zurück. Am 3. Dezember 1886 stand im *Berliner Tagblatt* eine kleine Meldung, wonach ein «hiesiger höherer Offizier» einen «Amtsrichter H. aus Düsseldorf» gefordert und im Duell erschossen habe. Schon am 13. Dezember kam es daraufhin im Reichstag zu einer Debatte über das «Duellunwesen», das Zentrum hatte einen Gesetzentwurf eingereicht. Zwei Tage später wurde der «höhere Offizier», Rittmeister Freiherr von Ardenne, zu zwei Jahren Festungshaft verurteilt, aber schon

Elisabeth Baronin
von Ardenne, Vorbild
der Effi Briest, Foto
1887.

gegen Ende Januar 1887 vom Kaiser begnadigt und zum Major befördert (Nü, 701). Was die besseren Kreise Preußens im Gegensatz zum
katholischen Zentrum vom Duell hielten, war damit deutlich zum
Ausdruck gebracht. Elisabeth Freifrau von Ardenne, geb. von Plotho,
von der sich der Freiherr hatte scheiden lassen, lebte danach, so heißt
es, als Pflegerin und starb erst mit 98 Jahren.

An diese Geschichte erinnerte sich Fontane im Gespräch mit der
Frau seines Zeitungsverlegers Emma Lessing während einer Abend-
gesellschaft. Erst durch dieses Gespräch, Emma Lessing wusste pikante
Details, kam Fontane auf die Idee, den Stoff für einen Roman zu nutzen. Etwas später hat ein anderer, damals sehr bekannter Berliner Autor sich dem Stoff zugewandt: Friedrich Spielhagen. Sein Roman *Zum
Zeitvertreib* von 1897 bietet die Möglichkeit eines Vergleichs mit dem
Fontanes. Erst wenn der zeitgenössische Horizont umrissen ist, wird
die Leistung Fontanes, der diesen Horizont überschritt, offenbar.

Was der Titel des Spielhagenschen Romans ahnen lässt, wird sogleich am Anfang bestätigt. Schon auf den ersten Seiten gähnt Klothilde, die Heldin, mehrmals, auf Seite 5, 12 und 16 ist von der Langeweile die Rede. Der Grund für den Ehebruch – Klothilde ist unzufrieden mit ihrem Mann Viktor – wird also in den ersten beiden Kapiteln genannt. Ab Kapitel 2, in dem die künftigen Liebesleute sich zum ersten Mal sehen, nimmt die Geschichte ihren Lauf bis zum Ehebruch Klothildes mit Professor Albrecht Winter, der ebenfalls verheiratet ist. Der Schluss: Viktor entdeckt den Ehebruch, es kommt zum Duell, Albrecht stirbt. Das Ende des Romans ist so aufschlussreich wie der Anfang. In den beiden letzten Kapiteln werden Albrechts Ehefrau Klara, eine brave Frau, und die Kinder nach vorn gerückt. Albrecht schreibt vor dem Duell Abschiedsbriefe. Es bleibt kein Zweifel, der arme Kerl wurde verführt. Schuldig ist allein Klothilde, die nur zum Zeitvertreib Menschen ins Unglück stürzt. Im letzten Kapitel wird sie von Klara verflucht: hier die treue Hausfrau und Mutter, dort die rücksichtslose Lebedame. Ganz will der Erzähler diese dann doch nicht fallen lassen: am Schluss weint Klothilde, auf den Knien liegend. Sie bereut.

Spielhagen wollte offensichtlich etwas vorführen: die Leichtfertigkeit des Lebens gewisser Kreise in Berlin, vor allem der Frauen. Die Gedankenlosigkeit Klothildes führt zur Verfehlung, dem Ehebruch; die Verfehlung bringt Tod und Unglück über eine ganze Familie; die Schuld daran trägt Klothilde. Von vornherein ist ihre Verurteilung sicher, also die Verurteilung der Frau als der am Ehebruch schuldigen Person. Der arme Mann kann sogar mit Mitleid rechnen. Eine ideologische Haltung zu Frau und Ehe, eine damals fest verankerte, einzig öffentlich maßgebende, wird hier bestärkt und bestätigt. Spielhagen verständigt sich in diesem Roman früh mit seinen Leserinnen und Lesern, er verständigt sich mit ihnen über eine außerhalb des Romans verbreitete Sicht von Ehe und Ehebruch. Seine Darstellung dient der Bekräftigung dieser Sicht, die auf einem Vorurteil beruht. Aus diesem Roman konnten die Leserinnen und Leser nichts lernen, was sie nicht schon vorher wussten. «Ja, so ist das», konnten sie seufzend das Buch zuklappen.

Nach der Lektüre dieses Romans muss jedem deutlich werden, auf welche Weise und wie nachdrücklich Fontane diesem Vorurteil entgegenarbeitet. Sein Roman beginnt vor der Ehe. Er zeigt das unschuldige lebenslustige Mädchen, das mit 17 Jahren aus seiner jugendlichen Verspieltheit herausgerissen wird und an einen Mann verheiratet wird, der nicht nur ernst und streng ist, sondern auch 21 Jahre älter ist als sie. Das kann doch nicht gut gehen, Innstetten wollte doch ihre Mutter heiraten. So wird die Sympathie der Leserinnen und Leser auf diese Effi gelenkt, die auch noch hübsch und charmant ist, die Freude eines jeden, der ihr begegnet.

Und noch zwei Punkte fügt Fontane hinzu, die für Effi zählen und den Leserinnen und Lesern es erleichtern, Effi ihren Fehltritt nicht übel zu nehmen. Zunächst: erst sieben Jahre nach dem Ehebruch entdeckt Innstetten die Briefe. Das heißt doch, sieben Jahre lang ging die Ehe gut, der Ehebruch hat sie nicht beeinträchtigt. Und sie ginge weiterhin gut, wenn Innstetten die Briefe wieder wegpackte oder verbrannte. Er hätte damit sein Lebensglück gerettet. Dass er Aufhebens davon macht, das zerstört sein und ihr Leben, also wiederum ist es nicht der Ehebruch, sondern das Verhalten des Mannes danach, das die Ehe zugrunde richtet. Und schließlich: Effis Tod, den der Erzähler in Abweichung von der realen Vorlage einfügte: «arme Effi». Wie wächst das Mitleid mit diesem Wesen, das so schwer zu leiden hatte und das so jung stirbt.

Dadurch neigt sich allerdings das Gewicht zu sehr auf die Seite Effis, die doch schließlich den Auslöser der Malaise lieferte. Damit ihr Partner, also Innstetten, nicht gar zu schlecht wegkommt, muss der Autor, immer auf «poetische Gerechtigkeit» bedacht, dies verhindern, indem er den Blick auf diesen letztlich verzweifelten Mann richtet, der sich einem Gesellschaftsgötzen unterworfen sieht. Es ist die Konvention, die ihn zu seiner Handlung zwang, die Konvention, die unmenschlich ist.

Bringt Spielhagen eine Verstärkung der Konvention, bringt Fontane eine harsche Kritik derselben. Fontanes Roman ist dem Spielhagens überlegen, einmal moralisch, wenn man das so sagen kann, zum andern ästhetisch. Und letzteres hängt mit ersterem durchaus zusammen: eine differenzierte Darstellung der Figuren ist nicht nur ein moralischer, sondern auch ein ästhetischer Gewinn. Eine plakative Darstellung ist sowohl moralisch als auch ästhetisch fatal.

Die Konvention vertreten Effis Eltern, vor allem die Mutter, die Effi zuredet, den so viel älteren Mann zu heiraten: «Er ist freilich älter als du, was alles in allem ein Glück ist, dazu ein Mann von Charakter, von Stellung, von guten Sitten, und wenn du nicht nein sagst, was ich mir von meiner klugen Effi nicht denken kann, so stehst du mit zwanzig Jahren da, wo andere mit vierzig stehen. Du wirst deine Mama weit überholen.» (Ef. 180) Es geht also um Stand und Ansehen, nicht um Sympathie, gar Liebe, das findet sich oder halt auch nicht, jedenfalls ist es nicht so wichtig. Effi heiratet also mit 17 Jahren den Mann von 38 Jahren. Eine Ehe zwischen junger Frau und älterem Mann muss nicht schief gehen, wie zwei Beispiele aus dem Umfeld Fontanes zeigen. Einmal Mete, seine Tochter: sie heiratete mit 38 Jahren einen Mann, der 22 Jahre älter war als sie, den Architekten K. E. O. Fritsch, einen wohlhabenden, freundlichen Mann, der sich um sie kümmerte und für sie sorgte während ihrer vielen Krankheiten. Mete hatte eine Freundin Marie Bencard, die mit 29 Jahren einen Mann von 63 Jahren heiratete, den berühmten Bonner Gynäkologen Gustav von Veit; dieser war also 34 Jahre älter als sie, was Theodor Fontane an den Grafen Petöfy erinnerte.

Die Schwierigkeit liegt wohl nicht allein im Altersunterschied, sie liegt in der Jugend Effis, die mit 17 Jahren noch fast wie ein Kind ist, siehe die Szene am Anfang auf der Schaukel. Und es ist der Charakter Innstettens, mit dem Effi nicht warm werden kann, wie man so sagt: «Sieh, Mama, dass er älter ist als ich, das schadet nichts, das ist vielleicht recht gut: er ist ja doch nicht alt und ist gesund und frisch und so soldatisch und so schneidig. Und ich könnte beinah sagen, ich wäre ganz und gar für ihn, wenn er nur … ja, wenn er nur ein bisschen anders wäre.» (Ef, 195) Er ist ein Mann von Grundsätzen und sie hat keine: «Sieh, Mama, das ist etwas, was mich quält und ängstigt. Er ist so lieb und gut gegen mich und so nachsichtig aber … ich fürchte mich vor ihm.» (Ef, 195) Sie fürchtet sich vor ihm. So ist auch die Frage, ob ihre Angst in Kessin vor dem Chinesen, der im Haus spukt, nicht Ausdruck ihrer Angst vor Innstetten ist, wiewohl gerade dann, wenn er weg ist bei Bismarck, sie sich besonders fürchtet, bis Roswitha sie endlich beschützt. Dass diese Angst ein Mittel der Erziehung Innstettens sei, wie Crampas behauptet, ist eine Verleumdung; er versucht Innstetten schlecht zu machen. Innstetten ist doch beunruhigt von der Angst seiner Frau, er versucht sie ihr auszureden, er hält die Angst auch für nicht standesgemäß, so etwas tut man nicht, wieso sollte er sie durch Angst einschüchtern? Er ist immer bemüht, sie freundlich und nachgiebig zu behandeln. Doch gerade diese Verleumdung treibt

Effi in die Arme von Crampas, der ein Mensch ist jenseits der Moral und stolz darauf. Sie ist ihm verfallen, kann man sagen. Denn es ist ja nicht eine Nacht, in der ein Ehebruch geschieht wie bei Graf Holk, es ist eine Affäre über längere Zeit, in der sie immer wieder Crampas heimlich trifft.

«Sie litt schwer darunter und wollte sich befreien. Aber wiewohl sie starker Empfindungen fähig war, so war sie doch keine starke Natur; ihr fehlte die Nachhaltigkeit und alle guten Anwandlungen gingen wieder vorüber. So trieb sie denn weiter, heute, weil sie es nicht ändern konnte, morgen, weil sie es nicht ändern wollte. Das Verbotene, das Geheimnisvolle hatte seine Macht über sie.» (Ef, 315) Der Erzähler leugnet ihre Schwäche nicht. Erst der Umzug nach Berlin befreit sie davon. Und merkwürdig genug auch von der Furcht vor Innstetten. In Hohen-Cremmen, wo sie bei den Eltern einige Zeit lebt, holen sie dann die Gewissensbisse ein. Die Scham über ihr «Lügenspiel» quält sie. Nun leitet der Erzähler sie auf den Weg der Reue: «Wenn alle Weiber so sind, dann ist es schrecklich, und wenn sie nicht so sind, wie ich hoffe, dann steht es schlecht um mich, dann ist etwas nicht in Ordnung in meiner Seele, dann fehlt mir das richtige Gefühl.» (Ef. 359) Wenn das rechte Gefühl fehle, habe Pastor Niemeyer gesagt, dann drohe Gefahr, «und das, was man den Teufel nenne, habe dann eine sichere Macht über uns. ‹Um Gottes Barmherzigkeit willen, steht es so mit mir.› Und sie legte den Kopf in ihre Arme und weinte bitterlich.» (Ef, 359)

So hat sich die Furcht vor dem Chinesen und vor Innstetten ausgerechnet nach ihrem Ehebruch gegeben, und der Umzug nach Berlin hat sie von Crampas befreit. Sie berichtet der Mutter, was diese wiederum dem Vater erzählt: «Mama, es geht jetzt besser. Innstetten war immer ein vortrefflicher Mann, so einer, wie's nicht viele gibt, aber ich konnte nicht recht an ihn heran, er hatte so was Fremdes. Und fremd war er auch in seiner Zärtlichkeit. Ja, dann am meisten; es hat Zeiten gegeben, wo ich mich davor fürchtete.» (Ef, 356) Und das ist nun vorbei. Die Ehe geht gut. Just in dem Moment findet Innstetten die Briefe von Crampas an Effi, die aus dem Nähkästchen fielen, als die Dienstmädchen Verbandszeug suchten. Und damit geht alles dahin.

In seiner Erregung ruft Innstetten sofort den Kollegen Wüllersdorf und macht damit die Affäre gewissermaßen öffentlich. Doch Wüllersdorf rät ihm ab, will schweigen, so dass immer noch die Möglichkeit gegeben wäre, alles ruhen zu lassen. Aber Innstetten beharrt auf der Pflicht, so etwas nicht laufen zu lassen. Es gibt Gesetze, die man halten muss, es gibt ein Übereinkommen, für das man einstehen muss: «Aber im Zusammenleben mit den Menschen hat sich ein Etwas ausgebildet, das nun mal da ist und nach dessen Paragraphen wir uns gewöhnt haben, alles zu beurteilen, die andern und uns selbst. Und dagegen zu verstoßen, geht nicht.» Und: «Also noch einmal, nichts von Hass oder dergleichen, und um eines Glückes willen, das mir genommen wurde, mag ich nicht Blut an den Händen haben; aber jenes, wenn Sie wollen, uns tyrannisierende Gesellschafts-Etwas, das fragt nicht nach Charme und nicht nach Liebe und nicht nach Verjährung. Ich habe keine Wahl. Ich muss.» (Ef, 374)

Wüllersdorf gibt ihm schließlich recht: «Das mit dem Gottes-gericht, wie manche hochtrabend versichern, ist freilich Unsinn, nichts davon, umgekehrt, unser Ehrenkultus ist ein Götzendienst, aber wir müssen uns ihm unterwerfen, solange der Götze gilt.» (Ef, 375) Es sind wieder diejenigen, die den Kultus pflegen, von denen die Kritik kommt, so wie es die Adligen sind, die den Adel kritisieren – bei Fontane. Er greift sie nicht von außen an, er gibt ihnen selbst das Wort. Er zeigt diese Menschen, die in ein festgelegtes Konzept gespannt sind und ihm nicht entfliehen können, aber diesen Zwang durchaus reflektieren können. Umso mehr sind sie zu bedauern: sie wissen es und können nicht anders. Das, was Wüllersdorf bei Crampas sieht, als er ihm die Nachricht vom Duell bringt, das bleibt schließlich auch den beiden: Resignation. Sich schicken ins Unvermeidliche.

Man kann nicht nach Afrika entfliehen. Wüllersdorf: «Einfach hier bleiben und Resignation üben. Wer ist denn unbedrückt? Wer sagte nicht jeden Tag: Eigentlich eine sehr fragwürdige Geschichte.» Inn-stetten: «Gut, gut, aber das Jahr ist lang und jeder einzelne Tag ... und dann der Abend.» (Ef, 420 f.) Wüllersdorf wird heute nicht ins Minis-terium gehen, er wird den Kanal entlang bis zur Charlottenburger Schleuse spazieren und dann wieder zurück, um sich in die Wein-handlung Huth am Potsdamer Platz zu setzen. Der Glanz der Karriere als Ministerialdirektor, die Soirée beim Minister, der Ruhm Bis-marcks, die Größe des Kaisers, alles schmilzt dahin, bis ein kleiner bescheidener Rest bleibt: ein wenig Ruhe bei einem Glas Wein. Dieser Rest ist das eigentliche Leben?

Effi spaziert derweil im Park von Hohen-Cremmen, am Abend sitzt sie gerne am Fenster und blickt in den Sternenhimmel: «Ich war immer eine schwache Christin; aber ob wir doch vielleicht von da oben stammen und, wenn es hier vorbei ist, in unsere himmlische Heimat zurückkehren, zu den Sternen oben oder darüber hinaus! Ich weiß es nicht, ich will es auch nicht wissen, ich habe nur die Sehnsucht.» (Ef, 423) Nach Effis Tod sprechen die Eltern miteinander. Die Mutter fragt, ob sie nicht doch Schuld an allem tragen. «Unsinn, Luise, wie meinst du das?» antwortet der alte Briest. Die Mutter meint, dass sie Effi nicht streng genug erzogen hätten: «… und zuletzt, womit ich mich selbst anklage, denn ich will nicht schuldlos ausgehen in dieser Sache, ob sie nicht vielleicht doch zu jung war.» Da schüttelt der Hund Rollo den Kopf. Viele werden anderer Meinung sein als der Hund – hat Fontane das ernst gemeint? Der alte Briest sagt: «Ach, Luise, lass … das ist ein zu weites Feld.» (Ef, 427) Er weicht wie immer mit dieser Formulierung dem Nachdenken aus. Selbst der Tod seiner Tochter soll ihn nicht aus der Ruhe bringen. Die Mutter hat natürlich recht.

Fontane an Hans Hertz am 2. März 1895: «Ja, die arme Effi! Vielleicht ist es mir gelungen, weil ich das Ganze träumerisch und fast wie mit einem Psychographen geschrieben habe. Sonst kann ich mich immer der Arbeit, ihrer Mühe, Sorgen und Etappen erinnern – in diesem Falle gar nicht. Es ist so wie von selbst gekommen, ohne rechte Überlegung und ohne alle Kritik.» (Drei, 385) Dass er diesen Roman wie in Trance schrieb, er sozusagen aus seinem Innern herauskam, das macht die Faszination dieses Romans aus, der auch die Leserin und den Leser tief im Innern trifft und hineinzieht in die Handlung, in einem Sog, der nicht loslässt bis zum traurigen Ende. Diese emotionale Kraft des Romans kann die Interpretation kaum erfassen, sie bleibt an der Oberfläche. Der Reiz der Texte Fontanes, vor allem dieses Textes, liegt aber gerade in diesem Aussprechen und Ansprechen eines Inneren.

50. Der Briefschreiber

«Ein neuer Band von Briefen Theodor Fontanes ist erschienen, – etwas ganz Entzückendes. Wir haben nun die beiden Bände der Familienbriefe und zwei mit Briefen an seine Freunde. Sind noch mehr da? Man soll sie herausbringen!» So zitiert Thomas Mann 1954 seine Bespre-

chung der Briefe Fontanes aus dem Jahre 1910, in Maximilian Hardens
Zeitschrift *Zukunft* war sie erschienen, «Der alte Fontane» hatte sie
geheißen und nicht unwesentlich zum Ruhm des Schriftstellers beigetragen. Nun ist Thomas Mann so alt wie Fontane in seinem letzten
Lebensjahr, 79 Jahre, nun sitzt er in seinem Sessel im Haus in Zürich,
wie eines der späten Fotos zeigt, auf seinem Schoß ein Buch, dessen
Titel gut lesbar ist: *Thedor Fontane: Briefe an Georg Friedlaender*, das
gerade erschienen ist und das er wiederum mit einer Besprechung
würdigt: «Noch einmal der alte Fontane» (Frie, 437 ff.).

Was Thomas Mann an den Briefen Fontanes lobte, das hatte bereits
dessen Schwiegersohn K. E. O. Fritsch im Vorwort zu den Familienbriefen von 1905 geschrieben, wohl inspiriert von seiner Frau Mete.
Fritsch charakterisiert den Briefschreiber aufs Beste und alle, die hinter
ihm herkamen, sind nicht weit darüber hinausgekommen, auch Thomas Mann nicht. Fritsch: «Eine neues Buch von Theodor Fontane und
der erste Versuch, dem deutschen Volke denjenigen Teil seines literarischen Nachlasses zu erschließen, in dem seine Eigenart wohl am
reinsten sich ausspricht – seine Briefe. Fontane hat als Briefschreiber
unter den Mitlebenden vielleicht nicht seinesgleichen gehabt. War
schon der Umfang seiner Korrespondenz ein ungewöhnlich großer, so
dürften auch Inhalt und Form seiner Briefe einzig in ihrer Art sein.
Denn fast niemals begnügte er sich mit einer sachlichen Mitteilung; er
leitete vielmehr aus der geistigen Beziehung, die er zwischen sich und
dem Empfänger des Briefes hergestellt hatte, zugleich die Verpflich-
tugn ab, diesen zu unterhalten. So haben viele seiner Briefe bald zu
heiteren Feuilletons, bald zu kleinen Essays über Tagesfragen sich ge-
staltet; andere gewähren dem Leser Einblick in seine poetische Werk-
statt, noch andere ergehen sich in düsteren Betrachtungen und bitteren Klagen. Alles nur flüchtig hingeworfen und aus dem Augenblick
geboren, aber alles fesselnd in seiner bezaubernden Natürlichkeit und
unerschöpflichen Gedankenfülle. – Wer den Dichter in seiner innersten Wesenheit kennen lernen will, kann dies am besten an der Hand
seiner Briefe erreichen.» (Fam 1, V)

Dem ist wenig hinzuzufügen. Da ist einmal der große Umfang der
Briefe, zum andern die Eigenart der Briefe, nicht aller, aber vieler, die
Fritsch hier gut bezeichnet: mal Feuilleton, mal Essay, mal Einblick in
die Arbeit, mal Ausdruck der Weltbetrachtungen des Meisters, aber

auch – nicht zu vergessen – viel Alltag. Immer aber leicht hingeworfen und von natürlicher Eleganz. Den Familienbriefen, die 1905 erschienen, folgten 1910 Briefe an die Freunde, die Otto Pniower und Paul Schlenther herausgaben. 1910 kam auch der Briefwechsel mit Wilhelm Wolfsohn heraus, 1929 der mit Paul Heyse, 1940 der mit Freund Lepel in zwei Bänden, 1954 erschienen die Briefe an Georg Friedlaender, der Briefwechsel mit Wilhelm und Hans Hertz kam 1972, der mit Theodor Storm 1981 und der Briefwechsel der Familien Fontane und Merckel 1987 in zwei Bänden. Die Briefe an Mathilde von Rohr und die an Emilie und Karl Zöllner nicht zu vergessen, 1969 und 1971 erschienen. Welche Fülle. In der Brandenburger Ausgabe umfasst allein der Ehebriefwechsel, von Gotthard Erler besorgt, drei Bände.

Das Briefeschreiben war Fontane ein Bedürfnis, er schrieb nicht nur aus äußeren Gründen, weil er jemand zusagen oder absagen musste, das natürlich auch. Aber er brauchte die Möglichkeit, das auszudrücken, was ihn innerlich bewegte, es musste heraus. Und da er ein Schriftsteller war, musste es auf eindrucksvolle Weise formuliert werden, denn die Formulierung selbst machte ihm Freude. So wie die Plauderei ihm gefiel, er sah sich als Causeur, so eben auch die Mitteilung im Brief. Er liebte es, weitschweifig zu sein, also die Dinge, auch die kleinen, nicht nur beim Namen zu nennen, sondern sie ausführlich zu beschreiben, was seine Frau einmal monierte.

Darauf antwortete er am 8. August 1883 aus Norderney, wo er gerade zu Ferien weilte, Arbeitsferien wie üblich: «Du beklagst Dich über Weitschweifigkeit. Ja, was ist darauf zu sagen?» Er vergleicht es mit dem «Dröhnen», also dem aufgeblasenen Reden: «Das Dröhnen ist unter allen Umständen eine Tortur für den Hörer und sans phrase ein Fehler, eine Ungehörigkeit; die Weitschweifigkeit aber, die ich übe, hängt durchaus auch mit meinen literarischen Vorzügen zusammen. Ich behandle das Kleine mit derselben Liebe wie das Große, weil ich diesen Unterschied zwischen klein und groß nicht recht gelten lasse; treff ich aber wirklich mal auf Großes, so bin ich ganz kurz. Das Große spricht für sich selbst; es bedarf keiner künstlerischen Behandlung, um zu wirken. Gegenteils, je weniger Apparat und Inszenierung, um so besser.» (Fam 1, 71 f.) Seine Art des Schreibens fände vielleicht weniger Anhänger, doch damit müsse er sich trösten.

Es ist Gordon in *Cécile*, der über den Vorteil des Briefeschreibens räsonniert – in einem seiner Versuche, den Charakter der schönen Frau zu erfassen: «Man braucht kein Menschenkenner zu sein, um zu wissen, dass Cécile keine passionierte Briefschreiberin ist. Wäre sie das, so wäre sie nicht sie selbst. Briefeschreiben ist wie Wetterleuchten; da verblitzt sich alles. Und das Gewitter zieht nicht herauf. Aber Frauen wie Cécile vergegenständlichen sich nichts und haben gar nicht den Drang, sich innerlich von irgend was zu befreien, auch nicht von dem, was sie quält. Im Gegenteil, sie brüten darüber und überladen sich mit Gefühl, bis dann mit einem Male der Funken überspringt.» (Cec, 223) Hier sagt Fontane, was das Briefeschreiben für ihn bedeutet, ja, was es überhaupt bedeutet: es gibt die Möglichkeit, das, was einen innerlich beschäftigt, zu artikulieren, es in Worte zu fassen und sich damit von ihm zu befreien. Es belastet dann nicht mehr, es ist heraus und das Gewitter findet nicht statt. Sonst bleibt es bei einer Bedrückung, die sich in Selbstquälerei auswirkt, in einer Niedergeschlagenheit, die schließlich in einem Wutausbruch nach außen treten kann oder auch in einer Selbstbeschädigung nach innen.

Schreiben als therapeutischer Akt. Das ist es für Fontane, aber nicht nur für ihn. Seine Briefe erlauben ihm, alles loszuwerden, was ihn beschäftigt. Hat er es aufs Papier geworfen, ist es leicht geworden, so leicht, wie es formuliert worden ist. So kommt es ja auch, dass er in seinen Briefen so offen, ja polemisch mitunter spricht wie nie in seinen Romanen, selten in seinen Kritiken, denn diese treten an die Öffentlichkeit, auf die er Rücksicht nehmen muss. Da kann er sich nicht gehen lassen. In den Briefen schon, weil sie eben nur an einen einzelnen Menschen gerichtet sind und an einen befreundeten dazu. So kann er sich in seinen Briefen an seine Frau und seine Tochter ganz offen aussprechen. Hier tut er sich keinen Zwang an. Und in den späten Briefen an Georg Friedlaender, als er mit ihm vertraut ist, kann er auch ungebremst sprechen, so wie in den früheren an Lepel. Natürlich kommt dann auch seine Neigung zur pointierten Formulierung hinzu, die zu Übertreibung und Überspitzung führen kann. Das bringt dann starke Urteile. Er kann sich auch mal gehen lassen, gehen lassen auch im Stilistischen. Umgangssprachliche Wendungen, verschluckte Endsilben, was ja auch manchmal in seinen Romanen den leichten Ton erbringt, das kann er sich im Brief eher erlauben als im Roman.

Nicht jeder Brief ist ein Meisterwerk. Der lange Anfang des Briefwechsels mit Georg Friedlaender ist eher mühsam. Viele Briefe über die richtige Unterkunft in Krummhübel oder Schmiedeberg, die Baude oben oder die unten, die gute Luft, das schlechte Essen, also Kleinkram, der den Alltag bestimmt. Und es geht weiter mit solchen Alltäglichkeiten: Plaudereien über die Nachbarn, über die Urlaubsgäste, über deren Charakter, deren Familien- und Ehegeschichten, deren Karrieren, da wird es schon interessanter. Das gibt Stoff für den Schriftsteller. Und das macht denn auch lange die Briefe aus, bis in den späten Briefen dann auch die politischen Urteile kommen.

Thomas Mann 1954: «Welche Wohltat ist es, dem vertrauten und liebenswerten Tonfall dieses Briefstils in seiner anmutsvollen Saloppheit, aber auch in seiner erregten, gespannten und ins Schwarze treffenden Weltkritik wieder zu lauschen – dieser Begleitmusik zu den großen Spätwerken.» Und: «Es sind Briefe, wie heute kein Mensch sie mehr schreibt, gearbeitete Briefe, in ihrer Privatheit künstlerisch betreut.» (Frie, 439) In der Tat hat er ja manchmal zuerst einen Entwurf erstellt, um dann den Brief auszuformulieren, was die Leichtigkeit des Tons nicht verrät. Jedenfalls stehen die Briefe neben seinem Werk gleichermaßen bedeutsam, auch wenn der «Altersradikalismus» (Frie, 441), von dem Thomas Mann spricht, sich nicht erst im Alter zeigte. Er fällt nur in diesen Briefen an Friedlaender so deutlich ins Auge, während er in früheren Jahren eher versteckt war, wie hier immer mal wieder gezeigt wurde: in mancher Äußerung in den Kritiken, in mancher Wendung in den Wanderjahren, von der Radikalität in der Zeit um 1848 abgesehen. Auch in den Romanen finden sich kritische Sätze über Bismarck und über Preußen. Hier bei Friedlaender stehen sie nur so allein, so unverborgen, und verblüffen den Leser, der die früheren Äußerungen nicht kennt.

Als Beispiel einige Briefe aus Norderney, wo er im Sommer 1883 zur Erholung und zur Arbeit weilte. Er berichtet vom Wetter, vom Einfluss des Wetters auf Leib und Seele, von der Abspannung der Nerven, von der Erfrischung beim Spaziergang und nicht zuletzt von den anderen Gästen. Dreimal trifft er Friedrich Spielhagen, mal mit Familie, mal ohne. Diesem geht es sehr gut, finanziell sehr gut: teure Wohnung, Essen im feinsten Lokal, eben ein Bestsellerautor der Zeit. Und es gibt eine Liebeserklärung an seine Frau vom 23. Juli 1883: «la plus gracieuse physiquement et moralement», die Anmutigste körperlich

und moralisch, nennt er sie, nimmt das dann ein wenig zurück: sie sei
eben halb aus Toulouse, also Französin, halb aus Beeskow, also Märkerin (Fam 2, 57 f.). Als Französin sei sie, wie das Kompliment es sagt, als
Märkerin «hapert es», vor allem wenn kleine Verhältnisse sie nieder-
drückten – und die gab es ja häufig genug. In einem Brief an Tochter
Mete vom 4. August bringt er eine hübsche Feststellung über die Briefe
seiner Frau: «Sie hat eine reizende Art zu schreiben, eine Mischung
aus Natürlichkeit und Unwissenschaftlichkeit und leiser Ironie teils
über sich, teils über die Wissenschaftlichkeit. Man kann an Mama studieren, dass das Gefälligste, vielleicht auch das Beste, was der Mensch
haben kann, die Natürlichkeit ist. Aber wir sind so grenzenlos verbil-
det, dass dem regelrechten Preußen, Abiturient und Reserveoffizier,
der Sinn dafür verloren gegangen ist.» (Fam 2, 70)

Frau Kapitän Warnecke bringt die weite Welt in sein kleines Zimmer. Mit ihrem Mann war sie rund um die Erde gereist: San Francisco,
China, Java, Australien. Da kommt ihm die Berliner Szene doch bescheiden vor, wo schon ein «Sommerfest auf der Pfaueninsel» als welt-
bewegendes Ereignis gelte (Fam 2, 64). Die Beobachtung der Sommergäste, die Gespräche mit ihnen, die Einladung zu Bekannten, die er
trifft, machen einen Gutteil der Nachrichten aus. So etwa eine Einladung bei Graf Knyphausen, wo er sechs Grafen, eine Gräfin und
sechs Komtessen sah, die letzteren besonders nett: «Bei der Gräfin
habe ich ein Stein im Brett, auch bei den Komtessen. Ich muss doch ein
stiller Schwerenöter sein!» (Fam 2, 75)

Er trifft noch einmal Spielhagen und nun kommt es – fünf Minuten
lang – doch zum Gespräch über Literatur: Daudet, Zola, Heyse, Bjørn-
son, Ibsen. Spielhagen haut alle «erbarmungslos in die Pfanne». Bin ich
auch so, fragt sich Fontane. «Ich kann es nicht glauben. Aber ich sah
doch wieder, wie sehr man auf sich achten muss. Meinen Trost find ich
darin, dass ich, so viel mir gegenwärtig ist, keinen absolut verwerfe; an
jedem erkenn ich etwas wenigstens an.» (Fam 2, 60) Hier besteht er
wieder auf einer genaueren Beurteilung: keiner wird gänzlich verwor-
fen, jedem versucht er Gerechtigkeit widerfahren zu lassen.

Nur in politischen Dingen kann er scharf und manchmal fast vernichtend sein, auch in diesen Briefen an die Familie. Ein Brief an Mete
vom 29. Januar 1894 über Bismarck: «Er hat die größte Ähnlichkeit mit
dem Schillerschen Wallenstein (der historische war anders): Genie,

Staatsretter und sentimentaler Hochverräter. Immer ich, ich, und wenn die Geschichte nicht mehr weiter geht, Klage über Undank und norddeutsche Sentimentalitätsträne. Wo ich Bismarck als Werkzeug der göttlichen Vorsehung empfinde, beuge ich mich vor ihm; wo er einfach er selbst ist, Junker und Deichhauptmann und Vorteilsjäger, ist er mir gänzlich unsympathisch.» (Fam 2, 301) Doch ist nicht auch dies eine differenzierte Betrachtung: als Staatsmann, der mit unglaublichem Geschick seine Pläne durchsetzte, ob sie nun zum Guten oder zum Schlechten letztlich neigten, sei dahingestellt, der ein ganzes Land grundlegend veränderte, als Staatsmann muss er ihn achten, den kleinkarierten Privatmann lehnt er ab.

Differenziert auch sein Urteil im Brief vom 4. Juni 1894 an Sohn Theo. Er zitiert die Äußerung eines Generals: «Das Kriegsministerium müsste Gitterstäbe haben, denn es wären lauter Verrückte drin.» Das dürfe man, wenn es ein so kluger Mann sage, nicht einfach als Unsinn beiseite schieben. «In der Hauptsache ist es aber doch wieder ein Beweis, wie wenig auf menschliches Urteil zu geben ist, auch wenn der, der das Urteil abgibt, eine Nr. 1 ist.» (Fam 2, 304) Er verteidigt das Kriegsministerium, das vortrefflich funktioniere, sonst wäre die Armee nicht so gut. Hier ist der General vielleicht doch klüger als der Schriftsteller: Es war dieses Kriegsministerium, das die Armee 20 Jahre später in den Ersten Weltkrieg führte, einen Vernichtungsfeldzug ohnegleichen. Hunderttausende wurden geopfert, um zwei, drei Kilometer voranzukommen. Hier war der preußische Generalstab am Ende mit seinem Latein. Und der Schlieffen-Plan, den er ausgearbeitet hatte, sah vor, dass die Armee durch das neutrale Belgien nach Frankreich marschieren müsse, was dann auch geschah. Es zwang England, das die Neutralität Belgiens sicherte, in den Krieg gegen Deutschland, womit er schon verloren war. Die vielen preußischen Siege im 19. Jahrhundert hatten die Militärs hochmütig und leichtfertig gemacht. Nicht immer hat Fontane recht, ist er doch auch ein Mensch mit seinen Schwächen, die er ja nicht leugnet, kennt er doch diese Selbstironie, die schon Professor Schmidt und seine «Waisen aus Griechenland» auszeichnete.

Bleiben wir bei den Äußerungen, die hellsichtig waren, weil sie dieses Ende des alten Preußen voraussahen. So zunächst ein Urteil über den Adel aus verschiedenen Briefen. Am 14. August 1896 an Friedlaender: «Sie wissen, dass ich früher in Bezug auf den Adel immer von einer

Theodor Fontane.
Foto von E. Bieber,
1894.

unglücklichen Liebe gesprochen habe. Damit ist es vorbei. Diese unglückliche Liebe hat sich in Abneigung oder wenn das zu viel gesagt ist, in äußerste Mißstimmung und Verdrießlichkeit verkehrt. Die Haltung des Adels, dabei über das Politische fast hinausgreifend, hat den Charakter des Unverschämten angenommen, nicht äußerlich, aber innerlich. Sie verlangen Dienste, man ist immer mehr oder weniger Pastor, Hauslehrer oder Inspektor, sie sind ganz unfähig, Individuen richtig einzuschätzen, eine schaudervolle Mischung von Bornirtheit, Dünkel, Selbstsucht erfüllt die ganze Sippe.» (Frie, 403 f.) Ein hartes Urteil eines Desillusionierten. Und wichtig: sie können Individuen nicht einschätzen, genau das, worum es ihm doch geht, jeden Einzelnen nach seinen Fähigkeiten gelten zu lassen. Am 5. April 1897: «Über unseren Adel muss hinweggegangen werden; man kann ihn besuchen wie das ägyptische Museum und sich vor Ramses und Amenophis verneigen, aber das Land ihm zu Liebe regieren, in dem Wahn, der Adel sei das Land, das ist unser Unglück und solange dieser Zustand fortbesteht, ist an eine

Fortentwicklung deutscher Macht und deutschen Ansehens nach außen hin gar nicht zu denken.» (Frie, 417) Der Adel gehört ins Museum.

Am 14. Mai 1894 gesteht er dem Adel immerhin noch eine Rolle als «Kunstfigur» zu und als solche gebraucht er ihn denn auch in seinem letzten Roman *Der Stechlin*: «Die Adelsfrage! Wir sind in allem einig; es gibt entzückende Einzelexemplare, die sich durch Naturanlage oder unter dem Einfluss besonderer Verhältnisse zu was schön Menschlichem durchgearbeitet haben, aber der ‹Junker›, unser eigentlichster Adelstypus ist ungenießbar geworden. Als Kunstfigur bleibt er interessant und Historiker und Dichter können sich freuen, dass es solche Leute gab und gibt; sie haben einen Reiz, wie alles Scharfausgeprägte. Aber was ist damit bewiesen!» (Frie, 344 f.) Hier achtet er doch auf die Individuen: es gibt reizende Einzelexemplare, aber die Absage an den Adel schlechthin mildert das nicht.

Von den Bürgern, die er unter dem Etikett Bourgeoisie erfasst, hielt er noch nie viel, so dass sein hartes Urteil über diese nicht überrascht; am 27. Mai 1891: «Alles dient dem Äußerlichen; auf den ersten Ruck ist dadurch was gewonnen, die Sinne werden befriedigt, aber so wie man ein bisschen schärfer zusieht, nimmt man eine Äußerlichkeitsherrschaft wahr, die mit einer gewissen Verrohung Hand in Hand geht. Die ganze Welt, man könnte beinahe sagen, die Sozialdemokratie mit eingerechnet, hat sich durch gesteigerten Besitz und durch gesteigerte Lebensansprüche bis zu einer gewissen Bourgeoishöhe, vielfach von gräulichem Protzertum begleitet, entwickelt [...].» (Frie, 201) Den «Borussismus», also das offizielle Preußentum, nennt er in einem Brief an Wilhelm Hertz vom 6. Juni 1897 «diese niedrigste Kulturform, die je da war.» (Drei, 410) Das ist nun nicht ohne Ironie, denn wenn von diesem Preußen etwas übrig geblieben ist, dann sind es die Werke Fontanes, die es im literarischen und im historischen Gedächtnis halten. Es gibt andere Gegenden Deutschlands, deren Kultur reicher ist, deren Geschichte weiter zurückreicht, die aber keineswegs so präsent sind wie Brandenburg, eben weil sie nicht einen Dichter vom Format Fontanes gefunden haben. In einem Brief an Friedrich Paulsen, Professor der Philosophie an der Berliner Universität vom 14. März 1897: «Es steht mir nämlich fest, dass seltsamerweise doch auch viel, sehr viel zur Verherrlichung dieses spezifischen Preußentums (siehe Treitschke) gesagt werden kann; und alle diese Herrlichkeit, die, bei vielen Tüchtigem und Gescheitem, schließlich nur ein Götzenbild auf tönernen Füßen ist, in ihrer Unausreichendheit, vor allem auch in dem niedrigen Kuturgrad, den sie vertritt, geschildert und verurteilt zu sehn, wäre mir ein Hochgenuß.» (Drei, 405) Ausgerechnet der Sänger Preußens fällt ein vernichtendes Urteil über dieses Preußen auf seine alten Tage.

Diese Zitate zeigen, dass Fontane sich nicht nur in den Briefen an Friedlaender offen und schroff aussprach, sondern auch in Briefen an andere Briefpartner. Da nicht jeder Fontane-Liebhaber alle Briefausgaben sammeln und lesen kann, ist die Auswahl, die Hans-Heinrich Reuter zusammenstellte, so nützlich: *Von Dreißig bis Achtzig. Sein Leben in Briefen* heißt sie und bringt die Fortsetzung der beiden autobiografischen Bücher, eine nützliche und erfreuliche Lektüre, die Fontanes Lebensgang anhand seiner eigenen Briefe erlebbar macht. Auch die Briefe an Georg Friedlaender sind in einer Ausgabe als Taschenbuch erhältlich; Walter Hettche hat sie nach der Ausgabe von Kurt Schreinert herausgegeben.

«Mein Hass gegen alles, was die neue Zeit aufhält, ist in einem beständigen Wachsen und die Möglichkeit, ja die Wahrscheinlichkeit, dass dem Sieg des Neuen eine furchtbare Schlacht vorausgehen muss, kann mich nicht abhalten, diesen Sieg des Neuen zu wünschen. Unsinn und Lüge drücken zu schwer, viel schwerer als die leibliche Not.» So schreibt er am 6. Mai 1895 an Friedlaender (Frie, 382). Die große Schlacht kam, aber es war die Schlacht, in der nicht nur das alte Preußen unterging, sondern auch Deutschland, dies in zwei Raten, im Ersten und im Zweiten Weltkrieg. Und ob das Neue, das dann kam, so viel besser ist als das alte, darüber lässt sich streiten.

Fontanes Hoffnung geht auf den Vierten Stand, also auf die Arbeiter, auf die Sozialdemokratie, siehe sein Brief an James Morris vom 22. Februar 1896 (Drei, 395). Eine Hoffnung, die damals begründet gewesen sein mag. Eine Bemerkung des alten Herrn vom 2. November 1896 an Friedlaender schwächt das wieder ab: «Sie werden vielleicht überrascht sein, dass ich über relativ harmlose Leute (aber auch wirklich nur relativ) jetzt immer so bissig schreibe, was wieder weder meiner eigentlichen Natur noch meiner Vergangenheit entspricht. Ich kann es aber nicht beklagen, dass noch in meinen alten Tagen solche Wandlung über mich gekommen ist. Alles was jetzt bei uns obenauf ist, entweder heute schon oder es doch vom morgen erwartet, ist mir grenzenlos zuwider: dieser beschränkte, selbstsüchtige, rappschige Adel, diese verlogene borniert Kirchlichkeit, dieser ewige Reserve-Offizier, dieser gräuliche Byzantinismus. Ein bestimmtes Maß von Genugtuung verschafft einem nur Bismarck und die Sozialdemokratie, die beide auch nichts taugen, aber wenigstens nicht kriechen.» (Frie, 410)

51. Ein Antisemit?

Von 18. August 1884, nachdem er ihn in der Sommerfrische im Riesengebirge kennengelernt hatte, bis kurz vor seinem Tod am 29. August 1898 schrieb sich Theodor Fontane mit Georg Friedlaender (1843–1914), einem Amtsrichter in Schmiedeberg, in dessen gastlichem Haus er gerne verkehrte, dort auch interessante Menschen traf wie die Richters und die Ebertys, wie Friedlaender jüdischer Herkunft, aber schon lange evangelisch getauft. Gerne sah er Friedlaender und Frau auch in Karlsbad, wenn er dort mit Emilie zur Kur weilte; dann schrieb er ihnen mitunter, um sie nach Karlsbad zu locken. Er muss diesen Mann geschätzt haben. Seine Briefe, die Friedlaenders sind nicht erhalten, umfassen einen Band von 436 Seiten, es war also eine umfangreiche und intensive Korrespondenz, wie Fontane sie nur mit wenigen führte. Friedlaender, den er bis zum Schluss mit «hochgeehrter Herr» ansprach, muss ihm als Gesprächspartner wichtig gewesen sein, wenn er sich so kontinuierlich mit ihm austauschte. Und doch hat er ihn in einem Brief an Friedrich Paulsen vom 12. Mai 1898, also nach fast 14 Jahren der Bekanntschaft, im Brief spricht er sogar von einem «Freund», geschmäht, als Juden geschmäht. Es ist das Peinlichste, was über Fontane mitzuteilen ist.

Zunächst geht es um die Juden: «Es ist trotz all seiner Begabungen ein schreckliches Volk, nicht ein Kraft und Frische gebender ‹Sauerteig›, sondern ein Ferment, in dem die hässlicheren Formen der Gärung lebendig sind, – ein Volk, dem von Uranfang an etwas dünkelhaft Niedriges anhaftet, mit dem sich die arische Welt nun mal nicht vertragen kann.» Merkwürdig, dass hier zum ersten Mal das Wort «arisch» steht, wie es Antisemiten gebrauchen, während Fontane sonst «christlich» im Unterschied zu «jüdisch» benutzte, also nicht auf die «Rasse» Bezug nahm, sondern auf die Religion. Er fährt dann fort: «Ein Freund von mir, Rath und Richter, aus einer angesehenen und reichen und seit 3 Generationen im Staatsdienst stehenden Judenfamilie, der längst verstorbene Vater orthodoxer Musterchrist, der Sohn selbst klug und gescheit und mit einem ehrlich verdienten eisernen Kreuz bewaffnet. Und doch Stockjude, so sehr, dass seine feine und liebenswürdige Frau blutige Tränen weint, bloß weil ihr Mann die jüdische Gesinnung nicht los werden kann. Es ist auch kein Ende davon abzusehen, und es wäre besser gewesen, man hätte den Versuch der Einverleibung nicht gemacht. Einverleiben lassen sie sich, aber eingeistigen nicht. Und das alles sage ich (muss es sagen), der ich persönlich von den Juden bis diesen Tag nur Gutes erfahren habe.» (Frie, 457)

Wie konnte er mit einem solchen Mann 14 Jahre lang korrespondieren, warum hat er es nicht bei ein paar freundlichen Floskeln gelassen, sondern ihm sein Herz ausgeschüttet? Lag das nicht doch an dessen geistreicher «jüdischen Art», die ihn sonst in Gesellschaft so erfreute? Und ist diese Geistigkeit nicht auch das Ergebnis der Herkunft? Der Urgroßvater war David Friedlaender (1750–1834), ein Schüler von Moses Mendelssohn. Und woher weiß Fontane, dass die Frau blutige Tränen weint? Hat sie es ihm gesagt? Kaum zu glauben. Denkt er sich das, da sie Christin ist, ihr Mann übrigens auch. Und worin besteht denn dieses Stockjudentum? Er hat keine Gründe, es ist ein diffuses Vorurteil. Was ist dann jüdische Gesinnung? Das war schon 1855 so, als er *Soll und Haben* von Gustav Freytag wegen der negativen Darstellung der Juden rügte. Er verteidigte die Juden, aber schrieb «Zugegeben, es wäre besser, sie fehlten oder wären anders», ohne zu sagen, wie er zu diesem Urteil kam. Fontane hat offensichtlich Ängste und Vorurteile, mit denen er immer wieder ringt, und er hat Einsichten und Empfindungen, die sich gegen diese Vorurteile und gegen die Diskriminierung verwahren – beides immer wieder und über lange Zeit.

Seine Äußerungen zur «Judenfrage» sind nicht eindeutig. Die einzelnen schätzte er in der Regel, deshalb ist das Urteil über Friedlaender ja so verstörend. Er hatte immer wieder jüdische Freunde, Kollegen, Verleger – Wolfsohn, Heyse, Hertz, Auerbach, Lazarus, Meyer; Cohn war der Kompagnon seines Sohnes Friedrich in dessen Verlag. Er hat, wie er sagt, tatsächlich immer nur Gutes von ihnen erfahren. Und sein treuestes Publikum waren eben auch die Berliner Juden. Mit dem Ehepaar Sternheim waren die Fontanes eng verbunden, Frau Sternheim hatte Frau Merckel abgelöst. «Frau Sternheim war die nächste und be-

währteste Freundin der Familie seit Jahren», wie Fritsch in einer Fußnote zu den Familienbriefen schreibt (Fam 2, 245). Und diese lobt Fontane denn auch in einem Brief an Mete vom 24. April 1891: «Denn
Frau Sternheim ist so ziemlich die normalste, angenehmste und lie-
benswürdigste Frau, die ich kenne. Es ist von der Alten her ein ungeheuer guter Fonds in der ganzen Familie; fast als ob das Altmärkische,
das ich sehr hoch stelle, das Jüdische wohltuend beeinflusst und doch
die guten Judenseiten bei Kraft und Leben erhalten hätte.» (Fam 2,
250) Also eine glückliche Verbindung des Märkischen mit dem Jüdischen. Und die guten Judenseiten – die gibt es also – gingen nicht verloren.

Was ihn stört, ist offensichtlich die Menge, wenn er zu viele Juden
auf einem Fleck sieht, wird er nervös, wie er in einem Brief aus Karlsbad an Mete vom 17. August 1893 meint: «Ich hätte nie geglaubt, dass
es so viele Israeliten auf der Welt überhaupt gibt, wie hier auf einem
Hümpel versammelt sind. Und dabei soll es in Heringsdorf [auf Use-
dom] noch mehr geben! Nicht zu denken, gedacht zu werden, hieß es
früher im Kladderadatsch. Ich halte so viel von den Juden und weiß,
was wir ihnen schulden, wobei ich das Geld noch nicht mal in Rechnung stelle. Aber was zu toll ist, ist zu toll; es hat etwas – auch vom
Judenstandpunkt aus gesehen – geradezu Ängstliches.» (Fam 2, 284)
Die Menge stört ihn auch in Berlin, anscheinend nicht die jüdischen
Rechtsanwälte, Journalisten, Kritiker, Verleger, also Leute, deren Arbeit für ihn wichtig war. In diesen Metiers waren viele Juden tätig. Es
sind anscheinend die ausländischen, wie er wiederum an Mete am
14. Juli 1896 schreibt: «Berlin wimmelt von Russen, Australiern, Kali-
forniern und Illinoismen; auch viele Franzosen sind da – alle hier auf-
gezählten sind aber Juden. Und dabei darf man nicht mal Antisemit
sein, weil das wieder zu dumm und zu roh sein würde.» (Fam 2, 325)

Sind manche seiner Bemerkungen in Briefen an Friedlaender kein
dummer Antisemitismus? Sein Urteil schwankt. So berichtet er im
Brief vom 4. Oktober 1891 Friedlaender von einem Gespräch mit einem
Realschulprofessor, der sagte: «Sonderbar, die Juden bei uns tun die
deutsche Kulturarbeit, und die Deutschen leisten als Gegengabe den
Antisemitismus.» Und er fügt hinzu: «Kolossal richtig, leider die erste
Hälfte noch richtiger als die zweite», dies insofern die Deutschen noch
in geringerer Zahl Antisemiten waren, aber die Juden in großer Zahl

die «Kulturarbeit» leisteten. (Frie, 217) Im Brief an Mete vom 21. August 1893 nennt er den antisemitischen Agitator Ahlwardt einen «Lump» und einen «Verrückten» (Drei, 341). In der Erstausgabe der Familienbriefe wurde das gestrichen.

In einem Brief an Friedlaender vom 9. November 1892: «Die Judenfeindschaft ist, von allem Moralischen abgesehen, ein Unsinn, sie ist einfach undurchführbar; alle Menschen, die ich hier kenne, ganz besonders auch Militär und Adel, sind in eminentem Grade von den Juden abhängig und es mit jedem Tage mehr. Ich halte es für ganz unmöglich, diesen Zustand zu ändern. 61 Prozent aller Berliner Häuser sind in Judenhänden und in zehn oder zwanzig Jahren werden es wohl 80 Prozent sein; wie will man da heraus? Es gibt kein anderes Mittel als Stillhalten und sich mit der allmäligen Christianisierung zufrieden zu geben. Es ist uns gleichgültig, ob der Ahnherr des alten Blücher ein Wendenfürst war und so kann es uns auch gleichgültig sein, ob die zukünftigen Schlachten an der Katzbach von einem Abkömmling Mosses oder seines Chefredakteurs Loewisohn geschlagen werden.» (Frie, 269)

1879 hatte in Berlin Wilhelm Marr die Antisemiten-Liga gegründet und des Hofpredigers Stoecker Christlich-Soziale Partei begann mit antisemitischen Parolen Wähler zu werben, was wenig erfolgreich war. Wolfgang Benz: «Insgesamt hatte der organisierte Antisemitismus im Kaiserreich zwar keinen politischen Einfluss erringen können; zum kulturellen Klima der Zeit leistete die neue Strömung aber einen schwer zu unterschätzenden Beitrag, und ihre Agitation und Publizistik, die in die öffentliche Diskussion eingeführten Schlagworte und Postulate bildeten Keime, die nur auf günstige Bedingungen zu ihrer Entfaltung warteten.» (Benz, 161) Es kam auch zum sogenannten Antisemitismusstreit zwischen den bekannten Historikern Heinrich von Treitschke und Theodor Mommsen. Treitschke forderte von den Juden, dass sie rückhaltlos Deutsche werden müssten. Auf die «Jahrtausende germanischer Gesittung» sollte nicht eine «deutsch-jüdische Mischcultur» folgen. Er warnte vor dem «gefährlichen Geist der Überhebung in jüdischen Kreisen» und schrieb den verhängnisvollen Satz: «Die Juden sind unser Unglück.» Theodor Mommsen warnte deshalb 1880 in seiner Schrift *Auch ein Wort über unser Judentum* davor, dass Juden als Bürger zweiter Klasse betrachtet würden. Und er sah die Gefahr eines «Bürgerkriegs einer Majorität gegen eine Minorität», was eine «nationale Calamität» wäre. Allerdings ist auch Mommsen für die Assimilation der Juden, wenn er auch darauf beharrt, dass den Juden dieselben Rechte zuständen wie den Christen: «Selbstverständlich ist unsere Nation durch Recht und Ehre verpflichtet, sie (die Juden) in ihrer Rechtsgleichheit zu schützen, sowohl vor offenem Rechtsbruch wie vor administrativer Prellerei.» (Benz, 164).

Neigte Fontane mehr Treitschke zu oder mehr Mommsen? Er stand dazwischen, könnte man sagen. In der Praxis, also im Umgang mit den Juden, die er kannte, mit denen er geschäftlichen Kontakt hatte oder gar befreundet war, war er freundlich und liebenswürdig wie immer, sie gehörten dazu. Hier war er auf Seiten Mommsens. In der Theorie, also wenn es sich um die Juden als Ganzes handelte, ging er nie so weit wie Treitschke. Doch ihre große Zahl irritierte ihn. Noch einmal ein Brief an Friedlaender vom 8. Juli 1895: «Alle Klüngel sind schlimm, aber die Judenklüngelei ist die schlimmste. Wie mein Gefühl gegen den Agrariergeist beständig wächst, so auch mein Gefühl gegen den Judengeist, der was ganz anderes ist als wie die Juden.» Wie das? Was ist der Geist, wenn nicht der Geist der Juden? Hier steht wieder dieses diffuse Konstrukt, das nicht näher bestimmt wird. «Der Judengeist, der uns 50 Jahre lang beherrscht hat, von Anno 20 bis Anno 70 ist kolossal überschätzt worden, er repräsentiert eine niedrige Form geistigen Lebens, so niedrig, dass, wenn ich jetzt einen klugen Mann, er sei Jude oder Christ, Judenwitze machen höre, ich in seine Seele hinein verlegen bin.» Und er fährt fort: «Das müssen wir erst mal gründlich durchsprechen, am liebsten auf einem Spaziergang zwischen Pupp und Kaiserpavillon. Denn ich habe immer noch die Hoffnung, dass Sie und Ihre verehrte Frau doch wenigstens 14 Tage für Karlsbad abstoßen.» (Frie., 384 f.) Er wünschte sich Friedlaenders als Gesprächspartner in Karlsbad. So schlimm konnte es denn doch nicht mit ihnen stehen.

All diese anzüglichen Äußerungen über Judenklüngel und Judengeist stehen nur in den Briefen, nicht in den Romanen, in den Briefen, die relativ lange nach Fontanes Tod publiziert wurden. In den Romanen gibt es jüdische Hauptfiguren, wie in *L'Adultera*, in der Regel aber nur jüdische Nebenfiguren wie in *Mathilde Möhring* und in *Die Poggenpuhls*. Dass Fontane eine Markierung der Juden im Roman vornimmt, so dass sie eben als solche erkennbar sind, kommt aus seinem

Konzept des Realismus. Leutnant Leo sieht eben Christenmädchen und Judenmädchen unterschieden und so muss der Erzähler diese Sicht preußischer Leutnants transportieren. Es ist diese Wahrnehmung der preußischen Christen, mag sie mal freundschaftlich sein wie die Manons zu den Bartensteins, mag sie mal herablassend sein wie die Leos. Zur preußischen Gesellschaft der Zeit gehörten die Juden, also gehören sie auch zum Personal der Romane, also werden sie dort auch als solche vorgeführt. Diskriminierung von Seiten des Erzählers wie in Gustav Freytags *Soll und Haben* gibt es nicht. Dies immerhin. Hier glänzt seine «poetische Gerechtigkeit» und die macht seine Romane so bedeutsam. «Was Fontanes Romankunst bis heute so bewundernswert macht: Sie gelangt über Positionen, die der Autor bezogen hat, und über Grenzen, die ihm gezogen waren, objektiv hinaus», so Norbert Mecklenburg (Meck, 22).

Henry H. H. Remak, als jüdischer Berliner 1916 geboren, Emigrant in den USA, Germanistikprofessor der Universität von Indiana in Bloomington, sprach, 82 Jahre alt, 1998 auf der Konferenz zum 100. Todestag Fontanes in Potsdam. Er erzählte, dass sein Vater Fontane noch auf seinen Spaziergängen im Tiergarten begegnete. Und dass der Vater noch Kontakt hatte zu Menschen, die Fontane kannten: Friedrich Theodor Cohn, Mitverleger von Friedrich Fontane, Otto Meyer, Sohn von Fontanes Rechtsanwalt Paul Meyer; Fontane setzte diesen jüdischen Rechtsanwalt als Nachlassverwalter neben Mete ein. Seit seiner Gymnasialzeit, so Remak, liebe er Fontane und seitdem beschäftige er sich mit ihm. Und nun spreche er über Fontane und die Juden: «In unserer Untersuchung werden wir manches Unerfreuliche finden, das einen Schatten auf Fontane wirft. Das ist für uns, die wir Fontane lieben, eine peinliche, aber notwendige Erfahrung.» (Remak, 185) Remak fasst seine Überlegungen zusammen:

> «Wenn man sie [die Altersverse] mit den in den letzten fünfzehn Jahren seines Lebens geschriebenen Briefen zusammenliest, ist das wachsende und überwiegende Ressentiment gegen die sogenannte Herrschaft des Judentums unübersehbar. Gewiß, er schließt brieflich seine und seiner Familie spontane Beziehungen zu Freunden jüdischen Glaubens oder Ursprungs durchweg von seinen negativen Verallgemeinerungen aus und erkennt, obgleich, so hat es den Anschein, in den letzten Jahren seines Lebens beiläufiger, seine persönliche Erkenntlichkeit vielen Juden gegenüber an, bewundert ihren Spür- und Sprühsinn, ihre Intelligenz und Energie und spart nicht mit Kritik des verstaubten, geistlosen Adels und des

bürgerlichen Protzertums, das allerdings die Juden nun wieder einschließt. Selbst wenn wir ihm sein – und unser – Faible für blitzblanke, aphoristische Aperçus zugute halten, streifen seine steigenden Denunziationen einer komplottähnlichen Judenmacht in seinen Briefen an Zwangsvorstellungen, ja mitunter an Gehässigkeit (selbst in manchen Gelegenheitsgedichten), zum mindesten einen ihm sonst wesensfremden *mauvais goût*. Es wird steigend zu Judenschnüffelei an allen Ecken und Enden der Gesellschaft, im Charakter und im Gebaren deutscher Freunde und Bekanntschaften jüdischen Glaubens oder Ursprungs, von Ostjuden, denen er besonders auf böhmischen Kuraufenthalten begegnete, gar nicht zu sprechen. Die endgültige Verneinung der Assimilationsfähigkeit seiner jüdischen Mitbürger drei Generationen nach ihrem Eintritt in die deutsche Gesellschaft, seine Befürwortung eines *numerus clausus* in ihren Bürgerrechten, die in der Praxis (höhere Beamtenlaufbahn, Militär, Universität) sowieso schon beschränkt waren, muß mindestens unser Kopfschütteln erregen. Ist das der Fontane, der vier Jahrzehnte früher (1856) auf Freytags bürgerlichen Antisemitismus in *Soll und Haben* antwortete: ‹Wohin soll das führen?›» (Remak, 192–3)

52. Der Stechlin

«Im Winter habe ich einen politischen Roman geschrieben (Gegenüberstellung von Adel, wie er bei uns sein sollte und wie er ist). Dieser Roman heißt ‹Der Stechlin›», so die bekannte Stelle im Brief Fontanes an Carl Robert Lessing vom 8. Juni 1896. In einem Brief an Ernst Heilbronn vom 12. Mai 1897 bestätigte er den politischen Charakter des Romans: «Ich stecke so drin im Abschluss eines großen, noch dazu politischen (!!) und natürlich märkischen Romans, dass ich gar keine anderen Gedanken habe und gegen alles andere auch gleichgültig bin.» (Reu 836)

Ein politischer Roman, in dem nichts passiert außer: «Zum Schluss stirbt ein Alter und zwei Junge heiraten sich – das ist so ziemlich alles, was auf 500 Seiten geschieht», schrieb der Autor dem Redakteur der Zeitschrift *Über Land und Meer*, der ab Oktober 1897 den Roman in Fortsetzungen druckte (Reu, 836). In der Tat geschieht wenig, es wird aber viel geredet. Und das ist vielleicht das Wichtigste in diesem Roman: die Rede, die den Menschen vom Tier unterscheidet, die menschliche Rede. Im Miteinanderreden drückt sich die Menschlichkeit aus, dabei ist es gar nicht so wichtig, worüber geredet wird, wichtig ist, dass geredet wird. Welche Sehenswürdigkeiten in London bedeutsam sind, darüber streiten die Schwestern Barby mit dem jungen Stechlin seitenlang. Im Grunde ist das unerheblich. Erheblich ist, dass sie miteinander

Der zeitgenössische Kontext: Vorabdruck des «Stechlin» in «Über Land
und Meer» 1897. Unten: kaiserliche Jagdgesellschaft.

reden und in diesem Reden sich näher kommen, denn die wichtigere Frage ist doch, welche der beiden Damen er schließlich heiraten wird: Melusine oder Armgard, deren unterschiedliche Charaktere schon im Namen ausgedrückt werden.

Wie heißt es vom alten Stechlin: «Er ließ sich gern was vorplaudern und plauderte selber gern.» (St, 8) Das Thema ist nicht so wichtig, das Plaudern als solches ist wichtig. So ruft er etwa Pfarrer Lorenzen, um mit ihm zu reden, gleichgütig worüber, er will ihn nur sehen und sprechen, um seine Einsamkeit zu überwinden, denn er lebt seit 30 Jahren allein in seinem Schloss, Kate nennt er das alte Haus; die Frau starb früh, der Sohn Woldemar steht in Berlin bei den Gardedragonern. So bleibt ihm nur der Diener Engelke, ein Prachtexemplar, der Pfarrer Lorenzen, eine gute Seele, der Lehrer Krippenstabel, ein Heimatforscher, der Wetterhähne sammelt. Das alles teilt uns der Erzähler schon am Anfang mit: «Dubslav von Stechlin, Major a. D., und schon ein Stück über Sechzig hinaus, war der Typus eines Märkischen von Adel, aber von der milderen Observanz, eines jener erquicklichen Originale, bei denen sich selbst die Schwächen in Vorzüge verwandeln.» (St, 7) Mit diesem Satz steht fest, was der Leser von ihm halten soll. Der Anfang könnte ein Anfang in den *Wanderungen* sein: die Landschaft und der See, das Schloss und das Dorf, schließlich die Bewohner, nächst den genannten noch Oberförster Katzler und seine Frau, eine Prinzessin, und Schwester Adelheid, Domina im nahen Kloster Wutz, die ihrem Bruder Dubslav mit herzlicher Abneigung zugetan ist. Er ist ihr zu lasch.

In dieses dörfliche Idyll am Stechlinsee kommt nun Besuch, so dass Bewegung entsteht: Sohn Woldemar mit zwei Freunden, Rex und Czako, weshalb zu einem Essen geladen werden muss. Die Mamsell, die in der Küche wirkt, sorgt dafür. Und nun kann ein ausführliches Tischgespräch in Gang kommen. Zu Ehren des Besuchs lädt der alte Herr den Pastor ein und den Oberförster und – unwillig, aber dann doch – die Gundermanns, neureiche Mühlenbesitzer, Bourgeois, wenn auch seit kurzem geadelt und deshalb besonders konservativ.

Der Roman ist klar gebaut. Nach der Hinführung des Erzählers kommen die Gespräche, die wiederum die Personen charakterisieren. Es sind zwei Ebenen des Sprechens, in denen der Roman sich wie üblich vollzieht: die Ebene des Erzählers, den Figuren übergeordnet, die Ebene der Figuren, die handeln, indem sie sprechen, denn sie handeln wenig. Bedeutsam: in diesem Sprechen der Figuren wird auch immer wieder das Sprechen selbst, das Erzählen thematisiert. Woldemar zu Rex: «Denn erstens ist Klatschen überhaupt nicht inferior, und zweitens klatschen Sie gerade so gern wie ich und vielleicht noch ein bisschen lieber.» (St, 191) Oder: «Ei, sagte Melusine, so bin ich zum Erzählen noch mein Lebtag nicht aufgefordert worden. Nun wirst du sprechen müssen, Armgard.» (St, 200 f.)

Dem ersten Teil des Romans, dem ersten von neun, gab Fontane einen Titel wie allen andern auch: «Schloß Stechlin». Es folgt der zweite Teil «Kloster Wutz», in dem die drei Kameraden im Kloster bei Tante Adelheid vorsprechen, die wiederum ein Essen arrangiert. Teil drei heißt «Nach dem Eierhäuschen» und spielt in Berlin: Die Barbys werden vorgestellt, die in einem schönen Haus am Kronprinzenufer der Spree wohnen. Der beliebte Landausflug führt diesmal von der Jannowitzbrücke mit dem Schiff die Spree hinauf zu dem Ausflugsort Eierhäuschen: Graf Barby mit Töchtern, Baron und Baronin Berchtesgarden und eben Woldemar von Stechlin. Mit diesen drei Teilen ist die Welt, die uns der Erzähler präsentiert, ausgebreitet.

Der vierte Teil führt wieder zurück in die Provinz «Wahl in Rheinsberg-Wutz»; der alte Stechlin kandidiert für die Konservativen in einer Nachwahl und fällt durch; gewählt wird der Sozialdemokrat. Damit ist doch der politische Gehalt erreicht, denn eine Wahl mit allem Drum und Dran wird in damaliger Zeit kaum in der deutschen Belletristik gezeigt. Teil fünf «In Mission nach England» stellt die Mitte des Romans dar; er verbindet Berlin und Stechlin, also Provinz und Hauptstadt, und er verbindet Deutschland und die weite Welt, für die hier wieder London steht. Woldemars Regiment schickt ihn dorthin zu kurzem Besuch. In Teil sechs ist es dann so weit: «Verlobung. Weihnachtsreise nach Stechlin». Woldemar verlobt sich mit der stillen Armgard, nicht mit der beredten Melusine. Und zu Weihnachten besuchen die beiden Damen mit Woldemar den alten Herrn in seiner «Kate»: eine Art Wiederholung des Essens im ersten Teil und des Ausflugs an den allerdings zugefrorenen berühmten See. Die «Hochzeit», der siebte Teil wird natürlich in Berlin gefeiert im Hause Barby. Das Paar geht dann auf Italienreise, der alte Stechlin kehrt geschwächt nach Hause zurück. Es kommt das Ende in Stechlin: Teil acht «Sonnenuntergang», Teil neun «Verweile doch, Tod. Begräbnis. Neue Tage».

Die vier Teile der ersten Hälfte schildern also Ort, Zeit, handelnde Personen in Stechlin und Berlin in der politischen Konstellation der Zeit, die zweite Hälfte konzentriert sich auf drei Personen, den engeren Zirkel: das junge Paar in den ersten beiden Teilen, der alte Herr in den letzten beiden Teilen. Und insofern ist Fontanes Bezeichnung zutreffend: Es geht um den Tod des alten Herrn und zugleich um die Heirat der jungen Leute, beides lässt er zeitlich zusammenfallen. Das Leben geht weiter. Aber der Blick des Erzählers, eines alten Mannes, ruht doch vor allem auf dem alten Stechlin. Der «politische» Roman handelt vom Sterben eines Alten, der so alt gar nicht ist, 67 Jahre, immerhin damals ein höheres Alter als heute; Fontane war bei der Niederschrift zehn Jahre älter. Er schildert das letzte halbe Jahr; es beginnt im Oktober und endet im März. Auch das Jahr ergibt sich leicht, denn 1885 zogen die Barbys in ihre Wohnung am Kronprinzenufer und jetzt wohnen sie zehn Jahre dort, es ist also 1895, die Zeit, in der Fontane mit dem Roman begann, einem zeitgenössischen Roman.

Die sogenannten einfachen Leute sollen nicht vergessen werden. Nicht nur, dass sie in den beiden treuen Dienern präsent sind, zu Engelke kommt noch Jeserich, der den Barbys zur Hand geht, auch die brave Witwe Schickedanz, der das Haus am Kronprinzenufer gehört, wird gebührend, ja, nahezu liebevoll mit ihrem Lebenslauf vorgestellt. Am schönsten aber ist das Pendant zum Landausflug. Man fragt sich ja immer, was machen in der Zeit die armen Kutscher. Hier fahren sie zurück zum Kronprinzenufer und treffen sich mit dem Hausmeister in dessen Wohnung zum gemütlichen Skat. Eine herzerfreuende Szene, mit derselben Zuneigung geschrieben wie die am Eierhäuschen, wo es wieder um Gott und die Welt geht.

Der Adel fällt dagegen ab. Die Adligen, die sich in Rheinsberg zur Wahl zusammenfinden, sind nahezu Karikaturen: «Die da saßen und aus purer Langerweile sich über die Vorzüge von Allasch und Chartreuse stritten, waren die Herren von Molchow, von Krangen und von Gnewkow, dazu Baron Beetz und ein Freiherr von der Nonne, den die Natur mit besonderer Rücksicht auf seinen Namen geformt zu haben schien. Er trug eine hohe schwarze Krawatte, darauf ein kleiner vermickerter Kopf saß, und wenn er sprach, war es, wie wenn Mäuse pfeifen.» (St, 171) Ein Unikum ist auch der Edle Herr von Alten-Friesack, der allein durch seine Erscheinung auffällt, so dass er nichts sagen muss und

auch nichts sagt, Beetz ergreift für ihn das Wort: «Einige sprachen freilich immer von seinem Götzengesicht und seiner Hässlichkeit, aber auch
das schade nichts.» (St, 177) Er scheint eine Reminiszenz an eine wendi-
sche Gottheit zu sein, wird wohl deshalb auch als Anführer der Gruppe
geachtet, auch wenn Molchow froh ist, dass ihn eine Blumenvase ver-
deckt, so dass er ihn nicht anschauen muss beim Festmahl. Denn ging
die Wahl auch verloren, so ist sie doch Grund genug zu ausgiebigem
Essen und Trinken. Und zu leerem Gerede. Auch nach der Beerdigung
des alten Stechlin, als diese Herren wieder zusammentreffen, ist das der
Fall. Molchow beschwert sich ungerührt, dass es zu kalt war, und erzählt von den Berliner Beerdigungen, die noch schlimmer seien, weil
dort auch noch gesungen werde. Das ist also der Adel deutscher Nation.

Die Parodie verschont auch andere Figuren nicht: so etwa den Musiker Wrschowitz, der bei Barbys verkehrt, einen Tschechen, dessen rol-
lendes R der Erzähler stark markiert. Leider hat er auch Baruch Hirschfeld und seinen Sohn mit einem leicht jüdelnden Deutsch versehen.
Baruch Hirschfeld in Gransee ist der großzügige Kreditgeber des alten
Stechlin, der offensichtlich immer in Geldnot ist. Als Hirschfeld den
Kranken besucht und eine Bemerkung über das Schloss macht, nimmt
ihm Stechlin dies übel, hat er ihn doch immer als seinen Freund betrachtet. Dabei ist das Verhalten des Geschäftsmanns nicht außerge-
wöhnlich. Jeder Bankier müsste sich so verhalten. Koseleger macht den
Alten später darauf aufmerksam: das habe nichts mit der Rasse zu tun,
sondern mit dem Beruf. Damals gab es noch wenig Banken und Spar-
kassen, so dass man auch bei privaten Leuten Geld gegen Zinsen lieh.
Dass Hirschfeld den Alten immer wieder unterstützt, heißt doch nicht,
dass er ihm das Geld schenkt. Er muss wie jede Bank darauf achten, dass
auch eine Sicherheit geboten wird, und die einzige Sicherheit, die Stechlin hat, ist nun mal sein Schloss und sein Grund und Boden. Die Sicht
Stechlins darf im Übrigen nicht mit der Fontanes verwechelt werden. Es
ist die Sicht eines alten Junkers, der ja auch den jüdischen Arzt Mosche-
les abweist, vielleicht eher weil er Sozialdemokrat, als weil er Jude ist.
Ein schlimmes Versehen, denn es bringt ihm den Tod. Der junge Arzt
hätte ihn wohl länger am Leben erhalten. Auch dass er daraufhin die
alte Buschen aus Neu-Globsow zu Rate zieht, ist seine Entscheidung,
nicht die Fontanes, der von Wunderheilern nicht viel hielt.

Der alte Stechlin lässt sich im Übrigen nicht so leicht festlegen. Er hört sich gerne andere Meinungen an, erprobt auch selbst eine, ist aber durchaus offen für andere. Und kann, wenn es darauf ankommt, auch mal das Gegenteil von dem sagen, was er kurz zuvor gesagt hat. Zu Gundermann: «Wenn ich das Gegenteil gesagt hätte, wäre es ebenso richtig. Der Teufel ist nicht schwarz, wie er gemalt wird, und die Telegraphie auch nicht, und wir auch nicht.» (St, 23) Das ist nicht Opportunismus, das ist Gelassenheit. Er ist gegen Schwarz-Weiß-Malerei. Wer hat schon recht? Gerade die, die meinen, ein für allemal im Recht zu sein, sind es meist nicht. Die Beschränktheit der menschlichen Erkenntnis führt ihn zur großmütigen Haltung. Gundermann ist da das Gegenstück: er weiß alles mit seinem Satz «Das ist Wasser auf die Mühlen der Sozialdemokratie» zu beenden, seine enge politische Sicht demonstrierend. Das ist nicht ohne Ironie, ist er doch Mühlenbesitzer.

Man spürt aber doch, dass diese Welt, so wohl geordnet und so fest sie zu stehen scheint, Anzeichen einer inneren Unsicherheit trägt, durchaus unterschiedliche Anzeichen. Da ist die Angst vor der Sozialdemokratie, also vor dem Heer der arbeitenden Menschen, die nach Anerkennung drängen. Da ist aber auch die Angst vor einem Putsch der Junker. Im Gespräch mit dem alten Barby erinnert Stechlin an Kaiser Friedrich, der nur 99 Tage regierte; von ihm erhofften viele liberale Reformen. Doch wäre es dazu gekommen, hätten die preußischen Junker sich gewehrt. Stechlin: «Es heißt immer: unmöglich. Ah bah, was ist unmöglich? Nichts ist unmöglich. Wer hätte vor dem 18. März 1848 den 18. März für möglich gehalten? Nichts ist unmöglich.» (St, 285)

So ist der gesellschaftliche Wandel auch ein wichtiges, ja, das wichtigste Thema in den Gesprächen, die der liberale Pfarrer Lorenzen führt. Lorenzen hat seine Ansicht in dem Satz zusammengefasst: «Lieber mit dem Alten, soweit es irgend geht, und mit dem Neuen nur, soweit es muss.» (St, 27) Darin spricht er seine Neigung zum Alten aus. Melusine dagegen dreht die Aussage um: «Alles Alte, soweit es Anspruch darauf hat, sollen wir lieben, aber für das Neue sollen wir recht eigentlich leben.» (St. 251). Sie neigt dem Neuen zu, doch was ist das Alte, was das Neue? Wenn genauer gesagt würde, was denn das bewahrenswerte Alte ist und was das erstrebenswerte Neue, entfachte sich erst der Streit, der vorerst unter der schönen Formel versteckt wird. So ist auch nicht recht zu erkennen, was denn Lorenzen erstrebt, der ein gutherziger freundlicher Mensch ist, dies im Unterschied zu dem eitlen Superintendenten

Koseleger, der nur seine Karriere im Blick hat. Lorenzen immerhin hat einen starken Vorbehalt gegen die «alten Familien», also den Adel, und meint, das neue Zeitalter sei nicht mehr aristokratisch, sondern demokratisch: «Eine neue Zeit bricht an. Ich glaube, eine bessere und glücklichere. Aber wenn auch nicht eine glücklichere, so doch mindestens eine Zeit mit mehr Sauerstoff in der Luft, eine Zeit, in der wir besser atmen können.» (St, 254)

Rex zu Lorenzen: «Sie stehen in der christlich-sozialen Bewegung. Aber nehmen Sie deren Schöpfer, der ihnen persönlich vielleicht nahesteht [...].» (St, 26) Dieser Schöpfer ist Adolf Stöcker (1835–1909), der von 1774 bis 1889 Hofprediger war, dann aber sein Amt verlor. Er gründete die Christlich-soziale Bewegung 1878, um die Arbeiter den Sozialdemokraten zu entreißen. Als ihm das nicht gelang, fuhr er einen scharfen antisemitischen Kurs, der den Bazillus freisetzte. Der Hofprediger machte den Antisemitismus hoffähig. Er sah schon die Juden auf beiden Seiten wirkend: auf Seiten des Kapitalismus, der Plutokratie, wo sie die Börse beherrschten, und auf Seiten der Arbeiterschaft, in der sie die Anführer stellten. Dass auf beiden Seiten mehr Christen als Juden tätig waren, sah er nicht. Und von diesen beiden Seiten drohten letztendlich Preußen nicht die größten Gefahren, die größte Gefahr saß in der Regierung und im Generalstab, also bei den staatserhaltenden Kräften, die bald durch einen Krieg den Staat ruinierten. Dass dies das Ende Preußens sein könnte, ein verlorener Krieg, das kommt nicht einmal in Andeutungen im Roman vor. Es ist undenkbar für die Preußen, die jahrhundertelang fast alle Kriege gewonnen hatten, von Fehrbellin bis Sedan.

Lorenzen distanziert sich von Stoecker, von diesem «viel gefeierten und befehdeten Hofprediger». Er setzt ihm einen anderen Geistlichen entgegen, der ihm Vorbild ist: den Wörishofener Pfarrer, also jenen Pfarrer Kneipp, der die Wasserkur fand, so dass viele Menschen zu ihm nach Wörishofen pilgerten. «Er sucht nicht die Menschen, die Menschen suchen ihn.» (St, 27) Ein anderes Vorbild ist der portugiesische Dichter und Mystiker João de Deus, in dessen Namen Lorenzen und Woldemar, Melusine und Armgard einen Bund schließen, der im Roman folgenlos bleibt.

Ja, Melusine. Der Name weist auf eine märchenhafte Figur, die Fontane immer mal wieder beschäftigte. Melusine ist demnach eine Wasserfee. Sie entsteigt dem Wasser, «gibt sich dem jungen Grafen hin, der, auf der Jagd im tiefsten Wald verirrt und schuldbeladen, sie am Brunnen trifft, und möchte ihm nach triuwe und reht angehören.» (Brie, 113) Sie stellt nur eine Bedingung: Am Sabbat zieht sie sich zurück und er darf ihr nicht folgen. Das tut er doch, er sieht ihren Fischschwanz und «der Elementargeist entflieht ihm und der Menschenwelt». Eine andere Variante kennt ein glückliches Ende: Melusine baut das Stammschloss Lusignan, und in der Ehe mit dem Grafen begründet sie ein königliches Geschlecht.

Melusine Barby heiratet tatsächlich einen italienischen Grafen, doch auf der Hochzeitsreise von Florenz nach Venedig erfährt sie Schreckliches im Eisenbahntunnel. Die Ehe wird sofort geschieden. Was mag geschehen sein? Hat er sich ihr zu leidenschaftlich genähert? Was könnte es sonst sein. Merkwürdig auch die Antwort Melusines auf die Frage Armgards: «Du gönnst ihn mir doch?» «Ach, meine liebe Armgard», sagte Melusine, «wenn du wüsstest. Ich habe nur die Freude, du hast auch die Last.» (St, 227) Was meint sie damit? Sie hat die Freude, also den gesellschaftlichen Umgang mit Woldemar, Armgard aber hat die Last, sie muss mit ihm das Bett teilen und Kinder kriegen. Meint sie das? Dann ist sie das Gegenteil jener märchenhaften Melusine. Dann ist eher Armgard, die stille, naturnahe, eine Melusine, denn sie wird das Geschlecht derer von Stechlin fortsetzen, aller Wahrscheinlichkeit nach. Allerdings gibt es eine Variante des Mythos, in dem Melusine lieben möchte, aber der Liebe nicht fähig ist. Melusine Barby ist auch kein Naturwesen, sondern eine Gesellschaftsdame comme il faut. Sie redet brillant, sie ist gescheit, sie weiß viel, sie lässt ihre Schwester kaum zu Wort kommen und ist immer von entschiedenem Urteil.

Und dann noch ihr Brief an Lorenzen am Schluss des Romans: «Und nun, lieber Pastor, noch einmal das eine. Morgen früh zieht das junge Paar in das alte Herrenhaus ein, meine Schwester und mein Schwager. Erinnern Sie sich bei der Gelegenheit unsres in den Weihnachtstagen geschlossenen Paktes: es ist nicht nötig, dass die Stechline weiterleben, aber es lebe der Stechlin.» (St, 361) Ist das nicht zynisch? Ihre Schwester und ihr Schwager ziehen in das alte Haus, um dort neues Leben einzuführen und die Stechline fortzusetzen. Was wünschte man da dem jungen Paar? Glück und Segen! Sie wünscht nicht, dass die Stechline weiterleben, sondern der See. Um den muss sich jedoch niemand kümmern, den gibt es seit der letzten Eiszeit und den wird es auch noch eine Weile geben. Vertritt Melusine hier die Beständigkeit der Natur gegenüber dem menschlichen Auf und Ab?

Bleiben wir bei diesem menschlichen Auf und Ab, das vom alten Stechlin vertreten wird und vom jungen. Nach der Lektüre des väterliche Briefes räsoniert Woldemar: «auf die Barbys passte so gut wie nichts davon; die waren doch anders, die suchten nicht Fühlung nach oben und nicht nach unten, die marchandierten nicht mit links und nicht mit rechts, die waren nur Menschen, und dass sie nur das sein wollten, das war ihr Glück und zugleich ihr Hochgefühl» (St. 229). Hier spricht wohl auch der Erzähler aus dem jungen Stechlin. Der alte Stechlin zu dem Hofprediger Frommel: «Sie waren ja noch mit unserem guten Kaiser Wilhelm, dem letzten Monarchen, der noch ein wirklicher Mensch war, immer in Gastein zusammen und viel an seiner Seite. Jetzt hat man statt des wirklichen Menschen den sogenannten Übermenschen etabliert; eigentlich gibt es bloß noch Untermenschen, und mitunter sind es gerade die, die man durchaus zu seinem Über machen will.» (St. 272) Er meint Kaiser Wilhelm I., den letzten Monarchen, der ein Mensch noch war, der jetzige, Wilhelm II. – sein Name fällt nicht im Roman – ist demnach keiner, sondern einer dieser Untermenschen, die sich für Übermenschen halten? Wohl wahr.

Es sind die unscheinbaren Stellen, über die man hinwegliest, die vielleicht die wichtigsten im Roman sind. So die Heimkehr des Alten vom Festmahl in Rheinsberg, als er einen betrunkenen Sozaldemokraten am Weg findet und ihn in die Kutsche nimmt und mit freundlichen Worten nach Hause bringt, eine menschliche Geste, die politische Gegensätze überspringt. Merkwürdig deshalb später eine seiner letzten Bemerkungen zu Lorenzen: «Sorgen Sie dafür, dass die Globsower nicht zu sehr obenauf kommen.» «Aber Herr von Stechlin, die armen Leute ...», antwortet der mit Recht. (St, 341) Was fürchtet er von den schwer schuftenden Glasbläsern im Menzer Wald? Hier ist er deutlich anderer Meinung als sein Erzähler Fontane, der in seinen späten Briefen eine gewisse Hoffnung auf die Sozialdemokratie setzte.

Sehen wir auf die unscheinbaren Stellen. So wenn der alte Stechlin einen Spaziergang macht zu seinem See, auf der Bank sitzt und über sein Leben nachsinnt. Da kommt die alte Buschen mit einem Bündel Reisig aus dem Wald, das zehnjährige Mädchen Agnes an der Hand, ein illegitimes Kind, das der alte Stechlin später, als er im Sterben liegt, zu sich holt, um sich an seinem Anblick, an seiner kindlichen Schönheit und Jugend zu erfreuen. Wenn uns der Roman Freude macht, so wegen dieser Stellen und der Gespräche des Alten mit Engelke, seinem Diener seit 50 Jahren: das einverständliche Schweigen, die kurzen Bemerkungen, die knappen Urteile über die Gäste und die Ruhe am Kamin oder auf der Terrasse, wo die Aloe schon im Vergehen ist. Die schöne Blüte, die sie zeigt, stammt von einer anderen Pflanze, die sich in dem Blumentopf eingenistet hat. Es ist eine Scheinblüte.

Diese Atmosphäre zeichnet den Roman aus: zuerst die Herbstsonne, dann die ersten Frühlingsstrahlen. Und das freundliche Miteinander der Menschen in den vielen Gesprächen. Das Alter und das Sterben Dubslavs, sei er nun Junker oder nicht, nimmt vorweg, was uns allen bevorsteht. Das ist es, was den Roman über seine Zeit hinaushebt, auch über die politischen Querelen, die nicht mehr die unsrigen sind, wiewohl sie Folgen hatten bis in unser heutiges Leben hinein: «Zum Schluss stirbt ein Alter und zwei Junge heiraten sich.»

«Engelke ging, und Dubslav war wieder allein. Er fühlte, dass es zu Ende ging. ‹Das Ich ist nichts – damit muss man sich durchdringen. Ein ewig Gesetzliches vollzieht sich, weiter nichts, und dieser Vollzug, auch wenn er Tod heißt, darf uns nicht schrecken. In das Gesetzliche sich ruhig schicken, das macht den sittlichen Menschen und hebt ihn.› Er hing dem noch nach und freute sich, alle Furcht überwunden zu haben. Aber dann kamen doch wieder Anfälle von Angst, und er seufzte: ‹Das Leben ist kurz, aber die Stunde ist lang.›» (St, 346)

53. Die letzten Jahre

Es war ein großes Fest: Am 4. Januar 1890 kamen im Englischen Haus in Berlin fast 300 Personen zu einem Essen zusammen, das der Presseclub, die Literarische Gesellschaft und die *Vossische Zeitung* arrangiert hatten – zu Ehren Theodor Fontanes, der kurz zuvor 70 Jahre alt geworden war. Er schien nun im offiziellen Berlin angekommen. Kultusminister Gustav von Goßler hielt eine gute Rede, die Büste des Dichters stand, rot beleuchtet, in einer Nische. Der Dichter selbst saß an der Ehrentafel mit honorigen Gästen; Friedrich Spielhagen präsidierte. Und doch war er nicht zufrieden. *Archibald Douglas* wurde

Theodor Fontane an seinem Schreibtisch. Foto von Zander und Labisch, 1896.

in Carl Loewes Vertonung vorgetragen, und ein Teil des Publikums applaudierte mitten in die Ballade hinein; viele kannten also nicht einmal sein populärstes Werk, das allerdings viele Strophen hat.

Fontane in einem Brief an den Pfarrer Heinrich Jacobi vom 23. Januar 1890: «Die konservativen Blätter, die mich als ‹Abtrünnigen› (es ist aber nicht so schlimm) einigermaßen auf dem Strich haben, haben nur sehr wenig davon gebracht; aber gelegentlich kommt auch wohl ein anderes Blatt Ihnen zu Händen, und die haben es an weitschichtiger Schilderung, der ich kaum etwas hinzuzufügen hätte, nicht fehlen lassen. Man hat mich kolossal gefeiert und – auch wieder gar nicht. Das moderne Berlin hat einen Götzen aus mir gemacht; aber das alte Preußen, das ich durch mehr als vierzig Jahre hin in Kriegsbüchern, Biografien, Land- und Leuteschilderungen und volkstümlichen Gedichten verherrlicht habe, dieses ‹alte Preußen› hat sich kaum gerührt und alles (wie in so vielen Stücken) den Juden überlassen.» (Drei, 339) Was er hier beklagt, ist in zwei Punkten bemerkenswert: er kritisiert in Briefen gern den märkischen Adel, er hat sich zum Liberalen gewandelt, jedenfalls zählen ihn die «Konservativen» nicht mehr zu den

Ihren, und doch würde er gerne von ihnen gelobt werden. Und: er sollte doch dankbar dafür sein, dass die liberalen Juden ihn als großen Schriftsteller preisen und verehren.

Und dankbar ist er schließlich auch, denn die Konstellation wiederholt sich an seinem 75. Geburtstag, der allerdings höchst bescheiden in den Räumen der Mansarde der Potsdamer Straße 134c gefeiert wurde. Wiederum nichts vom Adel, wiederum: wenn die Juden nicht wären. Fontane hat darüber ein humoriges Gedicht geschrieben: «Als ich 75 wurde.»

> Hundert Briefe sind angekommen,
> Ich war vor Freude wie benommen,
> Nur etwas verwundert über die Namen
> Und über die Plätze, woher sie kamen.

Ich dachte, von Eitelkeit eingesungen:

> Du bist der Mann der «Wanderungen»,
> Du bist der Mann der märk'schen Geschichte,
> Du bist der Mann der märk'schen Gedichte,
> Du bist der Mann des Alten Fritzen
> Und derer, die mit ihm bei Tafel sitzen,
> Einige plaudernd, andere stumm,
> Erst in Sanssouci, dann in Elysium,
> Du bist der Mann der Jagow und Lochow,
> Der Stechow und Bredow, der Quitzow und Rochow,
> Du kanntest keine größeren Meriten
> Als die von Schwerin und vom alten Zieten,
> Du fandest in der Welt nichts so zu rühmen
> Als Oppen und Groeben und Kracht und Thümen […]

Er zählt dann noch neun andere Namen märkischen Adels auf. Es ist ein Rückblick auf den Teil seines Werkes, in dem er Brandenburg, seine Landschaft, seine Geschichte, seine Siege rühmte: die fünf Bände der Wanderungen und die fünf Bände der Kriegsberichte. Doch alles war vergebens: kein Wort der Anerkennung, kein Wort des Dankes von all diesen Familien, die er besungen. Dafür eben Dank von einem viel älteren Adel: dem jüdischen. Hier kommt ihm wärmste Sympathie vom Publikum seiner Romane entgegen, denn diese sind es, die viele Leser mehr begeisterten und begeistern als die märkischen Bücher. Es ist der Uralt-Adel, der sich bis aufs Alte Testament zurückführen kann, jedenfalls sind die Levys und die Cohns stolz auf ihre biblischen Vorfahren. Insofern ist Fontanes Zusammenstellung ironisch gemeint, aber durchaus nicht bösartig, wie manchmal angenommen wird:

Aber die zum Jubeltage kamen,
Das waren doch sehr andere Namen,
Auch sans peur et raproche, ohne Furcht und Tadel,
Aber fast schon von prähistorischem Adel:
Die auf «berg» und «heim» sind gar nicht zu fassen,
Sie stürmen an in ganzen Massen,
Meyers kommen in Bataillonen,
Auch Pollacks und die noch östlicher wohnen;
Abram, Isack, Israel,
Alle Patriarchen sind zur Stell',
Stellen mich an ihre Spitze,
Was sollen mir da noch die Itzenplitze!
Jedem bin ich was gewesen,
Alle haben sie mich gelesen,
Alle kannten mich lange schon,
Und das ist die Hauptsache ... «kommen Sie, Cohn». (Ged 2, 493 f.)

Hier hat er Anhänger, die ihn gelesen haben, denen er etwas bedeutet, was sollen ihm da die Itzenplitze. Die letzte Geste ist doch eine außerordentlich freundschaftliche. Man sieht, wie der alte Fontane seinen Arm um die Schulter von Cohn legt, mutmaßlich der Kompagnon seines Sohnes Friedrich, und mit ihm zum kalten Buffet schreitet, um dort mit ihm ein Gläschen zu trinken. Diese herzliche Geste schließt Cohn in den Bund der Freundschaft ein. Es sind die späten Gedichte, in denen er lakonisch, ironisch etwas von seiner Altersweisheit zum Besten gibt, ohne großes Aufhebens, was immer sein bester Teil war. Es sind Sprüche und unter diesem Titel hat er sie auch in der letzten Ausgabe seiner Gedichte versammelt. Also eher Gedankenlyrik, also eher Gelegenheitsgedicht, aber eines, das nicht aus äußeren Anstößen kommt, sondern aus innerem Abwägen. Man muss sie lesen, man muss sie zitieren, man braucht sie nicht zu interpretieren.

Lebenswege

Fünfzig Jahre werden es ehestens sein,
Da trat ich in meinen ersten «Verein».

Natürlich Dichter, blutjunge Ware:
Studenten, Leutnants, Referendare.
Rang gab's nicht, *den* verlieh das «Gedicht»,
Und *ich* war ein kleines Kirchenlicht.

So stand es, als Anno 40 wir schrieben,
Aber ach, wo bist du Sonne geblieben.
Ich bin noch immer, was damals ich war,
Ein Lichtlein auf demselben Altar,
Aus den Leutnants aber und Studenten
Wurden Gen'räle und Chefpräsidenten.

Und mitunter auf stillem Tiergartenpfade,
Bei «Kön'gin Luise» trifft man sich grade.
«Nun lieber F. noch immer bei Wege?»
«Gott sei Dank, Exzellens, … Trotz Nackenschläge …»
«Kenn ich, kenn ich. Das Leben ist flau …
Grüßen Sie Ihre liebe Frau.» (Ged 1, 30)

Er ist immer noch ein kleines Licht, jedenfalls in der sozialen Rangfolge, so empfindet er es. Das Schöne war im Tunnel über der Spree, dass dort nicht der gesellschaftliche Stand, sondern der poetische entscheidend war – und da war er doch mit seinen Heldenballaden schließlich ein wenig mehr als ein kleines Kirchenlicht. Es ist nicht dieser Bedarf nach öffentlicher Anerkennung, die hat er doch errungen, sondern nach offizieller – und das kann nur heißen: Respekt aus Adels- und Hofkreisen. In der kulturellen Elite war er schließlich wer. Er erhielt auch den Ehrendoktor der Berliner Universität, am 8. November 1894, Treitschke und Mommsen hatten beide zugestimmt. Und das hatte ihm doch gut getan. Was vom Adel zu halten ist, hatte er noch mal in einem Brief an Mete vom 20. März 1898 bekräftigt: «Immer wieder erschrecke ich vor der totalen ‹Verjüdelung› der sogenannten ‹heiligsten Güter der Nation›, um dann im selben Augenblick ein Dankgebet zu sprechen, dass die Juden überhaupt da sind. Wie sähe es aus, wenn die Pflege der ‹heiligsten Güter› auf den Adel deutscher Nation angewiesen wäre! Fuchsjagd, getünchte Kirche, Sonntagsnachmittagspredigt und jeu.» (Drei 342) Warum erwartet er dann immer noch Dank von diesen Leuten?

In *Rückblick* sieht er diesen Zwiespalt zwischen dem schmalen Ansehen der Poesie in der Kultur und der Missachtung anderwärts:

«Du dichtest, das ist das Wichtigste ...»
«Du dichtest, das ist das Nichtigste.»
«Wenn Dichtung uns nicht zum Himmel trüge ...»
«Phantastereien, Unsinn, Lüge.»

Und der Schluss:

«Von hundert geliebt, von tausend mißacht't,
So hab ich meine Tage verbracht.» (Ged 1, 33)

Aber schon auf der nächsten Seite steht *So und nicht anders*: So und nicht anders wollte er leben.

Die Menschen kümmerten mich nicht viel,
Eigen war mein Weg und Ziel.

Ich mied den Markt, ich mied den Schwarm,
Andre sind reich, ich bin arm.

[...]

Entsagen und lächeln bei Demütigungen,
Das ist die Kunst, die *mir* gelungen.

Und doch, wär's in die Wahl mir gegeben,
Ich führte noch einmal dasselbe Leben.

[...] (Ged 1, 34)

Diese Zustimmung zu seinem Leben, wie es nun einmal war, kann auch in der Vorherbestimmung begründet sein, denn ein Spruch sagt es deutlich, so dass man diesen Gedanken, der ihm so vertraut war, doch ernst nehmen sollte. *Man hat es oder hat es nicht* heißt der Spruch und jede der drei Strophen endet mit dieser Zeile:

Glaub nicht, du könntst es *doch* erklimmen
Und Wolln sei höchste Kraft und Pflicht;
Was *ist*, ist durch Vorherbestimmen –
Man hat es oder hat es nicht. (Ged 1, 55)

Dabei hängen seine Gedanken auch von diesem Schwanken ab, das im Alter manchen ergreift: einerseits eine gewisse Müdigkeit, ja, Gelassenheit. Man hat vieles erlebt, erlitten, erfahren, nun kommt eine Sehnsucht nach Ruhe. Andererseits dann wieder die Freude am Leben:

Dies und das möchte man gerne noch sehen und genießen. So steht es in seinem Spruch *Ja, das möcht' ich noch erleben*:

> Eigentlich ist mir alles gleich,
> Der eine wird arm, der andre wird reich,
> Aber mit Bismarck – was wird das noch geben?
> Das mit Bismarck, das möcht ich noch erleben.
>
> Eigentlich ist alles soso,
> heute traurig, morgen froh,
> Frühling, Sommer, Herbst und Winter,
> Ach, es ist nicht viel dahinter.
>
> Aber mein Enkel, so viel ist richtig,
> wird mit nächstem vorschulpflichtig.
> Und in etwa vierzehn Tagen
> Wird er eine Mappe tragen,
> Löschblätter will ich ins Heft ihm kleben –
> Ja, das möcht' ich noch erleben.
>
> Eigentlich ist alles nichts,
> heute hält's, und morgen bricht's,
> Hin stirbt alles, ganze geringe
> Wird der Wert der ird'schen Dinge;
> Doch wie tief herabgestimmt
> Auch das Wünschen Abschied nimmt,
> Immer klingt es noch daneben:
> Ja, das möcht' ich noch erleben. (Ged 1, 54)

Hier ist es: das Herabgestimmte und – gleichzeitig – der Wunsch, noch einiges zu erleben. Hier steht in diesen schlichten Worten die Weisheit, die früher pathetischer hieß: Alles ist eitel auf dieser Welt, alles ist letztlich nichtig. Und doch hängen wir am Leben.

So wie Fontane hier auf seinen Enkel hoffnungsvoll blickt, so im Spruch *Die Alten und die Jungen* hoffnungsvoll auf die Jungen, auch wenn er nicht weiß, was diese bringen werden, Besseres oder Schlechteres.

> «Unverständlich sind uns die Jungen»,
> Wird von den Alten beständig gesungen;
> Meinerseits möchte ich's damit halten:
> «Unverständlich sind mir die Alten.»

Dieses Am-Ruder-bleiben-wollen
In allen Stücken und allen Rollen,
Dieses Sich-unentbehrlich-Vermeinen
Samt ihrer «Augen stillem Weinen»,
Als wäre der Welt ein Weh getan –
Ach, ich kann es nicht verstahn.
Ob unsre Jungen, in ihrem Erdreisten,
Wirklich was Besseres schaffen und leisten,
Ob dem Parnasse sie näher gekommen
Oder bloß einen Maulwurfshügel erklommen,
Ob sie, mit andern Neusittenverfechtern,
Die Menschheit bessern oder verschlechtern,
Ob sie Frieden sä'n oder Sturm entfachen,
Ob sie Himmel oder Hölle machen –
Eins lässt sie stehn auf siegreichem Grunde:
Sie haben den Tag, sie haben die Stunde;
Der Mohr kann gehen, neu Spiel hebt an,
Sie beherrschen die Szene, *sie* sind dran. (Ged 1, 72)

In der Tat hatte Fontane Verständnis für die Jungen, etwa die Autoren des naturalistischen Theaters. Bei jener Feier zum 70. Geburtstag sprach denn auch Ernst von Wolzogen einen «Dank der Jugend» an den alten Herrn: «Du hast nicht olympisch das Haupt geschüttelt, als die Grünen am Tor des Parnass gerüttelt; du hast dich zu ihnen hinab begeben und noch einmal hinein in das brausende Leben.» (Nü, 642)

Und die bescheidene Summe seines Lebens zieht Fontane in zwei Sprüchen aus dem Nachlass. Der eine *Suma Summarum oder alles in allem*:

Eine kleine Stellung, ein kleiner Orden,
(Fast wär ich auch mal Hofrat geworden),
Ein bißchen Namen, ein bißchen Ehre,
Eine Tochter «geprüft», ein Sohn im Heere,
Mit siebzig ‹ne Jubiläumsfeier,
Artikel im Brockhaus und im Meyer …
Altpreußischer Durchschnitt. Summa Summarum,
Es drehte sich immer um Lirum Larum,
Um Lirum, Larum Löffelstiel,
Alles in allem – es war nicht viel. (Ged 2, 512)

Etwas fehlt allerdings: die Romane. Sie sind der Ertrag eines alles in allem bescheidenen Lebens, ein großer Ertrag, der nicht jedem geschenkt wird, ein bedeutendes Werk, das ihn überlebt und viele Menschen erfreut. Und insofern hatte er doch ein seltenes Lebensglück. Fontane war fleißig bis zum letzten Tag. Im Juni 1898 kam die Autobiografie *Von Zwanzig bis Dreißig* heraus, die im selben Jahr noch zwei weitere Auflagen erlebte. Ein halbes Jahr später erschien dann die Buchausgabe des *Stechlin*. Sein wahrscheinlich letztes Gedicht überschrieb er *Als ich zwei dicke Bände herausgab*:

> «1200 Seiten auf einmal,
> Und mit 78 (beinah ein Skandal),
> Konntest es doch auf 4mal verteilen.»
>   *Ihr* könnt es. Aber bei mir heißt's eilen,
>   Allerorten umklingt mich
>   wie Rauschen im Wald:
>   «Was du tun willst, tue bald.» (Ged 2, 521)

Und so schrieb er weiter. In einem Brief an seine Frau vom 13. September 1898: «Vormittags beschäftige ich mich immer mit Friesack und habe schon eine Menge notiert. Habe ich nur erst den ganzen Stoff zusammen – was allerdings sehr mühsam ist und noch lange dauern wird – so ist das Schreiben ein Vergnügen.» (Fam 2, 337) Herausgeber Fritsch fügt in einer Fußnote hinzu, es handele sich um eine Arbeit über Friesack, einen Ort südwestlich von Neuruppin, und das Geschlecht der von Bredow, eine Arbeit also in der Tradition der «Wanderungen». Dann sollten die «Likedeeler» an die Reihe kommen. Fontane erläutert in einem Brief an Hans Hertz vom 16. März 1895, um was es geht: «Die Likedeeler (Likedealer, Gleichteiler, damalige – denn es spielt Anno 1400 – Kommunisten) eine Gruppe von an Karl Moor und die Seinen erinnernden Seeräubern, die unter Klaus Störtebeker fochten und 1402 auf dem Hamburger Grasbrook en masse hingerichtet wurden.» (Drei, 386) Er ist mit dieser Idee in der Tradition der Kriminalgeschichten schon längere Zeit beschäftigt. Ein größerer Gegensatz lässt sich kaum denken: hier die Geschichte eines angesehenen märkischen Adelsgeschlechts, dort die Geschichte einer berüchtigten Räuberbande, die er anscheinend mit Sympathie sieht. Hier der selbstherrliche Grundherr und Patron, dort die Kommunisten, die alles untereinander teilen. Es sind wieder die zwei Seiten einer Medaille, die er mal in *Meine Kinder-jahre* nannte: einerseits die Anteilnahme an den Rebellen, die das Alte stürzen wollen, andererseits die Neigung zu Recht und Ordnung und der Tradition (Kin, 141).

Doch diese Pläne gingen über seine Kräfte. Schon Ende 1897 fühlte er sich nicht wohl: Er hatte Husten, hatte Asthma und «eine Nervenpleite», wie er es nannte. So fuhr er im Juni 1898 mit Frau und Tochter ins Sanatorium Weißer Hirsch nach Dresden, wo es ihm nach und nach besser ging. Eine Kur in Karlsbad schloss sich an: Ab 12. August war er wiederum mit Frau und Tochter dort, und es ging ihm ganz leidlich. Auch Emilie, die mehr noch als er zur Kur drängte, erholte sich.

Und eine gute Nachricht belebte ihn: Mete hatte sich im Januar mit dem Architekten K. E. O. Fritsch verlobt, was er nicht mehr erwartet hatte. Die zweite Frau von Fritsch war erst zwei Monate zuvor gestorben; es war keine glückliche Ehe gewesen. Die Sympathie zwischen Mete und ihm muss schon vorher da gewesen sein, doch musste das Trauerjahr eingehalten werden, wenn es schließlich auch nur bis September dauerte. Mete war eine treue Stütze der Eltern, sie half der Mutter in Haushalt und Küche, dem Vater bei seiner Arbeit, nicht zuletzt durch die geistreichen Gespräche, die er mit ihr führen konnte. Kam Besuch und die Eltern waren nicht da oder ließen sich verleugnen, machte Mete die Konversation aufs Vortrefflichste. War es also ein Verlust für die Eltern, Mete ziehen zu lassen, so war es auch wieder ein Gewinn: Was sollte aus ihr werden nach der Eltern Tod? Ein Erbe gab es nicht, eine Rente hatte sie nicht zu erwarten, immerhin hatte sie eine kleine Erbschaft von Wittes erhalten. So war die Aussicht, durch die Heirat mit einem wohlhabenden und freundlichen Mann versorgt zu sein, eine erfreuliche, jedenfalls für den Vater. Wie die Mutter dachte, ist nicht bekannt, denn sie blieb der offiziellen Verlobungsfeier fern und verweilte bei ihrer alten Freundin Johanna Treutler in Dresden. Möglicherweise gefiel ihr nicht, dass die künftigen Eheleute das Trauerjahr nicht einhielten.

Fontane an Anna Witte nach Rostock am 24. Januar 1898: «Es geschehen noch Zeichen und Wunder. Es hat sich nämlich Großes zugetragen, ja, vom egoistischen Standpunkt das Größte und in mancher Augen sogar das Unglaublichste: Martha hat sich verlobt. Der Beglückte und Beglückende ist der Architekt Fritsch, Wittwer neuesten Datums, dessen schöne Frau vor zwei Monaten verstarb. Dieser kurze Abstand zwischen Todes- und Verlobungstag schafft nun, wie Sie sich denken können, allerlei Verlegenheiten, denen das Brautpaar, das vorläufig im Verborgenen blüht, wenigstens nach Möglichkeit entgehen möchte.» (Nü, 762 f.) Am 16. September fand dann die offizielle Verlobung in der elterlichen Wohnung in einem Kreis von Freunden statt. Paul Schlenther, der vor dem Umzug nach Wien stand, wo er Burgtheaterdirektor wurde, berichtete über den alten Herrn: «Voller Entwürfe, voll regsten Interesses für alles und jedes, so sah ich ihn noch Freitag, den 16. September, abends in seinem Arbeitsstübchen zwischen Erich Schmidt und meiner Frau sitzen. Zur Feier der Verlobung seiner ihm geistesverwandten einzigen Tochter war ein kleines, feines Essen bereitet worden. Nur neun Personen. Der Alte in seiner herrlichen, lieben Greisesschönheit Mittelpunkt und Seele der Unterhaltung.» (Drei, 424)

Am 18. September 1898 schrieb Fontane an seine Frau: «Wenn ich beim Tee sitze, geht es, und wenn ich meine gute Frau Sternheim sehe, geht es noch besser; aber so wie ich aus der Ruhe heraus und in irgendwelche Aktionen hinein soll, ist es mit der ganzen Herrlichkeit vorbei. Ich erschrecke vor allem und selbst, wo sogenannte Vergnüglichkeiten in Sicht stehn, ist mein Trost: ‹Um neun Uhr ist alles aus.›» Das war damals ein Spruch der Berliner Theaterleute: Um neun Uhr ist die Vorstellung zu Ende. Fontane fährt fort: «Nicht im Sinne einer Todessehnsucht, sondern nur in dem tiefen Verlangen nach Ruhe. Freilich spukt das andere darin vor, was auch wohl recht gut ist. Ein so glückliches und so bevorzugtes Leben und doch: ‹Was soll der Unsinn?› Dies kann man beinah wörtlich nehmen; in der Politik gewiss und in Religion und Moral ist alles Phrase. Früher statuierte ich Ausnahmen, jetzt kaum noch.» (Drei, 424 f.)

Der Kunst- und Literaturhistoriker Franz Servaes schildert eine Begegnung mit Fontane in jenen Tagen am Potsdamer Platz: «Da stand er […] allein und blickte halb über das Gewühl hinweg, mehr in der Stellung eines Lauschenden als eines Schauenden. Fast erschrak ich ein wenig, als ich ihn sah: so alt schien er mir plötzlich geworden, so nahe dem Verfall. Um so mehr lag etwas ungemessen Ehrwürdiges in der ganzen Erscheinung. Er schien völlig in Sinnen verloren, beinahe der

Welt entrückt. Etwas wie kindliches, seliges Staunen, wie dankes-
frohes Mitgenießen lag auf seinen Gesichtszügen, in denen die Augen
einen eigenen, gleichsam verklärten Glanz zeigten.» (Drei, 425)

Am 20. September schrieb er seinen letzten Brief an Emilie: «Dies
sind also die letzten Zeilen, übermorgen mittag dürfen wir Dich erwarten. Es freut mich, dass Du dies Zusammensein mit Deiner alten Freundin noch haben konntest. Unsre gestrige zweite Gesellschaft verlief
ebenfalls zufriedenstellend, weil alle voll guten Willens waren. [...] Mit
Metes und meinem Befinden ist es soso: man arbeitet am Trapez weiter
und leistet dasselbe wie andre, aber es fehlt – einzelne Momente abgerechnet, wo einen ein Witz oder eine Skandalgeschichte erheitert – die
rechte Freudigkeit, weil die Kräfte nicht ausreichen. Das prädominie-
rende Gefühl bleibt doch immer: Lägst du nur erst wieder im Bett. Bei
mir ist dies Gefühl so stark, dass selbst meine berühmte Artigkeit zusammenbricht und ich mir sage: Wird dir das und das übel genommen,
nun, so auch gut! Es ist vielleicht eine kleine Tugend, von dem Urteil der
Menschen abhängig zu sein, aber bequemer haben es die Rüpel, denen
all so was gleichgültig ist.» (Drei, 425 f.)

«Abends um neun Uhr ist alles aus.» An diesem Abend um neun Uhr
starb Theodor Fontane. Er plauderte noch mit Mete, dann bat er sie,
ihm einen Likör zu bringen. «Während sie das Glas holte», so erzählte
ein Freund der Familie, «ging er in sein Schlafzimmer. Sein langes
Verweilen dort beunruhigte sie. Und als sie die Tür öffnete, fand sie
den Vater über dem Bett liegend.» (Drei, 426)

Emilie war noch bei ihrer Freundin in Dresden. Sohn Friedrich fuhr
hin, um sie nach Hause zu holen. Der einzige Trost, der ihr blieb, war,
dass ihr Mann einen schmerzlosen Tod erlitten hatte. Am 11. Oktober
1898 benannte sie ihre Gefühle in einem Brief an Gustav Keyßner: «Die
späte Anerkennung, die er nach einem mühevollen und fleißigen Leben
errungen, hat die letzten Jahre seines Lebens verschönt, und sein wunderbar schöner Tod, der kein Sterben war, sondern ein Erlöschen noch in
voller Kraft, hat mir jeden Ton der Klage genommen, und wie ich mich
glücklich preise, an der Seite dieses seltenen Menschen gelebt zu haben,
so auch, dass sein Ende ein so harmonisches war.» (Erl, 356) Und in
einem Brief an Clara Stockhausen vom 29. November schrieb sie: «Die
Zeit, sagen die, die mich trösten, wird auch Ihre Wunde heilen. Es ist

aber alles anders! Ich habe keine Wunde, ich bin voll Dank für den wundervollen Abschluss eines so schönen, bevorzugten Lebens, ich weiß, dass es das Naturgesetz ist, dass man mit beinahe 80 stirbt etc. – aber ich vermisse den geliebten Mann täglich, stündlich und frage mich immer wieder: was sollst du noch? Als ich vor 11 Jahren meinen George verlor, glaubte ich, Schwereres könne nun nicht mehr kommen; nun weiß ich, was das Schwerste ist.» (Er. 356 f.)

54. Die Tochter Mete

«Zum Schluß stirbt ein Alter und zwei Junge heiraten sich.» Die Jungen, die nach Fontanes Tod heirateten, waren nicht mehr so jung: Martha war 37, Keo, wie sie ihren Mann Karl Emil Otto Fritsch, nannte, war 59; 22 Jahre trennten sie. Mit diesen beiden und den Brüdern Theodor und Friedrich und ihren Familien ging das Leben der Familie Fontane weiter innerhalb der Entwicklung Preußens, die der Alte so kritisch gesehen hatte. George, der Älteste, der es nach anfänglichen Schwierigkeiten zum Hauptmann gebracht hatte und zum Lehrer an der Kadettenanstalt in Lichterfelde, hatte 1886 Martha Robert geheiratet, war aber schon 1887 an einem Blinddarmdurchbruch gestorben.

Theo, der als primus omnium, als Bester von allen das Französische Gymnasium absolviert hatte, machte ebenfalls Karriere beim Miltär, wenn auch im zivilen Bereich. Er wurde schließlich Militärintendant im Kriegsministerium. Auch er hatte 1886 geheiratet: Martha Soldmann. Sie hatten drei Kinder: Otto, der Kapitänleutnant wurde, Gertrud, verheiratete Grosse, Martha, verheiratete Rinkel. Alle drei Enkel wurden noch zu Lebzeiten des Großvaters geboren. Vielleicht ist Otto der Enkel, dessen Schulanfang er im zitierten Gedicht erwartete.

Friedrichs Familienverhältnisse waren komplizierter. Er hatte längere Zeit eine Beziehung zur Modistin Agnes Hett, heiratete sie aber nicht, aus welchen Gründen auch immer. Von ihr hatte er einen Sohn, der 1896 geboren wurde, also noch zu Lebzeiten des Großvaters, und eine Tochter, die 1901 zur Welt kam. Diese unehelichen Kinder erinnern an die unehelichen Kinder Theodor Fontanes, von denen wir nichts wissen. Sie werden nur einmal in einem Brief an Freund Lepel vom 1. März 1849 erwähnt: «[...] zum zweiten Mal unglückseliger Vater eines illegitimen Sprösslings. Meine Kinder fressen mir die

Haare vom Kopf, ehe die Welt weiß, dass ich überhaupt welche habe.»
(Seil) Alle Versuche, Genaueres über diese «illegitimen Kinder» herauszufinden, schlugen bisher fehl, auch die Versuche von Bernd Seiler, der die Dresdner Kirchenbücher durchstöberte, denn aus Dresden
erhielt Fontane die Mitteilung über das Kind.

Immerhin arrangierte Friedrich seiner Modistin eine «Namensehe»,
die kurz nach der Heirat wieder geschieden wurde, damit sie hinfort
nicht als Mutter unehelicher Kinder galt, sondern als geschiedene Frau,
was ihr Ansehen rettete. Friedel heiratete 1897 Frieda Lehmann, angeblich gegen den Willen des Vaters, der wohl Recht hatte, denn ein Jahr
später ließ Friedel sich wieder scheiden. Es folgte eine zweite Ehe mit
Dina Toerpisch, von der er wiederum einen Sohn hatte. Sie war Witwe
und brachte eine Tochter mit in die Ehe.

Friedrich Fontane blieb seinem Vater eng verbunden, weil er einen
Verlag gründete, der entgegen den Erwartungen der Eltern nach und
nach sich im starken Berliner Verlagswesen etablieren konnte. Ein
Grund war sicher, dass der Bankier Sternheim, enger Freund der Familie, ihm Kompagnons vermittelte, die das nötige Geld mitbrachten und
den Verlag stützten. So gelang es ihm schließlich, wichtige Autoren an
sein Haus zu binden: Helene Böhlau, Ludwig Fulda, Arno Holz, Ludwig Pietsch, Johannes Schlaf, Clara Viebig und Ernst von Wolzogen.
Der Vater an Sohn Theo am 6. Mai 1895: «Friedel verlegt tapfer weiter.
Ich war anfangs gegen diesen Großbetrieb und gegen den Wettbewerb
mit den reichsten und angesehensten Firmen. Er hat aber in dieser
Streitfrage recht behalten und, wie ich hinzusetzen muss, nicht bloß
durch Glück, sondern auch durch Fleiß, Umsicht, Geschicklichkeit.»
(Fam 2, 310) So hat schließlich Fontane seinem Sohn die Neuerscheinungen überlassen und das Vorkaufsrecht für alle Nachlasspublikationen. Friedrich konnte nach dem Tod des Vaters sogar eine Gesamtausgabe der Werke vorlegen, der Romane und der *Wanderungen*.
Krieg und Nachkriegszeit machten jedoch dem Verlag zu schaffen,
1914 gingen die Rechte am Werk Fontanes an den S. Fischer Verlag,
endlich kamen hohe Auflagen. Friedrichs Verlag wurde 1928 aus dem
Firmenregister gestrichen.

Dem Vater am nächsten stand die Tochter Martha, im Familien- und
Freundeskreis immer nur Mete genannt. Es ist sicher nicht leicht, Kind

eines berühmten Mannes (oder einer berühmten Frau) zu sein. Es ist ja nicht nur der Ruhm, das öffentliche Ansehen, das ihn hervorhebt, mehr als einen normalen Vater. Dieses Ansehen kann natürlich auch dem Kind, wenn es denn größer ist, schmeicheln. Doch gibt der Ruhm dem Vater eine superiore Position in der Familie. Er ist nicht nur der Hausvater, der damals sowieso das Sagen hatte, sondern auch der genial Begabte, der anders ist als viele andere: also einfallsreicher, kreativer, aber auch empfindsamer und deshalb viel Rücksicht erwartet. Die Anziehungskraft, die der heutige Leser noch in seinen Texten spürt, wird als Ausstrahlung der Person von allen empfunden worden sein, die ihm begegneten. Und so Mete, die ihn fast täglich sah, an ihm sich übte und maß und mit ihm lernte zu sprechen und zu schreiben. Und darin war ihr Talent dem des Vaters am nächsten, weshalb er wiederum seine einzige Tochter besonders schätzte. Mit ihr hatte er wohl auch nicht die gelegentlichen Auseinandersetzungen wie mit seiner Frau, die nicht alles gut fand, was er machte, und deshalb auch mitunter missgelaunt war. Kränklich war sie auch, wetterfühlig, nervös, und das wiederum hatte Mete mit ihr und auch mit dem Vater gemeinsam.

So war auch die Situation in der Familie mit den vier Kindern nicht immer einfach. George galt als Liebling; als er 1868 mit 17 Jahren zum Militär kam, rückte nicht Theo an seine Stelle, sondern der kleine Friedrich, so scheint es. Und natürlich hatte Mete als einziges Mädchen eine bevorzugte Stellung, was Theo eifersüchtig machte, so dass es zwischen den beiden oft zum Streit kam, der wiederum die Mutter nervte. Das mag dazu beigetragen haben, dass Mete schon 1870 mit zehn Jahren nach London geschickt wurde, durchaus ungewöhnlich für ein Mädchen. Margaret Merrington war die Patin von Mete. Ihr Mann war an der Bank von England in herausragender Position. In dieser Familie sah Mete den gehobenen Lebensstil, den sie lieben lernte und bei den Eltern vermisste.

Bei Onkel und Tante Witte in Rostock dagegen konnte sie ihn wieder antreffen. Friedrich Witte war mit Theodor Fontane seit den Lehrjahren in der Schachtschen Apotheke befreundet. Er hatte in Rostock nicht nur eine gut gehende Apotheke, sondern auch eine kleine pharmazeutische Fabrik, die sich kontinuierlich vergrößerte. Der Chemiker Carl Großschopf fand Verfahren zur fabrikmäßigen Herstellung von Coffein und Pepsin, die damals in Medikamenten gebraucht wurden.

Das Heilmittel Pepton, das Witte entwickelte, half dem bedeutenden Berliner Arzt Robert Koch bei seiner Feststellung des Tuberkelbazillus und des Erregers der Cholera. 1878 wurde Witte als Abgeordneter der Nationalliberalen in den Reichstag gewählt, er gehörte zu deren linkem Flügel. Wenn er in Berlin war, erhielt Mete Karten für die Tribüne des Reichstags, so dass sie den Debatten zuhören konnte. Hinterher nahm sie Onkel Witte mit in die besten Cafés und Restaurants, wo sie tafelten. Witte liebte das gute Essen mehr als die Politik. «Siegen ist gut, aber Zu-Tische-Gehen ist noch besser», soll er gesagt haben (Die, 100). Dieses schöne Zitat hat Fontane in den *Stechlin* übernommen, als die adligen Herren die Wahl schon verloren hatten und sich zum Mahl niederließen.

Mit 16 Jahren kam Mete zum ersten Mal einen Sommer lang zu den Wittes und freundete sich mit dem ältesten Kind Lise, zwei Jahre älter als sie, an. In Rostock fühlte sich Mete wohl. Anna Witte 1876: «Martha spricht viel und recht gut. Das laute Denken muss sie sich noch abgewöhnen. Aber sie ist ein Frauenzimmer, bei dem Kopf und Herz noch am rechten Fleck ist.» (Die, 103)

Ende September 1876 trat Mete in das Lehrerinnenseminar in Berlin ein. Das war damals die fortschrittlichste Ausbildungsstätte für Frauen, die ja noch nicht die Universität besuchen durften. Hier konnten sie ein pädagogisches Studium in zwei Jahren absolvieren. Noch nach dem Zweiten Weltkrieg gab es solche Seminare, die in zwei Jahren Volksschullehrerinnen und Volksschullehrer ausbildeten. Mete bestand im April 1878 das Examen für das Lehrfach «an höheren Töchterschulen» schon nach drei, statt nach vier Semestern, sie muss also besonders begabt und fleißig gewesen sein. Mit dem Zeugnis wurde auch eine Prüfung der «sittlichen Haltung» und der «körperlichen Gesundheit», dies durch einen Arzt, vorgenommen. Mete war gesund, sie war mit 18 Jahren «lehrfähig», unterrichtete aber zunächst nicht.

Im Winter 1876 auf 77 besuchte Mete ihren ersten Ball, höchst bedeutsam für eine junge Dame damals, wenn auch Bruder Theo vermutete, dass dies nicht ihr größter Wunsch gewesen sei: «Einem andern jungen Mädchen würde ich bei ihrem Eintritt in das siebzehnte Jahr viel Glück in der nächsten Ballsaison wünschen, ein Glück, das für ein so junges Ding in drei Bällen, zwei Bouquets und einem Courmacher bestehen würde. Aber bekanntlich bist du weit über Deine Jahre hinaus.» (Die, 123) Beleg dafür, dass sie doch ein wenig anders als die andern Mädchen war: «Ballglückseligkeit» war ihr nicht so wichtig.

Sie wurde schließlich doch Erzieherin und zwar in der Familie des Sängers und Dirigenten Julius Stockhausen, der 1874 aus Stuttgart nach Berlin gekommen war. Stockhausen dirigierte den Chor des Sternschen Konservatoriums, an die 360 Sängerinnen und Sänger, durchweg Laien. Die Stockhausens wohnten in der Nähe der Fontanes und hatten gemeinsame Bekannte. So kam Mete in die Familie. Clara Stockhausen, Mutter von drei Kindern, engagierte sie für diese Kinder. Sie erwartete ein viertes, das den Namen Johannes Theodor erhielt nach zwei berühmten Künstlern: Johannes Brahms, mit dem Stockhausen befreundet war, ebenso mit Clara Schumann, die in den siebziger Jahren, schon lange verwitwet, mit ihren Töchtern am Tiergarten wohnte. Und natürlich Theodor Fontane war Mitpate des neuen Erdenbürgers. Hier lernte Mete die musikalische Welt kennen, die ihr nicht ganz fremd war, spielte sie selbst doch passabel Klavier.

Als Julius Stockhausen einen Ruf an das neue Konservatorium in Frankfurt am Main erhielt, sagte er zu, weil auch Clara Schumann als Klavierpädagogin engagiert wurde; Mete sollte mit nach Frankfurt ziehen. Dass sie schließlich ablehnte, hatte mit einer «Herzensaffaire» zu tun, wie der Vater meinte: sie schwärmte für Julius Stockhausen und wollte nicht die Familie in Frankfurt mit ihrer Zuneigung belasten. Stockhausen war damals ein Star, den viele junge Damen anhimmelten.

Ende Oktober 1878 erkrankte Mete schwer, wahrscheinlich an Typhus, den man damals auch Nervenfieber nannte, weil er mit Fieber und Störungen der Psyche verknüpft war. Es war eine lebensgefährliche Krankheit, die einst der Vater überstanden hatte; Mete überstand sie auch, wenn auch sehr geschwächt. Und so wie der Vater erklärte sie spätere Erkrankungen zu Folgen des Typhus.

Im Sommer 1880 trat Mete eine Stelle als Erzieherin an in einem Schloss auf dem Lande. Sie lernte die Landjunker kennen, für die ihr Vater ein solches Faible hatte; sie war nicht begeistert. Klein Dammer in der Gegend hinter Posen gelegen, war weit weg von Berlin. Es war weit weg von allem. Der Zug fuhr von Berlin über Posen nach Schwiebus und von dort weiter nach Stentsch, die Fahrt dauerte gut sechs Stunden. Nur in Stentsch war man noch nicht am Ziel: Mit der Kutsche musste man

Martha Fontane,
Foto ca. 1890.

noch drei Meilen fahren. Das Dorf hatte 280 Einwohner, das Schloss der Familie von Mandel – heute noch erhalten – war um 1850 erbaut worden. Die Hauslehrerin wohnte mit dem Kindermädchen und den Kindern im Obergeschoss; es waren zwei Mädchen im Alter von 14 und 11 Jahren und zwei Jungs von 5 und 4 Jahren. Die Mädchen musste Mete unterrichten. Die Mutter war nett, die Kinder freundlich und gutwillig, die Knaben lehnten sich gerne an sie an. Nur der Hausherr, ein Hauptmann, behandelte sie eben wie alle Dienstboten: Er allein erteilte die Befehle. Sie konnte nicht anders, sie widersprach ihm auch manchmal, was er hinnahm. Was ihr fehlte, waren die Eltern, waren die Gespräche mit diesen und den Freunden, war das aufregende Leben in Berlin, vor allem, wenn Onkel Witte in der Stadt war. Klein Dammer hieß Einsamkeit, in der sie ihre Fähigkeiten nicht entfalten konnte.

Regina Dieterle, die eine sorgfältige Biographie der Martha Fontane vorlegte: «Sie selbst fand sich nicht eigentlich schön. Wenn sie sich in große Toilette stürzte, konnte sie mit feiner Ironie urteilen: ‹Ich sah für meine Verhältnisse toll aus.› Eine sogenannte Ballschönheit war sie nicht. Was sie auszeichnete, war ihr Esprit, ihre Musikalität, ihre Belesenheit, ihr politisches Denken, die Leichtigkeit, mit der sie sich auf dem gesellschaftlichen Parkett bewegte.» Das alles war in Klein Dammer nicht gefragt. Krankheiten zeigten sich: Fieber, Schlaflosigkeit, schließlich Unterleibskrämpfe, gegen die Hausmittel wie Tee, Wein, warme Steine wenig halfen. Im Dezember 1880 kehrte sie zur Genesung nach Berlin zu ihren Eltern zurück, im neuen Jahr fuhr sie wieder nach Klein Dammer, doch ihre Lage besserte sich nicht. Wieder Fieber, Schlaflosigkeit, Blasenentzündung und nun auch Angstträume, die sie aus Kindertagen noch kannte, und zum ersten Mal Migräneanfälle. Diese Krankheitsbilder wiederholten sich bis zum Ende ihres Lebens, mit Variationen, aber die Angstzustände blieben, die schließlich auch zu Depressionen führten und zu dem Versuch, sie mit Rotwein zu kurieren. Im Oktober 1881 verließ sie Klein Dammer und kehrte nicht mehr zurück.

1882 war eine Verlobung in Sicht. Rudolph Schreiner, Sohn einer befreundeten Familie, sollte sein juristisches Examen ablegen und dann – so war zu erwarten – um Metes Hand bitten. Doch er fiel durchs Examen; er hätte auch dann sich zunächst heimlich mit ihr verloben können, doch er ließ sich nicht sehen und nichts von sich hören. Große Enttäuschung, die Mete wegsteckte. Sie war bei Mathilde von Rohr in Kloster Dobbertin und dann wieder bei Wittes in Rostock. Ihre Freundin Lise heiratete und zog weg. Das war doppelt schmerzlich. Doch in Schwiggerow, wo Lise hinfort mit ihrer Familie lebte, war Mete dann oft zu Gast wie in Rostock. Mete lebte von dem Geld der Eltern, die streng haushalten mussten, so dass der Vater sie auch manchmal ermahnte, wiewohl er Verständnis für sie hatte. Doch ein luxuriöses Leben der Tochter zu finanzieren, dazu reichten die Mittel nicht.

Da kam eine reiche Amerikanerin Mrs. Doolittle, wohl Bekannte der Wittes, mit Tochter von 14 Jahren, die Mete als Gesellschafterin engagierte. Mit ihr unternahm Mete 1884 eine schöne Italienreise. Sie wurde eingeladen, den Doolittles in die USA zu folgen, was sie einige Zeit sogar in Betracht zog, doch dann verzichtete sie darauf. Ende 1884 nahm sie eine Stelle als Lehrerin an, endlich nutzte sie ihr gutes Examen, doch schon im März 1885 schied sie wieder aus wegen Krankheit. Es war ihr letzter Versuch, einen Beruf zu ergreifen. Der Tod ihres

Bruders George, der ihr der liebste der Brüder war, brachte sie in eine Niedergeschlagenheit, die wiederum von Herzproblemen begleitet war. Sie nahm sich vor, hinfort ihre Eltern über den Tod Georges zu trösten. Die Angstzustände gingen und kamen, sie konnte ihrer nicht Herr werden. Im April 1889 war sie bei Freundin Lise in schlechtem Zustand. Der Vater schrieb: «Wäre es nicht ernst, so wäre es eine komische Situation: eine mit einer Flasche Rotwein gegen Angst verteidigte Dame.» (Die, 147)

Sie beschwerte sich, der Vater habe kein Mitleid mit ihr, und der antwortete am 19. April 1889: «Ich kann mir wohl denken, dass mein Sprechen und Schreiben, meine gesamte Haltung so wirkt, als sähe ich das alles für nicht so schlimm an, und dass Dich diese Haltung mehr oder weniger verdrießt. Ich kann Dir aber sagen, dass nicht der geringste Grund dazu vorliegt. Ich seh's Dir oft an, wie leidend Du bist und wie traurig und unglücklich Du bist, so leiden zu müssen und bei jungen Jahren gar kein Vertrauen mehr zu Deinem physischen Menschen haben zu können. Ich sehe das alles und finde es beklagenswert; aber ich lasse es gehen, wie's gehn will, weil absolut nichts dagegen zu machen ist. Es ist dieselbe Geschichte wie früher mit Mamas Sturmkrankheit, wo die arme Frau oft ein wahres Jammerbild war, tief bemitleidenswert. Ich redete ihr zu, so gut ich konnte, und dann ging ich zu Bett und schlief. [...] Es gibt so vieles, dem wir machtlos gegenüber stehen und dies, und wenn es das Schrecklichste wäre, muß mit möglichst guter Manier getragen werden, von dem Leidenden sowohl wie von der Umgebung. Es ist unsere Pflicht, eine gewisse Hospitalstimmung von uns fernzuhalten und nicht in fruchtlose Heulhuberei zu verfallen.» (Drei, 315)

Vielleicht wollte Mete mit ihrer «Heulhuberei» die Aufmerksamkeit auf sich lenken, aber die hatte sie doch eh, jedenfalls die des Vaters, weniger die der Mutter, von der sie meinte, sie hätte sie vernachlässigt. Die Mutter hatte freilich dieselbe Fähigkeit wie Mete, sich während einer Krise in eine Krankheit zurückzuziehen, allerdings gingen ihre Krankheiten nie so weit wie die Metes, weil diese wohl doch ernsterer Natur waren. Der Vater schätzte Metes hohe Begabung und wünschte sich, dass sie diese auch nutzte. Ob ihre Krankheiten körperlicher oder seelischer Natur waren, es sind ja unterschiedliche Symptome, die genannt werden, oder – was anzunehmen ist – eine Verbindung von beidem, steht ja auch noch dahin. Genaueres wissen wir nicht. Hinter der Angabe Nervenfieber kann sich viel verbergen.

Immerhin hatte Mete gute Freundinnen, die Verständnis für sie aufbrachten. So fuhr sie oft zu diesen und blieb dort längere Zeit: zu Lise nach Schwiggerow, zu von Veits nach Deyelsdorf und schließlich zu Gräfin Wachtmeister nach Zansebuhr, alles Orte in Mecklenburg. Gräfin Wachtmeister war eine Tochter aus erster Ehe Veits, zu ihr entspann sich eine fast erotische Freundschaft. Die exaltierte Gräfin, früh Witwe geworden, war viel unterwegs, einmal kam ein acht Seiten langer Liebesbrief – wie der Vater notierte – an Mete aus Lugano (Die, 268).

Dann traf Mete wieder eine Schreckensnachricht: der geliebte Onkel Witte starb am 31. Juli 1893 an Krebs. Vater und Mutter fuhren, wie geplant, am 16. August nach Karlsbad. Mete blieb in der Obhut des Hausmädchens und des Professors Mendel zu Hause. Sie erlitt einen Zusammenbruch, die Eltern reisten zurück nach Berlin. Mete war zu Tode verängstigt, verweigerte die Nahrung und hatte sich aufgegeben. Dr. Georg Salomon kam, fand aber ihren Zustand nicht so gefährlich, wie er aussah. Sie litt unter den Folgen ihres Verhaltens: Sie hatte nicht nur nichts gegessen, sie hatte auch nichts getrunken. Der Arzt verordnete eine Flasche Porter als Nahrungs- und Schlafmittel, was ihrer Liebe zum Wein entgegenkam. Mit Porter, Rheinwein, Malzbier und Koteletts halfen die Ärzte ihr wieder auf. Im Übrigen hatte Onkel Witte ihr 12 000 Mark vererbt, die er angelegt hatte, so dass sie jährlich 600 Mark Zinsen erhielt, ein erträgliches Grundeinkommen, das sie halbwegs absicherte. Später, als die Wittes in Schwierigkeiten kamen, verzichtete sie auf dieses Erbe zu Gunsten der Familie Witte, eine großzügige Geste. An eine Heirat war wohl nicht mehr zu denken: Sie war nicht hübsch, sie hatte keine Mitgift, sie war klug, drei Gründe, die einen Verehrer abschreckten.

Nur Karl Emil Otto Fritsch nicht. Fritsch hatte Geld genug, schätzte ihre Klugheit, das war gerade das, was ihn anzog, und: er liebte sie. Und sie ihn anscheinend auch, reimte sie doch:

Bald ist es nicht mehr Sündelchen,
Küss ich dein liebes Mündelchen
Ein volles Viertelstündelchen. (Die, 314)

Am 4. Januar 1899 fand die Hochzeit statt, es folgte die obligatorische Italienreise. Und danach gab es Pläne, von Berlin weg nach Mecklenburg zu ziehen: nach Waren an der Müritz. Dort kaufte Fritsch eine Villa und ein Grundstück, auf dem er ein Gärtner- und Sommerhaus errichtete. Ende 1900 zogen die beiden dorthin, viel Besuch von Verwandten und Freunden erwartend. Und der kam dann auch. Auch die Mutter kam zu Besuch; Fritsch lud sie sogar ein, in Waren bei Tochter und Schwiegersohn zu bleiben; dazu konnte sie sich nicht durchringen. Sie hatte in Berlin immer noch ihren kleinen Kreis: den Kritiker Otto Brahm, Paul und Paula Schlenther, wenn sie denn in Berlin waren, Otto Pniower, der ihr beim Sichten des Nachlasses half. Und sie frönte noch ihrer Leidenschaft, dem Theaterbesuch. Sohn Theo hatte zwischen den beiden, Mete und der Mutter, die wegen der geplanten Ausgabe der Werke sich zerstritten hatten, vermittelt, so dass sie sich schließlich aussöhnten. Emilie wohnte seit Frühjahr 1899 mit Friedel in der Elßholzstraße 17. Sie starb am 18. Februar 1902 an einer Lungenentzündung in ihrer Wohnung, umsorgt von Friedel.

Mete musste nun den Nachlass verwalten, ihr Bruder Friedel half, auch Paul Schlenther, den der Vater noch eingesetzt hatte. Aus dem Brief an Schlenther nach dem Tod der Mutter spricht «weder tiefe Trauer [...] noch Enthusiasmus für die neue Aufgabe», so Regina Dieterle (Die, 322). Es kam wieder zu Zwistigkeiten, doch ein schönes Ergebnis sind die Familienbriefe vom Jahre 1905, die Fritsch herausgab. Mete wollte nicht als Herausgeberin firmieren, wiewohl sie viel Arbeit in die Ausgabe gesteckt hatte.

Trotz der günstigen Verhältnisse, in denen sie nun lebte, erlitt Mete im Herbst 1901 wieder einen Zusammenbruch. Sie kam in ein Sanatorium nach Berlin-Schlachtensee, das für reiche Gäste gedacht war, die an «Nerven- und Gemütskrankheiten» litten. «Wir haben alle hier gehabt, von Frau Liebknecht bis Frau Ludendorff», warb die Klinik noch 1931. (Die, 317) Nun also Mete. Die Behandlungen, die sie immer wieder brauchte, zogen die Eheleute wieder nach Berlin. Sie mieteten sich 1905 in Grunewald ein, einer damals im Wachsen begriffenen Villen-Kolonie. Dort fanden sie die nötigen Ärzte. Mete hatte immer mehrere und schaffte es doch nicht, von ihren Krankheiten los zu kommen. Die Ärzte mussten privat bezahlt werden. Und die guten Ärzte waren teuer. Ein Foto in Regina Dieterles Biographie zeigt Mete und Fritsch, nebeneinander sitzend, Hand in Hand, die Nichte Metes Gertrud und die Tochter Annie aus erster Ehe Fritschs mit ihren zwei Kindern. Diese Annie wurde nach dem Tod ihres Mannes eine gute Freundin Metes.

Schon ab 1913 war Fritsch hinfällig. Er hatte große Schmerzen, war aber zufrieden, wie er schrieb, von Mete, «von der treuesten und sorgfältigsten Pflegerin» behütet zu werden (Die, 356). Nun kehrte sich die Konstellation um: Hatte bisher Fritsch sich um seine Frau gekümmert, so kümmerte sie sich nun um ihren kranken Mann. Fritsch starb am 31. August 1915 in seiner Wohnung in der Berliner Schleinitzstraße 3. Seine Frau war bei ihm und seine Tochter Annie. Merkwürdigerweise blieb der Zusammenbruch Metes, den die Freundinnen voraussahen, aus. Beim Tod des Vaters hatte Fritsch sie gestützt, er ermöglichte die Ablösung der Tochter vom Vater auf einen väterlichen Mann. Sie schrieb damals an Paul Heyse: «Ich bin seit kurzem verlobt und habe noch die unendliche Freude gehabt, Papa einen von ihm geschätzten Sohn zu bringen; einen Mann, der weiß, was Papa war, und der mir helfen will und soll zu lernen, noch einer anderen Generation anzugehören Es ist der Herausgeber der deutschen Bau-Zeitung, Architekt Fritsch, für die Welt ein sehr angesehener wohlhabender Mann, für mich ein spätes, ernstes Lebensglück. Ich muss nun umlernen und meine wunderbare Tochterschaft ist vorbei.» (Die, 302)

Der Tod ihres Mannes brachte eine Trauer, an der sie lange trug, die sie nie recht überwinden konnte und die deshalb an ihr zehrte. Marie Schreiner, Freundin Metes und Schwester jenes Rudolph Schreiner, der vor der Verlobung sich gedrückt hatte, schrieb an Fritschs Tochter Annie: «Ich bin der Hoffnung, dass sie allmählich wieder hochkommen wird, aber es wird lange dauern, da ich sie ja so lange kenne und ihre Nervenverfassung beurteilen kann. Ihre Umgebung wird viel Geduld mit ihr haben müssen.» (Die, 362) Mete löste den Haushalt in der Schleinitzstraße auf und zog in die Egerstraße in Berlin-Wilmersdorf. Außer zu den Freundinnen pflegte sie den Kontakt zu ihrem Bruder Friedel, der in der Rheinbabenallee wohnte. Sie hatte zu ihm eine bessere Beziehung als zu dem strengen Theo. Friedel war das Gegenteil: lebensfroh, leichtfertig, erotische Abenteuer, Schulden. Sie schrieb einmal dazu: «Ach ja, bequem für die Eltern sind ja Söhne ohne Schulden und kleine Illegitime, aber dafür wächst das Pharisäertum ins

Ungemessene und erst vorm Richterstuhl der Ewigkeit wird alles in Ordnung kommen.» (Die, 365)

Es kam noch ein Todesfall, der sie schwer traf: Paul Schlenther starb am 30. April 1916. Er war von Wien nach Berlin zurückgekehrt nach mancherlei Querelen am Burgtheater. Er hatte fast zur Familie gehört, Theodor Fontane hatte ihn ins Herz geschlossen, er galt als sein «Adoptivsohn». Er hatte sich immer für den Romancier eingesetzt, einen bewegenden Nachruf geschrieben und die Ausgabe der Werke befördert. Mete erinnerte sich im Kondolenzbrief an Paula Schlenther der glücklichen Tage, die ja noch gar nicht so lange zurücklagen, kaum 20 Jahre, als in der Mansardenwohnung der Fontanes sich das literarische Berlin traf, Paul Schlenther immer mittendrin. Diese gute alte Zeit war dahin, seit zwei Jahren herrschte Krieg, der das Land und die Herzen versehrte. Das Kaiserreich ging seinem Ende entgegen.

Es war kein kurzer Krieg wie der von 1864 gegen Dänemark und der von 1866 gegen Österreich. Es war kein triumphaler Sieg wie der über Frankreich 1871. Es war ein lange andauernder Stellungskrieg, der alle zermürbte, nicht nur die deutsche Armee, auch die der anderen Staaten, und der Millionen Tote forderte – für nichts und wieder nichts, jedenfalls aus heutiger Sicht betrachtet. Der Krieg traf auch Mete und ihre Freundinnen, wenn sie auch zu den bessergestellten Kreisen gehörten. Die Fabrik der Familie Witte in Rostock wurde der Kriegswirtschaft unterstellt. Ihre Absatzmärkte in Russland und Amerika hatte sie eh verloren. Die beiden Söhne von Carl Friedrich und Laura Witte meldeten sich freiwillig zum Kriegsdienst, der eine 19, der andere 17 Jahre alt. Fritz, der ältere, fiel, Goethes *Faust* in der Tasche, er hatte Germanistik studiert, am 2. Juni 1915 an der Westfront. Gustav von Veit jun., das einzige Kind des Paares, fiel mit 23 Jahren in der Schlacht an der Marne im September 1914. Er hatte gerade sein Studium der Forstwirtschaft beendet und eine Stelle in Lübben im Spreewald angetreten. Der Tod ihres einzigen Sohnes stürzte Marie von Veit in eine tiefe Depression, die bis 1918 anhielt; am Ende des Krieges und des Kaiserreichs machte sie ihrem Leben ein Ende.

All dies belastete Mete enorm. Ihr Hausarzt Dr. Salomon schlug ihr eine Therapie in Jena vor, wo sie wohl in Behandlung des berühmten Otto Binswanger kam, der als Begründer der Klinischen Psychiatrie gilt. Er konnte ihr auch nicht helfen. Im September 1916 zog Mete von

Berlin nach Waren. Vielleicht hoffte sie, auf dem Land nicht nur bessere Luft, sondern auch bessere Ernährung zu finden als in der Großstadt. Doch in Waren war sie allein, sieht man von dem Personal ab, das sie betreute: eine Krankenschwester Hedwig, ein Hausmädchen Emmi, eine Köchin Lina. Und im Gärtnerhaus wohnte die Familie Reiche. Mete war allerdings in einem Zustand, in dem sie keine Gäste empfangen konnte oder wollte, auch ihre Freundin Lise nicht und auch Dr. Cohn nicht, den sie doch schätzte.

Der letzte Brief, der von ihr erhalten ist, stammt vom 16. Oktober 1916; sie richtete ihn an die vertraute Annie, ihre Stieftochter. Darin schrieb sie: «Aus meiner Familie Äußerungen ersehe ich andauernd, dass sie meint, ich brauche mir nur einen Ruck zu geben; dass ich in allererster Linie körperlich so elend und schwach bin wie Ihr alle zusammen, auch Theo noch nicht einen Tag, wird einfach negiert; ich sehe aus jeder Frage, auch bei Dir, dass du ganz ahnungslos bist. Ich soll Klavier spielen – in einem kalten Zimmer ohne Licht mit zitternden Gliedern. Ich bin 56 Jahre, […] bin seit 1911 im Trab, von allem Seelischen abgesehen, es ist doch ein Wunder, dass ich lebe, d.h. ich lebe gar nicht, und nicht weil mir ‹Elastizität und Frische› fehlten, sondern weil ich bis aufs Äußerste erschöpft bin […].» (Die, 269 f.) Gutes Zureden half nicht. Sie war krank und sie steigerte sich in ihre Krankheit hinein. Bruder Theo, den sie erwähnt, war auch oft krank und zur Kur, er ließ sich schließlich vorzeitig in den Ruhestand versetzen, also auch er hatte die zarten Nerven der Eltern geerbt, aber sein Leid wollte sie nicht gelten lassen.

Am 16. Januar 1917 meldete der *Rostocker Anzeiger* ihren Tod: «Am 10. Januar starb Frau Martha Fritsch, geb. Fontane. Sie war die Witwe des anderthalb Jahre zuvor gestorbenen Prof. Ing. Fritsch und eine Tochter Theodor Fontanes.» (Die, 371) Mete hatte sich aus dem Fenster gestürzt, lange wurde das geheim gehalten, doch gilt es inzwischen als gesichert.

Vielleicht kann man ihr Leben als exemplarisch für das der Generation nach Theodor Fontane betrachten, also nicht nur als ihr persönliches Schicksal, das auch, sondern auch als Schicksal einer Generation, der letzten des Kaiserreichs. Das Stigma dieser Generation trug sie auf besonders eindringliche Weise. Die Angst, die sie ihr Leben lang spürte, war wohl begründet. Es war die Angst vor dem, was bevorstand, was unaufhaltsam näher rückte und dann auch kam, mit einer Wucht, die niemand für möglich gehalten hätte. Der Vater hatte es geahnt. An verschiedenen Stellen hatte er es angedeutet, so etwa in jener Kritik des Stückes *Feenhände* von Eugène Scribe vom 31. Oktober 1871: «Die Welt liegt in Wehen [...] Der Sturz des Alten bereitet sich vor.» Gerade das Jahr 1917 war das entscheidende Jahr, manche lassen mit ihm das 19. Jahrhundert enden. In diesem Jahr betraten die USA als neue Großmacht den europäischen Boden, vom unbegrenzten U-Boot-Krieg herausgefordert, den die preußischen Generalstäbler Hindenburg und Ludendorff durchgesetzt hatten. Und sie hatten Lenin nach St. Petersburg geschleust und seine Revolution finanziert. Hindenburg übergab später Hitler die Macht. Die beiden schlimmsten Reiche wurden so ins Werk gesetzt: das bolschewistische und das nationalsozialistische. Es war das Jahr 1917, in dem Martha Fontane, genannt Mete, ihrem Leben ein Ende setzte.

Kurt Tucholsky nach dem Ersten Weltkrieg 1919: «Der alte Fontane ist nicht am 20. September 1898 gestorben. Er starb am 1. August 1914. Er wäre heute etwas völlig Unmögliches.» (Die, 367) Und Gustav Radbruch nach dem Zweiten Weltkrieg im Vorwort zu seiner kleinen Schrift über Fontane: «Zwischen Theodor Fontanes Tod 1898 und unseren Tagen liegen zwei Weltkriege, drei Staatsumwälzungen. Fontanes Nachleben hat auch die letzten und schwersten dieser Erschütterungen lebendig überstanden, sein Nachruhm ist sogar noch gemehrt worden durch erfüllte Prophetie: Fontane hat die Brüchigkeit des Bismarckreiches schon in all seiner Glorie erkannt, die Katastrophe, die über uns gekommen ist, vorgeahnt. Klar gesehen hat er auch ihre letzte Ursache: er hat (in einem Brief an Georg Friedlaender vom 27. 5. 1891) über die gottentfremdete Welt und ihre Überwindung gesagt, ‹viel sei schon gewonnen, wenn die moderne Menschheit zur Einsicht der Sachlage kommt, wenn sie sich im Spiegel sieht und einen Schreck kriegt; ein bisschen davon, wenn mich nicht alles täuscht, ist schon da›. Aber es war noch nicht da, und wir wissen nicht, ob man wenigstens heute sagen darf, dass es da sei.» Das schrieb Gustav Radbruch an Weihnachten 1948.

Nachwort

Dieses Buch widme ich Herta Elisabeth Killy (1920–2017), mit der ich 50 Jahre verbunden war, auch in der gemeinsamen Liebe zu Theodor Fontane, der oft Gegenstand unserer Gespräche war. Sie redete über die Figuren Fontanes, als ob es Nachbarn wären. Wir waren beide Sekretäre der West-Berliner Akademie der Künste, einer Nachfolge-Institution jener Akademie der Künste, deren Sekretär einst Fontane war. Dass er es nur vier Monate war, wir aber jahrelang, bezeichnete für uns seinen superioren Rang. Killy war Sekretär der Abteilung Bildende Kunst, ich war Sekretär der Abteilung Literatur. Wir luden gemeinsam Peter Demetz, Mitglied der Akademie, zu einem Vortrag über Fontane ein. Wir schätzten sein weltläufiges Buch über Fontane, das mir immer noch eine der wichtigsten Erläuterungen von dessen belletristischem Werk ist. Demetz, aus dem Prager deutschsprachigen Bürgertum, hatte in Yale sein Heimweh nach Europa mit Fontane besänftigt. Wie oft habe ich das gehört: Wenn ich niedergeschlagen bin, lese ich Fontane.

Elisabeth Killy wuchs wie ihr Bruder, der Germanist Walther Killy, im Dahlemer Bürgertum auf. Sie verkörperte noch dieses alte gebildete Berlin, das einmal das Publikum Fontanes war: Höflichkeit, Abwesenheit von Vulgarität, Aufmerksamkeit für jeden, gleichgültig woher er kam, und eine Haltung, die auch in schwierigen Situationen standhielt. Und natürlich Bildung: Kenntnis der europäischen Musik, Literatur und Kunst. Ich habe diese umfassende Bildung und die Wertschätzung Fontanes auch bei Remigranten kennengelernt, etwa bei dem Literaturwissenschaftler Hans Mayer, meinem Lehrer, bei dem Komponisten Jan Meyerowitz, bei dem Kunsthistoriker Otto von Simson, Nachfahre jenes Eduard von Simson, der einst dem preußischen König die Kaiserkrone anbot im Auftrag der Frankfurter Paulskirchenversammlung. Zwischen das Alte und das Neue gestellt, mit Pastor Lorenzen zu sprechen, entschiede ich mich hier ohne Zögern für das Alte.

Mein Dank gilt auch Hans-Heinrich Reuter (1923–1978), den ich traf, als er den Fontane-Preis der West-Berliner Akademie der Künste

1972 erhielt; Uwe Johnson hatte ihn vorgeschlagen. Es war das einzige Mal, dass dieser Preis nicht an einen Schriftsteller oder eine Schriftstellerin ging, sondern an einen Literaturwissenschaftler. Reuter erhielt ihn für seine zweibändige Biographie Fontanes. Und er durfte ihn annehmen und von Weimar nach West-Berlin kommen. Zehn Jahre zuvor hatte Peter Huchel den Fontane-Preis erhalten, auch er ein großer märkischer Dichter, doch drang die SED darauf, dass er ihn ablehne. Als er ihn annahm, wurde er durch Isolation und Bespitzelung bestraft. Ich habe von Hans-Heinrich Reuter gelernt wie von Peter Demetz. Seine Biographie, aus großer Kenntnis nicht nur Fontanes, sondern auch der Literatur der Zeit geschrieben, ist auf einem seltenen Reflexionsniveau; die marxistischen Fähnchen kann man vergessen. Auch da, wo man nicht mit ihm einverstanden ist, kann man gut mit ihm diskutieren.

Meine Lebensbeschreibung Theodor Fontanes will kein Beitrag zur Forschung sein. Die Forschung wird vorbildlich vom Fontane-Archiv und der Fontane-Gesellschaft in den *Fontane-Blättern* dokumentiert. Sie will vielmehr den Leserinnen und Lesern den Schriftsteller ein wenig verständlicher machen, nicht zuletzt dadurch, dass sie auch auf den Teil seines Werkes, der oft hinter den Romanen zurücksteht, ein Licht wirft: auf die *Wanderungen,* die Kriegsbücher, die Gelegenheitsgedichte, die Korrespondenzen, die Theaterkritiken. Freilich: es ist ein riesiges Œuvre, in dem es immer noch genug zu entdecken gibt.

Dank an Peter Walther, der das Manuskript durchsah. Dank vor allem meiner Lektorin Teresa Löwe-Bahners, die auch aus dem Freundeskreis Elisabeth Killys kommt, und meinem Verleger Jonathan Beck für Verständnis und Entgegenkommen.

Hans Dieter Zimmermann   Berlin, im Sommer 2018

Siglenverzeichnis

(Lit 2)	Fontane: Literarische Essays und Studien. Bd. 2
(Me)	Die Fontanes und die Merckels
(MM)	Fontane: Mathilde Möhring, in: Romane, Bd. 5
(Neu)	Neugebauer: Die Geschichte Preußens
(Nü)	Nürnberger: Fontanes Welt
(Okk)	Fontane: Kriegsgefangen
(Po)	Fontane: Die Poggenpuhls, in: Romane, Bd. 3
(PuG)	Fontane: Politik und Geschichte
(Qu)	Fontane: Quitt, in: Romane, Bd. 5
(Ra)	Radbruch: Theodor Fontane oder Skepsis und Glaube
(Re)	Bürgerlicher Realismus
(Remak)	Remak: Fontane und der jüdische Kultureinfluss in Deutschland
(Reu)	Reuter: Fontane, 2. Bde.
(Sch)	Fontane: Schach von Wuthenow, in: Romane, Bd. 2
(Seiler)	Seiler: Fontanes uneheliche Kinder
(S-H)	Fontane: Der Schleswig-Holsteinische Krieg im Jahre 1864
(St)	Fontane: Der Stechlin, in: Romane, Bd. 8
(Stechlin)	Feierabend/Koschel: Faszination Stechlin
(Sti)	Fontane: Stine, in: Romane, Bd. 4
(Sto)	Storm: Eine zurückgezogene Vorrede aus dem Jahre 1881
(Tr)	Fontane: Frau Jenny Treibel, in: Romane, Bd. 7
(Un)	Fontane: Unwiederbringlich, in: Romane, Bd. 6
(Vor)	Fontane: Vor dem Sturm, in: Romane, Bd. 1
(W 1)	Fontane: Die Grafschaft Ruppin, in: Wanderungen, Bd. 1
(W 2)	Fontane: Das Oderland …, in: Wanderungen, Bd. 2
(W 3)	Fontane: Havelland …, in: Wanderungen, Bd. 3
(W 4)	Fontane: Spreeland …, in: Wanderungen, Bd. 4
(W 5)	Fontane: Fünf Schlösser, in: Wanderungen, Bd. 5
(Zie)	Ziegler/Erler: Theodor Fontane
(Zw)	Fontane: Von Zwanzig bis Dreißig

Bibliographie

Aufgeführt sind nur im Text zitierte Werke.

Werke Theodor Fontanes

Wanderungen durch die Mark Brandenburg

Unter Mitwirkung von Kurt Schreinert hrsg. von Edgar Gross, Nymphenburger
Verlagsanstalt, München 1960
Bd. 1: Die Grafschaft Ruppin
Bd. 2: Das Oderland. Barnim-Lebus
Bd. 3: Havelland. Das Land um Spandau, Potsdam, Brandenburg
Bd. 4: Spreeland. Beeskow-Storkow und Barnim-Teltow
Fünf Schlösser

Romane und Erzählungen

Romane, hrsg. von Edgar Gross, Nymphenburger Verlagsanstalt, München
1957 ff.
Bd. 1: *Vor dem Sturm*. Roman aus dem Winter 1812 auf 13. Unter Mitwir-
kung von Kurt Schreinert hrg. von Edgar Gross (1957)
Bd. 2: *Graf Petöfy, Ellernklipp, Schach von Wuthenow* (1959)
Bd. 3: *L'Adultera, Cécile, Die Poggenpuhls* (1959)
Bd. 4: *Grete Minde, Irrungen, Wirrungen, Stine, Unterm Birnbaum* (1965)
Bd. 5: *Quitt, Mathilde Möhring* (1959)
Bd. 6: *Unwiederbringlich* (1956)
Bd. 7: *Frau Jenny Treibel, Effi Briest* (1964)
Bd. 8: *Der Stechlin* (1965)
Frühe Erzählungen, hrsg. von Tobias Witt. Große Brandenburger Ausgabe. Das
erzählerische Werk, Aufbau Verlag, Berlin 2002

Kriegsbücher

Der Schleswig-Holsteinische Krieg im Jahre 1864. Mit einem Vorwort von Sven
Aage Jorgensen und einem Anhang von Eveline Maaßen hrsg. von Helmuth
Nürnberger, Baltic Literaturverlag, Flensburg 1999 (Nachdruck)
Der deutsche Krieg von 1866. Band 1: Der Feldzug in Böhmen und Mähren;

Band 2: Der Feldzug in West – und Mitteldeutschland, Eugen Diederichs Verlag, Düsseldorf 1979 (Nachdruck)

Der Krieg gegen Frankreich 1870–71. Band I: Der Krieg gegen das Kaiserreich, Berlin 1873; Band II: Der Krieg gegen die Republik, Berlin 1875 und 1876, Manesse-Verlag, Zürich 1985 (Nachdruck)

Autobiographisches

Meine Kinderjahre. Autobiographischer Roman, 7. Auflage, zum ersten Mal illustriert, 72 Bilder, Verlag Friedrich Fontane, Berlin 1911

Von Zwanzig bis Dreißig. Autobiographisches, hrsg. von Otto Drude, Insel Verlag, Frankfurt a. M. 1997

Kriegsgefangen. Erlebtes 1870, hrsg. von Otto Drude, Insel Verlag, Frankfurt a. M. 1993

Kriegsgefangen. Aus den Tagen der Okkupation, Nymphenburger Verlagsanstalt, München 1962

Gedichte

Hrsg. von Joachim Krueger und Anita Goltz, Aufbau-Verlag, Berlin 1989
    Bd. I: *Sammlung 1898 und aus den Sammlungen ausgeschiedene Gedichte*
    Bd. II: *Einzelpublikationen. Gedichte aus den Prosatexten. Gedichte aus dem Nachlass*
    Bd. III: *Gelegenheitsgedichte, Hamlet-Übersetzungen, Dramenfragmente*

Kritische Schriften

Causerien über Theater. Band 1–3, hrsg. von Edgar Gross, Nymphenburger Verlagsanstalt, München 1964 und 1967

Literarische Essays und Studien. Band 1, hrsg. von Kurt Schreinert; Band 2, hrsg. von Rainer Bachmann und Peter Bramböck, Nymphenburger Verlagsanstalt, München 1963 und 1974

Aus England und Schottland, hrsg. von Charlotte Jolles und Kurt Schreinert, Nymphenburger Verlagsanstalt, München 1963

Politik und Geschichte, hrsg. von Charlotte Jolles, Nymphenburger Verlagsanstalt, München 1969

Unechte Korrespondenzen 2 Bände, hrsg. von Heide Streiter-Buscher, (Schriften der Theodor Fontane-Gesellschaft), Verlag de Gruyter, Berlin 1996

Briefe

Briefe an seine Familie. Band 1 und Band 2 in einem Buch, hrsg. von K. E. O. Fritsch. 8.–10. Auflage, S. Fischer Verlag, Berlin 1924

Die Fontanes und die Merckels. Ein Familienbriefwechsel 1850 bis 1870, 2 Bde., hrsg. von Gotthard Erler, Aufbau Verlag, Berlin 1987

Briefe an Georg Friedländer. Mit einem Essay von Thomas Mann, hrsg. von Walter Hettche, Insel Verlag, Frankfurt a. M. 1994

Von Dreißig bis Achtzig. Sein Leben in seinen Briefen, hrsg. von Hans-Heinrich Reuter, dtv, München 1975

Sekundärliteratur

James N. Bade: *«Eine gemalte Landschaft»?* Die amerikanischen Landschaften in Theodor Fontanes Roman «Quitt». In: Theodor Fontane. Seine Rezeption im 20. und 21. Jahrhundert, hrsg. von Hanna Delf von Wolzogen und Richard Faber (Fontaneana, Bd. 14), Würzburg 2015, S. 107–140

Bernd Balzer: *«Zugegeben, dass es besser wäre, sie fehlten, oder wären anders, wie sie sind.»* Der selbstverständliche Antisemitismus Fontanes. In: Theodor Fontane am Ende des Jahrhunderts. Internationales Symposion des Fontane-Archivs zum 100. Todestag Fontanes 1998, hrsg. von Hanna Delf von Wolzogen in Zusammenarbeit mit Helmuth Nürnberger, Würzburg 2000, Band 1, S. 197–209

Wolfgang Benz: *Antisemitismus als Zeitströmung am Ende des Jahrhunderts.* In: ebd., S. 157–168

Eckart Beutel: *Fontane und die Religion.* Neuzeitliches Christentum im Beziehungsfeld von Tradition und Individuation, Gütersloh 2003

Klaus Briegleb: *Fontanes Elementargeist: Die Preußin Melusine.* Eine Vorstudie zum «Stechlin», in: Theodor Fontane am Ende des Jahrhunderts. Internationales Symposion des Fontane- Archivs zum 100. Todestag Fontanes 1998, hrsg. von Hanna Delf von Wolzogen in Zusammenarbeit mit Helmuth Nürnberger, Würzburg 2000, Bd. 2, S. 109–122

Rudolf Buchner: *Deutsche Geschichte im europäischen Rahmen.* Darstellung und Betrachtungen, Darmstadt 1975

Bürgerlicher Realismus, hrsg. von Andreas Huyssen, (Die deutsche Literatur in Text und Darstellung, Bd. 11), Stuttgart 1977

Peter Demetz: *Formen des Realismus: Theodor Fontane.* Kritische Untersuchungen, Berlin 1973

Regina Dieterle: *Die Tochter.* Das Leben der Martha Fontane. Hanser Verlag, München 2006

Otto Drude: *Fontane und sein Berlin.* Personen, Häuser, Straßen. Insel-Verlag, Frankfurt a. M. 1998

Johann Peter Eckermann: *Gespräche mit Goethe*, Berlin o. J.

Gotthard Erler: *Das Herz bleibt immer jung.* Emilie Fontane. Berlin 2002. Aufbau Verlag

Michael Feierabend/Rainer Koschel: *Faszination Stechlin.* Der Stechlinsee von der Eiszeit bis in die Gegenwart, Edition q im be-bra Verlag, Berlin 2011

Johann Wolfgang von Goethe: *Ballade.* Betrachtung und Auslegung, dtv-Gesamtausgabe, Band 31: Schriften zur Literatur. Erster Teil, S. 213–216, München 1969

Johann Wolfgang von Goethe: Dichtung und Wahrheit. Zweiter Teil, dtv-Gesamtausgabe, Bd. 23, München 1969

Manfred Görtemaker: *Deutschland im 19. Jahrhundert.* Entwicklungslinien (Schriftenreihe der Bundeszentrale für politische Bildung), Bonn 1994

Sebastian Haffner: *Von Bismarck zu Hitler.* Ein Rückblick, München 2009

Charlotte Jolles: *Theodor Fontane,* Stuttgart 1972

Lesen. Ein Handbuch, hrsg. von A. C. Baumgärtner, Hamburg 1973

Norbert Mecklenburg: Fontane im Zwielicht. In: Kölner Stadtanzeiger, Nr. 174, 30. 7. 1998, S. 22

Wolfgang Neugebauer: *Die Geschichte Preußens.* Von den Anfängen bis 1947. München 2015

Helmuth Nürnberger: *Fontanes Welt.* Eine Biographie des Schriftstellers. München 2007

Gustav Radbruch: *Theodor Fontane oder Skepsis und Glaube,* Leipzig 1948

Henry H. H. Remak: *Fontane und der jüdische Kultureinfluss in Deutschland: Symbiose und Kontrabiose.* In: Theodor Fontane am Ende des Jahrhunderts. Internationales Symposion des Fontane-Archivs zum 100. Todestag Fontanes 1998, hrsg. von Hanna Delf von Wolzogen in Zusammenarbeit mit Helmuth Nürnberger, Würzburg 2000, Band 1, S. 183–196

Hans-Heinrich Reuter: *Fontane.* 2 Bde, München 1968

Bernd Seiler: *Fontanes uneheliche Kinder.* In: Wirkendes Wort 48, 1998, S. 215–233

Theodor Storm: *Eine zurückgezogene Vorrede aus dem Jahre 1881.* Sämtliche Werke. Leipzig 1920, Band 8, S. 122

Friedrich Spielhagen: *Zum Zeitvertreib.* Der sämtlichen Romane 25. Band, 7. Auflage, Leipzig 1907

Edda Ziegler/Gottfried Erler: *Theodor Fontane.* Lebensraum und Phantasiewelt. Eine Biographie, Aufbau Verlag, Berlin 1996

Hans Dieter Zimmermann: *Was der Erzähler verschweigt.* Zur politischen Konzeption von «Der Stechlin», in: Theodor Fontane am Ende des Jahrhunderts. Internationales Symposion des Fontane-Archivs zum 100. Todestag Fontanes 1998, hrsg. von Hanna Delf von Wolzogen in Zusammenarbeit mit Helmuth Nürnberger, Würzburg 2000, Band 1, S. 129–142

Abbildungsnachweis

Personenregister

Ortsregister

Heutige Ortsteile von Berlin sind einzeln aufgeführt.

AUS DEM VERLAGSPROGRAMM

GESCHICHTE DER DEUTSCHEN LITERATUR

Von den Anfängen bis zur Gegenwart
Begründet von
Helmut de Boor/Richard Newald

Band 1
Die deutsche Literatur von Karl dem Großen
bis zum Beginn der höfischen Dichtung (770–1170)
Von Helmut de Boor
Bearbeitet von Herbert Kolb
9. Auflage. 1979. VIII, 342 Seiten. Leinen

Band 2
Die höfische Literatur
Vorbereitung, Blüte, Ausklang (1170–1250)
Von Helmut de Boor
Bearbeitet von Ursula Henning
11. Auflage. 1991. X, 494 Seiten. Leinen

Band 3
Die deutsche Literatur im späten Mittelalter
Von Helmut de Boor

1. Teil: Epik, Lyrik, Didaktik, geistliche und historische Dichtung
(1250–1350)
5., neubearbeitete Auflage von Johannes Janota
1997. XII, 568 Seiten. Leinen

2. Teil: Reimpaargedichte, Drama, Prosa (1350–1370)
Herausgegeben von Ingeborg Glier
1987. XIII, 533 Seiten. Leinen

Band 4
Die deutsche Literatur vom späten Mittelalter
bis zum Barock (1370–1570)
Von Hans Rupprich

1. Teil: Das ausgehende Mittelalter, Humanismus und Renaissance
1370–1520
2., neubearbeitete Auflage von Hedwig Heger. 1994. XII, 927 Seiten. Leinen

2. Teil: Das Zeitalter der Reformation (1520–1570)
1973. XII, 554 Seiten. Leinen

VERLAG C.H.BECK MÜNCHEN

BIOGRAPHIEN BEI C.H.BECK

Andreas Guski
Dostojewskij
2. Auflage. 2018. 460 Seiten mit 30 Abbildungen.
Gebunden

Peter-André Alt
Sigmund Feud
Der Arzt der Moderne
2016. 1036 Seiten mit 42 Abbildungen.
Gebunden

Peter Sprengel
Rudolf Borchardt
Der Herr der Worte
2015. 504 Seiten mit 85 Abbildungen.
Leinen

Peter Sprengel
Gerhart Hauptmann
Bürgerlichkeit und großer Traum
2012. 848 Seiten mit 120 Abbildungen.
Leinen

George Prochnik
Das unmögliche Exil
Stefan Zweig am Ende der Welt
Aus dem Englischen von Andreas Wirthensohn
2016. 397 Seiten mit 29 Abbildungen.
Gebunden

VERLAG C.H.BECK MÜNCHEN